RÉVOLUTION FRANÇAISE

Max Gallo
de l'Académie française

RÉVOLUTION FRANÇAISE

Le Peuple et le Roi
(1774-1793)

*

Aux armes, citoyens !
(1793-1799)

**

ÉDITIONS FRANCE LOISIRS

Édition du Club France Loisirs,
avec l'autorisation de XO Éditions.

Éditions France Loisirs,
123, boulevard de Grenelle, Paris.
www.franceloisirs.com

ISBN : 978-2-298-02617-7

« Passe maintenant, lecteur, franchis le fleuve de sang qui
sépare à jamais le vieux monde dont tu sors, du monde
nouveau à l'entrée duquel tu mourras. »

CHATEAUBRIAND
Mémoires d'outre-tombe

« Ce qu'il y a de plus frappant dans la Révolution française
c'est cette force entraînante qui courbe tous les obstacles.
Son tourbillon emporte comme une paille légère
tout ce que la force humaine a su lui opposer :
personne n'a contrarié sa marche impunément...
La Révolution française mène les hommes plus
que les hommes ne la mènent.
Les scélérats mêmes qui paraissent conduire la Révolution
n'y entrent que comme de simples instruments, et dès qu'ils
ont la prétention de la dominer ils tombent ignoblement. »

Joseph de MAISTRE
Considérations sur la France

« Cet événement est trop immense, trop mêlé
aux intérêts de l'humanité, a une trop grande influence
sur toutes les parties du monde, pour que les peuples,
en d'autres circonstances, ne s'en souviennent et ne soient
amenés à en recommencer l'expérience. »

Emmanuel KANT

Le Peuple et le Roi

(1774-1793)

PROLOGUE

Le lundi 21 janvier 1793

« Peuple, je meurs innocent,
je pardonne… »

Il était le roi de France, Louis, le XVIe du nom, l'héritier d'une lignée qui depuis plus de dix siècles avait bâti et gouverné ce royaume des fleurs de lys, et qui, par la grâce de Dieu, en avait fait l'un des plus puissants du monde.

Ses rois l'étaient de droit divin, et la France était la fille aînée de l'Église, et un Louis, le IXe du nom, mort en croisade, était devenu Saint Louis.

Mais dans cette matinée du lundi 21 janvier 1793, quatre mois jour pour jour après la proclamation de la République le 21 septembre 1792, alors qu'un brouillard glacé fige Paris, étouffe les roulements des tambours qui battent sans jamais s'interrompre, Louis XVI n'est plus qu'un Louis Capet, ci-devant roi de France, ci-devant roi des Français.

Et l'on va trancher son corps en deux, et séparer ainsi le corps du roi et celui de la nation.

Lorsque, après une hésitation, Louis descend d'un grand carrosse vert, qui vient de s'arrêter place de la Révolution, ci-devant place Louis-XV, il voit d'abord les rangées de soldats, gardes nationaux et cavaliers, puis la foule immense qui a envahi la place de la Révolution.

De la statue du roi Louis XV, il ne reste que le socle en pierre, récif blanc au milieu de ces dizaines de milliers de corps qui se pressent comme pour se réchauffer, se rassurer.

Il fait froid. On va décapiter le roi.

Louis, petit-fils de ce Louis XV dont on a abattu la statue et débaptisé la place, lève les yeux.

Il voit l'échafaud, la guillotine dressée, entre le socle de la statue au centre de la place et le début des Champs-Élysées.

Il voit le couteau, les montants qui guideront le tranchant oblique, la planche sur laquelle on attachera son corps, qui basculera au moment où tombera la lame.

Il recule d'un pas quand le bourreau Samson et ses deux aides s'approchent de lui.

Il est le roi.

Ce ne sont pas les hommes qui peuvent décider de son état, seul Dieu a ce pouvoir.

Il est le roi.

C'est sacrilège de porter la main sur lui.

Il ôte lui-même son habit et son col, ne gardant qu'un simple gilet de molleton blanc.

Il repousse une nouvelle fois Samson.

Il ne veut pas qu'on lui coupe les cheveux, qu'on lui lie les mains.

Près de lui, l'abbé Edgeworth, son confesseur, lui murmure quelques mots :

« Sire, dans ce nouvel outrage, dit le prêtre, je ne vois qu'un dernier trait de ressemblance entre Votre Majesté et le Dieu qui va être sa récompense. »

Louis baisse la tête.

Le corps du roi peut souffrir comme a souffert le corps du Christ.

Louis se soumet.

On noue la corde autour de ses poignets.

Pour les hommes, il n'est plus que Louis Capet que la Convention nationale a déclaré « coupable de conspiration contre la liberté de la nation et d'attentat contre la sûreté générale de l'État ».

Et elle a décrété que « Louis Capet subira la peine de mort ».

Louis a tenté de contester ce jugement des hommes.

Le 17 janvier 1793, il a adressé aux sept cent quarante-neuf députés de la Convention nationale une lettre demandant que le peuple seul puisse le juger.

« Je dois à mon honneur, a-t-il écrit, je dois à ma famille, de ne point souscrire à un jugement qui m'inculpe d'un crime que je ne puis me reprocher, en conséquence de quoi je déclare que j'interjette appel à la nation elle-même du jugement de ses représentants. »

Mais la Convention a refusé de prendre en compte cette requête. Et le bourreau Samson pousse Louis Capet, ci-devant roi de France, vers l'escalier qui conduit à la guillotine.

Louis trébuche, puis repoussant toute aide il gravit les cinq marches de l'échafaud.

Les tambours battent plus fort, crevant la couche grise et glacée qui recouvre la place.

Louis est sur la plate-forme. Il répète les phrases qu'il a dictées le 25 décembre 1792, dernier Noël de sa vie, il le savait, et qui composent son testament.

« Je laisse mon âme à Dieu, mon créateur, dit-il. Je Le prie de la recevoir dans Sa miséricorde...

« Je meurs dans l'union de notre Sainte Mère l'Église catholique, apostolique et romaine...

« Je prie Dieu de me pardonner tous mes péchés. J'ai cherché à les connaître scrupuleusement, à les détester et à m'humilier en Sa présence...

« Je pardonne de tout mon cœur à ceux qui se sont faits mes ennemis sans que je leur en aie donné aucun sujet...

« Je prie Dieu particulièrement de jeter des yeux de miséricorde sur ma femme, mes enfants et ma sœur qui souffrent depuis longtemps avec moi...

« Je recommande mes enfants à ma femme. Je n'ai jamais douté de sa tendresse maternelle...

« Je prie ma femme de me pardonner tous les maux qu'elle souffre pour moi...

« Je recommande à mon fils, s'il avait le malheur de devenir roi, de songer qu'il se doit tout entier au bonheur de ses concitoyens, qu'il doit oublier toute haine ou tout ressentiment et nommément tout ce qui a rapport aux malheurs et aux chagrins que j'éprouve...

« Je pardonne encore très volontiers à ceux qui me gardaient les mauvais traitements et les gestes dont ils ont cru devoir user envers moi…

« Je finis en déclarant devant Dieu, et prêt à paraître devant lui, que je ne me reproche aucun des crimes qui sont avancés contre moi… »

Louis, maintenant, est face à la guillotine et domine la foule sur laquelle roulent les battements de tambour.

Il se dégage d'un mouvement brusque des mains du bourreau et de ses aides.

Il crie, tourné vers la foule :

« Peuple, je meurs innocent ! Je pardonne aux auteurs de ma mort. Je prie Dieu que le sang que vous allez répandre ne retombe jamais sur la France. »

Samson se saisit de lui, le tire en arrière.

Il dit encore aux bourreaux :

« Messieurs, je suis innocent de ce dont on m'accuse. Je souhaite que mon sang puisse cimenter le bonheur des Français. »

Samson hésite. Louis se débat. On le pousse. La planche bascule :

« On entend un cri affreux que le couteau étouffa. »

Samson prend la tête de Louis par les cheveux, la brandit, la montre au peuple.

Des cris s'élèvent :

« Vive la nation ! », « Vive la république ! », « Vive l'égalité ! », « Vive la liberté ! ».

Des farandoles entourent l'échafaud. Quelques hommes et quelques femmes s'approchent de la guillotine, cherchent à tremper leurs mouchoirs, des enveloppes, dans le sang de Louis Capet, ci-devant roi de France.

Ils agitent leurs trophées rouges.

Mais la foule se disperse rapidement, silencieuse et grave.

Sur la place de la Révolution, dans les rues, les échoppes, les estaminets où l'on boit du vin chaud, on commente moins la mort du roi que celle du conventionnel Le Peletier de Saint-Fargeau.

Il avait voté pour l'exécution immédiate de Louis Capet.

On l'a assassiné dans la nuit, au moment où il sortait de souper au restaurant Février, place du Palais-Égalité, ci-devant place du Palais-Royal.

C'est un ancien garde du corps du roi, Pâris, qui lui a donné un coup de sabre au bas-ventre.

Et le corps du conventionnel sera exposé nu jusqu'à la taille avant d'être accompagné au Panthéon par toute la Convention et un long cortège populaire.

La mort du ci-devant roi de France paraît aux yeux du peuple « sans-culotte » venger Le Peletier de Saint-Fargeau et tous les « martyrs » de la Révolution.

« Le sang des hommes fait gémir l'humanité, le sang des rois la console », écrivent les citoyens membres de la Société des Amis de l'Égalité et de la Liberté aux conventionnels.

Et le journal *Le Père Duchesne* prononce, à sa manière, l'oraison funèbre de Louis :

« Capet est enfin mort, foutre !

« Je ne dirai pas, comme certains badauds, n'en parlons plus !

« Parlons-en au contraire, pour nous rappeler tous ses crimes et inspirer à tous les hommes l'horreur qu'ils doivent avoir pour les rois.

« Voilà, foutre, ce qui m'engage à entreprendre son oraison funèbre, non pour faire son éloge ou adoucir ses défauts, mais pour le peindre tel qu'il fut, et apprendre à l'univers si un tel monstre ne méritait pas d'être étouffé dès son berceau ! »

Ce lundi 21 janvier 1793, à dix heures vingt, place de la Révolution, un homme est mort, que l'on ne nommait plus que Louis Capet. Mais c'est le corps du roi, et l'histoire de la nation, qu'on a tranchés en deux.

Quatre ans auparavant, en 1789, les sujets de toutes les provinces célébraient encore ce même homme, ce roi de France.

Et le 14 juillet 1790, il présidait la fête de la Fédération, rassemblant autour de lui tous les citoyens des départements du royaume.

Il était le roi des Français.

Et en mai 1774, quand il avait succédé à son grand-père Louis XV, les libellistes avaient écrit qu'il semblait « promettre à la nation le règne le plus doux et le plus fortuné ».

Qui eût osé imaginer qu'un jour, Louis XVI, Louis le Bon, serait, sous le simple nom de Louis Capet, guillotiné, sur la ci-devant place Louis-XV, devenue place de la Révolution ?

PREMIÈRE PARTIE

1774-1788
« Quel fardeau et on ne m'a rien appris ! »

« N'oubliez jamais, Sire, que c'est la faiblesse qui a mis la tête de Charles Ier sur un billot... »

Lettre de Turgot à Louis XVI
30 avril 1776

1.

Ce roi, Louis XVI, qu'on tue après l'avoir humilié, peut-être a-t-il pressenti qu'il aurait, en accédant au trône de France, un destin tragique ?

Cela survient le 10 mai 1774.

Depuis plusieurs jours déjà, il sait que son grand-père Louis XV est condamné, et qu'il sera lui, Louis Auguste, duc de Berry, son successeur.

L'angoisse et l'accablement l'étreignent.

Il a vu le corps du roi – Louis le Bien-Aimé, le plus bel homme du royaume, avait-on qualifié Louis XV – se transformer en un tas de chairs purulentes et puantes, le visage couvert de pustules et de croûtes.

On s'agenouille pour prier, mais au pied de l'escalier qui conduit à la chambre du roi, parce qu'à s'en approcher on craint la contagion.

« Madame, j'ai la petite vérole », a dit Louis XV à sa favorite, la comtesse du Barry.

Il veut, après une vie dissolue, solliciter la grâce de Dieu, et donc écarter cette maîtresse qui était – après tant d'autres – l'incarnation du péché.

« Il est nécessaire que vous vous éloigniez », lui a-t-il dit.

Elle a obéi et quitté Versailles pour le château de Rueil.

Et le confesseur de Louis XV a pu recueillir les dernières paroles du roi agonisant. Puis il s'est avancé vers les courtisans qui se tiennent à distance.

« Messieurs, le roi m'ordonne de vous dire que s'il a causé du scandale à ses peuples, il leur en demande pardon et qu'il est dans la résolution d'employer le reste de ses jours à pratiquer la religion en bon chrétien comme il l'a fait dans sa jeunesse, et à la protéger et à faire le bonheur de ses peuples. »

Louis, duc de Berry, bientôt Louis XVI, écoute ces mots.

Mais il est trop tard, la mort est là qui se saisit du corps du roi, qu'il faut au plus vite enfermer dans un double cercueil de plomb rempli d'« esprit de vin ».

Et ce roi, si puissant, si adulé dans la première partie de son règne, n'est plus qu'un cadavre qui se dissout, dont on s'éloigne, qu'on veut oublier.

On avait célébré six mille messes en 1744 lorsque la maladie avait terrassé Louis XV. On n'en compte que trois en 1774.

Et Louis XVI apprendra que c'est accompagné seulement de quelques domestiques, et d'une petite escorte de gardes du corps, que le cercueil du roi a été conduit jusqu'à Saint-Denis, la nuit du 12 mai.

Et tout au long de la route on a entendu crier, d'un ton joyeux : « Taïaut ! Taïaut ! » et « Voilà le plaisir des dames ! Voilà le plaisir ».

Oraison funèbre pour un roi qui selon le peuple s'était davantage soucié de la chasse et des femmes que de son royaume.

Et Louis murmurera, lui qu'on a en 1770 marié à seize ans, avec Marie-Antoinette d'Autriche, la plus jeune des héritières des Habsbourg, âgée d'à peine quinze ans, lui dont on assure que durant plusieurs années il a été incapable de consommer son mariage, et auquel on ne connaît aucune liaison :

« Ce qui a toujours perdu cet État-ci a été les femmes légitimes et les maîtresses. »

Il n'aura vingt ans que dans quelques mois, il n'a jamais régné, il ne s'est adonné avec passion qu'à la chasse, s'y livrant quotidiennement depuis sa première chevauchée, en août 1769 – il avait quinze ans – mais il a été témoin, à la Cour, des intrigues qui se nouaient autour de la comtesse du Barry et du souvenir qu'avaient laissé Madame de Pompadour, ou bien les favorites – et leurs bâtards légitimes – de Louis XIV. Ses tantes – les sœurs de Louis XV –, le gouverneur des enfants de France, le duc de La Vauguyon, l'ont mis en garde contre les femmes et l'influence qu'elles peuvent exercer dans le gouvernement.

« C'est un malheur. »

Il a vu les sujets se détourner de Louis XV.

Et il s'est fait, peu à peu, une idée des devoirs d'un souverain. Il a même rédigé une sorte de résumé de tous les enseignements qu'on lui a prodigués, qu'il a intitulé *Réflexions sur mes entretiens avec Monsieur de La Vauguyon.*

« Un bon roi, écrit-il, ne doit avoir d'autre objet que de rendre son peuple heureux… »

Et pour cela il ne doit pas oublier les droits naturels de ses sujets « antérieurs à toute loi politique et civile : la vie, l'honneur, la liberté, la propriété des biens… Le prince doit donc réduire les impôts autant qu'il peut… Le roi doit être ferme et ne jamais se laisser aller à la faiblesse. Il doit aussi connaître les hommes afin de ne pas être dupe… Le roi tient de Dieu l'autorité souveraine, dont il ne doit compte qu'à Lui, mais s'il asservit son peuple, il est coupable devant Dieu. »

Et les conseils qu'il reçoit d'un abbé qui fut le confesseur de son père – l'abbé Soldani – achèvent de lui représenter le « métier de roi » comme le plus exigeant, le plus austère, le plus difficile aussi qui soit.

Il faut, lui a dit Soldani, « connaître sa religion, lutter contre les écrits des philosophes, sans ménager les auteurs, protéger l'Église sans épargner les mauvais prêtres ni les abbés avides… Évitez les favoris, tenez-vous près du peuple, évitez le vain luxe, les dépenses, les plaisirs auxquels on sait que vous tenez peu, du reste. Vous qui aimez le travail, sachez vous reposer ; vous qui êtes frugal, ne vous laissez pas séduire ; soyez bon avec tous, mais rappelez-vous que vous êtes l'héritier. Et puissiez-vous régner le plus tard possible. »

Mais ce 10 mai 1774, il n'a pas vingt ans, quand il entend tout à coup rouler vers lui, comme un bruit de tonnerre, le piétinement impatient des courtisans qui ont abandonné l'antichambre du souverain décédé pour venir saluer « la nouvelle puissance ».

Le roi est mort ! Vive le roi !

2.

Louis est comme écrasé, étouffé.

« Quel fardeau, s'exclame-t-il, et on ne m'a rien appris ! Il me semble que l'univers entier va tomber sur moi. »

Cette charge royale que Dieu lui confie, il craint depuis plus de dix ans de ne pouvoir la supporter.

Longtemps, il a espéré ne pas monter sur le trône.

Il n'était que le deuxième fils du dauphin Louis-Ferdinand et de la dauphine Marie-Josèphe de Saxe.

Le fils aîné, le duc de Bourgogne, était le successeur désigné de Louis-Ferdinand, qui lui-même n'accéderait à la royauté qu'après la mort de son père Louis XV.

Louis, duc de Berry, né le 23 août 1754, se sentait ainsi protégé par ces trois vies qui le tenaient écarté du trône.

D'ailleurs, qui prêtait attention à cet enfant joufflu, puis à ce garçon maigre, au regard vague des myopes, qui semblait incapable de prendre une décision et dont la démarche même était hésitante ?

Son frère aîné, le duc de Bourgogne, attirait tous les regards, toutes les attentions, et il traitait son cadet avec morgue, mépris, cependant que ses précepteurs, le gouverneur des enfants de France, le duc de La Vauguyon, le donnaient en modèle. Les frères cadets de Louis, duc de Berry, les comtes de Provence et d'Artois, étaient, bien que plus encore éloignés du trône, moins effacés. Le comte de Provence avait l'intelligence subtile, et le comte d'Artois, le charme d'un séducteur.

Les sœurs, Clotilde et Élisabeth, comptaient peu, face à ces quatre fils.

« Nos princes sont beaux et bien portants… Monseigneur le duc de Bourgogne est beau comme le jour, et le duc de Berry ne lui cède en rien », disait-on.

Mais c'est le duc de Bourgogne qu'on fête !

À sa naissance, en 1751, Louis XV ordonne trois jours de chômage et d'illuminations à Paris. Rien de tel pour le duc de Berry, trois ans plus tard. À peine quelques volées de cloches.

A-t-on craint, comme ce fut le cas pour le duc de Bourgogne, que des émeutiers, pauvres que la misère étrangle, que le prix du grain affame, ne déposent dans le berceau de l'enfant un paquet de farine et un paquet de poudre, avec ce placet : « Si l'un nous manque, l'autre ne nous manquera pas » ?

On avait envoyé l'une des nourrices à la Bastille, sans pour autant démonter les rouages du complot et mettre au jour les complicités.

Le duc de Berry reste dans l'ombre de son frère aîné. On se soucie si peu de lui, que la nourrice qu'on lui choisit n'a pas de lait, mais est la maîtresse d'un ministre du Roi, le duc de La Vrillière.

Tant pis pour Louis, duc de Berry, puisqu'il ne doit pas être roi !

Mais la mort a d'autres projets.

Elle rôde dans le royaume de France, qui semble si riche, si puissant, le modèle incomparable des monarchies.

Et cependant on meurt de faim, et les impôts dépouillent les plus humbles, les laissant exsangues alors que nobles et ecclésiastiques apparaissent comme des intouchables, rapaces de surcroît, levant leurs propres impôts, avides au point de tout vouloir s'accaparer, chassant à courre, saccageant ainsi les épis mûrs, et traînant en justice, et parfois jusqu'à l'échafaud, les paysans qui braconnent.

Les « émotions », les « émeutes », les « guerres des farines », les « révoltes des va-nu-pieds », secouent donc périodiquement le royaume.

Et en 1757 – le duc de Berry a trois ans –, un serviteur, Damiens, à Versailles, porte un coup de couteau au flanc du roi bien-aimé, Louis XV. Blessure sans gravité, mais acte révélateur et châtiment à la mesure du sacrilège.

Porter la main sur le roi c'est frapper Dieu ! Et, dans ce royaume où on lit Voltaire, où la favorite, Madame de Pompadour, protège les philosophes, on va couler du plomb fondu dans les entrailles ouvertes de Damiens, puis on va atteler quatre chevaux à ses quatre membres, afin de l'écarteler, et, pour faciliter l'arrachement des jambes et des bras, on cisaillera les aisselles et l'aine.

La mort est à l'œuvre.

Le duc de Bourgogne meurt le 20 mars 1761, et Louis son cadet, âgé de sept ans, que le décès de son frère aîné a plongé dans la maladie, emménage dans la chambre du frère défunt, celle de l'enfant choyé qu'on préparait pour le trône et qui n'est plus qu'un souvenir exemplaire dont on ne cesse de vanter les mérites à Louis.

On veille de plus près sur son éducation.

« Berry fait de grands progrès dans le latin et d'étonnants dans l'histoire », écrit son père, le dauphin Louis-Ferdinand.

Mais les ambassadeurs qui le scrutent puisqu'il s'est rapproché du trône sont sans indulgence.

« Si on peut s'en rapporter aux apparences, écrit l'ambassadeur d'Autriche en 1769 – Louis a quinze ans –, la nature semble lui avoir tout refusé. Le prince par sa contenance et ses propos n'annonce qu'un sens très borné, beaucoup de disgrâce et nulle sensibilité… »

Et l'ambassadeur de Naples ajoute un trait plus sévère encore : « Il semble avoir été élevé dans les bois. »

Louis en fait est timide, d'autant plus mal à l'aise que son père, dauphin de France, est mort le vendredi 20 décembre 1765, et que désormais entre la charge royale et Louis, il n'y a plus que son grand-père Louis XV, vert encore, rajeuni par sa liaison avec la comtesse du Barry qui a succédé à la marquise de Pompadour, décédée en 1764.

Mais le roi est lucide, et il s'exclame, plein d'inquiétude et presque de désespoir :

« Pauvre France, un roi âgé de cinquante-cinq ans et un dauphin âgé de onze ans ! Pauvre France. »

À compter de ce mois de décembre 1765, Louis, duc de Berry, est donc en effet dauphin de France.

Il a onze ans.

Il n'est qu'un enfant que l'inquiétude tenaille, qui trouve souvent dans la maladie un refuge contre l'angoisse d'avoir un jour à être roi de France. Dignité, charge et fonction auxquelles on le prépare en lui enseignant l'italien, l'anglais et un peu d'allemand. Mais il aime d'abord les mathématiques, les sciences, la géographie. Il est habile à dessiner les cartes.

Les travaux manuels – et même ceux des jardiniers ou des paysans qu'il côtoie – l'attirent. Il a été malingre. Il grossit, parce qu'il dévore, engloutissant voracement, comme pour rechercher ces périodes d'engourdissement, d'indigestion, qui lui masquent la réalité.

Si la mort frappe d'abord Louis XV, ce qui est dans l'ordre naturel des choses, il sera roi.

Et cela l'accable.

Et l'échéance se rapproche, puisque la mort continue à faucher.

La mère de Louis – la dauphine – meurt en 1767, puis, en mars 1768, c'est la reine Marie Leczinska – la grand-mère de Louis – qui est emportée.

Et à chacun de ces décès c'est le dauphin – car Louis XV n'assiste pas par exemple au service solennel à Saint-Denis en l'honneur de la reine – qui préside ces cérémonies funèbres, à la lourde et minutieuse étiquette.

Alors que Louis n'est pas encore roi, ces obligations auxquelles il se soumet le paralysent, même s'il tente de donner le change. Mais son visage rond marqué par l'ennui et presque le désespoir, son regard éteint, ses gestes gauches, ne trompent pas.

Il sait aussi qu'il ne peut combler les attentes de Louis XV, qui ne cesse de regretter la mort du dauphin Louis-Ferdinand, son fils.

« Vous avez bien jugé de ma douleur, écrit le roi au duc de Parme, je me distrais tant que je peux, n'y ayant point de remède, mais je ne puis m'accoutumer de n'avoir plus de fils et quand on appelle mon petit-fils, quelle différence pour moi, surtout quand je le vois entrer. »

Alors Louis, pour se protéger de cette déception, s'enferme en lui-même, son corps s'alourdit comme si la graisse devenait une carapace, et la myopie le moyen de ne pas voir, d'ignorer la réalité.

Mais parfois il rompt le silence où il se terre, et dans une réponse à La Vauguyon, il révèle son amertume et sa solitude :

« Eh, Monsieur, qui voulez-vous que j'aime le plus ici, où je ne me vois aimé de personne ? »

Mais il faut accepter, subir ce que Dieu impose.

Et le choix de Dieu s'exprime par la voix de Louis XV.

C'est le roi qui trace la route, qui, conseillé par son ministre Choiseul, est décidé à renforcer l'alliance avec l'Empire des Habsbourg, et le plus symbolique et le plus efficace c'est de préparer le mariage du dauphin avec une archiduchesse autrichienne.

Le 24 mai 1766, l'ambassadeur de Vienne à Paris, le prince Stahrenberg, écrit à l'impératrice Marie-Thérèse d'Autriche :

« Votre Majesté sacrée peut dès ce moment regarder comme décidé et assuré le mariage du dauphin et de l'archiduchesse Marie-Antoinette », la plus jeune des filles de Marie-Thérèse.

Louis XV l'a confirmé à l'ambassadeur autrichien, qui ajoute :

« C'est aux bons offices de Monsieur de Choiseul – le premier des ministres – que je dois principalement un succès que j'avais fort à cœur d'obtenir. »

Il n'est pas dans les usages que l'on se préoccupe des sentiments du dauphin de France. La vie de Louis, duc de Berry, Louis XVI à compter du 10 mai 1774, est donc dessinée sans qu'il ait à y redire. Et les choix accomplis au nom de la tradition, de la politique et des décisions royales, des contraintes dynastiques, ont modelé la personnalité de Louis.

Mais maintenant qu'il est roi, il doit régner.

Il n'est pas sûr de lui.

On ne lui a pas appris à gouverner.

Il sait chasser, battre le fer comme un forgeron ou un serrurier, ou même tracer un sillon tel un laboureur, mais il ignore l'art de la consultation et de la décision politiques.

Il cherche autour de lui des appuis, des conseils.

Son père, Louis-Ferdinand, avant de mourir, avait dressé une liste de personnalités qui pourraient l'aider de leurs avis. Il interroge ses tantes, mais les filles de Louis XV sont de vieilles demoiselles, dévotes. L'une d'elles, Louise, a même pris le voile au carmel de Saint-Denis.

Il se méfie de sa jeune femme Marie-Antoinette, qui n'a pas dix-neuf ans et qui est tout entière soumise aux stratégies du nouvel ambassadeur autrichien Mercy-Argenteau, qui veut d'abord servir Vienne.

Il écoute les uns et les autres, hésite entre deux anciens ministres, Machault et Maurepas, l'un de soixante-treize ans, l'autre de presque soixante-quatorze !

Il choisit d'abord, sur le conseil de ses tantes, Machault, puis, cédant à d'autres influences, il opte pour Maurepas, exilé par Louis XV dans son château de Pontchartrain. Là, Maurepas reçoit tout ce que Paris compte d'esprits éclairés, proches de cet « esprit des Lumières », ouvert à l'économie, aux idées que le « parti philosophique », Voltaire, l'*Encyclopédie* défendent et répandent.

Cet homme-là pourrait être son conseiller.

Il lui adresse donc la lettre qu'il avait d'abord écrite à Machault.

« Monsieur, dans la juste douleur qui m'accable et que je partage avec tout le royaume, j'ai pourtant des devoirs à remplir.

« Je suis roi : ce seul mot renferme bien des obligations, mais je n'ai que vingt ans. Je ne pense pas avoir acquis toutes les connaissances nécessaires. De plus je ne puis voir aucun ministre, ayant tous été enfermés avec le roi dans sa maladie. »

Les risques de contagion imposent qu'il ne les consulte pas avant neuf jours.

« J'ai toujours entendu parler de votre probité et de la réputation que votre connaissance profonde des affaires vous a si justement acquise. C'est ce qui m'engage à vous prier de bien vouloir m'aider de vos conseils et de vos lumières.

« Je vous serais obligé, Monsieur, de venir le plus tôt que vous pourrez à Choisy où je vous verrai avec le plus grand plaisir. »

La lettre est déférente, presque humble. Elle touche et flatte le vieux courtisan qu'est Maurepas.

Dès le 13 mai, il est à Choisy. Il voit Louis XVI, comprend que le jeune roi ne veut pas d'un premier ministre mais d'un mentor, et le rôle convient à Maurepas.

« Je ne serai rien vis-à-vis du public, dit Maurepas. Je ne serai que pour vous seul. »

Les ministres travailleront avec le roi et lui, Maurepas, offrira son expérience.

« Ayons une conférence ou deux par semaine et si vous avez agi trop vite, je vous le dirai.

« En un mot je serai votre homme à vous tout seul et rien au-delà. »

Et Maurepas ajoute :

« Si vous voulez devenir vous-même votre premier ministre, vous le pouvez par le travail… »

Le premier Conseil se tient le 20 mai 1774 au château de la Muette situé en bordure du bois de Boulogne.

Louis XVI écoute les anciens ministres de Louis XV.

Dans ce Conseil et les suivants, on lit les dépêches sans les commenter. Le roi s'ennuie, n'intervient pas, quitte brusquement le Conseil sans même qu'on ait fixé la date du suivant.

Seule décision : le roi renonce par un édit du 30 mai au « don de joyeux avènement », et la reine à un autre impôt, tous deux destinés à célébrer l'accession au trône d'un nouveau souverain.

Quand, dans le bois de Boulogne, le peuple aperçoit Louis XVI qui se promène à pied sans gardes du corps parmi ses sujets, puis la reine qui vient à sa rencontre à cheval et que les deux jeunes gens s'embrassent, « le peuple bat des mains ».

« Louis XVI semble promettre à la nation le règne le plus doux et le plus fortuné », peut-on lire dans les gazettes.

3.

Ces acclamations, cette ferveur populaire spontanée, autour du château de la Muette, ces hommes et ces femmes qui s'agenouillent sur son passage, qui veulent baiser ses mains, ou simplement toucher ses vêtements, rassurent Louis XVI.

Il embrasse de nouveau Marie-Antoinette, et la foule crie : « Vive le roi ! Vive la reine ! »

Tout brusquement paraît simple, évident comme un ciel qui s'est éclairci.

Les sujets aiment leurs souverains. Le roi incarne le royaume et l'ordre du monde, les Français le savent et l'acceptent.

Il faut être bon, juste et ferme avec eux, les rendre heureux, soulager leurs misères, diminuer autant qu'on le peut les impôts qu'ils paient, et donc réduire les dépenses exorbitantes, le « vain luxe », ainsi que le disait l'abbé Soldani. Sinon ce sont les flambées de colère, ces émotions paysannes que suscitent, comme en 1771, et même l'année dernière en 1773, les récoltes déficitaires. La rareté des grains provoque l'augmentation du prix du blé, et donc de la farine et du pain. Et voici l'émeute.

Comment éviter cela ?

L'humeur de Louis devient morose. Le sentiment d'impuissance qui souvent le saisit le submerge, et suscite en lui l'ennui.

Il regarde Marie-Antoinette qui rit, qui caracole, mutine, qu'entourent des courtisans. Elle s'éloigne au galop, cependant qu'il reste là, dans ce bois de Boulogne, hésitant, pressé par ses sujets dont l'enthousiasme tout à coup le lasse, et dont il sait, se souvenant des dernières années du règne de Louis XV, qu'il peut se retourner en mépris et en colère.

Il a l'impression qu'il est prisonnier de cette toile d'araignée qu'est le pouvoir royal dont tous les fils convergent vers lui.

Il faudrait se dégager, agir, mais comment le faire sans rompre des liens qui s'entrecroisent, noués les uns aux autres ? Déchirer l'un, c'est affaiblir toute la toile.

Il lui a suffi de quelques semaines pour découvrir qu'autour de lui c'est un grouillement d'intrigues, d'ambitions, d'intérêts contradictoires.

On lui suggère ainsi de revenir sur la réforme décidée en 1771 par Louis XV et son chancelier Maupeou.

Les caisses royales étaient vides, parce que la guerre de Sept Ans – 1756-1763 –, désastreuse, conclue par le calamiteux traité de Paris, a coûté cher.

Il fallait tenter de les remplir, pour éviter la banqueroute. Les nouveaux impôts ne pouvaient frapper que les « privilégiés ».

Les parlements s'y sont opposés. Composés de privilégiés, propriétaires de leur charge, ils se présentent en « défenseurs du peuple » contre le pouvoir royal. Le chancelier Maupeou a voulu les briser, transformer les parlementaires en agents du pouvoir royal.

Il a exilé les membres du Parlement de Paris, il limite le ressort de cette juridiction.

C'est une véritable révolution qui peut permettre à la monarchie de réaliser des réformes décisives puisqu'elle pourra, enfin, lever l'impôt sur les privilégiés, sans rencontrer la résistance des parlements.

Faut-il, puisque Louis XV est mort, effacer cette « révolution », redonner toute leur force aux parlements ? Capituler, conforter les privilégiés au détriment de l'ensemble du royaume et des intérêts mêmes de la monarchie ? Louis XVI écoute les conseilleurs qui se pressent autour de lui. Il hésite.

Il y a le « camp » de Marie-Antoinette qui récuse toute réduction des dépenses royales, pour qui la monarchie ne peut que respecter les privilèges, dont elle est elle-même l'expression.

Et Marie-Antoinette aime le luxe, les bals et les fêtes, elle accorde à ses proches qui composent sa « cour » des milliers de livres de rente.

Elle est l'héritière des Habsbourg, fière de son ascendance, soucieuse de défendre les intérêts de la cour de Vienne.

Elle pense court car son éducation a été négligée.

L'abbé Vermond, le précepteur qui a été envoyé auprès d'elle à Vienne pour l'instruire afin de la préparer à son rôle de reine de France, a dû constater qu'elle était rebelle à toute contrainte, qu'on ne « pouvait appliquer son esprit qu'en l'amusant », parce qu'elle n'avait été accoutumée à aucun effort et qu'elle était marquée par « un peu de paresse et beaucoup de légèreté ». Mais elle sait séduire, jeune fille au front haut et bombé, à la chevelure dorée, à la peau d'une blancheur satinée.

Ce charme auquel personne ne résiste indispose Louis, quand avec Louis XV il la reçoit à Compiègne, puis à Versailles, en mai 1770, pour célébrer, selon les vœux du premier des ministres Choiseul, le plus grand mariage du siècle et, par là, confirmer de manière éclatante l'alliance du royaume de France avec l'Autriche.

Cérémonie grandiose, bal, souper, illumination et feu d'artifice qu'un violent orage oblige à reporter, marquent ce jour du 16 mai 1770.

Mais Louis dans son lourd costume brodé de l'ordre du Saint-Esprit apparaît maladroit, distant, ennuyé, comme si l'éclat de son épouse, à peine âgée de quinze ans, mettait mal à l'aise ce jeune homme de seize ans qui n'a aucune expérience des femmes, et qui doit, sous l'œil des courtisans, se dévêtir et se coucher, selon le rituel de la Cour, aux côtés de cette adolescente primesautière.

La rumeur se répand vite que le mariage n'a pas été consommé.

Marie-Antoinette a osé interpeller son époux, en présence des sœurs de Louis XV :

« Vous êtes mon homme, quand serez-vous mon mari ? »

On murmure. On se moque.

Marie-Antoinette est vite entourée d'une cour de jeunes gens, parmi lesquels le comte d'Artois, le plus jeune des frères de Louis, le plus vif, le plus brillant. Et Louis semble indifférent, se livrant chaque jour, avec une violence exacerbée, à la chasse, traquant souvent seul les sangliers et les cerfs, et se jetant sur l'animal, le couteau à la main afin de l'achever et de le dépecer.

Puis, rentré au château, il redevient ce jeune homme silencieux, morose, indifférent à cette femme qui s'étonne de la froideur de son époux.

« Seul le défaut de volonté du prince donne lieu à une situation si étrange », concluent les médecins qui examinent Louis puis Marie-Antoinette.

On se gausse dans les salons de la Cour.

On murmure que ce mariage inaccompli a commencé sous de sombres auspices : une bousculade et la panique n'ont-elles pas provoqué, le soir des noces, cent trente-six morts à Paris ?

Et Louis a écrit au lieutenant général de police :

« J'ai appris le malheur arrivé à mon occasion. On m'apporte ce que le roi – Louis XV – m'envoie pour mes menus plaisirs. Je ne puis disposer que de cela, je vous l'envoie pour secourir les plus malheureux. »

Et il fait remettre à Monsieur de Sartine 6 000 livres.

Cela ne fait pas taire les commentaires.

Les uns disent à propos de ces époux royaux : « On les marie trop jeunes. »

Mais d'autres sont plus sévères : « La nature semble avoir tout refusé à Monsieur le Dauphin », conclut l'ambassadeur d'Autriche Mercy-Argenteau.

Il précise dans une lettre à l'impératrice Marie-Thérèse :

« Madame la Dauphine – Marie-Antoinette – craint dans le prince son époux les effets de la nonchalance, de peu d'aptitude à être ému, enfin un défaut de nerf sans lequel on ne pense ni on ne sent assez vivement pour agir avec efficacité. »

Et cependant – enfin ! – le mariage est consommé – ou presque ! – en mai 1773 – trois ans après les noces donc !

« Je crois le mariage consommé, quoique pas encore dans le cas d'être grosse, écrit Marie-Antoinette à sa mère l'impératrice Marie-Thérèse. C'est pour cela que Monsieur le Dauphin ne veut pas qu'on le sache encore. Quel bonheur si j'avais un enfant au mois de mai… »

Est-ce l'effet de ces journées de mai ? Louis apparaît aux fêtes que donne Marie-Antoinette, et celle-ci participe aux chasses royales.

Et quand ils font leur entrée officielle à Paris, le 8 juin 1773, la foule les acclame. Jamais un couple de la famille royale n'a reçu un tel accueil populaire.

Les jeunes gens – dix-neuf et dix-huit ans – sont émus.

« Ce qui m'a touchée le plus, écrit Marie-Antoinette, c'est la tendresse et l'empressement de ce pauvre peuple qui malgré les impôts dont il est accablé était transporté de joie de nous voir. Lorsque nous avons été aux Tuileries il y avait une si grande foule que nous avons été trois heures sans pouvoir avancer ni reculer Monsieur le Dauphin et moi… Avant de nous retirer nous avons salué avec la main le peuple, ce qui a fait grand plaisir. Qu'on est heureux dans notre état de gagner l'amitié du peuple à si bon marché ! Il n'y a pourtant rien de si précieux, je l'ai bien senti et je ne l'oublierai jamais. »

C'était en juin 1773.

Au fond de lui, Louis ne peut longtemps se laisser bercer par ces scènes émouvantes et rassurantes.

Il doit se soumettre aux examens du chirurgien Lassonne.

On sait déjà que le cadet de Louis, le comte de Provence, est, quoiqu'il le dissimule, incapable de remplir ses devoirs d'époux. Louis doit faire face non seulement à l'ironie et aux sarcasmes des courtisans, mais à Marie-Antoinette qui écrit à Marie-Thérèse : « Il est très bien constitué, il m'aime et a bonne volonté, mais il est d'une nonchalance et d'une paresse qui ne le quittent jamais. »

Et pourtant il chasse avec fougue et témérité.

Il y a aussi les critiques du premier des ministres, Choiseul, dont il sent la volonté de l'humilier en même temps que la jalousie. Car Louis sera roi. Et Choiseul écrit :

« Le prince est imbécile, il est à craindre que son imbécillité, le ridicule et le mépris qui en seront la suite, ne produisent naturellement une décadence de cet Empire, qui enlèverait le trône à la postérité du roi. »

Louis se sent ainsi observé, jaugé, jugé, critiqué, et cette colère mêlée d'amertume, ce sentiment d'impuissance, qui le rongent, il ne peut les exprimer qu'en se jetant au terme d'une chevauchée, couteau au poing, sur le gibier qu'il a acculé.

Mais cette force et cette rage intérieures sont proscrites dans le monde policé, retors, dissimulé, de la Cour et dans le labyrinthe des intrigues qui constitue la politique de la monarchie.

Alors Louis doit affronter et subir les regards perçants des courtisans, des ambassadeurs, qui font rapport à leurs souverains sur cette monarchie française, si glorieuse, si puissante, et cependant taraudée par les faiblesses de ceux qui l'incarnent, et paralysée par les résistances aux réformes de ses élites privilégiées.

L'ambassadeur d'Espagne écrit ainsi :

« Monsieur le Dauphin n'a pas encore révélé son talent ni son caractère. On ne doute pas qu'il soit bon et grand ami de la vertu. Sa taille est bien prise et son corps robuste ; il aime extrêmement la chasse et la suit à cheval si dextrement qu'on le suit avec difficulté. On considère même qu'il s'expose à des chutes dangereuses.

« On ne connaît personne qui ait gagné sa confiance intime.

« On doute qu'il ait consommé son mariage. Quelques-uns l'affirment, mais plusieurs dames de la dauphine ne paraissent pas le croire ; il ne manque pas de pièces à conviction pour le faire penser.

« On retrouve dans le linge des deux princes des taches qui révèlent que l'acte a eu lieu, mais bien des gens l'attribuent à des expulsions extérieures du dauphin qui n'aurait pas réussi à pénétrer non par manque de tempérament mais à cause d'une petite douleur mal placée qui s'accentue quand il insiste.

« D'autres croient que tout a été accompli, parce que le dauphin s'est montré plein d'affection avec la dauphine depuis quelque temps ; mais le doute qui continue à planer sur le sujet, pourtant si important, ne laisse pas penser que le résultat désiré ait été atteint, sans quoi on l'eût célébré.

« La dauphine est belle et de cœur très autrichien : tant qu'il ne l'aura pas très attachée à la France il est naturel qu'elle goûte peu tous les avantages de ce pays.

« Pourtant elle aime beaucoup les bijoux et les ornements et ne manque pas d'occasions ici de se procurer tout ce qu'elle souhaite, elle peut donc satisfaire abondamment l'inclination de son sexe...

« Le comte de Provence a très bon air. Mais tout le monde, d'une voix unanime, affirme son impuissance.

« Le comte d'Artois est galant et de belle allure, il a plus de lumières que ses frères et plus de dispositions à s'instruire. À le juger par son apparence, sa vivacité et toutes ses qualités le font apparaître comme le sauveur et le restaurateur de sa famille.

« La situation de ce gouvernement et de cette monarchie n'est pas à envier... »

4.

Louis sait ce que l'ambassadeur d'Espagne pense du royaume de France.

Et il n'ignore rien de ce que les courtisans, les autres diplomates, et les membres de la famille royale, écrivent dans leurs missives, chuchotent entre eux.

Le compte-rendu de leurs propos, la copie de leurs lettres, viennent d'être déposés, là, sur la table, par le directeur de ce « cabinet noir » chargé de recueillir les conversations, d'ouvrir les correspondances, et d'en faire rapport quotidien au roi.

Ainsi l'avaient voulu Louis XIV, puis Louis XV, et Louis a pris leur suite, fasciné en même temps qu'effrayé par ce qu'il découvre, avide désormais de connaître ainsi la réalité cachée de ce royaume dont il a la charge, et de percer à jour les intentions de ses proches.

Louis se convainc que ce ne sont point les apparences qui comptent, que les propos publics ne sont le plus souvent que le masque d'intentions et de projets différents.

Il avait depuis l'enfance dissimulé ses pensées, adolescent solitaire et silencieux. Il se persuade qu'on ne peut gouverner ce royaume, agir sur les hommes, qu'en jouant une partie secrète, dont il ne faut livrer les ressorts à quiconque, même au plus proche des conseillers, même à la reine.

Comment d'ailleurs pourrait-on agir autrement, quand on est celui qui doit, en dernier recours, décider du sort de ces vingt-cinq millions de sujets qui constituent le royaume le plus peuplé d'Europe ?

Quand, à Paris, on dénombre au moins six cent mille habitants.

Qu'il faut se soucier de ces philosophes, qui règnent sur les esprits, qui ont diffusé à plusieurs milliers d'exemplaires, les dix-sept volumes de leur *Encyclopédie.*

Et Louis se défie de ces hommes « éclairés » de cet esprit des Lumières, de ce Voltaire qui, habile, retors, sait à la fois louer le roi sacré à Reims, et conduire la guerre contre l'Église. Voilà un homme qui avance caché, qui publie des libelles violents sous des noms d'emprunt, mais qui n'a qu'un but : « Écraser l'infâme », cette religion apostolique et romaine qui est le socle même de la monarchie.

Or Louis se veut être le Roi Très Chrétien de la fille aînée de l'Église.

Elle compte près de cent trente mille clercs et moniales, dont cent quarante-trois évêques. Ces derniers font tous partie de cette noblesse, forte de trois cent cinquante mille personnes, dont quatre mille vivent à la Cour.

Privilégiés, certes, mais Louis sait que nombreux sont ceux qui, tout en étant fidèles à la monarchie, jalousent le roi. À commencer par ce Louis-Philippe d'Orléans, son cousin, grand maître de la Maçonnerie, cette secte condamnée par l'Église mais tolérée, alors qu'en 1764 – victoire du parti philosophique – les Jésuites ont été expulsés du royaume.

Et il y a ces « frondeurs » de parlementaires, exilés par Louis XV et le chancelier Maupeou, mais qui harcèlent Louis, pour obtenir l'annulation de la réforme, leur retour à Paris, avec tous leurs privilèges.

Et puis, le « peuple », ces millions de sujets, le « tiers état ». La crête en est constituée par deux à trois millions de « bourgeois », négociants, médecins, chirurgiens, avocats, lettrés, se retrouvant souvent dans des sociétés de pensée, loges maçonniques, où ils côtoient certains nobles, tous pénétrés par l'esprit des Lumières, lecteurs de Montesquieu, de Rousseau et d'abord de Voltaire. Au-dessous d'eux, la masse paysanne représente plus de vingt millions de sujets, dont un million et demi sont encore serfs, et les autres, petits propriétaires ou fermiers et métayers, sont écrasés d'impôts, royaux, seigneuriaux, féodaux, et doivent même la dîme à l'Église !

Voilà donc ce royaume que Louis doit gouverner.

Il sait que l'on s'interroge en ces premières semaines de règne sur ses capacités.

« Louis XVI aura-t-il ou n'aura-t-il pas le talent des choix et celui d'être la décision ? » se demande un abbé de cour, Véri.

C'est anodin mais Louis découvre dans la copie d'une lettre de l'ambassadeur d'Autriche Mercy-Argenteau à l'impératrice Marie-Thérèse que le diplomate le trouve « bien peu aimable. Son extérieur est rude. Les affaires pourraient même lui donner des moments d'humeur. »

Et l'Autrichien se demande si ce roi « impénétrable aux yeux les plus attentifs » doit cette « façon d'être » à une « grande dissimulation » ou à une « grande timidité ».

L'ambassadeur rapporte une exclamation de Marie-Antoinette : « Que voulez-vous qu'on puisse faire auprès d'un homme des bois ? »

Comment, quand on apprend cela, ne pas se renfermer, refuser de donner sa confiance, tenir son jeu secret ? Hésiter à choisir, sachant qu'on est à tout instant guetté ?

Faut-il revenir sur la réforme Maupeou ?

Nommer au contrôle général des Finances cet Anne Robert Turgot, intendant du Limousin, qu'on dit « physiocrate », économiste donc, adepte du *laissez faire*, *laissez passer*, voulant briser les corporations de métier, décréter la libre circulation des grains, imaginant que ces libertés favoriseront le commerce, permettront de réduire voire d'effacer ce *déficit*, cette tumeur maligne de la monarchie, ce mot que Louis entend plusieurs fois par jour associé à ceux de *banqueroute*, d'économies, d'impôts, de réformes, de privilèges.

Louis se sent harcelé. Son mentor, ce vieil homme de Maurepas, le somme de se décider à nommer Turgot, de répondre à de nombreuses autres questions pressantes à propos de la réforme Maupeou, de la politique étrangère.

Faut-il préparer, entreprendre une guerre contre l'Angleterre, la grande bénéficiaire du traité de Paris, et profiter des difficultés que Londres rencontre dans ses colonies d'Amérique ?

Et cela suppose de donner encore plus de poids à l'alliance avec l'Autriche, et c'est naturellement ce que veut Marie-Antoinette, guidée par l'ambassadeur Mercy-Argenteau.

Mais où est l'intérêt du royaume ?

Louis hésite.

« Que voulez-vous, dit-il à Maurepas, je suis accablé d'affaires et je n'ai que vingt ans. Tout cela me trouble. »

« Ce n'est que par la décision que ce trouble cessera, répond Maurepas. Les délais accumulent les affaires et les gâtent même, sans les terminer. Le jour même que vous en aurez décidé une, il en naîtra une autre. C'est un moulin perpétuel qui sera votre partage jusqu'à votre dernier soupir. »

La seule manière d'échapper à cette meule des affaires qu'il faut trancher et qui tourne sans fin, et ne cessera qu'avec la mort, c'est de s'enfuir, de chevaucher dans les bois, de traquer le cerf et le sanglier, de se rendre jusqu'à Versailles ou à Marly. Louis rêve du jour où, enfin, il pourra s'installer à Versailles.

Il envisage déjà d'aménager des appartements privés, avec une salle de géographie, où il rassemblerait ses cartes et ses plans, un étage serait consacré à la menuiserie. Au-dessus se trouverait la bibliothèque, et enfin, au dernier étage, il placerait la forge, des enclumes et des outils pour travailler le fer.

Un belvédère lui permettrait de pénétrer, grâce au télescope, tous les secrets des bosquets de Versailles et des bâtiments du château.

Il gardera ces lieux fermés, car il a déjà surpris les commentaires ironiques ou méprisants, avec lesquels on juge ses goûts d'artisan, de forgeron, de serrurier, de menuisier.

Un roi, un gentilhomme jouent aux cartes, ou au trictrac, ils apprécient les courses, ils chassent, mais ils ne se livrent pas aux activités d'un roturier, d'un compagnon de métier !

Cela n'est pas digne d'un roi.

Mais ce sera un moyen pour lui de se retirer, d'échapper aux regards, aux harcèlements, aux décisions.

C'est si simple quand on n'agit que pour soi !

Ainsi, alors qu'on le met en garde, qu'on trouve l'initiative téméraire, Louis accepte de se faire inoculer, à la demande de la reine et de ses frères, la variole, et c'était encore une pratique jugée dangereuse, venue de cette terre hérétique et philosophique d'Angleterre, si vantée par Voltaire et le parti philosophique, afin d'être vacciné contre cette maladie qui avait fait des hécatombes dans la famille royale.

Lorsqu'on apprend qu'on a passé des fils dans le gros bouton purulent d'un enfant de trois ans, puis qu'on les a introduits dans les bras du roi et de ses frères, on s'inquiète.

« À quoi bon risquer sur la même carte ces trois vies si précieuses à la nation et quand nous n'avons pas encore d'héritier ? » interroge-t-on.

On pense même que « c'est vouloir livrer la France aux Orléans ».

Mais la vaccination, administrée aux trois frères installés au château de Marly, est bien supportée.

On dit que Louis XVI, pendant les quinze jours d'isolement, a, malgré les malaises et la fièvre, continué de travailler. Et Voltaire, qui exprime l'opinion éclairée, déclare :

« L'Histoire n'omettra pas que le roi, le comte de Provence et le comte d'Artois, tous trois dans une grande jeunesse, apprirent aux Français en se faisant inoculer qu'il faut braver le danger pour éviter la mort. La nation fut touchée et instruite. »

Louis accueille ces louanges avec un sentiment d'euphorie. Il lit et relit ces vers que l'on publie, que l'on récite :

Poursuis, et sur nos cœurs exerce un doux empire
La France a dans son sein vingt millions d'enfants
Quelle gloire pour toi si bientôt tu peux dire
Je les rends tous heureux et je n'ai que vingt ans.

Les gazettes, souvent réservées, chantent elles aussi ce jeune souverain « occupé du soin du trône avec l'adorable princesse qui y est arrivée avec lui ; tout ce qu'on apprend à chaque instant ajoute à l'amour qu'on leur porte. S'il était possible au Français de ne pas porter jusqu'à l'idolâtrie la tendresse qu'il a pour ses maîtres… »

Mais Louis pressent qu'on veut faire de lui le « souverain des Lumières », Louis le Juste.

On l'invite pour des raisons d'économie à se faire sacrer non à Reims mais à Paris. Et l'on pourrait aussi, à l'occasion de cette rupture avec la tradition, changer le serment que prête le roi au moment de son sacre et par lequel il s'engage à exterminer les hérétiques !

Et n'y a-t-il pas encore en France, au moins six cent mille protestants ? Et a-t-on oublié cette affaire Calas, qui a vu torturer, exécuter, un protestant dont Voltaire a prouvé l'innocence ?

Louis laisse dire mais résiste.

Il refuse de prendre Malesherbes comme chancelier parce qu'il le juge trop lié au parti philosophique. Et il dit à Maurepas, qui insiste pour que Turgot soit enfin chargé des Finances :

« Il est bien systématique, et il est en liaison avec les encyclopédistes. »

« Aucun de ceux que nous approcherons ne sera jamais exempt de critique, répond Maurepas, ni même de calomnie. Voyez-le, sondez-le sur ses opinions, vous verrez peut-être que ses systèmes se réduisent à des idées que vous trouverez justes. »

Il faut bien écouter Maurepas, puisque l'on dit que ce Turgot, fils d'un conseiller d'État qui fut aussi prévôt des marchands de Paris, serait capable de combler le déficit de quarante huit millions de livres qui mine l'État royal.

Le 24 août 1774, Louis XVI reçoit Turgot, l'écoute, puis conclut en lui serrant les mains :

« Je vous donne ma parole d'honneur d'avance d'entrer dans toutes vos vues et de vous soutenir toujours dans les partis courageux que vous aurez à prendre. »

C'est un instant d'émotion, mais lorsque Louis lit la lettre dans laquelle Turgot précise les moyens par lesquels il redressera la situation des finances du royaume, le roi mesure les difficultés.

Ce programme implique que l'on coupe dans les dépenses royales, les libéralités des souverains, et qu'on s'attaque à ces fermiers généraux qui prélèvent un pourcentage élevé sur les impôts qu'ils recueillent au nom du roi, faisant l'avance des recettes fiscales au Trésor royal.

Louis approuve, certes, les buts de Turgot : « Point de banqueroute, point d'augmentation d'impôts, point d'emprunts. »

Mais le ton qu'emploie Turgot, cette musique philosophique, « encyclopédique », lui déplaît.

« Il faut, écrit Turgot, vous armer contre votre bonté, de votre bonté même, considérer d'où vient cet argent que vous pouvez distribuer à vos courtisans, et comparer la misère de ceux auxquels on est quelquefois obligé de l'arracher par les exécutions les plus rigoureuses, à la situation des personnes qui ont le plus de titre pour obtenir vos libéralités. »

Turgot semble même oublier qu'un roi est au-dessus des hommes, par essence, lorsqu'il écrit :

« C'est à Votre Majesté, personnellement, à l'honnête homme, à l'homme juste et bon, plutôt qu'au roi, que je m'abandonne... Elle a daigné presser mes mains dans les siennes. Elle soutiendra mon courage. Elle a pour jamais lié mon bonheur personnel avec les intérêts, la gloire et le bonheur de Votre Majesté. »

Louis ne répond pas.

Le 1er septembre 1774, il s'installe à Versailles. Il aménage rapidement ses appartements, avec leurs ateliers, leur belvédère.

Il laisse agir Turgot, contrôleur général des Finances, et il a renvoyé les ministres de Louis XV, et le chancelier Maupeou.

Le 12 novembre, il annule la réforme du chancelier et rétablit les parlements dans leurs prérogatives.

Les applaudissements sont unanimes.

Le peuple imagine que les parlementaires, ces privilégiés propriétaires de leur charge, sont ses défenseurs.

L'élite du tiers état, pénétrée par l'esprit des Lumières, voit les parlements comme des remparts contre le despotisme.

Et les aristocrates – tel le duc d'Orléans – espèrent, grâce à eux, limiter l'absolutisme royal et se servir de leur gloire usurpée auprès du peuple pour se constituer une clientèle populaire, parce qu'on rêve toujours d'une nouvelle fronde aristocratique contre le roi et l'État.

« J'avais fait gagner au roi un procès qui durait depuis trois cents ans, dira Maupeou. Il veut le reprendre, il en est le maître. »

Louis, lui, pense que les parlements vont s'assagir.

« Je veux ensevelir dans l'oubli tout ce qui s'est passé, dit-il, et je verrais avec le plus grand contentement les divisions intestines troubler le bon ordre et la tranquillité de mon Parlement. Ne vous occupez que du soin de remplir vos fonctions et de répondre à mes vues pour le bonheur de mes sujets qui sera toujours mon unique objet. »

Il a l'impression qu'il agit avec habileté, nommant Turgot et soutenant ses mesures sur la libre circulation des grains, le contrôle des fermiers généraux, la suppression des corporations, tout en rétablissant les parlements, et en étendant même les privilèges puisque désormais dans l'armée, nul ne pourra devenir officier s'il ne possède quatre quartiers de noblesse !

D'un côté, avec Turgot, il donne l'apparence qu'une nouvelle ère commence – et Voltaire et le parti philosophique le louent –, de l'autre, il conforte les privilégiés sans les satisfaire : dès le 30 décembre 1774, le duc d'Orléans et les parlementaires ont rédigé des remontrances hostiles au pouvoir royal.

Quant aux roturiers ambitieux, qui rêvaient de carrières militaires, ils n'ont plus d'avenir : les grades d'officiers leur sont interdits. Place donc à la colère et au ressentiment !

Plus grave encore, les mesures de Turgot sur le libre commerce des grains interviennent alors que la récolte est mauvaise, entraînant la hausse des prix du blé et du pain.

Et commence la « guerre des Farines ».

Des émeutes éclatent sur les marchés de plusieurs villes de la Brie.

Elles gagnent la Champagne, la Bourgogne et la Normandie, Dijon et Rouen. On s'en prend pour la première fois au roi.

« Quel foutu règne ! » lance-t-on sur les marchés de Paris.

La capitale est si peuplée qu'elle est toujours un chaudron de révolte, parce que la misère s'y entasse et la colère y prend vite feu.

À la Cour, on critique le roi lui-même, toujours hésitant, paraissant souvent absent, indifférent, distrait même : « Il ne se refuse encore à rien, constate Maurepas, mais il ne vient au-devant de rien et ne suit la trace d'une affaire qu'autant qu'on la lui rappelle. »

On attaque Turgot, qui continue d'affirmer qu'on peut combattre la disette par la cherté des grains, et qui maintient toutes ses mesures malgré les émeutes qui se multiplient, la guerre des Farines qui s'étend.

Ses proches sont persuadés qu'une « infernale cabale existe contre lui… la prêtraille, la finance, tout ce qui lui tient, les prêcheurs en eau trouble sont réunis ».

Coup de grâce : le banquier genevois Necker critique les mesures « libérales » prônées par les économistes, les physiocrates, et précisément la liberté du commerce des grains imposée par Turgot. Il faut, dit-il, protéger les plus humbles, et si besoin est, limiter le droit de propriété.

Et il faut surtout agir en tenant compte des circonstances : « Permettez, défendez, modifiez l'exportation de nos grains selon l'abondance de l'année, selon la situation de la politique… »

Et il invoque le souvenir de Colbert, le rôle de l'État protecteur.

On lit Necker.

Le parti philosophique se divise entre ses partisans et ceux restés fidèles à Turgot.

Necker apparaît à beaucoup comme l'homme qui peut remplacer Turgot et proposer une autre politique.

Et ce au moment où les émeutiers, après avoir pillé des convois de blé, dévastent Versailles, imposent leur prix du pain et de la farine aux boulangers, saccagent, volent. On assure que certains sont entrés dans la cour du palais et que leurs cris ont empêché le roi, qui tentait de prendre la parole, de se faire entendre.

Le roi aurait été contraint de regagner ses appartements, en ordonnant qu'on vendît le pain à deux sols la livre.

C'est la rumeur qui se répand – et elle mesure le retentissement de la guerre des Farines – alors qu'en réalité le roi a fait face, mobilisant les troupes, ne cédant pas à la panique qui s'est emparée de beaucoup de courtisans et de la reine.

Le lendemain, alors que les émeutiers ont quitté Versailles, il écrit à Turgot :

« Je ne sors pas aujourd'hui, non par peur, mais pour laisser tranquilliser tout. »

Et lorsqu'il rencontrera le contrôleur général des Finances, il ajoutera :

« Nous avons pour nous notre bonne conscience et avec cela, on est bien fort. »

Mais le mercredi 3 mai 1775, des émeutiers attaquent les boulangeries et les marchés parisiens.

Ces bandes, armées de piques, sont entrées dans Paris en même temps que les paysans qui viennent vendre leurs légumes dans la capitale.

La population parisienne reste spectatrice, s'étonnant de la passivité des gardes françaises et du guet qui libère ceux des émeutiers que l'on a arrêtés.

Quand le calme est rétabli à Paris, la guerre des Farines reprend dans la Beauce et en Brie, en Bourgogne et en Normandie.

La répression cette fois-ci est sévère.

On arrête. On pend, en place de Grève, deux jeunes hommes, l'un de vingt-huit ans, l'autre de seize, qui sont accusés d'avoir dévalisé des boulangeries. Ils crient qu'ils meurent pour le peuple.

C'est Turgot qu'on accuse de « dureté », d'être le responsable d'une injustice. On dit que le roi a demandé qu'on épargne « les gens qui n'ont été qu'entraînés ».

Mais le souverain est atteint.

L'espérance avait accompagné les premiers mois du règne et les débuts de Turgot.

On chantait alors le *De Profundis* des gens d'affaires, des financiers, des fermiers généraux, collecteurs d'impôts et prêteurs au roi.

Grâce au bon roi qui règne en France
Nous allons voir la poule au pot
Cette poule c'est la finance
Que plumera le bon Turgot.
Pour cuire cette chair maudite
Il faut la Grève pour marmite
Et Maupeou *pour fagot.*

Le mirage et l'espoir se sont dissipés.

Restent la déception, et, ici et là, la colère, et partout la misère et la disette.

Et ce sentiment insupportable d'impuissance face aux inégalités criantes, aux privilèges provocants.

Et le roi ne peut rien, et peut-être ne veut rien.

On ne fait plus confiance à Turgot :

Est-ce Maupeou tant abhorré
Qui nous rend le blé cher en France
Est-ce le clergé, la finance ?
Des Jésuites est-ce la vengeance ?
Ou de l'Anglais un tour falot ?
Non, ce n'est point là le fin mot
Mais voulez-vous qu'en confidence
Je vous le dise... c'est Turgot.

Et le roi reçoit des menaces.

Pourtant cette situation paraît favorable aux privilégiés, en dressant contre le pouvoir royal réformateur le peuple.

C'est jouer avec le feu, prévoit le marquis de Mirabeau, dont la vie chaotique, mêlant débauche, duels et écrits politiques, a aiguisé la lucidité.

« Rien ne m'étonne, note-t-il, si ce n'est l'atrocité ou la sottise de ceux qui osent apprendre à la populace le prix de sa force. Je ne sais où l'on prend l'opinion qu'on arrêtera la fermentation des têtes. »

5.

Louis connaît l'opinion du marquis de Mirabeau.

Il a vu les émeutiers piller et saccager les boulangeries de Versailles. Il a entendu leurs cris remplir la cour du château. Et cependant, maintenant que la guerre des Farines s'achève, que l'ordre est rétabli partout, il a le sentiment qu'il a été capable de maîtriser les troubles.

Il a seul, alors que Turgot était à Paris, fait face à l'émeute, mobilisé les troupes autour du château de Versailles.

Il a été vraiment roi.

Il se persuade que rien ne pourra mettre en danger cette monarchie millénaire dont il est l'incarnation.

Il se sent bien à Versailles. C'est sa demeure. Il éprouve toujours le même plaisir à chasser, à travailler sur son tour à bois, ou à forger.

Et, nouveau divertissement, il accompagne Marie-Antoinette au bal. Il l'ouvre même vêtu en Henri IV, le souverain auquel souvent on le compare. Et il aime cette référence.

Seul agacement, seule inquiétude, en ces jours tranquilles d'après la guerre des Farines, le comportement de la reine. Elle s'attarde, entourée de jeunes nobles, jusqu'à plus de trois heures du matin, à l'Opéra, où elle danse le quadrille, avec ces « têtes légères », le comte d'Artois, ou le duc de Lauzun, ou Guines l'ambassadeur de France à Londres, dont on dit qu'il est une créature du duc de Choiseul, le vieux premier des ministres de Louis XV qui rêve – avec l'appui de la reine – de gouverner à nouveau.

Et les ragots se répandent, accusant la reine de frivolité, même d'infidélité et de goût de l'intrigue.

C'est aussi cela qui accroît « la fermentation des esprits ». Pour l'étouffer, il faut réaffirmer le caractère sacré du roi, le lien personnel qu'il entretient avec Dieu, et que le sacre à Reims manifeste.

Telle est la certitude, la croyance de Louis XVI.

Et c'est pourquoi il refuse de se faire sacrer à Paris, comme le demandent les « esprits éclairés » qui invoquent les économies qui seraient ainsi réalisées.

De même, il ne peut renoncer au serment d'exterminer les hérétiques que le roi doit prononcer.

Il rejette la formule que lui a proposée Turgot, et qui ne serait que la manifestation du ralliement du roi à l'esprit de tolérance.

Turgot voudrait que le roi proclame :

« Toutes les Églises de mon royaume peuvent compter sur ma protection et sur ma justice. »

« Je pense qu'il y a moins d'inconvénient à ne rien changer », dit Louis à Turgot.

Louis croit, comme l'abbé de Beauvais l'a prêché devant la Cour, lors du carême, que « depuis que les principes sacrés de la foi ont été ébranlés, c'est l'ébranlement général de tous les autres principes ».

Et c'est la secte philosophique, la secte maçonnique, et toutes les sociétés de pensée, et les volumes de l'*Encyclopédie* et les œuvres de Voltaire, qui sont responsables de cette mise en cause des principes sacrés de la foi.

Et Louis ne cédera pas, même s'il doit biaiser, manœuvrer, face à l'esprit des Lumières tout-puissant dans les salons et les gazettes.

Il peut utiliser un Turgot, voire demain un Necker, mais il ne recevra pas à la Cour le vieux Voltaire, qui rêve, avant de mourir, de rentrer à Paris et d'être présenté au roi.

Et que Voltaire écrive : « Je ne m'étonne point que des fripons, engraissés de notre sang, se déclarent contre Turgot qui veut le conserver dans nos veines », ne sert guère, aux yeux du roi, le contrôleur général des Finances. Au contraire, il le rend suspect.

Mais le temps pour Louis n'est pas à trancher le sort de Turgot, mais à montrer au peuple que le roi de France l'est de droit divin.

Et c'est à Reims, là où Clovis fut baptisé, que la cérémonie du sacre va avoir lieu, le 11 juin 1775.

Louis sait qu'il n'oubliera jamais ces jours de juin 1775, ce voyage jusqu'à Reims, les paysans rassemblés sur le bord des routes, les acclamations, les cris de « Vive le roi ! Vive la reine ! » la population de Reims tout entière venue devant la cathédrale, les illuminations et enfin la cérémonie dans la nef, les serments qu'il faut prononcer, les évêques qui entourent le roi, la bénédiction des couronne, épée et sceptre de Charlemagne, puis de ceux de Louis XVI. Le roi se prosterne, s'étend sur un carreau de velours violet, s'agenouille, reçoit l'onction sur le front, avec le chrême de la Sainte Ampoule.

Les cinq autres onctions sur le corps lui attribuent les ordres de l'Église.

Louis n'est pas seulement roi dans l'ordre du politique, mais roi dans l'ordre du religieux. Et il a pouvoir de faire des miracles.

Roi thaumaturge, il se rendra à l'abbaye de Saint-Remi, touchera les écrouelles de quatre cents malades, aux corps pantelants et puants.

Le visage de Louis exprime le ravissement.

Le rituel du sacre a transformé le jeune roi et l'a transporté au-delà de l'Histoire.

Il est l'homme choisi par Dieu pour régner.

Et lorsqu'il regarde autour de lui, il découvre l'émotion de la reine, des courtisans.

Personne ne peut échapper à ce moment, que closent le lâcher et l'envol de plusieurs centaines d'oiseaux.

Les acclamations submergent le roi et la reine lorsqu'ils apparaissent sur le parvis de la cathédrale.

« Il est bien juste que je travaille à rendre heureux un peuple qui contribue à mon bonheur », écrit Louis XV à Maurepas qui n'a pas assisté à la cérémonie.

« J'ai été fâché que vous n'ayez pas pu partager avec moi la satisfaction que j'ai éprouvée ici », conclut Louis.

Il a refoulé au fond de lui les inquiétudes, la crainte que ne se développe cette « fermentation » des esprits que notait le marquis de Mirabeau.

Et il oublie pour quelques jours les « affaires » qu'il faut trancher. Il veut répondre aux attentes du peuple, faire son bonheur.

« La besogne est forte, mais avec du courage et vos avis, dit-il à Maurepas, je compte en venir à bout. »

La jeune reine – vingt ans ! – partage cette émotion et ces bonnes résolutions.

« C'est une chose étonnante et bien heureuse en même temps, écrit-elle à l'impératrice Marie-Thérèse, d'être si bien reçus deux mois après la révolte et malgré la cherté du pain... Il est bien sûr qu'en voyant des gens qui dans le malheur nous traitent aussi bien, nous sommes encore plus obligés de travailler à leur bonheur.

« Le Roi m'a paru pénétré de cette vérité.

« Pour moi je suis bien sûre que je n'oublierai jamais de ma vie la journée du sacre. »

On quitte Reims dans l'après-midi du 15 juin 1775, pour gagner d'abord Compiègne.

Les carrosses roulent joyeusement grand train.

« Je suis libre de toutes mes fatigues », dit Louis.

« J'espère que vous avez pensé aux moyens dont nous avons parlé ensemble », ajoute-t-il en s'adressant à Maurepas.

Il s'agit toujours du bonheur du peuple.

« J'y ai pensé de mon côté autant que j'ai pu dans la foule des cérémonies. »

À cet instant tout lui semble possible, puisque Dieu l'a choisi.

On va être reçu par Paris.

La foule est encore là, devant Notre-Dame, puis à l'Hôtel de Ville, mais l'averse rageuse la disperse.

Il est prévu de faire une halte devant le collège Louis-le-Grand, cœur de l'Université.

Le carrosse s'arrête, mais la pluie est si forte que ni le roi ni la reine ne descendent de voiture.

On se contente d'ouvrir la portière.

Un jeune homme est là, agenouillé sur la chaussée, entouré de ses maîtres.

Il attend le carrosse depuis plus d'une heure.

Il est trempé, immobile sous l'averse, cheveux collés au front, vêtements gorgés d'eau.

Meilleur élève de la classe de rhétorique du collège, il a été choisi pour lire un compliment aux souverains.

Il lit. La pluie étouffe sa voix.

Il est né à Arras le 6 mai 1758. Il n'est que de quatre ans le cadet du roi. Il veut être avocat.

Il se nomme Maximilien Robespierre.

6.

Louis XVI ne s'est pas attardé devant le collège Louis-le-Grand. Il n'a prêté qu'une attention distraite à ce jeune homme agenouillé sous l'averse. À peine si l'on a entendu dans le carrosse sa voix aiguë.

La reine rit aux propos de la princesse de Lamballe sa confidente, son amie, à laquelle elle veut faire attribuer la charge de surintendante de la Maison de la reine.

Turgot s'oppose à cette résurrection, inutile, coûteuse – 150 000 livres de traitement ! – au moment où il tente d'imposer des économies, de mettre fin à ces libéralités royales qui achèvent de creuser le déficit.

Maurepas appuie Turgot, mais comment résister à Marie-Antoinette ?

« Que dire à une reine qui dit à son mari, devant moi, confie Maurepas, que le bonheur de sa vie dépend de cela ? Ce que j'ai pu faire, c'est de leur faire honte en les obligeant de tenir secret tout l'argent qu'il en coûte pour cet arrangement. Le public est en courroux de ce qu'on lui a avoué. On ne lui a pas tout dit... Ce serait bien pis encore si l'on savait à quel point la princesse de Lamballe et son beau-père le duc de Penthièvre ont fait les dédaigneux, et que ce n'est qu'à force d'argent qu'on les a fait consentir. »

Il faut donc céder à la reine, qui intervient de plus en plus dans le jeu politique, pesant sur le roi, hostile aux réformes de Turgot, soucieuse de défendre la politique autrichienne et donc favorable à un affrontement avec l'Angleterre qui se dessine.

On aide les colonies anglaises d'Amérique qui, le 4 juillet 1776, ont proclamé leur indépendance. Et le 24 décembre, leur envoyé, Benjamin Franklin, est à Versailles, délégué de ses *Insurgents*, pour lesquels les jeunes nobles, tel La Fayette, et naturellement la « secte philosophique », manifestent enthousiasme et solidarité.

Aider les États-Unis d'Amérique, c'est à la fois prendre sa revanche sur l'Angleterre et l'affaiblir, mais aussi renforcer le nouvel État qui, républicain, incarne l'esprit des Lumières.

Mais cela a un coût. Or les caisses sont vides, et le soutien de la cause américaine, la guerre qui se prépare, vont creuser le déficit royal et conduire à la banqueroute.

Louis XVI n'ignore pas les périls, même si le sacre lui a donné confiance.

Il écoute Turgot lui proposer ces réformes – et donc ces édits – qui devraient transformer le royaume, et lui apporter la prospérité, en remplissant les caisses royales.

Il faudrait d'abord introduire l'égalité devant l'impôt : supprimer la corvée d'entretien des chemins, remplacée par un impôt payé par tous.

Louis hésite, puis approuve cette première mesure qui annonce la fin des privilèges.

Il apprend que les paysans donnent, comme l'écrit Voltaire, « des marques d'adoration pour leur souverain ».

On chante dans les villages :

Je n'irons plus aux chemins
Comme à la galère
Travailler soir et matin
Sans aucun salaire
Le Roi, je ne mentons pas
A mis la corvée à bas
Oh ! la bonne affaire.

Louis a l'impression d'être ainsi fidèle à ses intentions profondes : faire le bonheur de son peuple.

Et il soutient de même l'édit, proposé par Turgot, de suppression des jurandes, maîtrises et corporations.

Ici c'est la liberté offerte à chacun de créer un commerce, d'exercer telle profession d'arts et métiers, qui est instaurée.

La « secte philosophique » approuve le roi d'avoir soutenu les édits de Turgot, « ces chefs-d'œuvre de raison et de bonté ».

Et le contrôleur général des Finances va encore plus loin :

« La cause du mal vient de ce que notre nation n'a point de Constitution, dit-il.

« C'est une société composée de différents ordres mal unis et d'un peuple dont les membres n'ont entre eux que très peu de liens sociaux... Votre Majesté est obligée de tout décider par elle-même ou par ses mandataires. On attend vos ordres spéciaux pour contribuer au bien public... »

Et les soutiens de Turgot, adeptes de la « secte philosophique », Dupont de Nemours, Condorcet, de proposer la création de municipalités, couronnées par une Assemblée nationale, représentant la nation.

Au ministère, Turgot a fait entrer Malesherbes, ancien directeur de la Librairie, juriste, philosophe, favorable aux Lumières. Il devient secrétaire d'État à la Maison du roi. Et le comte de Saint-Germain est chargé du ministère de la Guerre. C'est un réformateur, qui soutient la politique de Turgot.

« Voilà notre gouvernement rempli par les philosophes, dit-on.

« C'est le règne de la vertu, de l'amour du bien public, de la liberté, le règne des Platon et des Socrate. »

« Un jour pur nous vient », dit d'Alembert, maître d'œuvre de l'*Encyclopédie*.

Louis XVI se laisse entraîner par le mouvement.

Il impose les édits de Turgot, au Parlement hostile, à ceux que les philosophes appellent les « fripons », les « reptiles », les « talons rouges », les « bonnets carrés ».

Et en même temps Louis XVI s'inquiète.

Au moment même où il paraît le plus fidèle soutien de Turgot, il s'en écarte.

Turgot lui semble ne pas avoir compris ce que signifie pour le roi le sacre de Reims, la nécessité pour le souverain de respecter les « lois fondamentales » du royaume, qui ne sont pas du même ordre que celles élaborées par une Assemblée nationale et rassemblées dans une Constitution.

Le roi précise :

« On ne doit pas faire des entreprises dangereuses si on n'en voit pas le bout. »

Turgot l'irrite avec cette assurance, cette certitude qu'il a raison en tout.

Une lettre, ouverte par le « cabinet noir », adressée à Turgot par l'un de ses amis, a choqué le roi.

« Je ne croyais pas le roi aussi borné que vous me le représentez », écrit le correspondant du contrôleur général des Finances.

Cela blesse Louis, comme ces libelles qui paraissent, et se moquent de lui qui ne voit pas que l'intention de Turgot est de supprimer la royauté. Louis serait ce roi

Qui se croyant un abus
Ne voudra plus l'être.
Ah qu'il faut aimer le bien
Pour, de Roi, n'être plus rien !

Cette *Prophétie turgotine*, ainsi que s'intitule ce texte, l'irrite, exacerbe l'inquiétude qu'il a d'être emporté plus loin qu'il ne veut aller et d'être ainsi dupe de ce « parti philosophique », hostile à la monarchie de droit divin, au sacre qui fait obligation au roi, par ses serments devant Dieu et l'Église, de défendre les lois fondamentales du royaume, donc la foi catholique, qui n'est pour les libertins que « l'infâme » qu'il faut écraser.

Louis est sensible au Mémoire que lui remettent les évêques, réunis en assemblée et qui l'invitent à « fermer la bouche à l'erreur ».

« On essaiera en vain, lit-il dans ce Mémoire, d'en imposer à Votre Majesté sous de spécieux prétextes de liberté de conscience… Vous réprouverez ces conseils d'une fausse paix, ces systèmes d'un tolérantisme capable d'ébranler le trône et de plonger la France dans les plus grands malheurs… Ordonnez qu'on dissipe les assemblées schismatiques, excluez les “sectaires”, sans distinction, de toutes les branches de l'administration publique… »

Il relit.

Il veut être le roi sage et mesuré. Il ne veut céder ni aux philosophes ni aux dévots.

Mais Louis a l'impression, angoissante, et qu'il avait crue effacée par le sacre et l'euphorie qui avait suivi, que tout glisse entre ses mains, qu'il subit plus qu'il n'ordonne ou approuve.

Il avait voulu et avait cru faire l'unanimité de ses sujets autour de sa personne et de sa politique, et voici, au contraire, que de la Cour et des salons aux villes et aux villages, et dans les parlements, et au sein même du gouvernement, elles divisent, qu'il a le sentiment de se trouver face à un choix majeur, qui va orienter tout le règne et décider de son sort.

Les réformes de Turgot suscitent des troubles.

Des paysans s'en prennent aux châteaux, aux riches propriétaires puisque l'édit sur la corvée impose aux privilégiés de payer et de ne plus exiger un travail d'entretien de la voirie. Et que certains refusent de l'appliquer.

La réorganisation par Turgot des messageries, la mise en circulation de berlines légères et rapides – les *turgotines* –, l'installation de nombreux relais de poste entraînent le renvoi de plusieurs milliers d'employés.

On attaque Turgot :

Ministre ivre d'orgueil tranchant du souverain
Toi qui sans t'émouvoir, fais tant de misérables
Puisse ta poste absurde aller un si grand train
Qu'elle te mène à tous les diables !

De leur côté, les artisans se plaignent que leurs compagnons les quittent, créent, au nom de l'édit sur les jurandes, des commerces concurrents.

Réformer, c'est donc, au nom de la liberté et de l'égalité, mécontenter presque tous les sujets du royaume.

Pour les uns, Turgot ne va pas jusqu'au bout de ce qui est nécessaire.

Pour les autres, il va trop loin.

Louis entend les récriminations de ses frères, le comte de Provence et le comte d'Artois, et celles de la reine, que son entourage dresse contre ce Turgot qu'elle voudrait, dit-elle, voir envoyer à la Bastille.

Ne s'en est-il pas pris au comte de Guines, contraint de quitter son ambassade à Londres, et dont elle obtient, camouflet pour Turgot, qu'il soit fait duc ?

Louis a donc cédé, même s'il se méfie des intrigues de Marie-Antoinette.

Il s'inquiète de la réputation de la reine qui, dans l'hiver 1776, entraîne ses courtisans au milieu de la nuit, à parcourir en traîneaux, éclairés par des torches, les rues de Paris enneigées.

Puis, c'est souper, bal, fête, dépenses.

Le roi l'interroge :

« On vous a bien applaudie à Paris ?

« Non, cela a été froid.

« C'est qu'apparemment, Madame, vous n'aviez point assez de plumes.

« Je voudrais vous y voir, Sire, avec votre Saint-Germain et votre Turgot. »

Car la reine désormais se pique de « faire et défaire les ministres ».

Elle s'est rapprochée de Maurepas. Le mentor de Louis XVI est jaloux de Turgot. C'est donc un allié.

« C'est, dit-elle, pour le bien de l'État, pour le bien du roi et par conséquent pour le mien. »

Malesherbes, conscient de l'opposition de la reine, démissionnera. Louis se défie d'elle, mais elle est obstinée, entourée de confidents intéressés, tous hostiles à Turgot, aux réformes, tous défenseurs des privilèges dont ils bénéficient.

Même l'ambassadeur d'Autriche s'inquiète. Il écrit à l'impératrice Marie-Thérèse, qui suit, jour après jour, les manœuvres de sa fille :

« On parvient à piquer son amour-propre, à l'irriter, à noircir ceux qui pour le bien de la chose veulent résister à ses volontés. Tout cela s'opère pendant les courses et autres parties de plaisir. »

Comment Louis pourrait-il résister à la coalition qui rassemble la reine et le comte d'Artois, les évêques et Maurepas, les parlementaires et les maîtres des jurandes et des corporations ?

Le roi tente de fuir pour ne pas avoir à trancher, à choisir.

Il chasse avec une énergie et une violence redoublées. Il active sa forge. Il frappe le métal. Mais la tension autour de lui augmente.

Maurepas le harcèle, veut obtenir le renvoi de Turgot, qui selon le mentor mène le royaume à l'abîme, et qui, de fait, est devenu le premier des ministres.

La reine redouble les avertissements de Maurepas, dépose devant Louis ce pamphlet, intitulé *Les Mannequins*, inspiré, dit-on, par son frère le comte de Provence, et qui montre le *Roi mannequin* entre les mains d'un certain « Togur »...

Les blessures d'amour-propre de Louis s'aggravent.

Elles sont d'autant plus insupportables que Louis ne se reconnaît pas dans les idées de Turgot.

Il est le roi de droit divin et c'est à lui seul de définir ce qu'il entend par égalité, liberté, tolérance, et cela ne relève pas de la décision d'une Assemblée, fût-elle nationale, ou bien de philosophes qui récusent l'Église.

Quand Turgot, au Conseil, formule cette maxime : « Les dépenses du gouvernement ayant pour objet l'intérêt de tous, tous y doivent contribuer, et plus on jouit des avantages de la société plus on doit se tenir honoré d'en partager les charges », le roi comprend que la politique de Turgot est grosse d'un changement radical dans les lois fondamentales du royaume.

Et surtout il sait qu'elle dressera contre elle les parlements, tous les privilégiés, les évêques, et donc la Cour, et naturellement la reine.

Il ne veut pas, il ne peut pas se laisser entraîner dans une opposition, une fronde, une guerre entre lui, le roi, et sa famille, et ceux qui sont les colonnes de la monarchie.

Louis veut le bonheur de ses sujets, mais pas au prix du reniement des serments du sacre, et de tout le passé de la monarchie.

Il ne veut pas de la rupture avec l'Église apostolique et romaine, dont la France est la fille aînée, ni du sacrifice de la noblesse, qui est l'armature millénaire du royaume.

Il ne peut pas concevoir un autre monde, il ne le veut pas. Il faut donc que Turgot s'en aille.

Mais c'est au contrôleur général des Finances de démissionner.

Louis ne veut pas l'affronter, mais il agit de manière que Turgot comprenne qu'il n'a plus la confiance du roi.

C'est fait, au printemps 1776.

Louis ne reçoit plus Turgot, et, lorsqu'ils se croisent, ne lui parle pas, ne le regarde pas.

« Sire, écrit Turgot, je ne veux point dissimuler à Votre Majesté la plaie profonde qu'a faite à mon cœur le cruel silence qu'elle a gardé avec moi… Votre Majesté n'a pas daigné me répondre un mot… »

Louis n'aime pas le ton de cette lettre.

« Vous manquez d'expérience, Sire, continue Turgot… Je vous ai peint tous les maux qu'avait causés la faiblesse du feu roi.

« Je vous ai développé la marche des intrigues qui avaient par degrés avili son autorité… Songez, Sire, que suivant le cours de la nature vous avez cinquante ans à régner et pensez au progrès que peut faire un désordre qui, en vingt ans, est parvenu au point où nous l'avons vu.

« Ô, Sire, n'attendez pas qu'une si fatale expérience vous soit venue et sachez profiter de celle d'autrui… »

Turgot sait qu'il a perdu la partie.

Il confie à l'abbé Véri :

« Je partirai avec le regret d'avoir vu se dissiper un beau rêve et de voir un jeune roi qui méritait un meilleur sort et un royaume entier perdus par celui qui devait les sauver. »

Il veut voir le roi, contraindre Louis à lui dire, face à face, qu'il est congédié.

Mais Louis s'esquive, refuse toute audience, et, quand il croise Turgot, détourne la tête, lui lance en s'éloignant :

« Que voulez-vous ? Je n'ai pas le temps de vous parler. »

Tout le ressentiment accumulé depuis près de deux ans s'exprime, toute l'incapacité humiliante à dominer la situation s'y révèle, comme le refus de réformer en profondeur la monarchie, et la rupture de la confiance du roi envers Turgot, qu'il avait apprécié, et soutenu.

« Mais il n'y a que ses amis qui aient du mérite, il n'y a que ses idées qui soient bonnes », bougonne Louis XVI.

Enfin Turgot démissionne le 12 mai 1776, refuse la pension qu'on lui offre :

« J'ai fait, Sire, ce que j'ai cru de mon devoir ; tout mon désir est que vous puissiez toujours croire que j'avais mal vu... Je souhaite que le temps ne me justifie pas. »

Le parti des réformes est accablé. Le contraste est frappant entre la volonté de soutenir Turgot – contre les parlements – qu'a manifestée Louis XVI, et la manière dont il a abandonné son ministre, passant de l'enthousiasme et de l'appui déterminé à la dérobade et au désaveu.

La réforme de la monarchie est-elle donc impossible ?

« C'est un désastre, écrit Voltaire. Je ne vois plus que la mort devant moi... Ce coup de foudre m'est tombé sur la cervelle et le cœur... Je ne me consolerai jamais d'avoir vu naître et périr l'âge d'or que Monsieur Turgot nous préparait. »

Turgot dans sa lettre à Louis XVI avait écrit – et ces phrases étaient celles qui avaient le plus choqué Louis, comme s'il avait approuvé la prophétie tragique du ministre, tout en se sachant incapable de l'empêcher :

« Je ne puis assez répéter à Votre Majesté ce que je prévois, et ce que tout le monde prévoit d'un enchaînement de faiblesse et de malheur si les plans commencés sont abandonnés... Et que sera-ce, Sire, si aux désordres de l'intérieur se joignent les embarras d'une guerre... Comment la main qui n'aura pu tenir le gouvernail dans le calme pourra-t-elle soutenir l'effet des tempêtes ? Comment soutenir une guerre avec cette fluctuation d'idées et de volontés, avec cette habitude d'indiscrétion qui accompagne toujours la faiblesse ? »

Et l'une des phrases de Turgot a bouleversé Louis XVI.

Elle rappelle au roi le temps de Cromwell et le sort du souverain d'Angleterre, qui avait effrayé et horrifié toutes les cours d'Europe.

Turgot a écrit :

« N'oubliez jamais, Sire, que c'est la faiblesse qui a mis la tête de Charles Ier sur un billot... »

7.

Cette image d'un roi à genoux, dont on va trancher la tête d'un coup de hache, elle hante Louis XVI.

Il la refoule, chassant le cerf jusqu'à neuf heures d'affilée, rentrant épuisé, engloutissant avidement son dîner, puis somnolant, ou bien frappant le fer à toute volée, le visage brûlé par le feu de la forge, ou encore se promenant seul dans les combles de Versailles, faisant fuir les rats ou les chats, montant sur les toits du château, les parcourant, apaisé par la solitude.

Mais il lui faut retrouver ses appartements, sa chambre où les courtisans l'attendent pour le cérémonial du grand lever ou du coucher auquel il doit se plier, parce qu'il est le roi, et qu'ainsi le veut l'étiquette.

Il a fait heureusement aménager un corridor secret, capitonné et toujours éclairé, par lequel il peut accéder en toute discrétion à la chambre de la reine.

Mais pour des mois encore, ce sera une épreuve humiliante que de se retrouver couché près d'elle, de ne pouvoir la féconder.

Il faut se retirer, avec ce sentiment d'impuissance, alors que le comte d'Artois est déjà père, et que l'on jase sur cette incapacité du roi.

On sait qu'il a vu les médecins, que certains continuent de n'invoquer que sa nonchalance et sa paresse, mais que celui de la reine suggère qu'un petit coup de scalpel, anodin, libérerait le roi d'un ligament qui l'empêche non de pénétrer son épouse, mais de jouir en elle.

Cependant, peu à peu, parce qu'il échappe aux regards des courtisans toujours aux aguets, prêts à dénombrer ses visites à la reine, vaines, Louis s'accoutume à ce corps de jeune femme admirée, désirée. Tous les jeunes aristocrates rêvent de l'approcher, de participer à ses fêtes, à ses bals, d'être admis à Trianon où elle se retire souvent, parce que la Cour et ses chuchotements malveillants la lassent.

On ne lui reconnaît que le charme, la séduction.

Elle est « la statue de la beauté », fière et sûre de son impériale majesté. Mais on murmure qu'à un bal, en 1774, elle s'est éprise d'un noble suédois, Axel Fersen, et qu'elle a succombé à sa virilité.

Louis veut ignorer ces rumeurs.

Il a confié au frère de Marie-Antoinette, Joseph, venu incognito à Paris, ses « empêchements ».

« Paresse, maladresse et apathie », a conclu Joseph, jugeant Louis XVI.

« Il faudrait le fouetter pour le faire décharger de foutre comme les ânes, a ajouté Joseph, ma sœur avec cela a peu de tempérament et ils sont deux francs maladroits ensemble. »

Et il morigène Marie-Antoinette :

« Vous rendez-vous nécessaire au roi ? Voit-il votre attachement uniquement occupé de lui ?... Avez-vous pensé à l'effet de vos liaisons et amitiés si elles ne sont point placées sur des personnes en tout point irréprochables... Daignez penser un moment aux inconvénients que vous avez déjà rencontrés au bal de l'Opéra et aux aventures que vous m'avez vous-même racontées là-dessus. »

Louis écoute les conseils de Joseph, s'obstine, même si chaque échec le blesse, accroît ses doutes.

Mais en même temps, il serait fort capable de soulever une masse énorme à bout de bras, de forger, de raboter, de terrasser un sanglier, un cerf.

Et finalement, le 18 août 1777, il réussit « la grande œuvre », attendue depuis sept années.

Il exulte, écrit à Joseph qui a regagné Vienne : « C'est à vous que nous devons ce bonheur, car depuis votre voyage cela a été de mieux en mieux, jusqu'à parfaite conclusion. Je compte assez sur votre amitié pour en oser vous faire ces détails. »

Lorsque la reine accouche d'une fille, Marie-Thérèse – qu'on nommera Madame Royale –, le 19 décembre 1778, puis d'un fils Louis-Joseph en 1781 – mais il mourra en 1783 – et d'un second fils – le dauphin – en 1785 (une fille née en 1787 décédera la même année), Louis manifeste sa joie.

Dieu a voulu que la monarchie française se prolonge.

L'ordre divin et l'ordre naturel se sont ainsi rencontrés pour le bien du royaume de France et de ses souverains.

Ces naissances, après la cérémonie du sacre, confortent Louis dans la certitude de sa légitimité, que Dieu vient à nouveau de lui confirmer.

Il est le roi de droit divin et dès lors, c'est ce qu'il décide qui est la « raison » du monde.

Mais cela ne fait en rien disparaître cette fêlure du doute, qui sur le terrain de l'action le rend hésitant.

Cela renforce même son goût du secret, le droit qu'il s'attribue de dissimuler ses pensées, de leurrer ses interlocuteurs, de désavouer des ministres qu'il a d'abord soutenus.

On l'a vu agir ainsi avec Turgot. Et même son mentor Maurepas, qu'il a nommé chef du Conseil des finances après la disgrâce de Turgot, en souffre :

« Le roi se déforme tous les jours au lieu d'acquérir, confie Maurepas à l'abbé Véri. J'avais voulu le rendre un homme par lui-même, quelques succès me l'avaient fait espérer. L'événement me prouve le contraire et je ne suis pas le seul à le remarquer car d'autres ministres me l'ont pareillement observé… Souvent il m'échappe par son silence indécis sur des affaires importantes et par des faiblesses inconcevables pour sa femme, ses frères et ses alentours… »

Et le frère de Marie-Antoinette, après son séjour à Paris, conclura :

« Il n'est maître absolu que pour passer d'un esclavage à l'autre... Il est honnête mais faible pour ceux qui savent l'intimider et par conséquence mené à la baguette... C'est un homme faible mais point un imbécile : il a des notions, il a du jugement, mais c'est une apathie de corps comme d'esprit. »

Louis n'ignore pas ce que l'on pense de lui, mais il ne cherche pas à détromper ceux qui le jugent sévèrement.

Il hésite ? Il doute au moment de prendre ses décisions ?

Mais au centre de sa personne il y a un bloc infrangible, des certitudes sur lesquelles glissent les événements quotidiens. Si l'on veut ébrécher, briser ce cœur de son caractère et de ses convictions, on n'y réussit pas.

Quand, en 1778, Voltaire fait un retour triomphal à Paris, du Trianon de Marie-Antoinette aux salons de la Chaussée d'Antin, où Madame Necker reçoit Marmontel et Grimm, l'abbé Raynal, Buffon et Diderot, et tous les esprits « éclairés », on l'acclame.

L'Académie française rend hommage au patriarche de quatre-vingt-quatre ans, dont la pensée, les œuvres « illuminent » l'Europe, de Londres à Berlin et à Saint-Pétersbourg.

Mais Louis XVI malgré cette unanimité refuse de le recevoir.

Il ne cédera ni à l'opinion de la Cour et de la Ville, ni à Marie-Antoinette qui veut faire aménager une loge pour Voltaire, près de celle du roi, à l'Opéra.

Voltaire, dont Louis a acheté les œuvres qui figurent en bonne place dans sa bibliothèque, au-dessus de sa forge, et qu'il a lues, est un ennemi de l'Église et donc de la monarchie de droit divin. Il ne reçoit pas l'homme qui s'est donné comme but d'« écraser l'Infâme », la Sainte Église apostolique et romaine.

C'est Madame Necker qui ouvrira une souscription, pour faire ériger une statue de l'ermite de Ferney.

Et à la mort de Voltaire, le 30 mai 1778, point de célébration officielle, mais un enterrement loin de Paris, où, habilement, les proches de l'écrivain obtiennent qu'il soit religieux, alors que dans la capitale la hiérarchie de l'Église soutenue par Louis XVI était réticente.

C'est dire que, pour ce qui lui semble essentiel, Louis XVI ne transige pas, sait s'opposer à son entourage. Ne pas se confier à la reine, dont il n'ignore pas qu'elle ne cache rien à l'ambassadeur d'Autriche.

Or, les affaires étrangères sont le domaine où Louis XVI, guidé par son ministre Vergennes, a une politique, qu'il garde aussi longtemps qu'il le peut secrète.

Il signe, le 6 février 1778, un traité d'alliance avec les États-Unis d'Amérique, et cela implique la guerre avec l'Angleterre.

Les jeunes nobles suivent La Fayette, s'enrôlent pour aller combattre en Amérique, d'abord comme volontaires, puis au sein d'un corps expéditionnaire de 6 000 hommes, commandés par le général Rochambeau.

Étrange alliance, puisqu'elle en vient à aider ces « républicains » américains, qui en 1781 se donnent une Constitution.

Pour les tenants des réformes, c'est un modèle à imiter.

Et comment éviter la contagion américaine, quand les *Insurgents* soulèvent tant d'enthousiasme, quand, à Londres même, huit jours d'émeutes embrasent la ville, qu'on y réclame l'instauration du suffrage universel, un Parlement renouvelable chaque année, élu à bulletin secret ?

Ce programme radical a des échos en France. Les gazettes vantent à la fois la guerre contre l'Angleterre, la Constitution américaine et les radicaux anglais.

Comment le royaume de France, le premier à avoir reconnu les États-Unis d'Amérique, pourrait-il ne pas suivre la voie des réformes profondes ?

Et d'autant plus que la guerre d'Amérique est un gouffre à finances, que la banqueroute menace, et que la seule solution pour l'éviter est de modifier le système fiscal, de faire payer les privilégiés, de réduire les dépenses de la Maison du roi, et de la Maison de la reine.

Autrement dit, mettre en application le programme de Turgot, qui a causé la perte de Turgot !

Louis, qui gère le budget de sa Maison et de celle de la reine avec la minutie d'un financier prudent, sait bien que la question du déficit, donc des impôts, est cruciale.

Il a reculé en renvoyant Turgot, en nommant un contrôleur général – Clugny – corrompu, qui a gouverné à Saint-Domingue, avec la brutalité d'un brigand, qui a des relations incestueuses avec ses trois sœurs, et dont les premiers actes – d'ordre du roi – sont de supprimer les édits réformateurs de Turgot, sur les corvées et les jurandes.

Pour rafler de l'argent, ce Clugny crée la « Loterie royale de France », peuple le contrôle général des Finances d'aigrefins, et suscite la méfiance et la réprobation :

« Le roi s'établit en quelque sorte le chef de tous les tripots de son royaume, leur donne l'exemple d'une abominable cupidité et semble vouloir faire de ses sujets autant de dupes », peut-on lire dans les gazettes.

La mort de Clugny, en octobre 1776, interrompt heureusement cette gestion calamiteuse, qui n'a fait qu'aggraver la situation des finances, en détruisant un peu plus la confiance alors que le déficit se creuse.

Louis écoute la rumeur, les conseils de Maurepas.

Il semble que tout le monde s'accorde (et même la reine et sa cour) pour confier les finances du royaume à Necker, ce représentant de Genève à Paris, ce banquier à la fortune immense qui a déjà prêté des sommes considérables au Trésor royal, qui a critiqué la politique de Turgot, dont l'épouse règne sur les esprits éclairés de Paris, et donc, assure à Necker l'appui de ceux qui font l'opinion.

De plus, admirateur de l'Angleterre il est l'un de ces anglomanes si nombreux à la suite de Voltaire dans la secte philosophique.

Il est protestant et suisse... Mais Louis XVI est si sûr de sa foi, de sa capacité si besoin est à renvoyer Necker comme il l'a fait de Turgot, qu'il reçoit Necker, et le désigne directeur général du Trésor royal en octobre 1776, puis, en juin 1777, directeur général des Finances.

Le roi n'a pu le nommer contrôleur général car Necker est protestant et étranger, et, de ce fait, il n'assistera à aucun des Conseils qui réunissent les ministres.

Situation étrange, qui illustre le comportement de Louis XVI, qui n'est prisonnier que de l'essentiel.

Il suffit de quelques semaines pour que Necker, habile, renfloue – en partie – les finances de l'État, en recourant non à l'impôt mais aux emprunts.

Et comme on a confiance dans ce banquier fortuné et intègre, on souscrit. Et l'argent rentre au moment où la guerre d'Amérique devient de plus en plus coûteuse.

Le roi observe.

La politique de Necker est populaire. L'un de ses critiques, l'intendant Calonne, parlera de *neckromanie*, et accusera Necker de faire vivre le royaume en l'endettant plus encore, et donc en aggravant le mal.

Necker le sait, et il lui faut bien, la confiance rétablie, envisager des réformes dont il n'ignore pas qu'elles susciteront des résistances farouches.

Il ne parle plus de supprimer la corvée et il ne modifie que superficiellement les impôts du vingtième et de la taille, sans toucher à la dîme ecclésiastique.

Prudent, il avance à pas feutrés, cherchant à chaque instant l'appui de l'opinion.

Il diminue le nombre de receveurs généraux, s'attaquant ainsi à la Ferme, qui lève à son profit les impôts dont une partie seule aboutit dans les caisses de l'État. Et il met en cause les dépenses de la Maison du roi.

C'est la guerre ouverte avec les privilégiés et d'autant plus qu'il propose la création d'assemblées provinciales et de municipalités chargées d'établir les impôts.

À titre d'essai, il en crée une à Bourges, une autre à Montauban, et il en projette deux autres à Grenoble et à Moulins.

Ce qui révolte les privilégiés, les parlementaires, ce n'est pas seulement qu'insidieusement on met en place – Turgot l'avait déjà proposé – des assemblées qui seront les lieux du pouvoir, et donc affaibliront les cours existantes.

C'est surtout qu'à Bourges comme à Montauban, les délégués représentant le tiers état – les roturiers – seront à eux seuls aussi nombreux que ceux de la noblesse et du clergé réunis !

Cette double représentation du tiers état remet en cause la hiérarchie politique et sociale, fondée sur la prééminence de ces deux ordres, le noble et l'ecclésiastique, assurés de la majorité si l'on vote par ordre, et réduits au mieux à l'égalité si l'on vote par tête après avoir doublé le nombre de représentants du tiers état.

Que veut cet « anglomane » de Necker, ce protestant ? s'interrogent les ordres privilégiés qui se dressent contre Necker.

Dans la *Lettre d'un bon Français*, on l'accuse :

« Après avoir commencé comme Law – le financier – voudriez-vous finir comme Cromwell ? »

C'est l'image du roi agenouillé, la tête sur un billot, qui revient s'imposer à Louis qui jusqu'alors a soutenu Necker.

Et celui-ci sent qu'un renvoi à la manière de Turgot le menace.

Et il joue une fois de plus l'opinion, publiant, en février 1781, un opuscule à couverture bleue, le *Compte Rendu au roi par Necker*, c'est-à-dire le budget de la France.

La mesure est révolutionnaire : dépenses et recettes sont présentées et sortent de l'ombre.

On sait ce que coûtent la Maison du roi, les pensions, rentes et libéralités accordées aux courtisans.

Necker dénonce toutes ces prodigalités du Trésor royal au bénéfice de quelques milliers de privilégiés.

« C'est donc à ce genre d'abus, écrit-il, dont on ne peut mesurer l'étendue que j'ai cru devoir opposer les plus grands obstacles. »

Par ailleurs, il présente un budget qui compte un excédent de recettes. Et il en appelle à l'opinion qui s'est précipitée pour acheter le *Compte Rendu au roi*.

Six mille exemplaires ont été vendus le premier jour, cent mille en quelques semaines. Le livre est même traduit en anglais, en allemand et en italien.

« Je ne sais si l'on trouvera que j'ai suivi la bonne route mais certainement je l'ai recherchée… écrit Necker. Je n'ai sacrifié ni au crédit, ni à la puissance, et j'ai dédaigné les jouissances de la vanité. J'ai renoncé même à la plus douce des satisfactions privées, celle de servir mes amis ou d'obtenir la reconnaissance de ceux qui m'entourent… Je n'ai vu que mon devoir. »

Il revendique – et c'est là l'annonce de temps nouveaux – la fin du secret monarchique, et donc d'un privilège immense et d'un « droit » souverain, divin.

L'attitude est « révolutionnaire » puisque Necker s'est adressé à tous les sujets, égaux de ce fait en droit :

« Enfin, et je l'avoue aussi, conclut Necker, j'ai compté fièrement sur cette *opinion publique* que les méchants cherchent en vain d'arrêter ou de lacérer mais que, malgré leurs efforts, la justice et la vérité entraînent après elles. »

Moment crucial, comme au temps de Turgot.

Et c'est la même question qui est posée : peut-on réformer la monarchie, Louis XVI continuera-t-il de soutenir Necker ?

Or, la publication du *Compte Rendu*, qui fait croire qu'on pourra désormais calculer, contrôler, discuter, les recettes et les dépenses du pouvoir, l'emploi de l'impôt, sa répartition, qu'en somme allait commencer un temps de justice, d'égalité et de liberté, raffermit le crédit de l'État.

Un nouvel emprunt de soixante-dix millions en produit cent !

Mais contre Necker, c'est désormais l'union de tous les privilégiés. Des Polignac – les habitués du Trianon, et les plus proches confidents de la reine – aux parlementaires, des frères du roi aux évêques et aux financiers.

L'intendant Calonne, dans un pamphlet, se moque des *neckromanes* qui n'ont même pas remarqué que le *Compte Rendu au roi* est incomplet : Necker a oublié (!) les dépenses de la guerre en Amérique et les remboursements des dettes, si bien que son budget, loin d'être en excédent de dix millions, est en déficit de deux cent dix-huit millions !

Ce *compte rendu* n'est qu'un « *conte bleu* », dit Maurepas.

Necker, face aux assauts, demande au roi de lui confirmer son soutien en lui donnant l'administration directe des Caisses de la guerre et de la marine, ce qui ferait de lui le vrai maître du ministère, et marquerait la volonté du roi d'engager des réformes radicales.

Louis XVI refuse et Necker donne sa démission le 19 mai 1781.

C'est un choc brutal pour cette opinion qui a soutenu Necker. Une déception plus forte encore que celle qui avait suivi la disgrâce de Turgot.

Une faille s'est ouverte dans le royaume.

Que peut le roi ? Que veut-il ?

Les esprits éclairés rêvent d'Amérique, d'assemblée, de vote, d'égalité et de justice.

On accuse la reine d'être responsable de la démission de Necker. Elle a au contraire entretenu de bons rapports avec lui. Mais le roi est épargné. Il reste de droit divin, alors que la reine n'est qu'une « Autrichienne frivole », dont le cœur est à Vienne et non à Paris. Grimm, qui écrit et anime la *Correspondance littéraire*, note, après la démission de Necker :

« La consternation était peinte sur tous les visages ; les promenades, les cafés, les lieux publics étaient remplis de monde, mais il y régnait un silence extraordinaire.

« On se regardait, on se serrait tristement la main. »

8.

Louis détourne la tête, s'éloigne d'un pas lent et lourd, son visage boudeur exprime l'ennui et même du mépris.

Il ne veut plus qu'on lui parle de Necker, de l'état de l'opinion, de ces esprits éclairés, et parmi eux des grands seigneurs, et même le duc d'Orléans, qui fréquentent le salon de Madame Necker, rue de la Chaussée-d'Antin.

Ces beaux parleurs critiquent les nouveaux contrôleurs des Finances, qui se sont succédé, Joly de Fleury, Lefèvre d'Ormesson, et maintenant Calonne, cet intendant aimable, disert, bien en cour, qui d'une plume acérée a révélé les subterfuges de Necker et contribué à son départ.

C'est lui qui doit désormais faire face au déficit, mais qui, habilement, en multipliant les emprunts, en jouant sur le cours de la monnaie, favorise la spéculation, obtient le soutien des financiers, des prêteurs, et crée un climat d'euphorie.

Les problèmes ne sont que repoussés, aggravés même, prétend de sa retraite Necker, mais la morosité et la déception qui ont suivi sa démission se dissipent.

Voilà qui confirme Louis dans son intime conviction : les ministres passent ; les crises, même financières, trouvent toujours une solution, l'opinion varie, va et vient comme le flux et le reflux, seuls le roi et la monarchie demeurent.

Et les voici renforcés, célébrés, puisque, le 22 octobre 1781, ému jusqu'aux larmes, Louis peut se pencher sur Marie-

Antoinette qui vient d'accoucher de son premier garçon et lui murmurer :

« Madame, vous avez comblé mes vœux et ceux de la France : vous êtes mère d'un dauphin. »

Et il pleure de nouveau lorsqu'il apprend qu'à Paris, à la nouvelle de la naissance d'un héritier royal, la foule a manifesté sa joie, dansant, festoyant, s'embrassant. Et les dames des Halles, venues à Versailles, ont célébré en termes crus la reine.

Semblent envolés tous les pamphlets, où l'on critiquait l'Autrichienne, accusée d'infidélité, voire de préférer ses favorites et leurs caresses à son mari ! Ou bien de s'être pâmée dans les bras de cet officier suédois, rencontré à un bal masqué de l'Opéra, en 1774, de l'avoir retrouvé en 1778, toute troublée, toute séduction, ne cachant même pas l'attirance pour ce comte Axel Fersen, parti, avec l'armée de Rochambeau, aider les *Insurgents* d'Amérique.

Le climat a donc changé. Un dauphin, l'argent facile grâce aux emprunts et aux habiletés de Calonne.

Et puis, la victoire des troupes françaises et des *Insurgents* contre les Anglais à Yorktown ; et plus de sept mille tuniques rouges qui se rendent !

Gloire à l'armée du roi, fête à Paris pour célébrer le « héros des Deux Mondes ». La Fayette, rentré en janvier 1782, fait maréchal de camp. Feu d'artifice, traité de Versailles avec l'Angleterre en 1783, revanche de celui de Paris en 1763.

Le roi a-t-il jamais été aussi populaire ?

Benjamin Franklin le célèbre comme « le plus grand faiseur d'heureux qu'il y ait dans ce monde ».

Et plus encore on associe le roi à cette *Révolution de l'Amérique* qu'exalte dans ce livre l'abbé Raynal.

Qui pourrait dissocier Louis XVI qui a permis la victoire des *Insurgents*, et la politique de réforme ?

Ce roi-là est bon.

On le voit, dans les villages qu'il traverse ou visite, faire l'aumône aux paysans misérables, accorder à certains d'entre eux une pension à vie.

Car la faim et le froid tenaillent le pays dans ces hivers 1783-1785.

Les fermages ont augmenté, parce que la monnaie a été en fait dévaluée. Le pain est cher. Les pauvres sans domicile allument de grands feux dans les rues de Paris, autour desquels ils se pressent.

Des émeutes de la faim éclatent ici et là.

Mais lorsque Louis, en juin 1786, se rend à Cherbourg pour visiter la flotte royale, il est salué avec ferveur tout au long du voyage.

On s'agenouille devant lui, on l'embrasse.

« Je vois un bon roi et je ne désire plus rien en ce monde », dit une femme.

Louis invite la foule qui se presse à avancer : « Laissez-les s'approcher, dit-il, ce sont mes enfants. »

On crie « Vive le roi ! » et il répond « Vive mon peuple ! Vive mon bon peuple ! ».

On récite des vers qui le louent, on les grave sur le socle des statues.

Les uns s'adressent :

À Louis Homme
Ce faible monument aura faible existence
Tes bontés ô mon Roi dans ces temps de rigueur
Bien mieux que sur l'airain ont mis au fond du cœur
Un monument certain, c'est la reconnaissance.

D'autres vers rappellent que Louis, jeune roi, a déjà accompli des « miracles » :

Louis de son domaine a banni l'esclavage
À l'Amérique, aux mers, il rend la liberté
Ses lois sont des bienfaits, ses projets sont d'un sage
Et la gloire le montre à l'immortalité.

Louis est ému jusqu'aux larmes. Il écrit à Marie-Antoinette :

« L'amour de mon peuple a retenti jusqu'au fond de mon cœur. Jugez si je ne suis pas le plus heureux roi du monde. »

Mais parfois, quand il découvre dans ses propres appartements un pamphlet visant la reine, ce bonheur qu'il a ressenti devant les signes d'affection que lui manifeste le peuple s'émiette.

On accuse Marie-Antoinette d'avoir renoué avec le comte Fersen rentré d'Amérique avec les troupes françaises. On la soupçonne d'infidélité. On se demande si les enfants dont elle a accouché – un second fils naîtra en 1785, et une fille en 1787 – sont issus du roi, ou de ce beau Fersen. Et elle a obtenu du roi qu'il attribue à Fersen le commandement d'un régiment étranger, le Royal Suédois, et le « bon » Louis XVI a aussitôt accepté, et accordé à Fersen une pension de vingt mille livres.

Louis cependant ne regrette ni ses largesses ni même ses complaisances.

Marie-Antoinette est la reine, la mère du dauphin.

Il connaît les penchants de son épouse : fête, bijoux, châteaux. Il les accepte.

Elle dispose de Trianon. Il lui achète, à sa demande pressante, le château de Saint-Cloud.

Et l'on s'en prend à cette Autrichienne, *Madame Déficit*, qui ruine le royaume.

Mais elle est la reine, a-t-il parfois envie de s'écrier. Et il veut prendre sa défense, la protéger des calomniateurs.

Il apprend avec effarement et un sentiment d'indignation que le cardinal de Rohan, grand aumônier de la Cour, en froid avec la reine, prétend avoir acheté, pour se réconcilier avec elle, au joaillier Böhmer, un collier de un million six cent mille livres.

Le cardinal assure qu'il a reçu des lettres de la reine, lui demandant de faire cet achat s'il veut se réconcilier avec elle, qu'il l'a même rencontrée une nuit dans les bosquets du parc du château de Versailles !

Louis est scandalisé.

Le récit suggère que la reine était prête à des complaisances en faveur de Rohan – dupe et victime d'une comtesse de La Motte-Valois, qui s'est approprié le collier –, afin d'obtenir l'achat du collier !

Affaire ténébreuse, dont Louis pressent qu'elle va achever de ternir la réputation de Marie-Antoinette.

Les jaloux, les rivaux, les ennemis de la monarchie et les adversaires des réformes qu'on soupçonne Calonne de préparer vont se liguer, répandre les rumeurs.

Mais Louis ne cède pas, ordonne l'arrestation du cardinal de Rohan qui sera emprisonné à la Bastille, avant d'être jugé par le Parlement.

Le roi a laissé à Rohan le choix de cette procédure parlementaire. Autant pour le roi choisir des adversaires comme juges ! Car les parlementaires veulent empêcher le roi de rogner leurs droits et avantages, et disculper Rohan – dont la famille est l'une des plus illustres du royaume – c'est condamner la reine, et donc affirmer que le Parlement a le droit de la juger, comme il pourrait aussi, dès lors, juger le roi.

Et c'est aux cris de « Vive le Parlement !, Vive le cardinal innocent ! » que la foule accueille le verdict qui « décharge le cardinal de Rohan des plaintes et accusations ».

La comtesse de La Motte-Valois est elle condamnée à être incarcérée et marquée au fer rouge, mais elle s'enfuira à Londres où elle retrouvera le « magicien Cagliostro », mêlé à l'affaire.

À la Cour, dans les estaminets, les salons, parmi les grands ou les poissardes, on se félicite du verdict, on fustige la reine, sur qui l'on déverse des tombereaux de ragots et de calomnies.

Et par là même c'est toute la monarchie qui est atteinte.

On condamne l'impiété et la licence de ces « abbés et évêques de cour », tel Rohan, même si on juge le cardinal victime de l'arbitraire.

Il a été libéré de la Bastille, mais démis de sa charge de grand aumônier de la Cour et exilé dans son abbaye de La Chaise-Dieu.

On évoque les escroqueries, les spéculations organisées par les Orléans afin d'accroître leur patrimoine immobilier au Palais-Royal.

On raconte que le duc de Chartres, fils du duc d'Orléans, organise dans sa maison de Monceau des soirées libertines, des soupers en compagnie de filles nues.

C'est une vague de réprobation, d'indignation, où se mêlent vérité et calomnies, qui déferle après l'affaire du collier de la reine.

« Grande et heureuse affaire, commente-t-on. Un cardinal escroc ! La reine impliquée dans une affaire de faux ! Que de fange sur la crosse et le sceptre ! Quel triomphe pour les idées de liberté ! Quelle importance pour le Parlement ! »

La reine est accablée. Elle se sent outragée, « victime des cabales et des injustices ».

Elle soupçonnait, depuis les premiers jours de son arrivée à Versailles, qu'elle aurait de la peine à se faire accepter, aimer. Elle en est désormais, et jusqu'au dégoût, persuadée.

« Un peuple est bien malheureux, dit-elle en pleurant, d'avoir pour tribunal suprême un ramassis de gens qui ne consultent que leurs passions et dont les uns sont susceptibles de corruption et les autres d'une audace qu'ils ont toujours manifestée contre l'autorité et qu'ils viennent de faire éclater contre ceux qui en sont revêtus. »

Elle essaie d'oublier, multiplie les fêtes, les bals, elle répète le rôle de Rosine dans *Le Barbier de Séville*, qu'elle compte interpréter dans son théâtre. Et elle ne prête pas attention au fait que Beaumarchais est l'un des adversaires de cette autorité qu'elle incarne.

« Mais dans ce pays-ci, les victimes de l'autorité, ont toujours l'opinion pour elles », assure la fille de Necker, qui vient d'épouser le baron de Staël.

Au vrai, la situation est plus critique encore que ne le révèlent l'acquittement du cardinal de Rohan, les rumeurs et les pamphlets qui couvrent la reine – et donc la monarchie – d'opprobre.

Le 20 août 1786, Calonne est contraint d'annoncer au roi que la banqueroute est aux portes, qu'il faut donc rembourser les dettes si l'on veut l'éviter.

Le déficit se monte à cent millions de livres. Les emprunts lancés par Calonne s'élèvent à six cent cinquante trois millions, auxquels il faut ajouter cinq cent quatre-vingt-dix-sept millions empruntés depuis 1776.

« Il faut avouer, Sire, dit Calonne, que la France ne se soutient que par une espèce d'artifice. »

On ne peut, ajoute-t-il, « augmenter le fardeau des impositions, il est même nécessaire de les diminuer », c'est-à-dire établir l'égalité devant l'impôt, seul remède à la maladie des finances royales.

Il faut mettre fin aux privilèges fiscaux de la noblesse et du clergé, et créer un impôt unique pesant sur la terre, la « subvention territoriale », et rétablir la libre circulation des grains. Calonne ainsi s'engage dans la voie qu'avaient tenté d'emprunter Turgot et Necker.

Et comme eux, il suggère qu'on s'appuie sur une Assemblée, qui pourrait être une *Assemblée de notables*.

Louis XVI hésite. Mais le déficit serre le royaume à la gorge.

La mesure ultime serait de réunir les États généraux, signe de la situation dramatique de la France. Louis XVI refuse de l'envisager. On n'a pas vu d'États généraux depuis 1614 ! En dépit du déficit, la France est riche. Il ne s'agit que de la réformer et une Assemblée de notables consultative doit suffire.

Au grand Conseil des requêtes du 29 décembre 1786, après une discussion de cinq heures, Louis prend la décision de la convoquer.

Il veut agir. Il s'y essaie depuis qu'il est roi, en 1774, il y a déjà douze ans.

Il a lu la lettre que l'ambassadeur d'Autriche Mercy-Argenteau adresse à Vienne.

« Lorsque le gaspillage et la profusion absorbent le Trésor royal, il s'élève un cri de misère et de terreur… Le gouvernement présent surpasse en désordre et en rapines celui du règne passé et il est moralement impossible que cet état de choses subsiste encore longtemps, sans qu'il s'ensuive quelque catastrophe. »

Est-il encore temps de l'éviter ?

Louis le croit.

Mais l'opinion doute. La colère l'emportera-t-elle sur la raison ?

Cagliostro, l'un des accusés dans l'affaire du collier, exilé à Londres, dénonce l'arbitraire royal. Il a été emprisonné à la Bastille, et il fait de la vieille forteresse le symbole de cet arbitraire :

« Toutes les prisons d'État ressemblent à la Bastille, écrit-il, dans sa *Lettre à un ami*, qui circulera en France, sous le manteau.

« Vous n'avez pas idée des horreurs de la Bastille. La cynique impudence, l'odieux mensonge, la fausse pitié, l'ironie amère, la cruauté sans frein, l'injustice et la mort y tiennent leur empire. Un silence barbare est le moindre des crimes qui s'y commettent.

« Vous avez tout ce qu'il vous faut pour être heureux vous autres Français !

« Il ne vous manque qu'un petit point, c'est d'être sûrs de coucher dans vos lits quand vous êtes irréprochables.

« Les lettres de cachet sont un mal nécessaire ? Que vous êtes simples ! On vous berce avec des contes...

« Changez d'opinion et méritez *la liberté* pour *la raison.* »

Cagliostro date cette *Lettre à un ami* du 20 juin 1786.

9.

Ces mots, *raison*, *liberté*, *égalité*, *opinion*, Louis les retrouve chaque jour dans les gazettes ou les pamphlets, qui paraissent quotidiennement. Et il en a dénombré plus de quarante chacun de ces derniers mois. Il les feuillette avec une inquiétude et une angoisse qui augmentent depuis qu'il a pris, ce 29 décembre 1786, la décision de convoquer cette Assemblée de notables.

Il ne sait plus si la proposition de Calonne à laquelle il s'est rallié était judicieuse.

Il a même le sentiment que l'opinion, alors que la réunion de l'Assemblée est fixée au 22 février, salle des Menus-Plaisirs, s'enflamme déjà, que les critiques fusent, que les passions s'exacerbent.

S'il le pouvait il reviendrait sur son choix, et il songe déjà à renvoyer Calonne, d'autant plus que les critiques se multiplient contre le ministre.

La reine ne l'aime pas. Elle suggère le nom d'un remplaçant, l'archevêque de Toulouse, Loménie de Brienne.

D'autres accusent Calonne d'avoir par sa politique financière acculé le royaume à la banqueroute. Et nombreux sont ceux qui suggèrent de rappeler Necker.

Et Louis a lancé :

« Je ne veux ni neckraille, ni prêtraille. »

Il a regretté cette exclamation. Il ne doit se fermer aucune voie. Mieux vaut laisser le doute et l'incertitude régner, rester le plus longtemps possible insaisissable, que de se dévoiler.

Mais il faut bien composer cette Assemblée de notables, et donc choisir les personnalités qui en feront partie.

Et aussitôt les pamphlets, les gazettes imprimés à l'étranger et introduits en France, les caricatures, stigmatisent cette Assemblée qui ne peut être qu'aux ordres, avec ses sept princes du sang, ses trente-six ducs et pairs ou maréchaux de France, ses trente-trois présidents ou procureurs généraux de parlements, ces onze prélats, ces douze conseillers d'État, ces douze députés des pays d'état et ces vingt-cinq maires des principales villes du royaume.

On évoque l'absolutisme, le despotisme même, on la compare avec les assemblées qui se réunissent aux États-Unis, celles que veulent élire les Suisses, les Flamands, les Hollandais.

Et dans tous ces pays les peuples ont conquis des droits, parfois avec l'aide du roi de France qui les refuse à ses sujets.

La Fayette ou Mirabeau répètent qu'il faut une « vraie » Assemblée nationale, et ils martèlent qu'il faut réunir les États généraux, mais ils précisent que les représentants du tiers état doivent être aussi nombreux que ceux réunis des deux ordres privilégiés, et que l'on devrait voter par « tête » et non par « ordre ».

Et l'Assemblée de notables ne s'est pas encore réunie !

Louis est accablé. Il a l'impression que les digues qui retenaient un flot puissant lâchent. Et ce qui déferle ne submerge pas seulement le royaume de France, mais le monde, de Philadelphie à Liège, de Genève à Amsterdam.

Il refuse d'aider les bourgeois hollandais qui se sont rebellés contre leur stathouder. Devrait-il favoriser les adversaires de l'autorité en Hollande, alors qu'il la défend ici ?

Mais le trouble, l'angoisse le gagnent, et même le désespoir.

Vergennes, son ministre des Affaires étrangères, meurt.

« Je perds le seul ami sur lequel je pouvais compter, dit-il, le seul ministre qui ne me trompa jamais. »

Sa tristesse se mêle à l'amertume et à l'indignation quand il découvre que plusieurs pamphlets accusent la reine d'avoir fait empoisonner Vergennes !

Elle reprochait au ministre de l'avoir tenue à l'écart, plein de défiance à l'égard de « l'Autrichienne », ne lui faisant jamais part de ses projets, et elle l'accusait même d'avoir discrètement soutenu le cardinal de Rohan dans l'affaire du collier.

Louis ressent ce que plusieurs fois déjà depuis qu'il est roi, il a éprouvé, le sentiment que les « choses » – le pouvoir, l'opinion, ses proches même, ses ministres – lui glissent entre les mains, comme si l'un des outils qu'il manie dans sa forge et sa menuiserie lui échappait au moment où il voudrait l'utiliser.

Il se replie sur lui-même, comme s'il voulait ainsi que le flux des critiques, des attaques, passe sur lui, sans l'entraîner.

Il en veut à Calonne qui devant l'Assemblée de notables, pour justifier ses réformes, cette égalité devant l'impôt, qu'il veut établir, dresse un véritable réquisitoire contre la monarchie, les ordres de la noblesse et du clergé qui en sont les colonnes.

Fallait-il que Calonne dise :

« Les abus qu'il s'agit aujourd'hui d'anéantir pour le salut public ce sont les plus considérables, les plus protégés, ceux qui ont les racines les plus profondes et les branches les plus étendues. Tels sont les abus dont l'existence pèse sur la classe productive et laborieuse, les abus des privilèges pécuniaires, les exceptions à la loi commune, et tant d'exceptions injustes qui ne peuvent affranchir une partie des contribuables qu'en aggravant le sort des autres. »

Il parle de « raison », de « justice », d'« intérêt national », s'en prend ouvertement aux privilégiés de la noblesse, n'épargne pas le clergé, « les ecclésiastiques sont par leur naissance, citoyens et sujets », insiste-t-il. Il dénonce le nombre effrayant des « agents du fisc », prêche pour ce nouvel impôt, la subvention territoriale, critique la gabelle, et s'adresse directement à l'opinion, diffusant, le 31 mars, un *Avertissement* que commentent les journalistes à sa solde.

« On paiera plus sans doute, mais qui ? demande-t-il. Ceux-là seulement qui ne payaient pas assez ; ils paieront ce qu'ils doivent... Des privilèges seront sacrifiés, la justice le veut, le besoin l'exige, vaudrait-il mieux surcharger encore les non-privilégiés, le peuple ? Il y aura de grandes réclamations... On s'y est attendu ; peut-on faire le bien général sans froisser quelques intérêts particuliers ? Réforme-t-on sans qu'il y ait des plaintes ? »

On n'a jamais entendu un ministre du roi parler ainsi, prendre le parti du peuple, non pas au nom de la compassion, mais au nom de l'égalité et de la justice.

Les notables s'indignent :

« Nous prenez-vous pour des moutons de nous réunir pour avoir notre sanction à une besogne toute digérée ? »

Ils condamnent Calonne, son *Avertissement*, « indigne de l'autorité royale qui ne doit jamais parler au peuple que par les lois et non par une espèce d'écrit qui n'a aucun caractère... ».

Surtout, les notables se présentent comme les défenseurs de la liberté et du droit, face à un pouvoir avide de pressurer le royaume.

« Monsieur de Calonne, dit l'un des membres de l'Assemblée, veut encore saigner la France, et il demande aux notables s'il faut la saigner au pied, au bras ou à la jugulaire. »

Et l'opinion est à ce point travaillée par l'esprit des Lumières, l'hostilité au mode de gouvernement absolutiste, que tout discours qui se réclame de la liberté et exige la représentativité des assemblées est entendu.

Mieux ou pis, toute assemblée – et d'abord les parlements, qui ne rassemblent que des privilégiés – vaut mieux que le pouvoir exécutif.

Et l'on entend à nouveau réclamer la convocation des États généraux, et le doublement du nombre des députés du tiers état, et, revendication décisive, le vote par tête et non par ordre.

Louis n'en veut pas.

Il reproche à Calonne ses propos excessifs, ses charges contre les ordres privilégiés.

Ce contrôleur général des Finances pense, parle et écrit, comme un pamphlétaire de la « secte philosophique » !

Voilà ce que disent les proches du roi, et d'abord Marie-Antoinette, qui pousse Louis à se débarrasser de Calonne.

Et le roi, une fois encore, se dérobe au face-à-face avec son ministre.

Calonne qui veut voir le roi s'entend répondre par le premier valet de chambre, que Sa Majesté a défendu de le laisser entrer.

Et le 8 avril 1787, au nom du roi, on vient réclamer à Calonne sa démission.

Le 30 avril, Louis accepte, pressé par la reine, de nommer contrôleur général des Finances l'archevêque de Toulouse, Loménie de Brienne, qui fut proche de Turgot, qu'on dit habile, capable de se concilier « le suffrage des sociétés dominantes ».

Mais Louis XVI sait que Loménie de Brienne est l'un de ces prélats de cour plus libertin qu'homme pieux.

Si Louis cède, c'est que la situation se dégrade, qu'il faut agir vite.

L'Assemblée de notables vient de remporter une victoire avec le renvoi de Calonne. Elle est confortée dans son refus des réformes.

L'opinion réclame le retour de Necker.

Les parlements sont dressés sur leurs ergots, prêts à défendre bec et ongles leurs droits face au roi, en fait à protéger contre toute réforme leurs privilèges, forts de l'appui que leur apporte l'opinion.

Et d'abord ces milliers de clercs de la basoche, diplômés et crevant de faim, ces libellistes, ces gazetiers, ces « journalistes », et tout ce monde qui gravite dans chaque province, autour des parlements.

Dans ce milieu-là, celui des avocats, celui de la franc-maçonnerie, des sociétés de pensée, on a lu Voltaire, applaudi Beaumarchais et les « patriotes » d'Amérique, comme ceux de Hollande.

Et on déteste l'Autrichienne, *Madame Déficit*, dont le cœur est à Vienne, capitale des Habsbourg, la plus absolutiste des dynasties européennes.

Cette « fermentation des esprits » autour des parlements gagne le milieu des artisans, des boutiquiers qui ont le sentiment qu'ils sont « tondus » au bénéfice de ces « marquis » qui festoient avec l'Autrichienne et qui ne se sont « donné que la peine de naître ».

Et il y a tous ceux, le peuple innombrable, qui s'agenouillent devant le roi, si bon.

Ces « sujets »-là ne se nourrissent que de pain, or il est de plus en plus cher, en ces années 1787-1789, parce que les blés ont souffert du froid, que le grain est rare, et son prix de plus en plus élevé.

Et pendant ce temps-là, dit-on de plus en plus fort, la reine achète un collier de plusieurs centaines de milliers de livres, par l'intermédiaire d'un de ces cardinaux qui osent invoquer le Christ, ce pauvre crucifié.

Et les prêtres, ce bas clergé qui connaît, côtoie et même partage la misère des humbles, se sentent plus proches de ces pauvres manouvriers que du cardinal de Rohan ou de Loménie de Brienne, archevêque de Toulouse, libertin devenu chef du Conseil des finances, par la grâce du roi et la volonté de l'Autrichienne.

Louis, même s'il ressent la difficulté de la situation, ne mesure pas cette évolution de l'opinion.

Elle est comme une forêt sèche dont les sous-bois commencent à brûler, et qu'un coup de vent peut embraser.

Marie-Antoinette soupçonne encore moins que son époux, malgré les calomnies, les injures, les caricatures, les pamphlets qui la prennent chaque jour pour cible, l'étendue et la profondeur de la réprobation et même de la haine qu'elle suscite.

Elle est donc plus surprise que Louis lorsque, recevant avec Louis Loménie de Brienne, ils l'entendent formuler le vœu de se voir adjoindre Necker, et d'être autorisé à préparer la convocation des États généraux.

Louis est stupéfait, mais aussi terrifié.

« Quoi, Monsieur l'Archevêque, vous nous croyez donc perdus ? Les États généraux ? Mais ils peuvent bouleverser l'État et la royauté ! Et Necker ! Tout ce que vous voudrez hors ces deux moyens. La reine et moi sommes tout prêts aux réformes et aux économies. Mais de grâce, n'exigez ni Monsieur Necker, ni les États généraux. »

Mais il suffit de quelques semaines pour que le roi se rende compte, avec effroi, que l'idée de la convocation des États généraux progresse vite et s'impose peu à peu. Loménie de Brienne n'a rien obtenu de l'Assemblée de notables, devant laquelle il a repris l'essentiel du plan de Calonne. Mais les notables exigent d'abord que le contrôleur général des Finances soit surveillé par un Comité ; autant dire que le roi perd la maîtrise des finances.

Inacceptable pour Louis XVI. Et le 25 mai 1787, le roi dissout l'Assemblée de notables, ce qui aussitôt renforce dans l'opinion le désir de la convocation des États généraux. Ils rassemblent, dit La Fayette, « les représentants authentiques de la nation ».

Et dans les gazettes on n'hésite pas à écrire :

« Pourquoi le roi ne serait-il pas en tutelle ?... Il faut rappeler quelquefois les chefs des nations à leur première institution et leur apprendre qu'ils tiennent le pouvoir de ces peuples qu'ils traitent souvent en esclaves ! »

Ces gazetiers sont pour la plupart payés par telle ou telle coterie, et celle du duc d'Orléans est la plus puissante. Le duc est cousin du roi, mais ambitieux, jaloux, les souverains l'ont maintes fois blessé, et il se présente en homme des Lumières.

Et « ses » gazetiers critiquent le roi, la reine, le pouvoir monarchique, mais en même temps ils soutiennent les parlementaires, écrivent : « Les notables ont montré que la nation existait encore. »

Louis qui imagine qu'il va pouvoir faire enregistrer les édits réformateurs par le Parlement de Paris, en usant, si besoin est, comme il en a le droit souverain, d'un « et de justice », qui impose l'enregistrement, ne mesure pas, une fois encore, l'évolution de l'opinion.

Durant les mois de mai et de juin, le Parlement refuse d'enregistrer l'édit créant l'impôt dit de « subvention territoriale » et il déclare « que seule la nation réunie dans ses États généraux peut consentir un impôt perpétuel ».

Le 6 août, le roi convoque à Versailles un lit de justice. Il fait chaud dans la salle où s'entassent les parlementaires.

L'enregistrement des édits est obligatoire, mais pendant que se déroule la séance, le roi s'endort, ronfle parfois, donnant l'image, en cette période tendue, cruciale, d'un souverain à la fois méprisant et impotent.

Mais le 7 août, le Parlement de Paris déclare nul le lit de justice de la veille.

Le 10 août, il décide l'ouverture d'une information criminelle contre les « déprédations » commises par Calonne. Manière de montrer sa résolution, d'avertir les ministres qu'ils ne sont plus intouchables – et derrière eux le roi – et de les inviter ainsi à la modération et au respect des prérogatives parlementaires.

Calonne – bien que l'arrêt du Parlement ait été cassé – est inquiet et décide de se réfugier en Angleterre : contraint à émigrer par une assemblée de privilégiés, qui lui reprochent d'avoir au nom du roi voulu réformer le royaume !

Accablé, le roi lit les rapports des « mouches », ces informateurs du lieutenant général de police que traquent les clercs de la basoche, qu'ils poursuivent et rouent de coups, sous les applaudissements d'une foule de plusieurs milliers de personnes qui viennent acclamer les parlementaires, chaque fois qu'ils dénoncent les édits comme contraires « aux droits de la nation » ou décident d'annuler l'enregistrement de ces édits en lit de justice.

Les manifestants crient : « Vive les pères du peuple ! Point d'impôts ! »

Louis XVI est envahi par l'indignation.

Le Parlement doit plier, pense-t-il par saccades, et il écoute Loménie de Brienne qui lui demande d'exiler les parlementaires à Troyes.

Puis le roi est saisi par le doute. Il craint les conséquences de cette épreuve de force, et cependant toute sa conception de l'autorité monarchique l'incite à agir.

Il est divisé et lui qui recherche l'effort physique pour se rassurer, se sent tout à coup las, sans qu'il ait besoin de chevaucher ou de forger. Il a l'impression que son corps puissant et lourd l'accable.

Il somnole pour fuir les maux de tête, les brûlures d'estomac, tous ces symptômes qu'il ne connaissait pas. Il acquiesce, sans même pouvoir examiner à nouveau toutes les suites de sa décision, à la proposition de Brienne.

Il signe les lettres de cachet aux parlementaires afin qu'ils les reçoivent dans la nuit du 14 au 15 août.

Il ne sait pas que certains parlementaires ont menacé Brienne, l'avertissant :

« Prenez garde, ce n'est plus une guerre parlementaire que vous allumez, mais une guerre civile. »

Pourtant, les parlementaires quittent Paris, mais arrivés à Troyes ils réaffirment qu'ils ne changeront pas d'avis.

« Seuls les États généraux peuvent sonder et guérir les plaies de l'État et octroyer les impôts. »

Plus grave, Paris s'enflamme.

Le 17 août, le jour où les comtes d'Artois et de Provence se rendent au Palais de Justice pour y faire enregistrer les édits, la foule envahit les bâtiments, encercle les frères du roi criant : « À Bicêtre ! À Bicêtre ! » et s'adressant au comte de Provence – hostile aux choix de Louis XVI – lui lance : « Courage, Monsieur, vous êtes l'espoir de la nation. »

La garde tire. Il y a des morts et des blessés.

Les magistrats de la Cour des aides – la salle où ils délibèrent est occupée par les manifestants – déclarent, comme ceux de la Chambre des comptes, qu'il faut réunir les États généraux.

Des bandes de jeunes gens parcourent les rues, envahissent les boutiques, saccagent la maison d'un commissaire de police qui a arrêté deux manifestants, rouent de coups les colporteurs qui crient le texte des édits, insultent les gardes françaises.

On affiche des placards :

« Dans huit jours il nous faut le Parlement ou le feu. »

Le roi, la reine, le comte d'Artois sont insultés. On distribue des pamphlets injurieux contre les souverains, et d'abord cette Autrichienne, cette *Madame Déficit*.

Une estampe représente le couple royal à table avec cette légende :

« Le roi boit, la reine mange, et le peuple crie ! »

En province, des manifestations ont lieu autour des parlements, et les magistrats envoient des adresses au roi exigeant le « rappel du Parlement ».

Louis veut échapper à ce cauchemar qui lui révèle un royaume qu'il n'avait pas imaginé.

Il laisse d'abord Brienne rétablir l'ordre à Paris et faire évacuer le Palais de Justice, mais en même temps il veut donner des signes d'apaisement, séduire cette opinion éclairée, la détacher des parlements.

Un édit de tolérance rend leur état civil aux protestants. On examine la situation des juifs du royaume et on envisage leur émancipation.

Mais chaque geste déclenche la réaction hostile d'une partie de l'opinion : l'Assemblée du clergé de France adresse des remontrances au roi.

Il faut donc négocier avec le Parlement de Paris, mettre fin à son exil, retirer la subvention territoriale, et promettre la convocation des États généraux, pour 1792.

Quant au Parlement, il accepte d'enregistrer un édit sur l'impôt du vingtième.

Des manifestations de joie, des affrontements violents avec les gardes françaises accueillent le retour des parlementaires à Paris.

Mais leur arrangement avec le roi est jugé par les plus déterminés comme une capitulation et une lâcheté. Le Parlement à leurs yeux s'est déconsidéré.

« Il nous faut une barrière au retour des abus, dit-on. Il nous faut les États généraux. »

Et certains ajoutent : « Une assemblée nationale. »

Quant à la reine, elle s'exclame :

« Je croyais avoir épousé un roi de France, je vois mon erreur, je n'ai épousé qu'un roi d'Angleterre. »

Et à la Cour, on partage sa déception.

Le roi, désemparé, constate que personne n'est satisfait. L'agitation n'a pas cessé. La crise financière s'aggrave.

Puisqu'on a renoncé à la subvention territoriale, il faut lever des emprunts, dont l'un de 420 millions. Et le Parlement doit l'enregistrer en séance royale.

Elle a lieu le 19 novembre 1787, à Paris.

Le roi s'exprime avec fermeté :

« Je veux tenir cette séance, dit-il, pour rappeler à mon Parlement des principes dont il ne doit pas s'écarter. Ils tiennent à l'essence de la monarchie et je ne permettrai pas qu'ils soient menacés ou altérés. »

Et après avoir écouté les réponses des parlementaires, il conclut que conformément aux règles d'une séance royale, il n'y aura pas de vote :

« Il est nécessaire d'établir les emprunts portés par mon édit.

« J'ai promis les États généraux pour 1792, ma parole doit vous suffire. J'ordonne que mon édit soit enregistré. »

Il se lève, s'apprête à partir au milieu des murmures.

Tout à coup, le duc Philippe d'Orléans lance, debout, d'une voix furieuse mais hésitante :

« C'est illégal ! »

Il insiste pour qu'on spécifie que c'est du commandement du roi – son cousin – que l'édit est enregistré.

Louis, le visage empourpré par la surprise, l'émotion, bredouille :

« Cela m'est égal, vous êtes le maître. »

Puis d'une voix plus forte :

« C'est légal parce que je le veux. »

Louis est indigné par la « trahison » de Philippe d'Orléans. Et Marie-Antoinette est plus encore que Louis scandalisée par le comportement du duc d'Orléans qui semble vouloir s'imposer comme le chef des adversaires de la politique royale. Il faut sévir, insiste-t-elle.

Le roi s'y résout.

Le duc d'Orléans sera exilé dans son château de Villers-Cotterêts, et deux parlementaires qui semblent avoir agi de concert avec lui seront emprisonnés à la citadelle de Doullens.

Une députation du Parlement tentera le lendemain de faire revenir le roi sur ses décisions.

« Je ne dois compte à personne de mes résolutions, leur répond Louis XVI. Chacun est intéressé à la conservation de l'ordre public, et l'ordre public tient essentiellement au maintien de mon autorité. »

Mais la foule, à la sortie du Parlement, avait porté le duc d'Orléans en triomphe.

Et les parlementaires à Paris et en province affirmaient que « la liberté individuelle était la plus sacrée des propriétés ».

Le parlement de Rennes déclarait :

« Les abus tolérés et l'oubli des règles amènent le mépris des lois, et le mépris des lois prépare la chute des Empires. »

10.

Louis se tait. Il écoute la reine puis Loménie de Brienne qui l'exhortent à chaque séance du Conseil d'en haut à briser cette fronde parlementaire, cette vraie rébellion qui d'un bout à l'autre du royaume, au nom de la liberté individuelle, de la défense du droit, veut en fait entraver le pouvoir royal, plier l'autorité monarchique.

Il écoute Marie-Antoinette qui siège désormais au Conseil. Elle l'incite à la fermeté :

« Si on différait, on aurait moins de moyens pour conserver et maintenir l'autorité du roi. »

Louis baisse la tête. Il a le sentiment angoissant que quoi qu'il décide et fasse, il ne pourra ressaisir les rênes qui, sans qu'il sache à quel moment précis, lui ont échappé.

Peut-être était-ce en 1774, quand, peu après son accession au trône, il avait sur les conseils de Turgot annulé la réforme Maupeou.

Et maintenant, quatorze ans plus tard, le garde des Sceaux Lamoignon propose des mesures qui reprennent pour l'essentiel ce que Maupeou avait réussi à imposer.

Aujourd'hui, ce sont les parlements qui chaque jour veulent arracher un pan du pouvoir royal.

Ils viennent de déclarer les « lettres de cachet illégales, contraires au droit public et au droit naturel ». Elles violeraient « les droits du genre humain, les principes fondamentaux de la société, les plus vives lumières de la raison, les plus chers intérêts du pouvoir légitime, les maximes élémentaires de la morale et les lois du royaume ».

Évidemment, Louis va interdire aux parlements de délibérer sur ce sujet. Mais il sait que les parlementaires reprendront leurs assauts.

Et il est las, épuisé d'avoir ainsi à remonter ce rocher, qui roulera de nouveau le long de la pente.

Il se sent impuissant. Il a envie de pleurer, comme lorsqu'il lit ces lettres qu'on lui adresse et dans lesquelles on lui révèle comment la reine continue de voir le comte Axel Fersen, qu'elle logerait même au château de Versailles, et on l'invite à débusquer l'amant.

Il est face à son épouse aussi impuissant que face aux parlements, ou bien à la maladie qui frappe sa famille, le plus âgé de ses fils. Et l'une de ses filles est morte.

Mais le plus douloureux à accepter, c'est cette haine de plus en plus violente, impudente, et qui s'exprime ouvertement.

Les auteurs qui ont écrit sur les murs de Paris « Parlements à vendre, ministres à pendre, couronne à louer » semblent assurés de l'impunité.

Comme ceux qui ont accroché sur la loge de la reine au Théâtre des Italiens un écriteau : « Tremblez tyrans, votre règne va finir. »

Tyrans ?

Alors qu'on signale que les gardes françaises, les soldats d'autres unités ont reçu l'ordre de leurs officiers de ne pas réagir avec vigueur face aux émeutiers qui les assaillent.

Ils ont ainsi laissé brûler des corps de garde, et ils ont reçu sans bouger insultes, pavés, bouteilles, bûches. Et quand le maréchal Biron, qui commande les troupes à Paris, donne l'ordre de dégainer et de tirer – il y aura des morts, peut-être une cinquantaine –, le Parlement ouvre une enquête sur la violence des émeutiers et celle des forces royales. Comme si l'une valait l'autre.

Comment laisser faire ce Parlement de Paris qui le 4 mai 1788 publie une déclaration des *Lois fondamentales du royaume*, et répète qu'en matière de subsides, les États généraux doivent être consultés préalablement, qu'en somme le roi n'est que l'un des pouvoirs qui se partagent le gouvernement de l'État, et qu'il est sous le contrôle du Parlement et des États généraux ?

Louis devant de telles prétentions se sent atteint dans sa légitimité.

C'est bien une révolution qu'entreprennent les parlements.

Que veulent-ils, une « révolution d'Amérique », qui donne naissance à une Constitution ?

Louis reçoit Malesherbes qui l'invite à prendre la tête de ce mouvement qui entraîne le royaume.

« Concevez la Constitution de votre siècle, dit d'une voix pressante Malesherbes, prenez-y votre place et ne craignez pas de la fonder sur les droits du peuple. Votre nation vous voyant à la hauteur de ses vœux, n'aura plus qu'à perfectionner votre ouvrage avant de le sanctionner. C'est ainsi que vous maîtriserez un grand événement en l'accomplissant vous-même. »

Mais il entend aussi la reine, le comte d'Artois, leurs proches qui l'incitent à entreprendre une grande réforme, équivalente à celle de Maupeou, et qui réduirait les pouvoirs des parlements. Et il est lui-même intimement convaincu qu'il ne doit pas laisser les parlementaires démanteler le pouvoir royal.

« La monarchie ne serait plus qu'une aristocratie de magistrats aussi contraire aux droits et aux intérêts de la nation qu'à ceux de la souveraineté, dit-il. Je dois garantir la nation d'un pareil malheur. »

Il approuve donc la décision du garde des Sceaux Lamoignon de lancer une grande ordonnance sur l'administration de la justice.

On supprime des tribunaux, des offices au Parlement de Paris.

On crée une Cour plénière présidée par le roi.

Et, mesure propre à répondre aux désirs des esprits *éclairés*, on abolit l'« interrogatoire sur la sellette » et la « question préalable », autrement dit la torture.

« Vous venez d'entendre mes volontés », dira Louis XVI, dans un lit de justice, après avoir annoncé ces édits et la mise en vacance des parlements.

« Plus mes volontés sont modérées, plus elles seront fermement exécutées ; elles tendent toutes au bonheur de mes sujets. »

Louis n'imaginait pas le degré de révolte déjà atteint par l'opinion et la résistance qu'allaient organiser les parlementaires.

Ils crient au coup d'État.

À Paris, ils refusent de désigner aux troupes les deux parlementaires qu'elles sont chargées d'arrêter :

« Nous sommes tous Duval d'Eprémesnil et Goislard de Monsabert », crient-ils face aux soldats.

Et ce n'est qu'après une trentaine d'heures que les deux magistrats se livreront. Une foule mêlée, composée de clercs mais surtout d'artisans, de laquais, de domestiques, d'habitants du faubourg Saint-Antoine auxquels s'ajoutent vagabonds et miséreux, applaudit les magistrats qui s'opposent aux soldats.

Une partie de la population parisienne (mais il en va de même à Pau ou à Dijon, à Rennes, à Besançon, à Toulouse ou à Grenoble), même si elle ignore les causes de l'affrontement entre les magistrats et le pouvoir royal, choisit toujours de s'opposer à lui et de plus en plus violemment.

Et les officiers, nobles, pactisent souvent avec les parlementaires, et les sous-officiers, pleins de ressentiment contre une monarchie qui leur interdit s'ils sont roturiers tout avancement, ne sont guère ardents à rétablir l'ordre.

Le pouvoir royal est ainsi paralysé, divisé : le duc d'Orléans attise l'incendie, par l'intermédiaire de ces hommes de plume qui publient articles et libelles, pamphlets.

Louis craint plus que jamais d'être impuissant devant cette montée de la révolte, du mépris et de la haine.

Il pleure, hésite. Peut-être faut-il reculer, une nouvelle fois.

Louis sent que le pouvoir est ébranlé : des provinces, la Bretagne, le Dauphiné sont au bord de l'insurrection.

Les parlementaires se rassemblent, contestent les édits royaux. Les nobles se réunissent et s'opposent au roi, le suppliant de désavouer les édits.

Les officiers tolèrent les manifestations violentes, et laissent les émeutiers assaillir leurs troupes.

Le « peuple », qui subit la hausse du prix du pain, se joint aux émeutiers.

C'est ce que rapportent au roi les intendants, eux-mêmes souvent complaisants avec les parlementaires.

À Grenoble, les parlementaires réunis illégalement déclarent que si les édits étaient maintenus, « le Dauphiné se regarderait comme entièrement dégagé de sa fidélité envers son souverain ».

« Il faut enfin apprendre aux ministres ce que peut une nation généreuse qu'ils veulent mettre aux fers. »

Le commandant de la province, le duc de Clermont-Tonnerre, transmet le 7 juin 1788 aux parlementaires les ordres d'exil qu'il a reçus.

Aussitôt la nouvelle connue, les boutiques ferment, des cortèges se forment, les quarante et une corporations de métiers se rendent au siège du parlement, les paysans et les vendeuses du marché s'agglomèrent au cortège. La population des faubourgs, des Savoyards, des montagnards, accourent.

Les soldats sont bombardés de tuiles. On leur a ordonné de ne pas faire usage de leurs armes.

Clermont-Tonnerre cède, autorise les parlementaires à se réunir au terme de cette « journée des Tuiles » qui a mis en lumière un juge royal, Mounier, et un jeune avocat, Barnave.

Quelques semaines plus tard, le 21 juillet, au château de Vizille, propriété du riche industriel Périer, représentants du tiers état, de la noblesse et du clergé, se réunissent sans autorisation royale. Ils décident de convoquer les états de la province, de réclamer la réunion des États généraux, avec doublement des députés du tiers, le vote par tête et non par ordre. Et l'admission des roturiers à tous les emplois.

L'assemblée invoque « la protection du roi, de la loi et de la nation en faveur de tous les citoyens dont on attaquera la liberté par des lettres de cachet et d'autres actes de pouvoir arbitraire ».

C'est bien dans une perspective nationale, que se placent les représentants du Dauphiné.

Et se confirment ainsi le renforcement et la présence, sur tout le territoire du royaume, de « patriotes » qui composent un « parti national ».

C'est ce qui inquiète Louis XVI et la Cour.

Aux renseignements que rapportent les « mouches » qui arpentent les rues, se promènent sous les arcades du Palais-Royal, s'installent chez le restaurateur Massé, écoutent les conversations dans les cafés, et les orateurs qui haranguent les clients au café de Foy, au café du Caveau, s'ajoute la prolifération des pamphlets. Une centaine paraissent chaque mois.

Les brochures s'entassent sur les tables des ministres et sur celles du Roi.

Des philosophes – Condorcet –, des avocats – Barnave, Danton –, des nobles – Mirabeau –, des publicistes – Brissot, l'abbé Sieyès – publient et acquièrent ou confirment leur notoriété.

Les Sentiments d'un républicain de Condorcet, et surtout *Qu'est-ce que le tiers état ?*, de Sieyès, connaissent une large diffusion.

Sieyès s'interroge :

« Qu'est-ce que le tiers état ? – Tout. – Qu'a-t-il été jusqu'à présent dans l'ordre politique ? – Rien. – Que demande-t-il ? – À devenir quelque chose. »

Camille Desmoulins, qui fut élève au collège Louis-le-Grand dans la même classe que Robespierre, est l'auteur d'un opuscule enflammé, *La France libre*.

Mirabeau édite à Aix *Le Courrier de Provence*, Volney, à Rennes, *La Sentinelle du peuple*.

Des clubs se sont constitués. Le *club de Valois* est sous l'influence du duc d'Orléans, le *club des Trente* rassemble Mirabeau, La Fayette, Talleyrand, Sieyès, le duc de La Rochefoucauld-Liancourt. *La Société des amis des Noirs*, de Brissot et de l'abbé Grégoire, fait campagne pour l'abolition de l'esclavage.

On évoque une « démocratie royale », ou une monarchie aristocratique à l'anglaise, et même la République.

Certains « enragés » rappellent qu'on ne compte que cent mille privilégiés pour vingt-cinq millions de Français.

Cette immense majorité, disent-ils, ne peut se faire entendre que lors d'États généraux. Et tous ces « patriotes » demandent l'élection des représentants aux États, qui doivent être convoqués, non pas en 1792, comme Loménie de Brienne et le roi l'ont annoncé, mais dès l'année prochaine, en 1789.

Louis, les ministres, constatent d'ailleurs qu'ils ne peuvent imposer leurs décisions.

Les parlementaires sont hostiles, l'armée divisée et rétive à maintenir l'ordre. Les impôts directs ne rentrent plus, le pain est cher, l'emploi rare, les vagabonds nombreux dans le cœur même des villes.

Le désordre s'installe : émeutes, pillages, rassemblements, et l'opinion est de plus en plus critique.

Il faut desserrer, dénouer ce garrot qui étouffe le pays, et la seule possibilité est d'accepter la convocation rapide des États généraux, dans l'espoir de rassembler autour du roi le tiers état.

« Les privilégiés ont osé résister au roi, dit Lamoignon, avant deux mois il n'y aura plus ni parlements, ni noblesse, ni clergé. »

Le roi s'inquiète, même s'il approuve, le 8 août, la convocation des États généraux pour le 1er mai 1789.

Mais la monarchie française peut-elle exister sans ordres privilégiés ?

La situation est d'autant plus périlleuse que l'État, après avoir raclé les fonds dans toutes les caisses existantes – celles des hôpitaux, des Invalides, des théâtres, des victimes de la grêle… –, est contraint, le 16 août 1788, de suspendre ses paiements pour six semaines.

C'est la banqueroute, l'affolement dans l'opinion, la confirmation qu'on ne peut plus faire confiance à ce gouvernement.

Et le roi doit accepter ce qu'il avait refusé : le rappel de Necker et le renvoi de Brienne.

Cela doit, pense-t-il, rassurer l'opinion.

« Voilà bien des années que je n'ai pas eu un instant de bonheur », dit Louis en recevant Necker.

Necker répond :

« Encore un peu de temps, Sire, et vous ne parlerez plus ainsi ; tout se terminera bien. »

Réussira-t-il ?

Necker a l'appui de la reine.

« Je tremble, dit-elle, de ce que c'est moi qui le fais revenir. Mon sort est de porter malheur ; et si des machinations infernales le font encore manquer ou qu'il fasse reculer l'autorité du roi, on m'en détestera davantage. »

Mais ordre est donné aux gardes françaises et suisses de rétablir l'ordre, en ouvrant le feu sur ces manifestants qui brûlent le mannequin de Brienne, obligent les boutiques à fermer.

On relève plusieurs morts, mais à la fin septembre, l'ordre est rétabli.

La confiance revient.

Les effets royaux à la Bourse augmentent en quelques jours de trente pour cent. Necker avance au Trésor royal, sur sa fortune personnelle, deux millions. Il obtient des avances des banquiers, des notaires, et l'État peut reprendre ses dépenses, jusqu'aux États généraux.

Mais ces « miracles » qui rendent Necker encore plus populaire n'apaisent pas les débats qui divisent l'opinion.

Ceux qu'on appelle les *aristocrates* – le comte d'Artois, plusieurs princes du sang – veulent que les États généraux se réunissent dans la forme de 1614 : pas de doublement du nombre des députés du tiers, et chaque ordre (tiers état, noblesse, clergé) siégeant dans une chambre séparée.

Les aristocrates refusent une assemblée unique : ce serait le début d'une révolution, disent-ils.

Les *patriotes* sont d'un avis opposé : ils réclament le doublement du tiers état, le vote par tête et la chambre unique.

Le 5 décembre, le Parlement accepte le doublement mais ne se prononce ni sur le vote par tête ni sur l'assemblée unique. L'opinion s'enflamme et la popularité du Parlement s'évanouit.

Devant cet avenir incertain, l'attente anxieuse du pays est immense. À tout instant, parce que la misère tenaille, le pain est toujours plus cher, si la déception succède à l'espérance, la colère peut embraser les foules.

Necker le sait, et le 27 décembre 1788, devant le Conseil d'en haut, en présence du roi et de la reine, il plaide pour le doublement du tiers, acte de justice, répète-t-il. Les souverains l'acceptent.

Et pour apaiser l'opinion, le *Résultat du Conseil* est aussitôt imprimé et répandu dans toute la France.

On peut y lire :

« Les députés aux États généraux seront au moins au nombre de mille.

« ... Le nombre des députés du tiers état sera égal à celui des deux autres ordres réunis et cette proportion sera établie par les lettres de convocation. »

L'élection se fera par bailliage et les curés pourront être députés du clergé.

Les patriotes exultent. Ce « bas clergé » des curés partage souvent les opinions du tiers état.

Dans toutes les provinces, on remercie le roi de sa décision.

Il est le « Dieu tutélaire » et Necker son « ange ».

Pourtant, il ne s'est prononcé ni sur l'assemblée unique, ni sur le vote par tête.

Mais l'espoir est grand.

On ne doute pas que la justice et la raison l'emporteront au cours de cette année électorale qui commence.

Demain, c'est 1789.

DEUXIÈME PARTIE

Janvier 1789-17 juillet 1789
« Ce peuple paraît marcher de lui-même »

« Il n'y a plus d'obéissance nulle part
et on n'est même pas sûr des troupes. »

NECKER, février 1789

11.

Louis, depuis que cette année 1789 a commencé de s'écouler, vit dans une angoisse qui le paralyse.

La mort est là, qui s'approche.

Il ne peut rien contre elle. Elle a choisi sa proie et même un roi ne peut la lui disputer.

Et cet agonisant c'est un enfant de huit ans, Louis-Joseph, le dauphin, dont la naissance avait été pour Louis une flambée de joie, l'assurance donnée par Dieu que la dynastie allait se prolonger, légitime et éternellement renouvelée.

Mais ce fils n'est plus qu'un corps souffrant, déformé.

Il a murmuré à Louis et à Marie-Antoinette que sa mort sera prochaine, qu'il attend cette délivrance, qu'il l'espère même.

Louis et Marie-Antoinette ont pleuré. Mais les larmes n'empêchent pas la mort de se saisir d'un enfant, fût-il fils de roi.

Louis voudrait se recroqueviller sur cette douleur, ce désespoir. Mais à chaque minute, il est arraché à son angoisse intime par ces événements qui se succèdent, qui font de la quinzième année de son règne une année cruciale.

Et une autre angoisse, politique, nourrie de l'angoisse intime, le saisit.

Il s'interroge : et si la mort annoncée du dauphin était le présage noir de la mort de la monarchie ?

Il tente de se persuader que son fils cadet, âgé de quatre ans, vigoureux, est désormais le successeur désigné. Mais l'aîné avait porté l'espoir.

Et il va mourir.

Pour Louis, c'est comme si un voile de deuil couvrait tout le royaume. Et que le roi était aussi impuissant que le père.

Et pourtant, il a accordé ce que l'opinion réclamait.

Les élections pour les représentants aux États généraux vont se dérouler dans tous les bailliages.

Scrutin à un tour pour la noblesse et le clergé, à deux ou trois degrés pour les paysans et dans les villes.

À Paris, un régime particulier exige que l'électeur possède soit un office ou une maîtrise, soit un grade universitaire, ou paie un impôt de capitation de six livres, ce qui limitera le nombre d'électeurs à cinquante mille sur six cent mille habitants.

On se défie de la capitale.

On a vu entrer, venant de toute l'Île-de-France, « un nombre effrayant d'hommes mal vêtus, et d'une figure sinistre », paysans affamés, chassés par la disette, vagabonds déguenillés, armés de grands bâtons.

Ils côtoient les dizaines de milliers d'ouvriers, sans emploi, jetés à la rue par la fermeture des ateliers.

Le pain est si cher qu'il dévore tout l'argent d'une famille, qui ne peut plus acheter autre chose, ni chaussures, ni vêtements, ni meubles. Et les échoppes, les ateliers périclitent.

On compte cent vingt mille indigents à Paris.

Et cette situation fait craindre des violences.

Et la disette, qui fait de Paris, en ce début d'année 1789, une ville affamée, frappe tout le pays.

L'hiver 1789, après une année de sécheresse et des averses soudaines de grêle, qui ont saccagé les récoltes, est d'une rigueur extrême : 18 degrés au-dessous de zéro au mois de janvier 1789. La Seine gèle à Paris et au Havre.

Et on manque partout de grain.

Les foules se rassemblent devant les boulangeries.

« Chaque boutique est environnée d'une foule à qui l'on distribue le pain avec la plus grande parcimonie. Ce pain est en général noirâtre, terreux, amer, donne des inflammations de la gorge et cause des douleurs d'entrailles », écrit un témoin.

Les autorités ne peuvent maîtriser la situation.

Les convois de grain sont attaqués par des bandes menées par des femmes, qui sont en tête de toutes ces manifestations qui tournent au pillage, au saccage des maisons des riches, des châteaux ou même des couvents soupçonnés de receler du grain.

Necker avoue qu'il est terrorisé chaque nuit à l'idée – un cauchemar – que Paris pourrait manquer de pain pendant vingt-quatre heures. Et il imagine ce qui peut se produire, alors même que les troupes chargées de maintenir l'ordre sont elles-mêmes mal nourries.

Le pain manque aussi aux soldats, et il est aussi terreux que celui vendu si cher dans les boulangeries.

Necker ne cache pas au roi, au vu des dépêches qu'il reçoit des intendants et des subdélégués qui les assistent, « qu'il n'y a plus d'obéissance nulle part, et qu'on n'est pas même sûr des troupes ».

Les villageois forcent, ici et là, les laboureurs et les fermiers qui ont apporté des grains au marché à les vendre à bas prix.

Toutes les provinces du royaume sont touchées par cette épidémie de révolte. La Bretagne, la Normandie, le Languedoc, la Provence.

« Je renouvelle à Monsieur Necker, écrit le commandant militaire des provinces du centre, un tableau de l'affreuse situation de la Touraine et de l'Orléanais. Chaque lettre que je reçois de ces deux provinces est le détail de trois ou quatre émeutes à grand-peine contenues par les troupes et la maréchaussée. »

Des villes créent des « milices bourgeoises » pour tenter de protéger marchés, boutiques, demeures des représentants de l'autorité.

Personne n'échappe à cette colère accumulée, comme si la révolte était devenue universelle, comme l'avait été durant des siècles la résignation.

À Manosque, l'évêque qui visite le séminaire est accusé de favoriser un accapareur.

On le lapide. On lui crie :

« Nous sommes pauvres, vous êtes riche, nous voulons tout votre bien. »

Dans certaines localités, on installe une municipalité « insurrectionnelle », qui met à contribution tous les gens aisés.

C'est la faim, la disette, la peur de la famine qui sont la « poudre » de ces explosions, mais l'étincelle est politique.

La convocation des États généraux, le doublement du nombre des députés du tiers état, semblent ouvrir enfin devant les « infortunés » une brèche, dans laquelle ils ont le sentiment que le roi les invite à s'engouffrer.

On pille, on saccage les boulangeries, les domiciles des « riches », des « gros », au cri de « Vive la Liberté ! Vive le Roi ! ».

Avec effroi, Louis prend conscience de cette situation, dont la reine, le comte d'Artois, les aristocrates affirment qu'elle est provoquée par cette concession faite aux revendications du tiers état, à ce droit de vote quasi universel institué pour la désignation des représentants aux États généraux.

Ils critiquent ces assemblées électorales, où tout le monde intervient, ou l'on adopte des « cahiers de doléances », dont les modèles sont écrits à Paris, dans les clubs.

Et c'est bien le roi qui a accepté ce débat national. Et, tête baissée, Louis doit reconnaître que le règlement fixant les conditions de la campagne pour les États généraux, publié le 24 janvier, outre qu'il fixe à vingt-cinq ans l'âge auquel on peut voter, précise :

« Sa Majesté a désiré que des extrémités de son royaume et des habitations les moins connues chacun fût assuré de faire parvenir jusqu'à Elle ses vœux et ses réclamations. »

Et, voici que les sujets qui ne se rebellaient que par saccades, séparées les unes des autres dans l'espace et le temps, s'emparent dans un mouvement d'ensemble de la parole.

La campagne pour les élections aux États généraux unifie la révolte en même temps que le royaume.

Et l'idée prévaut que le roi lui-même justifie cette révolte.

Louis s'en inquiète.

Les mots qu'il a laissé prononcer par Necker, ceux qu'il a approuvés en organisant les élections, se sont transformés en pierres lancées contre les privilégiés et donc aussi contre lui.

Necker avait dit :

« Le vœu du tiers état, quand il est unanime, quand il est conforme aux principes d'équité, s'appellera toujours le vœu national. Le temps le consacrera, le jugement de l'Europe l'encouragera et le souverain ne peut que régler dans sa justice ou devancer dans sa sagesse, ce que les circonstances et les opinions doivent amener d'elles-mêmes. »

C'était accorder au tiers état un rôle éminent, exprimant « le vœu national », et donc, réduire en fait la place des ordres privilégiés !

Cela a pu apparaître comme une manœuvre habile destinée à affaiblir les aristocrates et le haut clergé hostile aux réformes.

Mais à la lueur de l'incendie allumé par les révoltes, Louis a la gorge serrée par l'angoisse, la crainte de s'être laissé entraîner trop loin.

Il lit l'article écrit dès janvier 1789 par le publiciste protestant Mallet du Pan, qui s'est réfugié en France après la révolution genevoise de 1782.

« Le débat public, écrit Mallet du Pan, a changé de face. Il ne s'agit plus que très secondairement du roi, du despotisme et de la Constitution, c'est une guerre entre le tiers état et les deux autres ordres, contre lesquels la Cour a soulevé les villes. »

Mais si le tiers état l'emporte, Louis a la conviction que son pouvoir sera réduit, peut-être même annihilé.

Et Louis s'affole quand il lit encore – et son entourage lui rapporte des informations convergentes – dans les dépêches des intendants « qu'ici c'est une espèce de guerre déclarée aux propriétaires et à la propriété ». « Dans les villes comme dans les campagnes, le peuple continue de déclarer qu'il ne veut rien payer, ni impôts, ni droits, ni dettes. »

L'analyse des événements faite par un commandant des troupes est encore plus inquiétante et accroît le désarroi de Louis.

« Ce n'est pas une émeute isolée comme d'ordinaire, écrit l'officier. Les mêmes erreurs sont répandues dans tous les esprits... Les principes donnés au peuple sont que le roi veut que tout soit égal, qu'il ne veut plus de seigneurs et d'évêques, plus de rang, point de dîmes et de droits seigneuriaux. Ainsi ces gens égarés croient user de leur droit et suivre la volonté du roi. »

Louis a le sentiment qu'on l'a utilisé, trompé, et qu'on a déformé sa pensée.

Comment, à quel moment, à quelle occasion, faire entendre ce qu'il souhaite vraiment, même s'il est écartelé entre des orientations nombreuses ?

Il veut bien que ses sujets espèrent que les États généraux vont opérer « la régénération du royaume ».

Mais il récuse l'idée selon laquelle « l'époque de la convocation des États généraux doit être celle d'un changement entier et absolu dans les conditions et dans les fortunes ».

Et comment ne serait-il pas effrayé, bouleversé, par les conséquences de ce mensonge, de cette illusion, qui est « une insurrection aussi vive que générale contre la noblesse et le clergé » ?

Louis et les aristocrates mettent en cause ces membres des clubs, des loges maçonniques, des sociétés de pensée, qui publient des centaines de pamphlets, s'agglutinent dans les cafés, les librairies.

« Chaque heure produit sa brochure, constate l'Anglais Arthur Young qui parcourt la France dans cette année 1789. Il en a paru treize aujourd'hui, seize hier et quatre-vingt-douze la semaine dernière. Dix-neuf sur vingt sont en faveur de la liberté. » « La fermentation passe toute conception », ajoute Young.

À Mirabeau, Volney, Brissot, Camille Desmoulins, s'ajoutent de nouveaux publicistes, tel Marat.

Les candidats aux États généraux s'adressent à leurs électeurs. Mirabeau lance un *Appel à la Nation provençale*, et Robespierre s'adresse à la *Nation artésienne*.

Et dans ou devant les cafés, les orateurs interpellent la foule qui se presse, ainsi sous les arcades du Palais-Royal :

« Puisque la bête est dans le piège, s'écrie Camille Desmoulins, qu'on l'assomme... Jamais plus riche proie n'aura été offerte aux vainqueurs. Quarante mille palais, hôtels, châteaux, les deux cinquièmes des biens de la France seront le prix de la valeur. Ceux qui se prétendent conquérants seront conquis à leur tour. La nation sera purgée. »

Cette violence, les *cahiers de doléances* ne l'expriment pas.

On veut la « régénération du royaume ».

On veut la justice, l'égalité, la liberté.

On respecte le roi. Mais on condamne le despotisme. On réclame une Constitution.

Plus d'intendants, de subdélégués, ces agents du despotisme, ces leveurs d'impôts !

Plus de privilèges. « La nation et le roi. »

Ces assemblées ont élu 1 139 députés : 291 du clergé (parmi lesquels 208 curés et l'évêque d'Autun Talleyrand) ; 270 de la noblesse – mais 90 sont des « libéraux » : le duc de La Rochefoucauld, La Fayette –, dont 154 militaires ! Et 578 du tiers état, dont la moitié sont avocats – ainsi Robespierre –, hommes de loi, notaires, des savants et écrivains – Bailly, Volney –, 11 sont nobles tel Mirabeau, et 3 prêtres tel Sieyès...

Parmi les nobles, au grand scandale de Louis et de Marie-Antoinette un prince du sang s'est fait élire : le duc Philippe d'Orléans.

Le roi, Necker, les aristocrates, les patriotes examinent ce millier d'élus dont la plupart sont des inconnus.

La majorité d'entre eux – si l'on ajoute aux députés du tiers les nobles libéraux et les curés – sont favorables aux réformes, influencés par les idées du parti patriote.

Mais cette majorité pourra-t-elle se manifester ?

Il faudrait que les mille cent trente-neuf députés délibèrent dans la même salle, forment une assemblée unique, et votent par « tête » et non par ordre.

Et ces hommes seront soumis au grand vent des événements, des émotions et des révoltes dans les campagnes et les rues.

Et à la fin du mois d'avril, la tempête souffle à Paris.

La ville est parcourue depuis des semaines par des bandes de pauvres, de vagabonds, d'artisans et de compagnons sans emploi.

Les « mouches » rapportent des propos inquiétants de femmes qui ne peuvent plus acheter le pain trop cher.

« Il est indigne de faire mourir de faim le pauvre, dit l'une. On devrait aller mettre le feu aux quatre coins du château de Versailles. »

Un agent du lieutenant général de police souligne que « la maréchaussée est découragée, la résolution du peuple est étonnante ; je suis effrayé de ce que j'ai vu et entendu... Le peuple affamé n'est pas loin de risquer la vie pour la vie. »

Et ce qui se passe à Paris est comme l'exacerbation de ce qui a lieu dans les provinces.

Ici, « les laquais eux-mêmes dévorent les pamphlets à la porte des palais », et « le peuple s'est follement persuadé qu'il était tout et qu'il pouvait tout, vu la prétendue volonté du roi sur l'égalité des rangs ».

Et il suffit, rue du Faubourg Saint-Antoine, le samedi 25 avril, que la rumeur se répande que Reveillon, électeur, patriote, fabricant de papier peint a dit : « Un ouvrier ayant femme et enfant peut vivre avec quinze sous par jour », pour qu'on le brûle en effigie. On crie qu'il faut « mettre tout à feu et à sang chez lui ». Et l'on s'en prend aussi à Henriot, fabricant de salpêtre, qui aurait approuvé ce propos.

Peu importe que Reveillon soit un ancien ouvrier, qu'il donne vingt-cinq sous par jour à ses trois cent cinquante ouvriers, qu'il les paie même en période de chômage, la révolte déborde.

La foule se rassemble faubourg Saint-Antoine, faubourg Saint-Marceau.

On brise, on pille, on incendie la maison d'Henriot, parce que la maison de Reveillon est protégée.

Le mardi 28, les manifestants sont des milliers, menaçants, retenant les carrosses, insultant leurs occupants, les contraignant à crier : « Vive le tiers état ! »

Le carrosse de Philippe d'Orléans est arrêté. Le duc, acclamé, offre sa bourse, et lance :

« Allons mes amis du calme, de la paix, nous touchons au bonheur. »

Mais la maison de Reveillon est envahie, saccagée par un millier de pillards, qui détruisent et volent, sous les regards d'une foule de cent mille personnes, qui gênent les mouvements des troupes, cavaliers du Royal-Cravate, gardes françaises, gardes suisses, accueillis par des volées de tuiles, de pavés.

Les incendiaires résistent, entraînent la foule dans leurs affrontements avec les troupes, qui chargent, ouvrent le feu. On relève plusieurs centaines de blessés, et l'on dénombre près de trois cents morts, certains témoins évoquent neuf cents victimes. Et les rapports du lieutenant général de police, vingt-cinq.

En cette fin du mois d'avril 1789, à la veille de l'ouverture des États généraux, Paris est ensanglanté.

Et le dauphin va mourir.

12.

Louis voudrait oublier ce sang répandu au faubourg Saint-Antoine, ces violences qui ne cessent pas dans les provinces, et, plus que tout, le corps et le visage de son fils où la mort déjà a enfoncé ses griffes.

Il le faudrait parce que ce samedi 2 mai 1789, au château de Versailles, les députés se présentent, individuellement, en une interminable file, au roi, debout entre ses deux frères.

Mais Louis ne peut rien oublier. Et même le souvenir de ce mois de mai 1774, il y a presque jour pour jour quinze années, quand on lui annonça la mort de Louis XV, et qu'il sentit ce poids écrasant du pouvoir qu'il lui fallait supporter, et la panique qui l'avait saisi, ce sentiment d'abattement et d'impuissance, lui reviennent, si présents, si forts, si douloureux.

Car on ne peut pas remonter le cours du temps. Ce qu'il a fait ou subi, ce qu'il aurait dû faire et qu'il n'a pas eu l'audace d'entreprendre ou de poursuivre, sont devenus les traces et les traits de son règne.

Et il doit faire face à ces cinq cent soixante-dix-huit députés du tiers état, vêtus de noir, dont il devine l'impatience, la colère et l'humiliation, car voilà « trois mortelles heures » qu'ils attendent, massés derrière des barrières.

Et avant eux, s'avancent dans leurs costumes chamarrés, portant grand chapeau, les députés de la noblesse, suivis par les évêques, les cardinaux, et seuls les curés en noir rompent ce long défilé d'or et de soie, de violet et de pourpre.

Le roi les regarde ces hommes noirs s'incliner devant lui, et il ne cille pas.

Il se contente de lancer un « Bonjour bonhomme » au « père » Gérard, un député du tiers qui a revêtu son costume de paysan breton.

Il regagne épuisé ses appartements, et retrouve ses frères, la reine, leur entourage, ces aristocrates qui, chaque jour désormais, l'invitent à la fermeté.

Ils lui disent qu'il faut, le lundi 4 mai, jour de la grande procession dans les rues de Versailles, de l'église Notre-Dame jusqu'à la cathédrale Saint-Louis, puis le mardi 5 mai, salle des Menus-Plaisirs lorsqu'il s'adressera, avant le garde des Sceaux Barentin et le ministre Necker, aux députés rassemblés, affirmer l'autorité du roi.

Il invitera ces roturiers du tiers à respecter les ordres privilégiés. Et la seule manière de ne pas laisser remettre en cause l'autorité monarchique, c'est de refuser une délibération commune des trois ordres, ce qui donnerait naissance à une Assemblée nationale et à une Constitution.

Et il faut aussi ne pas céder sur la question du vote par tête.

Louis écoute. Il partage ces vues. Mais comment les imposer ?

Il se contente d'approuver d'un hochement de tête puis, en compagnie de Marie-Antoinette, il se rend au chevet de son fils.

Et le lundi 4 mai, au milieu d'une foule de badauds qui a envahi les rues de Versailles et occupe toutes les fenêtres, Louis dans son grand costume du Saint-Esprit, et la reine parée de tous ses bijoux, les membres de la famille royale, les princes du sang, se dirigent vers la cathédrale Saint-Louis.

Les députés du tiers sont loin du roi. Ceux de la noblesse et du clergé l'entourent. Et c'est le même contraste des couleurs : le noir du vêtement austère des députés du tiers, le rouge, le violet, les ors et le panache blanc de ceux du clergé et de la noblesse.

Dans la cathédrale, nobles et clercs ont leurs bancs marqués, et les députés du tiers sont sur les bas-côtés.

L'évêque de Nancy La Fare présente au roi « les hommages du clergé, les respects de la noblesse, et les humbles supplications du tiers état ».

Humiliation ! Même si l'évêque dans son sermon condamne le luxe de la Cour, invite à renoncer aux privilèges, dénonce la misère des campagnes, et prêche la patience et la soumission.

Comment oublier que durant la traversée de la ville, le tiers état a été acclamé, le roi, applaudi, mais que le duc d'Orléans défilant au milieu des députés a été ovationné ?

Et lorsque passe la reine, on lui crie « Vive le duc d'Orléans ! », puis c'est le silence qui l'accompagne.

Louis après cette procession solennelle, entouré des siens, de Necker, prépare son discours du lendemain, le corrige, le prononce plusieurs fois jusque tard dans la nuit.

Il a eu le sentiment angoissant, lors de la procession, puis à la cathédrale, qu'il vivait, avec la famille royale, peut-être leur dernière manifestation de la splendeur du rituel de l'autorité monarchique.

Et il dépend de son discours, des conséquences qu'il aura, que ce qu'il craint ne se réalise.

Et tout en étant décidé à affronter son destin, il a peur qu'il ne soit déjà tracé, et qu'un discours ne puisse pas arrêter la roue qui tourne inexorablement.

Lorsqu'il entre à une heure de l'après-midi, dans la salle des Menus-Plaisirs, ce 5 mai, accompagné de la reine qui prendra place à sa droite, et des ministres qui s'installeront derrière lui, il sait que les députés sont là depuis huit heures du matin, pour répondre à l'appel de leur nom.

Les députés du clergé et de la noblesse sont assis sur les côtés droit et gauche de l'immense salle, ceux du tiers forment une masse vive, au fond face au roi. Son trône, placé sur une estrade, est surmonté d'un dais violet aux fleurs de lys d'or.

Louis commence à lire d'une voix ferme, presque rude.

Il veut affirmer son pouvoir souverain, fixer des bornes à ce mouvement qui l'a emporté jusqu'ici, à ces députés qui en sont l'expression.

« Une inquiétude générale, un désir exagéré d'innovations, dit-il, se sont emparés des esprits et finiraient par égarer totalement les opinions, si on ne se hâtait de les fixer par une réunion d'avis sages et modérés... Les esprits sont dans l'agitation mais une assemblée de représentants de la nation n'écoutera sans doute que les conseils de la sagesse et de la prudence. »

Le discours du garde des Sceaux est à peine écouté, et celui de Necker tant attendu déçoit. Le ministre si populaire parle longtemps, sa voix s'épuise. Il fait lire la conclusion de son discours.

On applaudit, certes, on crie « Vive le roi ! », et on acclame même la reine.

Dans l'entourage du roi, on se rassure : même Necker a paru admettre l'existence des trois ordres, et ni le roi ni ses ministres n'ont fait allusion à une Assemblée unique, à une Constitution, ni naturellement au vote par tête.

Louis se tait, mais il a la certitude que rien n'est joué.

Il lui suffit de lire ce nouveau journal, dont les crieurs lancent le titre dans les rues, le *Journal des États généraux*, publié par Mirabeau, pour savoir que le tiers état ne renoncera pas à obtenir le vote par tête, et la délibération en Assemblée unique et non par ordre.

Mirabeau critique Necker, les « longueurs insupportables de son discours, ses répétitions sans nombre, ses trivialités dites avec pompe »...

Il faut faire taire Mirabeau, dit Necker, interdire ce *Journal des États généraux*. C'est fait le 7 mai. Mais Mirabeau change de titre, publie *Une lettre du Comte de Mirabeau à ses commettants*, et écrit : « Vingt-cinq millions de voix réclament la liberté de la presse et la Nation et le Roi demandent unanimement le concours de toutes les lumières et un ministre soi-disant populaire ose effrontément mettre le scellé sur nos pensées, privilégier le trafic du mensonge... Non, Messieurs ! »

Et l'on sait que pour Mirabeau, Necker n'est qu'un « charlatan, un roi de la canaille », mais comment empêcher la parution de son journal, alors que Brissot lance *Le Patriote français*, et que d'autres feuilles paraissent ?

C'est sous la surveillance des journaux que vont se dérouler les débats aux États généraux.

L'opinion publique, dont ils sont l'écho et qu'ils orientent, entre dans la salle où délibèrent les députés et elle n'en sortira plus.

On lit avec passion ces journaux, et de nombreux Parisiens font le voyage de Versailles.

Ils sont admis sans difficulté dans la salle commune des États généraux qu'on a laissée au tiers état, l'ordre qui compte le plus de députés.

Ils écoutent les leurs qui, par leur talent ou leur notoriété, s'imposent jour après jour : Mirabeau, Sieyès, Mounier, Barnave.

Parfois c'est un inconnu qui prend la parole, comme ce député d'Arras, l'avocat Maximilien Robespierre, qu'on écoute distraitement, lors de sa première intervention le 18 juin.

Les deux ordres privilégiés se sont retirés dans des salles « séparées », où ils siègent à huis clos, marquant ainsi leur volonté de refuser l'« Assemblée unique » au moment où les députés du tiers choisissent de se nommer « Communes » à l'imitation de l'Angleterre, et dans quelques jours ils se choisiront pour « doyen des Communes » l'astronome Jean Sylvain Bailly, député de Paris.

Louis observe, interroge, écoute.

La reine, le comte d'Artois – les princes – répètent que le tiers, en refusant de vérifier isolément les pouvoirs de ses membres, en demandant aux autres ordres de le rejoindre, s'est mis en état de « sédition ». Le tiers état veut briser la division en ordres.

Il appelle les députés de la noblesse et du clergé à le rejoindre. Il refuse toutes les « transactions ». Il faut donc « le réduire à l'obéissance ».

Mais comment ?

Louis mesure le danger pour le pouvoir royal.

Suffit-il de s'appuyer sur les ordres privilégiés qui, dans leurs salles séparées, ont décidé de vérifier, chacun pour soi, les pouvoirs de leurs députés ?

Mais quarante-sept nobles s'y sont opposés (contre cent quarante et une voix pour) et le clergé est profondément divisé : cent quatorze voix pour rejoindre le tiers, constituer une Assemblée unique, et une courte majorité de cent trente-trois voix pour le maintien de la séparation. Des délégations du tiers état s'en vont tenter de convaincre les « curés » de rejoindre les « Communes ».

Et ce « bas clergé » est tenté. Il ose se dresser contre les prélats : « Les curés de village s'ils n'ont pas les talents des académiciens ont du moins le bon sens des villageois », dit l'un, s'adressant à l'abbé Maury, membre de l'Académie française.

« Ici, Messeigneurs, dit un autre, nous sommes tous égaux. »

Et l'abbé Grégoire, « ami des Noirs », célèbre par son *Mémoire sur l'émancipation des Juifs*, réunit autour de lui, chaque soir, « soixante curés », patriotes.

Et Paris bouillonne, du Palais-Royal au faubourg Saint-Antoine.

Des témoins, pourtant « patriotes », s'inquiètent de la violence des propos qui sont lancés.

On réclame un « carcan sur le Pont-Neuf pour l'abbé Maury ».

On compte sur ses doigts les ennemis de la nation : « deux altesses royales, trois altesses sérénissimes, une favorite… »

Il s'agit des frères du roi, du prince de Condé, du duc de Bourbon, du prince de Conti, et de Madame de Polignac. Et naturellement, la reine est fustigée, couverte d'injures. Le libraire Nicolas Ruault[1], éditeur de Voltaire, esprit éclairé, patriote, s'inquiète : « Si la haine fermente quelque temps encore dans le peuple contre les ordres privilégiés, si l'autorité ne vient pas la calmer ou l'éteindre, il est à craindre que la partie du peuple sans propriété, que cette multitude sans existence civile, sans principes moraux et qu'il est si facile de mettre en mouvement, qui s'y met souvent d'elle-même sur les moindres propos qu'ils entendent au coin des rues et des carrefours, dans les halles et les marchés publics, ne coure de château en château, tout piller et tout détruire. J'ai déjà entendu ces menaces de la populace de Paris dans des groupes qu'on voit se multiplier chaque jour. »

Et Nicolas Ruault ajoute : « Il est fort à souhaiter que le souverain intervienne avec son autorité pour donner la paix à cette assemblée d'hommes libres… »

Mais à la fin mai, les États généraux ne sont pas encore une Assemblée unique.

1. *Gazette d'un Parisien sous la Révolution, lettres à son frère*, 1783-1796, Perrin, 1976.

Les trois ordres restent sur leurs positions et lorsque le roi propose des « conférences de conciliation », entre les ordres, le tiers qui craint un piège refuse.

Mirabeau a plaidé qu'en restant immobile le tiers est « formidable à ses ennemis ».

Et le roi est las, désespéré.

Tout se mêle en lui, la déception de voir son peuple se diviser et se rebeller, et chaque jour de constater que la mort envahit le corps du dauphin.

On a transporté l'enfant à Meudon, dans l'espoir qu'il y respire un air plus pur qu'à Versailles.

Louis se rend quotidiennement à son chevet, et c'est comme s'il avait devant lui, devant son fils mourant, la preuve de son impuissance.

Le dauphin meurt le 4 juin.

Selon l'étiquette, les souverains ne peuvent accompagner leur fils jusqu'à Saint-Denis.

Ils s'installent à Marly, terrassés par le chagrin, désireux de se recueillir.

Mais Louis ne peut ignorer les événements.

Les troubles continuent. On pille des greniers à blé.

Le comte d'Artois, la reine, leurs proches, harcèlent le roi quand ils apprennent que le 17 juin, sur la proposition de l'abbé Sieyès, les Communes du tiers état se constituent en Assemblée nationale.

Cette Assemblée nationale vota aussitôt un décret, assurant *provisoirement* la perception des impôts et le service de la dette publique.

Provisoirement : c'est-à-dire que l'Assemblée menace d'une « grève des impôts », si le roi et les ordres privilégiés refusent de reconnaître cette Assemblée nationale.

Provisoirement : jusqu'à ce que l'Assemblée nationale ait élaboré une Constitution.

Chaque député du tiers se sent porté par cette houle qui balaie le pays.

« Le tiers a pour lui le droit et la force des choses », dit l'abbé Sieyès.

13.

« Assemblée nationale ».

Louis répète ces mots, relit ces récits, ces pamphlets qu'on pose devant lui, et il a l'impression d'être saisi par le vertige comme s'il se trouvait au bord d'un abîme, qu'il était prêt à y être précipité, et il ne peut s'empêcher d'osciller, d'avant en arrière, comme si son corps voulait exprimer l'hésitation et en même temps la frayeur qui ont fondu sur lui.

Les députés du tiers, ces roturiers, ont osé le défier, alors qu'ils n'existent que par lui, qui a bien voulu organiser les élections, réunir les États généraux.

Ses frères, la reine, les princes du sang, les aristocrates, ceux que le peuple appelle les *aristocranes*, exigent qu'on brise ces rebelles, qu'on dissolve même les États généraux.

Le garde des Sceaux Barentin insiste pour que le roi oblige le tiers état à se soumettre :

« Pourquoi tant de complaisance, tant de considération ? dit Barentin au Conseil royal réuni le 19 juin. Il faut du nerf et du caractère, ne pas sévir c'est dégrader la dignité du trône, opposer la modération à l'injure, la faiblesse à la violence, c'est autoriser la violence. »

Louis partage ce sentiment, mais il écoute Necker, qui propose un plan de réformes : le vote par tête, l'égalité devant l'impôt, l'admissibilité de tous les Français aux fonctions publiques, la création d'une Chambre haute, le pouvoir exécutif confié au roi avec droit de veto…

C'est capituler, disent les frères du roi, la reine, le garde des Sceaux.

Louis se tait.

Ont-ils tous oublié que l'ancien garde des Sceaux Lamoignon s'est brûlé la cervelle dans le parc de sa demeure ?

Ne savent-ils pas que dans les rues de Versailles, des bandes venues de Paris pourchassent les députés de la noblesse et du clergé hostiles à la « réunion » avec ceux du tiers ?

L'archevêque de Paris a été poursuivi à coups de pierres. On lui a jeté de la boue, on a injurié l'abbé Maury. On les a insultés en les qualifiant d'*aristocranes*.

À Paris, au Palais-Royal, un orateur a proposé de « brûler la maison de Monsieur d'Esprémesnil, sa femme, ses enfants, son mobilier et sa personne », parce qu'il est hostile à la réunion avec le tiers.

La foule a piétiné, battu, fouetté, tous ceux qui osaient ne pas crier « Vive le tiers état ! », « Vive l'Assemblée nationale ! ».

Une femme qui a proféré des « injures au buste de Necker, a été troussée, frappée jusqu'au sang par les poissardes », dit un espion de police.

On s'en prend aux « uniformes suspects ». Dès que paraît un hussard, on crie : « Voilà Polichinelle, et les tailleurs de pierre le lapident. Hier au soir, deux officiers de hussards, MM. de Sombreuil et de Polignac sont venus au Palais-Royal, on leur a jeté des chaises, et ils auraient été assommés, s'ils n'avaient pris la fuite… »

Et lorsqu'un espion de police a été démasqué : « On l'a baigné dans le bassin, on l'a forcé comme on force un cerf, on l'a harassé, on lui jetait des pierres, on lui donnait des coups de canne, on lui a mis un œil hors de l'orbite, enfin malgré ses prières et qu'il criait merci on l'a jeté une seconde fois dans le bassin. Son supplice a duré depuis midi jusqu'à cinq heures et demie et il y avait bien dix mille bourreaux. »

Parmi cette foule, des gardes françaises, qu'on entoure, qui crient « Vive le tiers état ! ».

« Tous les patriotes s'accrochent à eux. »

Ils ont quitté leurs casernes bien qu'ils y aient été consignés. Le Palais-Royal est un lieu qu'ils ont l'habitude de fréquenter. C'est le rendez-vous des filles, et maintenant celui des patriotes.

« On leur paie des glaces, du vin. On les débauche à la barbe de leurs officiers. »

Que faire, s'interroge Louis, quand on ne dispose plus de la force ?

Quand l'Assemblée du tiers, cette Assemblée qui se veut nationale, délibère de l'aveu même de Bailly, son doyen, sous la surveillance de plus de 600 « spectateurs » qui votent les motions comme des élus, applaudissent, contestent, menacent les quelques rares députés du tiers qui n'ont pas rallié la majorité. Leurs noms sont relevés et la foule les attend à la sortie de la salle.

Que faire ?

Ce 9 juin, Louis ne se prononce pas sur les propositions de Necker.

Mais l'abîme est là devant lui, qui l'effraie et le fascine.

Il apprend que le clergé, par cent quarante-neuf voix contre cent trente-sept, a décidé de rallier le tiers état.

Certains prélats ont donc rejoint les curés qui, avaient-ils dit, « précédés du flambeau de la raison, conduits par l'amour du bien public et le cri de notre conscience, venons nous placer avec nos concitoyens et nos frères ».

Les députés du tiers et ceux du clergé se sont embrassés en pleurant, et la foule crie « Vive les bons évêques ! ».

L'ordre de la noblesse, au contraire, maintient son refus de la réunion.

Les princes du sang royal, la reine, les frères du roi ne cessent de l'inciter à défendre « sa » noblesse qui lui reste fidèle.

Louis voit ce gouffre devant lui, où tout son monde peut s'engloutir.

Il entend ses proches, au Conseil royal du 20 juin, dire que les réformes de Necker vont « ébranler les lois fondamentales de l'État ».

La reine insiste pour que le roi mette fin à cette « révolte ».

Et Louis en convient. Il ne peut pas accepter que la monarchie dont il a hérité sombre.

Qu'on agisse, murmure-t-il, qu'on fasse un premier pas, qu'on donne un signe. Et il ajoute qu'il faut être mesuré et sage.

Il a choisi de faire fermer la grande salle commune aux États généraux où se réunissent les députés du tiers.

Il attend, angoissé, leurs réactions.

Ils trouvent les portes closes, puisque, leur dit-on, les huissiers doivent aménager la salle, pour une séance générale – séance royale pour les trois ordres – prévue pour le 23 juin.

On a, autour du roi, où tout le monde est pour la fermeté et pour la noblesse, critiqué à mots couverts cette mesure équivoque, qui n'ose pas s'avouer pour ce qu'elle est, une tentative d'empêcher l'Assemblée nationale de délibérer.

Le désarroi est grand parmi les députés.

Ils n'osent forcer les portes.

L'un d'eux crie : « Au jeu de paume. »

La salle est proche. On l'occupe. On entoure Bailly.

Sieyès propose de se transporter à Paris. L'émotion est extrême ; le roi, dit-on, prépare un coup d'État contre l'Assemblée.

Il faut avertir le peuple, lancent certains.

Mounier, le député de Grenoble, invite à prêter serment « de ne jamais se séparer et de se rassembler partout où les circonstances l'exigeraient, jusqu'à ce que la Constitution fût établie et affermie sur des fondements solides ».

Dans la salle, c'est l'enthousiasme. On acclame Bailly. On prête serment. On signe à l'unanimité moins une voix, celle du député Martin d'Auch.

On le dénonce au peuple, « attroupé à l'entrée de la salle, et il est obligé de se sauver par une porte dérobée pour éviter d'être mis en pièces ».

Les députés se dispersent dans Versailles, répandent la nouvelle du « coup d'État royal » et du « serment du Jeu de paume ». On les acclame. On se rend à Paris au Palais-Royal.

On insulte les aristocrates, la reine et les princes.

Devant Louis, l'abîme s'est élargi et creusé.

Ses frères et la reine, le garde des Sceaux répètent qu'on ne peut reculer, qu'il faut relever le défi lancé par les députés du tiers état.

Le comte d'Artois fera fermer, demain, la salle du Jeu de paume, au prétexte qu'il doit y jouer sa partie.

Et Louis, d'une voix sourde, annonce au Conseil royal du 21 juin qu'il rejette le plan proposé par Necker, et que la séance royale se tiendra le 23 juin.

Il se redresse, dit fermement qu'elle sera un lit de justice, et qu'il imposera sa volonté.

Et l'inquiétude qui le tenaille est plus douloureuse encore.

Il apprend le 22 juin que l'Assemblée s'est réunie à l'église Saint-Louis dont le curé a ouvert les portes « à la nation ».

Et cent quarante-huit membres du clergé et deux nobles ont rejoint l'Assemblée.

La séance royale du 23 juin s'annonce décisive. Il ne peut pas y renoncer, malgré les propos de Necker, qui refuse d'y participer.

« Elle irritera la nation au lieu de la mettre pour soi », dit le directeur général des Finances.

La grande salle est gardée par de nombreux soldats lorsque les députés y pénètrent, appelés par ordre.

Et le comte d'Artois regarde avec arrogance ces élus du tiers état que la pluie a trempés.

Le roi, aux côtés de son frère, paraît triste et morne.

Mais quand il se met à parler, sa voix, d'abord « tremblante et altérée », se durcit, autoritaire, lorsqu'il déclare que les délibérations tenues par le tiers état, qui prétend être une Assemblée nationale, sont « nulles, illégales, inconstitutionnelles ».

Il avait dit à une députation de la noblesse :

« Je ne permettrai jamais qu'on altère l'autorité qui m'est confiée. »

Et devant les trois ordres, il reste fidèle à cette promesse même s'il consent à l'égalité devant l'impôt, à la liberté individuelle, à la liberté de la presse, à la création d'états provinciaux.

Il accepte le vote par tête mais préserve le vote par ordre quand il est question des « droits antiques et constitutionnels des trois ordres ».

Quant à l'égalité fiscale, il s'en remet « à la volonté généreuse des deux premiers ordres ».

Donc point d'Assemblée nationale, point de Constitution.

Et le roi menace :

« Si vous m'abandonniez dans une si belle entreprise, seul je ferai le bonheur de mes peuples. »

Est-ce l'annonce de la dissolution des États généraux ?

« Je vous ordonne de vous séparer tout de suite et de vous rendre demain matin, chacun, dans vos salles affectées à votre ordre pour y reprendre vos délibérations. »

Le roi se lève, sort. Les fanfares jouent cependant qu'il monte dans son carrosse.

Toute la noblesse le suit, et la majorité l'imite.

Reste la masse noire du tiers état, silencieuse.

Le destin hésite, et Louis ne l'ignore pas.

Le grand maître des cérémonies, le marquis de Dreux-Brézé, s'avance, superbe dans son costume chamarré :

« Sa Majesté, dit-il, prie les députés du tiers de se retirer. »

Un piquet de gardes françaises et de gardes suisses l'a accompagné jusqu'à la porte. On voit luire leurs baïonnettes.

Bailly, pâle, répond que « l'Assemblée en allait délibérer, mais que la nation assemblée ne peut recevoir d'ordres ».

Mirabeau s'approche, tel un lutteur qui va agripper son adversaire :

« Monsieur, lance-t-il, allez dire à votre Maître qu'il n'y a que les baïonnettes qui puissent nous faire sortir d'ici. »

C'est l'épreuve de force.

« Le roi et la reine ressentent une frayeur mortelle, avait noté la veille l'Américain Morris. J'en tire la conclusion qu'on va encore reculer. »

Louis écoute Dreux-Brézé qui raconte d'abord qu'il a dû traverser la cour du palais pour se rendre auprès du roi. Il a vu et entendu la foule, anxieuse, mais déterminée, acclamant le tiers état, et Necker qui annonce qu'il ne démissionnera pas.

La foule a crié : « Monsieur Necker, notre père. Ne nous abandonnez pas. »

« Non, non mes amis, je resterai avec vous », a répondu le ministre.

« La populace qui se permet tout, exige qu'on illumine la ville en l'honneur de cet événement. »

Puis Dreux-Brézé rapporte les propos de Bailly et Mirabeau.

Le roi baisse la tête, bougonne.

« Ils veulent rester, eh bien foutre, qu'ils restent. »

Il est épuisé.

Que peut-il faire puisque « les gardes françaises ont assuré qu'elles étaient tiers état, et ne tireraient que sur les nobles et les ecclésiastiques ; les officiers ne sont plus les maîtres, l'un d'eux a reçu un soufflet d'un soldat ».

Le tiers état reprend donc ses délibérations.

Le 24 juin, la majorité des membres du clergé le rejoint.

Le lendemain, quarante-sept nobles les imitent, et parmi eux Philippe, duc d'Orléans.

On pleure, on s'embrasse, on acclame le cousin du roi, bon patriote.

La réunion du tiers état, du clergé et de ces nobles apparaît être de plus en plus l'Assemblée nationale.

Et le défi qui est lancé au roi est redoublé.

Alors même que le souverain sort affaibli de l'échec de sa première tentative de coup de force.

Que faire ?

Demander à trois régiments d'infanterie et trois régiments de cavalerie de quitter les frontières et de se diriger vers Paris, où ils devront arriver au plus tard le 13 juillet. Et dans l'attente, dissimuler ses intentions.

Louis donne l'ordre à son « fidèle clergé et à sa fidèle noblesse » de se réunir à l'assemblée du tiers état.

On illumine à Versailles, au Palais-Royal.

« La révolution est finie », écrit-on.

Mirabeau, devant l'Assemblée, déclare :

« L'histoire n'a trop souvent raconté les actions que de bêtes féroces, parmi lesquelles on distingue de loin en loin des héros. Il nous est permis d'espérer que nous commençons l'histoire des hommes. »

14.

Comme Mirabeau, Louis voudrait « espérer ».

Et durant quelques instants, il a cru en effet que le peuple satisfait allait se rassembler autour de lui.

Ce soir du 27 juin, la foule réunie dans la cour du château de Versailles a crié « Vive le roi ! », « Vive le tiers état ! », « Vive l'Assemblée ! », et Louis a décidé de s'avancer en compagnie de la reine, sur le balcon.

Il a vu cette foule joyeuse, qui le remerciait d'avoir invité le clergé et la noblesse à se réunir au tiers état, et Louis a été ému aux larmes, embrassant la reine qui pleurait aussi. Et la foule les a acclamés.

Puis Louis est rentré dans le palais et il a été aussitôt entouré par ses proches. La reine a cessé de pleurer et, comme le comte d'Artois et le comte de Provence, elle adjure le roi de rassembler de nouvelles troupes autour de Versailles, et de Paris.

Foulon de Doué, chargé d'approvisionner ces troupes qui arrivent de Metz, de Nancy, de Montmédy, et qui représenteront bientôt trente mille hommes, rapporte que leur présence est d'autant plus nécessaire que les gardes françaises n'obéissent plus aux ordres.

Des compagnies se rebellent, se mêlent au peuple, crient :

« Nous sommes les soldats de la nation, Vive le tiers état ! »

Certains ajoutent :

« Les troupes sont à la nation qui les paie et non au roi qui voudrait les commander. »

Et quand les soldats rentrent dans leur casernement, ils lancent à la foule : « Soyez tranquilles, faites ce qu'il vous plaira ! »

Louis n'a même plus, en écoutant ses frères, la reine, Foulon, le souvenir de ce bref moment d'espoir qu'il a vécu.

Les dépêches qui se succèdent en ce début du mois de juillet sont inquiétantes.

Paris, écrasé par une chaleur extrême, bouillonne. Au Palais-Royal, à toutes les portes de la ville, dans les faubourgs on se rassemble, on manifeste, on roue de coups tous ceux qui refusent d'acclamer le tiers état.

Le duc du Châtelet, colonel commandant des gardes françaises, a fait enfermer dans la prison de l'Abbaye onze soldats, qui ont tenu des propos séditieux, refusé d'obéir.

Et aussitôt plusieurs centaines de personnes ont encerclé l'Abbaye, brisé à coups de pique et de marteau les portes de la prison, libéré non seulement les onze gardes françaises mais tous les autres militaires prisonniers. Les dragons, les cavaliers, les hussards qu'on a envoyés à l'Abbaye pour disperser la foule ont refusé de charger, ont rengainé leurs sabres, ont trinqué avec le peuple, qui criait « À la santé du roi et du tiers état ».

Ils ont répondu en lançant : « Vive la nation ! »

Les dragons disent à l'officier qui les conduit à Versailles : « Nous vous obéissons mais quand nous serons arrivés, annoncez aux ministres que si l'on nous commande la moindre violence contre nos concitoyens, le premier coup de feu sera pour vous. »

Ces soldats comme le peuple se défient des régiments étrangers.

À Versailles, des gardes françaises et des hommes du peuple ont écharpé des hussards parlant allemand au cri de :

« Assommons ces polichinelles, qu'il n'en reste pas un ici. »

On s'indigne en apprenant que le Conseil de guerre suisse a fait pendre deux gardes suisses qui avaient manifesté leur sympathie pour les sentiments patriotiques français.

On constate des désertions parmi les troupes qui ont établi leur camp au Champ-de-Mars.

Et au Palais-Royal, on note la présence aux côtés des gardes françaises d'artilleurs eux aussi acclamés par les femmes, des ouvriers.

Un sergent a lu une « adresse au public » dans laquelle il l'assurait « qu'il n'avait rien à craindre des troupes nationales, que jamais la baïonnette et le fusil ne serviraient à répandre le sang des Français, de leurs frères et de leurs amis ».

Louis après avoir lu ces dépêches a l'impression que son corps est une masse lourde qui l'écrase.

Comme pour l'accabler, on lui a rapporté ces conclusions d'un libraire parisien qui, le 8 juillet, a écrit à son frère :

« On avait cru jusqu'ici que la révolution se ferait sans effusion de sang, mais aujourd'hui on s'attend à quelques coups de violence de la part de la Cour : ces préparatifs, tout cet appareil militaire l'indiquent. On y ripostera sans doute avec autant et encore plus de violence. »

Mais comment éviter cet affrontement, alors que Louis veut préserver l'ordre monarchique qu'on lui a transmis et dont il est le garant ?

Or cet ordre est dans tout le royaume remis en cause.

Les émeutes, les pillages continuent de se produire dans toutes les provinces, en ce début du mois de juillet d'une chaleur qui augmente jour après jour, et avec elle la nervosité, l'inquiétude, la colère contre le prix élevé du pain, sa rareté, contre les menaces que la « cabale » des *aristocranes* ferait peser sur le tiers état.

On a faim. On a peur.

On craint l'arrivée de nouveaux régiments étrangers. Ils prendraient position sur les collines dominant Paris, prêts à bombarder les quartiers de la capitale, le Palais-Royal, les faubourgs.

On assure que le roi est entre les mains de la « cabale », dont le comte d'Artois et la reine sont les animateurs, avec certains ministres, et Foulon qui aurait déclaré, évoquant les plaintes des Parisiens et des paysans : « Ils ne valent pas mieux que mes chevaux et s'ils n'ont pas de pain, qu'ils mangent du foin. »

Louis n'ignore pas ces rumeurs et ces peurs qui troublent le pays, et le dressent contre la monarchie.

Mais le roi ne peut croire que ce peuple qui lui a si souvent manifesté son affection, et le 27 juin encore, soit profondément atteint par cette « fermentation », cette « gangrène » des esprits.

Il faut que le roi lui montre sa détermination. Et Louis approuve les propositions de ses frères et de la reine.

Il doit d'abord ressaisir le glaive, concentrer les troupes étrangères autour de la capitale, afin qu'elles puissent intervenir si nécessaire.

Et briser cette Assemblée nationale qui, le 9 juillet, s'est proclamée Assemblée constituante, et qui la veille a voté une proposition de Mirabeau, demandant au roi d'éloigner les troupes étrangères de la capitale et de Versailles.

Il faut dissimuler ses intentions, répondre que ces régiments suisses et allemands sont là pour protéger l'Assemblée, qu'on pourrait d'ailleurs transférer à Noyon ou à Soissons, où elle serait à l'abri des bandes qui troublent l'ordre à Paris et à Versailles.

Louis ment, mais, pense-t-il, il en a le droit puisqu'il s'agit du bien du royaume dont Dieu lui a confié la charge.

Le moment est proche où le roi abattra sa carte maîtresse : le renvoi de Necker qui sera remplacé par le baron de Breteuil, l'armée étant confiée au duc de Broglie, vieux maréchal de la guerre de Sept Ans, qui sera ministre de la Guerre.

Lors du Conseil des dépêches du samedi 11 juillet, Louis ne révèle rien de ses intentions.

Mais le Conseil clos, il charge le ministre de la Marine, le comte de La Luzerne, de porter à Necker l'ordre de sa démission.

Lettre tranchante demandant à Necker de quitter le royaume. Louis imagine bien en effet que la démission de celui que la foule appelle « notre père » provoquera des troubles.

Mais il ne peut pas penser avec précision au-delà de sa décision.

Il n'est pas capable de prévoir les mesures à prendre.

Ces jours d'angoisse et de choix l'ont épuisé.

L'un des ministres renvoyés avec Necker, le comte de Saint-Priest, notera :

« Le roi était dans une anxiété d'esprit qu'il déguisa en affectant plus de sommeil qu'à l'ordinaire, car il faut savoir qu'il s'endormait fréquemment pendant la tenue des Conseils, et ronflait à grand bruit. »

Le lendemain, dimanche 12 juillet 1789, Paris et la France vont réveiller brutalement le roi Louis XVI.

15.

Dimanche 12 juillet-Lundi 13 juillet

Louis, à Versailles, et les députés aux États généraux sont encore ensommeillés quand ce dimanche 12 juillet 1789, la nouvelle du renvoi de Necker se répand dans Paris.

Il est autour de neuf heures.

La foule est déjà dans la rue, parce que la chaleur stagne dans les soupentes, dans les logis surpeuplés, et les vagabonds, les indigents et les paysans réfugiés dans la ville ont dormi à la belle étoile. Et puis c'est dimanche, le jour où l'on traîne, du Palais-Royal aux Tuileries, des portes de Paris au faubourg Saint-Antoine.

On a chaud. On a soif. On parle fort. On boit dans les estaminets. Et tout à coup, cette rumeur qui court : Necker, le « père du peuple », a été chassé par les aristocrates, la reine, le comte d'Artois, cette cabale qui gouverne le roi.

Ils veulent donc étouffer le peuple, le massacrer, dissoudre l'Assemblée nationale.

Ils vont donner l'ordre aux régiments étrangers qui campent au Champ-de-Mars et sur les collines de tirer sur le peuple, de bombarder la ville comme on le craint depuis près de dix jours.

On avait raison. Ils ont trahi le peuple.

À la fin de la matinée, on se presse au Palais-Royal, place Louis-XV, aux Tuileries.

Des bandes d'« infortunés », de déguenillés dont les visages et les propos attirent et effraient, parcourent les rues.

Au Palais-Royal, vers midi, un homme jeune, un avocat, un journaliste, bondit sur une chaise, lève le bras, commence à parler d'une voix enflammée.

On répète son nom, Camille Desmoulins.

Ils sont plus de dix mille à l'écouter.

Depuis plusieurs heures déjà cette foule s'échauffe, brandit les poings, des piques, ces faux dont on a redressé la lame.

On a fustigé ce comte d'Artois pour qui Necker, aurait-il dit, n'est qu'« un foutu bougre d'étranger ».

Et des agents soldés du duc d'Orléans ont répété dans la foule que ce sont les « abominables conseillers du roi qui ont obtenu le renvoi de Necker ».

Ils veulent « purger » la ville.

Et Desmoulins lance :

« Aux armes ! Pas un moment à perdre ! J'arrive de Versailles : le renvoi de Necker est le tocsin d'une Saint-Barthélemy des patriotes. Ce soir, tous les bataillons suisses et allemands sortiront du Champ-de-Mars pour nous égorger ! Il ne nous reste qu'une ressource, c'est de courir aux armes ! »

« Aux armes ! » reprend-on.

Camille Desmoulins arrache des feuilles de marronnier, les accroche à son chapeau.

Cette cocarde verte sera le signe de ralliement de tous ceux qui veulent empêcher le massacre des patriotes.

« Aux armes ! Aux armes ! » crie-t-on en s'élançant.

On se rend au cabinet de cire de Curtius. On lui emprunte les bustes de Necker et du duc d'Orléans. Un cortège se forme, d'hommes et de femmes qui arborent la cocarde verte et se dirigent vers les Tuileries.

Place Vendôme, ils lapident un détachement du Royal-Allemand qu'ils refoulent, et, en brandissant les deux bustes, en criant « Aux armes ! », ils arrivent place Louis-XV.

Le cortège s'arrête, face à des dragons du Royal-Allemand, commandés par le prince de Lambesc.

Les cavaliers commencent à avancer vers la foule qui hésite, reflue vers les terrasses des Tuileries, trouve là des pierres, des blocs déposés en vue de la construction d'un pont sur la Seine.

On s'abrite, on lance des cailloux sur les dragons.

Lambesc charge, blesse d'un coup de sabre un vieillard.

Fureur, rage contre « le sanguinaire Lambesc ». On résiste aux charges.

On pousse des cris de joie quand les gardes françaises arrivent place Louis-XV et tirent sur les dragons.

Un dragon est renversé, fait prisonnier, malmené.

Lambesc hésite, craint qu'on ne relève le pont tournant, l'empêchant ainsi de reculer, de passer sur la rive gauche.

Il se dégage, en chargeant, puis évacue la place.

On exulte. On crie qu'il faut se saisir du prince de Lambesc, qu'il faut « l'écarteler sur-le-champ ».

On retourne au Palais-Royal. On pille les armureries, on bouscule, frappe les passants qui n'arborent pas la cocarde verte.

On s'arrête devant les guinguettes, les estaminets, les cabarets.

On raconte « la bataille » contre le Royal-Allemand. Les victimes (un blessé !) dans les récits se multiplient, font naître l'effroi et la fureur. Et quand on voit surgir des cavaliers du Royal-Allemand qui patrouillent dans les faubourgs et le long des boulevards, les gardes françaises présents dans les cortèges les attaquent, les tuent.

À Versailles aussi le peuple est dans la rue, et les députés protestent contre le renvoi de Necker.

Il « fallait en châtier les auteurs », « de quelque état qu'ils puissent être », dit l'abbé Grégoire, et l'archevêque de Vienne lui-même, au nom de l'Assemblée, déclare au roi « que l'Assemblée ne cesserait de regretter l'ancien ministre et qu'elle n'aurait jamais confiance dans les nouveaux ».

Louis répond avec une fermeté qui surprend le prélat.

« C'est à moi seul, dit-il, à juger de la nécessité des mesures à prendre. Et je ne puis à cet égard apporter aucun changement. »

Quant à la présence de troupes dans Paris, il ajoute :

« L'étendue de la capitale ne permet pas qu'elle se garde elle-même. »

Louis a appris que, commandés par le baron de Besenval, les régiments suisses ont quitté le Champ-de-Mars, et, après un long détour par le pont de Sèvres, atteint les Champs-Élysées. Ils n'ont pas rencontré de manifestants et ont regagné leurs campements.

Louis peut s'abandonner à ce sommeil qui l'envahit.

Mais Paris ne dort pas.

« Toutes les barrières depuis le faubourg Saint-Antoine jusqu'au faubourg Saint-Honoré, outre celles des faubourgs Saint-Marcel et Saint-Jacques, sont forcées et incendiées » dans la nuit du 12 au 13 juillet. Les émeutiers espèrent que la destruction des octrois fera baisser le prix du grain et du pain, qui est à son niveau le plus élevé du siècle.

La ville est ainsi « ouverte », et « la multitude y entre » dès le début de la matinée du lundi 13 juillet.

Les hommes (des « brigands », disent les bourgeois qui se sont calfeutrés chez eux) armés de piques et de bâtons pillent les maisons, crient qu'ils veulent « des armes et du pain ».

Ils dévalisent les boulangeries, les marchands de vin, dévastent le couvent de Saint-Lazare, brisent la bibliothèque, les armoires, les tableaux, le cabinet de physique et dans les caves défoncent les tonneaux, trouvent du grain dans les réserves. Ils obligent les passants à boire.

On découvrira dans les caves du couvent une trentaine de pillards, noyés dans le vin.

Les « bourgeois » – qui furent les électeurs aux États généraux – veulent faire cesser ce pillage, craignent le désordre, la destruction de tous les biens.

Ils se réunissent, décident de créer une garde nationale, milice bourgeoise de 48 000 hommes qui défendra Paris contre les pillards, les brigands et les régiments étrangers.

Le prévôt des marchands Flesselles est désigné pour présider une Assemblée générale de la Commune.

Il faut des armes pour la milice. « Paris, dit Bailly qui sera maire de la ville, court le risque d'être pillé. » « En pleine rue, des créatures arrachaient aux femmes leurs boucles d'oreilles et de souliers. »

La milice s'organise, se donne une cocarde aux couleurs de Paris, rouge et bleu.

On achète aux « vagabonds les armes dont ils se sont emparés ». On arrête et même on pend quelques brigands. Mais au même moment, la foule brise les portes des prisons, libère ceux qui sont détenus pour « dettes, querelles, faits de police... elle y laisse les prévenus de vol, de meurtres et autres crimes ».

Et des gardes françaises livrent leurs armes au peuple, puis défilent, boivent avec lui « le vin qu'on leur verse aux portes des cabarets ».

Un témoin, le libraire Ruault, note :

« Aucun chef ne se montre dans ce mouvement tumultueux. Ce peuple paraît marcher de lui-même. Il est gai, il rit aux éclats, il chante, il crie "Vive la nation !". Et il engage nombre de spectateurs à devenir acteurs avec lui dans le reste de la scène. »

Mais la crainte des pillages, des brigands, de l'attaque des régiments étrangers est de plus en plus forte.

Les représentants des « électeurs parisiens », en cette fin de journée du lundi 13 juillet, s'en vont aux Invalides demander au gouverneur qu'il leur livre les armes de guerre, plusieurs dizaines de milliers de fusils, conservées dans le bâtiment. Il refuse.

Mais le peuple a déjà acquis l'habitude de prendre ce qu'on ne lui donne pas.

16.

Nous voulons !

C'est le cri qui a traversé la nuit brûlante du 13 au 14 juillet 1789.

Et dans l'aube déjà étouffante, des bandes parcourent les rues. Les hommes sont armés de broches, de piques, de fusils. Certains sont « presque nus ». « Vile populace », murmurent les bourgeois.

Des groupes se forment devant les portes des maisons cossues, celles d'ennemis de la nation et donc du tiers état.

Des hommes exigent qu'on leur ouvre les portes :

« On veut à boire, à manger, de l'argent, des armes. »

Dans la nuit, ils ont pillé le garde-meuble où sont entreposées des armes et des armures de collection. Ils brandissent des sabres, des coutelas, des lances.

Mais ce sont des armes de guerre qu'ils veulent.

« Des armes, des armes, nous voulons des armes », crient-ils devant les Invalides.

Ils sont près de cinquante mille, qui ne se soucient guère des canons qui menacent mais qui sont servis par des invalides, et ceux-ci ne voudront pas tirer sur le peuple !

La foule piétine devant les fossés qui entourent les bâtiments.

Des hommes apparaissent, portant au sommet d'une pique la tête tranchée au coutelas de Flesselles, le prévôt des marchands, président de l'Assemblée des électeurs parisiens, qu'on accuse d'avoir trompé le peuple, en l'envoyant chercher des armes là où elles ne sont pas, à l'Arsenal, aux Chartreux, aux Quinze-Vingts.

On s'y est précipité, on n'a rien trouvé, on a arraché Flesselles à son fauteuil.

« Vous voilà donc, Monsieur le Prévôt, toujours traître à la patrie ! »

On l'a tué d'un coup de pistolet, puis on lui a coupé la tête, et elle dodeline, sanglante, au bout d'une pique.

« Nous voulons des armes ! »

On entend ce cri, au Champ-de-Mars, où sont rassemblés des régiments d'infanterie, de cavalerie, d'artillerie, suisses pour la plupart, commandés par le général baron de Besenval, suisse lui aussi.

Il attend des ordres, hésite, consulte ses chefs de corps : les soldats sont-ils prêts à tirer sur les émeutiers ? Tous répondent par la négative. Et le général baron de Besenval choisit de ne pas faire marcher ses troupes vers les Invalides.

Il se demande s'il ne vient pas de décider du sort de cette journée.

« Des armes, des armes. »

La foule escalade les fossés, défonce les grilles, se précipite dans les caves, guidée par des invalides qui éclairent avec des torches les fusils entassés, dont on s'empare, qu'on se passe de main en main.

On traîne douze pièces de canon, un mortier.

On brandit les fusils.

« Nous voulons de la poudre et des balles », crie-t-on maintenant.

Il y en aurait à la Bastille, la vieille forteresse où le roi enterre sur une simple lettre de cachet ceux qui lui déplaisent.

« À la Bastille ! »

Et ce n'est plus le poing qu'on brandit mais le fusil.

On court à l'Hôtel de Ville où siègent les représentants des électeurs parisiens.

Un millier de personnes envahit la salle où ils délibèrent. Ils sont pressés, menacés. Les baïonnettes effleurent leurs poitrines, et dehors des dizaines de milliers de voix crient : « À la Bastille ! »

Les « électeurs » décident d'envoyer une délégation au gouverneur de la forteresse, le marquis de Launay, afin qu'il distribue de la poudre et des balles aux Parisiens qui doivent armer leur milice bourgeoise.

La garnison de la Bastille compte 82 invalides et 32 soldats suisses. Elle dispose de quelques canons.

Et autour de la forteresse avec ses fossés et ses ponts-levis, et dans les rues voisines, se rassemblent au moins cent mille Parisiens, auxquels se mêlent des gardes françaises, tirant cinq canons.

Il y a la foule spectatrice : elle crie, elle regarde, elle attend, elle se tient à bonne distance, pour éviter les coups de feu s'ils partent des tours hautes de quarante pieds, mais pour l'heure, en cette fin de matinée du mardi 14 juillet, on ne tire pas.

Le gouverneur reçoit des délégations des « électeurs ».

Il ne veut pas donner de munitions, il n'a pas reçu d'ordre, mais il négocie. Il invite les représentants des Parisiens à déjeuner, après leur avoir fait visiter toute la forteresse.

Les députations se succéderont jusqu'à trois heures de l'après-midi.

Mais la situation s'est tendue.

Il y a huit à neuf cents hommes qui veulent conquérir la forteresse. C'est parmi eux qu'on trouve les deux citoyens qui, par le toit d'une boutique proche, parviennent au poste de garde, vide. Ils peuvent actionner la machinerie du premier pont-levis.

Launay a eu beau montrer à la « députation » qu'il fait reculer les canons, boucher les meurtrières, on l'accuse de trahison, d'avoir laissé baisser le pont-levis pour que les « patriotes » s'engouffrent dans la première cour, et là, pris dans la nasse, se fassent mitrailler.

On commence à échanger des coups de feu de part et d'autre. Le millier d'hommes décidés à partir à l'assaut est d'autant plus déterminé qu'il sent derrière lui cette foule qui l'observe et l'encourage.

Il y a même parmi ces curieux « nombre de femmes élégantes et de fort bon air qui avaient laissé leurs voitures à quelque distance ».

Ces hommes, fer de lance de la foule, sont ouvriers ou boutiquiers du faubourg, tailleurs, charrons, merciers, marchands de vin. Et parmi eux, soixante et un gardes françaises, et le sergent Hulin qui fait mettre les cinq canons en batterie, contre les portes et ponts-levis de la Bastille.

Les ponts-levis s'abaissent. La Bastille capitule. On a promis la vie sauve à la garnison.

La foule déferle.

On brise. On tire.

Il y aura quatre-vingt-dix-huit morts et soixante-treize blessés, mais combien durant le siège et l'assaut, et combien après la capitulation dans le désordre que personne ne contrôle ?

Les gardes françaises – Hulin, Élie, entré le premier –, les vrais combattants – Maillard, un ancien soldat, le brasseur du faubourg Saint-Antoine Santerre –, ne peuvent faire respecter les « lois de la guerre ».

C'est Élie qui a donné sa parole d'officier français qu'il « ne serait fait aucun mal à personne ».

Mais comment pourrait-il arrêter le torrent, contenir le désir de se venger, d'abattre ces officiers, ces soldats, ce marquis de Launay ? Plusieurs seront écharpés, dépecés.

Le gouverneur de Launay a reçu un coup d'épée à l'épaule droite. Arrivé dans la rue Saint-Antoine, « tout le monde lui arrachait des cheveux, et lui donnait des coups ».

« On hurle qu'il faut lui couper le cou, le pendre, l'attacher à la queue d'un cheval. »

« Qu'on me donne la mort », crie-t-il. Il se débat, lance un coup de pied dans le bas-ventre de l'un de ceux qui l'entourent. Aussitôt il est percé de coups de baïonnette, traîné, déchiqueté.

« C'est un galeux et un monstre qui nous a trahis : la nation demande sa tête pour la montrer au peuple. »

C'est l'homme qui a reçu le coup de pied, un garçon cuisinier du nom de Desnot, qui est « allé à la Bastille pour voir ce qui s'y passait », qui croit mériter une médaille en « détruisant un monstre ». Avec son petit couteau à manche noir, et son expérience d'homme qui « sait travailler les viandes », Desnot tranche la tête de Launay. On enfonce cette tête au bout d'une fourche à trois branches et on se met en marche.

Rue Saint-Honoré, on accroche à la tête deux inscriptions, pour qu'on sache à qui elle était.

Et sur le Pont-Neuf, on l'incline devant la statue d'Henri IV, en criant : « Marquis, salue ton maître. »

Dans les jardins du Palais-Royal, où l'on a planté les têtes de Flesselles, de Launay et de quelques autres défenseurs de la Bastille, sous les acclamations de la foule, on a dressé des listes de proscription : le comte d'Artois, le maréchal de Broglie, le prince de Lambesc, le baron de Besenval…

Une récompense est promise à qui disposera leurs têtes au café du Caveau.

On porte en triomphe jusqu'à l'Hôtel de Ville les sept prisonniers qu'on a libérés de la Bastille – quatre faussaires, deux fous et un débauché – et déjà, on commence à arracher des pierres à la forteresse.

Elle était dans Paris le visage menaçant de l'ordre et de la force monarchique. Elle doit être détruite, pierre après pierre.

Mais le pouvoir du roi renversé, c'est le désordre qui règne à Paris.

« Nous faisions une triste figure, dit un bourgeois, membre de la milice. Nous ne pouvions contenir la fureur du peuple. Si nous l'eussions trop brusqué, il nous aurait exterminés. Ce n'est pas le moment de lui parler raison. »

Alors les bourgeois mettent la cocarde « bleu et rouge » à leur chapeau, et patrouillent, arrêtant les voitures des nobles qui s'enfuient à la campagne.

« On les visite, on les fouille, on renvoie les nobles dans leurs hôtels. On ne souffre pas qu'ils sortent de la ville. La bourgeoisie ne quittera pas les armes que la Constitution ne soit faite. »

Louis, en cette fin de mardi 14 juillet, n'imagine pas la gravité de ce qui vient de se produire à Paris.

Il est cependant si préoccupé, qu'il n'a pas chassé. Et il a écrit à la date du 14 juillet, sur le carnet où il note ses exploits cynégétiques, le mot « Rien ».

Au même instant à Paris, le libraire Ruault écrit :

« La journée de mardi a tué le pouvoir du roi. Le voilà à la merci du peuple pour avoir suivi les perfides conseils de sa femme et de son frère Charles d'Artois. Ce début de grande révolution annonce des suites incalculables pour les plus prévoyants. »

Louis veut croire qu'il ne s'agit que de l'une de ces émeutes parisiennes, de ces frondes que les rois ont toujours su écraser, ou désarmer.

Et cependant l'inquiétude le ronge, et il la fuit, en se contentant de répondre à une délégation de l'Assemblée qui veut lui faire part de ce qu'elle vient d'apprendre des événements parisiens :

« J'ai donné l'ordre que mes troupes qui sont au Champ-de-Mars se retirassent. »

Puis il bâille, s'enfonce dans ce sommeil où tout se dissout.

Mais à l'aube du mercredi 15 juillet, le grand maître de la Garde-Robe le réveille, et chaque mot que prononce le duc de La Rochefoucauld-Liancourt arrache douloureusement Louis XVI à la somnolence protectrice.

La Bastille est tombée. On a promené des têtes au bout des piques en poussant des cris de cannibales.

« C'est une révolte », balbutie Louis XVI d'une voix sourde.

« Non, Sire, c'est une révolution. »

Louis a l'impression qu'il ne pourra jamais soulever son corps.

Il se redresse lentement.

Il doit bouger, agir.

Il faut se rendre à l'Assemblée, répéter qu'on a pris la décision d'éloigner les troupes de Paris et de Versailles.

« Je compte sur l'amour et la fidélité de mes sujets, dit Louis. Je ne suis qu'un avec ma nation, c'est moi qui me fie à vous. Aidez-moi dans cette circonstance à assurer le salut de l'État... Je ne me refuserai jamais à vous entendre et la communication entre l'Assemblée et moi sera toujours libre... »

Il se retire en compagnie de ses frères, rentre à pied au château, accompagné par les députés des trois ordres.

La foule accourt, crie : « Vive le roi ! »

Louis se rassure, malgré les avertissements de la reine, du comte d'Artois. Il faut, disent-ils, effacer par une victoire et un châtiment exemplaire la révolte de Paris, la prise de la Bastille, la tuerie sauvage qui a suivi.

Il faut imposer partout dans le royaume l'autorité du roi.

Le soir de ce mercredi 15 juillet, Louis écoute le récit de la réception faite par Paris à la députation de l'Assemblée nationale qui s'y est rendue dans l'après-midi.

Plus de cent mille Parisiens, souvent armés, l'ont accueillie. On a crié « Vive la nation ! Vive les députés ! » mais aussi « Vive le roi ! ». Le marquis de La Fayette, président de la députation, a déclaré : « Le roi était trompé, il ne l'est plus. Il est venu aujourd'hui au milieu de nous, sans troupes, sans armes, sans cet appareil inutile aux bons rois. »

Le comte de Lally-Tollendal a ajouté :

« Ce bon, ce vertueux roi, on l'avait environné de terreurs. Mais il a dit qu'il se fiait à nous, c'est-à-dire à vous... »

« Tout doit être oublié, a conclu le comte de Clermont-Tonnerre. Il n'y a pas de pardon à demander où il n'y a pas de coupable... Le peuple français hait les agents du despotisme mais il adore son roi... »

Les acclamations ont déferlé en hautes vagues.

On a proclamé le marquis de La Fayette commandant la milice parisienne, cette « garde nationale », et Bailly, désigné prévôt des marchands, a préféré le titre de maire qui lui a été accordé par acclamation.

L'archevêque de Paris a conduit la députation à Notre-Dame, où l'on a chanté un *Te Deum*.

La cathédrale était pleine.

À la sortie, le peuple a crié qu'il voulait le rappel de Necker. Les députés ont approuvé, affirmé que le vœu du peuple serait exaucé.

Louis sait, le jeudi 16 juillet, qu'il va devoir décider. À l'Assemblée nationale, qui vient de se réunir, le comte Lally-Tollendal a dit sous les acclamations :

« Ce vœu bien prononcé nous l'avons entendu hier à Paris. Nous l'avons entendu dans les places, dans les rues, dans les carrefours. Il n'y avait qu'un cri : "Monsieur Necker, Monsieur Necker, le rappel de Monsieur Necker." Tout ce peuple immense nous priait de redemander Monsieur Necker au Roi. Les prières du peuple sont des ordres. Il faut donc que nous demandions le rappel de Monsieur Necker. »

Un roi doit-il obéir aux ordres du peuple et de l'Assemblée ?

Louis écoute au Conseil qu'il réunit le 16 juillet ses frères et la reine s'indigner de cette injonction, lui demander de refuser le rappel de Necker.

Et puisque les troupes ne sont plus sûres, au dire du maréchal de Broglie, et incapables de reconquérir Paris et de briser cette révolte, cette révolution, il faut quitter Versailles, gagner une place forte, proche de la frontière.

Broglie n'est pas sûr, dit-il, d'assurer la sécurité de la famille royale pendant ce voyage, puis concède qu'on peut se rendre à Metz, mais « qu'y ferons-nous ? ».

Le comte de Provence est de l'avis qu'il faut rester à Versailles.

Louis a l'impression qu'il glisse sur une pente, et qu'au bout il y a le gouffre.

Il devrait se mouvoir, s'agripper, échapper à ce destin.

Il voudrait partir avec la reine, ses enfants, ses proches.

Il sait que Marie-Antoinette attend, espère qu'il fera ce choix. Elle a déjà brûlé des lettres, placé tous ses bijoux dans un coffre qu'elle emportera avec elle.

Mais il ne peut pas.

Il consulte du regard les ministres qui participent au Conseil. Certains lui annoncent qu'ils démissionnent. Breteuil au contraire veut conserver son poste.

Louis détourne la tête, dit qu'il va rappeler Necker, renvoyer les régiments dans leurs garnisons.

Il voit, il sent le désespoir de la reine.

Mais il n'a pas la force de choisir le départ, c'est-à-dire le combat. Ce choix de rester est celui de la soumission au destin, à la volonté des autres.

Lui aussi, comme l'Assemblée, il est aux ordres du peuple.

Et, par instants, il pense même que c'est son devoir de roi.

Il transmet ses décisions à l'Assemblée qui se félicite de la sagesse du roi, du départ des troupes et du rappel attendu par toute la nation de Necker.

Mais le peuple veut voir, entendre le roi.

Louis se rendra donc à Paris, demain vendredi 17 juillet 1789.

Peut-être sera-ce le jour de sa mort ?

Il s'y prépare, donne à son frère, comte de Provence, le titre de lieutenant général du royaume.

Puis il parcourt le château de Versailles, que les courtisans ont déserté. Beaucoup, comme le comte d'Artois et sa famille, les Polignac, Breteuil, Broglie, Lambesc, le prince de Condé et les siens, tous ceux qui savent qu'ils sont inscrits sur les listes de proscription, ont choisi d'émigrer. Ils ont déjà quitté Versailles.

Les pas de Louis résonnent dans les galeries désertes.

Louis regagne ses appartements. Il va dormir.

C'est le vendredi 17 juillet. Il roule vers Paris.

Il n'est accompagné que de quelques nobles – les ducs de Villeroy et de Villequier, le comte d'Estaing – et de trente-deux députés tirés au sort.

Les gardes du corps sont sans armes.

Mais la milice bourgeoise de Versailles qui accompagne le carrosse royal jusqu'à Sèvres, comme la milice bourgeoise de Paris qui le reçoit, sont sous les armes.

Le peuple à la porte de Paris crie « Vive la nation ! ».

Et Bailly le maire, en remettant les clés à Louis, déclare :

« J'apporte à Votre Majesté les clés de sa bonne ville de Paris. Ce sont les mêmes qui ont été présentées à Henri IV. Il avait reconquis son peuple, ici c'est le peuple qui a reconquis son roi… Sire, ni votre peuple ni Votre Majesté n'oublieront jamais ce grand jour, c'est le plus beau de la monarchie, c'est l'époque d'une alliance auguste, éternelle, entre le monarque et le peuple. Ce trait est unique, il immortalise Votre Majesté… »

On traverse Paris.

Le peuple en armes ne crie pas « Vive le Roi ! ».

Louis voit tous ces visages, ces piques, ces fusils.

Il entre dans l'Hôtel de Ville sous une voûte d'épées entrelacées.

On lui remet la nouvelle cocarde où le blanc de la monarchie est serré entre le bleu et le rouge de Paris.

On l'accroche à son chapeau.

« Vous venez promettre à vos sujets, lui dit le représentant des électeurs de Paris, que les auteurs de ces conseils désastreux ne vous entoureront plus, que la vertu, trop longtemps exilée, restera votre appui. »

Louis murmure : « Mon peuple peut toujours compter sur mon amour. »

Au même moment, à Saint-Germain-en-Laye, un meunier soupçonné d'accaparement de grains est conduit sur la place, jugé, condamné à mort. Et un garçon boucher lui tranche le cou, au milieu des hurlements de satisfaction !

Et dans la salle de l'Hôtel de Ville de Paris, Louis XVI sourit vaguement, écoutant les discours qu'on lui adresse. Le maire Bailly, d'un coup de pied, a écarté le petit carreau de velours sur lequel il devrait selon l'étiquette s'agenouiller. Et il parle au roi debout.

Un témoin, Lindet, pourtant adversaire de la Cour, se sent humilié par l'atmosphère de cette réception : « La contenance niaise et stupide du roi faisait pitié », se souviendra-t-il.

Mais Louis est rassuré.

Une voix au fond de la salle a lancé « Notre roi, notre père », et les applaudissements ont crépité, puis les cris de « Vive le roi ! ».

Louis peut rentrer à Versailles, bercé par le balancement du carrosse.

Il est dix heures du soir.

La reine, en larmes, l'accueille. On l'entoure, on se laisse aller, après la peur, à la joie des retrouvailles.

Le roi est vivant, rien n'est perdu.

Mais l'ambassadeur des États-Unis à Paris, Thomas Jefferson, qui a assisté à la réception de Louis XVI à l'Hôtel de Ville, écrit :

« C'était une scène plus dangereuse que toutes celles que j'ai vues en Amérique et que celles qu'a présentées Paris pendant les cinq derniers jours. Elle place les États généraux hors de toute attaque et on peut considérer qu'ils ont carte blanche…

« Ainsi finit une amende honorable telle qu'aucun souverain n'en avait jamais fait, ni aucun peuple jamais reçu. »

Un autre Américain, Gouverneur Morris, précise crûment :

« L'autorité du roi et de la noblesse est entièrement détruite. »

Louis, dans ses appartements de Versailles, s'est endormi.

TROISIÈME PARTIE

18 juillet 1789-octobre 1789
« Mes amis, j'irai à Paris avec ma femme et mes enfants »

« Voilà le peuple : quand lassé de ses maux
il lève la tête avec ferveur contre les despotes,
il ne lui suffit pas de secouer le joug, il le leur fait porter
et devient despote lui-même. »

LOUSTALOT
Les Révolutions de Paris, août 1789

17.

Louis se réveille dans la chaleur stagnante et accablante qui écrase cette deuxième quinzaine de juillet 1789.

Une vapeur grise recouvre les bassins et les bosquets du parc de Versailles.

Tout est silence comme dans un tombeau.

Les valets sont absents, et quand ils s'approchent, leur désinvolture ironique frôle le mépris et l'arrogance. Les courtisans ont déserté le château. Les princes ont choisi d'émigrer.

Louis se lève, se rend chez la reine.

Dans l'hostilité et la haine, ou l'abandon qui les entourent, et dont il craint qu'ils n'engloutissent sa famille, Louis se sent proche de Marie-Antoinette et de leurs deux enfants.

Et dans la tourmente c'est en leur compagnie qu'il trouve un peu de paix. Il doit rassurer et instruire ses enfants.

Et il ne souhaite pas que le dauphin connaisse un jour le malheur de régner.

C'est un cauchemar que la vie de roi, quand brusquement le peuple change de visage, et ne manifeste plus ni amour ni reconnaissance, mais une fureur sauvage.

On rapporte à Louis, que dès le 15 juillet à l'aube, six cents maçons ont commencé à démolir la Bastille.

Et de belles dames « achètent la livre de pierres de la Bastille aussi cher que la meilleure livre de viande ».

Louis a dû accepter de décorer de la croix de Saint-Louis « les vainqueurs de la Bastille », et de montrer sa gratitude quand on lui a annoncé que sur les ruines du « château diabolique » on allait élever sa statue.

Un député du Dauphiné, Mounier, a dit : « Il n'y a plus de roi, plus de parlement, plus d'armée, plus de police. »

Le maire de Paris, Bailly, a murmuré : « Tout le monde savait commander et personne obéir. »

« Ce qu'on appelle la Cour, constate un témoin, ce reste d'hommes du château de Versailles est dans un état pitoyable. Le roi a le teint couleur de terre ; Monsieur – son frère comte de Provence – est pâle comme du linge sale. La reine, depuis que le cardinal de Rohan a pris place à l'Assemblée nationale, éprouve de fréquents tremblements dans tous ses membres ; vendredi elle est tombée sur sa face dans la grande galerie. »

Et chaque jour, à Paris, des violences, des pillages, des assassinats, la hantise du « complot aristocratique », et de l'arrivée d'une armée conduite par le comte d'Artois.

Les bourgeois se terrent, et les plus courageux d'entre eux patrouillent dans la milice-Garde nationale, mais le plus souvent sont impuissants à protéger ceux que le peuple veut châtier, sans jugement.

Et cette « fièvre chaude agite toute la France, écrit le libraire Ruault. Cela ne doit point étonner, mais doit effrayer. Quand une nation se retourne de gauche à droite pour être mieux, ce grand mouvement ne peut se faire sans douleur et sans les cris les plus aigus. »

Et c'est dans tout le pays la « Grande Peur ».

La disette serre toujours l'estomac, excite comme une ivresse, et la colère et la rage se mêlent à la panique.

Comme des traînées de poudre qui enflammeraient tous les villages et les villes de la plupart des provinces, les rumeurs se répandent.

Un nuage de poussière dû au passage d'un troupeau de moutons, qui envahit l'horizon, et aussitôt les paysans se rassemblent. On fait sonner le tocsin. On se persuade que des bandes de brigands sont en marche, qu'ils vont ravager les récoltes, brûler les greniers, piller, violer, tuer.

Ou bien on décrète que les meuniers, les fermiers, les nobles accaparent les grains pour en faire monter les cours, affamer le peuple, mettre en œuvre ce « pacte de famine » qui permettra aux princes de prendre leur revanche.

Il faut donc se dresser contre ce « complot aristocratique ». Et la rumeur enfle ! Le comte d'Artois et son armée sont en marche, répète-t-on.

La panique – et la réaction de fureur préventive et défensive qu'elle suscite – contamine la Franche-Comté, la Champagne, le Maine, les régions de Beauvais et de Nantes.

Limoges, Brive, Cahors, Montauban, sont touchés. On s'arme de faux dont la lame emmanchée verticalement fait office de pique. On s'empare de fusils. On menace – on tue souvent – tous ceux qui ont détenu l'autorité municipale.

On force les portes des prisons. On libère les prisonniers. On exige la taxation du grain.

Personne ne résiste, ni les soldats, qui souvent incitent les émeutiers à donner l'assaut.

« On n'osait pas, avoue Bailly évoquant la situation à Paris, mais cela vaut pour toutes les provinces, résister au peuple qui huit jours auparavant avait pris la Bastille. »

Et bien téméraire ou naïf celui qui tente de maîtriser, puis d'étouffer cette épidémie, de combattre cette « fièvre chaude ».

« Je donnais des ordres qui n'étaient ni suivis ni entendus, poursuit Bailly. On me faisait entendre que je n'étais pas en sûreté. »

Chaque « notable », quelle que soit son attitude, sait qu'il risque sa vie.

« Dans ces temps malheureux, il ne fallait qu'un ennemi et une calomnie pour soulever la multitude. Tout ce qui avait eu le pouvoir jadis, tous ceux qui avaient gêné et contenu les émeutiers étaient sûrs d'être poursuivis. »

Comme les paysans ne rencontrent jamais ces brigands, ces troupes du comte d'Artois, ces aristocrates contre lesquels on s'était armé, on attaque les demeures seigneuriales, les châteaux, les gentilhommières pour devancer la réaction de ces « privilégiés ».

On assiège, on entre de force, on brise, on pille, on incendie. On disperse et brûle les « terriers », ces documents qui énumèrent les droits féodaux et seigneuriaux.

Plus d'impôts, de taxes ! Plus de privilèges !

On s'arroge le droit de chasser, interdit que depuis des siècles les paysans, au risque de leur vie, tentaient de violer.

On chasse dans les forêts seigneuriales, et souvent on les saccage. On chasse dans les blés, et on piétine les épis.

Dans les villes, on dévaste d'abord les hôtels de ville.

À Strasbourg, six cents va-nu-pieds ont envahi le bâtiment. Aussitôt « c'est une pluie de volets, de fenêtres, de chaises, de tables, de sofas, de livres, de papiers, puis une autre de tuiles, de planches, de balcons, de pièces de charpente ».

On brûle les archives publiques, les lettres d'affranchissement, les chartes de privilèges, dans les caves on défonce les tonneaux. Un étang de vins réputés, de cinq pieds de profondeur, se forme ainsi où plusieurs pillards se noient. Pendant trois jours la dévastation continue. Les soldats laissent les émeutiers sortir chargés de butin. Les maisons de nombreux magistrats sont saccagées du grenier à la cave.

Quand les bourgeois obtiennent des armes et rétablissent l'ordre, on pend un des voleurs, mais on change tous les magistrats, on baisse le prix du pain et de la viande.

Rien ne résiste à ces milliers d'hommes qui dans tout le royaume sont poussés par « une grande peur », une soif de vengeance et de révolte. Et qui, parce qu'ils ont pillé les arsenaux, disposent de dizaines de milliers de fusils : en six mois, quatre cent mille armes seront passées aux mains du peuple :

« Cet amour des armes est une épidémie du moment qu'il faut, écrit un bourgeois breton, laisser s'atténuer. On veut croire aux brigands et aux ennemis et il n'y a ni l'un ni l'autre. »

Mais c'est le temps des soupçons.

À Paris, à chaque pas dans la rue, « il faut décliner son nom, déclarer sa profession, sa demeure et son vœu... On ne peut plus entrer dans Paris ou en sortir sans être suspect de trahison. »

C'est le temps des violences et des vengeances. Meuniers et marchands de grain sont pendus, décapités, massacrés.

Des patriotes, des hommes imprégnés de l'esprit des Lumières, s'inquiètent.

Jacques Pierre Brissot, qui fut enfermé deux mois à la Bastille en 1784 pour avoir écrit un pamphlet contre la reine, puis qui a gagné les États-Unis en 1788 pour voir fonctionner un régime républicain et qui lance un journal, *Le Patriote français*, écrit en août 1789 :

« Il existe une insubordination générale dans les provinces, parce qu'elles ne sentent plus le frein du pouvoir exécutif. Quels en étaient les ressorts ? Les intendants, les tribunaux, les soldats. Les intendants ont disparu, les tribunaux sont muets, les soldats sont contre le pouvoir exécutif et pour le peuple. La liberté n'est pas un aliment que tous les estomacs puissent digérer sans préparation. »

Mirabeau, dans *Le Courrier de Provence*, ne peut admettre comme certains le murmurent que « le despotisme valait mieux que l'anarchie ».

C'est là, dit-il, un « principe faux, extravagant, détestable ».

Mais il ajoute :

« Qui ne le sait pas ? Le passage du mal au bien est souvent plus terrible que le mal lui-même. L'insubordination du peuple entraîne des excès affreux, en voulant adoucir ses maux il les augmente ; en refusant de payer il s'appauvrit ; en suspendant ses travaux il prépare une nouvelle famine. Tout cela est vrai, trivial même. »

Mais certains membres de l'Assemblée nationale sont amers, hostiles, pessimistes pour l'avenir de la nation.

L'un dit qu'on vit depuis le 14 juillet sous le règne de la terreur.

Un autre s'exclame : « Il n'y a plus de liberté, même dans l'Assemblée nationale… La France se tait devant trente factieux. L'Assemblée devient entre leurs mains un instrument passif qu'ils font servir à l'exécution de leurs projets.

« Si on ne bâtit promptement une Constitution, cette nation aimable, ce peuple sensible et loyal, deviendra une horde de cannibales jusqu'à ce qu'elle ne soit plus qu'un vil troupeau d'esclaves. »

Mais comment résister à ces hommes dont certains, assure-t-on, sont « animés » par une fureur qui surpasse celle des « Iroquois » ?

Ils s'emparent le 28 juillet de Foulon de Doué, qui a soixante-quatorze ans. Les paysans l'ont débusqué, caché dans le fond d'une glacière, dans un château à Viry. On lui a mis une botte de foin sur la tête – n'a-t-il pas dit que le peuple s'il manquait de pain devrait manger de l'herbe ? –, un collier de chardons au cou et de l'herbe plein la bouche.

On a arrêté son gendre, l'intendant Bertier de Sauvigny. On les a, l'un puis l'autre, conduits à l'Hôtel de Ville.

Bailly et La Fayette ont supplié, pour que le jugement de Foulon soit régulier, qu'on l'enferme dans la prison de l'Abbaye.

Un homme, « bien vêtu », s'écrie : « Qu'est-il besoin de jugement pour un homme jugé depuis trente ans ? »

Le peuple hurle : « Point d'Abbaye, pendu, pendu, qu'il descende. »

On l'arrache à la milice bourgeoise, on le pend, la corde casse, on le pend de nouveau, puis on tranche sa tête, on la plante au sommet d'une pique.

Bertier est massacré alors qu'il est à terre. Sa tête et son cœur sont portés à l'Hôtel de Ville, et présentés à La Fayette qui, en signe de protestation et de dégoût, démissionne, mais que les « électeurs » supplient de rester à la tête de la milice bourgeoise.

Puis on rapporte le cœur et la tête au Palais-Royal. Et on fait s'embrasser les deux têtes ensanglantées, celle du beau-père et celle du gendre.

« Je me promène un peu sous les arcades du Palais-Royal, en attendant ma voiture », raconte l'Américain Morris qui vient de « prendre un dîner pour trois. Le prix du dîner est de quarante-huit francs, café et tout compris.

« Tout à coup on amène en triomphe la tête et le corps de Monsieur Foulon, la tête sur une pique, et le corps nu traîné par terre. Cette horrible exhibition est ensuite promenée à travers les différentes rues. Son crime est d'avoir accepté une place dans le ministère. Ces restes mutilés d'un vieillard de soixante et dix ans sont montrés à son gendre, Bertier, intendant de Paris, qui est lui-même et tué et coupé en morceaux. La populace promène ces débris informes avec une joie sauvage. Grand Dieu ! Quel peuple ! »

À Versailles, Louis et Marie-Antoinette apprennent, glacés, ces assassinats.

Que peuvent-ils devant cette vague de violence, de vengeance, de révolte, mêlée d'espoir, qui déferle ?

Même un journaliste royaliste comme Rivarol semble s'incliner devant la fatalité quand il écrit, dans son *Journal politique et national* :

« Que répondre à un peuple armé qui vous dit : "Je suis le maître" ?

« Quand on a déplacé les pouvoirs ils tombent nécessairement dans les dernières classes de la société puisque, au fond, c'est là que réside dans toute sa plénitude la puissance exécutive. Tel est aujourd'hui l'état de la France… »

D'autres s'indignent de ces commentaires. Et Barnave, le député du Dauphiné, lance :

« On veut nous attendrir, Messieurs, en faveur du sang répandu à Paris, ce sang était-il donc si pur ? »

Un journaliste patriote, Loustalot, va dans le même sens, quand il écrit dans *Les Révolutions de Paris* :

« Je sens ô mes concitoyens combien ces scènes révoltantes affligent votre âme. Comme vous j'en suis pénétré, mais songez combien il est ignominieux de vivre et d'être esclave. »

Et Gracchus Babeuf, qui est commissaire à terriers et qui a pu ainsi connaître l'état des privilèges, fait porter dans une lettre qu'il écrit à sa femme, à la fin de juillet, la responsabilité de cette justice cruelle rendue par le peuple aux « Maîtres ».

Ils ont usé des « supplices de tous genres : l'écartèlement, la roue, les bûchers, le fouet, les gibets, les bourreaux multipliés partout nous ont fait de si mauvaises mœurs !

« Les maîtres au lieu de nous policer nous ont rendus barbares parce qu'ils le sont eux-mêmes.

« Ils récoltent et récolteront ce qu'ils ont semé car tout cela, ma pauvre petite femme, aura des suites terribles : nous ne sommes qu'au début. »

18.

Louis lit ces journaux, ces pamphlets qui appellent au châtiment des « aristocrates ».

On y dresse des listes de proscription, sous le titre *La Chasse aux bêtes puantes*. On édite des estampes hideuses, *Les Têtes coupées et à couper* pour en finir avec *l'hydre aux 19 têtes*.

Certains de ces pamphlets retranscrivent les prêches de l'abbé Fauchet qui, en l'église Saint-Jacques de la Boucherie, a été jusqu'à dire : « C'est l'aristocratie qui a crucifié le fils de Dieu. » Et l'abbé a prononcé l'oraison funèbre des citoyens morts à la prise de la Bastille pour la défense de la patrie.

Louis est fasciné, mais il n'éprouve du dégoût, et un sentiment profond de mépris et d'humiliation aussi, qu'en parcourant les quatre-vingt-onze pages, in-octavo, intitulées *Essais historiques sur la vie de Marie-Antoinette.*

Propos graveleux qui, en ces jours de la fin juillet et du début août 1789, où Louis se sent si proche de la reine, où il la côtoie, comme un mari, où il la voit, mère aimante et courageuse, le révulsent.

Marie-Antoinette a su faire bonne figure à Necker, qui est enfin arrivé à Versailles, le 29 juillet.

Il a refusé de devenir le ministre principal, se contentant du poste de ministre des Finances.

« Il me semble que je vais entrer dans un gouffre », a-t-il dit, ajoutant : « Tout est relâché, tout est en proie aux passions individuelles. »

Peut-on lui faire confiance ? Il a répondu à la reine qui soulignait qu'il devait au roi son rappel, que « rien ne l'obligeait à la reconnaissance, mais que son zèle pour le roi était un devoir de sa place ».

Il est populaire. La foule l'a acclamé, tout au long de son voyage de retour.

Il a été courageux, lorsque, reçu à l'Hôtel de Ville de Paris, il a plaidé en faveur de la libération du général baron de Besenval, et demandé qu'on déclare l'amnistie.

Le comité des électeurs de Paris l'a approuvé, mais la foule a protesté avec une telle violence, que le comité s'est rétracté. Cependant Louis voit, dans la prise de position de Necker, dans l'approbation que les électeurs lui ont manifestée, le signe que quelque chose change dans le pays.

Peut-être ceux qui lancent les appels au meurtre, qui calomnient, qui exaltent la violence et la révolte, le refus des lois, qui approuvent la jacquerie et entretiennent la Grande Peur, sont-ils allés trop loin.

Louis se laisse, par instants, emporter par l'espoir que le pire ait eu lieu, contrairement à ce que craignent ou espèrent ces journalistes, ces orateurs du Palais-Royal, qui critiquent même l'Assemblée nationale.

L'un de ces journalistes, Marat, ancien médecin dans les écuries du comte d'Artois, après avoir publié en Angleterre, et s'être présenté comme physicien et philosophe, va jusqu'à écrire dans le journal qu'il vient de lancer, *L'Ami du peuple* : « La faction des aristocrates a toujours dominé dans l'Assemblée nationale et les députés du peuple ont toujours suivi aveuglément les impulsions qu'elle leur donne. »

Mais ces violences, physiques et verbales, rencontrent pour la première fois depuis des semaines une opposition.

Les villes se sont donné des milices bourgeoises.

En Bourgogne, la garde bourgeoise est intervenue contre des bandes de paysans, près de Cluny. À Mâcon, on a condamné à mort vingt pillards.

À l'Assemblée, certains députés dénoncent à mi-voix les « canailles », les « sauvages », les « cannibales ». Et l'un d'eux, Salomon – député du tiers état d'Orléans –, au nom de la nécessité de mettre fin à la jacquerie demande une répression féroce contre les émeutiers.

Et l'Assemblée charge son comité de Constitution de lui proposer les meilleurs moyens de rétablir l'ordre.

Le 4 août à la séance du soir, le député Target, avocat, élu du tiers état de Paris, propose au nom de ce comité de voter un arrêté :

« L'Assemblée nationale considérant que, tandis qu'elle est uniquement occupée d'affermir le bonheur du peuple sur les bases d'une Constitution libre, les troubles et les violences qui affligent différentes provinces répandent l'alarme dans les esprits et portent l'atteinte la plus funeste aux droits sacrés de la propriété et dc la sûreté des personnes...

« L'Assemblée déclare que les lois anciennes subsistent et doivent être exécutées jusqu'à ce que l'autorité de la nation les ait abrogées ou modifiées... Que toutes les redevances et prestations doivent être payées comme par le passé, jusqu'à ce qu'il en ait été autrement ordonné par l'Assemblée. »

Louis lit et relit ce texte.

Il lui semble que le royaume aspire au retour à l'ordre et au droit.

Et qu'il a, dans cette nouvelle période, d'élaboration de la Constitution, de l'établissement de nouvelles règles et d'une Déclaration des droits, souhaitées par les députés, une partie à jouer, des prérogatives à défendre. Et il peut le faire avec succès. La Fayette et Mirabeau répètent qu'ils sont respectueux du roi, qu'ils veulent préserver son autorité.

Ils font savoir, discrètement, qu'ils sont prêts à donner des conseils au roi.

C'est le signe que les « patriotes » se divisent, que des courants se dessinent, dans l'Assemblée.

Louis sait qu'il peut s'appuyer sur les monarchistes, fidèles à la tradition, comme l'abbé Maury, ou dans la presse l'abbé Royou qui a créé et rédigé le journal *L'Ami du roi*.

Il y a les monarchiens, Malouet et Mounier, ces anglomanes qui souhaitent une monarchie à l'anglaise.

Mirabeau et La Fayette voudraient une monarchie nouvelle, à inventer, qui emprunterait à l'esprit des Lumières sa philosophie, une sorte de système américain mais présidé par un roi héréditaire.

Et puis il y a ces députés du tiers, que tente la République, ce Robespierre qui commence à intervenir à l'Assemblée, et ces journalistes, Brissot et son journal *Le Patriote français*, l'avocat Danton, ou ce Camille Desmoulins et son journal *Les Révolutions de France et de Brabant*, qui avec franchise dévoile ses mobiles : « À mes principes s'est joint le plaisir de me mettre à ma place, de montrer ma force à ceux qui l'avaient méprisée, de rabaisser à mon niveau ceux que la fortune avait placés au-dessus de moi. Ma devise est celle des honnêtes gens : point de supérieur. »

Ceux-là, Louis n'ignore pas qu'ils sont des ennemis, mus par l'ambition, les frustrations, le désir de revanche, et l'espoir d'une révolution qui irait jusqu'au bout des principes de justice et d'égalité.

Et ceux-là lorsqu'ils parlent au Palais-Royal sont entendus, parce qu'à Paris, le pain est rare.

Il faut se « lever au petit matin pour avoir un petit morceau ». Il vaut quatre sous la livre et un ouvrier gagne entre trente et quarante sous par jour.

Nombreux sont ceux qui chôment, parce que les étrangers, les privilégiés ont quitté la ville – deux cent mille passeports délivrés entre le 14 juillet et le 10 septembre – et il n'y a plus d'emplois pour ceux qui les servaient, fabriquaient vêtements, bijoux et meubles de prix.

On trouve parfois à manier la pioche, mais à vil prix, dans les ateliers de charité.

« J'ai vu, dit Bailly, des merciers, des marchands, des orfèvres, implorer d'y être employés à vingt sous par jour. »

Des cordonniers, des perruquiers sans emploi, des centaines de domestiques sans maître, se retrouvent chaque jour, qui sur la place Louis-XV, qui près du Louvre, d'autres au Palais-Royal.

Il y a aussi les déserteurs, qui arrivent à Paris par bandes. On en compte en septembre 1789 près de seize mille.

Ces infortunés, ces assistés, ces affamés, ces indigents, applaudissent quand Camille Desmoulins leur lance : « Je suis le procureur général de la lanterne », et qu'il désigne les responsables, ces aristocrates, suspects d'organiser un complot. Et s'il se trompe de têtes, peu importe !

« Nous sommes dans les ténèbres, dit-il. Il est bon que les chiens aboient même les passants, pour que les voleurs ne soient pas à craindre. »

Et Marat ajoute : « C'est le gouvernement qui accapare les grains pour nous faire acheter au poids de l'or un pain qui nous empoisonne. »

Le Palais-Royal, c'est à leurs yeux la véritable Assemblée nationale.

C'est ici qu'on a sauvé la nation, les 12 et 13 juillet, et non à Versailles où siège une Assemblée encombrée par « six cents députés du clergé et de la noblesse ».

Ces députés-là savent pour la plupart que le peuple les soupçonne, et que l'ordre ne peut être rétabli que si des concessions satisfont ces hommes en armes que la Grande Peur a fait se lever depuis la mi-juillet.

Dans la nuit du 4 au 5 août, les nobles libéraux – le vicomte de Noailles et le duc d'Aiguillon – puis les membres du clergé, les représentants des provinces et des villes abandonnent leurs privilèges. Dans les jours qui suivent, l'Assemblée décide l'abolition du régime féodal, l'égalité devant l'impôt, la suppression des dîmes.

En fait, l'Assemblée annulait seulement les charges seigneuriales qui « avilissent l'homme » – servitude, banc à l'église, armoiries –, les droits réels devaient être rachetés...

Mais l'enthousiasme empêche de s'attarder à ces différences pourtant capitales.

À l'Assemblée, « on pleurait. On s'embrassait. Quelle nation ! Quelle gloire, quel honneur d'être français ! »

À trois heures du matin, le 5 août, Lally-Tollendal s'écrie :

« Que l'union du peuple couronne l'union de tous les ordres, de toutes les provinces, de tous les citoyens ! Que l'Assemblée proclame Louis XVI restaurateur de la liberté française. »

Les députés scandent : « Vive le roi ! Vive Louis XVI, restaurateur de la liberté française ! »

Le 10 août, afin de rétablir l'ordre, l'Assemblée arrête que les municipalités peuvent requérir l'armée. Les officiers à la tête de leurs troupes devront jurer de rester fidèles « à la nation, au roi, à la loi ».

Puis, le 26 août, l'Assemblée adopte en préambule à la Constitution la Déclaration des droits de l'homme et du citoyen.

« L'oubli et le mépris des droits de l'homme sont les seules causes des malheurs publics », énonce le préambule, placé sous les « auspices de l'Être suprême ».

C'est l'esprit des Lumières, le déisme des philosophes qui s'exprime ici.

« Le but de toute association politique est la conservation des droits naturels et imprescriptibles de l'homme. Ces droits sont la liberté, la propriété, la sûreté et la résistance à l'oppression. »

« Les hommes naissent et demeurent libres et égaux en droits. Les distinctions sociales ne peuvent être fondées que sur l'utilité commune. »

« Nul ne doit être inquiété pour ses opinions, même religieuses, pourvu que leur manifestation ne trouble pas l'ordre public établi par la loi. »

Mirabeau s'emporte. Il regrette qu'on ne « prononce pas sans équivoque la liberté religieuse ».

D'autres s'inquiètent qu'il n'y ait pas de droit d'association, ni de réunion, de pétition. Mais la plupart s'enthousiasment devant « les tables de la loi » de la révolution.

La Déclaration n'est pas seulement une arme contre l'arbitraire du régime monarchique. Elle a un caractère universel. Elle peut s'appliquer à toutes les sociétés humaines.

Et Barnave applaudit, déclare : « La Déclaration des droits de l'homme et du citoyen est notre catéchisme national. »

Louis a suivi jour après jour l'élaboration et le vote des arrêtés du 4 août, et de la Déclaration des droits. Il reste à élaborer la Constitution. Mais d'abord, il peut approuver ou refuser les décrets du 4 août.

Il sait par certains députés que les « monarchiens » – Mounier, Lally-Tollendal, Malouet – et les « patriotes » – le triumvirat, Barnave, Lameth, Duport – se sont rencontrés à l'initiative de La Fayette chez l'ambassadeur américain Jefferson pour une tentative de conciliation.

Les monarchiens estiment que l'Assemblée leur est favorable, qu'ils peuvent imposer dans la Constitution une deuxième chambre, peuplée de sénateurs à vie, et donner au roi un droit de veto sur les lois.

Ils oublient les « patriotes du café de Foy », cette « assemblée » du Palais-Royal, qui menacent de marcher sur Versailles si l'on donne au roi un droit de veto.

On discute. On tergiverse entre députés. On se sépare en « droite » et « gauche » pour ou contre le veto.

Le roi, habilement, ne publiera les décrets du 4 août « que si on lui accorde un droit de veto, fût-il suspensif, pour une durée de deux législatures ». Et la publication ne vaut pas acceptation pour le roi !

L'accord se fait pourtant le 22 septembre.

« Le gouvernement est monarchique, le pouvoir exécutif est délégué au roi pour être exercé sous son autorité par des ministres. »

Il dispose d'un droit de veto suspensif.

L'article 1 de la Constitution affirme : « Le gouvernement français est monarchique. Il n'y a point en France d'autorité supérieure à la loi ; le roi ne règne que par elle et ce n'est qu'en vertu des lois qu'il peut exiger l'obéissance. »

Mais à Troyes, le 9 septembre, le maire a été mis à mort par le peuple, qui l'accusait d'être un accapareur de grain. Mais le 12 à Orléans, dix mille chômeurs se rassemblent, dévastent l'hôtel de ville, et l'émeute dure quatre jours, faisant quatre-vingts morts.

Mais Robespierre écrit : « Le veto royal est un monstre inconcevable en morale et en politique. »

Mais le libraire Ruault, membre de la garde nationale, note :

« Aujourd'hui on fait grand bruit du veto... Les ouvriers, les porte-faix, disent, au coin des rues, que le roi ne doit point avoir de veto. Il faut être témoin de tout ce qui se fait, et de tout ce qui se dit ici, parmi le petit peuple, pour savoir combien il est facile de le mettre en mouvement avec des paroles qu'il n'entend point ou qu'il entend à sa manière et de le porter aux plus cruelles et aux plus criminelles actions. Si ce veto était refusé au roi, il ne serait plus que le cheval de Caligula ou la botte de Charles XII. Nous serions livrés au despotisme de 8 à 900 démocrates, mille fois plus dangereux qu'un seul despote avec ses 3 ou 4 ministres... »

« Plus de classes qui nous divisent, nous sommes tous frères », a cependant proclamé dans son sermon à Notre-Dame l'abbé Fauchet, en bénissant les drapeaux de la garde nationale parisienne.

C'était le 27 septembre.

Mais Louis, dès le 5 août au matin, quelques heures après que l'Assemblée nationale l'a proclamé « restaurateur de la liberté française » et que le clergé et la noblesse ont renoncé à leurs privilèges, écrit à l'archevêque d'Arles :

« Je ne consentirai jamais à dépouiller mon clergé, ma noblesse... Je ne donnerai pas la sanction à des décrets qui les dépouilleraient ; c'est alors que le peuple français pourrait m'accuser d'injustice et de faiblesse. Monsieur l'Archevêque, vous vous soumettrez aux décrets de la Providence ; je crois m'y soumettre en ne me livrant point à cet enthousiasme qui s'est emparé de tous les ordres mais qui ne fait que glisser sur mon âme. »

19.

Louis, en ces derniers jours de septembre 1789, chasse. Et ses longues chevauchées dans les forêts aux chaudes couleurs d'automne le rassurent.

Il se sent vigoureux. Il éperonne, il tire sur les rênes, il cabre sa monture. Il force des sangliers et des cerfs. Il les abat d'une main qui ne tremble pas.

Et dans le crépuscule, d'un pas lent, il passe entre les pièces alignées côte à côte sur l'herbe humide.

Elles sont plusieurs dizaines. Il s'arrête devant les plus puissantes qu'il a parfois lui-même affrontées le coutelas à la main. Comme il l'a toujours fait.

Il lui semble un instant même que rien n'a changé, que rien ne changera, que rien ne doit changer.

Il l'a écrit à l'archevêque d'Arles, il y a deux mois : les événements ont glissé sur son âme.

Il est toujours le roi, décidé à enfoncer sa tête dans les épaules quand la tempête souffle, mais à ne rien céder ; sinon en apparence.

D'ailleurs, la Providence est la grande ordonnatrice, et il ne sert à rien de vouloir échapper à sa loi.

Il rentre au château.

Le régiment de Flandre, fidèle, est arrivé le 23 septembre à Versailles. Cela aussi desserre cette angoisse qui par moments l'étouffait.

Peut-être, comme il l'espère depuis de nombreuses semaines, les choses rentrent-elles dans l'ordre ?

Necker a réussi à faire accepter une contribution extraordinaire, patriotique, qui représenterait le quart du revenu et du capital de chaque citoyen, et c'est un discours de Mirabeau qui, le 26 septembre, a convaincu l'Assemblée de voter ce nouvel impôt.

Louis a dû reconnaître le talent de ce tribun, dont il se méfie, et Marie-Antoinette encore plus que lui.

Mais le peuple aime Mirabeau, l'appelle « notre bonne petite mère », et les députés ont tremblé quand Mirabeau a évoqué « la hideuse banqueroute, elle menace de consumer, vous, vos propriétés, votre honneur... Gardez-vous de demander du temps, le malheur n'en accorde jamais... »

L'Assemblée s'est levée et a voté le décret créant l'impôt à l'unanimité.

Peut-être pourra-t-on échapper à ce gouffre des finances royales, cause de tous les maux depuis deux siècles, a dit Mirabeau.

Mais peut-il se fier à cet homme qui serait au service et à la solde du duc d'Orléans, ou de Monsieur, le comte de Provence ?

Et c'est lui pourtant qui ne cesse de proposer des plans à Louis pour sauver la monarchie. Son intermédiaire est le comte de La Marck, un grand seigneur et grand propriétaire terrien en Flandre française et autrichienne, partisan de la révolution qui secoue Bruxelles, et député de la noblesse aux États généraux.

Louis le reçoit. Mirabeau se fait pressant, n'hésitant pas à dire, en cette fin septembre : « Oui, tout est perdu, le roi et la reine périront et, vous le verrez, la populace battra leurs cadavres. »

Louis redevient sombre. La joie de la chasse se dissipe.

Il y a tant de conjurations qui se trament contre lui. Celle du duc d'Orléans, celle du comte de Provence, et celle de La Fayette, promu général de la garde nationale, *Gilles César*, ainsi que l'appelle Mirabeau.

Mirabeau qui aspire sans doute à remplacer Necker. Et La Fayette voudrait devenir lieutenant général du royaume, le trône ayant été dévolu au dauphin, un enfant de quatre ans. Et Louis se demande même si le comte de Provence, son propre frère, n'a pas les mêmes ambitions !

Et c'est pourquoi Louis hésite chaque fois qu'on lui propose de quitter Versailles – de *s'enfuir*, pour dire le mot juste –, de gagner Metz ou Rouen. Et l'on profiterait alors de son départ, de ce qu'il ressent comme un abandon de ses devoirs, de son peuple, pour prononcer sa déchéance au bénéfice du dauphin et d'un lieutenant général.

Mais Louis chaque fois est tenté de céder, de répondre, en partant, au vœu de la reine. Elle voudrait le convaincre de fuir, mais elle restera auprès de lui, s'il demeure en France.

Et cependant, depuis le 25 septembre, elle voit, elle écoute Axel Fersen, qui s'est installé à Versailles, et voudrait que Marie-Antoinette échappe à ces poissardes, à ces « enragés du Palais-Royal » qui la haïssent.

Mais Louis a confiance. Marie-Antoinette fera face, comme lui. Et ce jeudi 1er octobre 1789, Louis est satisfait. Il a tué deux cerfs, dans les bois de Meudon. Et ce soir, les officiers des gardes du corps ont invité à dîner les officiers du régiment de Flandre, et le banquet de deux cent dix convives se tiendra dans la salle de l'Opéra du château.

Lorsque le roi, la reine et le dauphin paraissent dans leur loge, on les acclame.

La reine porte le dauphin dans ses bras et, accompagnée du roi, elle fait le tour de la longue table en fer à cheval.

On scande : « Vive le roi ! », « Vive la reine ! », « Vive le dauphin ! »

On chante : « Ô Richard ! Ô mon roi l'univers t'abandonne ! »

Plus tard, des officiers escaladent la loge royale. Puis, quand la famille royale s'est retirée, les officiers se rassemblent dans la cour de Marbre, au pied des appartements royaux. Deux ou trois d'entre eux grimpent jusqu'au balcon doré.

« C'est ainsi, Sire, qu'on monte à l'assaut, nous nous vouons à votre service seul », disent-ils.

Un officier crie : « À bas les cocardes de couleur, que chacun prenne la noire, c'est la bonne ! »

Il s'agit de la cocarde autrichienne. La reine paraît enchantée.

Le samedi 3 octobre, les officiers de la garde nationale refusent l'invitation que leur lancent les officiers du régiment de Flandre. Le dimanche 4, les dames de la Cour distribuent des cocardes blanches : « Conservez-la bien, c'est la seule bonne, la triomphante. »

Et à ceux qui l'acceptent elles donnent leur main à baiser.

Les gardes nationaux rejettent l'offre.

La reine est heureuse, le regard plein de défi.

Louis se tait.

Comme Marie-Antoinette et les dames de la Cour, comme tous ceux présents à ce banquet, il a été emporté par l'enthousiasme, l'ardeur des officiers, leur ivresse, mais quand il a vu certains officiers, des gardes du corps et du régiment de Flandre, arracher les cocardes tricolores et les fouler aux pieds, crier « Foutre de l'Assemblée ! », il a été dégrisé.

Il a eu la certitude que le destin inexorablement venait une nouvelle fois de les entraîner tous vers leur perte. Et qu'il ne lui restait plus qu'à être fidèle à ses engagements sacrés de souverain, choisi par Dieu.

Dieu déciderait.

Et Louis s'est tu.

Il n'a pas été surpris, quand, dès le samedi 3 octobre, puis le dimanche 4, on lui a rapporté qu'au Palais-Royal, dans les districts parisiens des Cordeliers, du faubourg Saint-Antoine, la tempête s'était levée, pour répondre aux défis du banquet.

On siégeait en permanence. Un jeune avocat, Danton, aux Cordeliers, faisait voter que tout citoyen sous peine d'être accusé de trahison envers la patrie devait porter la cocarde tricolore.

Il affirmait que « la patrie est dans la plus forte crise », puisque Paris est affamé, que la Cour prépare la fuite du roi, que le monarque refuse de sanctionner les arrêtés du 4 août, la

Constitution et la Déclaration des droits de l'homme et du citoyen.

Le journal de Loustalot, *Les Révolutions de Paris*, celui de Desmoulins, *Les Révolutions de France et de Brabant*, et surtout *L'Ami du peuple* de Marat, « qui a fait autant de bruit que les trompettes du jugement dernier », appellent à la riposte.

Il faut marcher sur Versailles, exiger du roi qu'il approuve les décrets, la Constitution, la Déclaration des droits de l'homme et du citoyen.

Il faut désarmer le régiment de Flandre, les gardes du corps, contraindre la famille royale à vivre sous la surveillance du peuple de Paris.

« Tous les citoyens doivent s'assembler en armes », écrit Marat.

« Ô Français ! Peuple libre et frivole, ne pressentirez-vous donc jamais les malheurs qui vous menacent ? Vous endormirez-vous donc toujours sur le bord de l'abîme ? »

« Portons enfin la cognée à la racine ! » lance encore Marat.

« Il faut, précise Loustalot, un second accès de révolution. »

On dit que de l'argent est distribué, pour attiser la révolte, organiser une manifestation de femmes, qui marcheraient sur Versailles en réclamant du pain, et cela s'est fait déjà aux temps anciens en 1775, pendant la guerre des Farines.

On envoie des filles, pour « travailler » à Versailles les soldats du régiment de Flandre.

Et sans même avoir besoin d'y être invitées, les femmes se rassemblent.

Elles veulent du pain. Elles s'indignent de ces banquets offerts par cette Autrichienne, de la cocarde noire, celle de cette drôlesse couronnée, qui a été arborée.

Et autour de ces portières, de ces couturières, de ces poissardes, de ces femmes sans souliers et de ces autres bien mises, révoltées aussi, s'agglomèrent des mendiantes, des vagabondes, des filles, et aussi, dit-on, des hommes grimés en femmes, qui crient le plus fort : « Du pain et à Versailles ! »

Maillard, l'un des « vainqueurs de la Bastille », bat le tambour. On se met en route et peu importe s'il pleut.

Et on cherche à entraîner, après des heures de palabres, le général La Fayette réticent.

On dit qu'il faut amener à Paris « toute la sacrée boutique ».

Le tocsin sonne. On presse La Fayette, « plus mort que vif », de choisir « Versailles ou la lanterne ».

Il se met enfin en route avec quinze mille gardes nationaux, suivis de quinze mille volontaires armés de fusils et surtout de piques.

Il pleut sur la route, mais le lundi 5 octobre 1789, en fin d'après-midi, ces femmes, ces volontaires, ces gardes nationaux approchent de Versailles.

Louis chasse du côté de Châtillon.

Il pleut à verse mais il abat bête sur bête, quatre-vingts pièces. Un cavalier surgit, crotté, fourbu, annonce que le peuple de Paris marche sur Versailles.

Il faut arrêter la chasse, rentrer au château, écrire dans son Journal : « Lundi 5 octobre : interrompu par les événements. »

C'est le destin qui roule, entraîne.

Louis n'a pas voulu fuir. Il a refusé d'accepter les décrets.

Il a lu le discours de ce jeune député Maximilien Robespierre qui, à la tribune de l'Assemblée, a déclaré :

« La réponse du roi est contraire aux droits de la nation. Ce n'est pas au roi à censurer la Constitution que la nation veut se donner. Il faut donc déchirer le voile religieux dont vous avez voulu couvrir les premiers droits de la nation. »

Et les femmes de Paris, trempées, jupons boueux, arrivent, pénètrent en force dans l'Assemblée, crient : « À bas les calotins », invectivant les prêtres, interrompant les orateurs.

Elles veulent entendre Mirabeau, « notre bonne petite mère ».

Elles crient : « Assez de phrases ! Du pain ! »

Elles hurlent :

« Voyez comme nous sommes arrangées, nous sommes comme des diables, mais la bougresse nous le paiera cher. Nous l'emmènerons à Paris, morte ou vive. »

Le roi va recevoir une députation de l'Assemblée et ces Parisiennes.

Et l'une des femmes – elle a dix-sept ans – qui doit parler au souverain s'évanouit. Le roi lui donne à boire. Il est bienveillant. Les femmes ressortent conquises.

On leur crie : « Coquines, elles sont vendues à la Cour, elles ont reçu vingt-cinq louis, à la lanterne. »

Les gardes du corps les arrachent à la furie de leurs compagnes. Elles retrouvent le roi qui leur promet par écrit de faire venir des blés de Senlis et de Noyon, puis elles repartent avec Maillard dans les voitures que le roi leur a fait donner. Mais ce n'est qu'une poignée : les autres continuent d'assiéger le château, l'assemblée ne se calmant que peu à peu, quand arrivent les gardes nationaux, les volontaires et La Fayette. Le général se présente au roi. Les courtisans l'insultent, le traitent de Cromwell, mais La Fayette assure le roi de sa fidélité, lui garantit la protection des gardes nationaux.

Il faut, dit-il, et le président de l'Assemblée, Mounier, insiste aussi, sanctionner les décrets pour calmer ce peuple de Paris. Et le roi, larmes aux yeux, écrit : « J'accepte purement et simplement les articles de la Constitution et la Déclaration des droits. »

Dehors, les femmes crient, l'une dit qu'elle veut les cuisses de Marie-Antoinette et l'autre ses tripes.

On danse, on chante : « Nous avons forcé le bougre à sanctionner. »

Elles réclament du pain. On leur en apporte avec du vin. Puis la fatigue, l'ivresse, la première victoire obtenue, l'arrivée des gardes nationaux, semblent apporter le calme.

Autour du roi, on a connu des instants de panique, discuté de projets de fuite. Mais Louis a refusé, murmurant qu'il ne pouvait pas être un « roi fugitif ». Et il a répété, comme écrasé par son destin, en secouant la tête : « Un roi fugitif, un roi fugitif. »

Il ne le peut pas. Il ne le veut pas.

Il est épuisé. Le silence s'est établi autour du château, Louis dit qu'on peut aller se reposer. Et il se couche.

Et, dans Versailles, La Fayette rassuré en fait de même.

Mais à six heures du matin, les tambours du peuple réveillent les femmes. Elles se rassemblent sur la place, face au château, avec des hommes armés. Puis la foule se divise en colonnes, insulte les gardes du corps. Les grilles sont fermées, et tout à coup, l'une de ces colonnes trouve les grilles de la chapelle ouvertes, non gardées.

Elle s'y engouffre.

Elle court dans les escaliers, brise les portes, tue les gardes du corps, s'enfonce dans les corridors, saccage, cherche et trouve les appartements de la reine.

« Nous voulons couper sa tête, arracher son cœur, fricasser ses foies, et cela ne finira pas là. »

« Sauvez la reine », crie un garde du corps, abattu à coups de crosse, laissé pour mort.

La reine, réveillée, fuit affolée avec ses enfants.

Le roi la cherche, la trouve enfin.

Ils s'enlacent. Ils entendent les hurlements, ces aboiements comme lorsque les chiens traquent le gibier blessé. Ils sont des proies, pour la première fois de leur vie.

« Mes amis, mes chers amis, sauvez-moi », répète la reine.

Les gardes du corps se battent, sont désarmés. On lève la hache sur eux, mais des grenadiers des gardes françaises les arrachent aux femmes, aux hommes sauvages.

Le bruit se répand : « Le duc d'Orléans, en frac gris, chapeau rond, une badine à la main, se promenait d'un air gai au milieu des groupes qui couvrent la place d'Armes et la cour du château. »

Qui l'a vu ? On entend des cris : « Notre père est avec nous, Vive le duc d'Orléans ! »

Deux gardes du corps sont jetés à terre. On tranche leurs têtes, on trempe ses mains dans le sang des victimes, puis on plante les têtes au bout des piques.

On a réveillé La Fayette, il accourt. On entend la foule qui crie « À Paris, à Paris ».

Il faut céder au peuple, dit-il, accepter de se rendre à Paris, d'y demeurer.

Les gardes nationaux fraternisent avec les gardes du roi, les protègent.

Le roi apparaît au balcon, puis la reine avec ses enfants, et la foule crie : « Pas d'enfant. »

Un homme met la reine en joue mais ne tire pas.

Des insultes fusent. Elle rentre, reparaît avec La Fayette. La foule s'apaise.

Le roi promet : « Mes amis, j'irai à Paris avec ma femme et mes enfants. »

On crie : « Vive le roi ! », « Vive le général ! » et même « Vive la reine ! ».

Les députés décident que l'Assemblée suivra le roi à Paris.

À une heure, ce mardi 6 octobre 1789, le cortège de plus de trente mille hommes et femmes s'ébranle vers Paris.

Les gardes nationaux, chacun portant un pain au bout de sa baïonnette, ouvrent la marche, devant des chariots de blé et de farine entourés de femmes et de forts des halles.

On porte des piques, des branches de peuplier. Puis viennent des femmes à califourchon sur les chevaux des gardes nationaux, et les gardes du corps désarmés encadrés de gardes nationaux, et enfin, le régiment de Flandre, les Suisses.

Puis le roi, la reine, le dauphin, leur fille, Madame Royale, la sœur cadette de Louis XVI, Madame Élisabeth, et la gouvernante, Madame de Tourzel.

Et cent députés de l'Assemblée, et la foule et la garde nationale.

Il pleut et on patauge dans la boue qui gicle.

On chante : « Nous ramenons le boulanger, la boulangère, et le petit mitron. »

Des femmes s'approchent du carrosse royal, veulent voir « la sacrée boutique » et surtout « la sacrée coquine », cette reine qui est « la cause de tous les maux que nous souffrons », et qu'il « aurait fallu écarteler », et dont on avait promis « qu'elle serait égorgée et qu'on ferait des cocardes avec ses boyaux ».

Mais, puisqu'elle sera à Paris, on l'empêchera de nuire. Et qu'elle regarde ces têtes coupées, celles de deux gardes du corps, brandies au bout des piques, comme un emblème.

On les incline. On rit.

On s'est arrêté chez un perruquier de Sèvres pour les faire poudrer et friser.

La famille royale s'installe aux Tuileries. L'Assemblée siégera dans le bâtiment du Manège, tout proche de là.

Le 10 octobre, elle décrétera que Louis XVI ne s'appellera plus « roi de France et de Navarre », mais « par la grâce de Dieu et la loi constitutionnelle de l'État, roi des Français ».

Et un député du tiers état de Paris, le docteur Guillotin, propose un nouveau mode d'exécution de la peine capitale, une machine efficace, qui tranchera le cou des condamnés, selon le principe d'égalité.

Louis subit avec le double sentiment de ne pouvoir arrêter la marche inexorable vers l'abîme, et la certitude qu'il ne faillira pas à ses principes sacrés.

C'est sa fatalité, de paraître se soumettre, d'y être contraint et d'être au fond de soi indestructible. Et d'ignorer la peur même quand il cède à l'angoisse. Il observe les événements comme s'il n'en était que le jouet et non l'acteur.

Il apprend que plus de cent députés donnent leur démission.

Il lit sous la plume de Mallet du Pan que « c'est le fer à la main que l'opinion dicte aujourd'hui ses arrêts. *Crois ou meurs*, voilà l'anathème que prononcent les esprits ardents et ils le prononcent au nom de la liberté. La modération est devenue crime. »

Il reçoit le comte de La Marck, qui propose au nom de Mirabeau un projet de fuite à Rouen, car « Paris sera bientôt un hôpital certainement et peut-être un théâtre d'horreurs ».

Mirabeau veut persuader « le roi et la reine que la France et eux sont perdus si la famille royale ne sort pas de Paris ».

« Je m'occupe d'un plan pour les en faire sortir », ajoute Mirabeau.

Mais Louis ne veut pas être « un roi fugitif ».

Il partage le sentiment du député Malouet : « La révolution depuis le 5 octobre fait horreur à tous les gens sensés de tous les partis, mais elle est consommée, irrésistible. »

Alors, comment s'y opposer ?

Louis sait que certains l'accusent de ne pas se battre. Il accepte qu'on porte sur lui ce jugement sévère.

Il connaît celui de Mirabeau qui le décrit « indécis et faible, au-delà de tout ce qu'on peut dire, son caractère ressemble à ces boules d'ivoire huilées qu'on s'efforcerait vainement de retenir ensemble ».

Ceux-là, qui le jugent, ignorent ce qu'il ressent.

L'horreur, quand il a appris que les émeutiers qui ont pénétré dans la chambre de la reine se sont acharnés sur son lit, « déchirant les draps à coups d'épée » et, ajoute un témoin, « quelques-uns pissèrent dedans, d'autres firent pis encore ».

Ce déferlement de haine accable Louis, mais ceux qui le jugent ne se fient qu'aux apparences. Ils ignorent qu'il n'est pas homme à plier.

Le 12 octobre, il confie à l'abbé de Fontbrune une lettre pour le roi d'Espagne.

Il a écrit :

« Je me dois à moi-même, je dois à mes enfants, je dois à ma famille et à toute ma maison de ne pouvoir laisser avilir entre mes mains la dignité royale qu'une longue suite de siècles a confirmée dans ma dynastie…

« J'ai choisi Votre Majesté, comme chef de la seconde branche pour déposer en vos mains la protestation solennelle que j'élève contre tous les actes contraires à l'autorité royale, qui m'ont été arrachés par la force depuis le 15 juillet de cette année, et, en même temps, pour accomplir les promesses que j'ai faites par mes déclarations du 23 juin précédent. »

Dieu et les hommes, quoi qu'il advienne, entendront un jour sa protestation, son refus.

QUATRIÈME PARTIE

Octobre 1789-30 septembre 1791
« Bougre de Capet ! »

« Sire, ne vous flattez pas de donner le change aux patriotes clairvoyants. Vous ne pouvez être à leurs yeux que ce que sont les despotes. La sottise des rois est de se croire des êtres d'une nature supérieure à celle des autres hommes, ils ont même la folie de prétendre que le ciel les a faits pour commander… »

Jean-Paul MARAT
L'Ami du peuple, décembre 1790

20.

Louis, en ces dernières semaines du mois d'octobre 1789, parcourt le palais des Tuileries où il doit vivre désormais. Il sort, fait quelques pas sur les terrasses qui surplombent les jardins.

Marie-Antoinette et le dauphin s'y trouvent déjà.

Les femmes, des gardes nationaux, des artisans, tout ce peuple avide et curieux, les ont réclamés. Il s'exclame et gronde, injurie, puis les femmes demandent à la reine qu'elle leur donne les rubans et les fleurs de son chapeau. La reine s'exécute.

Il en est chaque jour ainsi.

Le peuple ne se lasse pas. Il veut voir, surveiller, interpeller, menacer, acclamer aussi. Et Louis a le sentiment que ce palais est comme un navire échoué, une épave autour de laquelle viennent rôder les naufrageurs.

Les gardes du corps ont été remplacés par des gardes nationaux. Louis ne craint pas pour sa personne, mais pour la reine et le dauphin.

Il a vu l'enfant se cacher dans les bras de sa mère. Il l'a entendu dire : « C'est bien vilain ici, maman. » Et Marie-Antoinette a répondu : « Louis XIV y vivait bien. » Mais le Grand Roi avait voulu échapper au Paris de la Fronde, s'éloigner de la multitude, il avait construit Versailles.

Et Marat, dans *L'Ami du peuple*, a bien mesuré la révolution dans la Révolution que représentent le retour du roi à Paris et l'installation de l'Assemblée nationale dans cette salle du Manège du palais. Il a écrit : « C'est une fête pour les Parisiens de posséder enfin leur roi. »

« Posséder », ce mot comme un carcan, un joug : le roi est devenu le sujet de ses sujets, qui ont refusé de le rester.

Ils sont là, autour du palais, prêts à piller l'épave.

Ils remplissent les tribunes de la salle des séances de l'Assemblée. Ils interviennent dans les discussions. On dit même que des « bandes soudoyées » sont payées, endoctrinées dans les cafés du Palais-Royal, pour empêcher le vote de telle ou telle motion, applaudir tel orateur.

Ces quelques centaines d'hommes et de femmes imposent ainsi leur loi aux députés réunis dans cette salle du Manège.

« Les députés sont au Manège, plaisante-t-on, mais les écuyers sont au Palais-Royal. »

Et dans les tribunes on se dresse, on proteste, dès que l'Assemblée veut condamner des actes de violence.

Or des voitures de grains sont encore pillées, le 20 octobre, faubourg Saint-Antoine, et une émeute éclate à Senlis, faisant vingt-quatre morts.

Brissot rapporte dans *Le Patriote français* : « On a encore l'affligeant spectacle de boulangers assiégés par une foule considérable de peuple. »

Le 21 octobre, un boulanger du quartier de Notre-Dame, François, qui chaque jour fait plus de six fournées, est accusé de cacher du pain, de préparer des petits pains frais pour les députés. La foule l'arrache aux gardes nationaux, qui tentent de le protéger.

Une femme crie au procureur de l'Hôtel de Ville : « Vous faites toujours esquiver nos ennemis mais votre tête répond de la sienne. »

On entraîne François. On le pend, à la lanterne, place de Grève, et sa tête est tranchée, et promenée par les rues au bout d'une pique.

Bailly, au nom de la Commune de Paris, obtient de l'Assemblée qu'elle vote une loi martiale permettant de disperser les attroupements.

Des drapeaux rouges seront portés dans toutes les rues, et aux carrefours. L'un d'eux sera suspendu à la principale fenêtre de l'Hôtel de Ville.

« À ce signal tous les attroupements, avec ou sans armes, deviendront criminels et devront être dispersés par la force. »

Robespierre est intervenu pour s'opposer à cette loi.

« Quand le peuple meurt de faim, il s'attroupe, dit-il. Il faut donc remonter à la cause des émeutes pour les apaiser. »

Il parle d'un complot pour affamer Paris. Il condamne la loi martiale qui risque d'étouffer la liberté.

Marat s'indigne :

« Insensés, s'écrie-t-il, croyez-vous que c'est un bout de toile rouge qui vous mettra à couvert des effets de l'indignation publique ? »

Dans ce numéro des 10 et 11 novembre 1789 de *L'Ami du peuple*, Marat justifie l'émeute, la violence, les morts qu'elles provoquent.

« Est-il quelque comparaison à faire entre un petit nombre de victimes que le peuple immole à la justice dans une insurrection et la foule innombrable de sujets qu'un despote réduit à la misère ou qu'il sacrifie à sa fureur ?... Que sont quelques gouttes de sang que la populace a fait couler dans la révolution actuelle pour recouvrer sa liberté... auprès des torrents qu'en a fait répandre la coupable ambition d'un Louis XIV ? »

Il ajoute :

« La philosophie a préparé, commenté, favorisé, la révolution actuelle, cela est incontestable. Mais des écrits ne suffisent pas. Il faut des actions. C'est donc aux émeutes que nous devons tout... »

Il se moque des « cœurs sensibles qui ne voient que l'infortune de quelques individus victimes d'une émeute passagère » et qui oublient « la foule opprimée, massacrée pendant des siècles entiers ».

Il veut « verser de l'eau-forte dans les blessures », « afin de réveiller le peuple contre ceux qui lui donnent de l'opium ».

Et la loi martiale ne peut avoir été proposée que par « un ennemi du bien public... ».

Cette apologie de l'émeute choque, scandalise, inquiète Bailly, certains districts de la Commune de Paris.

Bailly fait saisir les presses sur lesquelles on imprime *L'Ami du peuple*. Marat est même arrêté, mais relâché presque aussitôt sur intervention de La Fayette.

C'est que les oppositions politiques se sont exacerbées, et les ambitions des uns et des autres avivées, parce que chacun comprend qu'on est entré dans une nouvelle période. Il s'agit d'organiser le nouveau régime et non plus de se contenter de la Déclaration des droits de l'homme, et des articles principaux d'une Constitution.

Et sur chaque question évoquée à l'Assemblée, les opinions des députés divergent.

On craint Mirabeau. On sait qu'il a rencontré La Fayette. Qu'il voudrait être ministre, conseiller le roi, la reine, ou devenir le mentor de Monsieur, comte de Provence, frère du roi.

L'Assemblée vote une disposition selon laquelle un député ne peut être ministre, façon d'écarter Mirabeau !

Et Marie-Antoinette dit, hautaine, au comte de La Marck qui lui propose une fois de plus un « plan » de Mirabeau pour sauver la famille royale en préparant leur fuite :

« Nous ne serons jamais assez malheureux, je pense, pour être réduits à la pénible extrémité de recourir à Mirabeau ! »

Autre débat, quand l'Assemblée décide que ne pourront voter que les *citoyens actifs* qui paient une contribution directe et ont plus de vingt-cinq ans, et ne sont pas domestiques... Quant aux autres, les *passifs*, ils sont exclus du vote.

« Il n'y a certainement de vrais citoyens que les propriétaires », dit un constituant.

Le suffrage sera à plusieurs degrés et ne pourront être élus à l'Assemblée que ceux qui paient une contribution de un marc d'argent.

Robespierre s'insurge : « Cela revient à déclarer, dit-il, que l'homme qui a cent mille livres de rente est cent mille fois plus citoyen que l'homme qui n'a rien ! »

On l'accuse de susciter le désordre, et même d'être, affirme la presse royaliste – *L'Ami du roi*, *Les Actes des apôtres* –, le neveu du... régicide Damiens !

Nouvelle opposition lors du vote sur la proposition de l'évêque d'Autun, Talleyrand, de la mise à la disposition de la nation des biens du clergé – l'État prenant à sa charge le salaire des membres du clergé : nouvelles fractures dans le pays.

Le haut clergé s'arc-boute, refuse de laisser déposséder l'Église de ses biens.

« Vénérables cultivateurs, écrit l'évêque de Tréguier, si aujourd'hui on envahit les propriétés des premiers ordres de l'État, qui vous garantit les vôtres pour l'avenir ? »

Mais l'État a besoin d'argent : les biens de l'Église devenus *biens nationaux* serviront à gager les *assignats* – bons du Trésor – avec lesquels l'État paiera ses dettes.

Le royaume est ainsi bouleversé de fond en comble en quelques mois.

Les parlements, les provinces disparaissent. On crée les départements, administrés par un Conseil général élu, et de même, chaque ville, bourg, paroisse, soit quarante mille communautés d'habitants, aura une municipalité.

Louis a l'impression que le sol de son royaume se dérobe sous ses pas.

Une nation surgit, différente, violente, rétive, enthousiaste aussi, faite d'assemblées multiples qui débattent, discutent, contestent, s'attroupent, et la loi martiale n'y fait rien.

Il observe, écoute. Il s'enferme en lui-même devant ces bouleversements, désorienté, comme si tout le paysage en place depuis des siècles bougeait.

Il préfère se taire, muet face à ceux qui l'interrogent, espérant des réponses qu'il ne sait pas, ne veut pas, ne peut pas donner.

« Quand on parle d'affaires à cet être inerte, dit l'un de ses ministres, il semble qu'on lui parle de choses relatives à l'empereur de Chine. »

Et ce qui arrive en effet, lui paraît étrange, incompréhensible et – de là naît l'angoisse – inéluctable.

Qui sont, que pensent ces députés qui se réunissent rue Saint-Honoré, non loin des Tuileries, dans l'ancien couvent des Jacobins ? Ils se regroupent sous le nom de *Société des Amis de la Constitution*, qu'on appelle bientôt *club des Jacobins*, qui a de nombreuses filiales en province et où l'on rencontre aussi bien Sieyès que Mirabeau, La Fayette, Barnave que Robespierre, et c'est ce dernier qui, le 31 mars 1791, en sera élu président.

Mais il existe aussi dans le quartier des Écoles, place du Théâtre-Français, autour de l'avocat Danton, le *club des Cordeliers*.

Louis a le sentiment que dans cette « machinerie » nouvelle, ni lui ni ses partisans ne peuvent trouver leur place.

On lui rapporte que dans l'Assemblée, les monarchistes « n'écoutent pas, rient, parlent haut », interviennent peu souvent, et maladroitement, s'inquiètent des menaces que depuis les tribunes on leur lance.

« Nous vous recommanderons dans vos départements », leur crie-t-on. Et en effet l'on s'attaque à leurs châteaux et leurs propriétés.

L'Américain Morris écrit de ces « aristocrates » : « Ils sortent de la salle, lorsque le président pose la question, et invitent les députés de leur parti à les suivre, ou leur crient de ne point délibérer, par cet abandon, les clubistes devenus la majorité décrètent tout ce qu'ils veulent. »

« Impossible, confie Mounier, qui a été élu président de l'Assemblée, avant de se retirer en Dauphiné puis d'émigrer, que ces députés de la noblesse et du clergé retardassent l'heure de leur repas. »

Ils quittent l'Assemblée vers cinq heures, et les députés « patriotes » font passer aux « chandelles » les motions qu'ils désirent, assurés d'avoir la majorité.

Louis ne sait ainsi comment agir. Tout change si vite. Il ne se confie pas. Il ne donne pas sa confiance, sinon à la reine, dont il mesure l'amour qu'elle porte à ses deux enfants, l'attachement qu'elle lui manifeste, la résolution qu'elle montre.

« Quand elle lui parle, raconte le général Besenval, dans les yeux et le maintien du roi il se manifeste une action, un empressement que rarement la maîtresse la plus chérie fait naître. »

À qui d'autre pourrait-il se fier ?

Son frère, le comte d'Artois, a émigré à Turin, et rassemble autour de lui les nobles qui veulent détruire ce nouveau régime, et rétablir la monarchie dans tous ses droits sacrés.

Son cousin le duc d'Orléans a lui aussi émigré, mais à Londres, et il mène sa politique, continue d'entretenir des liens avec La Fayette. Quant au comte de Provence, Louis sait que ce frère est dévoré d'ambition.

Le comte de Provence complote, finance l'un de ses proches, le marquis de Favras, qui a recruté des gardes nationaux « soldés », en les payant, pour qu'ils assassinent La Fayette, Bailly et Necker, la nuit de Noël 1789.

Favras est démasqué, arrêté, mais le comte de Provence réussit, en se présentant à l'Hôtel de Ville, à détourner les soupçons.

Mirabeau l'a conseillé, mais est aussi déçu. Le comte est d'une prudence lâche, égoïste, soucieux non de la monarchie et du royaume, mais de son destin personnel.

« La reine le cajole et le déjoue, confie Mirabeau. Elle le traite comme un petit poulet qu'on aime bien à caresser à travers les barreaux d'une mue, mais qu'on se garde d'en laisser sortir et lui se laisse traiter ainsi. »

Le comte abandonne le marquis de Favras qui, condamné à mort, ne livrera aucun secret.

On conduira Favras à Notre-Dame pour faire amende honorable. Il sera accueilli place de Grève par des insultes et des cris. Et lorsqu'on lui passe la corde au cou, la foule hurle : « Saute, marquis ! »

L'arrestation puis l'exécution de Favras, pour crime de « lèse-nation », justifient les inquiétudes et les soupçons.

Les journaux monarchistes, *L'Ami du roi*, *Les Actes des apôtres*, le talent de l'un de leurs journalistes, Rivarol, la violence de leurs propos exaspèrent les « patriotes ».

« Les aristocrates ne paraissent point battus, comme après le 14 juillet, on croit qu'il se trame encore quelque infamie », note Madame Roland, épouse patriote d'un inspecteur général du commerce et des manufactures, qui tient salon patriotique.

On a arrêté un fermier général, Augeard, proche de la reine, accusé d'avoir préparé la fuite du roi, à Metz. On s'est scandalisé de son acquittement comme de celui du général Besenval.

Dans les provinces on signale des attroupements d'« aristocrates », les protestations des membres des parlements, du haut clergé.

« La guerre civile est dans les cerveaux. Dieu veuille qu'elle n'aille pas plus loin », écrit le libraire Ruault.

Et la misère et la peur de la disette accablent toujours le « bas peuple », ces citoyens passifs qui dans les villes forment souvent soixante pour cent de la population masculine, et qui sont exclus de la vie de la cité, et ont le sentiment de n'être que des « machines de travail », ainsi que les qualifie Sieyès.

Il y a ces heurts, dans l'armée et la marine, entre les officiers « aristocrates » et les soldats de plus en plus rétifs.

À Toulon, l'amiral d'Albert de Rioms ordonne le châtiment des marins qui portent la cocarde tricolore, et les menace de faire tirer la troupe contre eux. C'est l'émeute, et l'amiral sera emprisonné.

Robespierre condamne cet amiral qui a voulu « armer les soldats contre les défenseurs de la patrie ».

Et le Conseil général de Toulon le félicite : « Continuez bon citoyen à éclairer la nation sur ses véritables droits. Bravez l'opinion de ces hommes vils et ignorants… »

Ainsi, en cette fin d'année 1789, des affrontements ont lieu chaque jour.

Le 5 décembre, les bois de Vincennes et de Boulogne sont dévastés et pillés par des paysans des villages proches de Paris qui manquent de bois.

La répression est sévère.

Mais certains crient à l'injustice, dénoncent l'inégalité des conditions, et Marat attise le feu, menace :

« Si les peuples ont brisé le joug de la noblesse, ils briseront de même celui de l'opulence. Le grand point est de les éclairer, de leur faire sentir leurs droits, de les en pénétrer et la révolution s'opérera infailliblement sans qu'aucune puissance humaine puisse s'y opposer. »

Ces propos inquiètent les patriotes, respectueux du droit de propriété, qui composent la majorité qui a séparé les citoyens actifs des citoyens passifs.

Ils sont partisans de l'égalité des droits, non des fortunes. Mais ils restent des patriotes, préoccupés des « complots aristocratiques ».

Et aux Tuileries, la reine est anxieuse. Axel Fersen chaque fois qu'il la rencontre la met en garde sur les dangers que court la famille royale.

Et Marie-Antoinette fait part au roi de ses craintes, de l'angoisse qu'elle éprouve, du sentiment qu'elle a d'être ici, dans ce palais des Tuileries, au cœur de Paris, surveillée par le peuple comme une prisonnière.

Elle dit :

« Il faudra bien s'enfuir : on ne sait pas jusqu'où iront les factieux ; le danger augmente de jour en jour. »

21.

Louis ne répond pas à Marie-Antoinette quand, déterminée mais la voix nouée par l'émotion, elle lui parle de la nécessité de fuir ce palais des Tuileries, qui est en effet comme une prison, et dont les « enragés du Palais-Royal » peuvent en entraînant le peuple forcer l'entrée.

Et ce qui s'est passé à Versailles le 6 octobre montre que cette populace ne respecte pas le caractère sacré de la famille royale.

Louis ne l'ignore pas.

Il a tremblé pour la reine et le dauphin. Il lit les journaux, les pamphlets qui invitent à « purger » la nation, l'Assemblée, les municipalités des « nobles et des prélats » et aussi des « plébéiens ineptes et corrompus ». C'est Marat qui dans chaque numéro de son journal recommande la vigilance, contre les « noirs complots qui vont former un orage affreux ». « Déjà il gronde sur nos têtes », dit-il.

Ce Marat est devenu populaire. La municipalité de Paris l'a poursuivi, arrêté, mais il s'est réfugié en Angleterre, et il est revenu.

Et il interpelle le roi :

« Répondez-moi, Louis XVI ! Qu'avez-vous fait pour que le ciel fît un miracle en votre faveur, vous fasse différent de ce que sont les rois, des despotes ?... L'histoire n'est remplie que de leurs forfaits... Je vous juge par votre conduite passée. Je vous juge par vous-même... Ne vous flattez pas de donner le change aux patriotes clairvoyants. »

Louis a ces propos en tête lorsqu'il reçoit le comte Axel Fersen qui réussit à pénétrer discrètement dans le palais des Tuileries, et qui, presque chaque nuit, se rend au château de Saint-Cloud quand la famille royale est autorisée à y séjourner.

Louis connaît les sentiments de Fersen à l'égard de la reine. Mais peut-être à cause de cela, il croit au dévouement de ce noble suédois, qui répète « qu'il n'y a qu'une guerre extérieure ou intérieure qui puisse rétablir la France et l'autorité royale ».

Louis ne s'y résout pas, et c'est aussi pourquoi il ne veut pas fuir.

Il veut attendre encore.

Mille signes montrent que nombreux sont les députés qu'inquiètent l'anarchie, les désordres, les jacqueries qui continuent d'ensanglanter plusieurs régions : le Quercy, le Périgord, la Corrèze, la Bretagne.

Les bourgeois de la capitale, comme le libraire Ruault, garde national, patriote, constatent que « Paris se remplit de pauvres et de mendiants qui accourent de toutes les villes et les campagnes. Cela inquiète tous les habitants. » Les citoyens actifs ne veulent pas être menacés, entraînés par les citoyens passifs. Et au club des Jacobins, ces derniers ne sont pas admis.

Et Marat condamne cette « assemblée d'imbéciles qui se vantent d'être frères et qui excluent de leur sein les infortunés qui les ont affranchis ».

Louis pressent qu'il y a là un ferment de profonde division des « patriotes ». On ne suit pas Marat ou Robespierre, qui pensent que « l'égalité des droits comporte celle des jouissances ».

Marat va jusqu'à écrire, interpellant les députés :

« Votre fameuse *Déclaration des droits* se réduit, en dernière analyse, à conférer aux riches tous les avantages, tous les honneurs du nouveau régime. Ce serait donc en faveur des seuls heureux du siècle que s'est opérée la glorieuse révolution... Mais qu'aurons-nous gagné à détruire l'aristocratie des nobles si elle est remplacée par l'aristocratie des riches ? »

Cette « supplique de dix-huit millions d'infortunés » effraie la majorité des patriotes.

Louis s'en convainc, quand il reçoit de nouvelles avances de Mirabeau qui veut arracher le pays à l'anarchie, et propose de réviser la Constitution, de « rétablir le pouvoir exécutif dont la plénitude doit être sans restriction et sans partage dans la main du roi ».

Et en même temps, Mirabeau refuse l'idée d'une « contre-révolution », comme celle dont rêve le comte d'Artois.

Depuis Turin, le frère du roi tente de soulever le sud de la France, en ravivant les haines qui opposent protestants et catholiques.

Tout s'y prête. Le refus par l'Assemblée – quatre cent quatre-vingt-quinze voix contre quatre cents – de déclarer le catholicisme religion d'État.

La décision de dépouiller l'Église de ses biens, de les « nationaliser », de les vendre.

L'interdiction des vœux monastiques. La dissolution des ordres religieux et, pour finir, le vote d'une *Constitution civile du clergé* (12 juillet 1790) qui fait élire les curés et les évêques par les citoyens actifs.

Et puisque les membres du clergé sont salariés par l'État, exiger d'eux un serment à la nation, à la loi, au roi, et le respect de la Constitution. Et la lecture à l'église des décrets et des lois !

Déjà de nombreux curés et évêques annoncent qu'ils ne seront pas des prêtres « jureurs », qu'ils choisiront d'être « réfractaires », puisque le pape n'a pas été consulté sur cette « Constitution civile ».

Et les curés qui ont tant apporté au tiers état passent pour une bonne part d'entre eux à la réserve, voire à la condamnation de la révolution.

Ils s'indignent que le pasteur Rabaut Saint-Étienne ait été élu président de l'Assemblée au mois de mars, et qu'il déclare :

« Le clergé n'est plus un ordre ! Il n'est plus un corps, il n'est plus une république dans l'Empire… Les prêtres pourront marcher à la cadence de l'État. Il ne reste plus qu'à les marier. »

Un incendie vient d'être allumé, et les envoyés du comte d'Artois l'attisent, dans ces provinces où les guerres de religion, la révocation de l'édit de Nantes, les persécutions ont laissé des traînées sanglantes.

À Toulouse, la procession qui rappelle et chante l'extermination des albigeois donne naissance à une émeute entre « aristocrates » et « patriotes ».

On se bat entre catholiques et protestants à Montauban. À Nîmes, on comptera quatre cents morts. À Avignon, on revendique le rattachement du comtat à la nation après avoir battu les « papistes ».

Puis, les paysans des Cévennes, armés de piques, de fusils et arborant la cocarde tricolore, descendent de leurs villages pour mater les « noirs », les aristocrates et les « calotins ».

Louis sent qu'il y a pour la monarchie une partie à jouer. Le chaos, l'anarchie, les jacqueries, la misère, le regain des haines religieuses, la misère et ces ateliers de charité qu'il faut créer, les troubles qui se produisent dans tous les corps de troupes et qui opposent officiers « aristocrates » et gradés roturiers, alliés aux soldats patriotes, tout cela peut faire que le peuple enfin retourne vers son roi.

Mais il faut agir habilement, et d'abord dissimuler, convaincre que l'on accepte et soutient ce qui a été accompli.

Louis n'éprouve aucun trouble à l'idée de cacher sa pensée.

Il est le roi. Son devoir sacré est de préserver son autorité, afin de sauver sa dynastie, son royaume, d'y ramener l'ordre et la paix.

Et il veut le faire avec sagesse, en n'ayant recours à la force que s'il n'y a pas d'autres voies.

Il accepte la proposition de Necker, de se rendre à l'Assemblée, d'y prononcer un discours que son ministre lui prépare.

Les députés s'empressent autour de lui, le 4 février 1790.

« Je défendrai, je maintiendrai la liberté constitutionnelle dont le vœu général d'accord avec le mien a consacré les principes », dit-il.

On doit en finir avec les violences.

« Éclairer sur ses véritables intérêts le peuple qu'on égare, ce bon peuple qui m'est si cher et dont on m'assure que je suis aimé quand on vient me consoler de mes peines. »

On l'acclame. Il poursuit.

« Ne professons tous à compter de ce jour, je vous en donne l'exemple, qu'une seule opinion, qu'un seul intérêt, qu'une seule volonté, l'attachement à la Constitution et le désir ardent de la paix, du bonheur et de la prospérité de la nation. »

Les députés prêtent serment à la loi, à la nation, au roi. Ils scandent « Vive le roi ! », le raccompagnent au palais, où Marie-Antoinette leur présente le dauphin.

Seuls, les aristocrates sont stupéfaits et hostiles.

Le roi, pensent-ils, a brisé son sceptre, en acceptant cette Constitution.

Mais Louis a le sentiment d'avoir réussi à convaincre.

« Vive Dieu, mon cher ami, écrit le libraire Ruault à son frère, et Vive le bon roi Louis XVI, qui vient de se placer hier au rang des princes justes. Sa visite à l'Assemblée nationale étouffe ou doit étouffer tous les germes de la division, des opinions et des intérêts. Il s'est mis volontairement à la tête de la Constitution. Taisez-vous maintenant petits et grands aristocrates, brûlez vos brochures et vos plans de contre-révolution. Revenez, fugitifs, vous serez en sûreté par toute la France. Nous compterons trois bons rois dans notre histoire, Louis XII, Henri IV et Louis XVI. Il faudra célébrer chaque année cette rare épiphanie, pour moi je ne révère plus que celle-là. »

Peut-être le regard du peuple a-t-il changé. Louis veut le croire.

Il se montre chaleureux avec les gardes nationaux, qui assurent « trente heures de service au château des Tuileries ».

L'un d'eux écrit : « J'y ai vu Marie-Antoinette de très près. J'ai assisté même à son dîner. Elle se porte bien et j'ai été émerveillé de sa bonne contenance. Le roi se promène à grands pas dans le jardin ; il fatigue aisément les plus lestes et les fait suer de tout leur corps, car il fait très chaud. Le petit dauphin est beau comme un ange ; il a une figure très gracieuse, franche et ouverte ; il saute et gambade le long des terrasses et joue avec tous les enfants qu'il rencontre. »

Mais l'illusion qu'entre la famille royale et le peuple, de nouveaux liens apaisés se sont tissés dure peu. Et Louis comme la reine n'en sont pas dupes.

Pourtant il faut donner le change, quitte à troubler les monarchistes fidèles. Il faut apparaître comme « le roi de la Révolution », apporter sa sanction à la Constitution, à la Constitution civile du clergé.

Mais écrire au nouvel empereur d'Autriche – Léopold II (un frère de Marie-Antoinette qui a succédé à Joseph II, autre frère de la reine) – pour lui demander d'envisager une intervention armée en France. Précaution nécessaire, puisque le pouvoir sacré du roi n'est pas rétabli, que les « enragés du Palais-Royal » continuent d'attaquer la famille royale, et d'abord la reine.

On la soupçonne de préparer avec les « noirs » et les aristocrates émigrés, et le comte Fersen, que les gardes françaises ont aperçu entrant au château de Saint-Cloud et en sortant au milieu de la nuit, l'« enlèvement » du roi.

Car on n'ose pas, pour l'instant, accuser le roi. Seul Marat s'y risque, mais le soupçon affleure partout.

Alors Louis joue toutes les cartes. Y compris celle que représente Mirabeau.

Le député est reçu par la reine, lui parle avec ferveur, est séduit par elle.

« Le roi n'a qu'un homme, dira-t-il, c'est sa femme. »

Mirabeau affirme qu'il est capable de sauver la monarchie.

Il n'est plus temps de le rejeter.

Il faut au contraire se l'attacher. Mirabeau est un noble aux abois, avec les créanciers aux trousses. Louis décide de lui verser une pension mensuelle, de quoi permettre à Mirabeau de quitter sa chambre d'hôtel misérable et d'emménager Chaussée d'Antin, dans un grand appartement.

Mais il faut garder le secret, rassurer, consentir, accepter que la noblesse héréditaire, les ordres de chevalerie, les armoiries, les livrées, soient supprimés par l'Assemblée.

Et feindre l'indifférence quand le Comité des pensions de l'Assemblée publie un cahier de trente-neuf pages, vite appelé *Livre rouge*, qui contient la liste des pensions, des dépenses extraordinaires versées entre 1774 et le 16 août 1789 !

Deux mille exemplaires sont vendus en une seule journée dans les jardins des Tuileries, et c'est un déluge de commentaires, une éruption d'indignations, devant les vingt-huit millions de livres touchés par les frères du roi, les sommes versées aux Polignac, à tous les proches courtisans, pour un total de deux cent vingt-huit millions !

Louis craint que son regain de popularité, gagné au cours des premiers mois de 1790, ne soit perdu.

Necker, porté aux nues par le peuple, est désormais rejeté car il était hostile à la publication du *Livre rouge*, et on l'accuse de n'être qu'un complice des « aristocrates », un valet de la reine… Les journaux patriotes demandent la diffusion du livre dans toute la France.

« Voilà le catéchisme des amis de la Révolution », commentent-ils.

Il faut tenter de faire oublier ce *Livre rouge*, toucher le peuple, participer avec la reine et le dauphin à cette fête grandiose que l'Assemblée, La Fayette, Bailly organisent au Champ-de-Mars le 14 juillet 1790, jour anniversaire de la prise de la Bastille.

Ce fut une journée sombre pour la monarchie. Il faut la transmuter en journée de gloire pour le roi.

Louis sait que depuis des mois, dans toutes les provinces, on se rassemble en « fédérations ». On y crie, comme en Bretagne : « Vivre libre ou mourir. »

Et l'idée est née, de faire une fête de la Fédération, à Paris, rassemblant des délégués de tous les départements, des gardes nationaux représentant leurs régiments.

C'est l'enthousiasme.

On construit un arc de triomphe.

Des femmes, des hommes, de toutes conditions travaillent à aplanir le Champ-de-Mars, à dresser des gradins en terre, à préparer le rassemblement d'au moins 300 000 personnes.

La foule chante en travaillant avec ferveur.

Elle entonne :

Les aristocrates à la lanterne
Les aristocrates on les pendra.

mais aussi un *Ça ira* allègre :

Celui qui s'élève on l'abaissera
Et qui s'abaisse on l'élèvera
Ah ! ça ira ! ça ira ! ça ira !

Temps sombre le 14 juillet. Il pleut souvent par fortes averses et le cortège, parti à sept heures du matin de la Bastille, arrive à trois heures au Champ-de-Mars. Un pont de bateaux a été installé pour lui permettre de traverser la Seine.

Sur une plate-forme de six mètres de haut se trouve l'autel de la Patrie, entouré de deux cents prêtres portant des rubans tricolores. Le roi, la reine et la Cour pénètrent par l'École militaire dans une galerie couverte ornée de draperies bleu et or.

L'évêque d'Autun, Talleyrand-Périgord, entouré de quatre cents enfants de chœur en blanc, célèbre la messe.

La Fayette prête serment de rester fidèle à la nation, à la loi, au roi.

Les canons tonnent, les tambours roulent. « Vive La Fayette ! »

Le roi s'avance mais ne va pas jusqu'à l'autel. Il dit :

« Moi, Roi de France, je jure à la nation d'employer tout le pouvoir qui m'est délégué par la loi constitutionnelle de l'État, à maintenir la Constitution et à faire exécuter ses lois. »

On l'acclame. La reine soulève son fils, le montre au peuple.

Et celui-ci crie : « Vive la reine ! », « Vive le dauphin ! ».

22.

Louis, au château de Saint-Cloud, où la famille royale est rentrée au soir de ce 14 juillet 1790, s'interroge.

Que valent ces acclamations du peuple qui ont accompagné le carrosse du roi, tout au long de la traversée de Paris, alors que sous les averses, la foule continuait de festoyer ?

Louis est perplexe, exténué, comme si ce serment qu'il a prêté, et auquel le peuple a répondu en lui jurant fidélité, avait été une épreuve aux limites de ses forces. Et de même, Marie-Antoinette a paru épuisée, ne recommençant à parler et à sourire au dauphin que lorsque le carrosse est arrivé dans la cour du château.

Ici, à Saint-Cloud, on échappe à la foule, à la surveillance qu'elle exerce aux Tuileries, aux questions, aux injures et aux assauts qu'elle peut lancer.

Mais c'est le même peuple qui a crié : « Vive le roi ! », « Vive la reine ! », « Vive le dauphin ! ».

Comment se fier à lui, comment l'apaiser ? Est-ce possible ?

Ou bien faut-il fuir ?

Les questions lancinantes reviennent.

Fersen continue de les poser.

Il a assisté à la fête de la Fédération.

« Il n'y a eu que de l'ivresse et du bruit, dit-il, orgies et bacchanales, la cérémonie a été ridicule, indécente, et par conséquent pas imposante. »

Louis ne répond pas. Il songe que demain dès l'aube il chassera, et il espère qu'il débusquera du gros gibier, qu'il rentrera épuisé après plusieurs heures de course, ayant oublié ces questions dont on le harcèle.

Et dans les jours qui suivent, il chasse furieusement, mais à peine descend-il de cheval que son frère le comte de Provence, la reine, ou tel de ses ministres, Saint-Priest ou la Tour du Pin, l'interpellent, évoquant ces articles de Marat, lui tendent ce journal, *L'Ami du peuple*, dont l'audience, dit-on, s'accroît.

Chaque phrase de Marat est comme un coup de hache.

Il critique la fête de la Fédération, ce piège, cette illusion qu'on a offerte au peuple.

« Vous avoir fait jurer fidélité au roi, dit-il, c'est vous avoir rendu sacrés les ennemis qui ne cessent de conspirer sous son nom contre votre liberté, votre repos, votre bonheur. »

Louis a l'impression que Marat trempe sa plume dans le sang.

Il brandit chaque article comme une tête au bout d'une pique.

« La fuite de la famille royale est concertée de nouveau, écrit-il... Cessez de perdre votre temps à imaginer les moyens de défense. Il ne vous en reste qu'un seul : une insurrection générale et des exécutions populaires. Commencez donc par vous assurer du roi, du dauphin et de la famille royale : mettez-les sous forte garde et que leurs têtes vous répondent de tous les événements... Passez au fil de l'épée tout l'état-major parisien de la garde nationale, tous les “noirs” et les ministériels de l'Assemblée nationale. Je vous le répète, il ne vous reste que ce moyen de sauver la patrie. Il y a six mois que cinq ou six cents têtes eussent suffi pour vous retirer de l'abîme... Aujourd'hui peut-être faudra-t-il en abattre cinq à six mille, mais fallût-il en abattre vingt mille il n'y a pas à balancer un instant... »

Et quelques semaines plus tard, dans un nouvel article il se reprend :

« Il y a dix mois que cinq cents têtes abattues auraient assuré votre bonheur, dit-il ; pour vous empêcher de périr vous serez peut-être forcés d'en abattre cent mille après avoir vu massacrer vos frères, vos femmes et enfants… »

Louis se tasse. Il laisse tomber sa tête sur sa poitrine. Comment ne pas fuir un pays où de tels articles peuvent être publiés impunément ?

Et toutes les tentatives faites par Bailly, pour saisir les presses de *L'Ami du peuple* ou poursuivre Marat, ont échoué. Le peuple le défend.

Des députés, tel ce Maximilien Robespierre, le soutiennent et partagent ses vues.

Certes, des journalistes lui répondent, le dénoncent :

Marat, dites-vous, l'assassin,
Veille au salut de la patrie.
Le Monstre ! Il veille dans son sein
Comme un tigre affamé dans une bergerie.

Mais les membres du club des Cordeliers, que préside Danton, de nombreux Jacobins, le lisent, le suivent. Et on fait de ses articles des lectures publiques dans les jardins du Palais-Royal ou dans le faubourg Saint-Antoine.

« Les pages de sang qui chaque jour circulent dans le peuple, sous le nom du Sieur Marat, en indignant les gens éclairés, portant la terreur dans l'âme des citoyens pacifiques, alimentent sans cesse le délire forcené de la multitude, écrit un bourgeois parisien. Les faubourgs surtout sont le plus violemment saisis de cet esprit de vertige que le prétendu *Ami du peuple* a soufflé parmi des hommes simples et crédules. »

Louis se souvient du visage de ces hommes et femmes du peuple qui, le 6 octobre 1789, ont fait irruption à Versailles dans la chambre de la reine.

Au Châtelet, un procès leur a été intenté. Mais comment osera-t-on les condamner ? De même la loi martiale a été votée, mais dans les villes où des émeutes se produisent aucune municipalité n'ose la décréter.

À Paris, la foule a envahi et saccagé la maison du duc de Castries, dont le fils a blessé en duel régulier Charles Lameth, député et Jacobin.

« Tout a été cassé et brisé, constate un témoin. Ce Monsieur de Castries en sera pour ses meubles et pour ses glaces : quel procès peut-on faire à la multitude ?

« La même foule s'est portée chez Monsieur de Montmorency pour le forcer à ôter ses armoiries de dessus sa porte et à combler le fossé qui empiétait sur le boulevard et rétrécissait le chemin du peuple ou des piétons. Ce peuple vainqueur fait impitoyablement la guerre. »

La guerre.

Ce mot, Louis ne voudrait pas le lire, l'entendre. Mais il le rencontre à chaque instant.

Son frère le comte d'Artois a quitté Turin pour s'installer à Coblence. Il rassemble les émigrés dans l'espoir de constituer une armée.

En Ardèche vingt mille hommes armés se sont rassemblés au camp de Jalès, décidés à combattre pour le roi et les principes sacrés de la monarchie, à abolir la Constitution.

À Lyon, les royalistes s'organisent et les envoyés du comte d'Artois envisagent de soulever toute la région, de la Bourgogne à la Provence.

Et Fersen comme Marie-Antoinette pensent qu'il faut demander l'aide de l'empereur Léopold II, frère de la reine, qui vient d'écraser à Bruxelles, et à Liège, les patriotes qui avaient fondé les *États belgiques unis*.

L'Europe des rois fait « cause commune », s'inquiète de la « contagion » révolutionnaire.

À Londres, un parlementaire favorable pourtant à la révolution américaine, Edmund Burke, publie des *Réflexions sur la révolution de France*, traduites en français en novembre 1790, et qui sont un réquisitoire contre ce qui s'est accompli depuis 1789.

Pour la première fois, la voix d'un « contre-révolutionnaire » se fait entendre avec force, influence l'opinion, et d'abord celle des souverains et des aristocrates européens.

Aideront-ils par une intervention armée la cour de France à retrouver son pouvoir ?

Louis a lu la lettre que Marie-Antoinette adresse au nouveau gouverneur autrichien à Bruxelles, Mercy-Argenteau, qui fut longtemps son conseiller à Versailles :

« Nous ne demandons à aucune puissance, écrit la reine (à moins d'un événement pressant) de faire entrer leurs troupes dans ce pays-ci. Nous désirons seulement qu'au moment où nous serions dans le cas de les réclamer, nous pourrions être assurés que les puissances voudront bien avoir des troupes sur leurs frontières bordant la France en assez grand nombre pour servir de soutien et de ralliement aux gens bien intentionnés qui voudraient nous rejoindre... »

La guerre.

C'est un mot que Louis retrouve aussi dans les propos de Mirabeau que le comte de La Marck rapporte.

Le comte, député de la noblesse, voit dans la guerre civile le seul moyen de rétablir l'autorité du roi et d'éviter que « la foule ne devienne l'instrument aveugle des factieux ».

Et comme La Marck lui rappelait que le roi ne dispose pas d'argent pour attirer des partisans, Mirabeau a répondu :

« La guerre civile se fait toujours sans argent et d'ailleurs dans les circonstances présentes, elle ne serait pas de longue durée. Tous les Français veulent des places et de l'argent ; on leur ferait des promesses et vous verriez bientôt le parti du roi prédominant partout. »

Louis se lève, marche lourdement.

Même lors des chevauchées matinales, et même quand il traque un cerf, il reste préoccupé.

Il se persuade chaque jour davantage que loin de s'apaiser, la révolution s'approfondit, que les jours les plus sombres sont à venir.

Et que la haine se répand partout, comme une peste sociale qui n'épargne personne. Les royalistes haïssent les Jacobins.

« Le Jacobin participe de la nature du tigre et de l'ours blanc, écrit le journaliste Suleau. Il a l'air taciturne, l'encolure hideuse, le poil ras ; féroce et carnassier, il égorge pour le plaisir d'égorger, aime passionnément la chair humaine et vit dans un état de guerre perpétuelle avec tout ce qui n'est pas de son espèce à l'exception des démocrates... »

Suleau cite les noms de Robespierre, Danton, Brissot, Marat, Laclos.

Camille Desmoulins et Fabre d'Églantine seraient moins « carnassiers », plus démocrates...

Quant aux « patriotes » après avoir fait voter les décrets sur la Constitution civile du clergé, exigé le serment des prêtres, la fermeture des couvents, ils ridiculisent et pourchassent les « calotins ».

Les dames de la Halle fouettent les religieuses qui s'obstinent à rester fidèles à leurs vœux.

On les voit, dénudées, représentées sur une gravure portant pour légende : « D'après un relevé exact il s'est trouvé 621 fesses de fouettées, total 310 culs et demi attendu que la trésorière des Miramines n'avait qu'une seule fesse... »

Et les révolutionnaires suspendent des verges à la porte d'une église située sur les quais, entre la rue du Bac et la rue des Saints-Pères, où des « prêtres réfractaires » refusant le serment ont obtenu l'autorisation de célébrer la messe : « Avis aux dévotes aristocrates, médecine purgative distribuée gratis le dimanche 17 avril », préviennent-ils. Et la police ne peut les empêcher de fouetter quelques femmes.

Au Palais-Royal, on brûle l'effigie du pape Pie VI qui a condamné la Déclaration des droits de l'homme et du citoyen, et, surtout, la Constitution civile du clergé.

Nombre de prêtres qui avaient prêté serment – les prêtres jureurs – se rétractent, deviennent eux aussi réfractaires. Et la « guerre » entre les deux Églises, la haine entre les croyants qui suivent l'une ou l'autre, devient un des ressorts majeurs des affrontements entre citoyens. Louis le pressent d'abord puis le constate.

Et il est déchiré, comme fidèle catholique, d'avoir accepté de sanctionner les décrets sur le serment des prêtres.

« J'aimerais mieux être roi de Metz que de demeurer roi de France dans une position pareille, dit-il, mais cela finira bientôt. »

Car il semble à Louis que ni lui ni le royaume ne pourront supporter longtemps ce désordre, ces violences, cette remise en question de tout ce qui a été bâti au cours des siècles, et même de l'Église de Dieu.

Et ce n'est plus seulement les privilèges que l'on conteste, mais les propriétés.

« Je n'aime pas les rois mais j'aime encore moins les riches », écrit un certain Sylvain Maréchal, auteur d'un livre intitulé *L'Homme sans Dieu*.

« Vous décrétez l'abolition de la noblesse, continue-t-il, mais vous conservez l'état respectif des pauvres et des riches, des maîtres et des valets ; vous défendez aux premiers les armoiries, vous déchargez les seconds de leurs livrées mais ces distinctions ne sont que des simulacres, vous ne touchez point aux réalités… »

C'est aussi ce que disent Marat et Robespierre.

Et celui-ci est de plus en plus écouté au club des Jacobins.

Un jeune homme de vingt-cinq ans, Saint-Just, lui écrit de Picardie :

« Vous qui soutenez la patrie chancelante contre le torrent du despotisme et de l'intrigue, vous que je ne connais que, comme Dieu, par des merveilles… Vous êtes un grand homme. Vous n'êtes point seulement le député d'une province, vous êtes celui de l'Humanité et de la République. »

Louis est atteint au plus profond de ses convictions par ce qu'il est contraint d'accepter.

Il s'interroge encore. Sur quelles forces peut-il compter ?

On intrigue autour de lui, il le sait.

Le duc Philippe d'Orléans, un temps exilé à Londres, vient de rentrer à Paris, dans quel but, sinon de se présenter comme un successeur possible des Bourbons ?

Les frères de Louis, les comtes d'Artois et de Provence, ont chacun leurs visées.

La Fayette, malgré ses déclarations, ne peut être un allié sûr.

L'armée est déchirée par la rébellion des soldats contre leurs officiers aristocrates.

La garde nationale est « patriote », et hésite à rétablir l'ordre parce qu'elle est ouverte aux idées des émeutiers.

À Nancy, même les mercenaires suisses, du régiment de Châteauvieux, se sont dressés contre leurs chefs.

Et c'est le marquis de Bouillé – un cousin de La Fayette – qui est venu depuis Metz, à la fin août 1790, rétablir l'ordre. La reconquête de Nancy contre les Suisses, soutenus par les gardes nationaux et les Jacobins, a fait près de quatre cents morts.

Bouillé a châtié durement : quarante et un condamnés aux galères, trente-trois exécutions capitales, pendus ou roués.

L'Assemblée d'abord le félicite. La Fayette fait voter un décret contre toute insubordination des soldats, et interdit les clubs dans les régiments. Mais sous la pression des « enragés du Palais-Royal », des journaux, du peuple des tribunes de l'Assemblée, ces mesures sont annulées ou jamais appliquées.

Faudrait-il quitter le royaume ? Et le reconquérir ?

Louis ne peut même plus se tourner vers Mirabeau, mort le 2 avril 1791, et que trois cent mille Parisiens accompagnent à l'église Sainte-Geneviève, devenue Panthéon, et où l'on se propose de déposer les cendres de Voltaire.

Ce Voltaire qui voulait « écraser l'infâme » et auquel Louis n'a jamais accordé une audience.

Et maintenant, Louis sanctionne les décrets que condamne le pape et qui réalisent le souhait de Voltaire !

Louis ne peut plus accepter cette abdication de soi.

Fuir alors comme le souhaite Marie-Antoinette, que Louis se reproche de mettre en danger, ainsi que leurs enfants.

Mais quitter les Tuileries, où la famille royale s'est réinstallée, ne sera pas aisé.

Louis a la certitude que Marat et quelques autres ont percé à jour ses intentions.

Ainsi, Marat appelle le peuple à la vigilance :

« Citoyens, armez-vous de haches et de piques ; grande illumination pendant trois jours, forte garde autour du château des Tuileries et dans les écuries. Arrêtez toutes les voitures qui voudraient sortir de Paris. Visitez les vêtements de tous les officiers supérieurs de l'armée parisienne, de tous les hommes qui ont l'air étranger, de tous les soldats... et si vous y trouvez la cocarde blanche, poignardez-les à l'instant. »

Louis sent que la tension, en ces premiers mois de 1791, est à nouveau extrême, comme à la veille du 14 juillet et des 5 et 6 octobre 1789.

Mais désormais, on parle de tuer les membres de la famille royale. Il comprend, il approuve que ses tantes, Mesdames Adélaïde et Victoire, filles de Louis XV, aient décidé d'émigrer.

On leur a délivré régulièrement des passeports, mais la garde nationale les arrête à Saulieu, puis à Arnay.

Le peuple s'est rassemblé autour de leur voiture, et ce n'est que sur l'intervention du président des Jacobins de Dijon qu'elles sont autorisées à poursuivre leur voyage.

Mais la nouvelle, connue à Paris, déclenche une émeute.

La foule veut démolir le donjon de Vincennes, qu'on dit destiné à être utilisé comme une nouvelle Bastille. La Fayette disperse les émeutiers, puis, aux Tuileries, il fait arrêter des nobles qui se sont rassemblés, portant poignards et épées pour défendre le roi.

La garde nationale désarme ces « chevaliers du poignard », soupçonnés de vouloir favoriser l'évasion du roi.

« Il fallait voir tous ces messieurs, raconte un témoin, sortir des appartements royaux entre une haie de gardes nationaux, soldés et volontaires, qui les conspuaient, moquaient, battaient, souffletaient au cul et au visage avec de grands éclats de rire et sans qu'un seul d'entre eux n'ose rétorquer ou répondre... »

Louis est humilié une nouvelle fois.

Il n'a pu défendre l'honneur de ceux qui étaient prêts à mourir pour lui.

Il est hanté par cette dernière phrase prononcée par Mirabeau, et recueillie par l'évêque Talleyrand qui le veillait :

« J'emporte avec moi les derniers lambeaux de la monarchie. »

Louis ne veut pas être le fossoyeur de sa dynastie. Il est au bout du chemin. Il a choisi.

Il écrit au marquis de Bouillé, le félicite d'avoir rétabli l'ordre à Nancy, après cette « fête de la Fédération qui a empoisonné les troupes ».

« Soignez votre popularité, lui mande Louis, elle peut m'être bien utile et au royaume. Je la regarde comme l'ancre de salut et que ce sera elle qui pourra servir un jour à rétablir l'ordre. »

Il fait parvenir au roi d'Espagne une lettre dans laquelle il déclare qu'il ne reconnaît pas la Constitution civile du clergé, qu'il a pourtant sanctionnée. Mais, dit-il, il est le fils fidèle de l'Église et du souverain pontife.

Il adresse les mêmes missives à Catherine II, à l'empereur et au roi de Suède.

Et Marie-Antoinette lui transmet la réponse de l'impératrice de Russie :

« Les rois doivent suivre leur marche sans s'inquiéter des cris des peuples, comme la lune suit son cours sans être arrêtée par les aboiements des chiens. »

Mais le peuple de France, Louis ne l'ignore pas, sait faire entendre ses cris !

Henri IV, et même Louis XIV, ont dû l'écouter.

La Bastille a été détruite par ce peuple. L'Assemblée nationale a, le 21 septembre 1790, décrété que le drapeau tricolore serait partout substitué au drapeau blanc.

Des clubs se sont créés, Jacobins, Cordeliers, Cercle social.

À l'Assemblée, lors de la discussion sur les droits des princes allemands en Alsace, le député Merlin de Douai a déclaré :

« Aujourd'hui les rois sont reconnus pour n'être que les délégués des nations... Qu'importent au peuple d'Alsace et au peuple français les conventions qui dans les temps du despotisme ont eu pour objet d'unir le premier et le second ? Le peuple alsacien s'est uni au peuple français parce qu'il l'a voulu... »

Et par la voix du député de la Corse, Saliceti, les Corses ont choisi dès le 30 novembre 1789 de faire partie de la France. Et les habitants du Comtat Venaissin, les Avignonnais, sujets du pape, ont formulé le même vœu.

En même temps, l'Assemblée a dans un décret affirmé « que la nation française renonce à entreprendre aucune guerre dans la vue de faire des conquêtes et déclare qu'elle n'emploiera jamais ses forces contre la liberté d'aucun peuple ».

Mais que devient le pouvoir sacré du souverain, si le roi n'est que le « délégué » de la nation ?

Que devient la responsabilité que Dieu lui a confiée, et que le sacre a manifestée ?

Et où est ma liberté ? s'interroge Louis.

Et que devient ma foi ?

Le 17 avril 1791, jour des Rameaux, Louis décide d'assister dans sa chapelle à la messe dite par un prêtre réfractaire. Et aussitôt un garde national en avertit le club des Cordeliers qui s'indigne, « dénonce aux représentants de la nation le premier fonctionnaire public, le premier sujet de la loi, comme réfractaire aux lois constitutionnelles qu'il a juré de maintenir et comme autorisant à la désobéissance et à la révolte... ».

Le lendemain, 18 avril, Louis décide de se rendre au château de Saint-Cloud.

La foule s'est rassemblée place Louis-XV et jusque sur la route du château.

Quand le roi et la famille royale sortent en carrosse de la cour des Tuileries, on crie, on hurle. Les brides des chevaux sont saisies.

Les gardes nationaux refusent d'obéir à Bailly et à La Fayette qui ordonnent de laisser le passage au roi.

« Nous ne voulons pas qu'il parte ! Nous faisons serment qu'il ne partira pas ! »

On accuse Louis XVI de préparer sa fuite.

Il s'étonne qu'après avoir donné la liberté à la nation, « je ne fusse pas libre moi-même ».

Il reste dans son carrosse plus d'une heure et demie, puis il en descend.

« On ne veut pas que je sorte ? Il n'est donc pas possible que je sorte ? Eh bien je vais rester ! »

Le lendemain, il se rend à l'Assemblée protester contre ce coup de force.

Il prête serment de nouveau à la Constitution dont, dit-il, « la Constitution civile du clergé fait partie ».

Il charge les ambassadeurs de déclarer aux souverains auprès desquels ils représentent le roi qu'il est libre…

Mais Louis envoie secrètement des lettres qui confirment son opposition à ces textes et la contrainte qu'il subit.

Mensonge ?

Louis doit aux siens, à sa fonction, à son royaume, cette duplicité.

C'est son droit de souverain d'agir selon ce que lui dictent ses principes.

Mais il est désormais résolu à quitter cette prison des Tuileries. Il reçoit le fils du marquis de Bouillé. Et Fersen prépare, en relation avec le marquis, les conditions de la fuite en direction de Montmédy.

Louis s'inquiète des propos de Marat qui dénonce un « prince hypocrite révolté contre la nation… Vous seriez, Parisiens, vous seriez les bourreaux de trois millions de vos frères si vous aviez la folie de lui permettre de s'éloigner de vos murs… »

Mais les jeux sont faits.

Le 18 juin 1791, Louis XVI dénonce à Bailly les « malveillants » qui répandent le bruit de son enlèvement.

Le 19 juin, Marie-Antoinette fait parvenir un courrier à Mercy-Argenteau, le gouverneur autrichien à Bruxelles :

« Tout est décidé, nous partons lundi 20 à minuit. Rien ne peut plus déranger ce plan. Nous exposerions tous ceux qui nous servent dans cette entreprise, mais nous sommes fâchés de ne pas avoir la réponse de l'empereur. »

23.

Il est à peine minuit passé de dix minutes, ce mardi 21 juin 1791, quand Louis, vêtu comme un valet de chambre d'une redingote brune peluchée et portant perruque et chapeau rond galonné, monte dans une « citadine », cette voiture de ville qui attend, rue Saint-Honoré, non loin du château des Tuileries.

Il vient de sortir seul par la grande porte sans que les factionnaires prêtent attention à cette silhouette débonnaire commune de domestique.

L'un des souliers du roi s'est défait et Louis l'a remis sans hâte. Dans la voiture il trouve ses deux enfants, le dauphin Louis, âgé de six ans, et Madame Royale – Marie-Thérèse – qui a treize ans. Ils sont accompagnés de leur gouvernante, Madame de Tourzel.

Il y a aussi la jeune sœur du roi, Madame Élisabeth, d'à peine vingt-sept ans.

Le comte Fersen, qui a préparé la fuite de la famille royale, « jouait parfaitement le rôle de cocher de fiacre, sifflant, causant avec un soi-disant camarade qui se trouvait là par hasard, et prenant du tabac dans sa tabatière ».

Il faut attendre la reine qui, comme Louis, a fait mine de se coucher selon le rituel habituel.

Puis elle a revêtu une robe austère de gouvernante, et elle rejoint la citadine vers minuit trente. Elle a croisé la voiture de La Fayette sans que celui-ci la reconnaisse sous son déguisement.

« Dès que la reine fut montée dans la voiture, raconte Madame de Tourzel, Louis la serre dans ses bras, l'embrassant et répète “que je suis content de vous voir arrivée”. »

La citadine peut alors rouler jusqu'à la barrière Saint-Martin, à l'entrée de la route de Metz, où l'attend une grosse berline vert foncé, aux immenses roues jaunes, aux nombreux coffres et que surveillent trois fidèles gardes du corps.

La famille royale et Madame de Tourzel prennent place à son bord.

La berline a été construite en vue de cette fuite. Elle est confortable, capitonnée de velours blanc, munie de « vases de nécessité » prévus pour les longs voyages.

Fersen va la conduire jusqu'au premier relais à l'orée de la forêt de Bondy. Là, à la demande de Louis, il est entendu qu'il quittera les fugitifs, qui sont déjà en retard d'une heure et demie sur l'horaire établi entre Fersen et le marquis de Bouillé, l'homme qui a maté la révolte de la garnison de Nancy.

La route est longue.

On va se diriger vers Montmirail, Châlons-sur-Marne, Sainte-Menehould, Clermont-en-Argonne, Varennes, un petit village sur la rivière l'Aire.

De là on gagnera Montmédy, but du voyage, non loin de la frontière avec la Belgique, territoire impérial. Et là, attendent dix mille soldats autrichiens qui, si nécessaire, pourront prêter main-forte à Louis XVI. Mais le roi compte que la menace suffira.

D'ailleurs, il disposera des troupes du marquis de Bouillé qui a placé des hussards, des dragons, des cavaliers du Royal-Allemand, en plusieurs points, après Châlons-sur-Marne. Ils sont chargés de protéger la famille royale, et de couper les communications avec Paris.

Les soldats ignorent qu'ils devront escorter le roi et sa famille. On leur a expliqué qu'ils attendent un « trésor » destiné au paiement de la solde des régiments de la frontière.

Le marquis de Bouillé et ses officiers – le comte de Choiseul, le colonel de Damas – ne sont pas sûrs de l'état d'esprit de ces sept cent vingt-trois hommes qui pourraient refuser d'obéir, si la population, les municipalités manifestaient leur opposition au roi.

La seule manière d'éviter cette « fermentation », cette rébellion, c'est de faire vite.

Or, à Montmirail, la berline qui a été rejointe par un cabriolet où ont pris place les deux femmes de chambre de la reine a déjà trois heures de retard sur l'horaire prévu.

Il est onze heures, ce mardi 21 juin.

On sait à Paris, depuis plus de trois heures, que le roi s'est enfui.

C'est à sept heures que Lemoine, le valet de chambre du roi, a constaté que Louis n'était plus dans son lit et que la famille royale avait disparu. Il a donné l'alerte et dès huit heures la nouvelle est connue dans tout Paris.

L'Assemblée se réunit, présidée par Alexandre de Beauharnais.

On découvre une *Déclaration adressée à tous les Français*, que le roi a laissée en évidence dans sa chambre.

Louis s'y plaint de tous les outrages subis. Seule récompense de ses sacrifices : « la destruction de la royauté, tous les pouvoirs méconnus, les propriétés violées, la sûreté des personnes mise partout en danger, une anarchie complète ».

Il dénonce ces « Sociétés des Amis de la Constitution, une immense corporation plus dangereuse qu'aucune de celles qui existaient auparavant... Le roi ne pense pas qu'il soit possible de gouverner un royaume d'une aussi grande étendue et d'une aussi grande importance que la France par les moyens établis par l'Assemblée nationale. »

Et Louis XVI invite les habitants de sa « bonne ville » de Paris, tous les Français, à se méfier des « suggestions et des mensonges de faux amis ; revenez à votre roi, il sera toujours votre père, votre meilleur ami ; quel plaisir n'aura-t-il pas à oublier toutes ses injures personnelles et de se revoir au milieu de vous, lorsqu'une Constitution qu'il aura acceptée librement fera que notre sainte religion sera respectée, que le gouvernement sera établi sur un pied stable… et qu'enfin la liberté sera posée sur des bases fermes et inébranlables ».

« Tout Paris est en l'air. »

On s'indigne. L'Assemblée siège en permanence. Le club des Cordeliers lance une pétition en faveur de la République.

On brise les bustes du roi, on macule son nom, tout ce qui rappelle la royauté.

Louis a donc menti.

On se souvient de ce qu'écrivait Marat, dans *L'Ami du peuple*. On se rappelle qu'un nouveau journal, *Le Père Duchesne*, avait affirmé dès février que « la femme Capet veut se faire enlever avec le gros Louis par La Fayette et les chevaliers du poignard ».

On se scandalise, que ce même La Fayette, suivi par la majorité des députés, évoque « les ennemis du roi enlevant le roi ».

Robespierre s'insurge contre ce conte de l'enlèvement de Louis XVI. Et aux Jacobins, il attaque les députés, les Barnave, les Duport, les La Fayette, les Lameth.

« Ils ont dans vingt décrets appelé la fuite du roi un enlèvement. Voulez-vous d'autres preuves que l'Assemblée nationale trahit les intérêts de la nation ? »

Il rappelle qu'il a fait voter, le 16 mai, une loi selon laquelle aucun des députés de l'Assemblée constituante ne pourra être élu dans la future Assemblée législative.

Il avait voulu ainsi exclure ces députés modérés qui ne sont que « modérément patriotes ».

« Je soulève contre moi tous les amours-propres, dit-il. J'aiguise mille poignards et je me dévoue à toutes les haines. Je sais le sort qu'on me garde… Je recevrai presque comme un bienfait une mort qui m'empêchera d'être témoin des maux que je vois inévitables. »

Les Jacobins se dressent : « Nous mourrons tous avec toi ! », « Nous jurons de vivre libres ou mourir ! » crient-ils.

Mais Barnave intervient, et c'est sa motion qu'on vote :

« Le roi égaré par des suggestions criminelles s'est éloigné de l'Assemblée nationale. »

Cependant dans les rues, aux carrefours, au Palais-Royal, des orateurs clament les propos de Robespierre. Camille Desmoulins les diffuse. Ils enflamment le jeune Saint-Just. Certains veulent que Robespierre soit proclamé « dictateur ».

L'opinion s'embrase.

« On peut se passer de roi », crie-t-on.

Dans les faubourgs, on dit qu'il faut saigner « le gros cochon », « Louis le faux ».

On efface, on arrache les effigies du roi, de la reine, des princes !

On apprend que le comte de Provence, frère du roi, s'est lui aussi enfui, mais que Philippe duc d'Orléans s'est inscrit au club des Jacobins.

On soupçonne des intrigues, des manœuvres, le duc remplaçant le roi, un Orléans un Bourbon.

Mais on n'accorde guère attention à cette hypothèse.

On écoute et amplifie les rumeurs selon lesquelles les armées autrichiennes marcheraient sur Paris.

Puis on se précipite aux Tuileries où tous les appartements sont ouverts. On ne vole rien. Seul un portrait du roi disparaît, et on déchire les exemplaires des journaux royalistes, *Les Actes des apôtres*, *L'Ami du roi*, trouvés sur un guéridon. Et on se retire quand les scellés, à deux heures de l'après-midi ce mardi 21 juin, sont posés.

Après, dans les rues, on passe au noir de fumée les mots « roi » ou « royal ».

« Le soir, note un témoin, dans le jardin des Tuileries et celui du Palais-Royal, on faisait d'un air tranquille et rassuré les motions les plus injurieuses au roi et à la royauté. Imaginez ce que l'on peut dire de plus avilissant vous serez encore au-dessous. »

On entend : « Capet est assez gras pour ce que l'on veut en faire ! »

« On fera des cocardes avec les boyaux de Louis et d'Antoinette et des ceintures avec leurs peaux. On réclame leurs cœurs et leurs foies pour les cuire et les manger. »

Sur une pancarte accrochée aux grilles, on lit : « Il a été perdu un roi et une reine, récompense honnête à qui ne les retrouvera pas. »

« Le roi s'est détrôné », commente un évêque constitutionnel.

Et Gouverneur Morris évoque « la nature basse et cruelle du roi. Il est brutal et hargneux. Il n'est pas étonnant qu'un pareil animal soit détrôné. »

L'Ami du peuple et *Le Père Duchesne* sont impitoyables.

« Voici le moment de faire tomber les têtes des ministres et de leurs subalternes », écrit Marat.

« Bougre de lâche ! Foutu tartufe ! Je savais que tu n'étais qu'une bougre de bête, mais je ne te croyais pas le plus scélérat, le plus abominable des hommes », martèle le Père Duchesne.

Pourtant, l'Assemblée dans sa majorité s'inquiète de cette « nouvelle révolution » qui semble commencer.

Il faut éviter ce saut dans l'inconnu. Maintenir contre l'évidence que le roi a été enlevé, qu'il pourrait être suspendu, mais non détrôné.

La Fayette, qui envoie des courriers dans toutes les directions pour se saisir de la famille royale afin de la ramener à Paris, ne parle dans les ordres qu'il donne que de roi enlevé.

Mais *Le Père Duchesne* écrit :

« Bougre de Capet, tu seras trop heureux si tu ne laisses pas ta tête sur l'échafaud… Ah je me doute bien que tu vas encore faire le bon apôtre et que secondé des jean-foutre du Comité de Constitution, tu vas promettre monts et merveilles. On veut encore te foutre la couronne sur ta tête de cerf, mais non, foutre, ça ne sera pas ! D'un bout à l'autre de la France il n'y a qu'un cri contre toi, contre ta foutue Messaline, contre toute ta bougre de race. Plus de Capet, voilà le cri de tous les citoyens… Nous te foutrons à Charenton et ta garce à l'hôpital. »

Sur la route, la berline a déjà quatre heures de retard à Châlons-sur-Marne.

Les dragons du marquis de Bouillé se sont repliés.

Les paysans armés de piques et de bâtons, la garde nationale avec des fusils, les ont entourés, inquiets de la présence de ces troupes.

À huit heures moins cinq du soir, au relais de Sainte-Menehould le maître de poste Drouet, qui a servi à Versailles dans les dragons, croit reconnaître la reine, qu'il a souvent vue, et le roi, en la personne de ce valet de chambre dont le profil ressemble à celui gravé sur les écus et frappé sur les assignats.

Il observe, il doute, il se tait, laisse la grosse berline et le cabriolet repartir.

Il est huit heures dix, ce mardi 21 juin.

Et tout à coup deux courriers, qui traversent Sainte-Menehould. Ils arrivent de Paris. Ils annoncent la fuite du roi.

Les dragons ne les ont pas arrêtés.

Drouet s'élance avec un autre ancien dragon, Guillaume.

Ils passent à Clermont-sur-Argonne, où les hussards au lieu d'escorter les voitures royales ont crié avec les paysans : « Vive la nation ! », et ont refusé d'exécuter les ordres concernant ces voitures suspectes, cette berline énorme, pleine comme un œuf sans doute d'émigrés.

Les hussards sont désarmés, et Drouet et Guillaume, par des chemins de traverse qui sinuent dans la forêt, gagnent Varennes-en-Argonne, où ils découvrent la berline à l'arrêt dans le haut du village. Ils avertissent le procureur-syndic, l'épicier Sauce, le décident à établir une barricade sur le pont qui enjambe l'Aire. Les voitures arrivent, s'immobilisent.

Le procureur exige que les voyageurs descendent, entrent chez lui. Le tocsin sonne. Les paysans, la garde nationale se rassemblent. Le procureur est allé chercher le juge Destez qui a vécu à Versailles.

Pendant ce temps, Drouet compare le visage du valet de chambre avec le profil royal figurant sur les monnaies.

C'est le roi, dit-il, qui d'autre d'ailleurs aurait eu le pouvoir de rassembler autant de troupes !

« Si vous pensez que c'est votre roi, vous devriez au moins le respecter davantage », s'écrie la reine.

Voici le juge.

Il avance dans la petite pièce envahie par la foule.

Et brusquement, il se jette à genoux : « Ah ! Sire ! » s'exclame-t-il.

Louis hésite, se lève.

« Eh bien oui, je suis votre roi. Voici la reine et la famille royale. »

Il embrasse le procureur-syndic, le juge-syndic puis tous ceux qui l'entourent.

Il est minuit et demi, le mercredi 22 juin.

Lorsque cent cinquante hussards arrivent à Varennes, il est trop tard.

Les paysans occupent la rue. La garde nationale a mis deux canons en batterie. Drouet lance : « Vous n'aurez le roi que mort. »

Les hussards se replient, menacés d'être pris entre deux feux, et les femmes sur l'ordre de Drouet sont remontées dans les maisons et sont prêtes à lapider les soldats.

« Les hussards confèrent ensemble, raconte Drouet, et l'instant d'après viennent se jeter dans les bras de la garde nationale. Leur commandant s'est échappé. »

On crie : « Vive la nation ! »

« Ils eurent bien tort de céder si facilement, conclut Drouet, les canons dont on les menaçait n'étaient pas chargés. »

Mais de tous les villages voisins, des paysans armés de faux, de piques, de fusils et de bâtons arrivent, éclairés par des torches.

Le tocsin de toutes les églises sonne.

Il y aura bientôt dix mille paysans à Varennes.

À cinq heures du matin, ce mercredi 22 juin, les courriers de La Fayette arrivent et présentent au roi le décret ordonnant le retour du roi et de la famille royale à Paris.

« Il n'y a plus de roi de France », dit Louis.

Louis voudrait retarder l'instant du départ. Il espère encore l'arrivée des troupes du marquis de Bouillé, ces trois cents hommes du Royal-Allemand.

Il feint de dormir. On le réveille. Les paysans, les gardes nationaux, les autorités municipales souhaitent qu'on se mette aussitôt en route pour Paris, car ils craignent le massacreur de Nancy, ce marquis de Bouillé.

Mais le pays tout entier est soulevé, et le Royal-Allemand n'interviendra pas. Le marquis de Bouillé, après s'être replié à Montmédy, préfère s'enfuir au Luxembourg.

Le roi et la famille royale n'ont plus qu'à se soumettre, à entendre les cris de la foule venue s'entasser le long de la route qui conduit à Sainte-Menehould, à Châlons-sur-Marne.

Les voitures royales roulent lentement, escortées d'une dizaine de milliers d'hommes à pied et à cheval.

Les injures, les menaces, toute une violence accumulée depuis des siècles, refoulée, explose, éruption vengeresse. Et Louis ne sait que répéter : « Je ne voulais pas sortir du royaume. »

La chaleur de cette journée du mercredi 22 juin 1791 est torride. Un peu avant Châlons, un homme à cheval apparaît, tente de s'approcher de la berline. Vite désarçonné, il est piétiné, poussé dans un fossé.

C'est le comte de Dampierre qui voulait saluer le roi mais que les paysans détestent pour son âpreté dans la perception des droits féodaux.

« Qu'est-ce ? » demande Louis XVI qui a vu le tumulte.

« Ce n'est rien, c'est un homme que l'on tue. »

On arrive à Châlons-sur-Marne à onze heures du soir.

On en repartira le jeudi 23 juin à neuf heures.

Chaleur et outrages.

On crache au visage du roi. On malmène la reine dont la robe est déchirée.

« Allez ma petite belle, on vous en fera voir bien d'autres », lance une femme.

« La reine baisse la tête, presque sur ses genoux. »

Entre Épernay et Dormans, vers sept heures du soir, les trois commissaires que l'Assemblée nationale a désignés pour ramener le Roi rejoignent la berline.

Barnave et Pétion montent avec la famille royale, La Tour Maubourg s'installe dans l'autre voiture, en compagnie du colonel Mathieu Dumas.

La foule accueille les commissaires avec ferveur.

« Je ne puis peindre le respect dont nous fûmes environnés, dit Pétion. Quel ascendant puissant, me disais-je, a cette Assemblée ! »

Barnave s'est installé entre le roi et la reine. Pétion entre Madame de Tourzel et Madame Élisabeth.

Il semble à Pétion que la sœur du roi s'abandonne contre lui.

« Madame Élisabeth serait-elle convenue de sacrifier son honneur pour me faire perdre le mien ? » se demande-t-il tout en observant Barnave qui chuchote avec la reine.

La chaleur est étouffante.

« Le roi n'a pas voulu sortir de France », répète Madame Élisabeth.

« Non, Messieurs, dit le roi en parlant avec volubilité, je ne sortais pas, je l'ai déclaré, cela est vrai. »

On arrive à Meaux le vendredi 24 juin.

On repartira pour Paris vers sept heures du matin, le samedi 25 juin.

Louis feuillette son Journal, relit ce qu'il a écrit, jour après jour, au fil de ces heures qui, et il s'en étonne, ne lui laissent aucun regret pour lui-même.

Il souffre pour la reine et les enfants, pour sa sœur et ses trois gardes du corps, insultés, et pour Madame de Tourzel.

Il songe à cet homme, sans doute un noble fidèle, égorgé dans un fossé.

Il a appris que le comte de Provence a atteint la Belgique sans encombre.

Dieu décide du sort qu'il réserve à chacun.

Louis a noté :

« *Jeudi 21 juin* : départ à minuit de Paris, arrivé et arrêté à Varennes-en-Argonne, à onze heures du soir.

22 : Départ de Varennes à cinq ou six heures du matin, déjeuner à Sainte-Menehould, arrivé à dix heures à Châlons, y souper et coucher à l'ancienne Intendance.

23 : À onze heures et demie on a interrompu la messe pour presser le départ, déjeuner à Châlons, dîner à Épernay, trouvé les commissaires de l'Assemblée auprès du port à Buisson, arrivé à onze heures à Dormans, y souper, dormi trois heures dans un fauteuil.

24 : Départ de Dormans, à sept heures et demie, dîner à la Ferté-sous-Jouarre, arrivé à onze heures, à Meaux, souper et coucher à l'Évêché.

Samedi 25 : Départ de Meaux à six heures et demie... »

Il ajoutera à cette journée du samedi 25 juin : « ... arrivé à Paris sans s'arrêter. »

Il ne dit rien de la foule immense dans la chaleur, des cris, du tour de Paris par les « nouveaux boulevards », pour éviter les manifestations violentes.

Puis les Champs-Élysées, la place Louis-XV.

La garde nationale forme la haie, crosse en l'air. Et la foule crie, quand la reine descend de voiture dans la cour des Tuileries : « À bas l'Autrichienne. »

On se précipite pour tenter de s'emparer des trois gardes du corps habillés en courriers. Les commissaires les arrachent à ces « tigres » – comme les nomme Barnave – qui déjà, dans la forêt de Bondy, puis à Pantin, ont voulu prendre la berline d'assaut. Les femmes étaient les plus haineuses, « tigresses », qui menaçaient de dépecer la reine, de l'écarteler.

On a crié : « La bougresse, la putain, elle a beau nous montrer son enfant, on sait bien qu'il n'est pas de lui. »

C'est la garde nationale qui les a repoussées, et le fait encore devant les Tuileries. Mais les soldats n'appliquent pas l'ordre qui a été donné par l'Assemblée :

« Quiconque applaudira le roi sera bâtonné, quiconque l'insultera sera pendu. »

Mais le roi reste le roi : il n'a été que *suspendu*.

Dans les appartements royaux, les valets en livrée s'affairent autour de Louis, font sa toilette.

« En voyant le roi, écrit Pétion, en le contemplant, jamais on n'aurait pu deviner tout ce qui venait de se passer ; il était tout aussi flegme, tout aussi tranquille que si rien n'eût été. Il se mit sur-le-champ en représentation. »

À La Fayette qui vient prendre ses ordres, Louis répond en riant : « Il me semble que je suis plus à vos ordres que vous n'êtes aux miens. »

Et Louis note le lendemain dans son Journal :

« *Dimanche 26* : Rien du tout, la messe dans la galerie. Conférence des commissaires de l'Assemblée. »

Ce matin-là, la reine ayant ôté son bonnet de nuit devant sa femme de chambre, celle-ci constata que les cheveux de Marie-Antoinette étaient devenus tout blancs « comme ceux d'une femme de soixante-dix ans ».

Dans son Journal, le surlendemain, Louis XVI écrit :

« *28* : J'ai pris du petit-lait. »

24.

En ces derniers jours du mois de juin 1791, Paris est écrasé par une chaleur lourde et orageuse.

Et Louis souffre d'être prisonnier dans les appartements des Tuileries, de ne pouvoir se promener dans les jardins, sur les terrasses, ni naturellement chevaucher et chasser dans les forêts.

Les gardes nationaux, soldés ou volontaires, ont dressé des tentes sur les pelouses. Des sentinelles patrouillent sans relâche. Les portes des chambres – y compris celle de la reine – doivent rester ouvertes, afin que les gardes puissent à tout instant s'assurer de la présence des souverains.

Louis a joué un tour à ces patriotes. Il s'est caché derrière une tapisserie, laissant l'inquiétude gagner ses gardiens, qui ont appelé en renfort deux sapeurs et douze grenadiers, afin qu'ils brisent les portes dont ils ne possèdent pas la clé.

— Eh bien me voilà, a lancé le roi, en soulevant le coin de la tapisserie.

Il lui plaît de constater le malaise de ces « patriotes » venus l'interroger, qu'ils soient gardes nationaux, commissaires de l'Assemblée ou même qu'il s'agisse du général La Fayette.

La Fayette et les commissaires, qui reflètent l'opinion de la majorité de l'Assemblée, n'utilisent jamais le mot de *fuite* mais parlent soit d'*enlèvement*, soit de *voyage*.

S'ils font mention de la *Déclaration adressée aux Français* qu'il avait laissée dans la chambre avant de quitter les Tuileries, c'est pour dire qu'il s'agit d'un brouillon sans valeur, qu'aucun ministre n'a signé, et qui n'engage pas le souverain.

Ils répètent que le roi est inviolable, qu'on ne peut donc le juger, et qu'il ne restera suspendu que jusqu'au moment où il aura de nouveau prêté serment à la Constitution.

Louis, peu à peu, se rassure.

Il mesure combien cette majorité de députés est inquiète à l'idée que le peuple, et les membres du club des Cordeliers – Danton, Desmoulins –, et la partie des Jacobins qui suit Robespierre pourraient imposer la République, ou une régence de Philippe d'Orléans.

Le duc s'est choisi le nom de Philippe Égalité. Il fait mine d'avoir renoncé à toute ambition personnelle, mais ses partisans – l'écrivain Choderlos de Laclos, Danton – continuent de mener campagne pour la déchéance du roi, qui permettrait de faire de Philippe d'Orléans le successeur, le régent ou le lieutenant général du royaume.

Sinon, un César imposerait sa dictature. Ce pourrait être La Fayette, ou bien un marquis de Bouillé, qui, depuis le Luxembourg, a écrit à l'Assemblée pour menacer Paris d'une destruction « pierre après pierre », si le roi ou les membres de la famille royale étaient maltraités. Et le marquis de Bouillé a assuré qu'il était responsable de l'enlèvement du roi.

Louis s'étonne de voir la majorité de l'Assemblée accepter cette thèse et, peu à peu, il se persuade que la situation peut encore se retourner.

Il doit être patient, faire croire à ces députés qui ne veulent pas l'accabler, qui l'écoutent avec déférence, qu'il est prêt à accepter la Constitution.

« J'ai bien reconnu dans ce voyage, dit-il à La Fayette, que je m'étais trompé et que l'attachement à la révolution est l'opinion générale. »

Il encourage Marie-Antoinette à écouter Barnave, qui tout au long du trajet de retour s'est montré soucieux de protéger la reine.

Cet homme, séduit, aspire à conseiller Marie-Antoinette, à prendre la place de feu Mirabeau.

Pourquoi pas ?

Barnave a déclaré à l'Assemblée :

« Tout le monde doit sentir que l'intérêt commun est que la révolution s'arrête. Ceux qui ont perdu doivent savoir qu'il est impossible de la faire rétrograder ; qu'il ne s'agit plus que de la fixer… »

Il faut conforter Barnave. Il est avec Duport, Lameth, La Fayette et même Sieyès, de ceux qui s'opposent aux « patriotes exaltés », à ces « tigres ».

Et Louis, chaque jour depuis son retour aux Tuileries, entend ces « bêtes fauves » hurler des injures.

Ils sont derrière les grilles. Ils se rassemblent place Louis-XV. Les gardes nationaux ne peuvent, ou ne veulent pas, les repousser, les disperser, les faire taire.

Et lorsque, à la fin de la journée, Louis s'approche d'une fenêtre, pour profiter de la fraîcheur de la brise, les insultes fusent, hurlées.

« Imbécile », « Cochon », « Perfide », « Lâche ».

On menace de le saigner, de le dépecer, de lui dévorer le cœur.

Et lorsque la reine s'approche, les hurlements redoublent contre « la putain Toinon, l'Autrichienne, qu'il faudra fouetter, écorcher ».

On veut les juger. On crie que la nation n'a pas besoin d'un roi. Et parfois jaillit le mot de *république*.

« Le peuple est furieux, note un témoin, depuis l'Assemblée nationale même, jusque dans les derniers cafés : cela ressemble à ces vents qui frisent la terre, une heure avant l'ouragan dévastateur. »

Qui le déchaînera ? Louis lit avec attention les propos de ce Jacobin, Maximilien Robespierre, qui dès le dimanche 26 juin a réclamé qu'un tribunal soit chargé d'entendre les deux souverains :

« La reine n'est qu'une citoyenne, a-t-il dit, et le roi en qualité de premier fonctionnaire du royaume est soumis aux lois. »

Habile et prudent, ce Robespierre !

Il laisse Danton, Laclos, Camille Desmoulins évoquer la République, ou bien un « moyen constitutionnel » permettant de remplacer Louis XVI – et chacun comprend qu'ils pensent à un régent, qui serait Philippe d'Orléans –, mais Robespierre ne se prononce pas. Il dit seulement que si le roi est inviolable, le peuple l'est aussi. Qu'on doit donc interroger le roi, et la citoyenne Marie-Antoinette.

Louis n'a jamais relevé une injure dans la bouche de Robespierre. C'est Pétion qui dit que le roi est un « monstre » et un autre député, Vadier, qui lance un « brigand couronné ».

Robespierre ne signe pas la pétition des cordeliers qui réclament la « déchéance du Roi ».

Il ne participe ni à la manifestation de trente mille ouvriers qui se réunissent place Vendôme, le 24 juin, ni à ce grand rassemblement devant l'Assemblée, rue Saint-Honoré, en faveur de la déchéance du roi, mais aussi contre toute idée de remplacement du Bourbon par un Orléans, et contre l'institution d'une régence.

« Plus de monarchie », « plus de tyran », crie-t-on.

Et Robespierre ne suit pas Condorcet ou l'écrivain américain Thomas Paine qui s'affirment républicains.

Louis observe. Il médite les propos de Barnave, qui conseille la reine, répète qu'une majorité de députés va se prononcer contre la déchéance, que l'Assemblée est prête à mettre fin à la suspension du roi dès lors qu'il approuverait la Constitution.

Et cependant, Louis est inquiet. L'Assemblée décide de recruter mille volontaires nationaux, qui formeront une armée fidèle à la Constitution. Et les soldats éliront leurs sous-officiers et leurs officiers.

Il faut aussi assister à ce défilé d'un cortège qui accompagne les cendres de Voltaire qu'on transfère au Panthéon.

Et Louis est assis, jambes croisées devant sa fenêtre, pour le regarder passer sur le Pont-Royal. Puis le cortège s'immobilise devant le pavillon de Flore plus de trois quarts d'heure. Marie-Antoinette entre dans la chambre et fait fermer les stores !

Mais on entend chanter :

Peuple réveille-toi, romps les fers
Remonte à ta grandeur première
...
La Liberté t'appelle
Tu naquis pour elle
...
L'affreux esclavage
Flétrit le courage
Mais la liberté
Relève sa grandeur et nourrit sa fierté
Liberté, liberté !

Louis s'efforce d'accepter tout cela placidement.

Il faut laisser la révolution s'étendre comme un fleuve en crue, qu'il ne sert à rien de vouloir endiguer, mais qui un jour s'asséchera, rentrera dans son lit.

Et c'est la tentative de fuite, la nuit passée à Varennes-en-Argonne, qui lui donnent cette sagesse.

C'est le mouvement du fleuve lui-même qui rendra toute sa place à la monarchie. Alors, peu importe que l'Assemblée prenne des mesures contre les émigrés, triplant l'imposition sur leurs biens s'ils ne rentrent pas dans les deux mois, ou bien qu'on célèbre, au Champ-de-Mars, le deuxième anniversaire de la prise de la Bastille, en grande pompe, et par grand soleil. Et l'évêque de Paris dit la messe sur l'autel de la Patrie, et entonne un *Te Deum*.

Et c'est sur cet autel que les Cordeliers veulent déposer une pétition, pour la déchéance, le 17 juillet. Ils ont déjà recueilli six mille signatures.

Mais ils sont dans l'illégalité, puisque l'Assemblée souveraine a refusé de voter la déchéance du roi, et au contraire l'a innocenté.

C'est Barnave qui, le 15 juillet, a emporté la décision, dans un grand discours où l'homme qui a ouvert à Grenoble et à Vizille, en 1788, la période révolutionnaire souligne les dangers de continuer la révolution.

« Ce que je crains, dit Barnave, c'est notre force, nos agitations, c'est le prolongement indéfini de notre fièvre révolutionnaire. Allons-nous terminer la révolution ? Allons-nous la recommencer ? Si la révolution fait un pas de plus elle ne peut le faire sans danger ; c'est que dans la ligne de la liberté, le premier acte qui pourrait suivre serait l'anéantissement de la royauté ; c'est que dans la ligne de l'égalité, le premier acte qui pourrait suivre serait l'attentat à la propriété… Pour ceux qui voudraient aller plus loin, quelle nuit du 4 août reste-t-il à faire, si ce n'est des lois contre les propriétés ? »

C'est comme si le fleuve de la Révolution se divisait en deux courants.

L'un veut fixer la Révolution.

L'autre veut se laisser porter par le fleuve, et au bout il y a, en effet, les « partageux », qui veulent – et leurs voix se sont déjà fait entendre –, au-delà du roi, s'en prendre aux riches, aux propriétés.

Et Louis mesure qu'il est aux yeux d'un Barnave, d'un La Fayette, d'un Duport et d'un Sieyès, un rempart.

Et un obstacle pour les autres, Marat, Maréchal, Hanriot, et ce Gracchus Babeuf, un Picard qui rêve au partage des terres, comme ce jeune Saint-Just.

Et les Cordeliers, avec l'imprimeur Momoro, le poète Fabre d'Églantine, maintiennent, en dépit des décisions de l'Assemblée, leur décision de déposer leur pétition sur l'autel de la Patrie, au Champ-de-Mars, le 17 juillet.

Tension au club des Jacobins.

Maximilien Robespierre, prudemment, se tait.

Il craint l'« illégalité », les mesures de force que l'Assemblée peut décider.

Il met en garde contre les dangers d'une pétition, mais il dit aussi :

« Le moment du danger n'est pas celui de la pusillanimité… Je suis prêt à mourir pour le salut du peuple sensible et généreux. »

Et une partie des Jacobins se rallie à la pétition.

C'en est trop pour Barnave, La Fayette, Duport, Lameth.

Ils quittent la séance, le club des Jacobins. Ils décident de créer non loin de là, dans le couvent des Feuillants, toujours rue Saint-Honoré, un autre club, « modéré », celui des Feuillants.

Le parti des patriotes s'est bien déchiré.

Le 16 juillet, les Cordeliers, les Jacobins, s'en vont déposer une pétition sur l'autel de la Patrie.

Elle déclare le décret de l'Assemblée « contraire au vœu du peuple souverain », demande le « jugement d'un roi coupable » et le « remplacement et l'organisation d'un nouveau pouvoir exécutif ». Et ils appellent le peuple à venir signer la pétition, demain 17 juillet, un dimanche.

On devait se réunir place de la Bastille et se rendre en cortège au Champ-de-Mars.

Mais les gardes nationaux sont là, qui empêchent le rassemblement. On dit que Bailly et la municipalité ont décidé d'empêcher tout rassemblement et de faire appliquer la loi martiale.

Les bataillons de la garde nationale, soldés et volontaires bourgeois, sont sous les armes, avec leurs drapeaux rouges, qu'on arbore aussi aux fenêtres de l'Hôtel de Ville.

Mais les dix mille pétitionnaires, parmi lesquels de nombreuses femmes avec enfants, qui se retrouvent au Champ-de-Mars où ils se sont rendus par petits groupes ne peuvent imaginer que la garde nationale tirera sur eux, même quand ils la voient arriver, avec ses fusils, ses baïonnettes et des canons.

La tension monte cependant.

On découvre, sous l'estrade de l'autel de la Patrie, deux hommes qui assurent qu'ils voulaient percer des trous dans les planches pour voir les jambes et les culs des femmes.

On ne les écoute pas. Ils sont à la solde des aristocrates, assure-t-on. Ils veulent placer une machine infernale. On les frappe. On les pend. On tranche leurs cous. On plante leurs têtes au bout des piques. Maillard, le commandant des « vainqueurs de la Bastille », et le peintre David sont là, parmi la foule qui peu à peu se réduit à quelque quatre ou cinq mille personnes.

Elles narguent les bataillons de La Fayette qui avancent, malgré une grêle de cailloux lancés par la foule qui crie : « À bas le drapeau rouge ! », « À bas les baïonnettes ! ».

Les drapeaux rouges sont déployés.

Les soldats tirent une première salve en l'air, puis font feu sur la foule que chargent les cavaliers.

La fusillade continue de crépiter.

Les gardes nationaux poursuivent les fuyards, hors du Champ-de-Mars, « dans les jardins, les gazons, les prairies alentour, la baïonnette dans les reins, et tuent bon nombre de femmes, d'enfants, de vieillards ».

« On compte douze à quinze cents morts par la balle et la baïonnette », dit la rumeur.

Ils ne seront pas cent.

Mais la Seine coule comme un flot de sang.

Elle sépare modérés et républicains.

La Fayette et Bailly ne sont plus pour le peuple que des « massacreurs ».

Et les gardes nationaux qui ont tué ont exprimé leur volonté d'en finir avec les désordres, les émeutes, les pillages, les assassinats, les têtes au bout des piques.

Chez les « patriotes », on craint la répression. Danton se réfugie chez sa mère à Arcis-sur-Aube puis passe en Angleterre, Desmoulins et Marat se cachent. On brise les presses de *L'Ami du peuple. Les Révolutions de France et de Brabant* cessent de paraître.

Robespierre ne rentre pas chez lui rue de Saintonge, mais couche plusieurs nuits chez son ami le menuisier Duplay qui possède une maison rue Saint-Honoré.

Il craint une « Saint-Barthélemy des patriotes ».

Car le drapeau rouge de la loi martiale restera suspendu sur la façade de l'Hôtel de Ville jusqu'au 25 juillet.

« J'ai le cœur navré de chagrin de voir les choses tournées ainsi, écrit le 26 juillet le libraire Ruault… Ainsi nous allons voir, et nous avons déjà, deux opinions politiques entre lesquelles les Français vont se partager… Je perçois le malheur sans fin si la division commencée la semaine dernière continue plus longtemps… »

25.

Qui l'emportera de ces « deux opinions politiques entre lesquelles les Français se partagent », en cet été brûlant de 1791 ?

Louis, qui supporte de plus en plus mal son enfermement – son « emprisonnement », disent les royalistes – dans les appartements royaux des Tuileries, observe, écoute, lit.

Il est prudent, incertain.

Il n'ose croire que le silence auquel sont contraints les « patriotes exaltés », Marat, Hébert, Desmoulins, Danton, dont les journaux ne paraissent plus, puisse durer et que l'Assemblée nationale persiste, aggrave les mesures, les décrets qu'elle a pris.

Au lendemain de la fusillade du Champ-de-Mars, elle a décidé que tous ceux qui tenteraient de renouveler un pareil rassemblement et de faire de nouvelles pétitions contre le roi seraient condamnés aux fers !

Elle a fait placarder dans les rues et aux carrefours le texte du discours de Charles Lameth, président de l'Assemblée, qui annonçait que tous ceux qui critiqueraient La Fayette, parce qu'il avait appliqué la loi martiale, seraient poursuivis.

Louis s'étonne de la rapidité avec laquelle la majorité du parti patriote a changé d'attitude.

Qui aurait pu croire, le mois dernier, que Lameth, Duport, Barnave, tous ces fauteurs de révolution, en soient à se rapprocher de Malouet, des royalistes, et même de l'abbé Maury ou de l'abbé Royou et de son *Ami du roi* ?

Il sait que Marie-Antoinette écrit à Lameth et à Barnave, qu'ils lui conseillent d'approuver la Constitution, telle que l'Assemblée va la réviser.

Le texte confiera au roi des pouvoirs importants. Il marquera que la révolution est achevée. La France reste un royaume, changé de fond en comble, certes, et c'est l'œuvre gigantesque accomplie en deux ans par l'Assemblée nationale « constituante », mais la nation va retrouver l'ordre, la paix, la sûreté des personnes et des propriétés.

Les électeurs et les élus devront être des citoyens actifs, et les élus seront choisis parmi les plus riches d'entre eux, parce qu'on est d'autant plus soucieux de la chose publique, que les intérêts personnels, particuliers, vous lient à elle.

Et cependant, Louis hésite à approuver cette Constitution dont il sait bien qu'elle tourne le dos aux lois fondamentales et sacrées du royaume.

Le roi n'est plus de droit divin. Il est le *roi des Français*. Et Louis partage les sentiments de Marie-Antoinette qui déteste cette Constitution dont elle dit qu'elle n'est qu'un « tissu d'absurdités impraticables ».

Mais Louis veut agir avec prudence.

Il s'inquiète de la correspondance secrète que la reine entretient avec son frère, l'empereur Léopold II, et dont il connaît la teneur.

Marie-Antoinette est au diapason des émigrés, les deux frères de Louis, le comte d'Artois et le comte de Provence, ou le baron de Breteuil, qui tous invitent les souverains à se soucier de cet « esprit d'insubordination et de révolte » qui à partir de la France peut gagner toute l'Europe.

Et Louis a reçu une lettre d'Edmund Burke qui l'invite à ne pas reconnaître cette Constitution, à ne pas suivre les conseils de Barnave et de Lameth, de ces gens qui, comme dit Rivarol, « après avoir été incendiaires viennent s'offrir pour être pompiers ».

« Votre situation intéresse le genre humain, écrit Burke. Votre salut consiste dans le silence, la patience, le refus. »

Mais Marie-Antoinette s'impatiente, anxieuse, humiliée.

Louis sait qu'elle juge sévèrement ses hésitations.

Elle a écrit à Mercy-Argenteau, le 29 juillet :

« Vous connaissez la personne à laquelle j'ai affaire. Au moment où on la croit persuadée, un mot, un raisonnement la fait changer sans qu'elle s'en doute, c'est aussi pour cela que mille choses ne sont point à entreprendre. »

Louis tente de se justifier auprès de la reine.

Elle est imprudente. Les émigrés, en appelant les souverains étrangers à intervenir, mettent en danger la famille royale.

Marie-Antoinette s'obstine.

« La force armée a tout détruit, il n'y a que la force armée qui puisse tout réparer », a-t-elle écrit à l'empereur Léopold II.

Elle est encore plus précise lorsqu'elle ajoute :

« En tout état de cause, les puissances étrangères peuvent seules nous sauver ; l'armée est perdue, l'argent n'existe plus ; aucun lien, aucun frein ne peut retenir la populace armée de toute part. »

Et Louis dénonce l'inconscience de l'abbé Royou qui, dans *L'Ami du roi*, reprend mot à mot les propos de la reine.

Il ne la cite pas, mais chacun comprend qu'il exprime la pensée de la famille royale.

« Nous n'avons plus de ressources que dans les puissances étrangères, écrit-il. Il faut à tout prix qu'elles viennent à notre secours, mais c'est à l'empereur de se mettre à la tête de tous et à régler tout. »

Comment s'étonner qu'autour des Tuileries, on crie avec une sorte de fureur : « Vive la nation ! », « À bas l'Autrichienne ! ».

Et que l'opinion se persuade, quand, le 27 août 1791 au château de Pillnitz, en Saxe, Léopold II et le roi de Prusse Frédéric-Guillaume II se réunissent et déclarent qu'ils considèrent « la situation du roi de France comme un objet d'intérêt commun », que les armées autrichiennes et prussiennes vont franchir les frontières.

On sait que le marquis de Bouillé a conçu, fort de sa connaissance des forteresses françaises, un plan d'invasion.

La vérité, au contraire, est que l'empereur d'Autriche et le roi de Prusse ont bien pris garde de ne s'engager que s'il y a unanimité de toutes les puissances.

« Alors et dans ce cas »... écrivent-ils, renvoyant à une date indéterminée une invasion... improbable dans ces conditions.

Mais Louis sait que ce jeu est dangereux pour la famille royale. Que les émigrés, les royalistes, en saluant l'empereur et le roi de Prusse comme des sauveurs, excitent la haine des « enragés du Palais-Royal ». Qu'Artois et Provence se conduisent en Caïn.

Et Louis craint cette politique du pire, dont lui, la reine, ses enfants paieraient le prix.

Et elle n'a pour résultat que de renforcer le club des Jacobins, qui même s'ils ont perdu tous les députés ralliés au club des Feuillants, ont gardé la plupart de leurs simples adhérents, et Maximilien Robespierre est l'homme que l'on écoute, que l'on suit.

Robespierre s'est installé chez Maurice Duplay.

Cet entrepreneur de menuiserie vit dans sa maison de la rue Saint-Honoré, entouré de sa femme, de ses trois filles et de son fils.

« Nous aimons Maximilien comme notre frère », dit l'une d'elles, Élisabeth.

En fait, on l'admire, on le vénère. Un député du tiers état, La Révellière-Lépaux, qui lui rend visite, s'étonne.

« Robespierre recevait des hommages, chez les Duplay, tels ceux qu'on rend à une divinité... Lui-même, bien peigné et poudré, vêtu d'une robe de chambre des plus propres s'étalait dans un grand fauteuil devant une table chargée des plus beaux fruits, de beurre frais, de lait pur et de café embaumé. Toute la famille, père, mère et enfants cherchaient à deviner dans ses yeux tous ses désirs pour les prévenir à l'instant. »

Mais Maximilien n'est pas resté caché dans la maison des Duplay.

Alors que Danton, Camille Desmoulins, Marat, bien d'autres ont quitté Paris ou se terrent, Robespierre s'est rendu à l'Assemblée dès le 22 juillet, « le teint pâle, les yeux enfoncés, le regard incertain et farouche ».

Et au début du mois d'août il rédige une *Adresse au Peuple français*.

Dans les jours qui suivent, il bénéficie de la reparution des journaux – comme *Le Patriote français* de Brissot – qui le soutiennent.

Car après la peur et la crainte de voir l'Assemblée poursuivre avec détermination les « républicains », ceux-ci constatent qu'elle hésite.

Elle a besoin, pour obtenir du roi qu'il approuve la Constitution révisée, des « patriotes exaltés » qui menacent le souverain.

Le ciment de l'alliance Barnave - La Fayette - Louis XVI, c'est la crainte de la « populace », des « partageux », des « enragés du Palais-Royal », peu respectueux des lois.

Mais Robespierre est prudent comme un chat, et l'on commence à le comparer à ce félin.

« Nous ne sommes pas des facétieux, dit-il. Si quelqu'un a osé soutenir qu'il m'a entendu conseiller réellement la désobéissance aux lois, même les plus contraires à mes principes, je le déclare le plus impudent et le plus lâche de tous les calomniateurs. »

Mais il est implacable lorsqu'il intervient à la tribune de l'Assemblée pour dénoncer ceux – Duport, Barnave – qui, pour obtenir l'accord du roi, acceptent de réviser la Constitution de manière à satisfaire, en partie, le souverain.

Les mots de Robespierre cinglent ces Feuillants qui, il y a quelques semaines seulement, étaient encore membres des Jacobins.

« Je ne présume pas, commence Maximilien, qu'il existe dans cette Assemblée un homme assez lâche pour transiger avec la Cour, un homme assez perfide, assez ennemi de la patrie, assez imprudent pour oser avouer aux yeux de la nation qu'il n'a cherché dans la révolution qu'un moyen de s'agrandir lui-même. »

Le « peuple » des tribunes l'acclame, bravant les règlements qui, depuis quelques jours, interdisent toute manifestation dans l'enceinte de l'Assemblée.

Et les approbations redoublent quand, pointant son doigt, Robespierre ajoute :

« Si, pour avoir le droit de se faire entendre dans cette Assemblée, il faut attaquer les individus, je déclare, moi, que j'attaque personnellement Monsieur Barnave et Monsieur Lameth. »

Il les accuse de refuser l'abolition de l'esclavage. Alors qu'à Saint-Domingue, les esclaves se révoltent. Ces députés qui ont rédigé, imposé la Déclaration des droits de l'homme et du citoyen, refusent ces mêmes droits à des hommes voués à la servitude.

La parole de Robespierre est de plus en plus entendue. Mais le désir de voir le pays s'apaiser est immense. On rêve d'une entente entre l'ancien et le nouveau régime, entre le roi et les députés. On souhaite que l'ordre se rétablisse. Et les intérêts de la Cour et des modérés sont complémentaires. Le roi accepte donc de prêter serment à la Constitution de 1791.

Le 3 septembre 1791, soixante députés précédés de porteurs de torches sont venus à pied, depuis la salle du Manège, jusqu'au château des Tuileries pour présenter au roi la Constitution révisée. Et dès le lendemain, le roi et la famille royale sont autorisés à sortir de leurs appartements.

Louis et Marie-Antoinette peuvent enfin se rendre à la chapelle du château pour y entendre la messe.

L'émotion étreint Louis qui ne peut retenir ses larmes, cependant que la foule toujours hostile martèle : « Vive la nation ! Vive la Constitution ! »

Louis, qui au fond de lui ne peut admettre ce texte, va l'approuver. Mais est-ce mentir ? Il est le roi. Ses devoirs relèvent d'autres lois que celles des hommes.

Le 13 septembre, il donne son accord, et les députés manifestent leur enthousiasme, décident de mettre en liberté tous ceux qui avaient participé, aidé à sa fuite, à son « enlèvement », le 20 juin.

Louis répond à la députation venue le saluer que sa femme et ses enfants partagent ses sentiments.

Mais le lendemain, à l'Assemblée, il pâlit d'humiliation quand il constate que les députés se sont assis, alors qu'il est debout, et qu'ils sont restés couverts.

« Ces gens-là, murmure la reine, ne veulent pas de souverains.

« Nous succomberons à leur tactique perfide et très bien suivie. Ils démolissent la monarchie pierre par pierre. »

Louis pense à la Bastille dont il ne reste plus rien, qu'un tracé sur le sol.

Le dimanche 18 septembre, à l'Hôtel de Ville, la Constitution est proclamée. Et, « peuple mobile et frivole », Paris danse et chante.

Louis apaisé va des Tuileries à Maillot, et on l'applaudit, on crie « Vive le roi ! ». On reprend en chœur des couplets de *Richard Cœur de Lion*, où l'on a changé le prénom du roi :

Ô Louis, ô mon roi
Tes amis t'environnent
Notre amour t'environne.

La reine elle-même est applaudie.

Mais quand les souverains repartent en carrosse, un homme du peuple bondit, s'accroche à la portière, et tout en gesticulant hurle à ceux qui crient « Vive le roi ! » : « Non, ne les croyez pas ! Vive la nation ! »

Le 30 septembre, c'est la dernière séance de l'Assemblée nationale constituante.

Le roi s'y rend.

Les députés sont découverts et debout puisque le roi a prêté serment, et qu'il est donc roi des Français, monarque constitutionnel.

Ils scandent « Vive le roi ! », « Vive la nation ! ».

Louis répond qu'il a « besoin d'être aimé de ses sujets ».

Il a écrit sur une pancarte placée près de son siège, qui n'est qu'un fauteuil et non un trône :

« Le terme de la révolution est arrivé ; que la nation reprenne son heureux caractère ! »

Lorsque les députés sortent de la salle, une foule de citoyens entoure et acclame Pétion et Maximilien Robespierre.

On dit qu'ils sont les deux « députés-vierges », les « législateurs incorruptibles ».

On les coiffe d'une « couronne de chêne civique ».

On veut dételer leur fiacre et le tirer.

Ils s'y opposent.

« Quand je vois… » commence Robespierre.

Il s'interrompt puis reprend :

« Je ne crois pas que la Révolution soit finie. »

CINQUIÈME PARTIE

1er octobre 1791-10 août 1792
« La Patrie en danger »

« Je leur avais bien dit, foutre, que ça irait.
Quand le faubourg Saint-Antoine, quand les braves sans-culottes,
quand *Le Père Duchesne* veulent quelque chose, y a-t-il
quelque puissance au monde qui puisse l'empêcher ?
Ainsi donc, foutre, Madame Veto a eu beau remuer de cul
et de tête tous les mouchards de Blondinet [La Fayette]
et Blondinet lui-même ont été impuissants. »

HÉBERT, *Le Père Duchesne*, avril 1792

26.

Louis hausse les épaules, puis se voûte et reste ainsi les yeux mi-clos, comme écrasé.

Il avait pensé que, en acceptant la Constitution révisée, il regagnerait l'amour du peuple, et que les députés élus à l'Assemblée nationale législative, dont la première session s'est tenue le samedi 1er octobre 1791, seraient prêts à reconnaître les pouvoirs qui lui étaient concédés.

Ils étaient sept cent quarante-cinq, et seulement cent trente-six inscrits au club des Jacobins, deux cent soixante-quatre adhérents au club des Feuillants, et trois cent quarante-cinq formant à eux seuls presque une majorité indépendante qui vote au gré des événements, des acclamations des tribunes du public, de ses sentiments.

Et dès le 5 octobre, après avoir entendu un discours de Couthon, un député inconnu, homme de loi à Clermont-Ferrand, paralytique, qu'on dit Jacobin et affilié au club des Cordeliers, un « exagéré » donc, l'Assemblée décrète que le roi ne sera plus appelé « Sire » et « Majesté », qu'il disposera non d'un trône mais d'un siège quelconque, et que les députés pourront être assis en sa présence.

Peu importe que, le lendemain, la même Assemblée ait annulé sa décision de la veille, et que des députés aient crié : « Vive le roi ! »

Louis ne s'en satisfait pas.

Ces votes contradictoires montrent que l'Assemblée est à l'image du pays, divisée, et que la Révolution que Louis avait voulu croire parvenue à son terme continue.

Louis a lu ce qu'écrit Mallet du Pan, dans le *Mercure de France*, et que confirment les courriers que Louis reçoit de toutes les provinces – il bute sur le mot de *département* – du royaume.

« Où la Constitution est-elle appliquée ? s'interroge Mallet du Pan.

« Est-ce à Toulon au milieu des morts et des blessés qui se sont fusillés à la face de la municipalité ébahie ? Est-ce à Marseille où deux particuliers ont été assommés et massacrés comme aristocrates, sous prétexte qu'ils vendaient aux petits enfants des dragées empoisonnées pour commencer la contre-révolution ?... Est-ce à Arles, à Toulouse, à Nîmes, en Dauphiné, où rixes et émeutes sont fréquentes ? Ou à Avignon ? Là, à la nouvelle du décret d'annexion à la France, les "aristocrates", dans l'église des Cordeliers, en présence d'une foule immense, persuadée qu'un miracle s'accomplit, que la Madone pleure, massacrent sur l'autel le maire patriote après l'avoir mutilé. En représailles, les "patriotes" remplirent d'aristocrates le Palais des Papes, et en tueront au moins une soixantaine. »

Et partout en France les émeutes dans les marchés n'ont pas cessé. Les femmes sont envahies par des bandes de vagabonds.

À Rochefort, à Lille, violences, refus de changer son argent en assignats, cette monnaie de fait qui chaque jour perd de sa valeur.

Impossibilité pour les municipalités de déployer le drapeau rouge de la loi martiale.

À Paris, sur six cent mille habitants, on compte cent mille pauvres, des dizaines de milliers d'indigents, qu'on a renvoyés des ateliers nationaux.

Partout l'on désobéit. On pille. On demande la taxation des denrées.

Louis n'a pas répondu à Marie-Antoinette quand elle a dit :

« Il n'y a que le prix du pain qui les occupe. »

C'est bien plus que cela dont il s'agit ! Louis le pressent.

Il a décidé de se promener souvent à cheval dans les divers quartiers de Paris.

N'a-t-il pas accepté d'être le roi des Français, et monarque constitutionnel ?

Il veut savoir quel accueil le peuple lui réserve.

Et il a durement ressenti l'indifférence, presque méprisante, de ce peuple qui lève à peine la tête lorsque passe le roi.

Et rue Montmartre les marchandes d'herbes et de marée ont crié « Le gros sot ! », « Le gros sot ! ».

On dit que les Jacobins avaient payé ces harengères. Elles ont insulté le roi, voilà ce que Louis retient.

Et il comprend, sans l'approuver, Marie-Antoinette lorsqu'elle dit : « Tous les dangers possibles plutôt que de vivre plus longtemps dans l'état d'avilissement et de malheur où je suis. »

Mais Louis craint cette « guerre civile » qui conduit comme à Avignon, à Rouen ou à Caen à des affrontements sauvages, qui rappellent ceux des guerres de religion.

En Vendée, les prêtres réfractaires persuadent les fidèles que les mariages et les baptêmes célébrés par des prêtres constitutionnels sont nuls et sans valeur, qu'il faut donc se remarier, se rebaptiser. Et le trouble, le désarroi, et la colère saisissent les familles.

Louis est blessé dans sa foi par cette atteinte à la religion du royaume.

Il sait que plusieurs des nouveaux députés – Brissot, Vergniaud, journalistes, avocats (quatre cents inscrits au barreau) dont un grand nombre ont moins de trente ans – ont fréquenté les clubs, les sociétés de pensée, les assemblées populaires, les loges maçonniques, et sont athées. Leurs prédécesseurs à l'Assemblée nationale constituante – ainsi Robespierre – étaient déistes, croyaient à l'Être suprême.

Et Louis ne peut accepter de sanctionner le décret qui déclare suspects de révolte tous les prêtres qui refuseront le serment et leur retire leur pension, les éloigne ou les punit de deux ans de détention, et interdit le partage des églises entre les réfractaires et les constitutionnels. Louis usera de son droit de veto.

Et il fera de même contre un décret qui exige le retour en France des émigrés – et des dizaines de milliers ont quitté le royaume – dans un délai de deux mois, sinon ils seront poursuivis comme conjurés et punis de confiscation des biens et de mort.

Louis a certes demandé à son frère comte de Provence de rentrer, tout en sachant bien que celui-ci refusera.

Mais c'est manière de tenter de montrer qu'il n'est pas complice des émigrés rassemblés en une « armée » à Coblence.

Et il n'a fait qu'appliquer la Constitution en utilisant ce droit de veto qu'on lui a attribué.

Mais au Palais-Royal, on l'accuse de trahison. Ce veto, écrivent les journaux patriotes, « est un boulet que l'Assemblée nationale s'est condamnée à traîner avec elle ».

Et Brissot, à la tribune de l'Assemblée, déclare qu'il faut sommer les souverains étrangers d'expulser les émigrés.

« Il est temps, dit-il, de donner à la France une attitude imposante, d'inspirer aux autres peuples le respect pour elle et pour sa Constitution. »

Louis relit ce discours de Brissot, ces mots qui tonnent, que reprend un autre député, Isnard, en condamnant les « endormeurs ».

Louis est fasciné et révulsé par la violence des articles du *Père Duchesne* pour qui les prêtres réfractaires ne sont qu'une vermine, « des monstres plus cruels et plus féroces que des tigres et dont il faut enfin purger la terre ».

« ... Il n'y a qu'à un beau jour me foutre tous ces bougres-là sur des navires et les amener à Cayenne... foutre il faut trancher dans le vif ! »

Louis se souvient des têtes au bout des piques, de cet homme égorgé dans un fossé, non loin de Châlons-sur-Marne, lors du retour de Varennes. Ce ne sont donc pas seulement les prêtres réfractaires qui sont condamnés. *Le Père Duchesne* désigne aussi à la haine les émigrés.

« Je veux, foutre, qu'on n'épargne pas davantage toute la foutue canaille des ci-devant.

« Il faut nous emparer de leurs femmes et de leurs enfants et les foutre à la gueule du canon. Nous verrons, foutre, s'ils sont assez scélérats pour tirer sur ce qu'ils ont de plus cher et pour se frayer un chemin sur leurs cadavres. »

Comment Louis, lié à cette noblesse qui est l'ossature du royaume, lui qui en est l'incarnation et l'expression, qui est leur roi, comment, monarque de droit divin, pourrait-il accepter de se plier à cette volonté de détruire et la noblesse et le clergé ?

D'ailleurs, même s'il a prêté serment à la Constitution, on l'accuse de « grimace et de tartuferie » !

Chaque camp hait l'autre, et craint d'être massacré.

Le Parisien par l'émigré et l'étranger, le noble par le révolutionnaire enragé !

Le risque est celui de la guerre civile : « Fous contre fous, enragés contre enragés, oh la belle opposition ! Quelle maladie grand Dieu. »

Louis murmure :

« L'esprit infernal a pris le dessus en France, le don de Dieu s'est retiré de nous. »

Et Louis partage le sentiment de Suleau, ce journaliste royaliste, qui écrit : « Les esprits sont aigris, les cœurs ulcérés, les vues sont divergentes, les intentions se croisent... La France est désorganisée dans toutes ses parties. Il est donc urgent de repolicer par des lois exécutables ce malheureux pays que la simple déclaration des droits de l'homme a plus décivilisé que ne l'aurait fait une irruption de tous les sauvages du nord de l'Amérique. »

Il faut agir, accepter, et même susciter la guerre avec les souverains étrangers. Et puisque, parmi les Jacobins, Brissot, Vergniaud, la majorité veulent l'affrontement, dans l'espoir, comme le dit Brissot, d'accuser la Cour de complicité avec l'ennemi, il faut aller dans leur sens.

Brissot dit : « Les grandes trahisons ne seront funestes qu'aux traîtres. Nous avons besoin de grandes trahisons. »

Soutenons-le.

Prenons garde à Robespierre qui se méfie de la guerre : « Domptons nos ennemis intérieurs et ensuite marchons contre nos ennemis étrangers », dit-il.

Retournons le plan de Brissot qui répète : « Voulez-vous détruire d'un seul coup l'aristocratie, les réfractaires, les mécontents ? Détruisez Coblence, le chef de la nation sera forcé de régner par la Constitution. »

Et si au contraire la guerre rendait au roi toute sa puissance ? Et balayait la Constitution ?

Louis écoute Marie-Antoinette, elle-même conseillée par Fersen. Sa décision est précise : il va se présenter à l'Assemblée nationale le 24 décembre, dire qu'il est prêt à sommer l'électeur de Trèves de disperser, avant le 15 janvier 1792, les émigrés qui se rassemblent dans l'électorat.

N'est-il pas un bon défenseur de la Constitution et de la nation ?

Mais Louis prend la plume et adresse un courrier à Breteuil, qui dans l'émigration est son représentant.

Il écrit d'une main qui ne tremble pas, pour exposer ses objectifs : « Au lieu d'une guerre civile ce sera une guerre politique, et les choses en seront bien meilleures. L'état physique et moral de la France fait qu'il lui est impossible de soutenir une demi-campagne… Il faut que ma conduite soit telle que dans le malheur, la Nation ne voie de ressources qu'en se jetant dans mes bras. »

Louis est heureux de l'intimité et de la complicité que la situation, les malheurs, ont fait naître entre lui et Marie-Antoinette.

C'est elle qui lui demande d'écrire au roi de Prusse. Et le canevas de la lettre a été préparé par Fersen.

« Un congrès des principales puissances de l'Europe appuyé d'une force armée serait la meilleure manière pour arrêter ici les factieux, donner les moyens de rétablir un ordre plus désirable et empêcher que le mal qui nous travaille puisse gagner les autres États de l'Europe. »

Mais Louis est inquiet. Il craint l'un de ces sursauts du peuple qui l'ont tant surpris depuis trois ans.

Ce Robespierre a été élu accusateur public à Paris. Pétion a été, lui, élu maire de Paris. Il est vrai par six mille sept cent vingt-huit voix pour un corps électoral de quatre-vingt-deux mille citoyens actifs et une population parisienne de plus de six cent mille habitants !

De quoi est capable ce peuple immense, et dont les citoyens les plus éclairés, les plus aisés, au lieu de choisir des Feuillants élisent des Jacobins ?

Louis lit avec attention ces prophéties de Robespierre :

« Malheur à ceux qui n'immoleront pas au salut public l'esprit de parti, leurs passions et leurs préjugés même… Car nous touchons à une crise décisive pour notre révolution. »

Louis partage ce sentiment.

Il a choisi – mais y avait-il une autre route ? – de soutenir la marche à la guerre, mais l'affrontement n'existait-il pas déjà à l'intérieur des frontières ?

« Guerre politique au lieu de guerre civile », a-t-il écrit. C'était le seul parti possible à moins d'être lâchement soumis à l'Assemblée ; aux enragés du Palais-Royal.

Et cela il ne le peut pas.

Il reste à espérer.

Il a pris connaissance de la lettre que Marie-Antoinette vient, ce 9 décembre 1791, de faire parvenir à Fersen :

« Je crois, écrit la reine, que nous allons déclarer la guerre non pas à une puissance qui aurait les moyens contre nous, nous sommes trop lâches pour cela, mais aux électeurs et à quelques princes d'Allemagne, dans l'espoir qu'ils ne pourront pas se défendre. Les imbéciles ne voient pas que, s'ils font une telle chose, c'est nous servir, parce que enfin il faudra bien, si nous commençons, que toutes les puissances s'en mêlent pour défendre les droits de chacun. »

27.

Louis s'est affaissé dans son fauteuil, face à la cheminée de ce petit salon des Tuileries où il a l'habitude de se tenir en fin de journée.

Il ferme les yeux. Il somnole. Il voudrait s'endormir mais l'angoisse le tenaille. Et il en est ainsi depuis le début de cette année 1792.

Chaque jour, un événement, ou bien un discours, un article, une lettre, le propos d'un proche ou d'un visiteur, a rendu plus aigu, plus insoutenable le pressentiment que les mois à venir seraient ceux de l'affrontement décisif entre lui et ces « patriotes » enragés pour qui il n'est plus que Monsieur Veto.

On le dit prêt « à faire égorger les citoyens, leurs femmes et leurs enfants par tous les ministres d'outre-Rhin ».

Ils accusent Marie-Antoinette, Madame Veto, d'avoir créé un « cabinet autrichien » aux Tuileries, afin de transmettre des informations à son frère l'empereur Léopold II, et, après le décès de celui-ci, à François II son neveu.

On assure que la reine fait passer à Vienne le plus d'argent qu'il est possible. Et c'est, à en croire les journaux patriotes, un ouvrier ayant confectionné les cassettes, puis aménagé des cachettes dans les berlines, qui l'a révélé secrètement.

Louis a ainsi le sentiment que le piège autour de lui se referme.

On dit que quatre-vingt mille nobles ont quitté le royaume ces derniers mois ! Et l'on apprend que dans le faubourg Saint-Antoine, on fabrique jour et nuit des piques que l'on distribue en grande quantité aux citoyens, et qu'on dénombre déjà plus de 100 000 de « ces armes simples et faciles à manier ».

Que peut faire la garde du roi, dont la création était prévue par la Constitution ?

Le colonel de Brissac qui la commande ne réussit même pas à s'en faire obéir.

Il a voulu séparer par une cloison, dans la salle des gardes, ses hommes des grenadiers de la garde nationale. Ceux-ci l'ont saisi au collet, et quand Brissac a crié « Aux armes ! », faisant appel à ses soldats, ceux-ci ont déclaré qu'ils sont citoyens comme les gardes nationaux et qu'ils ne s'en sépareraient point ! Et la cloison a été abattue, le poste d'honneur attribué à la garde parisienne, qui monte à droite à la porte du roi, la garde royale montant à gauche.

Ce n'est qu'un petit incident en apparence, mais qui affecte Louis. Est-il encore le roi ?

Le procureur général syndic lui a annoncé qu'il était enregistré au nombre des contribuables, comme n'importe quel citoyen. Il paiera sur les quarante millions de la liste civile qui lui est attribuée par l'Assemblée quinze millions pour l'année 1792, et il doit autant pour l'année 1791 !

Et on écrit dans les journaux : « Le roi s'amuse tantôt à rire et à claquer les fesses dartreuses de sa sœur Élisabeth, et tantôt à jurer, à briser ses porcelaines quand on le met au rang des contribuables. »

Louis s'indigne.

Ce n'est pas la ponction d'argent qui l'affecte, mais l'humiliation, la négation de son rang et du caractère sacré de la monarchie !

Et l'angoisse qui le ronge vient de ce qu'il pressent que c'est au cours de cette année 1792 que la question devra être tranchée.

Il avait cru durant quelques semaines, à l'automne 1791, que le pays s'apaisait. Les journaux « exagérés », ceux de

Desmoulins et de Marat, avaient même un temps cessé de paraître faute de lecteurs.

Les modérés semblaient l'emporter. Le club des Feuillants, avec les frères Alexandre et Charles Lameth, La Fayette et Duport, dominait l'Assemblée. Et Barnave conseillait la reine, lui écrivait et la rencontrait régulièrement et secrètement.

Mais dans les premiers jours du mois de janvier 1792, Barnave, comme s'il avouait son échec devant la violence qui à nouveau s'emparait du pays, avait quitté Paris, regagné le Dauphiné où, disait-on, il écrivait une histoire de la Révolution !

Le club des Feuillants s'affaiblissait. Et les Jacobins arboraient dans leur séance ce bonnet rouge que Louis, lorsqu'il quittait les Tuileries pour une promenade dans Paris, voyait de plus en plus souvent porté par des citoyens.

Bonnet rouge, pique, galoches, pantalon rayé, cocarde tricolore : c'était la tenue de ceux qui se nommaient avec arrogance et fierté « sans-culotte ».

Comment les combattre ?

Louis s'interroge avec inquiétude.

Ce choix qu'il a fait, et Marie-Antoinette l'y a incité, de pousser la France dans la guerre, contre les princes et l'empereur, et même le roi de Prusse, afin de voir leurs armées briser cette « faction sanguinaire et furieuse », cette « Jacobinière », cette « secte pernicieuse », est-il le bon ?

L'angoisse lui tord le ventre comme une faim douloureuse et insatiable. Il sait que, le voudrait-il, il ne peut plus reculer.

Louis se souvient de cette confidence apeurée de l'évêque Le Coz, constitutionnel et député il est vrai, mais homme modéré : « La guerre ! la guerre ! la guerre ! a dit Le Coz, voilà le cri qui de toutes les parties du royaume vient frapper mes oreilles. »

Et si cette guerre à venir au lieu d'être bénéfique à la monarchie se retournait contre elle ?

Louis essaie de se convaincre qu'il ne s'agit là que d'un cauchemar qui ne peut se réaliser, que des Jacobins comme

Billaud-Varenne, Camille Desmoulins et même Danton et surtout Robespierre s'opposent à la guerre parce qu'ils sont persuadés qu'elle se conclura par la défaite, et donc par la victoire du roi.

Robespierre a cinglé Brissot, le partisan le plus déterminé d'un ultimatum à adresser à l'empereur et aux princes allemands.

« Votre opinion, lui a-t-il lancé, n'est fondée que sur des hypothèses vagues et étrangères ! Que nous importent vos longues et pompeuses dissertations sur la guerre américaine !... Comme les routes du patriotisme sont devenues faciles et riantes !... Pour moi j'ai trouvé que plus on avançait dans cette carrière plus on rencontrait d'obstacles et d'ennemis... Je décourage la nation, dites-vous, non je l'éclaire. »

Mais Louis entend aussi Couthon, le Jacobin paralytique, déclarer :

« Peut-être la Révolution a-t-elle besoin de la guerre pour se consolider. »

Il est glacé par les propos du député Hérault de Séchelles qui envisage de créer « une dictature de salut public ».

« Le moment est venu, déclare Hérault, de jeter un voile sur la statue de la liberté ! »

Qui subirait cette dictature, sinon le roi et la famille royale ?

Déjà circule une pétition des « dix mille piques de Paris », et Couthon précise : « Le plus grand nombre est pour la guerre et je crois que c'est ce qui convient le mieux. »

Louis est une nouvelle fois saisi par le doute.

Se peut-il que l'intérêt de Couthon, de Vergniaud, coïncide avec celui de la Cour alors qu'ils expriment des espérances contraires ?

Louis espère que les troupes étrangères réussiront comme elles l'ont fait en 1787 aux Pays-Bas, en 1790 en Belgique, à rétablir l'ordre, et les « patriotes » pensent que la guerre leur permettra d'en finir avec la monarchie, fût-elle constitutionnelle, de donner par la guerre un nouvel élan à la Révolution. Et c'est pourquoi Brissot a dit que les patriotes ont besoin de

« grandes trahisons ». Et Brissot, Louis ne peut en douter, souhaite la « trahison » du roi.

Déjà certains « patriotes », évoquant le « comité autrichien » qu'animerait Marie-Antoinette, dénoncent les « infâmes traîtres à la patrie, coupables de crime de lèse-nation ».

Et Louis, lorsqu'il lit le discours du député de Bordeaux, Vergniaud, ce « Girondin », n'a aucun doute sur ce qui peut arriver à la famille royale.

« De cette tribune, s'écrie Vergniaud à l'Assemblée, en tendant le bras vers les Tuileries, on aperçoit le palais où des conseillers perfides égarent le roi… La terreur et l'épouvante sont souvent sorties de ce palais. Qu'elles y rentrent aujourd'hui au nom de la loi… La loi y atteindra sans distinction tous les coupables et il n'y a pas une tête qui convaincue d'être criminelle puisse échapper à son glaive. »

Louis le comprend : l'enjeu de la guerre, c'est pour lui la vie ou la mort.

Mais la guerre est déjà là.

À Paris, à quelques pas des Tuileries, on pille les épiceries.

« Les femmes du faubourg Saint-Marceau se sont en grand nombre répandues dans divers quartiers de la ville. »

On a entendu leurs cris rue Saint-Honoré, dans les rues autour de la place Louis-XV. Elles cherchent du café et du sucre, devenus rares et d'un prix exorbitant, depuis que les Noirs de Saint-Domingue et des Antilles se sont soulevés contre les colons, et ont brisé leurs chaînes d'esclaves.

Elles dénoncent l'« accaparement ». Et elles réclament la taxation des prix du sucre et du café, mais surtout de la viande et du pain. Elles entraînent derrière elles les vagabonds, les indigents. Et les gardes nationaux pactisent avec elles.

Tous les jours, des émeutes éclatent, faubourgs Saint-Antoine et Saint-Marceau.

Dans les provinces, les subsistances manquent. La récolte de grains a été médiocre dans le Centre et le Midi. Les habitants des villes et des villages proches de Paris refusent de laisser partir leurs grains vers la capitale. Partout c'est la même inquiétude, les mêmes scènes : voitures chargées de grains arrêtées, pillées, boulangeries saccagées, pain taxé. Et la garde nationale l'arme au pied, et jamais le recours à la loi martiale.

Et pourtant l'on tue.

À Étampes, le 3 mars 1792, les habitants veulent arrêter les convois de grains qui traversent leur ville. Ils les pillent, exigent une taxation du pain.

Le maire, Simoneau, s'avance, accompagné d'un détachement de cavalerie, tente d'expliquer que la libre circulation des grains est voulue par la Constitution, que la liberté du commerce permettra que l'on obtienne un juste prix, qui satisfera consommateurs et fermiers. Mais des coups de feu partent des rangs des émeutiers et Simoneau est tué.

L'Assemblée lui rendra hommage. Il est le « martyr de la loi et de la liberté ». Louis s'associe à cette célébration, mais derrière les barrières, ceux qui regardent passer le cortège des députés qui accompagne le cercueil de Simoneau – martyr – sont bien peu nombreux.

Et l'anarchie, les émeutes ne cessent pas.

À Noyon, le peuple empêche le départ de quatre bateaux chargés de grains.

À Beauvais, les troupes interviennent pour permettre à un convoi de grains de partir pour Paris. Mais à Béthune les soldats du 14e régiment d'infanterie se mutinent et refusent d'obéir à leurs « officiers aristocrates ».

À Dunkerque, le peuple dévaste les magasins des négociants du port. Il y a quatorze tués et soixante blessés.

Et pendant ce temps-là, les Jacobins s'engagent dans un grand élan enthousiaste à ne plus consommer de sucre et de café !

Comme si cela pouvait permettre le rétablissement de l'ordre, la fin de l'anarchie, alors qu'au contraire, les violences gagnent tout le pays. Dans les départements de l'Ouest les prêtres jureurs sont isolés, condamnés, frappés !

On se bat dans le sud du pays entre catholiques « aristocrates » et protestants patriotes !

Les « patriotes » de Marseille s'en vont massacrer les aristocrates d'Arles. Et à ces désordres s'ajoute la crise financière : les assignats perdent chaque jour de leur valeur, et c'est avec ce papier-monnaie que sont payés les salaires, alors que tous les prix montent. Et les impôts ne rentrent pas !

Le procureur-syndic du département de Paris dénonce une « insurrection patricienne » contre le paiement des impôts et il fait afficher la liste des contribuables en retard !

Autant de suspects décrétés aristocrates et menacés !

Et Louis sent monter la peur autour de lui, une sorte de fébrilité qu'il constate chez les gardes nationaux qui font leur service aux Tuileries.

Les journaux rapportent les séances du club des Jacobins, où Robespierre prononce un grand discours sur les *Moyens de sauver l'État et la liberté*.

Il faut, dit Maximilien, « épurer » les cadres de l'armée, « purger » le pays, mettre les sections en permanence, prêtes à agir contre les « aristocrates ».

Il faut unir les patriotes de Paris et des départements.

« Je suis du peuple, martèle Robespierre, l'amour de la justice, de l'humanité, de la liberté est une passion comme une autre. Quand elle est dominante on lui sacrifie tout ; quand on a ouvert son âme à des passions d'une autre espèce, comme à la soif de l'or et des honneurs, on leur immole tout et la gloire et la justice, et l'humanité, et le peuple et la patrie. Voilà tout le secret du cœur humain ; voilà toute la différence qui existe entre le crime et la probité, entre les tyrans et les bienfaiteurs du genre humain. »

Comment faire vivre dans le même royaume des hommes qui s'accusent les uns les autres d'être le Bien et le Mal ? Comment apaiser les tensions ? Comment éviter la guerre civile entre eux ? Et comment ne rechercheraient-ils pas les uns et les autres, dans la guerre avec l'étranger, le moyen de terrasser ici leurs ennemis ?

Pour les uns, les aristocrates, pour les autres, les révolutionnaires. Et ces derniers espèrent que la guerre propagera parmi les peuples les idées de liberté de la Déclaration des droits de l'homme.

Et que les émigrés seront vaincus et dispersés, les monarques renversés par leurs peuples. Et la nation française, rayonnant, et puisant dans les caisses des riches États, de la Hollande, aura de quoi combler le déficit qui se creuse, et renflouer l'assignat qui perd chaque jour de sa valeur.

Avenir sombre ! Que faire ?

Louis et Marie-Antoinette reçoivent Fersen venu clandestinement à Paris. Le roi de Prusse Frédéric-Guillaume II, explique le comte suédois, a mis au point avec le duc de Brunswick un plan d'offensive qui devrait conduire les troupes prussiennes, en quelques semaines, à Paris. L'ordre sera rétabli, et le roi disposera à nouveau de tous ses pouvoirs légitimes.

Louis ne commente pas les propos de Fersen. Il reste silencieux alors que Marie-Antoinette manifeste sa détermination, se félicite de ce que tous les journaux royalistes – *Les Amis du roi*, *La Gazette universelle*, *Le Journal de M. Suleau* – publient la diatribe du chancelier d'Autriche Kaunitz contre les Jacobins, « factieux, républicains, dissolvateurs de la monarchie, boute-feux », et les journalistes ajoutent « gens à pendre, à écarteler, à brûler ».

Pour se réjouir de telles attaques, d'une telle violence, il faudrait être sûr de vaincre, et Louis s'il estime que les armées des souverains d'Europe écraseront les troupes françaises, divisées, désertées par leurs officiers, se demande si cette victoire viendra assez tôt pour éviter que la « populace » ne s'en prenne à la famille royale.

Il a avec accablement, et aussi un sentiment de révolte, appris que les soldats suisses du régiment de Châteauvieux qui s'étaient rebellés à Nancy et que le marquis de Bouillé avait châtiés, ont été libérés du bagne, et qu'une fête de la liberté sera célébrée en leur honneur à Paris. Les Jacobins et les journaux patriotes saluent ces mutins comme des héros. Et se moquent du général La Fayette – « Blondinet » – qui avait été favorable à la répression des rebelles.

La fête a eu lieu le 15 avril. Les Suisses défilent, accompagnés par une foule enthousiaste, et *Le Père Duchesne* peut exulter :

« Ah foutre ! Le beau jour ! Quelle fête ! Quelle joie !

« Jamais il n'y a eu sous le ciel un aussi beau spectacle. Jamais le peuple n'a été plus grand, plus respectable... Il était tout ce qu'il devait être, véritablement souverain, il ne recevait d'ordre de personne... Les mouchards de Madame Veto s'étaient vantés d'avance qu'il arriverait malheur... Je leur avais bien dit, foutre, que ça irait. Quand le faubourg Saint-Antoine, quand les braves gens sans-culottes, quand *Le Père Duchesne* veulent quelque chose, y a-t-il quelque puissance dans le monde qui puisse l'empêcher ?

« Ainsi donc, foutre, Madame Veto a eu beau remuer de cul et de tête pour faire manquer notre fête, tous les mouchards de Blondinet et Blondinet lui-même ont été impuissants. »

Louis veut savoir qui est cet Hébert, qui signe « Père Duchesne », quel est cet homme qui prétend avoir fait rebrousser chemin à Blondinet-La Fayette hostile à ce sacre de la mutinerie militaire, car le général serait revenu à Paris pour tenter un coup d'État.

Et Hébert conclut, si sûr de lui : « Mais laissons là cette foutue canaille qui ne mérite pas seulement qu'on s'en occupe. Nous sommes assez vengés d'avoir foutu un pied de nez à tous ces jean-foutre... les aristocrates noient leur chagrin dans des flots de vin muscat et nous, foutre, avec du vin de Suresnes, nous nous élevons au-dessus de tous les trônes de l'univers. »

Et cet Hébert qui prône la haine des aristocrates, de la reine, des prêtres et veut que la France soit la terre et le modèle de la déchristianisation, est un ancien élève du collège des Jésuites d'Alençon, fils d'un honnête joaillier. Il a traîné dans tous les estaminets de Paris. C'est un misérable auquel l'invective, la grossièreté, la haine, ce parler sans-culotte, ont donné notoriété et pouvoir d'influence, et revenus !

Car *Le Père Duchesne* est un journal qu'on s'arrache, qu'on lit dans toutes les sections du club des Jacobins, et dont l'avis pèse à l'Assemblée nationale, parce que les spectateurs des tribunes l'ont lu !

Louis tient encore les dés de l'avenir dans son poing. Il sait que s'il les lance, il n'est pas sûr de gagner. Ce sera la guerre, avec ses incertitudes, mais le jeu est ouvert. Les troupes prussiennes du duc de Brunswick, les émigrés du prince de Condé, et les Autrichiens de l'empereur François II, devraient l'emporter.

Mais s'il ne fait pas rouler les dés de la guerre, alors ce sont Hébert et Marat, les enragés, qui entraîneront derrière eux tous les mécontents, les vagabonds, les indigents, les affamés, les infortunés, ceux des paysans qui ont recommencé à attaquer les châteaux : et il n'y a aucun moyen de les arrêter, de les battre, leur victoire est certaine.

Alors Louis fait rouler les dés de la guerre.

Il renvoie ses ministres, constitue un ministère « girondin », avec le général Dumouriez au passé d'aventurier, comme ministre des Affaires étrangères, avec Roland de La Platière au ministère de l'Intérieur et, deux mois plus tard, le colonel Servan à la Guerre. Avec ces hommes-là, on ne le suspectera pas de ne pas vouloir la guerre et la victoire.

Dumouriez s'en va parler au club des Jacobins avec le bonnet rouge enfoncé jusqu'aux oreilles, et les Jacobins l'acclament et coiffent à leur tour le bonnet.

Et il faut que Robespierre s'exclame : « C'est dégrader le peuple que de croire qu'il est sensible à ces marques extérieures » pour qu'ils enfouissent leur bonnet rouge dans leur poche !

Que les Jacobins s'étripent entre eux ! Et que *Le Père Duchesne* et *L'Ami du peuple* jugent compromis ceux qui ont accepté d'être ministres de Monsieur Veto !

La division sert la couronne, affaiblit l'Assemblée ! Et l'honnête Roland de la Platière n'y peut rien.

Et Manon Roland son épouse peut bien tenir, au 5 de la rue Guénégaud, un salon où journalistes patriotes, ministres, se réunissent, préparent en fait les décisions que l'Assemblée votera et qu'ils comptent imposer au roi, une fracture s'approfondit, entre les brissotins ministres, qu'on appelle Girondins, et le peuple des sans-culottes, pour qui ces bourgeois et même ce général Dumouriez ne sont que des « Jacobins, des patriotes, des révolutionnaires simulés ! ».

Pétion, le maire de Paris, écrit : « Le peuple s'irrite contre la bourgeoisie, il s'indigne de son ingratitude, et se rappelle les services qu'il lui a rendus, il se rappelle qu'ils étaient tous frères dans les beaux jours de la liberté. Les privilégiés fomentent doucement cette guerre qui nous conduit insensiblement à la ruine. La bourgeoisie et le peuple réunis ont fait la Révolution ; leur réunion seule peut la conserver. »

Mais la guerre étrangère, l'anarchie, vont élargir ces failles entre « patriotes ».

Louis apprend que « le parti de Robespierre dans les Jacobins est contre le ministère, et ce qu'on appelle *la Montagne* dans l'Assemblée suit la même ligne ».

Jacobins robespierristes et Montagnards se méfient des généraux Rochambeau, Luckner, La Fayette, auxquels Dumouriez, « Jacobin simulé », a donné le commandement des trois armées qui protègent les frontières du Nord et de l'Est.

Dans les campagnes, les troubles paysans se multiplient.

Le Quercy, le Gard, l'Ardèche, l'Hérault sont touchés. Les gardes nationaux incendient eux-mêmes les châteaux des émigrés dans le Cantal, le Lot, la Dordogne. On démolit les « pigeonniers seigneuriaux ». On prélève des « contributions forcées » sur les « aristocrates ». Personne n'est en sûreté !

Alors il faut pousser le pays dans la guerre, prendre de vitesse Marat et Robespierre qui mettent en évidence les dangers du conflit : Marat annonce les défaites, les intrigues des généraux, et Robespierre craint que l'un d'eux ne s'empare du pouvoir.

Alors la guerre, vite.

Le 20 avril 1792, Louis XVI se présente à l'Assemblée nationale législative et annonce devant les députés enthousiastes que « la France déclare la guerre au roi de Hongrie et de Bohême ». Car François II n'a pas encore été couronné empereur et on veut essayer de laisser l'Allemagne et la Prusse en dehors du conflit. Seuls sept députés – fidèles aux Lameth et aux Montagnards – refusent de voter le décret. « Le peuple veut la guerre », a lancé un député « girondin » et un autre s'est écrié : « Il faut déclarer la guerre aux rois et la paix aux peuples. »

Dans les tribunes de l'Assemblée, dans les rues voisines de la salle du Manège, la foule acclame les députés. Louis entend les cris de joie.

Cette déclaration de guerre est pourtant pleine d'arrière-pensées.

Les brissotins veulent, avec la guerre, briser la monarchie.

Et la guerre peut permettre de relancer la Révolution.

Et la guerre peut permettre au roi de retrouver tous ses pouvoirs.

L'enjeu est pour chaque camp immense.

Louis y pense sans cesse : c'est une question de vie ou de mort.

Il se doute que la reine informe les souverains étrangers de la situation française et même des mouvements des troupes. Louis l'accepte.

Trahison ? Ce mot n'a pas grand sens pour elle, pour lui.

Ils sont fidèles à la monarchie.

« Voici ce que la reine vient de me faire parvenir, en chiffre, écrit Mercy-Argenteau au chancelier d'Autriche Kaunitz. Monsieur Dumouriez a le projet de commencer le premier par une attaque en Savoie et une autre par le pays de Liège. C'est l'armée de Monsieur de La Fayette qui doit servir à cette dernière attaque. Voilà le résultat du Conseil d'hier. Il est bon de connaître ce projet pour se tenir sur ses gardes ; selon les apparences cela s'effectuera promptement. »

Louis cependant doute.

Il lui suffit de croiser les gardes nationaux dans les couloirs et les salons des Tuileries pour mesurer que l'enthousiasme patriotique et la volonté de se battre ont chassé le doute et la peur. Le peuple est résolu.

Dans les rues voisines du palais, la foule défile et chante.

Le 25 avril 1792 à Strasbourg, un jeune officier du génie, Rouget de L'Isle, né à Lons-le-Saunier, entonne, dans le salon du maire de la ville, Dietrich, un « Chant de guerre pour l'armée du Rhin » qu'il vient de composer.

28.

Louis ferme les yeux.

Il voudrait qu'en cessant de lire ces rapports, ces lettres qu'on lui adresse, ces journaux et ces copies de discours qu'on dépose sur sa table, la réalité de ce mois de mai 1792 s'efface. Qu'il ne reste que ce ciel d'un bleu soyeux, que ces pousses d'un vert léger, que cette brise matinale, si fraîche. Et que ce printemps radieux l'entraîne d'un pas allègre. Mais Louis ne quitte plus le palais des Tuileries.

L'Assemblée a décidé de licencier six mille hommes de la garde du roi, comme si on voulait le livrer à ces bandes de sans-culottes des faubourgs qui, presque chaque jour, depuis que roulent les dés de la guerre, viennent défiler, rue Saint-Honoré, place Louis-XV, et hurlent leur haine.

Ce n'est pas la peur qui étreint Louis et le fait se calfeutrer dans les appartements royaux, mais la souffrance qu'il éprouve à entendre ces cris, à voir son peuple brandir des piques, des scies, des coutelas, des poignards, des bâtons, à constater que le pire qu'il avait imaginé est survenu, plus vite qu'il ne l'avait cru.

Il a suffi de quelques jours, moins de dix après la déclaration de guerre, pour que l'armée du Nord, qui avait pénétré en Belgique, se défasse, que la panique et la déroute la transforment en une cohue indisciplinée, accusant les officiers aristocrates de trahison, massacrant le général Dillon à

Lille. Et peu après, le régiment du Royal-Allemand passait à l'ennemi.

Mais qui est l'ennemi ?

Ces Autrichiens du roi de Bohême et de Hongrie, François II, empereur d'Autriche et neveu de Marie-Antoinette ? Ces Prussiens de Frédéric-Guillaume II qui se sont alliés à François II ?

Ou bien les vrais ennemis ne sont-ils pas ces Cordeliers, ces Jacobins, ces Montagnards, ces brissotins, et tous ces sans-culottes lecteurs de Marat et de Camille Desmoulins ?

Louis rouvre les yeux, lit ce rapport sur les premières défaites et il devrait s'en réjouir, comme le font Marie-Antoinette et son entourage.

Mais il ne le peut pas.

Cette violence qui se déchaîne est une tumeur qui rongera tout le royaume, et Louis le craint, Louis le pressent, et dévorera la famille royale et la monarchie. Louis a l'impression en apprenant ces événements qu'on lui arrache des lambeaux de chair, dans la gorge, dans la poitrine.

« Ce qu'il y a de plus fâcheux est que cette défaite a produit des crimes horribles dans Lille, lit-il. Les vaincus n'ont pu croire qu'ils l'avaient été par leur faute ; ils ont attribué leur défaite à la trahison. En conséquence ils ont tué le général Dillon et Mr Berthois. Le corps de Mr Dillon, tué d'un coup de pistolet dans la rue par un dragon, a été mis en pièces et brûlé. Mr Berthois a été pendu à un réverbère parce qu'il n'avait pas fait tirer le canon, lui qui n'avait aucun commandement dans l'artillerie. Ils ont pendu encore cinq ou six Tyroliens comme espions ou faux déserteurs et l'on assure qu'ils étaient de vrais prisonniers de guerre. Le même jour, 30 avril, on a pendu aussi l'ancien curé de la Magdeleine de Lille ; nommé Savardin, ce malheureux prêtre dissident, grand chambardeur du nouveau clergé, s'était réfugié chez les Ursulines déguisé en femme et s'y croyait bien caché. Il a été reconnu par une femme même qui l'a livré à la multitude furieuse. En un moment il a été accroché à une lanterne avec ses habits de femme, en mantelet noir et jupon blanc. »

On accuse La Fayette de trahison : Robespierre et Marat affirment que « Blondinet » prépare un coup d'État. Marat est le plus violent dans ces réquisitoires. Et, dans *L'Ami du peuple*, il invite les soldats à se débarrasser de tous les chefs suspects, à leur réserver le sort du général Dillon.

C'est « le désordre des opinions », dit le rapport d'une « mouche » de police qui arpente les faubourgs, surprend les conversations, se mêle aux cortèges.

« On crie partout que le roi nous trahit, que les généraux nous trahissent, qu'il ne faut se fier à personne ; que le comité autrichien de Madame Veto a été démasqué en flagrant délit ; que Paris sera pris dans six semaines par l'armée des princes et des rois. »

Les Jacobins se déchirent. Brissot, Vergniaud attaquent Robespierre qui a invoqué « le Dieu tout-puissant », pour l'appeler à protéger « ces lois éternelles que tu gravas dans nos cœurs ». Il a condamné la formation d'un camp de vingt mille hommes, des *fédérés* venus de tous les départements, qui sera créé sous les murs de Paris. C'est la grande idée des brissotins. Ils craignent de ne pas contrôler les gardes nationaux parisiens et les sans-culottes, les uns soupçonnés d'être trop « bourgeois », les autres influencés par Marat et Hébert.

Ces divisions entre « patriotes » font tourner les têtes. On s'accuse d'être « factieux », « conspirateur ».

Et dans le journal de Brissot, *Le Patriote français*, on a pu lire :

« Monsieur Robespierre a entièrement levé le masque, il est un digne émule des meneurs autrichiens du côté droit de l'Assemblée nationale. »

Louis est à la fois satisfait de ces divisions au sein du camp des « patriotes » et inquiet. Il craint que Girondins et Montagnards, dans leur volonté de se montrer plus déterminés les uns que les autres aux yeux du peuple, ne prennent la famille royale pour cible.

Et ces rivalités conduisent à la guerre civile.

Il y a ce décret que l'Assemblée a voté qui autorise la déportation des prêtres réfractaires, dès lors qu'elle est demandée par vingt citoyens actifs.

Louis ne peut l'accepter. Il utilisera son droit de veto. De même, il refuse que l'on rassemble à Paris vingt mille fédérés au moment même où l'on dissout la garde royale. Et il usera aussi de son droit de veto contre ce projet. Déjà, on manifeste contre ses décisions. Et puisqu'une pétition de huit mille noms se déclare hostile à ce projet de rassemblement des fédérés, on lui oppose une pétition de vingt mille sans-culottes, qui se disent heureux et fiers d'accueillir les citoyens fédérés venus des départements.

Louis ne veut pas céder.

Il a la certitude que dès lors que la guerre a commencé, l'affrontement violent à l'intérieur de la nation est inéluctable. Et c'est pourquoi il a hésité à choisir, comme les Girondins mais pour des raisons contraires, la politique du pire, c'est-à-dire la guerre.

Il sait que Marie-Antoinette est tout entière engagée dans cette voie. Mais elle refuse les propositions de La Fayette, qui prétend vouloir défendre les prérogatives royales, et veut être le champion du retour à l'ordre, d'abord dans l'armée puis dans le royaume. Marie-Antoinette hait La Fayette, et Louis se méfie des ambitions de ce « Gilles César ».

Et parmi tous ces patriotes bavards et retors, il lui semble que le plus lucide et l'un des plus dangereux pour la monarchie est ce Maximilien Robespierre qui, attaquant La Fayette aux Jacobins, déclare : « Le pire des despotismes c'est le gouvernement militaire et depuis longtemps nous marchons à grands pas vers ce gouvernement. »

Mais Louis ne s'illusionne pas.

Il est persuadé que, quel que soit celui des « patriotes » qui l'emportera, Robespierre ou Brissot, les Montagnards ou les Girondins, et même La Fayette ou les frères Lameth, les plus modérés, et pour le pire Marat, aucun de ceux-là ne voudra rendre au souverain les pouvoirs légitimes qui sont les siens, par la volonté de Dieu.

Ils persisteront les uns et les autres à enchaîner le pouvoir royal, afin de le soumettre à leurs désirs.

Et c'est ce que Louis ne peut, ne veut pas accepter.

Il est roi de droit divin.

Il approuve ce qu'écrit un journaliste royaliste, Du Rosoi, dans la *Gazette de Paris*, et en même temps il s'en inquiète, car que gagne-t-on à dévoiler sa pensée à ses ennemis ?

Du Rosoi n'hésite pas, en appelle aux souverains d'Europe : « Connaissez vos devoirs par les maux qui nous accablent, par les attentats qui nous épouvantent, écrit-il.

« Un peuple déjà rassasié de crimes est appelé à des crimes nouveaux : il ne sait ni ce qu'il veut, ni ce qu'on lui dit de vouloir. Mais ce peuple, ce n'est pas le PEUPLE FRANÇAIS, c'est ce qu'on appelle la NATION. Telle une excroissance spongieuse et visqueuse naît sur le corps humain : elle n'est point ce corps, et cependant elle en fait partie… Ne l'extirpez point, sa grosseur deviendra bientôt démesurée, sa masse parasite fera courber le corps qu'elle défigure et dessèche à la fois… »

C'est bien cela ! Et Louis répète la conclusion de l'une des lettres qu'il a reçues :

« Nous sommes sur un volcan prêt à jeter des flammes. »

Mais il ne cédera pas. Il n'est plus temps.

Il entend les cris que poussent, aux abords des Tuileries, les sans-culottes. Ils exigent que le roi renonce à ses deux veto sur les décrets de l'Assemblée nationale. La foule dénonce ceux qui le soutiennent et qui ne sont qu'une « horde d'esclaves, des traîtres, des parricides, des complices de Bouillé ».

Ils lancent : « Périssent les tyrans, un seul maître la loi. »

Et Roland de La Platière, le ministre de l'Intérieur, cet homme en habit noir, aux cheveux plats très peu poudrés, ses souliers sans boucle, une sorte de « quaker endimanché », adresse à Louis une lettre arrogante, exigeant, au nom des autres ministres, que le roi accepte les deux arrêtés, renonce à son droit de veto.

La lettre a sans doute été écrite par Manon Roland, après avoir consulté Vergniaud et Brissot, et les habitués de son salon de la rue Guénégaud.

Ils imaginent sans doute tous que Louis va céder. Et au contraire, il s'arc-boute, démet Roland et les ministres girondins, et les remplace par des membres du club des Feuillants, modérés et inconnus.

Il sait que le « volcan va jeter des flammes », que l'épreuve de force est engagée.

Dès le 13 juin, l'Assemblée décrète que les ministres renvoyés « emportent la confiance de la nation ».

Dans les tribunes de l'Assemblée on crie : « À bas l'Autrichienne, À bas Monsieur Veto ! »

« Déchéance ! »

Et on entend même quelques « Vive la République ! » et « Aux armes ! ».

Louis n'est pas surpris par la violence des propos qu'on lui rapporte.

Les députés girondins ont eux aussi, comme les sans-culottes présents à l'Assemblée, réclamé la déchéance du roi. Ils décident même de créer une Commission des Douze, composée de députés Feuillants et Jacobins, et destinée à veiller aux dangers qui menacent la patrie.

Et on accuse la reine d'être l'alliée et la complice des souverains étrangers, de livrer les plans des armées françaises, aux émigrés, au marquis de Bouillé, au duc de Brunswick qui commande les troupes prussiennes.

Quant à Monsieur Veto, il fait cause commune avec les prêtres réfractaires, ces « chambardeurs » qui dressent les paysans contre les prêtres constitutionnels et qui incitent les citoyens à la rébellion. Et cela se produit chaque jour dans les départements de l'Ouest, en Provence.

Et l'indignation et la crainte sont à leur comble quand les députés lisent la lettre qu'adresse à l'Assemblée le général La Fayette. Il exige des mesures d'ordre, le respect de la Constitution et donc de la personne du roi.

L'armée des frontières va-t-elle marcher contre les patriotes de Paris ?

Il faut appeler le peuple à se dresser, afin de contraindre le roi à reconstituer un gouvernement patriote. Seul, au club des

Jacobins, Maximilien Robespierre tente d'empêcher le déferlement de la violence.

Il dénonce « ces insurrections partielles qui ne font qu'énerver la chose publique ».

Mais les sans-culottes des faubourgs Saint-Antoine et Saint-Marcel se rassemblent déjà, armés de leurs piques et de leurs coutelas, de leurs poignards et de leurs fusils.

Santerre, le brasseur du faubourg Saint-Antoine qui a pris part à l'attaque de la Bastille et qui était au Champ-de-Mars le 17 juillet 1791, ordonne aux tambours de battre, aux sections de se mettre en marche.

Alexandre, ancien agent de change, lui aussi présent au Champ-de-Mars le 17 juillet 1791, commandant des canonniers de la garde nationale, rejoint le cortège avec sa vingtaine de canons.

Le cortège grossit. Les citoyens « passifs » se mêlent aux gardes nationaux. On crie « À bas Monsieur Veto ! » et « Vive la République ! ». On décide de se rendre en armes à l'Assemblée puis aux Tuileries afin d'y présenter des pétitions exigeant le retrait des veto royaux qui empêchent la déportation des prêtres réfractaires et l'arrivée des fédérés, venus des départements, au nombre de cinq par canton.

Louis ne répond pas à ceux qui, dans son entourage, l'invitent à invoquer la Constitution qui autorise le droit de veto.

Il sait que les Girondins, les sans-culottes, la plupart des Jacobins et sans doute les agents du duc d'Orléans se soucient peu de la légalité ! Ils veulent cette insurrection, afin de faire plier le roi.

Le maire de Paris, Pétion, vient de prendre un arrêté qui ordonne au commandant de la garde nationale « de rassembler sous les drapeaux les citoyens de tous uniformes et de toutes armes, lesquels marcheront ainsi réunis sous le commandement des officiers de bataillon ».

Pétion vient ainsi de décréter que l'insurrection est légale.

Il y a bientôt une foule en armes, devant la salle du Manège. Les canons d'Alexandre sont pointés sur l'Assemblée et les Tuileries. Des enfants côtoient les femmes des Halles, les charbonniers des faubourgs, les sans-culottes, des vagabonds, vingt mille personne se pressent dans la rue Saint-Honoré, portant des piques, lances, broches, haches, scies, fourches, massues et aussi des épis de blé, des rameaux verts et des bouquets de fleurs.

Ils entrent en force à l'Assemblée. Ils crient, interrompant les délibérations. L'un d'eux, qui se proclame orateur du peuple, déclare :

« Le peuple est debout, à la hauteur des circonstances, prêt à se servir des grands moyens pour venger sa majesté outragée. »

On danse, on défile devant la tribune. On brandit une culotte de soie, pleine d'excréments ; voilà les vêtements des aristocrates.

On a planté au bout d'une pique un cœur de veau sanglant, avec cette inscription : « Cœur d'aristocrate ».

On crie : « Vive les aristocrates ! À bas le veto ! »

Louis est là, face à cette foule qui l'insulte, le presse.

« Citoyens, crie un chef de légion de la garde nationale, chargé de la défense du palais, reconnaissez votre roi, respectez-le. Le roi vous l'ordonne. Nous péririons tous plutôt qu'il lui soit porté la moindre atteinte. »

On fait monter le roi sur une banquette dans l'embrasure d'une croisée.

« À bas le veto, rappelez les ministres. »

On interpelle Louis : « Tout votre cœur, toutes vos affections sont pour les émigrés à Coblence. »

Le boucher Legendre hurle :

« Monsieur, écoutez-nous, vous êtes fait pour nous écouter, vous êtes un perfide, vous nous avez toujours trompés, vous nous trompez encore. Mais prenez garde à vous, la mesure est à son comble et le peuple est las de se voir votre jouet. »

On menace le roi.

On élève à hauteur de son visage ce cœur de veau sanglant, cette culotte pleine d'excréments.

Louis ne tremble pas.

« Je suis votre roi, dit-il, je ne me suis jamais écarté de la Constitution. »

Il coiffe un bonnet rouge muni de la cocarde tricolore.

La chaleur est étouffante.

« Foutre il a bien fait de prendre le bonnet, foutre, s'il ne sanctionne pas les décrets nous reviendrons tous les jours ! »

La pièce est pleine d'une foule grouillante. On propose une bouteille de vin à Louis. Il boit au goulot, dit :

« Peuple de Paris, je bois à ta santé et à celle de la nation française. »

Un grand jeune homme qui se tient proche du roi clame d'une voix forte : « La sanction des décrets ou vous périrez. »

Le maire de Paris, qui est présent depuis quelques instants, hésite puis, pressé par son entourage, dit : « Citoyens, vous ne pouvez rien exiger de plus. »

Il hausse la voix :

« Le peuple a fait ce qu'il devait faire, dit-il. Vous avez agi avec la fierté et la dignité des hommes libres. Mais en voilà assez, que chacun se retire. »

On interpelle encore le roi, puis la foule commence à refluer, traversant la chambre du roi.

« Est-ce là le lit du Gras Veto ? Monsieur Veto a un plus beau lit que nous ! » dit-on.

On passe dans le cabinet où se tiennent la reine, le dauphin, sa sœur Madame Royale, et Madame Élisabeth la sœur du roi. On tend à la reine un bonnet rouge pour son fils. Elle l'en coiffe.

Santerre se tient à ses côtés.

« Ôtez le bonnet à cet enfant, il a trop chaud », dit-il.

Puis il croise les bras, et de temps à autre désigne d'un mouvement de tête Marie-Antoinette, lance comme un bateleur :

« Regardez la reine et le dauphin. »

Il est près de huit heures du soir. La foule a défilé durant près de six heures, et la garde nationale ne fera évacuer le palais des Tuileries qu'à dix heures.

« On nous a amenés pour rien, dit un sans-culotte. Mais nous reviendrons et nous aurons ce que nous voudrons. »

Dans les faubourgs, les sans-culottes, au cours de la nuit chaude, répètent que c'est bien plus facile d'entrer aux Tuileries ou à l'Assemblée que de prendre la Bastille !

Ils y retourneront quand ils voudront !

Qui peut résister aux sans-culottes des faubourgs Saint-Marcel et Saint-Antoine ?

« Le peuple s'est mis en branle, aujourd'hui 20 juin 1792, écrit à son frère, curé à Évreux, le libraire Ruault. Le pouvoir exécutif a perdu tout crédit, toute considération. Un grenadier a enfoncé sur la tête du roi un bonnet rouge gras et usé d'un savetier de la rue d'Auxerre... Cette journée du 20, dit-on déjà, doit être suivie d'une autre qui sera plus sérieuse. »

Et le procureur-syndic du département de la Seine, Pierre Louis Roederer, note : « Le trône est encore debout, mais le peuple s'y est assis et en a pris la mesure. »

29.

Louis ne peut oublier ce cœur de veau ensanglanté, enfoncé au bout d'une pique et que les sans-culottes ont agité devant son visage, et puis il y eut au cours de cette dizaine d'heures, ce mercredi 20 juin 1792, cette culotte pleine d'excréments, et ces pancartes : « Tremble, tyran, ton heure est venue » ; ces potences tenues à bout de bras, comme des jouets, auxquelles on avait suspendu une poupée « Madame Veto » et d'autres qui portaient l'inscription « Gare à la lanterne ». Et il y eut ceux qui brandissaient de petites guillotines.

Louis s'étonne. À aucun moment il n'a eu peur de cette foule haineuse. Et pourtant il sait qu'un jour elle le tuera.

Il a accepté de porter, depuis ce 20 juin, un gilet de quinze épaisseurs de tissu que la reine lui a fait confectionner car elle craint qu'on ne le poignarde.

– Ils ne m'assassineront pas, ils me feront mourir autrement, a dit Louis.

Il se souvient de l'avertissement de Turgot, c'était il y a seize ans, au début du règne, en 1776 : « N'oubliez jamais, Sire, avait dit Turgot, que c'est la faiblesse qui a mis la tête de Charles Ier sur un billot. »

Louis n'a pas cédé aux sans-culottes qui criaient : « La sanction ou la mort. »

Il n'a pas renoncé à son droit de veto. Et il ne cédera plus. Mais peut-être, en effet, sa tête sera-t-elle tranchée comme celle du roi d'Angleterre. Et l'on aura fait son procès. On l'accusera devant le peuple de trahison. On l'empêchera de se justifier, afin qu'il n'apparaisse pas comme un martyr.

Mais il faut qu'il se prépare à ce moment qu'il pressent proche.

Il entend, souvent en ces derniers jours de juin, les tambours battre.

On lui a annoncé qu'une nouvelle manifestation était prévue pour le 25 juin. Le tocsin a sonné, mais les cortèges se sont dispersés faute de troupes.

Et on écrit au roi, de plusieurs départements, pour s'indigner du traitement qui lui a été infligé, de l'humiliation subie, des menaces proférées.

Et à l'Assemblée, les Girondins sont inquiets de cette « journée révolutionnaire », de ces pétitionnaires armés qui sont entrés dans la salle des séances, avant d'envahir les Tuileries. Et les députés votent une résolution interdisant que l'on soit sous les armes quand on se présente afin de déposer une pétition à l'Assemblée.

Les députés vont même jusqu'à suspendre le maire de Paris, Pétion, de ses fonctions. On le poursuit en l'accusant d'avoir toléré, organisé même, la journée du 20 juin.

Louis a le sentiment que sa fermeté face aux sans-culottes a suscité un mouvement de courage de la part des modérés, de ceux qui craignent pour leurs biens, qui refusent le désordre.

Il faut les conforter, leur dire qu'il ne capitulera pas, utiliser ce moment d'incertitude devant le nouveau saut à accomplir qui conduira à la fin de la monarchie.

La municipalité de Marseille, qui a constitué un bataillon de volontaires, de près de sept cents hommes, pour rejoindre Paris, exige déjà « que le pouvoir exécutif soit nommé et renouvelé par le peuple. Que peut être cette race régnante dans un temps où tout doit être régénéré ? »

Et à Paris un placard est affiché, dès le 23 juin :

« Nous nous levons une seconde fois pour le plus saint des devoirs, y lit-on. Les habitants des faubourgs de Paris, les hommes du 14 juillet, dénoncent un roi faussaire, coupable de haute trahison, indigne plus longtemps d'occuper le trône. »

Cela s'appelle la République.

Il faut répondre. Louis corrige les projets de déclaration qu'on lui soumet. Il dicte, relit :

« Le roi n'a opposé aux menaces et aux insultes des factieux que sa conscience et son amour du bien public. Le roi ignore quel sera le terme où ils voudront s'arrêter, mais il a besoin de dire à la Nation française que la violence, à quelque excès qu'on veuille la porter, ne lui arrachera jamais un consentement à tout ce qu'il croit contraire à l'intérêt public. Comme représentant héréditaire de la Nation française, il a des devoirs sévères à remplir ; et s'il peut faire le sacrifice de son repos, il ne fera pas le sacrifice de son devoir... »

Est-ce qu'il sera entendu ?

Les sections sans-culottes des faubourgs Saint-Antoine et Saint-Marcel, derrière Santerre et Alexandre, sont toujours sous les armes, délibèrent en permanence, nuit et jour. Elles s'ouvrent aux citoyens passifs. Elles réclament la déchéance du roi. Elles s'indignent des poursuites engagées contre Pétion. Elles acclament leur maire : « La vierge Pétion », ce grand homme blond d'une beauté fade et d'un air doucereux, lâche et fourbe, un vaniteux surtout, qui s'est imaginé lorsqu'il était assis, au retour de Varennes, à côté de Madame Élisabeth, que la sœur du roi était troublée, séduite, prête à succomber à son charme.

Mais le peuple est ainsi, hier fêtant La Fayette, et aujourd'hui portant Pétion en triomphe et dénonçant en La Fayette un « intrigant », un « ennemi de la patrie », un « coquin et un imbécile », le « plus grand des scélérats », accusé de trahison par Robespierre et Couthon.

Et il est vrai que La Fayette a quitté son quartier général, s'est présenté à l'Assemblée, a exigé le retour à l'ordre, a rêvé d'un coup d'État.

Il a imaginé passer en revue, avec le roi, les gardes nationales. Il était persuadé qu'on le suivrait, et qu'on irait, au couvent des Jacobins, disperser cette « secte qui envahit la souveraineté nationale et tyrannise les citoyens ».

Louis se défie de ces « donquichotteries ». Il ne désapprouve pas la reine lorsqu'elle dit : « Mieux vaut périr que d'être sauvés par Monsieur de La Fayette. »

Il se tait lorsqu'elle lui annonce qu'elle va avertir Pétion des intentions du général. Et le maire annule aussitôt la revue des gardes nationales. Et il ne reste à La Fayette qu'à regagner son armée du Centre.

Et Paris reste dominé par ces sections sans-culottes des faubourgs, des portes Saint-Martin et Saint-Denis, du Théâtre-Français.

Et on chante aux carrefours :

Nous le traiterons, gros Louis biribi
À la façon de barbarie, mon ami
Gros Louis, biribi...

« Nous marchons à grands pas à la catastrophe », confie l'ambassadeur des États-Unis, Gouverneur Morris.

Louis partage ce sentiment. Il sait que les sans-culottes pensent que « la nation n'est pas seulement en guerre avec des rois étrangers. Elle est en guerre avec Louis XVI et c'est lui qu'il faut vaincre le premier si l'on veut vaincre les tyrans, ses alliés. »

C'est un étrange moment, comme celui qui précède l'éclatement d'un orage. Après des rafales, on a l'impression que le vent faiblit. On fait quelques pas, on se prend à espérer. Car les sans-culottes ne sont pas tout le peuple.

Un visiteur qui parcourt la capitale écrit :

« Dans quelle autre ville que Paris, verrait-on tout à la fois deux faubourgs mutinés contre la loi, la force publique armée couvrant les rues et les places, les hommes de bien, tristes, abattus, mornes, noircis du deuil de la douleur, l'asile des rois assiégé par une multitude égarée, toutes les autorités incertaines et tremblantes, et d'un autre côté la moitié de la capitale indifférente pour ce qui se passe dans un quartier éloigné du sien ; chacun allant à ses affaires comme si tout était calme ; le coin de toutes les rues tapissé de trente affiches bleues, jaunes, ou rouges, qui promettent des farces pour le soir ; trois mille oisifs arrangeant en conséquence l'ordre de leur journée, flottant sérieusement entre *Tancrède* qui se donne au Théâtre de la Nation, et *Jocrisse ou la Poule aux œufs d'or* qui est joué au Théâtre du Vaudeville ; des projets de soupers de corps, de concerts, de personnes aimables, et cependant un volcan terrible mugit sous leurs pieds. »

Le volcan gronde. Les troupes austro-prussiennes avancent dans le Nord. Elles occupent Orchies et Bavay.

« Les Autrichiens, écrit Gouverneur Morris, parlent avec la plus grande confiance de passer l'hiver à Paris. »

« Notre maladie avance bien », murmure-t-on dans l'entourage de Marie-Antoinette.

Elle voudrait agir. Et elle transmet ce qu'elle apprend des plans de campagne, à Mercy-Argenteau, le gouverneur autrichien à Bruxelles.

Elle se confie :

« Le roi n'est pas un poltron, dit-elle. Il a un très grand courage passif… Il a peur du commandement et craint plus que toute autre chose de parler aux hommes réunis… Dans les circonstances où nous sommes, quelques paroles bien articulées, adressées aux Parisiens qui lui sont dévoués, centupleraient les forces de notre parti. Il ne les dira pas. »

Louis connaît le jugement de la reine.

Peut-être a-t-elle raison lorsqu'elle dit qu'il a vécu tel un enfant toujours inquiet, sous les yeux de Louis XV jusqu'à vingt et un ans, et que cela l'a rendu timide, renfermé.

Mais s'il est passif, c'est aussi que c'est la seule forme de courage que la situation admet.

Il sent, à ces chants, à ces roulements de tambour, à ces milliers de fédérés qui arrivent de tous les départements, qu'un grand élan patriotique soulève le pays.

Les *Marseillais* entrent au pas cadencé, précédés par des cavaliers, acclamés par les sans-culottes de Santerre. Ils chantent « Aux armes, citoyens ! Formez vos bataillons », ce *Chant de guerre pour l'armée du Rhin* qu'ils ont entonné tout au long de leur route de Marseille à Paris, et cette *Marseillaise* se répand comme une traînée de poudre.

L'Assemblée a décrété *la Patrie en danger*, appelant aux enrôlements volontaires, et un détachement de cavalerie avec trompettes, tambours, musique, et six pièces de canon, suivi de douze officiers municipaux à cheval portant la bannière tricolore avec l'inscription *La Patrie est en danger*, parcourt les principales rues et boulevards de Paris. On s'arrête. On monte sur une estrade, on lit le texte de la proclamation :

« Des troupes nombreuses s'avancent vers nos frontières. Tous ceux qui ont horreur de la liberté s'arment contre notre Constitution. Citoyens, la Patrie est en danger. »

En trois jours, plus de quatre mille jeunes hommes courent aux amphithéâtres décorés de drapeaux tricolores où sont reçus les engagements.

Qu'opposer à ce mouvement, à cette crue d'hommes ?

Quelques régiments de Suisses, qu'on va concentrer aux Tuileries, des nobles courageux, anciens gardes du corps et gardes du roi, viendront les rejoindre, certains gardes nationaux des quartiers ouest pourront aussi vouloir défendre le roi constitutionnel, mais, Louis le sait, la partie est inégale.

Seules les armées autrichiennes et prussiennes peuvent briser ce mouvement. Mais elles sont étrangères. Et le mot de *patrie* est la plus terrible des armes dont disposent les sans-culottes. À l'Assemblée, Vergniaud le Girondin, en proclamant *la Patrie en danger*, a prononcé un réquisitoire contre le roi, en l'interpellant : « Non, non, s'est-il écrié, homme que la générosité des Français n'a pu émouvoir, homme que le seul amour du despotisme a paru rendre sensible, vous n'avez pas rempli le vœu de la Constitution ! Vous n'êtes plus rien pour cette Constitution que vous avez indignement violée, pour ce peuple que vous avez si facilement trahi. »

Et en même temps ces Girondins hésitent à transformer leurs paroles en actes.

Ils craignent l'anarchie. Ils se méfient de ces sections sans-culottes comme celles des Quinze-Vingts et des Cordeliers, peuplées d'ébénistes, de menuisiers, ouvriers et artisans, tapissiers, marbriers, verriers de la Manufacture royale des glaces, rue de Reuilly.

Dans la section des Gravilliers, les éventaillistes, les merciers, les charpentiers, les ciseleurs des rues Saint-Denis et

Saint-Martin sont exaltés par les prédications du prêtre Jacques Roux, un « enragé ».

Les Girondins voudraient utiliser ces forces sans-culottes tout en les contrôlant, les retenant, ne leur lâchant la bride que pour contraindre le roi à plier.

Mais ils rêvent donc aussi d'une trêve, d'un accord avec le roi. Et quand, le 7 juillet, l'évêque constitutionnel de Rhône-et-Loire, Lamourette, prêche à tous les partis la réconciliation – « Embrassez-vous », lance-t-il –, les députés, à l'exception de quelques Montagnards, se précipitent, se donnent l'accolade, pleurent.

Et Louis, prévenu que l'Assemblée a acclamé la formule de l'évêque : « Haine à la République », accourt.

« Incompréhensible miracle de l'électricité, écrit un témoin… toute l'Assemblée debout, les bras en l'air, les députés levaient leurs chapeaux et les faisaient jouer en l'air. Les tribunes trépignaient, les voûtes retentissaient de joie, d'applaudissements. L'ivresse avait saisi toutes les têtes. »

Mais ce n'est qu'une illusion. La tempête se déchaîne.

L'Assemblée rétablit Pétion dans ses fonctions ! C'est donc qu'elle approuve la journée du 20 juin, l'invasion armée des Tuileries, les pétitions de citoyens en armes.

Louis veut montrer qu'il reste, lui, fidèle à la Constitution.

Il se rend le 14 juillet au Champ-de-Mars, où l'on célèbre le troisième anniversaire de la prise de la Bastille. La foule, comme un océan, a tout recouvert. On acclame Pétion. Les huées méprisantes submergent le roi. On lui manifeste ainsi qu'il n'est plus rien. On ne le craint plus. Il suffit de décider de le pousser pour qu'il disparaisse.

Et des pétitions réclamant sa déchéance circulent.

La section de Mauconseil, au nord des Halles, déclare « qu'elle ne reconnaît plus Louis XVI comme roi des Français et qu'elle s'ensevelira sous les ruines de la liberté plutôt que de souscrire au despotisme des rois ».

Les Girondins ne pourront plus tenir, guider le peuple. Ils ont besoin de lui et il est soulevé par le patriotisme.

On chante ces refrains « marseillais ».

« Aux armes, citoyens, formez vos bataillons... Amour sacré de la patrie conduis, soutiens nos bras vengeurs. »

On dénonce « la horde d'esclaves, de traîtres, de rois conjurés ».

Lorsqu'on accueille place de la Bastille les fédérés marseillais, « les larmes coulent de tous les yeux », l'air retentit des cris de « Vive la Nation ! », « Vive la liberté ! ».

Et cette immense vague, ces milliers de fédérés venus de tous les cantons de la nation, est mille fois plus forte que celle qui a déjà submergé les Tuileries, le 20 juin.

Louis a le sentiment, quand il écoute Marie-Antoinette, quand il lit les journaux royalistes, qu'il ne partage ni leur peur ni leur haine.

Il sait que Marie-Antoinette écrit à Fersen, qu'elle lui dit :

« Hâtez si vous le pouvez le secours qu'on nous promet pour notre délivrance. J'existe encore mais c'est un miracle. La journée du 20 juin a été affreuse. Ce n'est plus à moi qu'on en veut le plus, c'est à la vie même de mon mari, ils ne s'en cachent plus... »

Louis le pressent. Il est au bout du chemin. Et la violence, la haine des royalistes aussi furieuse que celle des sans-culottes, ne lui laisse aucun doute sur le peu de temps qui lui reste avant l'affrontement.

Les journaux royalistes accusent.

« Les Parisiens ont montré toute la lâcheté de leur caractère, ils ont mis la mesure de tous leurs crimes. Tout est coupable dans cette ville criminelle, il n'est plus de pardon à espérer pour elle, cette ville scélérate... Vils et lâches Parisiens, votre sentence est portée. La journée du 20 juin a comblé vos crimes. Les vengeances s'approchent. Il vient le moment où vous voudrez au prix de vos larmes et de votre or racheter vos forfaits, mais il ne sera plus temps ; les cœurs seront pour vous de bronze et votre terrible punition sera un exemple qui effraiera à jamais les villes coupables. »

Cet appel pétri de haine et de désir de vengeance, et que publie *Le Journal général* de Fontenai, inquiète Louis.

Il avait sollicité Mallet du Pan d'écrire un *Manifeste* expliquant les raisons de l'intervention des souverains en France. Mais Mallet du Pan a regagné Genève, et c'est un émigré, le marquis de Limon, et l'ancien secrétaire de Mirabeau, Pellenc, qui ont écrit le *Manifeste*, qui sera signé par le duc de Brunswick, commandant les armées prussiennes.

Louis en prend connaissance le 25 juillet.

On parle en son nom. Mais c'est un général prussien qui s'exprime !

Il lit et relit ce *Manifeste de Brunswick*, et il comprend que ce texte va précipiter l'affrontement. Au lieu de « terroriser » les patriotes, il les incitera à agir, contre qui sinon d'abord contre le roi, la famille royale et la monarchie ?

Il ressent ce *Manifeste* comme un acte fratricide contre lui et sa famille.

« Les deux Cours alliées ne se proposent comme but que le bonheur de la France, ainsi commence le *Manifeste*.

« Elles veulent uniquement délivrer le Roi, la Reine et la famille royale de leur captivité…

« La ville de Paris et tous ses habitants sont tenus de se soumettre sur-le-champ et sans délai au Roi, de mettre ce Prince en pleine et entière liberté… »

Louis interrompt sa lecture.

Les patriotes au contraire l'emprisonneront, lui et les siens. Ils ne se soumettront pas aux ordres de l'empereur autrichien et du roi de Prusse.

Il lit la fin du *Manifeste* comme une incitation à en finir avec le roi, et la monarchie française, puisqu'ils ne peuvent choisir qu'entre la soumission et la mort.

« … Si le château des Tuileries est forcé ou insulté, s'il est fait la moindre violence, le moindre outrage à leurs Majestés, le Roi, la Reine et la famille royale… l'Empereur et le Roi tireront une vengeance exemplaire et à jamais mémorable en livrant la ville de Paris à une exécution militaire et à une subversion totale. »

Les patriotes forceront les Tuileries.

Ils couvriront d'outrages Louis et la famille royale.
Louis s'y prépare. Il est sans regret, sans colère, sans haine.
Dieu choisit.

Les fédérés marseillais, avec à leur tête l'avocat Barbaroux, secrétaire de la commune de Marseille, sont conviés le 30 juillet à un grand banquet patriotique aux Champs-Élysées.

Et dans la chaleur moite de l'été orageux, une rixe éclate entre les fédérés marseillais et les sans-culottes qui les accompagnent et des gardes nationaux des sections des quartiers bourgeois de Paris, soutenus par des « aristocrates ». Battus par les Marseillais, ils se réfugient dans le château des Tuileries. L'un d'eux a été tué.

On crie « Vive la nation ! », « Mort aux tyrans et aux traîtres ! ».

À la section des Gravilliers, on prépare une mise en accusation de Louis XVI complice de Brunswick, et on menace les députés :

« Nous vous laissons encore, législateurs, l'honneur de sauver la patrie ; mais si vous refusez de le faire, il faudra bien que nous prenions le parti de la sauver nous-mêmes. »

30.

Louis sent la sueur couler sur son visage.

Il est devant l'une des fenêtres des appartements royaux du château des Tuileries. Il se tient un peu en retrait, pour ne pas être vu des canonniers qui sont derrière leurs pièces dans la cour du château. Et il a entendu ces gardes nationaux crier, en le voyant, « Vive la nation ! », « Vive les sans-culottes ! », « À bas le roi ! », « À bas le Veto ! », et « À bas le gros cochon ! ».

Mais d'autres gardes nationaux, et les deux cents gentilshommes qui sont venus défendre le château, ont répondu : « Vive le roi ! », « Vive Louis XVI ! », « C'est lui qui est notre roi, nous n'en voulons pas d'autre ! », « Nous le voulons ! », « À bas les factieux ! », « À bas les Jacobins ! », « Nous le défendrons jusqu'à la mort, qu'il se mette à notre tête ! », « Vive la nation, la loi, la Constitution et le roi, tout cela ne fait qu'un. »

Il regarde Marie-Antoinette, assise loin de la fenêtre, dans la pénombre, tentant d'échapper ainsi à la chaleur torride de ces premiers jours d'août 1792.

Elle est aussi déterminée que ces gentilshommes, prêts à mourir pour leur roi.

Elle a plusieurs fois dit qu'elle voudrait revoir le roi monter à cheval, prendre la tête des troupes fidèles, de ces neuf cent cinquante Suisses que l'on a fait venir de leurs casernes de Rueil et de Courbevoie. Louis sortirait du château, rallierait à lui les « honnêtes gens », les gardes nationaux des sections qui veulent que la Constitution soit respectée, et dans lesquelles des hommes modérés, comme ce savant, ancien fermier général, Lavoisier, de la section de l'Arsenal, ont de l'influence.

On peut compter sur le marquis de Mandat, commandant en chef de la garde nationale parisienne, et chargé de la défense des Tuileries.

« Il y a ici des forces, a répété Marie-Antoinette, il est temps enfin de savoir qui l'emportera du roi et de la Constitution ou de la faction. »

Louis s'éponge. Peut-être n'est-ce pas la chaleur qui le fait transpirer, mais l'angoisse, l'attente.

L'Assemblée, malgré les protestations des tribunes, les menaces lancées contre les députés, a refusé par quatre cent six voix contre deux cent vingt-quatre de mettre La Fayette en accusation et d'engager des poursuites contre lui.

C'est la preuve que les Girondins sont inquiets. Ils redoutent les projets d'insurrection votés par les sections du faubourg Saint-Antoine et du faubourg Saint-Marceau. Les sans-culottes exigent que l'Assemblée prononce la déchéance du roi, sa mise en accusation pour trahison. Les sections attendront jusqu'au jeudi 9 août, à minuit, le vote de l'Assemblée. Et si celle-ci, avant cette heure fatidique, ne s'est pas prononcée, alors, les sans-culottes feront sonner le tocsin et iront se saisir de la personne du roi, aux Tuileries, et personne, aucune force ne pourra s'opposer à la volonté du peuple.

Les fédérés marseillais sont hébergés par la section du Théâtre-Français, au club des Cordeliers, et Danton, et les sans-culottes les endoctrinent et savent qu'ils peuvent compter sur eux, comme aussi sur les fédérés venus de Brest.

Les tambours battent. On chante des couplets, qu'en quelques jours les sans-culottes parisiens ont appris des Marseillais. « Aux armes, citoyens. » On s'interpelle joyeusement, c'en est fini des titres, de *Monsieur* ou *Madame*, on est tous *citoyens* !

L'échéance est donc fixée aux premières heures du vendredi 10 août.

Les sections du faubourg Saint-Antoine ignorent les appels des Girondins, d'un Condorcet.

Ceux-là se sont servis du peuple, comme d'un dogue, afin d'effrayer le roi.

Et maintenant la peur les saisit. Ils craignent que le dogue ne se débarrasse de sa laisse, leur échappe, n'écoute pas Condorcet qui déclare :

« Un peuple court à sa ruine s'il préfère à des moyens d'action tempérés par la loi, des moyens dont l'illégalité seule serait capable de faire avorter tout le fruit. »

Et la section des Quinze-Vingts répond :

« Si justice et droit n'est pas fait au peuple par le corps législatif jeudi, onze heures du soir, le même jour, à minuit, le tocsin sonnera et la générale battra, et tout se lèvera à la fois. »

Louis n'en doute pas.

Et cependant, il a accepté que l'on verse des dizaines de milliers de livres à Danton, afin qu'il empêche l'insurrection.

Or, cet ancien avocat est le tribun le plus écouté de la section du Théâtre-Français, du club des Cordeliers.

Il fait partie d'un Comité secret composé de vingt-quatre membres, qui se réunit au Pavillon de Charenton et dont le but est de préparer l'attaque du château des Tuileries. Camille Desmoulins, Marat, Billaud-Varenne, l'acteur Collot d'Herbois et Robespierre se retrouvent aux côtés de Danton. Et certains d'entre eux envisagent de constituer une *Commune insurrectionnelle*, qui prendrait le pouvoir, en lieu et place de la Commune élue.

Soudoyée, elle aussi. Près de sept cent cinquante mille livres ont été versées au maire de Paris et à Santerre lui-même pour ramener les Marseillais dans le parti du roi et donc rendre impossible l'insurrection.

Mais comment se fier à ces hommes ? Ils utilisent sans doute l'argent qu'on leur a versé, soit pour leurs aises et leurs débauches, comme Danton, soit pour préparer cette insurrection qu'ils sont payés pour empêcher !

Et jadis on avait couvert d'or Mirabeau, et cela n'avait en rien entravé le cours de la Révolution.

L'insurrection aura lieu, Louis s'en persuade en découvrant le jardin des Tuileries entièrement désert.

« Il semble que la peste soit dans le château, écrit un journaliste "patriote". Nul ne veut en approcher. Mais la terrasse des Feuillants est couverte d'hommes, de femmes, de gens de guerre qui vont à l'Assemblée, qui en reviennent, qui s'arrêtent à la porte, aux murs de ce bâtiment, et de l'autre côté, un vaste et superbe jardin désert... Nous sommes ici, disent ceux qui se promènent sur la terrasse des Feuillants, sur la terre de la liberté. Et là-bas c'est Coblence. Cette solitude, ce silence qui règnent dans le jardin où l'on voit seulement courir quelques chiens doivent effrayer le maître du château pour peu qu'il réfléchisse sur lui-même : il n'est pas de bon augure. »

Louis n'est pas effrayé. Et cependant il ne croit pas, comme le réclament les pétitions de certaines sections sans-culottes, qu'on se contentera de sa déchéance, suivie de l'expulsion de la famille royale hors du territoire.

Trop de souffrances, et donc trop de haines, trop de désirs de vengeance se sont sans doute accumulés depuis des siècles et font de Louis le XVIe celui qu'il faut crucifier.

Trop de peurs aussi, d'accusations de trahison conduisent à un verdict impitoyable. Le *Manifeste de Brunswick* annonce selon les orateurs sans-culottes « une Saint-Barthélemy des patriotes ».

Robespierre, presque chaque jour, au club des Jacobins le répète. La rumeur se répand selon laquelle les habitants de Paris seront conduits dans la plaine Saint-Denis, et décimés sur place dès l'entrée dans la capitale des troupes prussiennes et de l'armée des Princes forte de vingt mille émigrés.

Les patriotes les plus notoires et cinquante poissardes seront roués !

Louis partage le sentiment du journaliste royaliste Du Rosoi qui écrit dans la *Gazette de Paris* :

« Au moment où vous lisez ces lignes, toutes les hordes, soit celles qui délibèrent, soit celles qui égorgent : républicains, pétitionnistes, novateurs, brissotins, philosophistes, écrivent, discutent, aiguisent des poignards, distribuent des cartouches, donnent des consignes, se heurtent, se croisent, augmentent le tarif des délations, des crimes, des libelles et des poisons... Si ces factieux osent prononcer la déchéance du roi, ils osent le juger ; et s'ils le jugent, il est mort ! Mort ! entendez-vous, lâches et insouciants Parisiens… »

La mort est donc là. Louis la voit. Elle le saisira dans quelques heures, quelques jours, quelques mois. Mais il est depuis si longtemps persuadé que son destin tragique est écrit et qu'il ne peut le changer, que ces dernières heures avant le 10 août ne le surprennent pas.

L'Assemblée erre, hésite, condamne ceux qui pétitionnent pour la déchéance du roi, et plus tard décide que les régiments de Suisses devront quitter Paris pour se rendre aux frontières, ce qui signifie, ouvrir les portes des Tuileries, livrer le roi aux émeutiers.

Et ceux-ci ne sont pas les meilleurs du peuple de Paris. Les purs patriotes se sont enrôlés pour aller combattre les Prussiens : quarante mille jeunes gens en quelques semaines.

Il reste les boutiquiers, les ouvriers, les vagabonds, les artisans fanatiques, ceux qui veulent occuper les places, prendre le pouvoir pour eux-mêmes, laissant faire la guerre aux autres. Ils ne représentent qu'une faible partie du peuple de Paris.

Mais ils sont déterminés. Et les femmes si souvent soumises et humiliées les accompagnent et même les entraînent.

Et cependant, une foule insouciante remplit les Champs-Élysées. Toutes les boutiques sont ouvertes. On vend dans ces journées torrides des rafraîchissements. On chante. On danse. On assiste aux spectacles de pantomimes et de marionnettes.

Cela étonne un voyageur anglais, Moore, qui a vu les canons installés sur le Pont-Neuf afin d'interdire aux cortèges sans-culottes venus de la rive droite et de la rive gauche de se rejoindre.

Mais, à quelques rues seulement de ce qui sera sans doute un lieu de combat : « Tout est tranquille dans Paris. On s'y promène. On cause dans les rues comme à l'ordinaire. Ces gens-là paraissent heureux comme des dieux… le duc de Brunswick est l'homme du monde auquel ils pensent le moins. »

Mais il y a ceux qui s'apprêtent à donner l'assaut aux Tuileries si l'Assemblée législative refuse de proclamer la déchéance du roi.

Et depuis les tribunes de la salle du Manège, ils sont des centaines à insulter les députés, à les menacer, cependant que d'autres les attendent à la sortie de l'Assemblée, les entourent, les frappent.

Et bientôt, il n'y aura plus en séance qu'une minorité de députés – à peine un peu plus de deux cents, sur sept cent quarante-cinq – prêts à soutenir les vœux des sans-culottes.

Le « peuple » – quelques milliers sur plus de six cent mille Parisiens – est trop fort pour se laisser dompter par l'Assemblée, qui, jeudi 9 août, à sept heures du soir, clôt ses travaux, sans s'être prononcée sur la déchéance du roi.

Médiocre et lâche habileté des Girondins.

« Il pleuvra du sang », prévoit un témoin, quand il entend un quart d'heure avant minuit la grosse cloche des Cordeliers battre le tocsin, suivie par les cloches de six autres églises.

Et les tambours commencent à résonner, les sans-culottes à se rassembler.

Demain, vendredi 10 août 1792, ce sera, comme prévu, on l'a préparé, la journée révolutionnaire qui doit achever ce qui a été commencé le 14 juillet 1789.

Courte nuit avant l'aube du vendredi 10 août.

Louis écoute le procureur-syndic du département Roederer, qui est assis aux côtés de la reine, de Madame Élisabeth, du dauphin, et qui veut, dit-il, par sa présence aux Tuileries protéger le roi et sa famille.

Déjà plusieurs fois, il a affirmé que le salut ne pourrait venir d'une résistance armée aux sans-culottes s'ils tentaient d'attaquer le château.

Il faudrait se réfugier à l'Assemblée, où la majorité des députés étaient modérés, et feraient de leurs corps et de leur légitimité un rempart.

Le maire de Paris, Pétion, souriant, vient à son tour aux Tuileries, puis se retire après quelques instants, et Louis comprend que cet homme-là refusera de prendre parti, s'enfermera chez lui, se laissant « enchaîner avec des rubans », de manière à sauver sa vie.

Vers deux heures et demie du matin, Roederer lit le rapport qu'on vient de lui remettre.

Les rassemblements de sans-culottes ont de la peine à se former, dit-il. Les citoyens des faubourgs se lassent. Il semble qu'on ne marchera pas.

Et un informateur royaliste qui vient d'arriver, confirme ces informations :

« Le tocsin ne rend pas », répète-t-il.

Louis reste impassible. La journée n'a pas commencé. On vient d'annoncer que sur ordre de Manuel, procureur général de la Commune, on a retiré les canons en batterie sur le Pont-Neuf. Dès lors, les sans-culottes du faubourg Saint-Antoine et ceux du faubourg Saint-Marceau peuvent se rejoindre !

Et Louis approuve et comprend les inquiétudes du marquis de Mandat, d'autant plus que Manuel est un proche de Danton. L'obstacle majeur à l'assaut des Tuileries vient de sauter.

Louis se retire. Il veut dormir, laisser le destin s'écouler selon la pente dessinée par Dieu. Quand il sort de sa chambre, on lui annonce que le marquis de Mandat, sur convocation de la Commune, et sur les conseils de Roederer, a accepté de se rendre à l'Hôtel de Ville où la Commune veut l'entendre.

Le commandant de la garde nationale, responsable de la défense des Tuileries, est parti seul sans escorte.

Louis ferme les yeux.

Il entend Madame Élisabeth dire à Marie-Antoinette : « Ma sœur, venez donc voir le lever de l'aurore. »

Combien, demain, vivront une aube nouvelle ?

On tue déjà, place Vendôme, devant l'Hôtel de Ville.

Le marquis de Mandat a été mis en état d'arrestation, accusé d'avoir ordonné, si une « colonne d'attroupement s'avançait vers le château, de l'attaquer par-derrière ».

« C'est une infamie, crie-t-on, un prodige de lâcheté et de perfidie. »

On l'entraîne vers la prison de l'Hôtel de Ville. Et dès qu'il apparaît sur les marches, on l'abat : coups de pistolet, coups de pique et de sabre.

Et les membres du Comité secret, les commissaires de chaque section qui avaient été désignés dans la nuit, chassent la Commune légale, au nom du salut public. Elle sera remplacée par une *Commune insurrectionnelle*, dans laquelle Danton affirme son autorité. Santerre est nommé commandant de la garde nationale à la place de Mandat. Et les cortèges se mettent en mouvement vers le château des Tuileries.

Il n'est pas encore neuf heures.

Place Vendôme, de très jeunes gens jouent avec des têtes, les jetant en l'air et les recevant au bout de leurs bâtons. Ce sont celles du journaliste royaliste Suleau et de trois de ses amis.

Un jeune homme est interpellé dans les Petits-Champs, on l'entoure, on le menace. Il est habillé comme un « monsieur ». On l'oblige à crier « Vive la Nation ! ». Il a un accent étranger.

Il se souviendra qu'il a vu, ce vendredi 10 août, « des groupes d'hommes hideux, que le château a été attaqué par la plus vile canaille ».

Il se nomme Napoléon Bonaparte.

Le « patriote Palloy », l'un des vainqueurs de la Bastille, entrepreneur devenu riche en organisant la démolition – fructueuse – de la citadelle, écrit de ce « peuple » en armes du 10 août :

« Ce sont les sans-culottes, c'est la crapule et la canaille de Paris, et je me fais gloire d'être de cette classe qui a vaincu les soi-disant "honnêtes gens". »

Ils marchent vers le château. Ils s'emparent des postes qui protègent les bâtiments. Ils approchent des portes. Il faut se réfugier à l'Assemblée, répète Roederer.

Louis hésite. Il veut passer en revue la garde nationale. Il descend seul au Carrousel. Et à chaque pas qu'il fait devant les compagnies alignées, il est pénétré par une profonde, insurmontable lassitude.

Il répète :

« J'aime la garde nationale. »

Il a l'impression qu'il n'a même plus assez de force pour avancer.

Un groupe de canonniers, les mêmes sans doute que ceux qui l'ont déjà insulté, se met à le suivre en criant :

« À bas le roi ! À bas le gros cochon ! »

Toujours l'insulte.

Il rentre.

Roederer insiste pour qu'on se place sous la protection de l'Assemblée.

« Sire, le temps presse, dit-il. Votre Majesté n'a pas d'autre parti à prendre. »

Marie-Antoinette s'approche.

« Nous avons des forces, martèle-t-elle. Personne ne peut agir ? Quoi, nous sommes seuls ? »

« Oui, Madame, seuls, répond Roederer, l'action est inutile, la résistance, impossible, tout dans Paris marche ! »

« Marchons », dit Louis.

On se dirige vers la salle du Manège.

Roederer guide ce petit cortège, le roi et sa famille. Des feuilles mortes s'amoncellent dans les allées.

Le dauphin joue avec elles.

« Elles tombent de bonne heure cette année », murmure Louis.

On passe au milieu de la foule qui forme deux haies hostiles. Un citoyen lance, en se portant au premier rang :

« Sacredieu, je n'entends pas que ce bougre de roi aille souiller la salle de l'Assemblée ! »

Il faut parlementer. L'officier de la garde nationale qui protège le roi prend le citoyen par la main, le présente à Louis XVI :

« Sire, voilà un galant homme qui ne vous fera pas de mal. »

« Je n'en ai pas peur », répond Louis.

Le citoyen tend la main :

« Touchez là, vous aurez pris la main d'un brave homme, mais je n'entends pas que votre garce de femme aille avec vous à l'Assemblée, nous n'avons pas besoin de cette putain. »

Il est trop tard pour répondre, pour résister.

Louis titube sous l'injure, s'assied près de Vergniaud à la tribune de l'Assemblée.

Les mots du Girondin – « Fermeté de l'Assemblée, ses membres ont juré de mourir en soutenant les droits du peuple et les autorités constituées » – sont comme une rumeur lointaine.

C'est une station du calvaire.

Il dit : « Je suis venu ici pour éviter un grand crime. »

On l'installe avec sa famille dans la loge du logographe, qui prend en note les discours. On y étouffe dans une chaleur moite. Et l'on entend, tout proches, des détonations d'abord isolées, puis des feux de salve, des cris.

Il est à peine passé dix heures et demie.

Les portes du château sont forcées.

Les insurgés se précipitent dans les Tuileries. Les gardes nationaux crient : « Vive la nation ! », rallient les sans-culottes et les fédérés. On interpelle les Suisses. Le patriote Westermann, ancien hussard alsacien, proche de Danton, leur lance en allemand :

« Rendez-vous à la nation. »

Quelques-uns hésitent, sautent par les fenêtres, d'autres répondent qu'ils ne veulent pas se déshonorer. Leurs officiers s'inquiètent. Les insurgés au bas de l'escalier s'impatientent, commencent à insulter ces « gilets rouges ». Des débardeurs armés de crocs en harponnent certains par leur fourniment, les tirent à eux.

Puis un coup de feu, et les salves de part et d'autre. Les Suisses qui s'élancent chassent les insurgés des cours, s'emparent des canons.

« J'ai vu les Suisses, dit un grenadier de la section du Théâtre-Français, François Marie Neveu, peintre, ami de David, tant qu'ils ont été maîtres de la Cour royale, faire jusqu'à six décharges à bout portant sur mes frères d'armes amoncelés derrière un tombereau, ils faisaient sauter la cervelle de mes concitoyens à bout portant. »

Il y a déjà une centaine de morts.

Les fédérés marseillais et brestois contre-attaquent, refoulent les Suisses, dont certains se regroupent près de l'Assemblée.

« Les portes sont forcées, crie un officier de la garde nationale. Il y a des citoyens qui sont près d'être égorgés. À quoi sert ce sang versé ? »

Louis écrit au colonel suisse :

« Le roi ordonne aux Suisses de poser à l'instant leurs armes et de se retirer dans leurs casernes. »

Tous ne peuvent être prévenus. Ils se battront jusqu'à épuisement de leurs munitions. Et ceux-là comme ceux qui cessent le feu sont égorgés.

Point de quartier.

De la fenêtre d'un immeuble du Carrousel, Napoléon Bonaparte a assisté à l'assaut. Puis il parcourt le champ de bataille, où les corps s'entassent. On les brûle par monceaux.

« On tue les blessés, raconte-t-il. On tue les deux chirurgiens suisses qui les pansaient. J'ai vu des femmes bien mises se porter aux dernières indécences sur les cadavres des Suisses. Elles mutilaient les soldats morts puis brandissaient ces sexes sanglants. Vile canaille ! »

Et « coglione » de Louis XVI.

« Si le Roi se fût montré à cheval, la victoire lui fût restée. »

Pillage des Tuileries, saccage. Vols, et on tue les voleurs à coups de sabre et de pique, dans les rues et places proches du château.

« Quelle atroce barbarie ! » s'indigne le libraire patriote Ruault. Il a vu passer au fil de l'épée soixante Suisses qui s'étaient rendus et qu'on avait conduits à l'Hôtel de Ville.

« Et depuis quand égorge-t-on de sang-froid, en Europe, des prisonniers de guerre ? » interroge-t-il.

« Je fus forcé de voir le massacre dans la petite cour intérieure de l'Hôtel de Ville aux pieds mêmes de l'effigie de Louis XVI.

« On les dépouillait nus, on les perçait puis on les tirait par les pieds, et on chargeait leurs corps morts dans des tombereaux... Mais, ô comble de l'horreur ! J'ai vu des cannibales qui chargeaient ces cadavres les mutiler dans leurs parties secrètes et leur donner en ricanant des petits soufflets sur les joues et sur les fesses.

« Il faut dire tout ce que l'on a vu et tout ce que l'on sait de cette abominable journée. »

SIXIÈME PARTIE

11 août 1792-30 septembre 1792
« Libre sous les poignards »

« Donnons dans la personne des Bourbons
et de leurs complices un exemple éclatant qui fasse pâlir
les autres rois : qu'ils aient toujours devant eux et présent
à leur pensée le fer de la guillotine tombant sur la tête ignoble
de Louis XVI, sur le chef altier et insolent de sa complice… »

Article dans *Les Révolutions de Paris*,
numéro du 4 au 11 août 1792

« De ce lieu et de ce jour date
une nouvelle époque de l'histoire du monde. »

GOETHE, présent à Valmy le 20 septembre 1792

31.

Combien de morts ?

Maximilien Robespierre s'interroge. Il n'a pas participé aux combats. Il est resté enfermé chez les Duplay, rue Saint-Honoré, à écouter les feux de salve qui se sont prolongés dans l'après-midi de ce vendredi 10 août.

Maintenant que la nuit est tombée, il se rend à la section des Piques, place Vendôme.

Autour de la statue de Louis XIV, une foule s'affaire, et, à l'aide de crocs, d'épieux, de lourds maillets, de barres de fer, on essaie de desceller la statue, et quand le Roi-Soleil commence à osciller on crie : « Plus de roi, haine aux tyrans. »

On commence à briser la statue, et d'autres sans-culottes, des jeunes gens, des femmes martèlent, sur les façades, le mot *roi*, les fleurs de lys.

Robespierre s'arrête, questionne. On le reconnaît, on l'acclame. On lui dit que le peuple renverse les statues, celles de Louis XV et de Louis XIII, d'Henri IV.

On réclame la déchéance de Louis Capet, son procès. On brûle les sièges des journaux monarchistes. On traque les journalistes royalistes. On arrête des « suspects », soupçonnés à leur mine, à leurs vêtements, d'être des aristocrates.

On hurle qu'il faut tuer les Suisses qui se sont réfugiés, non loin de là, au couvent des Feuillants, et d'autres au Palais-Bourbon.

Combien de morts déjà ?

Au moins un millier, dont plus de six cents défenseurs du château, Suisses et aristocrates venus défendre le roi.

Au Carrousel, le peuple brûle les cadavres avec les débris des devantures des boutiques brisées ou incendiées par les décharges de mousqueterie.

Qu'est devenu le roi ? Qu'a décidé l'Assemblée à son sujet ? Suspension ou déchéance ? Robespierre veut se rendre salle du Manège, mais il s'adresse d'abord à l'assemblée de la section des Piques :

« Il faudra que le peuple s'arme encore une fois de sa vengeance, dit-il. Songez que le courage et l'énergie du peuple peuvent seuls conserver la liberté. Il est enchaîné dès qu'il s'endort, il est méprisé dès qu'il ne se fait plus craindre, il est vaincu dès qu'il pardonne à ses ennemis avant de les voir entièrement domptés. »

On le désigne par acclamation comme représentant de la section à la Commune insurrectionnelle.

C'est là qu'est le pouvoir.

Il voit, à l'Assemblée, le roi et sa famille, qui sont encore dans la loge du logographe et qui passent leur nuit dans quelques pièces du couvent des Feuillants.

Les députés, à peine deux cent quatre-vingt-cinq sur les sept cent quarante-cinq que compte l'Assemblée, ont décidé la suspension du roi, et son internement. Les sans-culottes, les représentants de la Commune insurrectionnelle ont protesté. Ils demandent la déchéance de Monsieur Veto. Ils exigent que le roi et sa famille ne soient pas internés au palais du Luxembourg, ou à l'hôtel du ministre de la Justice, comme l'avait décidé l'Assemblée, mais dans le donjon du Temple, où la surveillance doit être sévère à chaque instant. Il faut que Louis Capet, l'Autrichienne et petit Capet, ne disposent que de l'indispensable. Point de luxe. Point de sortie. Point de visite. Il n'y a plus de roi.

Et l'Assemblée s'incline devant la Commune insurrectionnelle. Les députés votent aussi pour que soit constitué un

Conseil exécutif provisoire, et c'est Danton qui y exercera la plus forte influence, parce qu'il a recueilli deux cent vingt-deux voix sur deux cent quatre-vingt-cinq, plus qu'aucun des autres candidats. On sait que Danton a été l'homme de l'Insurrection du 1er août.

« Je suis entré au Conseil exécutif par la brèche ouverte aux Tuileries », dit-il de sa voix de stentor.

Celui que ses ennemis appellent « le Mirabeau de la canaille », ce franc-maçon, qui choisit comme secrétaires Fabre d'Églantine et Camille Desmoulins, est une force physique : visage léonin, crinière embroussaillée, mâchoire large, mains épaisses, torse et épaules musclés.

Il aime la vie, le pouvoir, l'argent. On l'a dit agent du duc d'Orléans, soudoyé par la Cour. Il s'est jeté dans le brasier révolutionnaire avec toute son énergie et son talent d'avocat.

Robespierre l'observe. Comment un homme débauché, corrompu, tonitruant, pourrait-il être un homme vertueux ?

Mais c'est Danton qui est au Conseil exécutif, ministre de la Justice, lui qui joue le premier rôle, et domine Roland, ministre de l'Intérieur, que son épouse Manon inspire.

C'est elle qui en fait dirige le *bureau de l'esprit public*, qui sous l'autorité de Roland doit influencer, orienter les journaux. Ils sont tous patriotes, puisque la censure a été établie et que les journaux monarchistes ont été supprimés. Le journaliste Suleau a été massacré, son confrère Du Rosoi, arrêté, a été condamné à être guillotiné. L'Assemblée a créé un Tribunal criminel extraordinaire, sous la pression de la Commune insurrectionnelle. Les juges qui le composent ont été élus par les sections.

Robespierre, qui a recueilli le plus de voix, devrait en prendre la présidence. Il hésite, puis refuse :

« Je ne peux être le juge de ceux dont j'ai été l'adversaire, dit-il. J'ai dû me souvenir que s'ils étaient les ennemis de la patrie, ils s'étaient aussi déclarés les miens. »

Les Girondins l'accusent d'hypocrisie, de vouloir en fait rester à la Commune afin d'occuper ce lieu de pouvoir. Des affiches sont placardées, à côté de celles qui depuis le 11 août annoncent : « Le roi est suspendu, sa famille et lui restent otages. »

« Robespierre, y lit-on, est un homme ardemment jaloux. Il veut dépopulariser le maire Pétion, se mettre à sa place et parvenir au milieu des ruines à ce tribunal, objet continuel de ses vœux insensés. »

Robespierre, sans qu'un trait de son visage tressaille, lit et relit, avec une fureur maîtrisée qui le glace, ces accusations.

Il n'attaquera pas, pas encore, ces Girondins auteurs de ces accusations.

Mais le soir, au club des Jacobins, d'une voix coupante, il dit :

« L'exercice de ces fonctions de président du tribunal criminel extraordinaire pour juger les auteurs des crimes contre-révolutionnaires était incompatible avec celles de représentant de la Commune. Je reste au poste où je suis, convaincu que c'est là que je dois actuellement servir la patrie. »

On l'acclame.

Il lit l'appel que vient de lancer la Commune :

« Peuple souverain, suspends ta vengeance. La justice endormie reprendra aujourd'hui tous ses droits. Tous les coupables vont périr sur l'échafaud. »

Les Jacobins l'ovationnent. « Plus de roi, jamais de roi », crient-ils.

On a conduit Louis Capet et sa famille au donjon du Temple.

On a entassé toute la famille royale dans une voiture traînée seulement par deux chevaux qui avançaient au pas, escortée par des gardes nationaux, crosse en l'air.

On a voulu qu'ils traversent Paris, qu'ils voient les statues des rois renversées. Et on leur a dit que l'on a même brisé celle de Philippe le Bel qui est dans Notre-Dame.

« Louis-Néron » est resté impassible.

Marie-Antoinette, cette nouvelle Agrippine, serre contre elle son fils, et tout au long du trajet, qui a pris plusieurs heures, elle a reçu en plein visage les insultes, les accusations, cette « putain et son bâtard ».

Autour d'eux la mort rôde.

Les journaux patriotes l'appellent pour qu'elle frappe.

Dans *Les Révolutions de Paris*, Robespierre lit : « La patrie et le despotisme ont lutté ensemble un moment corps à corps. Le despotisme avait été l'agresseur. Il succombe. Point de grâce, qu'il meure mais pour ne plus avoir à recommencer avec cette hydre, il faut abattre toutes les têtes d'un coup. Donnons dans la personne des Bourbons et de leurs complices un exemple éclatant qui fasse pâlir les autres rois ; qu'ils aient toujours devant eux et présent à leur pensée le fer de la guillotine tombant sur la tête ignoble de Louis XVI, sur le chef altier et insolent de sa complice. Frappons après eux tous ceux dont on lit les noms sur les papiers trouvés dans le cabinet des Tuileries ; que tous ces papiers nous servent de listes de proscriptions. Faut-il encore d'autres pièces justificatives ? Qu'attend-on ?

« Mais, inconséquents et légers que nous sommes, nous passons notre colère sur des bronzes, des marbres inanimés. »

Ce n'est point les statues que l'on doit briser, mais des têtes que l'on doit trancher.

C'est l'avis de la Commune insurrectionnelle dont Danton est le maître. Il exige.

Les députés doivent prêter un nouveau serment. Il n'est plus question de fidélité au roi. La Constitution de 1791 est abolie. Des élections vont être organisées au suffrage universel aux fins d'élire une *Convention nationale* qui, comme aux États-Unis, qui servent de modèle, rédigera une nouvelle Constitution.

Et d'ici là, les municipalités pourront emprisonner les « suspects », effectuer des « visites domiciliaires ». On ne fait plus d'abord référence à la liberté.

C'est l'an I de l'égalité qui commence.

Et il faut prêter serment à la nation, à l'égalité sainte.

Les prêtres qui s'y refusent, les réfractaires pourront être aussitôt déportés en Guyane.

Il faut traquer et réduire à l'impuissance les aristocrates et leurs complices.

À Paris, la Commune fait arrêter six cents suspects qui rejoignent dans les prisons deux mille personnes qui déjà s'y entassent.

Les femmes et les enfants d'émigrés sont considérés comme des otages, et leurs biens placés sous séquestre.

Il faut se défendre.

On dit que les armées austro-prussiennes ont pris l'offensive, appuyées par vingt mille émigrés. Ce même 19 août, La Fayette et vingt-deux officiers de son état-major, après avoir tenté d'entraîner leurs troupes à marcher sur Paris, sont passés à l'ennemi.

En Vendée, en Bretagne, en Dauphiné, dans la région du Nord, dans le Centre, dans le Sud-Ouest, et malgré l'envoi par la Commune insurrectionnelle et le Comité exécutif de commissaires, on se dresse contre la révolution du 10 août.

On proclame son attachement au roi, on refuse de s'enrôler, pour partir aux frontières. Dans le Maine et la Normandie, Jean Cottereau, dit Jean Chouan, qui avec ses trois frères se livrait à la contrebande du sel, gagne la forêt. On se rassemble autour de lui, on se reconnaît en poussant le cri du chat-huant. On s'apprête à attaquer les gendarmes, à défendre les prêtres réfractaires.

Et les nouvelles de ces résistances accroissent la peur et la mobilisation dans ces quartiers de Paris – les faubourgs, le centre, le Théâtre-Français, les portes Saint-Denis et Saint-Martin – où fermente l'esprit sans-culotte, autour des sections des Quinze-Vingts, des Piques, du Théâtre-Français.

On s'arme.

Les fers des grilles des Tuileries sont transformés en « piques citoyennes ». On croit que huit cents hommes de la « ci-devant » garde royale sont prêts à fondre sur Paris, pour y massacrer les patriotes.

On crie à la trahison quand on apprend, le 23 août, que Longwy est tombé aux mains des Prussiens. On s'insurge contre ces députés, ces Girondins, ce ministre Roland, ces militaires qui envisagent de quitter Paris, qui s'affolent à l'idée que les Prussiens ne sont qu'à quelques jours de marche de la capitale, et qu'ils mettront à exécution les menaces annoncées dans le *Manifeste de Brunswick*.

Et puis dans Paris, il y a ceux – la plus grande partie de la population – qui continuent de vivre en subissant les événements sans y participer.

Ceux-là ne se sont mêlés ni au cortège du 10 août, ni aux combats des Tuileries, ni aux tueries.

« Le massacre ne s'étendit guère hors du Carrousel et ne franchit pas la Seine, écrit un témoin. Partout ailleurs je trouvai la population aussi tranquille que si rien ne s'était passé. Dans l'intérieur de la ville, le peuple montrait à peine quelque étonnement ; on dansait dans les guinguettes. Au Marais où je demeurais alors, on n'en était qu'à soupçonner le fait, comme à Saint-Germain. On disait qu'il y avait quelque chose à Paris, et l'on attendait impatiemment que le journal du soir dît ce que c'était. »

Mais d'autres sont stupéfaits.

« La journée du 10 août change toutes les idées, toutes les opinions des patriotes », écrit un membre du club des Jacobins, garde national, acteur des événements mais comme un citoyen anonyme qui n'intervient pas dans les débats, qui observe, à la fois emporté par le souffle révolutionnaire et inquiet.

« Nous voilà à recommencer, dit-il, c'est une nouvelle Révolution qui annule celle de 1789. Il paraît décidé que la royauté sera abolie, qu'on créera un régime républicain démocratique. Ce sera encore un enchaînement de maux et de malheurs dont nous sortirons quand il plaira à Dieu... Quel changement, Seigneur ! Qu'eût répondu Louis XIV, le 10 août 1715, peu de jours avant sa mort, si on lui avait dit : "Sire, dans soixante-dix-sept ans, la monarchie française sera détruite, le règne des Bourbons sera fini en France ; vous êtes l'antépénultième roi de cette antique dynastie." »

Ce citoyen-là est incertain.

On arrête des « suspects ». On encercle le Palais-Bourbon, où sont prisonniers cent cinquante Suisses. Et des sans-culottes exigent qu'on les leur livre.

« La Commune du 10 août, écrit ce Jacobin, commence à faire trembler une partie des habitants de Paris... Les partisans de la Révolution se divisent en deux classes, ceux de 89 jusqu'au 10 août exclusivement, et ceux qui datent du 10 août, qui se disent des patriotes par excellence ; ces derniers font un bruit terrible dans les sections, aux Jacobins même où l'on commence à se regarder jusqu'au fond de l'âme. Cette société prend une autre face depuis le 10 août... Elle dégénère en tripot démocratique. Quoique j'y signifie rien et que je veuille y rien signifier, je balance, je ne sais si je dois y rester ou m'en retirer. »

Mais il y a la menace étrangère, les Prussiens, les Autrichiens qui approchent, les émigrés qui marchent à leurs côtés.

La patrie est en danger. « Un Français doit vivre pour elle, pour elle un Français doit mourir », chante-t-on.

Et les tambours battent la générale. On s'enrôle. On entonne « Aux armes, citoyens, formez vos bataillons ». Les volontaires de 1792 rejoignent les volontaires de 1791.

« Ô sublime élan ! » « On est dans une atmosphère lumineuse. »

Les volontaires élisent les chefs de bataillon, les officiers. Marceau, Oudinot, Championnet, Lefebvre, Jourdan, Victor, Bernadotte, Ney, Murat, Soult, Pichegru, Hoche, Gouvion, Brune, Joubert sont élus.

Le général Dumouriez a remplacé le « traître » La Fayette.

Kellermann, ce vieil officier de cinquante-sept ans, maréchal de camp en 1788, est promu général en 1792.

Quand, le 27 août, il arrive à Metz, il est accueilli par les volontaires, au cri de « Ça ira ».

Ces soldats-là, brûlant d'une ferveur patriotique, n'ont besoin que d'être commandés par des chefs décidés à se battre. Et les officiers qu'ils viennent d'élire, et ceux qui, d'ancien régime, n'ont pas déserté, sont résolus à le faire.

Et tous les régiments chantent :

Aux armes, citoyens,
Formez vos bataillons
Marchons, marchons
Qu'un sang impur
Abreuve nos sillons.

Mais, pour l'heure, les Austro-Prussiens de Brunswick après avoir pris Longwy marchent sur Verdun.

Et les émigrés se moquent de ces « faïences bleues » – la couleur des uniformes des volontaires français – qu'ils briseront d'un coup de sabre !

Et au Conseil exécutif, le ministre de l'Intérieur Roland répète que le gouvernement, l'Assemblée doivent quitter Paris pour Blois.

Danton se lève, brandit ses poings, lance de sa voix qui vibre comme un tambour :

« Avant que les Prussiens entrent dans Paris, je veux que vingt mille flambeaux fassent de Paris un monceau de cendres ! »

À la Commune, à l'Assemblée, il attaque les Girondins, ces ministres « rolandistes » qui sont saisis par la peur.

Il faut sauver la patrie.

« Quand un vaisseau fait naufrage, s'écrie Danton, l'équipage jette à la mer ce qui l'exposerait à périr, de même tout ce qui peut nuire à la nation doit être rejeté de son sein. »

Danton incite les commissaires, dans les départements, à user de leurs pleins pouvoirs.

À Paris, les visites domiciliaires, les perquisitions, les arrestations se multiplient. Trois mille suspects sont jetés en prison, et même si la plupart d'entre eux seront libérés, la peur se répand. Mais personne ne proteste.

On n'entend plus qu'une seule voix puisque la presse royaliste a été interdite. Et les journaux demandent aux citoyens de jurer comme les Jacobins de purger la terre du fléau de la royauté. Et ils incitent les Parisiens à participer aux travaux de défense entrepris de Clichy à Montmartre.

On creuse des tranchées, on chante :

Veto-femelle avait promis
De faire égorger tout Paris
Ses projets ont manqué
Grâce à nos canonniers

Dansons la carmagnole
Vive le son, vive le son
Dansons la carmagnole
Vive le son du canon !

Veto-le-mâle avait promis
D'être fidèle à son pays
Mais il y a manqué
Le fourbe est encagé.

Mais les Prussiens sont aux portes de Verdun, et l'inquiétude nourrit l'exaltation patriotique.

Le 27 août, un long cortège parti de la place de l'Hôtel-de-Ville traverse Paris, jusqu'aux Tuileries où sur le grand bassin on a construit une pyramide granitique.

Il faut célébrer, à la manière antique a proclamé la Commune, les funérailles des morts du 10 août. On lit sur les bannières :

Pleurez, épouses, mères et sœurs
La perte des victimes immolées par les traîtres
Nous jurons, nous, de les venger !

Se venger, se défendre, c'est l'obsession de Marat.

Il hante l'Hôtel de Ville, interpelle les délégués des quarante-huit sections de Paris qui constituent la Commune insurrectionnelle.

Il s'adresse à Barbaroux, l'avocat secrétaire de la Commune de Marseille, qui a accompagné les fédérés marseillais dont le rôle a été décisif dans la prise des Tuileries le 10 août. Ce sont eux qui ont contre-attaqué, après l'assaut victorieux des Suisses.

« Donnez-moi, lui dit Marat, deux cents Napolitains armés de poignards et portant à leur bras gauche un manchon en guise de bouclier : avec eux je parcourrai la France et je ferai la révolution. »

Il faudrait, ajoute-t-il, supprimer deux cent soixante mille hommes, mesure d'humanité qui permettrait de sauver la patrie et des millions de citoyens.

« L'Assemblée nationale peut encore sauver la France, continue-t-il ; il lui suffira de décréter que tous les aristocrates porteront un ruban bleu et qu'on les pendra dès qu'on en trouvera trois ensemble. »

Il parle d'une voix posée, les yeux fixes, comme ceux d'un prophète qui voit, qui sait, qui dit : « On peut aussi tendre des embuscades, et les égorger. Si sur cent hommes tués il y a dix patriotes, qu'importe ? C'est quatre-vingt-dix hommes pour dix et puis on ne peut pas se tromper : tombez sur ceux qui ont des voitures, des valets, des habits de soie, ou qui sortent des spectacles, vous êtes sûrs que ce sont des aristocrates. »

Ces propos terrorisent les Girondins. Car Marat dénonce aussi les députés : des hypocrites, des traîtres qui n'ont accepté la révolution du 10 août que par peur. Mais « ils sont des suppôts du despotisme et ces traîtres à la patrie machineront éternellement sa perte »...

Roland, ministre de l'Intérieur, intervient à l'Assemblée, déclare la Commune insurrectionnelle illégale. Et les députés votent la dissolution de la Commune le 31 août. Mais la Commune refuse de plier. Elle est le pouvoir de fait. C'est elle qui est la voix du patriotisme qui enflamme les sans-culottes, car la patrie est en danger. Alors que Roland, et les ministres girondins – Clavière, Servan – veulent toujours fuir à Blois, Danton s'écrie :

« Une partie du peuple va se porter aux frontières, une autre va creuser des retranchements et la troisième avec des piques défendra l'intérieur des villes... »

Et c'est au son du canon et des tambours, que les jeunes gens s'enrôlent en chantant :

Mourir pour la patrie
Est le sort le plus beau
Le plus digne d'envie.

32.

Ce 1er septembre 1792, et alors que les volontaires parisiens marchent vers les frontières, on dit à Paris que les Prussiens ont investi la ville de Verdun.

Si elle tombe entre leurs mains, la route de Paris sera ouverte, et le duc de Brunswick a répété que la ville sera soumise à « une exécution militaire » et qu'on égorgera tous les patriotes, que ce sera « la Saint-Barthélemy des sans-culottes ».

Ils se sont rassemblés aux carrefours.

Les femmes entourent les porteurs de sabres et de piques.

Un homme monté sur la borne brandit une brochure, qu'on distribue : « Grande trahison de Louis Capet. Complot découvert pour assassiner dans la nuit du 2 au 3 de ce mois tous les bons citoyens. »

On assure que dans les prisons, celle des Carmes, rue de Vaugirard, à l'Abbaye, près de Saint-Germain-des-Prés, au séminaire Saint-François, rue Saint-Victor, où l'on entasse des suspects, à la Conciergerie, à la Salpêtrière, à la Grande et à la Petite Force, rue Saint-Antoine, à Bicêtre, au sud de Paris, les prêtres réfractaires, les aristocrates, les Suisses et les assassins détenus sont armés, vont se répandre dans Paris, empêcher toute défense contre les Prussiens.

On écoute les crieurs de journaux patriotes, *L'Ami du peuple*, *Les Révolutions de Paris*, L'Orateur du peuple de Fréron. Ce dernier, plus sans-culotte même que le journal de Marat, comme si Stanislas Fréron, fils de l'ennemi de Voltaire, voulait faire oublier son ascendance et être le plus pur des patriotes, l'égal de Robespierre et de Camille Desmoulins, dont il fut le condisciple au collège Louis-le-Grand.

Et les crieurs répètent qu'il faut se porter en armes à l'Abbaye, en arracher les traîtres et les passer au fil de l'épée. Et quelle folie de vouloir faire leur procès ! Il est tout fait.

« Vous avez massacré les soldats suisses aux Tuileries, pourquoi épargnerions-nous leurs officiers, infiniment plus coupables ! Ils méritent d'être écartelés, comme Louis Capet et sa putain d'Autrichienne. » Et le même sort doit être réservé aux députés, ces « gangrenés de l'Assemblée ». Il ne faut faire confiance qu'à la Commune insurrectionnelle et au Comité de surveillance qu'elle a créé et dans lequel siège Marat !

Et demain s'ouvre le scrutin pour élire les députés à la Convention !

Élisons des Montagnards, chassons les Girondins ! Vive la nation !

On patrouille toute la nuit. On contrôle les passants. On arrête les « suspects ». On boit. On écoute ceux qui disent – et l'Anglais Moore rapporte leurs propos :

« C'est bien terrible que les aristocrates veuillent tuer tout le peuple en faisant sauter la ville. »

Un autre ajoute : « Il y a des chefs et des troupes royalistes cachés dans Paris et aux environs. Ils vont ouvrir les prisons, armer les prisonniers, délivrer le roi et sa famille, mettre à mort les patriotes de Paris, les femmes et les enfants de ceux qui sont à l'armée. »

On brandit les piques. Les femmes hurlent.

« N'est-il pas naturel à des hommes de pourvoir à la sûreté de leurs enfants et de leurs femmes et d'employer le seul moyen efficace pour arrêter le poignard des assassins ? »

Les tuer ?

L'aube se lève le 2 septembre, et dès les premières heures de la matinée on se rassemble.

Tout à coup le canon, puis le tocsin, puis les tambours. On ferme les barrières. On affiche, on lit une proclamation de la Commune :

« Citoyens, l'ennemi est aux portes de Paris ; Verdun qui l'arrête ne peut tenir que huit jours... Qu'une armée de soixante mille se forme sans délai. »

Vers cinq heures, des gardes municipaux à cheval portant un drapeau parcourent les rues en criant : « Aux armes ! »

« L'ennemi approche, disent-ils. Vous êtes tous perdus. La ville sera livrée aux flammes et au pillage. Enrôlez-vous. N'ayez rien à craindre des traîtres et des conspirateurs que vous laissez derrière vous. Ils sont sous la main des patriotes et la justice nationale avant votre départ va les frapper de sa foudre. »

Les tuer ?

On dit que la Commune et son Comité de surveillance ont libéré la nuit les prisonniers coupables de petits larcins, vols ou tricherie, et qu'il ne reste plus dans les prisons que la lie du crime, et les ennemis des patriotes, les prêtres réfractaires, les traîtres !

Il faut que la justice passe.

Et qui peut compter sur ce Tribunal criminel extraordinaire créé par les « gangrenés » de l'Assemblée et qui n'a prononcé que trois condamnations depuis le 17 août ?

On répète les paroles de Danton, ministre de la Justice, âme de la Commune.

Il a, avec sa « voix de stentor, ses gestes d'athlète, ses menaces », montré sa résolution :

« Le tocsin qu'on sonne n'est point un signal d'alarme, c'est la charge sur les ennemis de la patrie... Pour les vaincre, que faut-il ? De l'audace, et encore de l'audace et toujours de l'audace. »

« J'ai fait venir ma mère qui a soixante et dix ans, j'ai fait venir mes deux enfants. Ils sont arrivés hier soir. Avant que les Prussiens entrent dans Paris je veux que ma famille périsse avec moi… »

Danton lève ses deux poings à hauteur de son visage.

« C'est dans Paris qu'il faut se maintenir, par tous les moyens. Les républicains sont une minorité infime et pour combattre nous ne pouvons compter que sur eux. Le reste de la France est attaché à la royauté, il faut faire peur aux royalistes. »

On l'acclame, on lève les piques.

« Oui, nous sommes de la canaille, nous sortons du ruisseau. »

Mais la Bastille est tombée, elle est rasée.

Mais les Tuileries ont été emportées et Capet et sa famille sont prisonniers au Temple.

« On veut nous replonger dans le ruisseau ! »

Danton secoue ses poings.

« Nous ne pouvons gouverner qu'en faisant peur… Les Parisiens sont des jean-foutre ; il faut mettre une rivière de sang entre eux et les émigrés. »

On commence à se rassembler devant les prisons, aux Carmes, à l'Abbaye. On invoque l'autorité de la Commune, on cite Marat, on dit qu'on veut juger séance tenante les prisonniers. Les sans-culottes, sabres et piques brandis, forcent les portes. On bouscule les gardiens.

On tire les prisonniers hors de la prison, on les tue, à coups de pique et de sabre.

Danton qui siège au Conseil exécutif est averti de ces premiers assassinats.

« Je me fous bien des prisonniers, hurle-t-il, qu'ils deviennent ce qu'ils pourront. »

Le soir du 2 septembre, devant les Jacobins, alors que le massacre a commencé Maximilien Robespierre lance :

« Personne n'ose donc nommer les traîtres, eh bien moi, pour le salut du peuple, je les nomme. Je dénonce le liberticide Brissot, la faction de la Gironde… Je les dénonce pour avoir vendu la France à Brunswick et pour avoir reçu d'avance le prix de leur trahison. »

Et plus tard, lorsqu'il prend la parole devant la Commune, il évoque :

« Un parti puissant qui veut porter au trône des Français le duc de Brunswick. »

Et chacun sait qu'en ces heures de chasse aux traîtres, il vise les Girondins.

Pour qu'on les tue ?

Il n'oublie pas que vont s'ouvrir les assemblées électorales, et ces accusations, dans le climat de peur qui s'installe heure après heure dans Paris, rendront impossible l'élection d'un Girondin, d'un modéré, à Paris, surtout si les sans-culottes présents lors du vote exigent des électeurs qu'ils annoncent leur choix.

Le 3 septembre, on apprend que Verdun est tombé, que plus rien, aucune place forte ne défend Paris. Que le commandant de la garnison de Verdun, Beaurepaire, qui refusait de capituler, aurait été mis en minorité par la municipalité hostile à toute résistance. Certains affirment que Beaurepaire s'est suicidé comme un héros antique, puis on assure qu'il a été assassiné, par des traîtres.

Mort aux traîtres !

« Il faut purger quatre années de trahison », murmure Manon Roland, en apprenant les massacres, et son mari le ministre de l'Intérieur dit qu'il faut « laisser un voile sur ces événements. Je sais que le peuple terrible dans sa vengeance y porte encore une sorte de justice. »

En effet, dans le vestibule des prisons, Maillard, un ancien soldat qui fut de toutes les journées révolutionnaires, depuis le 14 juillet 1789 jusqu'au 10 août 1792, s'est installé derrière une table, et procède, en quelques minutes, à l'interrogatoire des prisonniers. Le verdict tombe, « Vive la nation ! », et le prisonnier sortant un chapeau sur la tête est épargné par les massacreurs qui ont du sang sur les avant-bras et jusqu'aux épaules.

Si Maillard lance le nom d'une prison, alors le prisonnier est poussé dehors tête nue, voué à la mort.

On tue à coups de pique et à coups de sabre, et peu à peu, les « bourreaux » prennent le temps de faire souffrir, jouissant de voir ces hommes et ces femmes qui se traînent, ensanglantés, frappés d'abord du plat du sabre avant d'être percés.

Et parfois on enfonce son poing dans la poitrine du cadavre et on en retire le cœur qu'on porte à ses lèvres, dans un simulacre de dévoration cannibale.

Et les prostituées sont violées avant d'être tuées.

« Le peuple s'est levé, la fureur martiale qui a saisi tous les Parisiens est un prodige, écrit à son mari, député de la Drôme, Madame Julien. Je jette un voile sur les crimes qu'on a forcé le peuple à commettre par tous ceux dont il est depuis deux ans la triste victime… Quand on veut la fin il faut vouloir les moyens. Point d'humanité barbare ! »

Mais ce « peuple » qui tue, dont on dit qu'il rend la justice, n'est composé que de quelques centaines d'hommes – peut-être moins de deux cents – qui vont de prison en prison, des Carmes à l'Abbaye, de Bicêtre à la Grande Force.

Ils sont déterminés, et le vin comme le sang versé les rend ivres.

« Triple nom de Dieu, s'écrie un fédéré marseillais, je ne suis pas venu de cent quatre-vingts lieues pour ne pas foutre cent quatre-vingts têtes au bout de ma pique. »

Les députés que l'Assemblée envoie sur les lieux des massacres pour tenter de les arrêter sont terrorisés, entourés d'hommes qui tuent comme on élague, et disent d'un prisonnier qu'ils vont « l'élargir ».

Ils s'approchent d'un député :

« Si tu viens pour arrêter la justice du peuple, je dois te dire que tu ferais de vains efforts. »

Et la délégation de l'Assemblée se retire, préfère ne pas savoir.

« Les ténèbres ne nous ont pas permis de voir ce qui se passait. »

« Nulle puissance n'aurait pu les arrêter », dit Danton.

Et les assassins continuent. Ils terrorisent, favorisent les Montagnards, les Cordeliers.

« Nous sommes sous le couteau de Robespierre et de Danton », dit Manon Roland.

Brissot et Pétion, qui veulent être élus à la Convention, sont contraints de quitter Paris, de se présenter en province.

Louvet, un écrivain lié aux Girondins, qui a pris la parole pour discuter la candidature de Marat à la Convention, est entouré à la sortie de la salle d'« hommes à gros bâtons et à sabre, les gardes du corps de Robespierre. Ils menacèrent. Ils me dirent en propres termes : "Avant peu tu y passeras." Ainsi l'on était libre dans cette assemblée où sous les poignards on votait à haute voix ! »

Il faut approuver si l'on veut rester en vie.

Billaud-Varenne, avocat, membre de la Commune insurrectionnelle, substitut du procureur Manuel, fait le tour des prisons, assiste aux massacres, et déclare : « Peuple tu immoles tes ennemis. Tu fais ton devoir. »

Et il attribue vingt-quatre livres aux tueurs, aux « tape-dur » qui exécutent les verdicts de Maillard.

Le maire Pétion détourne la tête.

« Le peuple de Paris administre lui-même la justice, dit-il, je suis son prisonnier. »

« Le peuple, dit Couthon, le député Montagnard, continue à exercer sa souveraine justice dans les différentes prisons de Paris. »

Et Marat s'en félicite.

Son programme d'exécutions qu'il répète depuis des mois – et presque chaque jour depuis le 10 août – est enfin mis en œuvre.

Un homme comme Fournier – « l'Américain » – s'y emploie.

Il a vécu à Saint-Domingue. De retour à Paris, il a été un « enragé du Palais-Royal ». Il a participé à la prise de la Bastille et aux autres journées révolutionnaires, devenant une figure notoire des Cordeliers.

Il organise le massacre des cinquante-trois prisonniers qu'il doit transférer d'Orléans à Paris, les livre aux tueurs à Versailles. Mais avant, il les a dépouillés de tous leurs objets de valeur.

Car on ne se contente pas de tuer. On vole. On pille. Qui osera s'opposer à ces hommes armés, aux mains rouges de sang ?

Ils exigent qu'on leur donne montres et colliers, bijoux. Il faut faire vite sinon ils arrachent le lobe de l'oreille avec sa boucle.

Ils s'introduisent dans le Garde-Meuble qui contient les fortunes royales et y volent pour trente millions de diamants.

Paris est ainsi livré pendant près d'une semaine à quelques centaines de massacreurs et de voleurs.

« Les circonstances rendaient les exécutions pour ainsi dire excusables », écrit un fédéré brestois, qui ajoute quelques jours plus tard : « Elles étaient nécessaires. »

Les sans-culottes, dit-on, ont empêché « les scélérats de souiller la terre du sang du peuple ».

On tue donc sans hésitation, gaiement.

Autour des cadavres on danse, on chante *La Carmagnole* :

Ah ! ça ira ! ça ira ! ça ira !
Les aristocrates à la lanterne
Ah ! ça ira ! ça ira ! ça ira !
Les aristocrates on les pendra.

On les sabre, on les pique, on les dépèce, on arrache leurs entrailles, on tranche leur sexe.

On dispose des bancs pour les habitants du quartier qu'on réveille afin qu'ils puissent assister au spectacle « purificateur ».

Et qui oserait refuser quoi que ce soit à ces hommes armés ?

Ils posent des lampions sur chaque cadavre.

Et pour que l'ennui de tuer ne vienne pas tuer l'ardeur, on s'excite, on jouit de faire souffrir. On met les condamnés à nu, on entaille leur corps.

Voici la princesse de Lamballe, amie de la reine.

« C'est une petite femme vêtue de blanc, raconte un témoin, que les bourreaux armés de toutes sortes d'armes assommèrent. »

On lui coupe la tête, on traîne son corps. On le fend, on arrache le cœur. La rumeur se répand qu'on l'a fait griller et qu'un homme l'a mangé.

On promène la tête et les parties génitales – dit un témoin – jusqu'au Temple.

On interpelle Marie-Antoinette. On veut qu'elle voie « comment le peuple se venge de ses tyrans. Je vous conseille de paraître, si vous ne voulez pas que le peuple monte ici », ajoute un sans-culotte.

Marie-Antoinette s'évanouit, cependant qu'on promène la tête de la « ci-devant princesse de Lamballe » devant les fenêtres du Temple. Et le corps nu et mutilé gît au pied du mur, entouré d'une bande de quelques dizaines d'assassins et de profanateurs, que par calcul, lâcheté ou fanatisme, les membres de la Commune insurrectionnelle appellent « le peuple souverain ».

Et les « massacres » sont justifiés par la plupart des journaux – à l'exception du *Patriote français*, dans lequel écrit le Girondin Brissot qui sait bien que ces égorgeurs, et ceux qui les laissent faire, ont aussi pour objectif de s'imposer dans la nouvelle Assemblée, la Convention. Il leur faut pour cela écarter les Girondins, et réduire à un silence apeuré les électeurs et demain les députés.

Mais dans *L'Ami du peuple*, ou dans *Les Révolutions de Paris*, on comprend, on justifie les massacres et même « les indignités faites au cadavre de Lamballe ».

« La Lamballe citée au tribunal du peuple y a comparu avec cet air insolent qu'avaient jadis les dames de la Cour mais qui sied mal à une criminelle au pied de son juge. Et l'on voudrait que le peuple ne perdît point patience ? »

Et dans le *Compte rendu au peuple souverain*, qui est patronné par Danton, on prend la défense des massacreurs :

« Ce n'est point une barbarie de purger une forêt de brigands qui infestent les routes et attentent à la vie du voyageur. Mais c'en est une atroce de vouloir que le peuple laisse en paix ces mêmes brigands comploter et exécuter des vols et des assassinats... C'est là véritablement, dans l'aristocratie propriétaire, qu'existent l'effrayante barbarie, la froideur criminelle, la haine des lois et la fureur de l'intrigue... »

Mais derrière le « peuple », on sait que les ordonnateurs de ces assassinats siègent à la Commune du 10 août. Ce sont Danton, Marat et consorts. Et le peuple est paralysé par l'horreur.

Le libraire Ruault est révulsé de ce qu'il voit.

« J'ai passé, les pieds dans le sang humain, à travers les tueurs, les assommeurs. »

Il veut faire libérer un prisonnier. Il s'adresse au « juge » Maillard, qui l'écoute, lui demande des preuves de la bonne volonté patriotique du prisonnier. Alors que Ruault s'éloigne, Maillard crie d'une voix forte :

« Monsieur, Monsieur, mettez votre chapeau en sortant ! »

On immole ceux qui sortent nu-tête !

« En sortant, continue Ruault, les haches, les sabres levés se baissent ; je vis expirer à mes pieds, sur le pavé, un vieux et vénérable prêtre à cheveux blancs en habit violet qui venait de tomber transpercé de coups de sabre et qui criait encore "Ah, mon Dieu !" »

Ruault a vu aussi « deux hommes nus, en chemise, les bras retroussés jusqu'aux épaules, qui étaient chargés de pousser dehors les condamnés à mourir, qu'on appelait *élargis* ».

Il est toujours membre des Jacobins, mais « tout se salit, tout s'enlaidit, tout se gâte de plus en plus chaque jour ». Il constate les rivalités, entre Montagnards et Girondins, entre Paris et la province. C'est par la terreur qu'inspirent les massacres qu'une faction montagnarde veut imposer sa loi.

Ruault, bon patriote, note :

« Les discours que l'on tient aux Jacobins sont d'une extravagance digne des temps où nous vivons. J'y suis resté parce qu'il y a danger à en sortir. Ceux qui ne renouvellent pas leur carte depuis le 10 août sont regardés comme des traîtres, des peureux, des modérés : on les arrête sous un prétexte quelconque. Je resterai donc avec eux jusqu'à la fin de cette tragédie sans me mêler, autrement que pour les écouter, de ce qu'ils font, de ce qu'ils disent. On y reçoit depuis un mois tant de gens mal famés, extravagants, exaspérés, tant de fous, tant d'enragés, que cette société des Jacobins est toute dégénérée de ce qu'elle était en 1790-1791 et au commencement de cette année. Les anciens membres ne la reconnaissent plus. »

Comme Ruault, ils se taisent. Et le peuple détourne les yeux, pour ne pas assister à ces assassinats que perpètre une poignée de tueurs.

On murmure que « Danton conduit tout, Robespierre est son mannequin, Marat tient sa torche et son poignard ».

En fait Danton laisse faire, justifie, et Robespierre comme lui utilise la peur créée – ce commencement de la terreur – à des fins politiques : tenir la Convention qui se réunira dans quelques semaines.

Marat approuve. Et certains comme Collot d'Herbois, ancien acteur devenu membre de la Commune insurrectionnelle, vont jusqu'à dire : « Le 2 septembre – début des massacres – est le grand article du Credo de notre liberté. » Et treize cents victimes, qu'est-ce au regard de ce qu'il faudrait purger ? Trois centaines de mille ! Et ce n'est pas la moitié des victimes de « l'infâme » catholicisme qui fit trois mille morts à la Saint-Barthélemy.

Et l'on a tué beaucoup de prêtres en cette première semaine du mois de septembre 1792, comme si on rêvait d'« écraser l'infâme », car on se souvient de cette formule de Voltaire.

Aux Jacobins, on fait l'éloge de Marat.

Il veut être à Paris candidat à la Convention.

Quelques voix s'élèvent pour demander que les Jacobins ne le soutiennent pas.

Mais l'ancien Capucin Chabot, l'un des premiers à avoir rejeté sa soutane, devenu un sans-culotte à la tenue débraillée, aux mœurs dissolues, se lève.

« Je dis que c'est précisément parce que Marat est un incendiaire qu'il faut le nommer… Il est clair que lorsque Marat demande que l'on tue un pour éviter qu'on ne tue quatre-vingt-dix-neuf il n'est pas non plus sanguinaire… Je dis donc que les chauds patriotes doivent porter Marat à la Convention. »

« Je vous demande, mon cher ami, écrit Ruault après le discours de Chabot, si dans la Révolution vous avez jamais rien entendu, rien lu de plus fou, de plus atroce, que cette apologie d'un homme exécré de tout ce qui a l'âme honnête et sensible… »

Seule consolation, Ruault constate :

« … L'admirable tenue des citoyens qui partent pour les frontières, qui volent à la défense de la patrie.

« J'en ai vu défiler deux mille lundi 10 et mardi 11 septembre dans l'Assemblée nationale, tous bien armés, bien équipés, pleins d'ardeur et fureur.

« Ils s'écriaient en passant à travers l'Assemblée : "Nous les vaincrons ! À l'arme blanche ! À l'arme blanche !" »

33.

Les volontaires qui en sabots et en carmagnoles bleues gravissent à marches forcées le massif de l'Argonne savent que, depuis la chute de Verdun, ce relief est la dernière forteresse où l'on peut arrêter les Prussiens du duc de Brunswick dans leur avance vers Châlons et Paris.

On marche sous une pluie qui paraît ne jamais devoir cesser.

On s'enfonce jusqu'aux chevilles dans la boue. Et cependant on chante :

Aux armes, citoyens
Formez vos bataillons…
Contre nous de la tyrannie
L'étendard sanglant est levé.

Les éclaireurs ont signalé que les troupes de von Massenbach, obéissant aux ordres du duc de Brunswick, ont occupé le plateau de Lune. Et le général Dumouriez, commandant en chef de l'armée française, a confié au général Kellermann la mission de prendre position sur le plateau de Valmy qui fait face à celui de Lune.

La pluie fine et pénétrante ou au contraire rageuse, frappant avec violence les visages, noie les forêts et le relief, les plateaux et les défilés de l'Argonne. « Tout était enfoui dans une boue sans fond », dit Goethe qui chevauche aux côtés des Prussiens.

Mais les régiments de ligne et les bataillons de volontaires marchent avec entrain, se saluent en lançant : « Vive la nation ! »

Les premiers, qui étaient composés de vieux soldats, d'avant la prise de la Bastille, se sont renouvelés. Les enrôlés sont de jeunes conscrits dont les plus âgés ont à peine vingt-cinq ans, et eux aussi, comme les volontaires, brûlent d'ardeur patriotique, cette foi dans la nation nouvelle.

Et il y a même des corps francs et des légions étrangères composés de Hollandais, de Luxembourgeois, de « réfugiés » de toutes les nations. Ils composent une légion des Allobroges, une légion germanique, une légion « franche étrangère ».

L'Assemblée législative a accordé, le 26 août 1792, le « titre de citoyen français à tous les philosophes qui ont soutenu avec courage la cause de la liberté et qui ont bien mérité de l'Humanité ».

Washington et Thomas Paine, pour les États-Unis, le savant Joseph Pricstley pour l'Angleterre, et William Wilberforce, qui a été l'apôtre de l'abolition de l'esclavage, et Anacharsis Cloots qui se veut l'« Orateur du genre humain », et les poètes allemands Klopstock et Schiller ont été ainsi honorés, et sont devenus citoyens français.

Mais le rêve des combattants étrangers anonymes qui escaladent l'Argonne, c'est non seulement de défendre le pays de la Déclaration des droits de l'homme et du citoyen, mais c'est d'apporter la liberté à leurs patries respectives.

La Commune de Paris a proclamé :

« En renonçant à tous projets de conquête, la nation n'a point renoncé à fournir des secours aux puissances voisines qui désireraient se soustraire à l'esclavage. »

Et l'armée de Dumouriez, qui vient de Sedan, celle de Kellermann qui arrive de Metz, et celle de Beurnonville qui est partie de Lille, se retrouvent, en Argonne, face aux Austro-Prussiens, commandés par le duc de Brunswick, et par le roi de Prusse Frédéric-Guillaume II, neveu du Grand Frédéric II.

Et ces armées étrangères sont suivies par quelques milliers d'émigrés, rassemblés autour du comte d'Artois.

Les troupes françaises sont plus nombreuses de quelques milliers d'hommes.

Elles disposent d'une artillerie supérieure – les canons de Gribeauval –, les officiers d'artillerie et du génie sont, comme le sous-lieutenant Bonaparte ou le savant Carnot, des officiers maîtres de leur art.

L'artillerie, le génie, mais aussi l'intendance, réorganisés sous le règne de Louis XVI, sont de fait les meilleurs d'Europe. En émigrant, les officiers nobles ont libéré des places, vite occupées par de jeunes sous-officiers roturiers, ambitieux et liés ainsi à la Révolution.

« Il y a entre les anciens officiers et les nouveaux, confie un colonel, la même différence qu'entre les amateurs et les artistes. Quand tous les anciens officiers nous auraient quittés, nous n'en serions pas plus mal. Nous aurions plus d'émulation dans l'armée et il se trouvera des généraux parmi nos soldats. »

Dumouriez comprend, sent, cette armée nouvelle qui est en train de naître.

Il a cinquante-trois ans, c'est un homme au petit corps râblé et nerveux, au visage quelconque, mais l'œil est vif et le regard hardi.

Il est, dit-il, « né entre le peuple et les grands », d'une famille noble mais pauvre : capitaine pendant la guerre de Sept Ans, puis attaché d'ambassade à Madrid, il participe à la conquête de la Corse en 1768, avant d'être agent secret de Louis XV en Pologne et en Suède.

Il a chevauché les événements depuis 1789, il fut ministre, on le dit proche des Girondins et de Philippe Égalité, duc d'Orléans.

Il a dans son état-major Louis-Philippe, fils de Philippe Égalité et duc de Chartres.

C'est Danton qui a placé Louis-Philippe auprès de Dumouriez : « Un conseil avant votre départ, a dit Danton au duc de

Chartres en le recevant à Paris. Vous avez du talent, vous arriverez mais défaites-vous d'un défaut : vous parlez trop. »

Louis-Philippe s'était élevé contre les massacres.

« C'est moi qui l'ai fait », a répondu Danton.

Il fallait du sang entre les patriotes et les émigrés, a-t-il expliqué une nouvelle fois.

« Retournez à l'armée, c'est le seul poste aujourd'hui pour un homme comme vous et de votre rang. Vous avez un avenir, mais n'oubliez pas qu'il faut vous taire. »

Louis-Philippe se tait et souvent Dumouriez le charge de faire des reconnaissances, vers ce plateau de la Lune où les Prussiens du général Massenbach ont installé leurs batteries.

Les canons sont dissimulés par le brouillard, le rideau de pluie, les nuages bas d'un gris-noir.

Le général Kellermann a exécuté l'ordre de Dumouriez. Il a déployé ses troupes et ses pièces d'artillerie sur le plateau de Valmy, où se dresse un moulin dont les ailes alourdies par la pluie tournent lentement.

« J'attends les Prussiens en Argonne, dit Dumouriez. Le camp du Grandpré et celui des Islettes sont les Thermopyles, mais je serai plus heureux que Léonidas. »

Il rassure par sa détermination, ses attentions au sort du soldat, ces jeunes volontaires qui marchent et dorment sous la pluie.

« La nuit dernière, l'eau tomba par torrents, écrit l'un d'eux. Le mauvais coutil des tentes qui seul nous séparait des nuages fut bientôt traversé, commençant par tamiser l'eau, il ne tarda pas à former de grosses gouttes qui se succédaient sans interruption, équivalant pour nous à je ne sais combien de gouttières... »

On se console en pensant aux Prussiens.

Les paysans lorrains, qui craignent le retour des émigrés et donc le rétablissement des droits seigneuriaux, les harcèlent, attaquent à quelques-uns les soldats isolés, les voitures embourbées.

On dit aussi que la dysenterie, la « courée prussienne », ravage les troupes de Brunswick, et que leurs officiers sont amers.

Ils imaginaient que cette armée de gueux et de savetiers allait se débander. Or, elle fait face.

Ils en veulent aux émigrés, qu'ils accusent de les avoir trompés, et aux Autrichiens qui sont de vrais rivaux plutôt que des alliés.

Ils entendent chanter ces bataillons qui arborent cocardes et drapeaux tricolores :

Ah ! ça ira ! ça ira ! ça ira !
Les aristocrates à la lanterne
Le despotisme expirera
La liberté triomphera
Ah ! ça ira ! ça ira ! ça ira !
Nous n'avons plus ni nobles ni prêtres !
Ah ! ça ira ! ça ira ! ça ira !
L'égalité partout régnera
L'esclave autrichien le suivra
Ah ! ça ira ! ça ira ! ça ira !
Et leur infernale clique
Au diable s'envolera !

Chanter fait oublier la boue et la pluie, donne confiance.

On va vaincre.

« Je pense, écrit un soldat, que la guerre d'un peuple qui veut être libre contre les tyrans ne peut durer longtemps car le peuple a pour lui la raison, sa force et sa bravoure ; il est debout ; il n'a qu'à dire : je veux être libre et il le sera. »

Parfois, une lettre reçue de Paris raconte que l'Assemblée législative tient ses dernières séances, qu'elle a décrété que chaque municipalité devra ouvrir un état civil laïc, que le divorce sera autorisé, et que la Commune insurrectionnelle de Paris devra être entièrement renouvelée.

On replie la lettre, on la met à l'abri de la pluie, mais on ne se souvient que de ce qu'elle dit, de la santé de la mère, du travail du père, et de la vie des frères et sœurs, et du prix du pain.

Pour le reste, on hausse les épaules. Et on répond :

« Notre armée ne s'occupe pas beaucoup de l'intérieur et nous ne voyons que les Prussiens. »

Mais selon les « septembriseurs » parisiens, et les Jacobins qui dans les clubs des départements traquent les aristocrates, pour vaincre l'armée du roi de Prusse, de l'empereur d'Autriche, du comte d'Artois et des émigrés, « qui viennent jusque dans nos bras égorger nos fils et nos compagnes », il faut continuer de « purger » le pays.

À Paris, chaque jour, ils se rendent au Temple, insultent la famille royale, écrivent sur les murs :

« Madame Veto on la fera danser, et nous saurons mettre le Gros Cochon au régime. Il faut étrangler les petits louveteaux. »

Aucun de ceux qui ont participé aux massacres de la première semaine de septembre ne regrette ce qu'il a accompli. Il le fallait.

Le maire de Paris, Pétion, qui s'est terré pour ne pas voir, murmure : « Ces hommes publics, ces défenseurs de la patrie, croyaient que ces journées déshonorantes étaient nécessaires. »

Mais il se garde bien de dire haut et fort ce qu'il pense.

Dans les assemblées électorales, les sans-culottes contrôlent les votes. Et Pétion sait qu'il n'aura aucune chance d'être élu à la Convention s'il se présente à Paris. On y méprise les « trembleurs ». Il sera donc candidat à Chartres.

Et Brissot comme Condorcet, et d'autres Girondins parisiens, vont se faire élire dans les départements où, en dépit de la pression des clubs, les assemblées électorales ne sont point « terrorisées » comme celles de Paris.

« Le choix des départements nous rassure, dit Manon Roland. Les électeurs élisent les députés qui peuvent s'opposer à un retour des émigrés, aux châtiments que ceux-ci infligeraient, mais qui, aussi, les protégeraient des "partageux", qui, au nom de l'égalité, voudraient les spolier de leurs biens. »

Le député Rabaut Saint-Étienne, fils de pasteur, futur élu de l'Aude et Girondin, remarque :

« La plupart des départements ont choisi d'envoyer à la Convention des députés propriétaires à cause de la terreur qu'inspire la doctrine de les dépouiller. »

Mais dans de nombreuses « sections » les bandes de sans-culottes, les adhérents des clubs démasquent et surveillent les « citoyens justement suspects d'incivisme » et les chassent des assemblées électorales.

Ils punissent les « malveillants », en faisant des visites domiciliaires en pleine nuit, et en bastonnant les « suspects » non parce qu'ils ont agi en contre-révolutionnaires, mais parce qu'ils ont « mal pensé ».

Mais ces « vigilants » se soucient d'abord de l'attitude des électeurs sur les questions politiques.

Il faut que l'assemblée électorale « jure une haine aux rois et à la royauté » pour qu'elle puisse choisir « librement » son député à la Convention.

On se lève. Les « tape-dur » sont présents, armés de lourds bâtons décorés de la cocarde tricolore.

On lit une motion :

« Nous sommes las du régime des rois, des nobles et des prêtres : nous ne voulons plus de ces honnêtes gens-là. Brunswick et ses pareils nous traiteront s'ils veulent de factieux, de républicains, de sans-culottes, peu nous importent les mots, pourvu que le crime cesse de présider à nos affaires. Qu'ils ne comptent pas effrayer les habitants des campagnes ; qu'ils n'attendent de nous aucune espèce de composition. »

Et tous les présents prêtent serment « de ne jamais reconnaître pour roi Louis XVI ni aucun de sa famille ».

On exige du député élu qu'il réclame dès les premières séances de la Convention « la déchéance de Louis le traître et de sa race ».

Et dans plusieurs assemblées on réclame « un gouvernement républicain ».

De nombreux Girondins sont élus, mais, dispersés, ils ne peuvent s'appuyer sur aucune région, alors que les Montagnards dominent dans l'Est.

Et surtout à Paris, où dans l'assemblée électorale du département – neuf cent quatre-vingt-dix membres ! – la liste de Marat l'emporte, Robespierre ayant été désigné le premier, Danton le deuxième.

Mais Danton, parce qu'il est partisan d'une politique de conciliation entre brissotins et robespierristes, entre Girondins et Montagnards, est l'un des vaincus du scrutin, même s'il obtient plus de voix que Marat, le chantre des massacreurs. Cependant Danton a réussi à faire élire Fabre d'Églantine, Camille Desmoulins, et Robespierre a patronné avec succès la candidature de son frère Augustin.

Et des citoyens s'étonnent qu'un Fabre d'Églantine, auteur de pièces de théâtre, que le peintre David, ou le frère de Maximilien Robespierre aient été élus.

« Des succès au théâtre, lit-on dans *Les Révolutions de Paris*, ne sont point des titres à la Convention et le peintre David avouera lui-même que trois années d'études à Rome ne suffisent point pour former une tête législative... Le frère d'un grand homme peut très bien être un homme fort ordinaire. Le mérite ne vient pas de naissance comme feue la noblesse ! »

On s'inquiète aussi des risques de despotisme.

« Robespierre, Danton et Marat, prenez-y garde ! Déjà la calomnie vous désigne pour les triumvirs de la liberté, mais la liberté désavouerait une association contraire à ses principes et qui tendrait au despotisme si ce n'est à la guerre civile ou à l'anarchie. »

La rumeur se répand que « Marat cet homme presque toujours hors mesure » a déjà choisi Danton pour dictateur ! On désigne Robespierre et Brissot comme « chefs des partis qui ont hélas succombé aux factions détruites ».

« La liberté répugne à confier sa cause à tel ou tel autre parti ! »

« Ne vous isolez pas et allons ensemble au même but... la guerre qu'il nous faut repousser au-dehors demande du calme et la paix au-dedans. Vos agitations intestines nous livreraient à l'ennemi plus vite encore que des trahisons. »

« La présence audacieuse de l'ennemi doit suffire pour tendre le ressort du patriotisme. »

Dans l'Argonne, sur le plateau de Valmy, le 20 septembre 1792, les patriotes, volontaires ou soldats des régiments de ligne, ne rompent pas l'alignement, alors que les batteries prussiennes de von Massenbach, installées sur le plateau de Lune, les bombardent depuis que le brouillard s'est levé. Et de Valmy, les artilleurs de Kellermann leur répondent, visant juste. Kellermann est resté en selle, au milieu de cette pluie de fer.

« Ma capote a été déchirée par le bas, mon cheval a été percé de deux coups de canon au travers de la cuisse », dit Kellermann.

« Nous avons tremblé plusieurs fois pour la vie de notre général », écrit-on au *Journal des 83 départements*, afin que les autorités municipales et départementales informent leurs populations.

« Le général Kellermann a eu son cheval tué sous lui, et pendant huit minutes qu'il est resté à pied, quinze à dix-huit boulets sont tombés à ses côtés. »

Kellermann est remonté à cheval.

« J'ai vu les troupes, dit-il, perdre des rangs entiers par l'explosion de trois caissons par un obus, sans sourciller ni déranger leur alignement. »

Il peut compter sur ces hommes.

Il lance l'ordre de les former en colonne, afin de se précipiter à la rencontre de l'ennemi, de lui montrer la résolution française.

Il met son chapeau, surmonté du panache tricolore, au bout de son épée. Il se dresse sur ses étriers. Il crie : « Vive la nation ! »

L'armée entière lève ses fusils, répond :

« Vive la nation ! Vive la France ! Vive notre général ! »

Les trente-six mille Français commencent à chanter : « Ah ! ça ira ! ça ira ! ça ira ! », puis « Aux armes, citoyens ».

Les trente-quatre mille Prussiens restent immobiles, alors que s'ébranlent les bataillons français.

On dénombre déjà trois cents morts du côté français, et cent quatre-vingt-quatre chez les Prussiens. Les blessés sont très nombreux dans chaque camp. Les boulets continuent de tomber, mais ils ne ricochent pas sur le sol détrempé. La boue et l'ordure aspergent les hommes et les chevaux.

Et puis l'averse, furieuse, balayant de ses rafales les armées.

« *Hier schlagen wir nicht.* »

« Ici nous ne les battrons pas », dit Brunswick, et il donne l'ordre de la retraite.

Dans les heures qui suivent, un volontaire écrit du camp de Sainte-Menehould à sa « promise » :

« Tâche de déchiffrer ma lettre comme tu pourras. Je t'écris par terre et avec un fétu de paille. Nous couchons sur terre comme des rats, il n'y fait ni chaud ni bon, malgré cela, ça ira, ça ira, ça ira... »

À quelques lieues de là, sous une tente prussienne, Goethe fait face à des officiers qui l'interrogent sur le sens de cette canonnade, où il n'y a pas eu de heurts entre les deux armées, mais un duel d'artillerie, et l'« armée d'avocats » ajustait bien ses coups.

« Nous avons perdu plus d'une bataille, dit l'un des officiers, nous avons perdu notre renommée. »

Il y a un long silence.

Puis Goethe dit :

« D'ici et de ce jour, commence une ère nouvelle dans l'histoire du monde. »

Ce jeudi 20 septembre 1792, vers cinq heures et demie du soir, alors qu'à Valmy, les canons cessent de tirer, les trois cent soixante et onze députés de la Convention présents à Paris, sur les sept cent quarante-neuf élus, se réunissent pour la première fois aux Tuileries.

Ils vérifient leurs pouvoirs.

Ils nomment leur bureau, choisissent Pétion, maire de Paris, élu député à Chartres, comme président.

La séance qui n'a pas été publique est levée à une heure du matin.

Quelques sans-culottes, armés de leurs piques, les attendent rue Saint-Honoré. Ils crient : « Vive la nation ! », « À bas le gros cochon ! »

Et d'une voix forte, dominant toutes les autres, quelqu'un lance :

« Il reste une prison à vider. »

SEPTIÈME PARTIE

Octobre 1792-22 janvier 1793
« Cet homme doit régner ou mourir »

« On s'étonnera un jour qu'au XVIIIe siècle on ait été moins avancé que du temps de César : là le tyran fut immolé en plein Sénat, sans autres formalités que vingt-trois coups de poignard, et sans autre loi que la liberté de Rome. Et aujourd'hui on fait avec respect le procès d'un homme assassin d'un Peuple, pris en flagrant délit, la main dans le sang, la main dans le crime !... On ne peut régner innocemment : la folie en est trop évidente. Tout roi est un rebelle et un usurpateur. »

SAINT-JUST

Discours sur le jugement de Louis XVI
prononcé à la Convention nationale
le 13 novembre 1792

34.

Cette prison qui « reste à vider », c'est le donjon du Temple.

À plusieurs reprises durant ce mois de septembre, des groupes de sans-culottes sont venus hurler leur haine du « gros cochon », de la « putain ».

Ils ont tenté de forcer les portes percées dans le nouveau mur d'enceinte que la Commune a fait construire autour du donjon.

Souvent aussi des geôliers, qui surveillent chaque geste de Louis, de sa sœur Élisabeth, de Marie-Antoinette et de ses deux enfants, Madame Royale âgée de quatorze ans, et le dauphin Louis qui a à peine sept ans, ont couvert le roi d'injures, l'ont menacé. Ils lui ont rappelé le sort de l'amie de la reine, la princesse de Lamballe, dont les assassins ont promené la tête tranchée autour du donjon, et abandonné le corps mutilé au pied des murs.

« Le roi de Prusse marche sur Châlons, a-t-on crié à Louis. Vous répondrez à tout le mal qui peut en résulter. Nous savons que nous, nos femmes, nos enfants périrons, mais le peuple sera vengé, vous mourrez avant nous. »

Le roi fait face, interrompt le sans-culotte.

« J'ai tout fait pour le peuple, je n'ai rien à me reprocher. »

Il parle d'une voix calme et forte. Il dit à Cléry, le valet de chambre qui, dévoué, a voulu rester au Temple et continue de servir la famille royale :

« J'exige de votre zèle de ne rien me cacher. Vous ne pouvez me donner une plus grande preuve d'attachement. Je m'attends à tout. »

Des travaux ont été entrepris dans la grande tour du Temple, sans doute va-t-on y installer les prisonniers, isoler Louis de sa famille.

« Tâchez de savoir le jour de cette pénible séparation, dit-il à Cléry, et de m'en instruire. »

Sa seule consolation pourtant, dans cette prison, consiste à voir les siens, à enseigner à ses enfants, à jouer au tric-trac avec Marie-Antoinette.

Elle l'émeut.

Il imagine ses souffrances. Elle a trente-sept ans, un an de moins que lui, mais l'angoisse, la détention, l'ont marquée. Ses cheveux ont blanchi, ses traits se sont affaissés. Elle ressemble à une vieille femme, et souvent elle pleure, ou défaille, serrant ses enfants contre elle, ou bien priant avec sa belle-sœur, qui paraît bien plus âgée que ses vingt-huit ans.

Louis sent la mort qui rôde au-dessus d'eux, et d'abord de lui-même et du dauphin, souffreteux et apeuré.

Et un garde municipal a lancé, un jour, que cet enfant était le seul à lui faire pitié mais « qu'étant né d'un tyran, le fils Capet devait mourir ».

Louis sait que la seule manière de contenir l'angoisse et de lutter contre la peur, c'est de s'arrimer à ses habitudes.

Il se lève à sept heures. Il prie Dieu jusqu'à huit, s'habille en même temps que le dauphin, monte déjeuner chez Marie-Antoinette en famille. Puis leçons pour les enfants jusqu'à onze heures. Promenade si les gardiens l'autorisent, « dîner », jeu de tric-trac et de piquet. Louis après se retire, pour dormir, attendre six heures, où il reprend son enseignement, jusqu'à l'heure du souper à neuf heures du soir.

Louis se couche vers onze heures.

Il se refuse à commenter les événements, parce qu'il veut conserver son impassibilité, ne pas s'épancher et ne pas montrer ses faiblesses, tenter ainsi de rassurer Marie-Antoinette, digne, mais succombant à des accès de désespoir.

Quand, le 21 septembre, Louis entend des sonneries de trompette, des roulements de tambour, des cris de « Vive la nation ! », il ne lève même pas la tête.

Tout à coup, le silence, et une voix qui déclame :

« La Convention nationale réunie vient de décréter que la royauté est abolie en France. »

Ce 21 septembre 1792 est un vendredi, jour maigre, mais au nom de l'égalité, on refuse à la famille royale de lui servir du poisson ou des légumes.

Vers midi, douze commissaires envoyés par les députés de la Convention réunis aux Tuileries sont venus informer l'Assemblée législative, qui tient séance salle du Manège, qu'il s'agit là de la dernière et que les conventionnels vont s'installer, à la place des légistes, dans cette même salle.

Et sous les acclamations, avec des roulements de tambour, les députés à la Convention s'installent.

Et déjà Marat, qui a été élu à Paris, par quatre cent vingt voix sur sept cent cinquante-huit votants, proteste.

Les tribunes de la salle du Manège réservées au « peuple » ne comptent que trois cents places ! Il faut, déclare Marat, absolument assurer la place à quatre mille spectateurs.

« La Convention nationale doit être sans cesse sous les yeux du peuple, afin qu'il puisse la lapider si elle oublie ses devoirs », ajoute Marat.

Les députés s'écartent de lui.

Le maire de Paris Pétion, qui a été désigné comme président de la Convention, et les membres de son bureau qui sont tous girondins, s'insurgent, condamnent Marat.

Des placards signés de « l'Ami du peuple » sont affichés aux carrefours, réclament un « gouvernement de main forte », un triumvirat, dont Marat ferait partie en compagnie de Danton et de Robespierre. Et certains de ces appels vont jusqu'à proposer la dictature à Danton.

Les Girondins du bureau de la Convention s'indignent, dénoncent Marat, ses « placards désorganisateurs qui ne cessent point depuis plusieurs jours d'appeler une forme de gouvernement qui inspire de justes alarmes ».

Les Girondins affirment même qu'il existe un « dangereux complot tramé par la députation de Paris ».

Ainsi la Convention s'est-elle à peine réunie qu'on s'y déchire, qu'on s'y suspecte, qu'on s'y accuse.

Les Girondins – peut-être soixante-cinq députés, dont Brissot, Vergniaud, Condorcet, Barbaroux – sont décidés à en finir avec cette Commune de Paris, son Comité de surveillance. Dans les salons de Manon Roland ou de Madame Condorcet, on répète que Paris est une « ville nourrie de sang et de mensonges ». Marat, y dit-on, n'est qu'un « fou atrabilaire », un « criminel », l'un des responsables majeurs des massacres de début septembre. Et qui a même signé des ordres de visite domiciliaire d'une centaine de Girondins, parmi lesquels Brissot.

Mais le grand adversaire de la Gironde, c'est la *Montagne*.

Ces Montagnards – Danton, Robespierre, Fabre d'Églantine, Camille Desmoulins, Collot d'Herbois, Billaud-Varenne, David, Carnot, Saint-Just qui, élu de l'Aisne, est à vingt-cinq ans le plus jeune des députés de la Convention, et même ce Philippe Égalité ci-devant duc d'Orléans ! –, tous ceux-là pour les Girondins ne rêvent que de dictature, au nom du salut public.

Et en outre, s'ils ne soutiennent pas Marat, ils le protègent.

Entre Girondins et Montagnards, il y a ces centaines de députés – peut-être six cents sur sept cent quarante-neuf, dont Sieyès, Cambacérès, Boissy d'Anglas – qui composent ce qu'avec mépris, les Montagnards ou même les Girondins appellent la *Plaine*, le *Marais*, qui se tassent, se terrent, « restent immobiles » au moment des grands affrontements, mais qui composent la majorité de la Convention, et peuvent faire et défaire les pouvoirs de ceux qui, Girondins ou Montagnards, veulent gouverner la Convention et le pays.

Les députés à la Convention en ce premier jour s'observent, se regroupent, là autour de Brissot, ici autour de Danton. Et il y a tous ceux qui errent, qui arrivent de leurs départements, qui suspectent la députation de Paris de vouloir imposer tous ses projets.

Voici Danton qui monte à la tribune.

Il annonce qu'il veut « résigner les fonctions qui m'avaient été déléguées par l'Assemblée législative. Je les ai reçues au bruit du canon dont les citoyens de la capitale foudroyèrent le despotisme. Maintenant que la jonction des armées est faite, que la jonction des représentants est opérée, je ne suis plus que le mandataire du peuple. »

C'est le brouhaha.

Danton tente ainsi de se dégager de ces projets de dictature, de triumvirat qu'on lui prête, et que semblent confirmer les « placards » de Marat.

Danton lève la main, réclame le silence.

Il faut des lois répressives, dit-il, pour que le « peuple » ne châtie pas lui-même.

Il faut que toutes les propriétés soient « éternellement maintenues ».

Il faut une nouvelle Constitution, ratifiée par le peuple dans ses assemblées électorales.

Et cette Constitution doit décréter que « les personnes et les propriétés sont sous la sauvegarde du peuple français ».

On applaudit.

Le Marais approuve : on veut dans les départements que les propriétés soient protégées !

Et à l'unanimité, sur proposition de Collot d'Herbois et de l'abbé Grégoire, on décide que « la royauté est abolie en France ».

Et le lendemain, le samedi 22 septembre 1792, Billaud-Varenne fait voter la proposition selon laquelle tous les actes publics seront, à partir de ce même jour, datés de « l'An I de la République ».

Robespierre murmure que la République s'est « glissée furtivement, de biais, dans nos résolutions ».

Et le libraire Ruault, qui date sa lettre de « l'an Ier de la République », exalte ce régime nouveau et écrit :

« Le vote a été l'affaire d'un quart d'heure, elle a passé d'emblée sans discussion ni amendements. De sorte que la chose du monde la plus importante a été la plus facile à faire. Si tous les membres au nombre de sept cent cinquante eussent été réunis, il y aurait eu probablement quelque contradiction.

Il semble qu'on ait voulu faire un coup fourré. On y a réussi jusqu'à présent.

« J'aime assez le système républicain, poursuit-il, il bannit la haute morgue de la société, il rend les hommes plus égaux, plus fiers, le mérite y obtient la récompense qui lui est due… »

Mais on entend peu dans les heures qui suivent crier « Vive la République ! ».

Et Gouverneur Morris écrit :

« Rien de nouveau aujourd'hui, sinon que la Convention s'est réunie et a déclaré qu'il n'y aurait plus de roi. »

En fait Louis XVI n'est plus, depuis le 10 août 1792, que Louis Capet, ci-devant roi de France, ou des Français.

La victoire de Valmy, connue à Paris à la veille de l'institution discrète de la République, a donné un élan originel au nouveau régime.

« Ce jour de Valmy a été décisif pour le salut de la patrie, écrit le *Journal des hommes libres*. Il a procuré le double avantage de ralentir l'ardeur des Prussiens et d'augmenter celle de nos braves défenseurs. Et c'est aussi ce jour même que sous de si heureux auspices, se sont réunis les citoyens élus par le peuple pour le représenter et lui proposer un pacte social et une forme de gouvernement. »

Mais déjà, après seulement quatre jours, les déchirures s'élargissent, les oppositions – les haines –, les suspicions s'expriment.

Le mardi 25 septembre, Marat dénonce un complot fomenté contre lui, contre la députation de Paris.

Il accuse les Girondins :

« Le 25 de ce mois, dit-il, est le jour fixé pour décrier la députation de Paris, écraser Robespierre, Panis – un avocat jacobin, proche de Danton –, Danton, et faire égorger Marat par le glaive de la tyrannie… »

Il dénonce « la clique brissotine », qui veut le faire « égorger par des brigands apostés »… ces deux huissiers chargés de l'arrêter si on vote contre lui un acte d'accusation. Lui-même a fait asseoir dans les travées, à la place de députés, des citoyens chargés de l'applaudir.

Et le président de séance a dû les inviter à quitter « l'enceinte de la salle ».

La tension est vive.

Un député, Lasource, déclare qu'il y a un parti qui veut « despotiser la France » après avoir « despotisé la Convention nationale ».

On proteste, on s'exclame.

Lasource poursuit : « Il faut, dit-il, réduire Paris à un quatre-vingt-troisième d'influence », qu'il ne pèse pas plus qu'un quelconque des quatre-vingt-trois départements !

Danton s'insurge.

« Je n'appartiens pas à Paris, aucun de nous n'appartient à tel ou tel département. Il appartient à la France entière… Je déclare la peine de mort contre quiconque voudrait détruire l'unité en France. »

On vote. On proclame que la « République est une et indivisible ».

Mais les haines et les soupçons demeurent.

Danton répète qu'il n'est en rien « l'instigateur des placards et des écrits de Marat ».

Cet homme-là, martèle-t-il, est « un être nuisible à la société ».

Les premiers cris « Marat à la guillotine ! » se font entendre.

Robespierre monte à son tour à la tribune.

Lui aussi prend ses distances avec Marat.

Il n'a à aucun moment l'intention de faire partie d'un « triumvirat ».

« Loin d'être ambitieux, j'ai toujours combattu les ambitieux », assure-t-il.

On l'interrompt. On murmure. On lui lance : « Abrégez ! »

Sa voix devient plus aiguë :

« Je sens qu'il est fâcheux pour moi d'être toujours interrompu… Je n'abdiquerai point. »

Il n'est pas applaudi quand il descend de la tribune.

On attend Marat.

Le voici, bousculé, entouré de députés qui crient : « À la guillotine ! À la guillotine ! »

Il empoigne la tribune. Il disculpe Danton et Robespierre « qui ont constamment repoussé la dictature ».

Il est seul coupable d'avoir voulu, pour déjouer les complots d'une Cour corrompue, « placer la hache vengeresse du peuple entre les mains d'un dictateur… Et si c'est un crime j'appelle sur ma tête la vengeance nationale. »

Il sort de sa ceinture un pistolet et l'appuie sur son front :

« Je suis prêt à me brûler la cervelle sous vos yeux. »

L'Assemblée est comme paralysée. Elle ne votera pas la mise en accusation de Marat, se contentera de ses explications et « passera à l'ordre du jour ».

Mais on n'oubliera rien de ce premier débat de la Convention.

Rancœurs, rancunes, humiliations, haines : ces députés qui, unanimes, ont « aboli la royauté pour la France » et proclamé « la République une et indivisible », s'infligent des blessures d'amour-propre qui enveniment, exacerbent les oppositions politiques.

Maximilien Robespierre, vexé par l'accueil presque méprisant de la Convention, s'est réfugié dans la maison des Duplay.

Il est, comme chaque fois qu'il est soumis à une tension trop forte, malade, la tête percée de migraines. Madame Duplay et ses filles Élisabeth et Éléonore, mais aussi Charlotte, la sœur cadette de Maximilien qui s'est installée chez les Duplay, « l'entourent de mille soins délicats. Il est excessivement sensible à toutes ces sortes de choses dont les femmes seules sont capables ».

Et Charlotte, qui le note, s'en irrite. « Je résolus de tirer mon frère de ces mains et pour y parvenir je cherchai à lui faire comprendre que, dans sa position et occupant un rang aussi élevé dans la politique, il devait avoir un chez-lui. »

Augustin Robespierre qui, à vingt-quatre ans, vient d'être élu à la Convention grâce à l'influence et à la notoriété de Maximilien, s'est lui aussi installé chez les Duplay, dans un appartement non meublé sur la rue du Faubourg-Saint-Honoré.

Maximilien, ainsi, a perdu le havre de tranquillité que lui offraient les Duplay.

Le revoici dans sa « famille d'Arras », cédant à Charlotte, s'installant avec elle, rue Saint-Florentin non loin de la Convention, regrettant aussitôt les Duplay.

« Ils m'aiment tant, confie-t-il, ils ont tant d'égards, tant de bonté pour moi qu'il y aurait de l'ingratitude à les repousser. »

Et finalement il retourne chez les Duplay, laissant Charlotte ulcérée, persuadée que Madame Duplay rêve de marier sa fille Éléonore à Maximilien. Celui-ci se dérobe et Charlotte incite Augustin à se déclarer, à épouser Éléonore.

Mais la vie privée des deux frères est emportée par le torrent impétueux de la Révolution, auquel aucun de ceux qui jouent un rôle ne peut échapper.

Marat, qui a évité l'acte d'accusation, enrage contre ces députés, ses collègues.

Ce ne sont à l'entendre que des « cochons », des « bourgeois », des « trembleurs », des « imbéciles ».

« À voir la trempe de la plupart des députés à la Convention nationale je désespère du salut public », lance-t-il.

On crie : « À bas Marat ! »

Il siège, sur un banc isolé, car qu'on soit de la Gironde, de la Montagne ou de la Plaine, personne ne veut s'afficher à ses côtés. On méprise son accoutrement, ces sortes de turbans dont il s'enveloppe, son teint bistre. On éprouve du dégoût pour sa maladie de peau.

Il répond coup pour coup :

« Je rappelle mes ennemis personnels à la pudeur. Je les exhorte à s'interdire des clameurs furibondes et des menaces indécentes contre un homme qui a servi la liberté et eux-mêmes plus qu'ils ne le pensent. »

Il inquiète. Il soupçonne déjà Danton d'être un corrompu, attiré par le plaisir. « Il me faut des femmes », avoue Danton.

Et surtout, Danton soutient le général Dumouriez qui, au lieu de poursuivre et d'écraser les vaincus de Valmy, négocie avec le duc de Brunswick un retrait paisible des troupes prussiennes !

Et Danton est tenu jour après jour au courant de la négociation, puisqu'il a délégué auprès de Dumouriez l'un de ses proches, l'ancien écuyer du comte d'Artois, le colonel Westermann, commandant de la région du Nord.

Danton se méfie donc de Marat, même s'il sait que ses principaux ennemis sont les Girondins, cette Manon Roland qui le poursuit de sa haine, peut-être simplement parce qu'il n'a pas paru sensible à ses charmes, et qu'elle est une séductrice impérieuse, imposant ses idées à son époux, à Barbaroux, à Brissot, à l'état-major girondin.

Et lorsque, le 29 septembre, la Convention décide que les ministres ne peuvent être choisis parmi les députés – façon d'exclure Danton de son poste de ministre de la Justice – mais que les Girondins demandent que la mesure ne s'applique pas au ministre de l'Intérieur Roland, Danton s'étonne, se moque, blesse à jamais les Girondins, nourrit la haine que Manon Roland lui porte.

« Personne ne rend plus justice que moi à Roland, s'écrie-t-il. Mais je lui dirai si vous lui faites une invitation, faites-la donc aussi à Madame Roland, car tout le monde sait que Roland n'était pas seul dans son département ! »

Les députés de la Plaine, les « trembleurs », n'osent rire !

Et les Girondins s'indignent.

Mais Danton poursuit :

« Je rappellerai, moi, qu'il fut un moment où la confiance fut tellement abattue qu'il n'y avait plus de ministres et que Roland eut l'idée de sortir de Paris ! Il n'est pas possible que vous invitiez un tel citoyen à rester au ministère ! »

La rage saisit les Girondins et il ne leur reste qu'à attaquer Danton, à l'accuser eux aussi de corruption, à dénoncer ses complices Fabre d'Églantine et Camille Desmoulins.

À lui reprocher d'avoir, au ministère de la Justice, choisi comme juges des citoyens non en fonction de leur compétence – « la justice doit se rendre par les simples lois de la raison », dit Danton – mais de leur fidélité à l'esprit sans-culotte.

« Tous ces hommes de loi sont d'une aristocratie révoltante », dit l'ancien avocat Danton. Il veut révolutionner cela !

Dès lors, on ne le croit pas, quand il prône la « réconciliation », l'« explication fraternelle », l'« indulgence ».

On le soupçonne de duplicité.

Il couvre les négociations avec Brunswick, au prétexte de détacher la Prusse de l'Autriche.

Rêverie, puisque le roi de Prusse n'accepte de négocier qu'avec le roi de France, et il n'y a plus de roi ! Mais une République.

Et c'est le même Danton qui lance :

« Nous avons le droit de dire aux peuples, vous n'aurez plus de rois... La Convention nationale doit être un Comité d'insurrection générale contre tous les rois de l'Univers. »

Et qui après avoir à la fois négocié, évoqué cette insurrection générale, affirme le 4 octobre 1792 :

« Je demande qu'on déclare que la patrie n'est plus en danger... Le principe de ce danger c'était la royauté. Vous l'avez abolie. Loin d'avoir à craindre pour notre liberté nous la porterons chez tous les peuples qui nous environnent. »

Que pense et veut vraiment Danton ?

À Königsberg, en cette fin septembre 1792, le philosophe Kant apprend que la République est proclamée en France :

« Maintenant je puis dire comme Siméon : laisse partir ton serviteur, Seigneur, car j'ai vécu un jour mémorable. »

35.

« Jour mémorable » : la proclamation de la République française, en cet automne 1792, l'est pour toute l'Europe.

On regarde avec effroi, sympathie, enthousiasme, émotion, colère ou mépris, mais jamais avec indifférence, et toujours avec passion, cette nation puissante, la plus peuplée d'Europe.

Sa monarchie millénaire, modèle de bien des princes, paraissait indestructible.

Mais le peuple a forcé les grilles de Versailles et des Tuileries. Les privilèges ont été abolis. Les souverains humiliés, emprisonnés. Et la nation s'est proclamée républicaine. Cataclysme. « Jour mémorable ». Aussi bouleversant pourtant que le jour où le vieux Juif Siméon découvre que l'enfant qu'il a porté dans ses bras est le Messie.

Les émigrés français à Coblence, à Londres, à Bruxelles, à Turin, à Nice, à Pétersbourg enragent, appellent les souverains à la croisade contre cette populace sacrilège.

Dans les salons où se réunissent les « esprits éclairés », on lit au contraire avec ferveur les journaux, les lettres qui arrivent de Paris.

On partage les réflexions du libraire Ruault qui écrit à ses correspondants, qui comme lui sont lecteurs de Voltaire et de Rousseau, de l'*Encyclopédie*, de Beaumarchais :

« Quels sont les fondateurs de notre République ? Des gens sans propriétés pour la plupart, des hommes exaspérés, fougueux, sanguinaires, des demi-brigands. Mais réfléchissez sur l'histoire des Républiques et vous verrez qu'elles n'ont pas eu d'autres individus pour fondateurs. Rome et Venise n'ont pas de plus noble origine... Et le système républicain donne l'essor au génie, au talent... Nous verrons si nous sommes capables de réaliser ce beau système... »

Dans l'entourage des souverains on s'indigne, on s'inquiète.

Il faudrait arracher vite ce « champignon vénéneux » qui peut répandre ses poisons dans toute l'Europe.

Le roi de Prusse, Frédéric-Guillaume II, dont les armées font paisiblement retraite, après que Brunswick et Dumouriez se sont entendus, rompt toutes les négociations avec ce nouveau régime.

Mais à Mayence, à Spire, à Francfort, certains chantent *La Marseillaise*, arborent la cocarde tricolore, et créent des sociétés de pensée qui s'inspirent du club des Jacobins.

Ils attendent les soldats de la République qui avancent, en entonnant : « Allons, enfants de la patrie », et « Ça ira ».

Pour ces volontaires, en octobre 1792, « le jour de gloire est arrivé ».

C'est comme si la proclamation de la République, après Valmy, avait donné le branle.

Le général Anselme traverse le Var, entre à Nice, et sa sœur, amazone vêtue de bleu-blanc-rouge, caracole à ses côtés, et les quinze cents soldats sont acclamés par les Niçois, qui se rêvent Jacobins.

Un Provençal, Barras, ci-devant comte, ancien officier de l'armée royale, qui fait partie de l'état-major d'Anselme, crée une administration dans le nouveau département des Alpes-Maritimes, des municipalités, à Nice, notamment, qui était dit-il « l'un des quartiers généraux de la contre-révolution ».

Mais il quitte bientôt l'armée, pour rejoindre la Convention où il vient d'être élu.

Il fait rapport devant les députés de cette situation militaire, des succès remportés contre le « roi des Marmottes » – le roi du Piémont –, de l'accueil rencontré en Savoie par les troupes de la République.

La municipalité de Chambéry en habit de cérémonie attendait le général Montesquiou. Un festin avait été préparé en ville pour les soldats.

« Nous étions français de langage et de cœur, nous le sommes à présent », disent les Savoyards.

L'accueil est aussi chaleureux pour les troupes du général Custine à Spire, dans l'évêché de Bade, à Mayence et à Francfort.

Les troupes prussiennes ont évacué Verdun et Longwy, les Autrichiens ont levé le siège de Lille. « Le cannibale qui faisait bombarder Lille s'est enfin retiré », écrit Couthon. Il s'est replié en Belgique où le suivent les troupes de Dumouriez.

Et Louis-Philippe d'Orléans, ci-devant duc de Chartres, est souvent à l'avant-garde de cette marche vers Bruxelles.

La France est tout entière libérée à la date du 19 octobre 1792.

Et à l'annonce que les frontières sont franchies par les armées de la République, les « têtes tournent » au club des Jacobins, dans le salon de Manon Roland.

« La sainte épidémie de la liberté gagne partout de proche en proche », écrit Marat.

Au club des Jacobins, Manuel lance, acclamé par toute la salle : « Je demande que Chambéry, Mayence, Francfort soient pour nous des clubs. Ce n'est point assez de nous affilier des sociétés, il nous faut affilier des royaumes. »

À l'Hôtel de Ville, l'ancien étudiant en médecine Chaumette, bientôt procureur de la Commune, espère que « le terrain qui sépare Paris de Pétersbourg et de Moscou sera bientôt francisé, jacobinisé ».

Les membres de la Commune lui font une ovation.

Brissot, lui, s'adresse à Dumouriez :

« Je vous dirai qu'une idée se répand assez ici, c'est que la République ne doit avoir pour borne que le Rhin. »

Et Danton qui, Montagnard, est l'adversaire de Brissot et la cible des attaques girondines, partage ces vues.

« Les limites de la France sont marquées par la nature, nous les atteindrons des quatre coins de l'horizon, du côté du Rhin, du côté de l'Océan, du côté des Alpes. »

Mais c'est Brissot qui va le plus loin, réaliste croit-il, cynique en tout cas lorsqu'il écrit :

« Nous ne pourrons être tranquilles que lorsque l'Europe, et toute l'Europe, sera en feu. »

Mais Danton et Brissot en même temps qu'ils prononcent ou écrivent ces mots d'intransigeance, de guerre et d'expansion française, sont l'un et l'autre proches de Dumouriez qui a négocié avec le duc de Brunswick.

Le général a été l'homme des Girondins. Il a fréquenté le salon de Manon Roland.

Et Danton pourtant fait à la Convention l'éloge de « Dumouriez qui réunit au génie du général l'art d'échauffer et d'encourager le soldat ».

Et, en même temps, Danton qui pérore en exaltant « l'insurrection générale contre les rois » envoie à Londres des émissaires chargés de corrompre les ministres anglais afin que l'Angleterre reste en dehors du conflit !

Discours guerriers d'un côté, à la tribune de la Convention et à celle des Jacobins, et tractations secrètes de l'autre.

Et Danton qui condamne les rois, et se présente comme l'un des fondateurs de la République, dit à Louis-Philippe, ci-devant duc de Chartres, fils de Philippe Égalité ci-devant duc d'Orléans :

« Renfermez-vous dans votre métier de soldat sans vous occuper de nos actes et sans faire de la politique… Emportez ces conseils à l'armée ; ils sont dictés par un intérêt sincère. Gravez-les dans votre mémoire et réservez votre avenir. »

Louis-Philippe, en entendant Danton, l'a regardé étonné : le conventionnel Danton, le ministre de la République, lui fait comprendre que ce régime sera provisoire, et que la monarchie demain peut renaître avec un roi issu des Orléans !

Marat, hanté par l'idée de complots aristocratiques, pressent cette ambiguïté, ce double jeu de Danton, comme l'étrange conduite des opérations par Dumouriez après Valmy. Et il condamne l'amitié des Girondins pour le général.

La plupart des ministres et des députés sont à ses yeux des suspects. Et Marat l'écrit. Dénonçant la politique équivoque de Dumouriez, il prophétise : « Cent contre un que Dumouriez s'enfuira avant la fin de mars prochain. »

Il lui reproche d'accuser des volontaires parisiens qui ont, à Rethel, massacré quatre émigrés français qui avaient déserté les rangs prussiens.

Ces volontaires commandés par l'entrepreneur Palloy – le « démolisseur de la Bastille » – sont désarmés, conduits sous escorte à la forteresse de Cambrai. Et la Convention approuve ces mesures.

« Il y a un dessous des cartes dont il faut connaître le fond », dit Marat à Dumouriez.

Il rencontre le général à Paris, à une soirée donnée chez Talma, le comédien. Marat, dans les salons de l'hôtel particulier de la rue Chantereine, croise une « douzaine de nymphes légèrement vêtues » dont la présence doit distraire le général et les autres invités.

Marat, le visage crispé par un sourire méprisant, toise Dumouriez, poursuit :

« Qui persuadera-t-on que douze cents hommes, des volontaires patriotes, se livreraient à des excès sans motifs ? On dit que les prisonniers massacrés étaient des émigrés. »

« Eh bien, Monsieur, quand ce seraient des émigrés ? » répond Dumouriez.

« Les émigrés sont des rebelles à la patrie, et vos procédés envers les bataillons parisiens sont d'une violence impardonnable. »

« Oh, vous êtes trop vif, Monsieur Marat, pour que je parle avec vous », dit Dumouriez en s'éloignant.

Marat voit les sourires, entend les ricanements des invités.

L'un d'eux – un acteur – fait le tour de la salle avec une cassolette de parfums et « purifie » les endroits où Marat est passé.

Et la fête reprend.

Marat est persuadé qu'une « machination secrète est tramée par Dumouriez et la clique girondine ».

Le massacre des quatre déserteurs émigrés par des volontaires parisiens n'est que l'un des engrenages du « complot » qui vise à isoler, à déconsidérer les sans-culottes parisiens, qui sont la « pique » de la Révolution.

D'un côté, on fait adopter, voter par la Convention, un décret qui indique que les émigrés capturés les armes à la main sont hors la loi, et doivent être exécutés dans les vingt-quatre heures.

Et de l'autre, on désarme le bataillon de volontaires qui a fait justice de quatre émigrés qui avaient combattu aux côtés des Prussiens !

Double jeu à nouveau ! s'écrie Marat.

Il dénonce la volonté de la majorité de créer une garde fédérale pour la Convention, composée de fédérés qui dans les départements seront « triés » par les Girondins. Et les premiers arrivés ont déjà manifesté en criant qu'il fallait mettre les têtes de Marat, de Danton et de Robespierre au bout d'une pique. Et on a même entendu scander : « Pas de procès au roi. »

Voilà le complot qui veut étrangler la République !

Marat tente de se faire entendre.

Il demande la parole, mais lorsqu'il monte à la tribune de la Convention, on l'insulte. On dénonce « cet agitateur dont le nom seul fait frémir d'horreur ».

Marat est un « porc-épic » qu'on ne peut pas seulement toucher des doigts.

« S'il parle à cette tribune, il faut qu'après lui elle soit purifiée ! »

Il se défend, il crie : « Voulez-vous m'égorger ? Égorgez-moi ! »

Mais il doit quitter la Convention, se terrer chez lui. Les nouveaux fédérés défilent devant sa demeure, menacent de l'incendier, et d'envoyer Marat à la guillotine.

Tout le monde l'accable.

Danton, pourtant attaqué sans cesse par des Girondins, qui exigent qu'il rende des comptes et l'accusent d'avoir dilapidé à son profit les centaines de milliers de livres qui lui ont été versées quand il était ministre, déclare :

« Je n'aime pas l'individu Marat. Je dis avec franchise que j'ai fait l'expérience de son tempérament : non seulement il est volcanique et acariâtre mais insociable. Après un tel aveu qu'il me soit permis de dire que moi aussi je suis sans parti et sans faction. »

Il n'y a que Camille Desmoulins qui ose murmurer lorsque Marat passe près de lui, en descendant de la tribune de la Convention : « Pauvre Marat, tu es de deux siècles au-delà du tien ! »

C'est donc aussi le temps des haines en ces mois d'octobre et de novembre 1792.

Danton démissionne de son poste de ministre. Il tente de prêcher la réconciliation entre Girondins et Montagnards.

« Il ne peut exister de factions dans une République, dit-il. La fraternité seule peut donner à la Convention cette marche sublime qui marquera sa carrière. »

Mais il devient aussitôt suspect aux yeux de Robespierre, de Saint-Just, de « la crête de la Montagne », qui domine aux Jacobins.

Robespierre obtient qu'on exclue Brissot du club, et les Girondins derrière Brissot quittent les Jacobins.

Ces luttes épuisent.

Danton, élu président des Jacobins, n'est guère présent aux séances. On le voit, entouré de jeunes femmes vénales, fréquenter les restaurants à la mode.

Puis il disparaît, durant plusieurs semaines.

On le dit malade, abattu, atteint de cette dépression qui affecte par périodes tous ceux qui sont plongés dans ce tourbillon révolutionnaire, dont ils sentent bien qu'ils ne peuvent le maîtriser, et qu'à tout moment ils peuvent en être submergés.

Et cette « fatigue », cette angoisse, touche la majorité de la population parisienne, qui est à l'écart des assemblées électorales, des sections. Ceux qui participent, qui votent, ne représentent qu'un citoyen sur vingt !

Pétion est réélu maire de Paris, par une minorité de quelques milliers de voix, sur les six cent mille habitants de la capitale !

Mais Pétion prétend représenter le peuple, alors que pour la majorité qui ne participe pas aux assemblées électorales, il n'est qu'un « magistrat populacier » et pour d'autres un « trembleur ».

On murmure : « Les enragés sont les maîtres aujourd'hui dans Paris et ne respirent que vengeance. » La ville a changé d'aspect. Les étrangers sont partis. Les riches se terrent ou ont gagné la province. Plus de carrosses, de livrées, de belles toilettes dans les rues.

« Vous trouverez aussi du changement dans les mœurs et les vêtements des Parisiens, écrit le libraire Ruault. Le bonnet rouge a repris vigueur. Tous les Jacobins le portent, excepté Robespierre, cette coiffure dérangerait trop des cadenettes bien frisées et bien poudrées. Je fais comme Robespierre quoique je n'aie point de cadenettes sur les oreilles. Je crois que le bonnet rouge ou blanc ou gris, ne va qu'aux manœuvres des maçons de la Révolution. »

On se soucie à nouveau, alors que les pluies et les froids de novembre commencent à sévir, de subsistance. Le prix du pain augmente. Mais on se contente de grommeler.

On sait que Paris est mené par une minorité d'autant plus violente qu'elle a conscience que la majorité de la population est réservée, voire hostile, et déjà si lasse de la hargne révolutionnaire qu'elle n'intervient plus, laisse faire dans les sections et les assemblées la poignée de citoyens qui s'entre-déchirent, Girondins, Montagnards, et quelques maratistes.

À la Convention, les députés de la Plaine se taisent, observent, de plus en plus mal à l'aise devant les manifestations de la haine que se portent Girondins, Montagnards, maratistes.

Et, premier d'une longue suite, le député Polycarpe Pottofeux démissionne début novembre, lassé de ces affrontements.

Il ne veut pas prendre parti, risquer sa tête pour dix-huit francs par jour, l'indemnité que la nation lui verse.

Les Girondins se sentent eux aussi menacés par cette minorité parisienne « enragée ».

C'est elle que vise Brissot quand il écrit à la fin du mois d'octobre 1792, dans un pamphlet adressé *À tous les républicains de France* : « Le peuple est fait pour servir la révolution, mais, quand elle est faite, il doit rentrer chez lui et laisser à ceux qui ont plus d'esprit que lui le soin de le diriger. »

Mais, pour s'emparer puis garder les rênes du pouvoir devant un peuple devenu spectateur, épuisé par ce qu'il a vécu depuis plus de trois années de bouleversements, d'émotions, de grandes peurs, c'est une lutte dont on devine déjà en cet automne 1792 qu'elle est « à mort ».

C'est Louvet, un écrivain devenu député du Loiret, qui, Girondin, attaque Robespierre.

« Oui, Robespierre c'est moi qui t'accuse de t'être continuellement produit comme objet d'idolâtrie. Je t'accuse d'avoir évidemment marché au suprême pouvoir. »

La majorité de la Convention décide de faire diffuser ce discours à quinze mille exemplaires. Et Brissot dans *Le Patriote français* poursuit l'attaque :

« On se demande pourquoi tant de femmes à la suite de Robespierre ? C'est un prêtre qui a des dévotes, mais il est évident que toute sa puissance est en quenouille ! »

Et tous les journaux girondins reprennent, martèlent cette idée : « Robespierre est un prêtre et ne sera jamais que cela. »

Maximilien monte à la tribune les 28 octobre et 5 novembre 1792. Il répond d'une voix énergique qui parfois se brise, comme si les forces lui manquaient, puis s'aiguise, tranchante.

On l'accuse de marcher à la dictature ?

« Nous n'avons ni armée, ni trésor, ni place, ni parti ! Nous sommes intraitables comme la vérité, inflexibles, uniformes, j'ai presque dit insupportables comme les principes ! »

On l'accuse d'avoir provoqué, soutenu des actes illégaux.

« Que nous reprochez-vous ? D'avoir désarmé les citoyens suspects ? Toutes ces choses étaient illégales, aussi illégales que la Révolution, que la chute du trône et de la Bastille, aussi illégales que la liberté elle-même ! Citoyens, vouliez-vous une révolution sans la Révolution ? »

Et il en appelle à la « réconciliation », à ensevelir les accusations dans un « éternel oubli ».

« Je renonce à la juste vengeance que j'aurais droit de poursuivre contre mes calomniateurs. »

Les députés du Marais l'applaudissent.

Ils s'éloignent des Girondins sans encore rejoindre la Montagne. Mais le soir du 6 novembre aux Jacobins, on acclame Maximilien. On porte des torches. On défile. On chante le *Ça ira*, *La Marseillaise*, *La Carmagnole*.

Triomphe ! Mais Robespierre est épuisé, et la maladie, fatigue et tension nerveuse suivie d'abattement, de dépression, le terrasse, jusqu'à la fin du mois de novembre.

Il ne pourra célébrer la victoire que, le 6 novembre, les armées de Dumouriez viennent de remporter à Jemmapes, dans une attaque frontale contre les troupes prussiennes.

L'élan patriotique des bataillons criant « Vive la nation ! » a bousculé les troupes du duc de Brunswick.

Et les soldats de Dumouriez marchent vers Bruxelles, Liège, Anvers.

C'est la panique chez les émigrés qui refluent en désordre, cependant que les députés belges proclament la déchéance de la maison d'Autriche, et envoient des délégués à Paris, plaider la cause de l'indépendance.

Dumouriez est acclamé.

On le célèbre dans les salons de Manon Roland et de Julie Talma où l'on croise nombre d'officiers, dont ce général Alexandre de Beauharnais, chef d'état-major de l'armée du Rhin.

Bien plus qu'après Valmy, Jemmapes et l'occupation de la Belgique font naître un sentiment d'euphorie et d'enthousiasme à la Convention.

Les députés approuvent par acclamation une déclaration qui devra être traduite dans toutes les langues :

« La Convention nationale déclare au nom de la nation française qu'elle accordera fraternité et secours à tous les peuples qui voudront recouvrer leur liberté. »

Mais il y a une condition nécessaire à cette liberté et au bonheur. Tous les peuples et d'abord le français doivent la connaître.

On la rappelle dans *Les Révolutions de Paris*.

« Voulez-vous guérir les maux ? Voulez-vous enfin prendre une marche certaine ? Voulez-vous être justes ?

« Remontez toujours à la source !

« Jugez Louis XVI d'après ses crimes, rendez justice en sa personne à la nation entière outragée par lui, jugez son exécrable épouse dont les vices et les forfaits effraient l'imagination la plus exercée à scruter le cœur des tyrans !

« Législateurs !

« Apprenez aux Français que vous voulez leur bonheur !

« Apprenez aux nations de l'Europe qu'elles ne jouiront de ce même bonheur qu'au même prix !

« Proscrivez selon le mode de la justice et de la prudence humaine les restes de cette race perfide !

« Qu'ils disparaissent tous et à jamais d'une terre libre !

« Brutus ne laissera dans Rome aucun allié, parent ou ami des Tarquins ! »

36.

En ces premiers jours de novembre 1792, les journaux et la minorité de citoyens qui les lisent ou se réunissent dans les sections s'interrogent :

Faut-il imiter les Romains qui ont chassé le roi Tarquin, et se contenter de proscrire loin de la République le ci-devant Louis XVI ?

Le chasser, ou le juger ?

On dit qu'il vit paisiblement dans sa prison du Temple.

Il loge désormais dans la grande tour, et on lui a retiré – assure-t-on – papiers, plumes et crayons, parce que l'on craint qu'il ne communique avec les ennemis de la République.

On l'a séparé de Marie-Antoinette et de ses enfants, ainsi que de sa sœur Élisabeth, puis on a cédé devant les récriminations de la ci-devant reine.

Ils sont de nouveau réunis, logeant aux différents étages de la grande tour, qui malgré les poêles est glacée.

Louis Capet, puis le dauphin, et bientôt Marie-Antoinette et Madame Élisabeth, et même le « bon » valet Cléry, sont frappés par la grippe, se plaignent de « fluxion de tête ».

Qu'on la leur coupe, crient les plus enragés des sans-culottes.

« La tête du tyran au bout d'une pique », scandent-ils autour du Temple, qu'un « sang impur abreuve nos sillons ».

L'opinion se divise.

Juger Louis Capet ?

C'est un « scandale de délibérer », dit Maximilien Robespierre. Il fait effort pour parler, plus pâle et plus poudré qu'à l'accoutumée, s'arrachant à la maladie pour marteler :

« Louis fut roi, la République est fondée. La victoire et le peuple ont décidé que lui seul était rebelle ; Louis ne peut donc être jugé ; il est déjà jugé. »

Près de lui, aux Jacobins, se tient ce jeune député, Saint-Just, que l'on commence à écouter, parce que sa logique implacable fascine, comme sa pâleur, son visage aux traits réguliers, cette lourde tête qui semble reposer sur la cravate blanche largement nouée, qui forme comme une sorte de jabot. Il a le regard fiévreux, le ton exalté.

On dit qu'il est fils de militaire, qu'il a été élève des Oratoriens de Soissons, et qu'à Blérancourt, dans l'Aisne, il fut colonel de la garde nationale, patriote résolu, mais jeune homme singulier, auteur d'un roman libertin, licencieux, *Organt*.

Il partage les idées de Robespierre, et peut-être les inspire-t-il ?

Il affirme, comme Maximilien, qu'ouvrir le procès du roi, c'est contester l'insurrection.

« Les peuples ne jugent pas comme les cours judiciaires, ils ne rendent point de sentences, ils lancent la foudre, ils ne condamnent pas les rois, ils les replongent dans le néant. »

Et la conclusion de Maximilien tombe comme un couperet : « Louis doit mourir. »

Mais Robespierre et Saint-Just ne sont pas suivis. Marat veut un procès.

Il faut que le peuple juge ce Louis Capet, coupable d'avoir depuis juin 1789 tenté de briser les espoirs des patriotes.

N'est-ce pas lui qui a organisé l'« orgie » des cocardes noires à Versailles, le 3 octobre 1789 ! N'est-ce pas lui qui a tenté de fuir, afin de rejoindre les émigrés !

Parjure, hypocrite, corrupteur, il a comploté avec ses frères réfugiés à Coblence, ce comte d'Artois et ce comte de Provence complices du roi de Prusse et de l'empereur d'Autriche !

Et n'a-t-il pas donné l'ordre, le 10 août, de massacrer les patriotes qui, révoltés par le *Manifeste de Brunswick*, avançaient vers les Tuileries ?

Louis Capet, ci-devant Louis XVI, est responsable de milliers de morts ! Et on voudrait ne pas le juger ? Peut-être pour dissimuler les noms de ceux qu'il a corrompus ? Il faut donc un procès.

Et le 3 novembre, un député de la Haute-Garonne, Mailhe, présente un rapport qui conclut que le ci-devant Louis XVI peut être jugé par la Convention.

« Ne voyez-vous pas toutes les nations de l'univers, toutes les générations présentes et futures, attendre avec une silencieuse impatience, dit-il, que vous leur appreniez si l'inviolabilité royale a le droit d'égorger impunément les citoyens et les sociétés, si un monarque est un Dieu dont il faut bénir les coups, ou un homme dont il faut punir les forfaits ? »

Les Girondins – Brissot, Vergniaud, Barbaroux, Roland – sont favorables au procès.

Le peuple, pensent-ils, ne veut pas la mort du roi, mais il faut bien donner des gages à cette minorité de sans-culottes, d'enragés, qui s'entassent dans les tribunes de la Convention, et tiennent Paris.

Et une partie de l'opinion s'inquiète.

« Le procès du roi occupe ici tous les esprits, écrit le libraire Ruault, toujours bon patriote. Les visages s'attristent, les cœurs s'affligent, car on prévoit que le dénouement sera fatal au malheureux prisonnier... Les forcenés dominent l'Assemblée qui doit juger cet infortuné monarque, et les forcenés ne sont point capables d'une grande et belle action ; il leur faut du sang, mais le sang attire le sang, on commence par en répandre quelques gouttes et l'on finit par des torrents et les tueurs sont tués à leur tour, et voilà l'histoire de toutes les révolutions. »

On raconte comment, dans sa prison du Temple, la famille royale est humiliée, insultée, persécutée même.

Un commis de librairie, Mercier, qui a été chargé de garder le roi et sa famille, dit à Ruault que la « reine est tellement changée depuis quatre mois qu'elle est là, qu'elle serait méconnaissable aux yeux même de ceux qui la voyaient tous les jours : tous ses cheveux sont blancs, elle paraît avoir plus de soixante ans ! ».

Lors des changements de garde, qui ont lieu tard dans la soirée, on exige des prisonniers qu'ils ne se mettent point au lit à leur heure habituelle.

« Quand la relève arrive, on leur demande de se mettre en ligne, et un gardien dit en les désignant : "Voici Louis Capet, voici Antoinette sa femme, Élisabeth sœur de Louis Capet, et les deux enfants mâle et femelle de Louis XVI et d'Antoinette, je vous les remets tous sains et saufs, tels que vous les voyez."

« Pendant cette séance aucun d'eux n'ouvrit la bouche, ils se laissaient compter comme des moutons. Quelle humiliation, grand Dieu ! Un roi dans une telle situation doit désirer la mort la plus prompte. Un pauvre particulier ferait bien le même souhait s'il était ainsi traité ! »

D'autres, au contraire, méprisent ce souverain déchu.

« Louis Bourbon, Louis XVI ou plutôt Louis dernier qui… habite toujours la tour du Temple. Sa tranquillité ou plutôt sa stupide apathie est toujours la même. Il ne paraît pas plus sentir ses malheurs que ses crimes », lit-on dans la *Feuille villageoise*.

Peindre ainsi Louis en homme stupide et donc inconscient de la gravité de ses actes, et du moment qu'il vit, c'est aussi préparer l'opinion à ce « qu'on oublie Louis XVI dans sa prison » puis, la victoire acquise sur l'étranger, et elle semble à portée de main, on le proscrira.

C'est là le projet des députés de la Plaine, de nombreux Girondins. Ils ajoutent :

« C'est l'avis de tous les Anglais qui ont embrassé notre cause. Un roi chassé, disent-ils, n'a plus de courtisans, un roi tué se fait plaindre, et cette compassion donne des défenseurs à sa famille. Tarquin n'eut point de successeur, Charles Ier d'Angleterre, décapité, en a encore. »

Louis mesure l'incompréhension ou la haine dont il est victime.

Il leur oppose la prière, la conviction qu'il doit se tourner vers Dieu, et que seule cette fidélité au Père éternel, et à son Église, importe.

Il pense, il sait qu'il n'a jamais failli. Et donc que les souffrances et les humiliations qui lui ont été infligées sont des épreuves auxquelles Dieu le soumet.

Car Louis ne doute pas que le sacre qui l'a fait roi de droit divin l'a distingué du reste des hommes, de ses sujets.

Et qu'il ne peut se soumettre à leurs lois qu'autant qu'elles sont conformes aux exigences de sa foi, de sa fonction royale.

Et il n'a de comptes à rendre qu'à Dieu.

Il est informé par Cléry de ce qui se dit, s'écrit, se prépare.

Son valet de chambre, qui a l'autorisation de voir sa femme deux fois par semaine, lui rapporte ce qu'elle lit, ce qu'elle entend. Et Louis est ému, quand il apprend que, sur l'air de *Frère Jacques*, on chante :

Ô mon peuple que vous ai-je donc fait ?
J'aimais la vertu, la justice
Votre bonheur fut mon unique objet
Et vous me traînez au supplice.

Et l'on murmure aussi la *Complainte de Louis XVI dans sa prison* :

Grand Dieu j'élève à toi mon âme gémissante !
Sous les coups d'un bourreau je suis prêt à mourir
Mais ne te présentant qu'une vie innocente
Du trône à l'échafaud, je marche sans pâlir.

Et à Cléry qui affirme que jamais Sa Majesté ne connaîtra le supplice, que les Français ne sont pas un peuple régicide, Louis répond, d'une voix calme :

« Ils me feront périr. »

Il ne craint pas le peuple, mais les conventionnels qui sont sous la surveillance des sans-culottes. Et Marat, dès qu'il a été décidé que le procès de Louis devant la Convention aurait lieu, a déposé une proposition décisive : lors de tous les scrutins du procès, les votes auront lieu par appel nominal et à voix haute.

La proposition de Marat est adoptée le 6 décembre, le jour même où la Convention décrète que Louis Capet sera traduit à la barre pour y subir son interrogatoire.

Chaque député dès lors sait que les « enragés » installés dans les tribunes de la Convention « jugeront » son vote. Et que c'est sa vie qu'il mettra en jeu, s'il se prononce en faveur du roi.

« Presque tous nos députés, note Manon Roland, en décembre, alors que se succèdent les séances de la Convention consacrées au roi, ne marchent plus qu'armés jusqu'aux dents. Mille gens les conjurent de ne coucher ailleurs qu'à l'hôtel. La charmante liberté que celle de Paris ! »

On craint de manifester son opinion.

Et dès lors, comme le constatent les *Annales républicaines* :

« Il règne dans cette ville, tranquille en apparence, une fermentation sourde et alarmante pour les bons citoyens. Les opinions sur le sort de Louis XVI s'y heurtent violemment. Les uns veulent qu'ils portent sa tête sur l'échafaud, les autres, et c'est le plus grand nombre, étrangers à toute autre passion qu'à celle du salut public, attendent dans un respectueux silence la décision de la loi... On trouva avant-hier soir, dans la salle d'assemblée de la section du Contrat social, plusieurs petits papiers semés par des agitateurs : ils avaient en tête trois fleurs de lys et on y lisait les deux mauvais vers suivants :

Si l'innocence est condamnée à mort,
Les assassins eux-mêmes en subiront le sort. »

Car des hommes veulent sauver le roi, par attachement à la monarchie, ou par prudence, pour préserver leur avenir. Car condamner Louis XVI à mort, si la monarchie un jour est rétablie – et certains le craignent et certains le pensent probable –, c'est porter la marque infamante du régicide et subir la vengeance du roi, qui pourrait être l'un des frères de Louis XVI, ou ce petit dauphin qui se souviendra de sa prison du Temple, des peurs qu'il a éprouvées.

Si le roi est exécuté, « les chemins seront rompus derrière nous, dit le conventionnel Le Bas. Il faudra aller bon gré mal gré. Et c'est alors qu'on pourra dire *vivre libre ou mourir* ».

Danton est persuadé de cela.

Il est convaincu que, « si le roi est mis en jugement, il est perdu car en supposant même que la majorité de la Convention refuse de le condamner, la minorité le ferait assassiner ».

Il accepte de recevoir un émigré, Théodore Lameth, ancien député à la Législative, frère aîné d'Alexandre et Charles Lameth, eux-mêmes députés feuillants.

Théodore arrive de Londres, pour tenter de sauver Louis XVI.

Il veut convaincre Danton, l'acheter peut-être, le persuader qu'en jugeant – et condamnant – Louis XVI : « Vous allez à votre perte en perdant la France. »

Danton hausse les épaules, et répond :

« Vous ne savez donc pas qu'il faut passer par la sale démocratie pour arriver à la liberté ? »

Lameth insiste :

« Ceux qui ont enfermé le roi dans la tour du Temple croient peut-être avoir besoin d'un dernier crime, mais vous êtes, au moins directement, étranger à la déposition du roi, à sa captivité. Sauvez-le, alors il ne restera de vous que de glorieux souvenirs ! »

Danton laisse Lameth développer ses arguments en faveur du roi, et tout à coup l'interrompt, martelant chaque mot de sa réponse :

« Sans être convaincu que le roi ne mérite aucun reproche, dit Danton, je trouve juste, je crois utile de le tirer de la situation où il est. J'y ferai avec prudence et hardiesse tout ce que je pourrai ; je m'exposerai si je vois une chance de succès, mais si je perds toute espérance, je vous le déclare, ne voulant pas faire tomber ma tête avec la sienne, je serai parmi ceux qui le condamneront. »

« Pourquoi ajoutez-vous ces derniers mots ? »

« Pour être sincère comme vous me l'avez demandé. »

Il faut de l'argent pour mettre Danton en mouvement.

Le baron de Batz, émigré à Coblence après avoir été constituant, financier et conspirateur, Théodore Lameth, l'Espagnol Ocariz, agissant pour le compte de Manuel Godoy, Premier ministre du roi d'Espagne, versent plus de deux millions de livres pour l'achat du vote de députés à la Convention, parmi lesquels Fabre d'Églantine.

Danton réclame deux millions supplémentaires. Mais cela ne suffit pas. Et le Premier ministre anglais Pitt, et aussi le roi de Prusse ou l'empereur d'Autriche refusent de participer à cette tentative de corruption politique qui pourrait sauver Louis XVI.

Qu'on décapite ce malheureux roi, et, espèrent-ils, tous ceux qu'attire la Révolution française, ces libéraux d'Angleterre et d'Allemagne, comprendront ce qu'est la nature barbare de cette Révolution ! Et la condamneront. Le sang de Louis doit coaliser l'Europe contre la France.

Danton comprend vite que les chances de faire échapper le roi au procès devant la Convention et dès lors, il s'en persuade chaque jour, à la peine de mort, sont faibles.

Alors il se retire, laisse la place à ses proches, comme cet ancien boucher Legendre, fondateur avec lui du club des Cordeliers et député à la Convention, qui déclare de sa voix puissante et avec son éloquence de tribun qui veut la mort de Louis Capet :

« Égorgeons le cochon ! Faisons autant de quartiers qu'il y a de départements pour en envoyer un morceau à chacun ! »

Mais dans les départements, c'est d'une autre nourriture qu'on a besoin.

Or, en ces mois d'automne et d'hiver 1792, les citoyens les plus pauvres, qu'ils soient paysans de Beauce ou ouvriers du faubourg Saint-Antoine, souffrent à nouveau de la hausse du prix du pain, et de la rareté qui s'installe.

Les queues apparaissent devant les boulangeries. On pille les greniers. On arrête les convois de grains. On réclame la taxation des denrées.

À Paris, un jeune bourgeois, Jean-François Varlet, prend souvent la parole devant les sans-culottes, s'élève contre les riches.

Et le prêtre Jacques Roux, vicaire à Saint-Nicolas-des-Champs, habitant la section des Gravilliers, est lui aussi l'un de ces « enragés » qui exigent le partage des propriétés, la taxation.

Une députation venue de Seine-et-Oise se présente à la Convention, réclame la taxation des subsistances, déclare que la liberté de commerce des grains est « incompatible avec notre République qui est composée d'un petit nombre de capitalistes et d'un grand nombre de pauvres ».

Mais le Girondin Roland, ministre, répond : « La seule chose peut-être que l'Assemblée puisse se permettre sur les subsistances, c'est de proclamer qu'elle ne doit rien faire. »

Et cependant, il faut agir pour éteindre cette insurrection de la misère.

Saint-Just monte à la tribune de la Convention, regard fixe, boucle à l'oreille droite, cravate nouée à large nœud, cachant le cou.

« Un peuple qui n'est pas heureux n'a pas de patrie, lance-t-il. Il n'aime rien, et si vous voulez fonder une République, vous devez vous occuper de tirer le peuple d'un état d'incertitude et de misère qui le corrompt… La misère a fait naître la Révolution, la misère peut la détruire. »

Mais Saint-Just ne va pas au-delà de cette incantation vertueuse.

Alors, qu'offrir au peuple pour l'apaiser ?

La victoire des armées ?

La gloire de combattre les tyrans, de faire « la guerre aux châteaux et d'apporter la paix aux chaumières », de propager la révolution, de supprimer les droits féodaux.

« Lorsque nous entrons dans un pays, c'est à nous de sonner le tocsin », déclare Cambon, fils d'un riche marchand d'étoffes de Montpellier, député à la Législative et à la Convention et qui, chargé des questions financières, pense aussi que le « pillage », le « butin » peuvent enrichir la République, et même la nourrir !

Mais il faut répondre vite à l'impatience populaire.

Alors juger le roi, le condamner, l'exécuter, c'est aussi le moyen commode de montrer au peuple que la République est impitoyable avec les puissants, dont le roi devient l'incarnation, le symbole.

Si on le tue, quel riche fermier, quel agioteur, quel financier, quel député ou ministre pourrait être à l'abri du châtiment ?

On ne sait comment combattre la misère, mais on sait juger et décapiter le roi.

Et le sang de Louis XVI peut étancher un temps, espère-t-on, la soif de justice et d'égalité du peuple.

37.

La Convention va donc juger le ci-devant roi Louis XVI.

Et le mardi 13 novembre 1792 – il pleut et il fait frais, presque froid –, c'est le plus jeune des conventionnels qui prend la parole.

Il siège avec les Montagnards. C'est un exagéré, dit-on, proche de Robespierre, mais la plupart des députés ignorent jusqu'à son nom : Saint-Just. Et les murmures couvrent les premiers mots de ce jeune homme à la voix fervente, qui dit :

« J'entreprends, citoyens, de prouver que le roi peut être jugé... »

Mais il suffit de quelques phrases pour que le silence s'établisse, que les sans-culottes des tribunes se penchent en avant, comme pour mieux saisir les propos de Saint-Just, et commencer d'acclamer celui qui dit :

« Les mêmes hommes qui vont juger Louis ont une République à fonder...

« Et moi je dis que le roi doit être jugé en ennemi, que nous avons moins à le juger qu'à le combattre...

« Un jour peut-être les hommes, aussi éloignés de nos préjugés que nous le sommes de ceux des Vandales, s'étonneront de la barbarie d'un siècle où ce fut quelque chose de religieux que de tuer un tyran...

« On s'étonnera qu'au XVIIIe siècle on ait été moins avancé que du temps de César : là le tyran fut immolé en plein Sénat, sans autre formalité que vingt-trois coups de poignard, et sans autre loi que la liberté de Rome. Et aujourd'hui on fait avec respect le procès d'un homme assassin d'un peuple, pris en flagrant délit, la main dans le sang, la main dans le crime ! »

Saint-Just s'interrompt, reprend son souffle, laisse les applaudissements déferler, s'épuiser puis lance :

« Pour moi je ne vois point de milieu : cet homme doit régner ou mourir... Il doit mourir pour assurer le repos du peuple, puisqu'il était dans ses vues d'accabler le peuple pour assurer le sien. »

Les mots de Saint-Just résonnent maintenant dans un silence de nef :

« On ne peut point régner innocemment, dit-il : la folie en est trop évidente. Tout roi est un rebelle et un usurpateur... Louis XVI doit être jugé comme un ennemi étranger. »

Saint-Just lève la main pour retenir la tempête d'approbation qui s'annonce, roulant depuis les tribunes, entraînant la Montagne, puis toute la Convention.

« Il doit être jugé promptement... Il est le meurtrier de la Bastille, de Nancy, du Champ-de-Mars, des Tuileries : quel ennemi, quel étranger nous a fait plus de mal ?

« On cherche à remuer la pitié, on achètera bientôt les larmes, on fera tout pour nous intéresser, pour nous corrompre même. »

Saint-Just se hausse sur la pointe des pieds, les bras tendus, les mains agrippées à la tribune :

« Peuple, si le roi est jamais absous, souviens-toi que nous ne serons plus dignes de ta confiance et tu pourras nous accuser de perfidie. »

Les sans-culottes des tribunes se lèvent et leur ovation emplit la salle du Manège.

La voix de Saint-Just ne s'efface pas.

Elle est encore dans toutes les mémoires quand le ministre de l'Intérieur, le Girondin Roland, annonce, le 20 novembre, qu'on vient de mettre au jour, dissimulée sous les lambris des Tuileries, une *armoire de fer*.

C'est le serrurier Gamain qui l'a construite avec le ci-devant roi, et c'est lui qui est venu en révéler l'existence. Elle contient la correspondance du roi avec les tyrans, avec ses frères et ses ministres émigrés – Calonne, Breteuil –, avec – la voix de Roland tremble – Mirabeau, et « tant d'autres qui ont siégé parmi nous », et auxquels le roi a versé des centaines de milliers de livres...

« Et toi Roland ? » crie quelqu'un depuis les tribunes.

On soupçonne le ministre girondin d'avoir fait disparaître des papiers le concernant et compromettants pour ses amis Brissot, Vergniaud, d'autres encore.

« Mirabeau, reprend-il, et Barnave, et Talleyrand. »

« Leurs têtes au bout de nos piques ! »

Et on scande : « Marat, Marat », car *L'Ami du peuple* avait dénoncé tous ces complices de la Cour.

La Convention décrète alors que quiconque proposera de « rétablir en France les rois ou la royauté sous quelque dénomination que ce soit sera puni de mort ! ».

Et Robespierre fait briser le buste de Mirabeau au club des Jacobins, et aussi celui d'Helvétius, ce persécuteur de Jean-Jacques Rousseau.

Un cortège de sans-culottes, hurlant des cris de vengeance, réclamant la mort pour le « gros cochon, sa putain, et toute leur descendance car la progéniture des tyrans ne saurait survivre », s'en va brûler le buste de Mirabeau en place de Grève.

Lorsque Robespierre, le 3 décembre, dit de sa voix aiguë : « Louis a été détrôné par ses crimes... la victoire et le peuple ont décidé que lui seul était rebelle, il est déjà jugé, il est condamné ou la République n'est point absoute », chacun pense à l'armoire de fer, à ces lettres de Louis XVI, appelant à l'aide les armées des tyrans afin qu'elles châtient son peuple.

« Louis a dénoncé le peuple français comme rebelle... reprend Robespierre.

« Je prononce à regret cette fatale vérité, mais Louis doit mourir parce qu'il faut que la patrie vive ! »

Les Montagnards voudraient que la sentence contre le roi soit prononcée sans débat, parce qu'il est « le seul rebelle » puisque le peuple a été victorieux.

Au contraire :

« L'Assemblée nationale décrète qu'elle s'occupera tous les jours depuis midi jusqu'à six heures du procès de Louis XVI. »

Et Louis Capet sera traduit à la barre de la Convention pour entendre la lecture de l'acte énonciatif de ses crimes et y répondre.

Et déjà, avant même qu'il soit entendu, la mort s'avance parce que le verdict est inéluctable :

« Qu'arrivera-t-il, s'écrie l'abbé Grégoire, si au moment où les peuples vont briser leurs fers, vous assurez l'impunité à Louis XVI ?... Les despotes saisiraient habilement ce moyen d'attacher encore quelque importance à l'absurde maxime qu'ils tiennent leur couronne de Dieu. »

Il ne s'agit plus seulement comme le disait Robespierre de sauver la patrie.

Louis doit mourir parce qu'il faut que le principe de la révolution vive et que tous les trônes de tous les tyrans de « droit divin » soient emportés par le vent qui s'est levé à Paris.

Il faut, conclut Robespierre, « graver profondément dans le cœur du peuple le mépris de la royauté et frapper de stupeur tous les partisans du roi ».

Louis n'ignore rien du sort qui l'attend.

Le 7 décembre, en le déshabillant avec des gestes lents, précautionneux, comme s'il s'agissait de retirer les pansements qui protègent une plaie, Cléry murmure à son maître que le procès commencera dans quatre jours, que Louis sera conduit à la Convention pour y être interrogé et qu'à compter de l'ouverture du procès, le roi ne serait plus autorisé à voir les siens.

Louis baisse un peu plus la tête, comme s'il offrait sa nuque au couperet.

Il sait qu'il va affronter la guillotine. Et tout ce qui précède et qu'il va devoir subir, lui paraît indifférent.

La mort est au bout. Et seule elle compte.

Il n'est pas surpris quand, le mardi 11 décembre, il est réveillé à cinq heures du matin par les tambours qui battent la générale, cependant que des détachements de cavalerie entrent dans les jardins du Temple.

C'est le jour de la comparution devant la Convention, celui du dernier déjeuner pris en compagnie des siens.

Les gardes municipaux veillent et on ne peut parler librement, parce que les gardiens sont aux aguets.

Après, Louis s'attarde à jouer avec son fils, mais on le lui retire, on le conduit chez Marie-Antoinette.

Il faut attendre seul l'arrivée, vers une heure, du nouveau maire de Paris, le docteur Chambon, accompagné du procureur de la Commune.

Le maire lit le décret convoquant Louis Capet afin de témoigner devant la Convention :

« Capet n'est pas mon nom, dit Louis, c'est celui de mes ancêtres. J'aurais désiré, Monsieur, que les commissaires m'eussent laissé mon fils pendant les deux heures que j'ai passées à vous attendre. »

Point de réponse.

Louis monte dans le carrosse du maire, et on commence à rouler, entouré d'une escorte si dense de cavaliers et de fantassins qu'on ne voit pas la foule le long de la rue du Temple, des boulevards, de la rue des Capucins et sur la place Vendôme.

Mais on entend les cris de « Mort au tyran ! ».

Et quand Louis descend du carrosse dans la cour des Feuillants, il voit au loin les piques dressées.

Il pleut. Il fait froid, et souffle la bourrasque.

Il sent la morsure de tous ces regards.

Il se redresse, debout face à la Convention. Peu importe que ses vêtements soient sales et froissés, qu'aucun barbier ne l'ait rasé depuis quatre jours ; il est le roi et il ne répondra que par des dénégations, quand on lui montrera des pièces saisies dans l'« armoire de fer ».

Il ne veut rien « reconnaître ».

Il n'est pas au pouvoir d'une Assemblée de juger le roi de France.

Et le roi a le droit et le devoir de refuser de se soumettre à un questionnaire.

Après cinq heures d'audition on le reconduit au Temple, et des cris plus nombreux, plus haineux encore, l'accompagnent tout au long du parcours.

« La tête au bout d'une pique, Capet ! Mort au tyran ! »

Au Temple, seul avec Cléry, il peut enfin laisser voir son épuisement.

« Je ne compte sur aucun égard, aucune justice, murmure-t-il, mais attendons. »

Il est surpris, heureux aussi et il en remercie Dieu, que la Convention lui accorde le droit d'avoir pour l'assister un conseil.

Malesherbes, âgé de soixante et onze ans, ancien secrétaire d'État à la Maison du roi, qui avait été l'un des hommes les plus ouverts à l'esprit des Lumières, se propose d'être l'avocat de Louis XVI.

« J'ai été appelé deux fois au Conseil dans un temps où cette fonction était ambitionnée de tout le monde, écrit Malesherbes. Je lui dois le même service lorsque c'est une fonction que bien des gens jugent dangereuse. »

D'autres se proposent pour cette charge périlleuse.

Louis et Malesherbes retiennent les avocats Tronchet et de Sèze. Le premier avait été bâtonnier à Paris et député à la Constituante.

« Tout sera inutile », murmure Louis XVI après avoir serré Malesherbes contre lui, et l'avoir remercié d'exposer ainsi sa vie.

« Non, Sire, je n'expose pas ma vie et même j'ose croire que Votre Majesté ne court aucun danger. Sa cause est si juste et les moyens de défense si victorieux ! »

« Ils me feront périr, répond Louis en secouant la tête. N'importe, ce sera gagner ma cause que de laisser une mémoire sans tache. Occupons-nous de mes moyens de défense. »

Il prie. Malesherbes a présenté aux gardiens l'abbé Edgeworth de Firmont, comme un commis. Et Louis prie à ses côtés, lui demande de l'assister quand viendra l'heure de sa mort. Car si, scrupuleusement, Louis lit, paraphe, conteste les pièces provenant de l'armoire de fer qu'on lui présente, il ne doute pas de l'issue du procès.

Il a même renoncé à voir ses enfants, car il n'y aurait été autorisé qu'à la condition que le dauphin et Madame Royale soient séparés de leur mère. Et il sait quc Maric-Antoinctte nc trouve un peu de force et de paix qu'au contact de ses enfants.

Il murmure :

« On noircit la reine pour préparer le peuple à la voir périr : sa mort est résolue. En lui laissant la vie on craindrait qu'elle ne se vengeât. Infortunée princesse ! Mon mariage lui promit un trône, aujourd'hui… »

La mort pour moi et pour elle.

Il n'ose penser au sort de ses enfants.

Il pleure, le 19 décembre, jour anniversaire de sa fille, qu'il ne verra pas.

Il est seul avec Cléry le jour de Noël, et il rédige son testament.

« À présent ils peuvent faire de moi ce qu'ils voudront. »

Le lendemain, mercredi 26 décembre – « il a fait grand vent, bourrasque, et plu toute la nuit et toute la journée, et 2 degrés au thermomètre » –, Louis comparaît devant la Convention pour la seconde et dernière fois.

L'avocat de Sèze se lève. Il est jeune, plein de fougue maîtrisée. C'est lui qui, avant la déclaration de Louis, prononcera la plaidoirie de la défense.

Il déroule, avec une précision implacable, sa démonstration, montrant que le roi n'a jamais violé la lettre ou l'esprit de la Constitution de 1791, usant seulement des droits qu'elle lui avait consentis.

« Citoyens, conclut-il, je cherche parmi vous des juges et je n'y vois que des accusateurs ! Louis n'aura ni les droits du citoyen ni les prérogatives de roi… Citoyens je n'achève pas, je m'arrête devant l'histoire. Songez quel sera votre jugement et que le sien sera celui des siècles ! »

Louis prend la parole. Sa voix est apaisée. Elle ne tremble pas. « En vous parlant, peut-être pour la dernière fois, je vous déclare que ma conscience ne me reproche rien et que mes défenseurs ne vous ont dit que la vérité.

« Je n'ai jamais craint que ma conduite fût examinée publiquement ; mais mon cœur est déchiré de trouver dans l'acte d'accusation l'imputation d'avoir voulu faire répandre le sang du peuple et surtout que les malheurs du 10 août me soient attribués.

« J'avoue que les gages multipliés que j'avais donnés dans tous les temps de mon amour pour le peuple et la manière dont je m'étais toujours conduit me paraissaient devoir prouver que je craignais peu de m'exposer pour épargner son sang et devoir éloigner à jamais de moi pareille imputation. »

Il se rassied.

On le reconduit au Temple.

Les députés se déchirent.

Certains, émus par les propos du roi, tentent d'obtenir le retrait de l'acte d'accusation.

Les Montagnards s'insurgent. Les Girondins avancent avec Vergniaud l'inviolabilité du roi, Brissot évoque l'indignation de l'Europe et demande l'« appel au peuple » qui jugera en dernier ressort.

Robespierre dénonce cette manœuvre.

Seuls les « fripons », des « perfides », « dont la sourde et pernicieuse activité produit des troubles peuvent réclamer l'appel au peuple ».

« Oui, s'écrie-t-il, j'ambitionne l'honneur d'être massacré le premier par les brissotins, s'il le faut, mais avant d'être assassiné, je veux avoir le plaisir de les dénoncer. »

Et avec lui les Montagnards accusent les Girondins d'être compromis par les documents de l'armoire de fer.

Vergniaud a négocié avec la Cour du 5 au 9 août 1792, pour éviter l'insurrection.

Le président de la Convention, Barère, le vendredi 4 janvier 1793, fait rejeter l'idée d'un « appel au peuple », juge souverain du roi.

« Le procès, dit-il, est en réalité un acte de salut public ou une mesure de sûreté générale, et un acte de salut public n'est pas soumis à la ratification du peuple. »

Les Girondins n'osent plus contester cette décision.

Le 7 janvier 1793, la Convention déclare clos les débats du procès de Louis XVI.

Le vote commencera le lundi 14 janvier.

Louis, ci-devant roi de France, dit à Malesherbes :

« Êtes-vous bien convaincu à présent, qu'avant même que je fusse entendu, ma mort avait été jugée ? »

38.

Il faut voter.

Et d'abord choisir entre la culpabilité et l'innocence de Louis Capet, ci-devant roi de France.

Le 15 janvier 1793, le vote commence sur cette première question.

La Convention déclare Louis Capet coupable de conspiration contre la liberté publique par sept cent sept voix contre zéro.

Ce même jour, il faut voter une seconde fois pour confirmer que le jugement de la Convention ne sera pas soumis à la ratification du peuple.

« Peuple, s'écrie Robespierre, c'est à nous seuls de défendre ta cause. Plus tard, lorsque les vertueux auront péri, alors venge-les si tu veux. »

Par quatre cent vingt-quatre voix contre deux cent quatre-vingt-sept, la Convention rejette l'appel au peuple.

Maintenant, il faut voter par appel nominal, sur la question capitale :

« Quelle peine infligera-t-on à Louis Capet ? »

Chaque député doit monter à la tribune et expliquer à haute voix son vote. Les députés en mission s'exprimeront par écrit.

Le vote commence le mercredi 16 janvier 1793, à huit heures du soir. Les députés votent dans l'ordre alphabétique des départements et pour chacun dans l'ordre de l'élection.

La lettre G a été tirée au sort, et le premier département sera la Haute-Garonne… les représentants du Gard votant les derniers. On sait que Vergniaud, député de Bordeaux, a déclaré, la veille :

« Je resterais seul de mon opinion que je ne voterais pas la mort. »

Et les députés girondins sont favorables à l'indulgence, craignant les conséquences de la mort du roi.

Mais Vergniaud, qui préside, vote la mort. Et huit des députés de Bordeaux votent comme lui.

Pas de surprise avec les Montagnards.

Robespierre, plus poudré que jamais, parle longuement pour expliquer son vote :

« Tout ce que je sais, dit-il, c'est que nous sommes des représentants du peuple envoyés pour cimenter la liberté publique par la condamnation du tyran, et cela me suffit.

« Le sentiment qui m'a porté à demander, mais en vain, à l'Assemblée constituante l'abolition de la peine de mort est le même qui me force aujourd'hui à demander qu'elle soit appliquée au tyran de ma patrie et à la royauté elle-même dans sa personne. Je vote pour la mort. »

Le vote se poursuit dans la nuit du 16 au 17 janvier.

On attend Danton. Il monte à la tribune vers quatre heures du matin.

Les partisans du roi espèrent de sa part un mouvement d'indulgence.

« Je ne suis point de cette foule d'hommes d'État qui ignorent qu'on ne compose point avec les tyrans, déclare Danton. Ils ignorent qu'on ne frappe les rois qu'à la tête. Ils ignorent qu'on ne doit rien attendre de ceux de l'Europe que par la force de nos armes ! Je vote pour la mort du tyran ! »

Voici un autre Montagnard, Philippe Égalité, ci-devant duc d'Orléans, le corps lourd, disant d'une voix assourdie, qu'uniquement occupé de son devoir, il vote pour la mort de Louis, son cousin.

Et Desmoulins et Fabre d'Églantine, et le peintre David, et Marat, font le même choix.

Et quand, le 17 janvier à huit heures du soir, Vergniaud donne le résultat, il y a trois cent quatre-vingt-sept régicides contre trois cent trente-quatre voix.

La mort n'a donc été votée qu'à la majorité de cinquante-trois voix ! Et parmi les députés qui ont voté la mort, certains ont demandé qu'il soit sursis à l'exécution.

Le lendemain, vendredi 18 janvier, de nombreux députés contestent les résultats du scrutin de la veille.

On procède à un nouveau scrutin qui donne trois cent soixante et une voix pour la mort contre trois cent soixante !

La mort de Louis XVI a donc été décidée à une voix de majorité ; alors que la salle du Manège, où siégeait la Convention, était cernée de sans-culottes armés de piques.

« Tandis que les citoyens honnêtes de cette ville attendent dans un calme profond le jugement de Louis XVI, peut-on lire dans les *Annales républicaines* du 18 janvier, toutes les avenues de la Convention sont entourées d'une foule inconnue d'agitateurs dont les vociférations se font entendre jusque dans le temple législatif, et semblent vouloir influencer les opinions de nos mandataires. On les entend beugler de toutes leurs forces que si Louis XVI n'est pas condamné à mort, ils iront eux-mêmes l'assassiner. Quelques députés en entrant hier dans la salle ont été menacés d'être massacrés s'ils ne votent pas pour la mort.

« Quelque inaccessibles que soient nos représentants à toute impulsion de crainte, on aurait dû réprimer cette horde audacieuse et ôter aux malveillants tout prétexte de pouvoir dire que les opinions n'ont pas été parfaitement libres. »

Il faut encore voter le samedi 19 janvier sur la question du sursis, que les députés girondins ont demandé. Mais ceux de la Plaine hésitent. Ils entendent les cris de la foule autour de la Convention.

Dans les tribunes, on guette et note leur choix. On les menace au moment où ils entrent dans la salle. Et ils veulent en finir.

Des ennemis de la Révolution ont assassiné à Rome un diplomate français. Les émeutiers ont tenté d'incendier le ghetto de la ville, accusant les Juifs d'être complices de la Révolution française.

Les Montagnards refusent le sursis comme Danton, et comme Philippe Égalité, qui se réitère « convaincu que tous ceux qui ont attenté ou attenteront par la suite à la souveraineté des peuples, méritent la mort ». Immédiatement.

À deux heures du matin, le dimanche 20 janvier 1793, le sursis est rejeté par trois cent quatre-vingts voix contre trois cent dix.

Louis n'est pas surpris.

« Je ne cherche aucun espoir, dit-il à Cléry, mais je suis bien affligé de ce que Monsieur d'Orléans, mon parent, a voté ma mort. »

À deux heures de l'après-midi, le dimanche 20 janvier 1793, Louis ne sursaute pas quand les membres du Conseil exécutif, le maire, les autorités du département, soit une quinzaine de personnes, entrent dans sa chambre et que Garat, ministre de la Justice, lit les décrets de la Convention : « Louis Capet, coupable de conspiration contre la liberté de la nation, est condamné à mort. »

Louis plie les décrets, les range dans son portefeuille.

Il a préparé une lettre à la Convention. Il demande trois jours pour se préparer à paraître devant Dieu, la levée de cette surveillance perpétuelle, le droit de voir sa famille et celui de recevoir son confesseur, l'abbé Edgeworth de Firmont. Il recommande à la nation ceux qui lui ont été attachés, et qui ne peuvent être persécutés pour cela.

« Je les recommande à la bienfaisance de la nation…

« Il y en a beaucoup qui avaient mis toute leur fortune dans leurs charges et qui, n'ayant plus d'appointements, doivent être dans le besoin, et de même celles qui ne vivaient que de leurs appointements ; dans les pensionnaires il y a beaucoup de vieillards, de femmes et d'enfants, qui n'avaient que cela pour vivre. »

À six heures du soir, Garat revient.

Louis pourra recevoir sa famille, recevoir son confesseur, mais on lui refuse le délai de trois jours.

Le décret de mort sera exécuté dès demain 21 janvier 1793.

Louis reste impassible.

Il ne s'est irrité qu'au moment du dîner, quand on lui a retiré fourchettes et couteaux.

« Me croit-on assez lâche pour que j'attente à ma vie ? » a-t-il dit.

39.

Ce sont les dernières heures et c'est la dernière nuit.

Louis a appris que l'un de ses anciens gardes du corps, Pâris, a assassiné au Palais-Royal, ce 20 janvier 1793, vers cinq heures, le député Lepeletier de Saint-Fargeau, régicide.

Louis ne veut pas qu'on le venge.

Il accepte son destin sans colère. Il veut simplement préparer son salut, et il est ému quand, enfin, l'abbé Edgeworth entre dans la chambre, s'agenouille en pleurant.

Louis prie, demande à l'abbé de se relever, lui montre son testament, l'interroge sur l'état du clergé français, déchiré, persécuté.

Il veut prier pour l'Église, et pour son salut.

Puis il demande à l'abbé de rester auprès de lui quand sa famille, comme la Convention l'a autorisé, viendra lui rendre visite. Il craint l'émotion de la reine, et ne voudrait pas que son chagrin le bouleverse.

Il veut rester serein face à la mort qui est si proche.

Il veut qu'on lui apporte une carafe et un verre d'eau pour la reine, qui peut perdre connaissance.

Enfin, la voici, avec Madame Élisabeth, la sœur du roi, le dauphin et Madame Royale.

« À sept heures du soir on vint nous dire, raconte Madame Royale, qu'un décret de la Convention nous permettait de descendre chez mon père.

« Nous courûmes chez lui et nous le trouvâmes bien changé. Il pleura de notre douleur mais non de sa mort.

« Il raconta à ma mère son procès, excusant ces scélérats qui le faisaient mourir, répéta à ma mère qu'il ne voulait pas mettre le trouble dans la France.

« Il donna ensuite de bonnes instructions religieuses à mon frère et lui recommanda surtout de pardonner à ceux qui le faisaient mourir.

« Il donna sa bénédiction à mon frère et à moi.

« Ma mère désirait extrêmement que nous passions la nuit avec mon père, il le refusa, ayant besoin de tranquillité.

« Ma mère demanda au moins de revenir le lendemain matin, mon père le lui accorda, mais quand nous fûmes partis il demanda aux gardes que nous ne redescendions pas, parce que cela lui faisait trop de peine. »

Il ne les verra plus.

Comment accepter cela sinon en s'en remettant à Dieu ?

Il dit à l'abbé Edgeworth :

« Ah, Monsieur, quelle entrevue que celle que je viens d'avoir ! Faut-il que j'aime et que je sois si tendrement aimé ! Mais c'en est fait, oublions tout le reste pour ne penser qu'à l'unique affaire de notre salut ; elle seule doit en ce moment concentrer toutes les affections et les pensées. »

Il se confesse. Il hésite quand Cléry lui propose de souper, puis il mange de bon appétit, et s'en va dormir, sachant que l'abbé Edgeworth a obtenu l'autorisation de célébrer la messe demain, au réveil que Louis a fixé à cinq heures.

Il pourra communier. Et cet espoir le rassure.

Courte mais paisible nuit.

À six heures, alors que les tambours battent la générale, que des fantassins et des cavaliers entrent dans la cour du Temple, l'abbé Edgeworth dit la messe que Louis suit à genoux, avant de communier.

Puis il pose sur la cheminée sa montre, son portefeuille, et il donne à Cléry pour la reine un anneau, une mèche de ses cheveux, et pour son fils un sceau.

Des gardiens, sans raison autre que de le persécuter, ne cessent de frapper à la porte, puis à neuf heures, voici Santerre qui entre brutalement, accompagné d'une dizaine de gendarmes.

« Je vais être à vous », dit Louis, et il referme la porte, s'agenouille devant Edgeworth.

« Tout est consommé, dit-il à l'abbé, donnez-moi votre dernière bénédiction et priez Dieu qu'il me soutienne jusqu'à la fin. »

Louis, en ce lundi 21 janvier 1793, est dans sa trente-neuvième année.

40.

Ce lundi 21 janvier 1793 :

« C'est à mon grand regret que j'ai été obligé d'assister à l'exécution, en armes, avec les autres citoyens de section, et je t'écris, le cœur pénétré de douleur et dans la stupeur d'une profonde consternation. »

Ainsi s'exprime le grand médecin Philippe Pinel, un savant généreux, qui fit ôter leurs chaînes aux fous et les sépara des criminels.

« Aussitôt que le roi a été exécuté, poursuit-il, il s'est fait un changement subit dans un grand nombre de visages, c'est-à-dire que d'une sombre consternation on a passé rapidement à des cris de : “Vive la nation !” Du moins la cavalerie qui était présente à l'exécution et qui a mis ses casques au bout de ses sabres. Quelques citoyens ont fait de même mais un grand nombre s'est retiré, le cœur navré de douleur, en venant répandre des larmes au sein de sa famille.

« Comme cette exécution ne pouvait se faire sans répandre du sang sur l'échafaud, plusieurs hommes se sont empressés d'y tremper, les uns l'extrémité de leur mouchoir, d'autres un morceau de papier ou tout autre chose…

« Le corps a été transporté dans le cimetière Sainte-Marguerite…

« Son fils le ci-devant dauphin par un trait de naïveté qui intéresse beaucoup en faveur de cet enfant demandait avec insistance dans son dernier entretien avec son père d'aller l'accompagner pour demander sa grâce au peuple… »

« Laissons Louis sous le crêpe ; il appartient désormais à l'histoire », écrit *Le Moniteur*.

On s'arrache les journaux du mardi 22 janvier. *La Chronique de Paris*, de Condorcet, rapporte que « hier à dix heures un quart, le jugement de Louis Capet a été mis en exécution. Les ponts et les principales avenues étaient interceptés et garnis de canons ; les boutiques sont restées fermées toute la journée ; il y a eu peu de monde dans les rues et dans les places publiques. Le soir le bruit courait que la fille de Louis Capet était morte. »

Rumeur, mensonge, moyen d'émouvoir, de créer une « fermentation des esprits ».

Le Républicain, journal montagnard, ne le reprend pas.

Il s'enthousiasme.

« Aujourd'hui l'on vient de se convaincre qu'un roi n'est qu'un homme et qu'aucun homme n'est au-dessus des lois.

« Peuples de l'Europe ! Peuples de la terre ! Contemplez les trônes : vous voyez qu'ils ne sont que poussière !

« La France vient de donner un grand exemple aux peuples et une grande leçon aux rois pour le bonheur de l'humanité !

« Jour célèbre à jamais mémorable ! Puisses-tu arriver à la prospérité ! Que la calomnie ne t'approche jamais !

« Historiens ! Soyez dignes de l'époque ; écrivez la vérité rien que la vérité ; jamais elle ne fut plus sainte : jamais elle ne fut plus belle à dire ! »

Marat exulte, dans *Le Publiciste de la République française* :

« La tête du tyran vient de tomber sous le glaive de la loi… je crois enfin à la République…

« Le supplice de Louis est un de ces événements mémorables qui font époque dans l'histoire des nations… Loin de troubler la paix de l'État il ne servira qu'à affermir non seulement en contenant par la *terreur* les ennemis du dedans mais les ennemis du dehors.

« Il donnera aussi à la nation une énergie et une force nouvelles pour repousser les hordes féroces de satellites étrangers qui oseront porter les armes contre elle.

« Car il n'y a plus moyen de reculer, et telle est la position où nous nous trouvons aujourd'hui qu'il faut *vaincre ou périr.* »

« *Terreur* » :
Ce mot est donc écrit, « semé », mardi 22 janvier 1793.
Les moissons seront sanglantes.

TABLE

Aux armes, citoyens !
(1793-1799)

PREMIÈRE PARTIE

21 janvier 1793 - 2 avril 1793

« La fièvre révolutionnaire est une terrible maladie »

« Nous avons maintenant deux sortes de Jacobins
et de patriotes qui se haïssent aussi cruellement
que les royalistes et les Jacobins originaux.
La dernière espèce de Jacobins s'appelle Girondins
ou brissotins ou rolandistes...
La haine va toujours croissant entre les deux partis...
La fièvre révolutionnaire est une terrible maladie. »

Nicolas RUAULT, libraire
le 6 février 1793

1.

Louis Capet ci-devant Louis XVI, roi de France, est donc monté sur l'échafaud, le lundi 21 janvier 1793, peu avant dix heures vingt du matin.

Il a voulu parler au peuple, mais à cet instant, Santerre, l'ancien et riche brasseur du faubourg Saint-Antoine, devenu commandant général de la garde nationale, a, selon un témoin, « levé son épée et fait battre tous les tambours et sonner toutes les trompettes pour étouffer la voix de ce malheureux monarque. Aussitôt les bourreaux le saisissent, le lient à la fatale planche et font tomber sa tête que l'un d'eux montre trois fois au peuple. »

Il est dix heures vingt.

« Je n'ai pas la force de vous en dire davantage aujourd'hui… mais plus un événement tragique est douloureux, plus on veut en savoir les causes et les détails », poursuit ce témoin, le libraire Ruault, esprit « éclairé », garde national, Jacobin de la première heure.

« Je tiens ceux-ci d'un homme qui était posté à deux pas de cette fatale voiture et qui nous les a racontés hier soir les larmes aux yeux. Il nous disait que plus de la moitié de la troupe qui remplissait la place était attendrie, frémissait d'horreur lorsqu'elle vit le roi monter les mains liées, les cheveux coupés, sur l'échafaud. Si on lui eût laissé la liberté de parler, de se faire entendre de cette multitude, qui sait ce qui serait arrivé ? Un mouvement de générosité pouvait s'emparer de cette foule, elle pouvait saisir ce prince, l'arracher des mains rreaux et le porter de l'échafaud au trône. Il y -être eu bataille sur la place… Mais il n'en a point sa destinée était de mourir de la mort des coupables en p ce d'une foule immense d'hommes qui, il n'y a pas si longtemps encore, étaient ses sujets. »

En fait, pas un seul incident n'a troublé l'exécution du roi. La dispersion des dizaines de milliers d'hommes de troupe mobilisés dans tout Paris s'est effectuée dans l'ordre.

« Malgré les prédictions sinistres, lit-on dans les *Annales patriotiques*, Paris n'a jamais été plus tranquille. L'indifférence pourrait être le sentiment qui domine le plus… »

Et Lucile, l'« adorable petite blonde », l'épouse d'à peine vingt-deux ans de Camille Desmoulins, le journaliste et député à la Convention, ami de Danton, écrit : « C'est aujourd'hui qu'on a fait mourir Capet. Tout s'est passé avec une tranquillité parfaite. »

Dès le soir du lundi 21 janvier, la vie a repris. Les théâtres sont ouverts, les cafés remplis.

On parle davantage de l'assassinat du régicide Le Peletier de Saint-Fargeau, par un garde du corps du ci-devant roi, que de l'exécution du monarque, ce « tyran ». La Convention a décidé d'accorder à Le Peletier les honneurs du Panthéon.

Son corps nu, « huilé, verni », est exposé, puis transporté en grande pompe jusqu'au Panthéon, et suivi par les députés, des soldats et des gardes nationaux en armes. Et lorsque le cortège passe sur le Pont-Neuf, on tire trente coups de canon.

« Ce bruit porta l'épouvante dans le Temple. »

Là, dans cette prison, Marie-Antoinette qu'on n'appelle plus que la « veuve Capet », devenue une vieille femme méconnaissable, passe de la prostration à des convulsions, « Madame Élisabeth, la sœur du roi, est morte d'effroi, la petite princesse – Madame Royale – se roule par terre, le petit dauphin se cache entortillé dans les rideaux du lit de sa mère. On daigna les tirer de leur effroi. »

Mais l'enterrement de Le Peletier bouleverse les patriotes.

Lucile Desmoulins confie :

« J'ai vu ce malheureux Saint-Fargeau. Nous avons fondu toutes en larmes lorsque le corps est passé, nous lui avons jeté une couronne... Je ne pouvais rester seule et supporter les terribles pensées qui allaient m'assiéger. Je courus chez Danton, il fut attendri de me voir encore pâmée. »

Les Jacobins craignent que les « aristocrates », et ceux qu'ils soudoient ou entraînent, ne les assassinent et ne préparent un assaut contre les sans-culottes et la Convention.

Robespierre accuse le ministre de l'Intérieur, le Girondin Roland, d'avoir partie liée avec les aristocrates.

Et Roland démissionne, mais le procès des Girondins continue.

N'ont-ils pas, au cours du procès du roi, tenté d'en appeler au jugement du peuple, puis évoqué le sursis ?

Alors que cent pour cent des Montagnards ont voté la mort, et qu'il s'est trouvé trente-huit pour cent de députés de la Plaine pour voter avec eux, seuls quatorze pour cent des Girondins ont choisi d'être des régicides.

Aux yeux des plus déterminés des Jacobins, cette « prudence » des Girondins n'est qu'un calcul coupable et dangereux à l'heure des périls.

Car dès le 28 janvier, le comte de Provence, frère du roi en exil à Hamm, en Westphalie, a proclamé, dans une déclaration aux émigrés, le dauphin roi de France et de Navarre sous le nom de Louis XVII. Lui-même s'est institué régent, son frère cadet, le comte d'Artois, devenant lieutenant général du royaume.

Le programme du comte de Provence veut effacer la Révolution.

Il faut rétablir la monarchie sur les bases inaltérables de son antique constitution et la « religion de nos pères » dans la pureté de son culte et de sa discipline. Il faut redistribuer à leurs légitimes possesseurs les « biens nationaux », punir les crimes commis depuis 1789, et venger le sang de Louis XVI.

Ces paroles ne paraissent pas vaines.

Le jour de la mort de Louis XVI, la Cour d'Angleterre a pris le deuil. Autour d'elle, une *première coalition* s'est constituée avec l'Espagne, le Portugal, la Sardaigne, le royaume de Naples, la Hollande, les États allemands, l'Autriche, la Prusse, la Russie.

Face au député montagnard Barère, ancien avocat au parlement de Toulouse, qui du haut de la tribune de la Convention déclare : « Un ennemi de plus pour la France n'est qu'un triomphe de plus pour la liberté », Marat et Brissot – l'« Exagéré » et le Girondin pour une fois d'accord – mettent en garde contre les illusions.

« Comme je connais l'Angleterre, dit Marat, je ne puis me dispenser d'observer que c'est à tort que l'on croit ici que le peuple anglais est pour nous. »

Brissot ajoute que le cabinet anglais a par ses calomnies réussi à « dépopulariser notre révolution dans l'esprit des Anglais et à populariser la guerre ».

« Citoyens, continue Brissot, il ne faut pas vous dissimuler les dangers de cette nouvelle guerre ; c'est l'Europe entière, ou plutôt ce sont tous les tyrans de l'Europe que vous avez maintenant à combattre et sur terre et sur mer. »

Alors : « Il faut que la grande famille des Français ne soit plus qu'une armée, que la France ne soit plus qu'un camp où l'on ne parle que de la guerre, où tout tende à la guerre, où tous les travaux n'aient pour objet que la guerre. »

Mais la guerre exige la traque de l'ennemi et de ses complices, installe le règne du soupçon, la crainte – et la réalité – des conspirations, des trahisons. Et donc la mort qu'on donne et qu'on magnifie :

Mourir pour la patrie
Est le sort le plus beau
Le plus digne d'envie.

Danton s'écrie : « Ô Le Peletier, ta mort servira la République ! Je l'envie, ta mort ! »

Robespierre, dans un discours aux Jacobins, le 13 mars 1793, s'écrie, alors que la situation militaire devient difficile, que les contre-attaques autrichiennes obligent les armées de Dumouriez qui étaient entrées en Hollande à reculer en Belgique :

« Nous saurons mourir, nous mourrons tous ! »

Marat lui répond aussitôt :

« Non, nous ne mourrons point, nous donnerons la mort à nos ennemis et nous les écraserons. »

Et Danton exalte lui aussi l'unité :

« Maintenant que le tyran n'est plus, tournons toute notre énergie, toutes nos agitations vers la guerre… Citoyens, prenez les rênes d'une grande nation, élevez-vous à sa hauteur… »

C'est un « duel à mort » qui s'engage.

Le marquis de La Rouërie, qui avait échoué au mois d'août 1792 à soulever les départements de Bretagne et du Poitou, pour sauver le roi, meurt d'une « fièvre cérébrale » en apprenant l'exécution de Louis XVI. On saisit des papiers dans le château de La Guyomarais – Côtes-du-Nord – où le marquis s'était réfugié, et ses proches sont arrêtés.

Avec la mort de La Rouërie, il n'y a plus d'organisation royaliste ni dans l'Ouest ni dans le reste de la France.

Mais le danger est aux frontières.

Mercy-Argenteau, l'ancien ambassadeur autrichien, écrit :

« Ce ne sont ni une ni plusieurs batailles gagnées qui réduiront une nation, laquelle ne peut être gagnée qu'autant que l'on exterminera une grande portion de la partie active et la presque totalité de la partie dirigeante. Faire main basse sur les clubs, désarmer le peuple, détruire cette superbe capitale, foyer de tous les crimes, de toutes les horreurs, provoquer la famine et la misère, voilà les déplorables données de l'entreprise à remplir. »

Et le directeur général des Affaires étrangères de Vienne, le baron von Thugut, ajoute qu'il est « essentiel qu'il y ait des partis en France qui se combattent et s'affaiblissent mutuellement »…

Ils existent, et donnent libre cours à leur haine réciproque.

Pourtant Maximilien Robespierre, le 5 février, en appelle à la mesure :

« Ne perdons jamais de vue que nous sommes en spectacle à tous les peuples, que nous délibérons en présence de l'univers. Nous devons nous tenir en garde contre les écarts même du zèle le plus sincère. »

Mais lui-même, après cet éloge de la mesure, attaque avec violence les Girondins, et ceux-ci dans le journal de Brissot, *Le Patriote français*, lui répondent, se moquant de cet « Incorruptible », qu'ils décrivent, en quelques vers, arrivant au Paradis :

Suivi de ses dévots
De sa cour entouré
Le Dieu des sans-culottes
Robespierre est entré.
Je vous dénonce tous, cria l'orateur blême
Jésus ! Ce sont des intrigants :
Ils se prodiguent un encens
Qui n'est dû qu'à moi-même.

Maximilien n'oubliera pas ces blessures d'amour-propre, d'autant plus vives qu'elles aggravent les divergences politiques profondes qui séparent Montagnards, Girondins et Enragés.

Robespierre s'oppose à Brissot, à Roland, à Buzot, cet avocat d'Évreux élu par le tiers état et qui fut proche de Robespierre au temps des États généraux. Mais que 1789 paraît loin ! Buzot est tombé sous le charme de Manon Roland.

Lors du procès de Louis XVI, il a voté pour l'appel au peuple, et pour le sursis. Il est l'ennemi déclaré de Marat, dont il demande l'expulsion de la Convention : « Marat, cet homme impur ; dans nos départements on bénira le jour où vous aurez délivré l'espèce humaine d'un homme qui la déshonore… »

Ceux des citoyens qui ne sont pas enrôlés dans l'un ou l'autre camp regardent avec inquiétude, et même effroi, cette guerre qui déchire ceux qui jadis étaient unis.

« Nous avons maintenant deux sortes de Jacobins et de patriotes qui se haïssent aussi cruellement que les royalistes et les Jacobins originaux », constate, amer et accablé, Ruault ce libraire qui précisément fut jacobin, dès les débuts du club.

« La dernière espèce de Jacobins s'appelle Girondins ou brissotins ou rolandistes. Mais la haine va toujours croissant entre les deux partis. »

À Paris, explique Ruault, « la faction des anciens Jacobins paraît la plus forte. Elle entraîne avec elle tout le menu peuple, pour ne pas dire la populace qui est aujourd'hui un mot proscrit et imprononçable publiquement. »

Dans chaque section, une « réserve soldée » – payée par la Commune – d'une centaine d'hommes, toujours les mêmes, fait la loi. Ils sont quatre ou cinq mille « tape-dur », dans la capitale. Plus d'un millier d'entre eux se retrouvent dans les tribunes de la Convention, et ponctuent les discours de leurs menaces, orientant les débats, pesant sur les votes des députés.

Un témoin anglais – Moore –, effaré et effrayé devant cette situation, conclut que l'égalité entre les départements n'existe pas.

Par la pression de l'émeute, Paris fait la loi à la Convention et à toute la France.

Le « peuple souverain » se réduit bien souvent à ces « milliers de tape-dur », dont on soupçonne qu'ils sont « dirigés secrètement par un petit nombre de démagogues ».

Danton dénonce « un tas de bougre d'ignorants n'ayant pas le sens commun, et patriotes seulement quand ils sont soûls. Marat, ajoute-t-il, n'est qu'un aboyeur, Legendre n'est bon qu'à dépecer sa viande... »

Mais ces sans-culottes composent les comités de surveillance, qu'ont créés les sections et qui procèdent aux visites domiciliaires, interrogent les « suspects ». Et qui ne l'est pas ?

« Il est difficile, il est dangereux, à un patriote, à un républicain de bonne foi et qui a des principes sages et modérés de se montrer, de parler même en société », écrit le libraire Ruault.

Selon lui, la mort du roi a divisé les Parisiens.

« Si on la blâme devant des gens qui l'approuvent, ce sont des cris de fureur, des rages qui engendrent des haines entre amis et parents et vice versa. »

« Le même désordre est entre les patriotes : êtes-vous ancien jacobin, vous ne pouvez parler devant un Girondin sans que l'aigreur se manifeste tout à coup. »

Ruault est persuadé qu'un « tel état social ne peut durer longtemps ; un parti écrasera l'autre et mettra le reste à l'unisson ».

Il est fasciné par l'évolution de ces hommes qu'il a connus avant que la passion politique et la haine ne les entraînent.

Ainsi le baron allemand Jean-Baptiste Cloots, qui, jadis doux, honnête, généreux, se fait désormais appeler Anacharsis Cloots, a inventé le mot « septembriser ».

Il a qualifié les massacres de « scrutin épuratoire dans les prisons ».

Député à la Convention, il se présente comme l'« Orateur du genre humain ». Il est suivi par une véritable cour de parasites qui vivent de son immense fortune. « Il faut l'écouter et ne pas le contredire. Ce serait peine perdue d'entreprendre de le guérir de sa furie ; ils sont par centaines de cette force dans la Convention. »

Ce sont ces députés-là, dont Danton dit qu'« ils ne savent voter que par assis et levé, mais ils ont de la force et du nerf ».

Et Ruault ajoute : « Il faut marcher en silence avec eux, si l'on veut se lever et se coucher tranquille. »

« La fièvre révolutionnaire est une terrible maladie. »

Il suffit d'une représentation théâtrale pour qu'elle se manifeste.

On donne ainsi en janvier 1793 au théâtre du Vaudeville *La Chaste Suzanne*.

« Une douzaine de gens armés ont fait impérieusement la loi à sept ou huit cents spectateurs en les menaçant de leur brûler la cervelle s'ils osaient applaudir quelques allusions aux circonstances qui se rencontrent dans cette pièce. Le triomphe des tueurs a été complet. Les dociles spectateurs, malgré qu'ils eussent pour eux une majorité bien reconnue de cent contre un, ont prestement abandonné le champ de bataille à leurs maîtres », rapporte *La Feuille du matin*, du 26 janvier 1793.

Et cependant, trois jours plus tard, le peuple rassemblé se retrouve librement sur la place du Carrousel pour une cérémonie de plantation d'un arbre de la Liberté, en souvenir des patriotes qui, le 10 août, tombèrent en ce lieu en s'élançant à l'assaut du château des Tuileries.

« Un faisceau de piques représentant les quatre-vingt-quatre départements sous le couvert d'un seul bonnet, précédait le jeune chêne, lequel a été planté au son des airs de *Ça ira*, de la *Carmagnole* et autres chants patriotiques », raconte le *Bulletin national*.

Les sans-culottes brandissent les piques, l'« arme sainte ». Ils sont, disent-ils, « prêts à verser jusqu'à la dernière goutte de leur sang pour la patrie ».

Quand le sans-culotte se présente dans les assemblées de citoyens, peut-on lire dans un opuscule – *Qu'est-ce qu'un sans-culotte ?* – publié au printemps 1793, il n'est pas « poudré, musqué, botté, dans l'espoir d'être remarqué par toutes les citoyennes des tribunes, mais bien pour appuyer de toute sa force les bonnes motions et pulvériser celles qui viennent de la faction abominable des hommes d'État, du serpent Brissot, du coquin Barbaroux, du sucré Pétion ou du chien et de l'hypocrite Roland ».

Et ce sans-culotte qui « travaille de ses mains, sait labourer un champ, forger, scier, limer, couvrir un toit, faire des souliers », qui habite dans les étages supérieurs de la maison, est bon ami, bon père, bon fils, frère de tous les sans-culottes. Il est homme de conviction, de passion, et donc de haine pour ses adversaires.

Il est *montagnard*. Ils sont *girondins* et *aristocrates*.

Et la misère exacerbe les passions.

Des Enragés – Jacques Roux, Varlet –, devant la hausse des prix, la chute de l'assignat réclament le cours forcé de la monnaie, la taxation des subsistances, la réquisition des grains, le jugement des accapareurs.

À Lyon, quatre mille canuts demandent à la municipalité d'imposer un tarif de façon aux fabricants.

« Les forces et les biens de chacun sont à la disposition de la société », déclare le député Rabaut Saint-Étienne, pasteur, fils de pasteur et Girondin, qui a refusé de voter la mort du roi, mais se dresse contre les « accapareurs ».

Le 23 février 1793, la foule amassée à la Halle dès l'aube se précipite sur les voitures chargées de pain et les pillent. Le 24, ce sont les boulangeries qui sont prises d'assaut, et le lendemain les épiceries sont dévalisées à leur tour.

Le 24 encore, les blanchisseuses ont pillé sur les bords de la Seine les bateaux chargés de savon qui y étaient amarrés.

Et Marat, dans son *Journal de la République*, écrit le 25 février :

« Dans tout pays où les droits du peuple ne sont pas de vains titres consignés fastueusement dans une simple déclaration, le pillage de quelques magasins à la porte desquels on pendrait les accapareurs mettrait fin aux malversations. »

Ainsi, les divisions haineuses s'aggravent entre d'un côté les Girondins, qui veulent protéger les propriétés, de l'autre les Montagnards, qui soupçonnent et craignent que des « conspirateurs » ne créent des troubles pour susciter l'intervention de l'armée, le général Dumouriez venant rétablir l'ordre à Paris, et peut-être placer sur le trône un Orléans, Philippe Égalité.

C'est ce risque qui incite Robespierre à condamner les pillards qui envahissent les épiceries :

« Le peuple doit se lever non pour recueillir du sucre mais pour terrasser les brigands, dit-il... De chétives marchandises doivent-elles l'occuper ?... Nos adversaires veulent effrayer tout ce qui a quelque propriété... Le peuple de Paris sait foudroyer les tyrans mais il ne visite point les épiciers... »

Mais de l'autre côté il y a les *Enragés*, qui envahissent la Convention, exigent le châtiment des « ennemis », des « conspirateurs », des « accapareurs » qui affament le peuple.

Il y a l'abbé Roux, l'Enragé, qui déclare :

« Je pense que les épiciers n'ont fait que restituer au peuple ce qu'ils lui faisaient payer beaucoup trop cher depuis longtemps. »

Et qui, après les heures de pillage, ajoute :

« La journée eût été plus belle encore s'il y avait eu quelques têtes coupées. »

La situation, dans ces journées de la fin février 1793 et des dix premiers jours du mois de mars, est donc grave.

À l'intérieur du pays, les pillages, la crainte du complot.

Sur les frontières, les assauts des Autrichiens, les succès de la première coalition contre la France.

La République avait annexé Nice, Monaco, et Danton dans une envolée avait réclamé la réunion de la Belgique, soulevant l'enthousiasme de la Convention :

« Je dis que c'est en vain qu'on veut faire craindre de donner trop d'étendue à la République. Ses limites sont marquées par la nature. Nous les atteindrons toutes, des autres coins de l'horizon, du côté du Rhin, du côté de l'Océan, du côté des Alpes. Là doivent finir les bornes de notre République, et nulle puissance humaine ne pourra nous empêcher de les atteindre. »

Et, brandissant les poings, Danton a ajouté :

« On vous a menacés des rois, vous avez déclaré la guerre aux rois, vous leur avez jeté le gant et ce gant est la tête du tyran. »

Mais les réformes de l'armée, l'amalgame entre « Blancs » – bataillons de l'armée ci-devant royale – et « Bleus » – bataillons de volontaires –, la création de demi-brigades de trois mille trois cents hommes, mobiles, ne suffisent pas à forger l'instrument capable de s'opposer aux troupes de la coalition, dans une guerre longue, dévoreuse d'hommes.

Et d'autant plus si l'on veut que la République atteigne, comme l'a déclaré Danton, les « frontières naturelles ».

Alors il faut décréter, le 24 février 1793, une *levée de trois cent mille hommes*, et la Convention établit le nombre des volontaires que chaque département doit fournir selon l'importance de sa population et du nombre d'hommes « réquisitionnés » lors des précédentes levées.

Il faut faire vite, parce que, sur les frontières, l'armée de Dumouriez recule. Et l'on commence à soupçonner ce général, qu'on a vu à Paris, que l'on sait proche des Girondins, de Manon Roland, et que Danton paraît soutenir.

La peur du coup de force, du complot, soulève les sans-culottes, les Enragés, qui encerclent la Convention, envahissent les tribunes.

Et c'est dans ce climat que, dans la nuit du 10 au 11 mars 1793, les députés votent la création d'un tribunal criminel extraordinaire nommé bientôt « Tribunal révolutionnaire ».

On se souvient des massacres de Septembre, et Danton s'écrie :

« Le salut du peuple exige de grands moyens, des mesures terribles... Profitons des fautes de nos prédécesseurs. Faisons ce que n'a pas fait l'Assemblée législative. Soyons terribles, pour dispenser le peuple de l'être. »

Les « délégations » mandatées par les quarante-huit sections de Paris se succèdent à la tribune de la Convention.

Elles font toutes la leçon aux députés, s'inquiètent de la situation aux frontières, des victoires des Autrichiens, de la retraite des troupes de Dumouriez, et une fois encore, ces « sectionnaires » redoutent la trahison du général, reprenant ainsi les accusations de Marat.

« Nous venons sans crainte de vous déplaire jeter la lumière sur vos erreurs et vous montrer la vérité », lance un sans-culotte aux députés.

Puis, inspiré par l'abbé Jacques Roux, par Varlet, par les Enragés, l'orateur des sections répète :

« Citoyens législateurs, ce n'est pas assez d'avoir déclaré que nous sommes républicains français, il faut encore que le peuple soit heureux, il faut qu'il ait du pain, car où il n'y a pas de pain, il n'y a plus de loi, plus de liberté, plus de république. »

Danton intervient, veut éviter l'affrontement entre ceux qui possèdent et ceux qui sont démunis, tous patriotes, tous républicains !

« Que les propriétaires ne s'alarment pas, dit-il. La nation toujours juste respectera les propriétés. Respectez la misère et la misère respectera l'opulence ! Ne soyons jamais coupables envers le malheureux et le malheureux qui a plus d'âme que le riche ne sera jamais coupable ! »

La Convention l'acclame. Les députés votent l'abolition de la contrainte par corps.

Mais le soir, les femmes aux premiers rangs des manifestants envahissent les tribunes des Jacobins, stigmatisent cette « société pleine d'accapareurs », ovationnent les noms des Enragés, Jacques Roux, Varlet.

La hausse des denrées, la peur de l'étranger, de ces troupes autrichiennes qui ont réoccupé Aix-la-Chapelle et Liège, la crainte d'un complot aristocratique, se nouent pour accroître la tension.

On pille. On saccage les imprimeries des journaux girondins, dans la nuit du 9 au 10 mars, les Enragés tentent de former un comité d'insurrection.

Les citoyens patriotes et modérés s'indignent.

« Le défaut d'ordre a fait tout le mal, affirme le libraire Ruault. Comment quatre ou cinq mille femmes des faubourgs, quelques hommes, des petites filles, des petits garçons, auraient-ils pu forcer seize ou dix-huit cents boutiques à livrer la chandelle à douze sous, le sucre à vingt-cinq, le café à quinze, le savon à dix-huit, si la force publique les eût devancés d'une heure ou deux ?… La municipalité dit, pour s'excuser, que ce désordre a été fomenté par l'étranger. Je n'en crois rien du tout. Il n'est pas besoin de l'étranger pour ravager Paris… »

Et la voix de cet homme patriote, sage et cultivé, devient rageuse, menaçante, tant le besoin d'ordre et la peur de l'anarchie sont grands.

« Il y a dans Paris, cette grande ville, trop de gredins, trop de femmes mégères, de malheureux que la misère poursuit soit par leur faute, soit par la faute du gouvernement, si on ne les réprime point, si la municipalité les laisse faire : sinon on sera forcé de les tuer comme des voleurs de grands chemins, il n'y aura pas d'autres moyens d'assurer les propriétés. »

Au même moment, dans tout l'Ouest de la France, plus de cent paroisses, du Maine-et-Loire, de la Vendée à la Loire-Inférieure entrent en insurrection, apprenant que la Convention réclame des hommes en vertu de la levée de trois cent mille hommes qui doivent se porter aux frontières.

Les paysans s'arment, se dressent contre ces « bourgeois » des villes, ces « républicains » accapareurs, ces « sans-Dieu » qui ont persécuté les « vrais » prêtres et soutenu les abbés constitutionnels.

La violence se déchaîne. On frappe. On tue. On crucifie même. On massacre.

À Machecoul, dimanche 10 mars, c'est le carnage. Il y aura près de six cents tués. On extermine les patriotes de toute la région. Les prisonniers attachés à une longue corde et formant « chapelet » sont menés le long des douves du château, fusillés, achevés à coups de pique.

On voit surgir un Comité royal, qui dans une proclamation du 12 mars 1793 reconnaît Louis XVII comme souverain et refuse obéissance à la Convention.

Une « armée catholique et royale » se constitue, se donnant des chefs, tel ce Cathelineau, colporteur, père de cinq enfants, qui s'écrie à la nouvelle que dans les paroisses on s'en est pris aux « patriotes », aux prêtres assermentés, et qu'on refuse de « livrer » ses jeunes hommes :

« Maintenant il faut aller jusqu'au bout, si nous en restons là, notre pays va être écrasé par la République. »

On scande : « Vive Dieu ! Vive le roi ! »

On « enjoint aux habitants de Cholet de livrer leurs armes aux commandants de l'armée chrétienne forte de trente mille hommes, promettant dans ce cas seulement d'épargner les personnes et les propriétés », signé Stofflet, commandant, Barbotin, aumônier.

Les insurgés, dans le brouillard épais de ces premiers jours de mars, forment des masses noires et compactes, qui ne rencontrent que la résistance de quelques centaines de gardes nationaux, vite massacrés ou mis en fuite.

Et les paysans insurgés tirent les bourgeois républicains hors de leurs domiciles et les massacrent.

On chante une *Marseillaise* retournée :

Aux armes, Poitevins, formez vos bataillons !
Marchons ! Le sang des Bleus rougira nos sillons.

C'est la guerre dans ces départements, la guerre aux frontières. Les journaux « patriotes » appellent aux armes :

« Debout ! Toujours debout républicains ! Toujours armés, c'est le seul moyen de vivre libres ! Soyez fermes, vos ennemis seront vaincus », lit-on dans *Le Républicain.*

Il faut brandir « le poignard vengeur qui purge la patrie des monstres qui méditent son esclavage ».

À la tribune de la Convention, Maximilien Robespierre, malgré les interruptions des députés girondins, propose de « changer le système actuel de notre gouvernement ».

Mais il est obligé de se taire sous l'avalanche de protestations, de cris, d'injures, de moqueries, et c'est le soir, au club des Jacobins, qu'il s'exprime :

« J'ai été réduit à l'impuissance d'élever ma voix dans la Convention à cause de la faiblesse de mon organe, avoue-t-il, je n'ai pu faire retentir mes derniers accents sur les dangers qui menacent les patriotes. »

Les Jacobins l'acclament : Qu'il parle ! Qu'il parle !

« Il faut, dit Maximilien, que l'exécution des lois soit confiée à une commission si sûre que l'on ne puisse plus vous cacher ni le nom des traîtres ni la trame de la trahison. »

2.

La trahison, en ce mois de mars 1793, Robespierre n'est pas seul à la craindre, à la dénoncer.

Marat depuis longtemps déjà dévoile les « machinations infernales » qui menacent la Révolution.

Il n'épargne personne, voit naître à chaque instant des conspirations. Il lui suffit d'apprendre que Camille Desmoulins et un autre Montagnard, Chabot, ont été invités à dîner par des généraux, pour qu'il les avertisse, qu'« il ira à la tête de tous nos braves sans-culottes, relancer ces sybarites et de la belle manière » et donner une leçon à ces citoyens « bien connus pour avoir un estomac aristocratique ».

Il s'en prend au général Dumouriez, à son entourage d'officiers monarchistes. Dumouriez n'a-t-il pas à son état-major Louis-Philippe Égalité, ci-devant duc d'Orléans ?

Et n'est-ce pas ce Dumouriez qui dans une lettre à la Convention vient d'accuser les députés de vouloir mener en Belgique « une guerre criminelle » ? Il sermonne les représentants du peuple : « Vous ne souffrirez pas, écrit le général, que vos armées soient souillées par le crime et en deviennent les victimes. »

Les députés se rebiffent et Marat qu'on traitait de « monstre incendiaire » est tout à coup écouté, porté à la présidence des Jacobins, d'où il lance ses appels à l'action :

« Frères et amis, les maux de la République sont au comble. Et le moment est venu où le courage des républicains doit éclater. Que la nation se lève, que les députés s'expliquent et fassent justice de Brissot, de Vergniaud, du général Dumouriez, de tous les autres généraux conspirateurs et fonctionnaires publics traîtres à la nation... »

Il interpelle Danton :

« Je le somme de monter ici à la tribune, et de déchirer le voile des trahisons qui nous environnent... »

Et tout à coup, il tire brusquement de dessous sa houppelande un poignard long d'une coudée et l'agite devant les yeux des citoyens rassemblés au club des Jacobins :

« Voilà l'arme avec laquelle je jure d'exterminer les traîtres, s'écrie Marat. Voilà l'arme que je vous invite à fabriquer pour les citoyens qui ne sont point au fait des évolutions militaires. Je vous propose d'ouvrir une souscription et je vais moi-même vous donner l'exemple. »

L'assistance est fascinée par ce discours, ces gestes, cette énergie :

« Formez donc une armée centrale qui marchera contre les royalistes et les modérés, reprend Marat ; nommez le chef et vous aurez la victoire », lance-t-il en brandissant son poignard.

« Oui, oui, Marat, tu seras notre chef », crient les Jacobins en jetant en l'air chapeaux et bonnets phrygiens.

« Comptez sur ma surveillance, conclut Marat. Nous devons frapper de grands coups, je vous avertirai aussitôt qu'il en sera temps. »

Le 15 mars, Danton et le député Delacroix sont partis en Belgique pour rencontrer Dumouriez.

Les Montagnards suspectent Danton de conspirer avec le général. Ne l'a-t-il pas toujours défendu ?

Danton, partisan de l'occupation, voire de l'annexion, de la Belgique a poussé Dumouriez à l'offensive. « Nous aurons des hommes, des armes, des trésors de plus », a-t-il répété.

Et Delacroix a dit, cyniquement, aux soldats : « Vous êtes sur un pays ennemi, housardez et dédommagez-vous de votre perte... Pillez, nous partagerons et je vous soutiendrai dans la Convention. »

On a même accusé Delacroix d'avoir patronné à Liège une fabrique de faux assignats.

Et ce sont ces Montagnards-là, qu'on envoie tenter de convaincre ou de « garrotter » le général Dumouriez ! Il leur suffit de quelques heures, pour comprendre que le général a choisi.

Il vient d'être battu – le 18 mars – par les troupes de Saxe-Cobourg, à Neerwinden puis à Louvain.

Il abandonne la Belgique, traite avec les Autrichiens, invite ses officiers, ses régiments, à marcher sur Paris, à en finir avec l'anarchie. Il veut s'opposer aux violences des Enragés : « C'est mon armée que j'emploierai... Plus de la moitié de la France veut un roi. »

Il reste à Danton et à Delacroix à regagner rapidement Paris, à apprendre que Dumouriez est passé à l'ennemi avec son état-major après avoir en vain essayé de convaincre ses troupes de le suivre soit à Paris, soit dans le camp autrichien.

Un jeune colonel, Davout, commandant les bataillons de volontaires de l'Yonne, a fait ouvrir le feu sur Dumouriez, et celui-ci, entouré de dragons autrichiens, entraînant avec lui bon nombre d'officiers, et surtout Louis-Philippe ci-devant duc de Chartres, n'a trouvé son salut qu'en galopant à bride abattue à travers champs !

À Paris, avant que cette trahison ne soit connue, c'est déjà le temps des suspects.

Les sans-culottes des comités de surveillance exigent des citoyens qu'ils produisent des « certificats de civisme, de garde montée, de quittance d'une fonction, de passeports visés... On a soumis l'entrée et la sortie de Paris à une très grande rigueur à cause de nombreux malveillants qui se sont glissés dans la ville et après lesquels on court de tous côtés. Si vous n'êtes pas en règle on vous prend pour un de ceux-là, et vous êtes arrêté comme malveillant, au moins comme *suspect.* »

On est traduit devant le Tribunal révolutionnaire, condamné le plus souvent. Les juges ne prononcent pas systématiquement la peine de mort. Mais la guillotine est en place. Au mois de mars 1793, on décapite une dizaine de condamnés à mort et les appels des Enragés de Marat à châtier les traîtres se multiplient. La peur s'insinue dans chaque conscience parce qu'on sait que la violence, la Terreur, apparaissent comme des recours face à une situation de plus en plus difficile. La mort rôde. Il faut vaincre et pour cela tuer ou mourir.

Ces jours-là de la fin mars 1793, on apprend que tout l'Ouest s'est soulevé. On s'y bat contre l'enrôlement des jeunes hommes, « pour le roi, pour Louis XVII » et « pour la vraie religion attaquée par les gueux de Paris ».

Aux premiers chefs, Cathelineau, Stofflet, issus du monde des « petites gens », paysans, artisans, s'ajoutent désormais des « aristocrates », en fait des hobereaux, comme Bonchamps, Lescure, d'Elbée, Charette, La Rochejaquelein.

Les paroisses se rallient, les petites villes tombent – Châtillon, Bressuire –, la Bretagne et la Normandie fermentent.

D'Elbée et Sapinaud qui commandent la « grande armée catholique et royale » en appellent à l'Angleterre et à l'Espagne, coalisées contre la République.

« Depuis un mois, écrivent-ils, nous sommes en état de contre-révolution, nos armées conduites par la Divinité et soutenues par nos valeureux habitants des campagnes ont déjà conquis le bas Anjou et le Poitou, où régnerait la tranquillité si nos villes capitales ne tenaient à un maudit esprit de révolution, que nous serions en état de réduire si nous avions de la poudre promptement. »

Cette situation lorsqu'elle est connue à Paris angoisse les députés, les patriotes, qui ont le sentiment d'être acculés, pris à la gorge, trahis.

Ils apprennent, avec retard, que le général Dumouriez en passant à l'ennemi, et comme gage de sa trahison, a livré aux Autrichiens les quatre commissaires de la Convention qui, accompagnés du général Beurnonville, qui fut ministre de la Guerre et son ami, venaient pour lui transmettre la convocation de la Convention à se présenter à la barre, devant elle. Dumouriez sait qu'il sera mis hors la loi, c'est-à-dire passible d'être aussitôt condamné à mort et exécuté.

La Convention s'indigne de la rébellion de l'Ouest, de la trahison de Dumouriez :

« La contre-révolution marche, s'écrie Barère, et nous ne marchons qu'après elle ; nous ne délibérons qu'après les événements. Il nous appartient de les prévoir, et de les prévenir. Vous ne devez plus discuter, vous devez agir... Laissez de côté les demi-mesures, déclarez-vous corps révolutionnaire. »

Les députés l'écoutent, réagissent en prenant l'offensive.

En quelques jours, à la fin mars, la Convention vote une série de décrets de mort pour ceux qui proposeraient la « loi agraire » – le partage des biens. Car il s'agit de rassurer les propriétaires menacés par les Enragés.

Mais morcellement et vente des biens d'émigrés.

Mais mise hors la loi et peine de mort contre tous ceux qui participeraient aux révoltes ou émeutes contre-révolutionnaires. Et création d'un *Comité de salut public*, surveillant les ministres, organe composé de neuf membres siégeant pour un mois puis renouvelés.

C'est le Comité de salut public qui dirigera en fait la République.

Et décision est même prise de lever l'immunité qui protégeait les députés. Ils pourront donc désormais être poursuivis.

Comité de salut public, Tribunal révolutionnaire, Comité révolutionnaire de surveillance dans les sections et les départements, envoi de « représentants en mission » : la République serre les poings.

Son arme est la surveillance des citoyens, et sa force la terreur.

Mais sa faiblesse, ce sont les divisions qui déchirent les « patriotes » : la haine est encore plus vive entre Montagnards et Girondins, ces derniers accusés d'avoir eu partie liée avec le général Dumouriez, le traître.

Et donc ils sont complices. Et Marat propose de nouveau qu'ils soient mis en accusation.

Danton, qui voudrait l'apaisement, est contraint de tenir le même langage que les Montagnards. Lui aussi a été proche de Dumouriez et a sans doute souhaité, comme le général, une monarchie constitutionnelle dont le souverain eût été un Orléans. Mais Philippe Égalité, ci-devant duc d'Orléans, a été arrêté à la suite de la défection de son fils Louis-Philippe, passé aux Autrichiens en compagnie de Dumouriez.

Alors Danton fait assaut d'éloquence pour détourner les soupçons qui pèsent sur lui.

« La guerre civile est allumée de toute part, dit-il. Et des passions misérables agitent nos représentants et cependant les contre-révolutionnaires tuent la liberté ! La statue de la liberté n'est pas fondue. Ce métal bouillonne ; si vous n'en surveillez le fourneau, vous serez tous brûlés ! Montrez-vous révolutionnaires ! Montrez-vous peuple et alors la liberté n'est plus en péril. Les nations qui veulent être grandes doivent, comme les héros, être élevées à l'école du malheur. »

Dans Paris, c'est l'inquiétude, et la révolte des plus pauvres qui couve.

Ils se rassemblent au Palais-Royal.

Ils murmurent : « Lorsque nous avions un roi, nous étions moins malheureux qu'à présent que nous en avons sept cent quarante-cinq. »

Ces députés à la Convention, ainsi mis en cause, se sentent menacés.

Les sans-culottes « exagérés » les attendent à la sortie de la salle du Manège, les interpellent depuis les tribunes de l'Assemblée ou celles du club des Jacobins.

L'un des Enragés que suivent ces sans-culottes, Varlet, fonde, à l'annonce de la trahison de Dumouriez, un Comité central révolutionnaire qui va siéger à l'Évêché. C'est une Commune illégale, mais qui est composée des délégués des sections.

L'autre chef des Enragés, l'abbé Jacques Roux, convoque dans une assemblée générale tous les comités de surveillance. Et il obtient l'adhésion de la Commune.

Ainsi la Convention risque-t-elle d'être dépossédée de ses pouvoirs.

Maximilien Robespierre, dont se moquent les Girondins, mais que le peuple appelle déjà *l'Incorruptible*, intervient souvent dans cette période tendue, incertaine, dangereuse, de la tribune du club des Jacobins, ou de celle de la Convention. « Il faut que le peuple sauve la Convention, dit-il, et la Convention sauvera le peuple... »

« Je dirai tout ce qu'il importe de connaître, poursuit-il, je ne dissimulerai aucune vérité. »

Et, implacable, il ajoute :

« Je déclare que la première mesure de salut public à prendre, c'est de décréter d'accusation tous ceux qui sont prévenus de complicité avec Dumouriez et notamment Brissot... Je ne veux que dire la vérité et quand les hommes que j'ai désignés auront assassiné la liberté et ses défenseurs, on dira qu'au moment où ils allaient exécuter leur complot liberticide je disais la vérité et que je démasquais les traîtres. »

On l'acclame. D'un geste, il arrête l'ovation. Sa voix devient plus aiguë, tranchante :

« Le moment est venu pour les patriotes, dit-il, de prendre dans toute son énergie cette haine vigoureuse et immortelle dont ils s'étaient montrés animés pour le nom des rois... »

Il s'interrompt, évoque « la punition d'un tyran », ce ci-devant roi de France, décapité.

« Cette punition sera-t-elle donc le seul hommage que nous ayons rendu à la liberté et à l'égalité ? »

Chaque auditeur se fige, devinant la gravité des propos qui vont suivre :

« Souffrirons-nous qu'un être non moins coupable, non moins accusé par la nation, et qu'on a ménagé jusqu'ici comme par un reste de superstition pour la royauté, souffrirons-nous qu'il attende tranquillement ici le fruit de ses crimes ? »

Maximilien Robespierre veut la tête de la ci-devant reine, Marie-Antoinette d'Autriche.

Il veut qu'elle soit traduite devant le Tribunal révolutionnaire, accusée d'avoir participé « aux attentats contre la liberté et la sûreté de l'État ».

L'auditoire frémit, applaudit, comprend qu'au moment où les troupes de la coalition, celles de Brunswick et de Saxe-Cobourg, reprennent Aix-la-Chapelle, Liège, encerclent vingt mille soldats français à Mayence, il faut faire couler de nouveau le sang royal entre les monarchies et la République pour empêcher toute négociation.

Et au même instant en effet, Fersen, toujours amoureux de la reine, fidèle et préoccupé du sort de la souveraine, écrit :

« Je ne serais pas étonné que les scélérats, se voyant battus partout, sans ressources, menacés de la famine et de la misère, missent le jeune roi et sa mère à Versailles et voulussent ensuite traiter avec eux et les puissances. »

Et Fersen écrit à Marie-Antoinette qu'elle aura besoin d'un « gueux », ce général Dumouriez. Cet homme est utile, explique Fersen, « il faut s'en servir et oublier le passé. Son intérêt est intimement lié au vôtre et au rétablissement de votre autorité comme régente. »

Mais il faut être loin de la France pour imaginer une telle issue. En fait, pour la première fois en cette fin du mois de mars 1793, la voix forte et écoutée de Robespierre a réclamé, par conviction et par habileté, pour « ranimer l'ardeur révolutionnaire », la tête de Marie-Antoinette.

Marat de son côté, à la tribune du club des Jacobins qu'il préside, demande la « destruction » de tous les députés qui ont proposé *l'appel* au peuple lors du procès de Louis XVI.

Or, les Girondins ont tous été des « appelants » !

Il faut choisir son camp.

Et Danton, qui a tenté jusqu'au bout de ne pas rompre avec les Girondins, sent que, pour se sauver lui-même, il doit, à nouveau, suivre Robespierre et Marat. Il monte à la tribune des Jacobins, le visage empourpré, les veines de son cou gonflées de sang et de violence. Sa voix puissante s'élève.

Il rappelle qu'il a dit, autrefois, en septembre 1792, au temps des massacres : « Eh, que m'importe ma réputation ! Que la France soit libre et que mon sang soit flétri ! Que m'importe d'être appelé buveur de sang ! Eh bien, buvons le sang des ennemis s'il le faut ! »

Et haussant encore la voix, plus menaçant, il lance :

« Eh bien, je crois qu'il n'est plus de trêve entre la Montagne, entre les patriotes qui ont voulu la mort du tyran et les lâches qui en voulant le sauver, nous ont calomniés, dans toute la France. »

La tension est à son comble.

Les rumeurs les plus contradictoires se répandent dans Paris. On dit que l'armée de Dumouriez marche sur la capitale.

« Ce matin, à huit heures, des rappels nombreux ont fait courir aux armes et jeté l'alarme dans tous les cœurs.

« Les uns disaient qu'une partie de la Convention poursuivie par la peur avait quitté son poste. Les autres débitaient que les hussards étaient en pleine insurrection. Chacun faisait sa nouvelle et il résultait de cette confusion une cruelle incertitude sur le véritable état des choses.

« Nous avons été sous les armes depuis dix heures jusqu'à ce moment, sept heures du soir, et nous ne savons autre chose de ce grand mouvement sinon qu'on visite partout pour découvrir les émigrés et des armes cachées dans les maisons suspectes.

« En effet, des commissaires accompagnés de nombreuses patrouilles se sont portés dans les maisons et sont encore occupés, dans le moment que nous écrivons, aux visites domiciliaires qui doivent cesser avec le jour.

« Les barrières sont fermées et les rues barricadées. On ne laisse passer aucun citoyen qui ne soit muni de sa carte.

« Ces extrêmes précautions suggérées sans doute par la nécessité ont paru rigoureuses et ne peuvent être justifiées que par le danger de la chose publique. *Salus populi suprema lux esto*. Soit. Mais combien d'honnêtes artisans, d'utiles commerçants, et nos femmes timides souffrent de ces grands mouvements révolutionnaires et désirent une Constitution qui en arrête le cours rapide et destructeur. »

Le *Bulletin national*, en publiant cet article le 29 mars 1793, exprime les sentiments de ceux qui, gardes nationaux, répondant à l'appel aux armes de leur section, sont des modérés qui veulent sauvegarder les propriétés, souhaitent un retour à l'ordre, non pas celui, ancien, de la monarchie, mais celui d'une République apaisée, où la loi l'emporte sur le désordre révolutionnaire.

Mais dans les sections, et à la Convention ou aux Jacobins, ces hommes-là n'osent pas prendre la parole, craignant d'être aussitôt suspects. Et, en ces jours où la République est prise dans l'étau des armées de la coalition et des insurgés vendéens, ces « modérés » se rapprochent des Montagnards, car ils veulent sauver la République.

Ils soutiennent la constitution, le 6 avril, du Comité de salut public, dont les premiers membres sont en majorité issus des bancs de la Plaine, et des hommes qui ne se sont ralliés à aucun camp. Les seuls Montagnards avérés sont Danton et Delacroix, et encore ce dernier n'est-il que depuis peu montagnard.

Mais les députés de la Plaine (Barère, Cambon) membres du Comité de salut public veulent eux aussi, comme les Montagnards, défendre la Révolution.

Lorsque Barère reçoit la lettre que lui adresse, à la fin du mois de mars, le député Jean Bon Saint-André, pasteur, élu du Lot, et qui vient de parcourir comme représentant en mission plusieurs départements, il en fait part aux autres membres du Comité de salut public, et tous partagent les remarques de Jean Bon Saint-André :

« Partout l'on est fatigué de la Révolution, écrit le député. Les riches la détestent, les pauvres manquent de pain et on les persuade que c'est à nous qu'ils doivent s'en prendre… Nous faisons bien tous nos efforts pour redonner aux âmes un peu de ressort, mais nous parlons à des cadavres… Le pauvre n'a pas de pain et les grains ne manquent pas mais ils sont resserrés. Il faut très impérieusement faire vivre le pauvre si vous voulez qu'il vous aide à achever la Révolution… Les troubles de la Vendée et des départements voisins sont inquiétants sans doute mais ils ne sont dangereux que parce que le saint enthousiasme de la liberté est étouffé dans tous les cœurs. »

3.

Mais, en ce printemps 1793, peut-on ressusciter ce « saint enthousiasme de la liberté, étouffé dans tous les cœurs », quand ceux qui, en 1789, se dressaient unis contre les manœuvres de la Cour, sont désormais des ennemis chaque jour plus déterminés ?

Ainsi, en avril, la rumeur court selon laquelle les Enragés, les sans-culottes qui les suivent et la Commune de Paris préparent une « journée révolutionnaire », contre la Convention, pour les fêtes de Pâques.

Au club des Jacobins, Robespierre le jeune – Augustin Robespierre –, après Marat, après son frère Maximilien, déclare : « La Convention n'est pas capable de gouverner. Il faut attaquer les meneurs de la Convention. Citoyens, ne venez point offrir vos bras et votre vie, mais demandez que le sang des scélérats coule ! Il faut que tous les bons citoyens se réunissent dans leurs sections... viennent à la barre de la Convention nous forcer de mettre en état d'arrestation des députés infidèles... »

Il s'agit des Girondins.

Et à la Convention, les menaces, les injures fusent :

« Nous saurons mourir mais nous ne mourrons pas seuls », crient les députés girondins.

Ils répondent de cette manière aux sans-culottes qui viennent de déposer une pétition à la barre de la Convention.

Et ces pétitionnaires, sous les acclamations des citoyens des tribunes, ont lancé aux députés :

« Entendez-nous ! Entendez-nous pour la première fois. La nation est lasse d'être continuellement en butte à des trahisons... Elle est lasse de voir parmi vous d'infidèles mandataires... Qui méritait plus l'échafaud que Roland ? »

Les mots tombent comme des couperets : « majorité corrompue », « ligue qui veut nous vendre à nos tyrans et qui embrasse toute la France ».

Les pétitionnaires en appellent aux Montagnards :

« Montagne de la Convention, c'est à vous que nous nous adressons. Il faut que la France soit anéantie ou que la République triomphe. »

Or, la République, assaillie, est en péril.

Les « Blancs » de la « grande armée catholique et royale », commandés par d'Elbée, avancent vers Fontenay, dispersent les « Bleus », et même si l'armée échoue à conquérir un port qui lui permettrait de recevoir l'aide de l'Angleterre, elle est une grave menace.

Ces paysans royalistes et catholiques défient la République, humilient les « volontaires », les libèrent après les avoir tondus, gardent certains d'entre eux en otages. Et n'hésitent pas à fusiller.

Dans le Sud, à Lyon, à Bordeaux, à Marseille, les « modérés » s'organisent, exécutent les sans-culottes radicaux, expulsent les représentants en mission.

À Rouen, le pain manque, provoquant des émeutes qu'il faut durement réprimer.

Et même à Paris, aux Champs-Élysées, des promeneurs s'attroupent, crient « Marat à la guillotine ! ».

Les citoyens aisés s'inquiètent pour leurs propriétés, quand ils entendent Camille Desmoulins déclarer :

« On vous a parlé de deux classes de citoyens, des messieurs et des sans-culottes ; prenez la bourse des premiers et armez les autres ! »

Et ces « autres », précisément, réclament et obtiennent la fixation d'un maximum pour les prix des denrées et d'abord du blé.

Dans une adresse à la Convention, l'assemblée générale des maires et des officiers municipaux de Paris et des communes de la banlieue déclare :

« Qu'on n'objecte pas le droit de propriété ! Le droit de propriété ne peut être le droit d'affamer ses concitoyens. Les fruits de la terre comme l'air appartiennent à tous les hommes... »

Les Girondins s'insurgent, tentent de rassembler les propriétaires.

Pétion, l'ancien maire de Paris, s'adresse aux Parisiens :

« Vos propriétés sont menacées, dit-il, Parisiens sortez enfin de votre léthargie et faites rentrer ces insectes vénéneux dans leurs repaires ! »

« Vous êtes des scélérats ! » crie Danton aux députés girondins.

« Nous avons des enfants qui vengeront notre mort, lui répond-on. À bas le dictateur ! »

Guadet, avocat à Bordeaux, député à la Législative puis à la Convention, l'un des chefs girondins, interpelle les Montagnards :

« Votre opinion est comme le croassement de quelques corbeaux... »

« Vil oiseau, tais-toi ! » lui lance Marat.

Violences verbales, propositions si tranchées que plus rien ne semble pouvoir rapprocher la Montagne de la Gironde.

« Cet esprit d'opposition dégénère en deux partis permanents, fougueux, haineux, qui se déclarent une guerre à mort, au moment où la patrie est attaquée au-dehors et déchirée au-dedans, c'est là ce qui désespère les vrais républicains », écrit le libraire Ruault.

Il sent bien que cet affrontement ira jusqu'au bout. Les Girondins le désirent, comme les Montagnards.

« Celui qui n'est pas pour le peuple, celui qui a des culottes dorées est l'ennemi-né de tous les sans-culottes ! dit Robespierre à la tribune des Jacobins. Il n'existe que deux partis, celui des hommes corrompus et celui des hommes vertueux. »

Et à ses yeux, comme à ceux de Camille Desmoulins, les Girondins sont corrompus, ont choisi de vivre dans l'opulence.

Desmoulins ajoute même dans un pamphlet publié le 19 mai 1793, et intitulé *Fragment de l'histoire secrète de la Révolution ou Histoire des brissotins*, que les Girondins sont au service des agents de Pitt, du duc d'Orléans, et de la Prusse.

Brissot serait l'âme de ce complot anglo-prussien.

Il faut donc épurer la Convention de ces reptiles, de ces esclaves, de ces intrigants, de ces tartuffes, de ces brigands, de ces corrompus, et de ce « pauvre Roland, combien le calice du cocuage semble amer au vieillard ! ».

Desmoulins ne fournit aucune preuve de ce qu'il avance, mais il attise la haine, et *Le Patriote français*, le journal de Brissot, relève le gant.

« Depuis trop longtemps, le républicanisme et l'anarchie sont en présence et n'ont fait pour ainsi dire qu'escarmoucher. Cet état pénible ne peut plus se prolonger : on nous présente un combat à mort, eh bien acceptons-le ! »

Les Montagnards, les Enragés souhaitent et préparent cet affrontement.

Il faut, disent-ils, « purger », « épurer », « organiser » le vomissement des brissotins hors de la Convention.

Le Montagnard Carrier, ancien procureur à Aurillac sous l'Ancien Régime, élu député à la Convention, ajoute : « Il faut que Brissot tâte de la guillotine. Il faut qu'il la danse. » La menace est explicite.

Et les Girondins se défendent.

S'ils réussissent à juguler les quelques milliers de sans-culottes parisiens, le pays les suivra, pensent-ils, et rejettera les Marat, les Robespierre, les Hébert, les Danton.

Guadet, l'élu de Bordeaux au talent d'orateur éblouissant, voltairien sarcastique, se moque de Maximilien qui invoque l'Être suprême, la Providence :

« J'avoue, dit Guadet, que ne voyant aucun sens à cette idée de Providence je n'aurais jamais pensé qu'un homme qui a travaillé avec tant de courage, pendant trois ans, à tirer le peuple de l'esclavage du despotisme peut concourir à le remettre ensuite dans l'esclavage de la superstition… »

Et Buzot, figure marquante du groupe des Girondins, n'hésite pas à proposer la fermeture du club des Jacobins :

« Voyez cette société, jadis célèbre, il n'y reste pas trente de ses vrais fondateurs. On n'y trouve que des hommes perdus de crimes et dettes. Lisez ses journaux, et voyez si tant qu'existera cet abominable repaire vous pouvez rester ici. »

Robespierre et les Jacobins n'oublieront pas ces attaques.

Il faut trancher. Le 12 avril, les Girondins accusent Marat d'appeler les citoyens à s'en prendre aux députés qu'il appelle « infidèles ».

Marat ?

C'est un « vil scélérat qui prêche le despotisme », lance Pétion.

Et quand Marat tente de répondre, les députés crient, tournés vers lui : « Taisez-vous, scélérat ! » Les Montagnards eux-mêmes le défendent sans aucune vigueur.

Seul Danton comprend qu'en décrétant Marat d'accusation, les Girondins commencent la bataille. S'ils l'emportent dans ce premier assaut, ils poursuivront demain tous les Montagnards. Or Marat, après un vote par appel nominal, est décrété d'accusation par 226 voix contre 92 et 46 abstentions !

Une forte majorité de la Convention suit donc la Gironde...

Marat, entouré de sans-culottes qui l'attendent à la sortie de la salle du Manège, échappe à l'arrestation, choisit la clandestinité, s'enfonçant dans « ses souterrains », tenant des assemblées ici et là, fustigeant les « perfides, les traîtres qui mènent la Convention ».

« Un peu de patience encore, ils succomberont sous le poids de l'exécration publique », assure-t-il.

Et il convainc.

Enfin Robespierre prend la parole en sa faveur :

« Ce n'est pas contre Marat seul qu'on veut porter le décret d'accusation, dit-il. C'est contre vous, vrais républicains, c'est contre vous qui avez déplu par la chaleur de vos âmes, c'est contre moi-même peut-être, malgré que je me sois constamment attaché à n'aigrir personne, à n'offenser personne. »

En quelques jours, la situation change.

Marat, jusqu'alors tenu à l'écart, devient le persécuté, le héros des sans-culottes, rassemblant autour de son nom les Montagnards, les Enragés, les membres de la Commune, les citoyens pauvres.

Lorsque, le mardi 23 avril, dans l'après-midi, Marat se présente à la prison de l'Abbaye, se constitue prisonnier, il sait qu'il ne risque plus rien. Il est accueilli par des officiers municipaux, des administrateurs de la Commune qui l'entourent, soupent avec lui, célèbrent son courage, le protègent d'éventuels assassins.

Et Marat pérore :

« Peuple, lance-t-il, c'est demain que ton incorruptible défenseur se présente au Tribunal révolutionnaire. Son innocence brillera. Tes ennemis seront confondus. Il sortira de cette lutte plus digne que toi. »

Le lendemain il va mener les débats devant le Tribunal, envahi par une petite foule de partisans, soutenu par l'accusateur public, Fouquier-Tinville, qui lui est favorable et qui laisse Marat prendre la parole, sans même se soucier de l'avis du président du Tribunal.

L'audience se transforme en assemblée sans-culotte.

« Citoyens, dit Marat, ce n'est pas un coupable qui paraît devant vous : c'est l'Ami du peuple, l'apôtre et le martyr de la liberté depuis si longtemps persécuté par les implacables ennemis de la patrie et poursuivi aujourd'hui par l'infâme faction des hommes d'État. »

Le procès de Marat devient un acte d'accusation contre les Girondins. Les jurés l'acquittent et l'honorent. On le coiffe d'une couronne ornée de rubans. Un cortège se forme pour le raccompagner à la Convention. On l'a fait asseoir sur un fauteuil qu'on soulève et que plusieurs personnes portent sur leurs épaules.

Combien sont-ils, ceux qui le suivent ? « Sept à huit cents pillards et brigands », écrit le journaliste girondin, député à la Convention, Gorsas. Ou bien cent mille, selon Marat ?

Tout au long du parcours, on l'acclame, on crie : « Vive la République ! Vive la liberté ! Vive Marat ! »

On force les portes de l'Assemblée. On s'installe sur les sièges des députés cependant que Marat, « couronné », prend place.

On scande « Vive l'Ami du peuple ! » et « À la guillotine les Girondins ! ».

Marat est entouré, embrassé par les femmes qui, entrées dans la salle de la Convention, se sont précipitées vers lui.

Il prend la parole :

« Je vous présente dans ce moment-ci un citoyen qui avait été inculpé, et qui vient d'être complètement justifié. Il vous offre un cœur pur. Il continuera de défendre avec toute l'énergie dont il est capable les droits de l'homme, la liberté, les droits du peuple. »

Les Girondins sont défaits.

Le Tribunal révolutionnaire, les officiers de la Commune, la garde nationale dont on a vu les bataillons escorter Marat, et ne pas interdire à la foule de submerger la Convention : tout leur échappe.

Le peuple des faubourgs, les pauvres, ne font aucune confiance à la Convention, là où les Girondins peuvent encore réunir une majorité, faire voter la constitution d'une *Commission des Douze* qui enquêtera sur les actes de la Commune.

Et cette Commission des Douze ordonne l'arrestation d'Hébert, l'éditeur et le rédacteur du *Père Duchesne*, le journal le plus enragé, le plus hostile aux Girondins mais le plus populaire.

On arrête aussi Varlet, et un autre Enragé, Dobsen, président de la section de la Cité, estimé des sans-culottes. On a oublié qu'Hébert est aussi substitut du procureur de la Commune de Paris, et que les Girondins ne disposent d'aucune force pour protéger la Convention.

Les bataillons de la garde nationale sont, en majorité, composés de sans-culottes « soldés », payés par la Commune, favorables à Hébert, à Varlet, aux Enragés, comme ils le sont à Marat.

Il ne reste aux Girondins que la force de la parole dans l'enceinte de la Convention.

Et encore !

Dans la nouvelle salle où la Convention s'est installée depuis le 10 mai, aux Tuileries, les députés sont entassés les uns sur les autres. Mais les tribunes peuvent contenir plus de quinze cents personnes, et elles sont si basses qu'on peut aisément descendre dans la salle se mêler aux députés.

Et les abords de l'Assemblée permettent à la foule de se réunir à proximité de la salle. Plus que jamais, les députés vont délibérer sous la pression des sans-culottes !

Quand le président de la Convention, le député girondin Isnard, reçoit une délégation de la Commune venue réclamer – exiger – la libération d'Hébert, ses propos sont aussitôt répétés, et déclenchent la fureur de la foule.

Isnard s'est laissé emporter. Il a menacé Paris comme l'avait fait le Manifeste de Brunswick en 1792 !

« Écoutez ce que je vais vous dire, a crié Isnard, les yeux exorbités. Si jamais par une de ces insurrections qui se renouvellent depuis le 10 mars, et dont les magistrats de la Commune n'ont pas averti l'Assemblée, il arrivait qu'on portât atteinte à la représentation nationale, je vous déclare au nom de la France entière que Paris serait anéanti ! Puis la France entière tirerait vengeance de cet attentat, et bientôt on chercherait sur quelle rive de la Seine Paris a existé. »

Paroles d'émigré. Paroles de Prussien. Paroles de tyran et non paroles de représentant du peuple, de patriote, de républicain. Et dès le lendemain, 26 mai, Marat au club des Jacobins appelle à l'Insurrection.

Les sections de Paris sont en effervescence.

On s'arme.

Un Comité central révolutionnaire et insurrectionnel issu de la Commune se réunit dans les locaux de l'Évêché.

Il nomme Hanriot, « fils du peuple », ancien petit commis à l'octroi de Paris, qui le 12 juillet 1789 a mis le feu aux barrières, puis a combattu aux Tuileries le 10 août 1792, commandant provisoire de la garde nationale de Paris.

Hanriot est proche d'Hébert, de Robespierre, des Enragés, influent parmi les sans-culottes, qui aiment sa voix et son éloquence de tribun populaire.

Face à lui, où sont les troupes décidées à protéger la Convention ? Qui soutient les Girondins à Paris, alors qu'ils viennent de menacer de détruire la capitale ?

À Paris, rue des Bourdonnais, dans les derniers jours de mai 1793, une patrouille arrête un ouvrier ivre qui crie à tue-tête :

« Vive la République : la viande est à vingt sols ! Vive la République : la chandelle est à trente sols ! Vive la République : les souliers sont à quinze livres ! »

On l'entoure. On commente son arrestation. Chacun sait qu'avant la Révolution, la viande était à cinq sols, la chandelle à dix sols et les souliers à trois livres !

Aux citoyens du comité de section qui l'interrogent, l'ouvrier répond « qu'il ne disait que ce que tout le monde savait, et parce qu'il ne fallait rien cacher au peuple, et qu'il n'avait pour motifs que la vérité et la liberté ! ».

On le relâche, mais tels sont les sentiments du peuple !

Même quand il assiste, plus spectateur qu'acteur, aux assemblées ou aux cortèges, ou au pillage des épiceries !

« C'est la nation qui prend son café », lance un passant. « Au moins elle ne le prend pas sans sucre ! » ajoute un autre.

On rit. On regarde. On écoute, on acclame Marat – sans se mêler au cortège qui l'accompagne.

« Il a beau être crâne, furieux, fanatique, sanguinaire, la victoire qu'il a remportée l'a rendu encore plus cher à son ami le peuple des faubourgs »… constate un témoin, qui ajoute : « Ce peuple a besoin d'idolâtrer quelqu'un. Il n'a point l'âme fière d'un républicain. Il est le même qui criait naguère “Vive le roi !”. Son idolâtrie n'a fait que changer d'objet. Il crie “Vive Marat !” ? Il a substitué une idole à une autre. »

Et le témoin poursuit :

« Et les Girondins ont fait la gaucherie d'envoyer Marat devant un tribunal tout composé de ses amis ! Marat et ses partisans se vengeront de cet affront. La porte du Tribunal révolutionnaire a été ouverte aux députés mêmes, par des députés ! Quelle inconséquence, quel oubli de bon sens, et de sa propre dignité ! Marat se fera un plaisir et un devoir d'y envoyer aussi quelque Girondin et qui ne sera pas jugé aussi favorablement qu'un Jacobin. »

Les haines entre « patriotes » sont si puissantes qu'on en oublie la menace extérieure, et la grande armée catholique et royale qui continue de se renforcer dans les départements de l'Ouest.

On ignore ces royalistes qui, commandés par un ancien député à la Constituante, Charrier, se rassemblent en Lozère, s'emparent de Marvejols et de Mende, et y massacrent les républicains.

On néglige ces Girondins et ces royalistes qui renforcent leur pouvoir à Lyon, après avoir fait emprisonner le Jacobin Chalier, ancien maire de la ville.

À Paris même, le *Bulletin national* rapporte que :

« On a trouvé aujourd'hui dans plusieurs endroits de la ville des cartes taillées en forme d'hirondelles et renfermant un papier bleu aux armes de la France et ces mots, écrits en jaune, “Vive le roi !”. De quatre jeunes gens surpris sur le Pont-Neuf, criant “Vive le roi !”, trois ont été arrêtés, le quatrième s'est jeté par-dessus le pont, dans la rivière. »

Ces « ennemis de la patrie », le Tribunal révolutionnaire les condamne à mort.

« Ils meurent avec un courage et une fermeté qui tiennent de l'enthousiasme, écrit le libraire Ruault. Ces criminels d'une nouvelle espèce vont à l'échafaud avec un héroïsme qui attendrit et qui fait peur. Ils se croient des martyrs. Les patriotes mourraient aussi s'ils étaient vaincus. Qui meurt pour son opinion doit être plaint, respecté et admiré. Mais il est triste, il est cruel, il est affreux, d'en venir à des extrémités aussi terribles. »

Mais ces jours de la fin mai 1793 ne sont pas voués à la compréhension de l'autre, à la compassion.

C'est la haine qui imprègne l'atmosphère de Paris.

« Le thermomètre de cette ville est au degré fixe de la terreur », écrit le Girondin Gorsas.

Les sans-culottes en armes, délégués des sections, envahissent les tribunes de la Convention, puis la salle qu'ont fuie les députés girondins comme ceux de la Plaine. Et les Montagnards restés seuls en séance ordonnent la libération de Varlet, de Dobsen, et la dissolution de la Commission des Douze. Mais le lendemain, 28 mai, les députés qui ne sont plus menacés rétablissent la Commission des Douze, par deux cent soixante-dix-neuf voix contre deux cent trente-huit.

La majorité est donc girondine, modérée.

Mais dans les sections on se rassemble, on s'arme, et dans la nuit du 30 au 31 mai, le tocsin sonne, les tambours battent la générale, le canon d'alarme tonne sur le Pont-Neuf. Dix-huit coups sont tirés, très espacés. Il est déjà entre onze heures et midi ce 31 mai.

Les députés siègent depuis six heures du matin.

La voix tonitruante d'Hanriot, qui commande les gardes nationaux, résonne.

« Quand il parle, rapporte un observateur de police, on entend des vociférations semblables à celles des hommes qui ont un scorbut, une voix sépulcrale sort de sa bouche et, quand il a parlé, sa figure ne reprend son assiette ordinaire qu'après des vibrations dans les traits, il donne de l'œil par trois fois et sa figure se met en équilibre. »

« Je demande que le commandant général soit mandé à la barre et que nous jurions de mourir tous à notre poste », dit le Girondin Vergniaud.

« Le canon a tonné, répond Danton sous les applaudissements des députés montagnards et des citoyens des tribunes. Paris a encore bien mérité de la patrie… Il faut donner justice au peuple. »

« Quel peuple ? » crient les députés girondins.

« Quel peuple, dites-vous ? Ce peuple est immense, ce peuple est la sentinelle avancée de la République », réplique Danton.

Mais la journée s'étire sans qu'une décision soit prise. Les pétitionnaires se succèdent, réclament un décret d'accusation contre vingt-deux députés girondins, la création d'une armée révolutionnaire des sans-culottes dans toutes les villes, et la mise en place d'ateliers d'armes ! Le pain à trois sous la livre, la création d'ateliers-asiles pour les vieillards et les infirmes, un emprunt forcé de un milliard sur les riches, l'épuration du Comité de salut public...

C'est la confusion qui règne dans la salle de la Convention. Les sans-culottes siègent parmi les députés, les Girondins sont partis. Robespierre parle longuement :

« Concluez donc », lui lance Vergniaud.

« Oui, je vais conclure, et contre vous, répond Maximilien. Ma conclusion c'est le décret d'accusation contre tous les complices de Dumouriez et contre tous ceux qui ont été désignés par les pétitionnaires. »

Mais on ne vote pas. L'Assemblée décide qu'elle ira « fraterniser » avec les citoyens des sections en une promenade civique autour des Tuileries !

Il est dix heures du soir. On illumine au Palais-Royal. On boit. On chante.

« Quel imposant spectacle offre Paris, ce soir-là, écrivent *Les Révolutions de Paris*. Quelle leçon pour sept cents législateurs toujours divisés... C'est une espèce de fête nationale. »

En fait, le Comité central révolutionnaire et insurrectionnel, associé à la Convention, a échoué.

Et Marat le sait qui invite à recommencer, à aller jusqu'au bout :

« Levez-vous donc, peuple souverain ! s'écrie-t-il. Présentez-vous à la Convention, présentez votre *Adresse* et ne désemparez pas de la barre que vous n'ayez une réponse définitive ! »

Il est sept heures du matin ce dimanche 1er juin 1793. Des sans-culottes placardent la proclamation qui appelle à une nouvelle insurrection :

« Citoyens, restez debout ! Les dangers de la patrie vous en font une loi suprême. »

On se rassemble. Des bataillons de volontaires qui devaient partir pour la Vendée sont retenus à Paris. Il faut punir les traîtres ici, avant de s'en aller écraser la grande armée catholique et royale.

Aux Jacobins, les orateurs se succèdent à la tribune, devant un auditoire résolu qui crie : « Les Girondins à la guillotine ! »

« L'agonie des aristocrates commence… la Commune est debout, le peuple se porte à la Convention, vous devez vous y rendre. »

Déjà Hanriot rassemble les bataillons autour des Tuileries. On dit que plus de quatre-vingt mille sectionnaires contrôlent toutes les issues. Ils ne sont en fait que quinze mille mais cela suffit puisque soixante canons sont braqués sur la Convention.

Le tocsin sonne, à l'aube du lundi 2 juin.

Marat lui-même s'est, dit-on, glissé dans le beffroi de l'Hôtel de Ville et de sa propre main a tiré sur les cordes des cloches.

On envoie des sans-culottes occuper les sièges des journaux girondins, interdire leur parution et arrêter les journalistes.

Les députés sont en séance.

Parmi eux, des Girondins courageux, qui sont entrés à la Convention, en franchissant les barrages, en devinant dans le regard des soldats qu'ils pénètrent dans une souricière. Et l'un d'eux, Gensonné, avocat bordelais, qui avec Guadet et Vergniaud incarne le groupe des Girondins, murmure :

« Je ne me fais aucune illusion sur le sort qui m'attend, mais je le subirai sans m'avilir : mes commettants m'ont envoyé ici ; je dois mourir au poste qu'ils m'ont assigné. »

À deux heures, les sectionnaires, les pétitionnaires entrent dans la salle de la Convention.

L'un de leurs délégués déclare qu'il dénonce, au nom du peuple, les « factieux de la Convention ».

Il faut à l'instant, exige le « peuple », que l'on décrète d'accusation les vingt-deux députés girondins corrompus, traîtres à la patrie.

De la foule des sans-culottes, quelqu'un lance : « Ils sont vingt-neuf. » Et il ne faut pas oublier la femme, Manon Roland.

On menace : « Le peuple est las, sauvez-le ou il va se sauver lui-même. »

Pourtant les députés refusent de s'incliner, renvoient l'Adresse au Comité de salut public.

Alors les cris s'élèvent.

« Le peuple se sauvera lui-même ! Aux armes ! Aux armes ! »

Les troupes se mettent en rang, dans un grand bruit de pas et de crosses.

Les députés hésitent. Certains Girondins fuient. Un député lance :

« Sauvez le peuple de lui-même ; sauvez vos collègues, décrétez les arrestations provisoires… »

Barère propose que les députés dénoncés décident eux-mêmes de se suspendre volontairement.

« Je le déclare, dit Isnard, si mon sang était nécessaire pour sauver la patrie, sans bourreau, je porterais ma tête sur l'échafaud, et moi-même je ferais filer le fer fatal. »

La foule devient menaçante.

Les soldats mettent en joue les députés qui essaient de quitter la Convention.

Les sentinelles malmènent Boissy d'Anglas, député, médecin protestant de l'Ardèche et membre de la Plaine.

Les soldats le repoussent dans la salle, les vêtements déchirés.

À cinq heures du soir, les députés tentent de sortir solennellement, comme un corps constitué.

Ils sont trois cents, guidés par Hérault de Séchelles, magistrat de grande allure.

Hanriot à cheval lui fait face, méprisant et vulgaire.

« Que veut le peuple ? commence Hérault. La Convention ne veut que son bonheur. »

« Le peuple, dit Hanriot, ne s'est pas levé pour entendre des phrases. Il veut qu'on lui livre vingt-deux coupables. »

« Qu'on nous les livre tous ! » crient les députés.

« Canonniers à vos pièces », hurle Hanriot.

Les députés refluent. Les soldats les refoulent, crient :

« Vive la Montagne ! À la guillotine les Girondins ! »

« Je vous somme, au nom du peuple, dit Marat qui se trouve à la tête d'un groupe de volontaires, de retourner à votre poste que vous avez lâchement déserté. »

Les députés hésitent, mais obéissent, rentrent dans les Tuileries, retrouvent leurs sièges, écoutent un discours de Couthon, qui leur demande de décréter l'arrestation, chez eux, des députés girondins.

« Donnez donc son verre de sang à Couthon, il a soif », lance un Girondin.

Il est neuf heures du soir. Le décret d'arrestation nomme vingt-neuf députés girondins.

Tous ceux-là, Lanjuinais, Rabaut, Vergniaud, Guadet, Isnard, Barbaroux, Pétion, Brissot, Gorsas, ont, depuis mai 1789, participé à toutes les actions révolutionnaires, fondant des clubs, s'opposant à la Cour lors des États généraux, préparant la journée du 10 août, montant à l'assaut des Tuileries.

Ils ont fait la Révolution.

Et ils ne tombent pas après une nouvelle journée révolutionnaire. Ils sont victimes du premier coup d'État mis en œuvre par des hommes en armes, dont les chefs politiques prétendent représenter le peuple.

Ce n'est pas seulement la Révolution qui continue, elle a franchi un nouveau degré et son cours vient de s'incurver.

« La force a fait le premier rejet. La réflexion ne fera point le second », écrit un patriote qui, fidèle aux principes républicains, s'inquiète de l'avenir.

Mais d'autres Enragés exultent, et laissent éclater leur joie.

« Tant va la cruche à l'eau qu'à la fin elle se brise », dit Hébert qui accable les vaincus du 2 juin.

« Je l'avais bien prédit : Girondins, brissotins, rolandins, buzotins, pétionistes, que votre règne ne serait pas de longue durée, que vous finiriez par vous brûler à la chandelle comme le papillon... »

Hébert assure, sans fournir de preuves, que « les Girondins ont les poches bien garnies de guinées du roi d'Angleterre ».

Brissot n'est qu'un renard qui s'est acheté un bel hôtel à Londres, Barbaroux un corsaire, dictateur des marchands de sucre de Marseille. Pétion le corrompu devra déguerpir de ce joli palais que lui avait attribué Roland. Guadet n'est qu'un vil aigrefin, Vergniaud un tartuffe, Buzot le « maître des filous, un traître, gibier de guillotine, avec une âme de boue », Gensonné un prédicateur de la contre-révolution, Rabaut un inquisiteur, Isnard un prophète maudit qui voulait détruire Paris...

« Voilà, foutre, le langage du peuple ! Il est juste, bon, généreux, patient ; mais quand le sac est trop plein il faut qu'il crève... »

DEUXIÈME PARTIE

Juin 1793 - Novembre 1793

« Un peuple immense, sans pain, sans vêtements »

« Les riches seuls, depuis quatre ans,
ont profité des avantages de la Révolution...
Il est temps que le combat à mort que l'égoïste livre
à la classe la plus laborieuse de la société finisse...
Députés de la Montagne, que n'êtes-vous montés
depuis le troisième jusqu'au neuvième étage
des maisons de cette ville révolutionnaire,
vous auriez été attendris par les larmes
et les gémissements d'un peuple immense,
sans pain et sans vêtements, réduit à cet état de détresse
et de malheur parce que les lois ont été cruelles
à l'égard du pauvre,
parce qu'elles n'ont été faites que par les riches
et pour les riches. Ô rage, ô honte du XVIIIe siècle ! »

Jacques ROUX, à la Convention nationale,
présente la pétition des Cordeliers
le 25 juin 1793

4.

Ils sont vingt-neuf, mais on les appelle les « trente ».

Ce sont les députés girondins décrétés d'arrestation. Mais douze, dont Brissot et Buzot, comme aussi Roland sont en fuite. Les dix-sept autres sont « arrêtés », et gardés par un gendarme à leur domicile. Et huit vont s'évader, dont Barbaroux, Guadet, Pétion.

Manon Roland est, elle, emprisonnée.

Tous espèrent que les départements vont se rebeller, et les députés qui se sont enfuis s'emploient à les soulever.

Les Girondins qui n'ont pas été décrétés d'arrestation organisent la protestation : soixante-quinze députés signent une pétition demandant l'annulation du décret. Et Vergniaud écrit à ses concitoyens de Bordeaux, déjà hostiles aux Montagnards :

« Hommes de la Gironde, levez-vous ! Vengez la liberté en exterminant les tyrans ! »

On ne compte qu'une trentaine de départements pour approuver le décret d'arrestation du 2 juin.

La cinquantaine d'autres ne comprennent pas ce qui vient de se produire à Paris, cette division entre patriotes, cette « chasse » aux Girondins.

On proteste, on se rebiffe, on « distingue Paris de ses tyrans et de la horde de brigands qui l'assiègent ».

On dénonce « une fraction liberticide coalisée avec les autorités constituées de Paris. Cette fraction ne dissimule plus ses desseins et nous traîne à la servitude à travers le sang. Et le crime même dans le temps de révolution est toujours crime. »

Cette *Adresse* de l'assemblée générale de l'Aude, on l'approuve à Bordeaux, à Nîmes, à Marseille, en Normandie.

À Caen, les Girondins décident de créer une armée qui devra marcher sur Paris. Ils en confient le commandement au général de Wimpffen, qui a participé à la guerre d'Indépendance des États-Unis, a siégé à la Constituante et a défendu Thionville contre les Prussiens en 1792, mais qui est monarchiste. Il prend comme chef d'état-major Puisaye, qui fut en 1787 lieutenant-colonel et en 1789 élu de la noblesse aux États généraux. Il est proche des Vendéens.

Et ainsi cette résistance girondine, cette insurrection « fédéraliste » animée par des patriotes, va se voir dénoncée comme l'alliée, la pourvoyeuse des Vendéens, au moment même où la grande armée catholique et royale s'empare de Saumur et d'Angers, et attaque Nantes !

Jours difficiles.

L'ennemi est aux frontières. Et dès lors, ceux des patriotes que les Enragés, les sans-culottes, et même les Jacobins inquiètent, refusent de suivre les Girondins, les accusant de favoriser l'ennemi, les « émigrés », et l'armée des coalisés.

« Nous sommes chez nous, et nous avons la fièvre chaude de la liberté qui fait braver tous les dangers et nous défendons tout ce que nous avons de plus cher : nos foyers, nos femmes, nos enfants et surtout la liberté qui est un mot magique, qui nous ferait remuer l'univers. »

Et ce patriote, pourtant modéré, poursuit :

« Si la Convention était sage, si l'union y régnait, s'il n'y avait des milliers de fanatiques en rébellion dans le Poitou, l'Anjou, la Bretagne, nous ne ferions que rire des ennemis du dehors, nous n'aurions pas la plus légère inquiétude sur le sort de la République. »

Le 18 juin, s'appuyant sur cette opinion, la Convention décrète que :

« Le peuple français ne fait point la paix avec un ennemi qui occupe son territoire. »

Un député girondin, Mercier, lance, avec une pointe de sarcasme dans le ton :

« Avez-vous fait un traité avec la victoire ? »

Et c'est Basire, un conventionnel proche de Danton, qui lui répond :

« Nous en avons fait un avec la mort ! »

Et Jacques Roux, l'Enragé, ajoute que le seul moyen de consolider la Révolution, c'est « d'écraser les aristocrates et les modérés dans la fureur de la guerre. »

À entendre ces mots, à découvrir cet amalgame entre modérés et aristocrates, l'inquiétude, l'angoisse saisissent un grand nombre de citoyens.

Les premières mesures prises par la Convention « épurée » sont en faveur des « petits » paysans, auxquels on offre la possibilité d'acquérir par petits lots les biens nationaux, ou bien des parcelles de « communaux », et d'accéder ainsi à la propriété. Dans la Constitution de l'an I de la République qui s'élabore, on proclame que « le but de la société est le bonheur commun ». On affirme le droit au travail, à l'assistance, à l'instruction.

En même temps on proclame le « droit de propriété » et la « liberté de travail, de culture, de commerce, d'industrie ».

Mais est-ce autre chose que des mots ?

Et il y a cet article 35, si général dans les termes qu'il peut permettre toutes les interprétations :

« Quand le gouvernement viole les droits du peuple, l'insurrection est pour le peuple et pour chaque portion du peuple le plus sacré et le plus indispensable des devoirs. »

Qui définira les « droits du peuple », la « portion du peuple » ?

Sera-ce Jacques Roux l'Enragé, qui déclare qu'il ne faut mettre sous les yeux du peuple que les dangers de la patrie ? Et qu'il faut « sonner dans toute la France le tocsin de l'insurrection » ?

Robespierre, aux Jacobins, d'un ton méprisant s'en prend à Jacques Roux, « un intrigant, un homme ignare, un mauvais sujet, un faux patriote ».

Et l'Incorruptible distille le poison.

« Croyez-vous, dit-il, que tel prêtre, qui de concert avec les Autrichiens dénonce les meilleurs patriotes, puisse avoir des vues bien pures, des intentions bien légitimes ? »

Voilà le soupçon de la trahison inoculé.

Il faut bâillonner ce Jacques Roux, dont la parole est écoutée par le peuple, il faut faire taire cet Enragé qui s'en prend aux Montagnards, à Danton, à Robespierre, qui ose dire :

« Les riches seuls depuis quatre ans ont profité des avantages de la Révolution… Il est temps que le combat à mort que l'égoïste livre à la classe la plus laborieuse de la société finisse. »

Roux martèle les mots à la tribune de la Convention.

Il parle au nom des Cordeliers, auxquels se sont jointes les sections de Bonne-Nouvelle et des Gravilliers. C'est une sorte de Manifeste des Enragés qu'il présente, interpellant les députés de la Montagne :

« Députés de la Montagne, que n'êtes-vous montés depuis le troisième jusqu'au neuvième étage des maisons de cette ville révolutionnaire, vous auriez été attendris par les larmes et les gémissements d'un peuple immense, sans pain et sans vêtements, réduit à cet état de détresse et de malheur parce que les lois ont été cruelles à l'égard du pauvre, parce qu'elles n'ont été faites que par les riches et pour les riches. Ô rage, ô honte du XVIIIe siècle ! »

Les députés se lèvent, le conspuent.

Robespierre reste figé mais son visage est plus pâle que d'habitude, ses lèvres plus pincées encore.

Il n'accepte pas cette remise en cause.

C'est Maximilien Robespierre et lui seul qui doit parler au nom du peuple et dans l'intérêt du peuple.

N'a-t-il pas dit, dès le 6 juin :

« Les dangers intérieurs viennent des bourgeois, pour vaincre les bourgeois, il faut rallier le peuple » ?

Les bourgeois, ce sont les Girondins.

« Il faut que l'insurrection actuelle continue, poursuit Maximilien, jusqu'à ce que les mesures nécessaires pour sauver la République aient été prises… Il faut procurer des armes aux sans-culottes, les colérer, les éclairer : il faut exalter l'enthousiasme républicain, par tous les moyens possibles. »

Mais chez de nombreux citoyens, qui ne sont pas enrôlés dans l'un ou l'autre parti, qui ne suivent ni les Cordeliers, ni les Enragés, ni les Girondins, ni les Jacobins, qui tentent seulement de comprendre ce qui survient dans cette Révolution qu'ils ont approuvée, dont ils furent souvent les acteurs, l'enthousiasme s'épuise, même si la volonté de défendre ce qui a été acquis depuis 1789 demeure.

« Je suis inquiet, tout patriote que je suis, de ce qui se passe chez les Jacobins où je ne suis pas allé, écrit Ruault.

« On a fait un scrutin épuratoire depuis plus de quinze jours et je n'ai point reçu ma lettre de rappel, sans laquelle aucun membre ne peut entrer dans cette société. D'où je conclus que j'ai été rejeté au scrutin, comme imprimeur du froid et réservé journal *Moniteur*.

« Il est vrai que je ne suis pas jacobin à la manière de Marat, de Robespierre et de Danton.

« Je le suis comme tout bon républicain qui voudrait voir la paix et le bonheur bien établis dans sa patrie et très désolé d'y voir au contraire régner le trouble et la misère.

« Mais rejeté ou non de cette société qui devient plus terrible de jour en jour, je resterai toujours attaché aux principes républicains. »

Ruault ne se doute pas, lorsqu'il écrit cette lettre, le 11 juin 1793, que Marat, Robespierre, Danton, ces hommes qu'il ne veut pas suivre et qu'il craint, sont, malgré les citoyens qui les soutiennent et applaudissent leurs discours, eux-mêmes saisis par l'inquiétude, une sorte d'hésitation, et même la tentation du retrait.

Marat est malade, le corps dévoré par cette maladie de peau qui l'oblige, en ce printemps 1793, déjà chaud, à tenter de retrouver un peu d'apaisement en passant des heures dans son bain.

Il y lit. Il y écrit.

Il manque d'argent. Son *Publiciste de la République française*, ce journal qu'il tente de diffuser, ne se vend pas, et donc ne se lit guère.

« Les dégoûts que j'éprouve sont à leur comble, écrit Marat. Permettez que je respire un instant. C'est trop d'avoir à combattre la scélératesse des ennemis de la liberté et l'aveuglement de ses amis… »

Il survit, grâce au dévouement de Simone Évrard, une ouvrière à laquelle il a, en janvier 1792, promis le mariage sans donner suite à ce projet.

On continue cependant à l'insulter et cette avalanche d'injures l'affecte.

Il lit dans le *Journal français* :

« Comme ces chiffonniers qui fouillent sans cesse dans les tas d'ordures, les Parisiens ont judicieusement fouillé dans la lie la plus fétide de la nation pour en extraire un Dieu et ce Dieu c'est Marat. Juste ciel ! Quelles idoles, quel culte et quels adorateurs !

« Ô ma patrie, étais-tu donc réservée à ce comble d'opprobre et d'ignominie… Quel titre peut avoir Marat à leur amour, lui que la nature a condamné à la plus déplorable nullité ?… Il en a de très réels : depuis quatre ans il n'a jamais ouvert la bouche que pour dire : pille ou tue. Jugez s'il doit être adoré ! »

Marat est épuisé, irrité, accablé.

Il prend la décision de « suspension volontaire » de sa charge de député.

« Impatient d'ouvrir les yeux de la nation abusée sur mon compte par tant de libellistes à gages ; ne voulant plus être regardé comme une pomme de discorde et prêt à tout sacrifier au retour de la paix, je renonce à l'exercice de ces fonctions de député jusqu'après le jugement des députés [girondins] accusés. »

Mais cette lettre adressée à la Convention n'a que peu d'écho.

« Depuis trop longtemps la Convention s'occupe des individus, dit le député Basire. Il faut enfin parler des choses. »

On vote la Constitution de l'an I, qui sera soumise au peuple, et le 27 juin, pour saluer son adoption par les députés, on tire le canon, on organise une fête civique au Champ-de-Mars.

Mais elle n'a pas grand retentissement.

« On dit tout haut, rapporte un bulletin de police, que la Convention promet beaucoup mais n'agit pas. »

Et pourtant, elle adopte une série de mesures qui devraient séduire les sans-culottes, les plus pauvres.

Ainsi, les enfants naturels, si nombreux, exclus jusqu'alors, sont admis à la succession.

Ainsi, les riches sont contraints de contribuer à un emprunt forcé de un milliard.

Ainsi, on affirme le principe des « secours publics » aux citoyens démunis.

Mais malgré cela, l'insatisfaction, le scepticisme, la passivité demeurent.

Et Marat reconnaît avec amertume que peu de choses ont changé depuis quatre ans, par le « défaut d'énergie et de vertu des patriotes qui siègent dans l'Assemblée ».

Et il est d'autant plus affecté qu'il reçoit de plus en plus souvent des lettres de menaces.

Il ne craint pas la mort, mais la haine dont ces missives témoignent le blesse.

« Ton châtiment se prépare », dit l'une.

« Apprends, dit une autre, que tu ne commettras plus impunément les crimes qui t'ont renommé… l'orage ne doit pas tarder à éclater… Et tu expireras justement dans les tourments dus au plus scélérat des hommes. »

Marat s'ébroue. Simone Évrard tente de l'apaiser, en passant sur sa peau irritée des serviettes humides. Mais les démangeaisons ne cessent pas, et la lecture des journaux, des lettres reçues, avive l'amertume de Marat. Et sa peau brûle.

Il a le sentiment d'être le meilleur, le plus lucide de ceux vers qui le peuple se tourne.

Que valent les autres ?

Danton est un corrompu, à la fortune récente, acquise sans doute en puisant dans les coffres des ministères et peut-être dans ceux de la Cour et des puissances coalisées !

Et ce Danton se vautre dans la jouissance.

Il y a quelques mois, en février 1793, son épouse Gabrielle Charpentier est décédée après avoir accouché d'un quatrième enfant !

Ah ! la belle douleur que celle de Danton dont on savait qu'il trompait quotidiennement Gabrielle !

Il rentre de Belgique où il complotait avec Dumouriez.

On l'entoure, on essaie de le consoler.

« Je t'aime plus que jamais et jusqu'à la mort, dès ce moment je suis toi-même », lui écrit Robespierre.

Et Collot d'Herbois, au club des Jacobins, assure que Gabrielle Charpentier est morte d'avoir lu les infamies écrites par les Girondins contre Danton.

« Les Girondins ont fait périr une citoyenne que nous regrettons, que nous pleurons tous. »

Et Danton fait exhumer le corps de Gabrielle pour que l'on pratique un moulage de son visage… Et il fera exposer le buste de la morte au salon des Arts…

Impudeur !

Entre-temps, il a épousé sa voisine, Louise Gély, une jeune fille de seize ans ! Le contrat de mariage est signé le 12 juin, et c'est Danton qui verse la dot, comme s'il avait acheté sa jeune vierge. Un prêtre réfractaire célébrera le mariage. Et Danton, que brûle ce renouveau de jeunesse, quitte les assemblées, dès qu'il le peut, pour retrouver Louise Gély. Il s'engloutit dans les plaisirs, les agapes, les longs séjours dans sa propriété de Sèvres, qu'il a choisi de nommer « Fontaine d'amour ».

D'où lui viennent les fonds qu'il dilapide ?

Danton se défend en serrant la gorge des Girondins qui l'accusent.

Il les attaque avec d'autant plus de vigueur que, dans les départements, les Girondins suscitent l'insurrection « fédéraliste » contre Paris et la Convention.

Alors Danton, accusé, menacé, rugit.

« Il y avait de la crinière dans sa perruque. Il avait la petite vérole sur la face, une ride de colère entre les sourcils, les plis de la bonté au coin de la bouche, les lèvres épaisses, les dents grandes, un poing de portefaix, l'œil éclatant. »

Il s'en prend à Brissot, aux députés girondins en fuite qui, en Normandie, rassemblent une armée.

« Ce Brissot, ce coryphée de la secte impie qui va être étouffée, tonne Danton, ce Brissot qui vantait son courage et son indigence en m'accusant d'être couvert d'or, n'est plus qu'un misérable qui ne peut échapper au glaive des lois... »

Sans les canons du 31 mai et du 2 juin, sans l'insurrection, les conspirateurs triomphaient !

« Je l'ai appelée, moi, cette insurrection lorsque j'ai dit que s'il y avait dans cette Convention cent hommes qui me ressemblent nous résisterions à l'oppression, nous fonderions la liberté sur des bases inébranlables. »

Et les Montagnards, en écoutant Danton, oublient qu'ils ont eux-mêmes porté contre le tribun les accusations de corruption, et qu'ils en ont fait souvent un « suspect », voire un agent du ci-devant duc d'Orléans, grand comploteur, grand distributeur de fonds secrets.

À la tribune des Jacobins, on applaudit Danton.

« Tu as sauvé hier la République dans la Convention », lui lance le député Bourdon de l'Oise, ancien procureur au Parlement de Paris, qui a usurpé son siège à la Convention en utilisant une homonymie.

Ce Bourdon de l'Oise, laudateur de Danton ce soir-là, joint selon Robespierre « la perfidie à la fureur ».

Mais en ce mois de juin 1793, Robespierre n'a pas la voix assez forte pour se faire entendre.

Lui aussi, comme Marat et Danton, hésite.

Tous trois pressentent que la Révolution, en décrétant l'arrestation des députés girondins qui furent leurs « frères » en 1789, vient de franchir une étape.

Et Marat, Danton, Robespierre marquent, durant quelques semaines, le pas.

« Robespierre, note Marat le 19 juin, est si peu fait pour être un chef de parti qu'il évite tout groupe où il y a du tumulte et qu'il pâlit à la vue d'un sabre. »

Et Maximilien, qui a la vanité d'un écorché vif, toujours prêt à soupçonner ceux qui le critiquent, se raidit, hautain, méprisant, passant de l'accusation à la confession, et du désir de vaincre à celui de se retirer.

Le 12 juin, il parle devant les Jacobins médusés, atterrés.

« Je n'ai plus la vigueur nécessaire pour combattre l'aristocratie », commence-t-il.

Après un moment de stupeur les Jacobins protestent, mais d'un mouvement de tête Maximilien impose le silence, reprend :

« Épuisé par quatre années de travaux pénibles et infructueux... »

Les Jacobins se récrient.

« Infructueux ? »

Depuis la réunion des États généraux en mai 1789, rien n'aurait-il donc changé ?

Robespierre parle comme Jacques Roux et Marat !

« Je sens, poursuit Maximilien, que mes facultés physiques et morales ne sont point au niveau d'une grande révolution et je déclare que je donnerai ma démission. »

La voix de l'Incorruptible s'est affaiblie, le discours devenant un aveu.

Mais quand les Jacobins, debout, crient qu'ils n'acceptent pas que Robespierre quitte la place, qu'ils lui donneront par leur soutien, leur énergie, la force de continuer son combat indispensable à la patrie, Robespierre se redresse :

« Nous avons, dit-il, deux écueils à redouter, le découragement et la présomption. »

On sait que son moment de faiblesse est déjà oublié, qu'il n'a peut-être été qu'une mise en scène pour s'assurer de la fidélité des Jacobins, les entraîner dans le combat contre les aristocrates, les Vendéens, les Girondins et aussi ces Enragés qui détournent le peuple des justes causes, et ce prêtre, Jacques Roux, « cet homme qui ose répéter les injures prétendues patriotiques ».

Jacques Roux, dit Robespierre, n'est comme Brissot qu'un agent de Pitt et de Cobourg, un allié, un stipendié de l'Angleterre, des princes allemands et des émigrés.

Il faut faire confiance, ajoute Maximilien, aux « vieux athlètes de la liberté », les Montagnards. Et, accompagné d'Hébert et de Collot d'Herbois, il se rend le 30 juin 1793 au club des

Cordeliers, et il obtient que Jacques Roux en soit exclu, et Varlet, suspendu !

« Il faut une volonté une », dit Robespierre. C'est à lui de la forger.

Déjà, il fait entrer au Comité de salut public Couthon et Saint-Just, ses proches, et lui-même envisage de s'y présenter.

Car le Comité de salut public doit être le cœur de l'action de la Convention, l'expression de la volonté révolutionnaire, le glaive de la patrie.

Et les patriotes modérés, réservés, inquiets, souhaitent que l'on défende la nation.

« Je suis désolé de notre situation intérieure, écrit Ruault. On dit que les Girondins veulent se rassembler au centre de la France, à Bourges, et y créer une autre Convention ! Ce serait le comble de nos malheurs s'ils en venaient à bout…

« Faudrait-il donc que la France se déchire et périsse parce que trente individus qui ont voulu la bouleverser ont changé de place, ont été mis dehors de l'Assemblée des représentants du peuple ?

« Les journées du 31 mai et du 2 juin mettent en état de révolte ou d'insurrection des villes, des départements mal instruits du fond des choses. Elles ne sont pas légales, on le sait ! Mais y a-t-il quelque action légale en révolution ? »

Si les départements l'emportaient, « la France deviendrait la curée de cinq ou six princes étrangers ».

Aucun patriote ne peut l'accepter.

Et pour cela il faut – et c'est un modéré qui parle – « mettre fin à tant de débats insensés et furieux… et l'on ne parlera pas plus de Girondins que s'ils n'eussent jamais existé ».

Ces propos tombent comme le couperet de la guillotine. De mars à septembre 1793, le Tribunal révolutionnaire prononce de cinq à quinze condamnations à mort chaque mois.

5.

Les députés girondins en fuite, en ces premiers jours de juillet 1793, une jeune femme de vingt-cinq ans, Charlotte Corday, ne peut les ignorer.

Elle habite Caen depuis le printemps 1791. Elle est issue d'une famille de petite noblesse, et elle est l'arrière-petite-fille de Corneille. Elle s'est passionnée, peut-être à cause de cette ascendance, pour l'histoire de la Grèce et de Rome. Elle a aussi lu Jean-Jacques Rousseau et l'abbé Raynal. Elle a été séduite par leurs théories républicaines :

« J'étais républicaine bien avant la Révolution », confie-t-elle à ces députés girondins décrétés d'arrestation et qui se sont réfugiés à Caen.

Barbaroux, le Marseillais, Louvet, écrivain, auteur célèbre du roman des *Amours du chevalier de Faublas*, élu à la Convention par le département du Loiret, Pétion, l'ancien maire de Paris, sont de jeunes hommes éloquents, qui ont été des acteurs de premier plan des journées révolutionnaires.

Barbaroux a conduit les fédérés marseillais à l'assaut des Tuileries le 10 août 1792 ! Pétion a côtoyé les membres de la famille royale dans la berline qui les ramenait à Paris après leur tentative de fuite, et ses fonctions de maire en ont fait un personnage capital dans le déroulement des événements.

Charlotte Corday les écoute.

Ses deux frères ont émigré, et font partie de l'armée de Condé. Mais elle ne s'est dressée contre la Révolution qu'après les mesures prises contre les prêtres réfractaires.

Elle a été horrifiée par les massacres de Septembre, dont à ses yeux Marat a été l'un des instigateurs.

Cet homme est un monstre, juge-t-elle. Il ne respecte ni la vie, ni les lois. Il n'aspire à être qu'un despote sanguinaire. Et les 31 mai et 2 juin 1793, il a trahi la Constitution, bafoué la justice et piétiné l'espoir révolutionnaire, en faisant décréter l'arrestation des députés girondins.

Charlotte Corday les côtoie. Elle les admire pour leur courage, leur héroïsme.

Le 7 juillet, à Caen, Cours la Reine, elle est sur l'estrade devant laquelle défilent les volontaires qui constituent l'armée fédéraliste qui marchera sur Paris. Elle s'enthousiasme.

Elle n'aime pas le sourire ironique de Pétion, et de Barbaroux, quand elle déclare qu'elle veut combattre afin d'empêcher les monstres de massacrer des citoyens innocents.

Elle murmure qu'elle peut tuer un homme pour en sauver cent mille.

Cet homme, dont elle ne prononce pas le nom, car elle veut que son projet reste secret, c'est Marat le sanguinaire.

Le 9 juillet, elle se rend à Paris.

« Je comptais en partant de Caen, sacrifier Marat sur la cime de la montagne de la Convention nationale », dit-elle dans la lettre qu'elle adressera à Barbaroux.

Mais elle ne se confiera qu'une fois l'acte accompli.

À Paris, elle se présente au député Lauze du Perret, avec une lettre d'introduction de Barbaroux.

Le député lui apprend que Marat, malade, ne sort plus de chez lui. Et c'est tout le plan qu'elle avait conçu à Caen, d'un assassinat dans l'enceinte de la Convention, qui s'effondre.

Elle s'était préparée, après avoir « immolé » Marat, à « devenir à l'instant la victime de la fureur du peuple. » Que va-t-elle faire ? Elle est désemparée.

Le samedi 13 juillet, elle quitte tôt, entre six heures et six heures et demie, la petite pension où elle est descendue, et se dirige vers le Palais-Royal.

L'air est déjà brûlant.

En cette deuxième semaine de juillet, la chaleur est accablante. Dès le matin, la température dépasse trente degrés. On étouffe. Les établissements de bains sont pris d'assaut. On boit tant, qu'il arrive que la bière manque. Plusieurs théâtres même ont décidé de faire relâche à cause de la chaleur.

Et Charlotte Corday, qui d'un pas lent a parcouru dix fois les jardins du Palais-Royal, a le corps couvert de sueur.

Mais après cette longue marche de plus d'une heure et demie, elle n'hésite plus.

Dans l'une des petites rues voisines du Palais-Royal, elle achète un couteau.

Puis elle prend un fiacre et se fait conduire au 30 de la rue des Cordeliers où demeure Marat.

Ce même samedi 13 juillet, des nouvelles contradictoires parviennent à Paris.

Au Comité de salut public, on s'est d'abord félicité de la défaite de l'armée fédéraliste formée à Caen. Les volontaires commandés par le général de Wimpffen se sont dispersés après avoir été battus.

De même à Nantes, les Vendéens ont été repoussés et leur chef Cathelineau a été mortellement blessé. Charette et d'Elbée ont pris le commandement de l'armée catholique et royale.

À Valence, à Toulouse, à Montauban, les sociétés populaires, les sans-culottes, se sont réunis et ont proclamé leur adhésion à la Convention, refusant de se joindre aux girondins fédéralistes de Bordeaux, de Nîmes, de Marseille. Les départements du sud de la France ne formeront donc pas un bloc opposé à Paris et à la Convention.

Mais le Comité de salut public ne peut se réjouir longtemps.

Les critiques des Enragés et de Marat l'accablent.

Elles visent Danton, ce « turbot farci », dit Verdier, un Montagnard qui fustige les « endormeurs » du « Comité de perte publique », comme Marat qualifie le Comité de salut public.

Et « l'Ami du peuple » s'en prend à Danton qui « réunit les talents et l'énergie d'un chef de parti, mais dont les inclinations naturelles l'emportent si loin de toute domination qu'il préfère une chaise percée à un trône »...

Et Danton est exclu du Comité de salut public à l'occasion du renouvellement de ses membres.

Ils sont douze.

Parmi eux, il y aura Robespierre, Carnot, Jean Bon Saint-André, Billaud-Varenne, Collot d'Herbois, Barère, et naturellement Couthon et Saint-Just.

Ils apprennent que Valenciennes ne peut plus résister longtemps aux troupes anglo-autrichiennes du duc d'York, et que la garnison de Mayence, assiégée, négocie sa reddition. Elle serait autorisée à capituler avec les honneurs de la guerre, en s'engageant à ne plus combattre hors du territoire français. Et les membres du Comité de salut public acceptent ces conditions, décident qu'elle sera envoyée dans l'Ouest contre les Vendéens.

Plus grave encore est la situation à Toulon.

La ville est « un nid de royalistes », de Girondins, de modérantistes, d'aristocrates. Et ils viennent de s'emparer du pouvoir, de chasser les Jacobins, d'emprisonner les patriotes.

Ils ont ouvert le port et la rade aux flottes anglaise et espagnole qui croisaient au large.

Les agents du Comité de salut public assurent que le comte de Provence veut gagner Toulon et faire de cette ville placée sous la protection des navires de la coalition la première parcelle du royaume de Louis XVII conquise.

Dans un rapport, Couthon annonce d'ailleurs qu'un complot dont le général Dillon – qui fut proche de La Fayette, combattit à Valmy et dans les Ardennes, et fut longtemps protégé par son ami Camille Desmoulins – serait l'âme vise à faire évader de la prison du Temple le « fils de Louis Capet », ce Louis XVII qui est l'espoir des aristocrates.

La décision est prise, le samedi 13 juillet, de « mettre en sûreté le fils de feu Louis Capet ».

Les gardes municipaux entrent dans la chambre où Marie-Antoinette et la sœur de Louis XVI, Élisabeth, se reposent en compagnie du dauphin et de sa sœur Madame Royale.

Ils annoncent qu'ils ont reçu mission de s'assurer du fils de Louis Capet.

Marie-Antoinette se précipite, hurle, couvre de son corps le dauphin, qui sanglote, hurle à son tour.

La reine se défend, se débat, ne cesse de résister que lorsqu'on menace de tuer son fils et sa fille.

Elle cède alors, et avec Élisabeth elle habille le dauphin, qui pleure et qu'on entraîne.

L'enfant parti, Marie-Antoinette n'est plus qu'une ombre désespérée, maigre silhouette brisée, serrée dans les vêtements noirs du deuil.

C'est ce même samedi 13 juillet 1793, que Charlotte Corday se présente au domicile de Marat, 30, rue des Cordeliers.

Elle monte une première fois rapidement jusqu'à l'appartement du publiciste. Mais elle n'est pas reçue.

On la voit redescendre du même pas leste, puis, après quelques minutes, elle revient, monte de nouveau, et s'éloigne après avoir essuyé un nouveau refus.

Elle rentre à sa pension, rédige une lettre pour Marat :

« Je viens de Caen. Votre amour pour la patrie doit vous faire désirer de connaître les complots qu'on y médite. J'attends votre réponse. »

Elle fait expédier la lettre aussitôt.

Puis elle erre dans la chaleur torride de cet après-midi de juillet.

Les heures passent.

Elle prend tout à coup conscience qu'elle n'a pas donné son adresse et que Marat ne pourra donc lui répondre.

Et une troisième fois, elle se rend chez Marat.

Elle dépose une nouvelle lettre dans les mains de Simone Évrard qui le matin l'avait rabrouée, assurant qu'elle ne serait jamais reçue par Marat.

Charlotte insiste. Elle s'emporte, parle fort à Simone Évrard pour que Marat entende.

« Je suis persécutée, pour la cause de la liberté, dit-elle. Je suis malheureuse. Il suffit que je le sois pour avoir droit à la protection du citoyen Marat, l'ami du peuple. »

« Il est désagréable de n'être pas introduite », ajoute-t-elle.

Elle répète qu'elle a écrit, envoyé une lettre dans la matinée, qu'elle a des révélations à faire, des complots à dévoiler.

Marat la reçoit enfin.

Il est dans son bain. Elle s'assied près de la baignoire. Elle dicte à Marat des noms de conspirateurs. Et après quelques minutes – peut-être dix – elle poignarde Marat d'un coup dans la poitrine.

Grande douleur au sujet de la mort de Marat assassiné à coups de couteau par une garce du Calvados, titre *Le Père Duchesne.*

La « garce » ne sera pas lapidée comme elle l'avait imaginé.

« J'ai souffert des cris de quelques femmes », dit seulement Charlotte Corday.

On la conduit à la prison de l'Abbaye. Et elle est interrogée alors que l'on prépare les funérailles de Marat.

Le corps de l'« Ami du peuple » est embaumé les dimanche 14 juillet et lundi 15 au matin, puis exposé, torse nu, sur un lit élevé dans l'église des Cordeliers.

Cependant, devant le Tribunal révolutionnaire, Charlotte Corday répond aux questions de Fouquier-Tinville.

« Comment avez-vous pu regarder Marat comme un monstre, lui qui ne vous a laissé introduire chez lui que par un geste d'humanité, parce que vous lui aviez écrit que vous étiez persécutée ?

« Que m'importe qu'il se montre humain envers moi si c'est un monstre envers les autres », répond Charlotte Corday.

Dans la rue des Cordeliers, la foule s'est rassemblée. Des canons sont en batterie. Les femmes crient qu'il faudrait dévorer les « membres de la scélérate qui a ravi au peuple son meilleur ami ».

On a écrit sur la porte de la maison de Marat :

Peuple, Marat est mort. L'amant de la patrie
Ton ami, ton soutien, l'espoir de l'affligé
Est tombé sous les coups d'une horde flétrie.
Pleure, mais souviens-toi qu'il doit être vengé.

Les funérailles sont fixées au mardi 16 juillet. David est l'ordonnateur des cérémonies.

Mais seulement quatre-vingts députés suivent la dépouille de Marat qui est enterré dans le jardin des Cordeliers « au milieu du plan d'arbres. Sa fosse est maçonnée tout autour. Son cercueil de plomb est posé sur trois pierres et une autre par-dessus ; à côté est un pot à beurre où sont ses entrailles, de l'autre côté du petit baril où sont ses poumons. Tout cela est embaumé. Son cœur est encore suspendu à la voûte de l'église des Cordeliers. »

Puis le cercueil sera recouvert de terre et plus tard on élèvera un obélisque en face de la Convention.

Il portera l'inscription : « *Aux Mânes de Marat, l'Ami du Peuple. Du fond de son noir souterrain il fit trembler les traîtres. Une main perfide le ravit à l'amour du peuple.* »

Mais maigre cortège pour accompagner Marat.

« L'excessive chaleur », note un journal, a sans doute empêché le rassemblement considérable qu'on présumait. On tire le canon place du Théâtre-Français, puis après son inhumation. Mais la place et les rues sont déjà vides.

Une heure après minuit, la cérémonie commencée à dix heures et demie est terminée.

« Le lendemain mercredi 17 juillet un violent orage éclata. Une pluie torrentielle s'abattit sur la capitale. À six heures du soir, Charlotte Corday eut la tête tranchée. »

La veille, à Lyon, le Jacobin Chalier, qui fut maire de la ville, est guillotiné par les royalistes et les Girondins qui ont pris le pouvoir.

Et la crainte d'être assassiné, la peur de la victoire des aristocrates, et des vengeances qui s'ensuivront saisissent les conventionnels. Et d'abord les régicides.

Au club des Cordeliers où le cœur de Marat a été exposé, on le prie :

Cœur de Jésus ! Cœur de Marat !
Ayez pitié de nous
Recueillez-vous sans-culottes et applaudissez !
Marat est heureux ! Marat est mort pour la patrie.

On veut qu'il soit accueilli au Panthéon.

Robespierre s'y oppose.

« Ce n'est point aujourd'hui qu'il faut donner au peuple le spectacle d'une pompe funèbre. »

On sent Maximilien jaloux, comme si le souvenir de Marat l'enveloppait d'ombre.

« Les honneurs du poignard me sont aussi réservés », dit-il.

La priorité n'a été déterminée que par le hasard. Et il ajoute même : « Ma chute s'avance à grands pas. »

C'est l'aveu de la tension et de l'angoisse qui règnent en cette fin juillet 1793, quand la nation est assaillie de toute part, d'Angers à Valenciennes, par les Vendéens et les Anglo-Autrichiens, de Lyon à Toulon, par les aristocrates, les royalistes, les Girondins, les flottes anglaise et espagnole.

C'est en chevauchant vers Avignon, qu'un jeune capitaine-commandant de vingt-quatre ans, Napoléon Bonaparte, voit de la route qui traverse le département du Var les navires anglais et espagnols bombarder les forts de Toulon, tenus encore par les républicains.

L'officier d'artillerie Bonaparte est en garnison à Nice. Il va prendre livraison pour son armée – celle du général Carteaux – de munitions et de pièces d'artillerie, en Avignon.

Bonaparte s'impatiente. Il demande en vain à être affecté à l'armée du Rhin.

Il vient d'apprendre que la garnison de Mayence s'est rendue.

Dans l'attente d'une réponse, il veut mettre au point ses idées. Il les résume pour lui-même d'une phrase : « S'il faut être d'un parti autant être de celui qui triomphe, mieux vaut être mangeur que mangé. »

Puis la plume l'entraîne, il écrit, vite, une vingtaine de pages, qu'il intitule : *Le Souper de Beaucaire, dialogue entre un militaire de l'armée de Carteaux, un Marseillais, un Nîmois et un fabricant de Montpellier*...

« Ne sentez-vous pas que c'est un combat à mort que celui des patriotes et des despotes ? » dit le militaire à ses commensaux.

Et Bonaparte qui lui prête sa voix poursuit :

« Le centre d'unité est la Convention, c'est le vrai souverain, surtout lorsque le peuple se trouve partagé. »

6.

En cette fin juillet 1793, alors que le capitaine d'artillerie Napoléon Bonaparte écrit comme pourrait le faire un Jacobin, un Montagnard, que la Convention doit être « le vrai souverain » de la nation, c'est Danton qui préside l'Assemblée.

Il ne fait plus partie du Comité de salut public – « Comité de perte publique », disent les Enragés, reprenant les termes de Marat – mais il a été élu le 25 juillet, et pour une durée de quinze jours, à la présidence de la Convention.

Il gesticule, il tonitrue, il soulève l'enthousiasme des députés, il dénonce l'Angleterre, dont une lettre saisie vient de relever les intentions et les procédés.

Le Premier Ministre Pitt veut détruire la Révolution, mais pas seulement par les victoires militaires. Si l'armée du duc d'York marche vers Dunkerque, si la flotte de l'amiral Hood croise dans la rade de Toulon, il compte sur l'action souterraine, la dépréciation des assignats, l'incendie des récoltes, les assassinats de patriotes, l'accaparement des denrées afin de créer la disette, d'entretenir la peur et de susciter la révolte, en soudoyant des patriotes d'un jour, ces Enragés qui « veulent perdre dans le peuple ses plus anciens amis », commente Robespierre.

« C'est une guerre d'assassins », s'écrie Couthon en brandissant à la tribune de la Convention la lettre anglaise.

Danton rugit, se levant de son fauteuil de président :

« Soyons terribles, faisons la guerre en lions ! » lance-t-il.

Et Maximilien, membre depuis quelques jours du Comité de salut public, dénonce de sa voix aiguë « deux hommes salariés par les ennemis du peuple... Le premier est un prêtre qui a voulu faire assassiner les marchands, les boutiquiers parce que, disait-il, ils vendaient trop cher. »

C'est Jacques Roux, dont Robespierre obtiendra qu'il soit emprisonné, le 22 août.

L'autre, Théophile Leclerc, « ci-devant, fils d'un noble », « est un jeune homme qui prouve que la corruption peut entrer dans un jeune cœur. Il a des apparences séduisantes, un talent séducteur, mais lui et Jacques Roux sont deux intrigants, deux émissaires de Coblence ou de Pitt. »

Et Leclerc l'Enragé sera lui aussi arrêté.

Point d'hésitation. Danton répète : « Guerre de lions, contre guerre d'assassins. »

Et Robespierre l'approuve, le défend contre ceux qui, comme Hébert, comme les Enragés, l'accusent de corruption, reprenant les termes mêmes des attaques que les Girondins avaient lancées contre le tribun.

Mais les députés girondins sont réduits au silence.

Ils sont désormais cinquante-cinq – et non plus trente ! – à être proscrits, décrétés hors la loi.

Dans les départements, à Bordeaux, à Marseille, à Toulon, les royalistes ont pris la tête de la résistance, compromettant définitivement les Girondins.

Et la Convention fait tomber le couperet du décret qui punit de mort les accapareurs, les traîtres, les hors-la-loi, les étrangers non régulièrement enregistrés. On confisque les biens des suspects, on annonce même que pour le premier anniversaire, le 10 août 1793, de la chute des Tuileries et de la royauté, les symboles de la monarchie et de la féodalité seront détruits. Et il en est décidé ainsi pour les archives ou les tombeaux des rois à Saint-Denis !

On ferme les barrières de Paris.

Le 2 août, on cerne les théâtres, et on rafle plusieurs centaines de jeunes gens, arrêtés comme aristocrates.

Danton, de sa forte voix, incite à la répression.

Il a écarté d'un roulement des épaules et d'un mouvement de tête les accusations de corruption.

« Ce n'est pas être un homme public que de craindre la calomnie », dit-il.

Il rappelle qu'en 1792, il a fait « marcher la nation vers les frontières ».

« Je me dis : qu'on me calomnie ! Je le prévois ! Il ne m'importe ! Dût mon nom être flétri, je sauverai la liberté ! »

Lui aussi, comme Bonaparte, cet officier inconnu qui vient d'écrire *Le Souper de Beaucaire*, il est pour la concentration des pouvoirs, et il propose la création d'un gouvernement provisoire, qui soutiendrait l'« énergie nationale » et qui serait en fait le Comité de salut public, doté de cinquante millions.

« Une immense prodigalité pour la cause de la liberté est un placement à usure », affirme-t-il.

Il sait que, dès qu'il a prononcé ces mots, les soupçons de corruption se sont de nouveau levés.

Il les écarte, annonçant qu'il ne fera partie d'aucun Comité : « J'en jure pour la liberté de ma patrie. »

Il incite à la vigilance, à la terreur.

« Nous avons dans la France une foule de traîtres à découvrir et à déjouer... Pas d'amnistie à aucun traître ! L'homme juste ne fait point de grâce au méchant ! Je demande donc qu'on mette en état d'arrestation tous les hommes vraiment suspects. »

Peine de mort contre les soldats qui déserteraient et soutien à la proposition de *levée en masse*, déposée devant la Convention, votée le 23 août, qui est une véritable « réquisition » de tous les hommes de dix-huit à vingt-cinq ans, afin de constituer, par l'*amalgame* de ces recrues et des bataillons de volontaires, une armée de près de sept cent mille hommes.

Mais c'est toute la nation qu'il faut « soulever ».

C'est Barère, rapporteur du Comité de salut public, qui, suscitant l'enthousiasme de la Convention, dresse le plan de cette mobilisation patriotique, qui accompagne les mesures de répression évoquées par Danton et votées par la Convention :

« Les Français sont en réquisition permanente pour le service des armées, expose Barère. Les jeunes gens iront au combat. Les hommes mariés forgeront les armes et transporteront les subsistances. Les femmes feront des tentes, des habits, et serviront dans les hôpitaux. Les enfants mettront le vieux linge en charpie. Les vieillards se feront transporter sur les places publiques pour exciter le courage des guerriers, prêcher la haine des rois et l'unité de la République. La levée sera générale. Les citoyens non mariés ou veufs de dix-huit à vingt-cinq ans marcheront les premiers. Le bataillon qui sera organisé dans chaque district sera réuni sous une bannière portant cette inscription : *Le peuple français debout contre les tyrans.* »

Et Danton en ce mois d'août 1793, où chaque patriote sent que le sort de la nation et de la République est en question, a ajouté :

« L'enfant du peuple sera élevé aux dépens du superflu des hommes à fortunes scandaleuses… Quand vous semez dans le vaste champ de la République, vous ne devez pas compter le prix de la semence ! Après le pain, l'éducation est le premier besoin du peuple ! Mon fils ne m'appartient pas, il est à la République. »

Ce don de soi et des siens à la patrie, on le chante en reprenant le refrain :

Mourir pour la patrie
Est le sort le plus beau
Le plus digne d'envie.

On l'exalte, en rapportant le sacrifice du jeune Avignonnais Joseph Agricol Viala, commandant d'une petite garde municipale, *Espérance de la patrie*, tué sur les bords de la Durance en tranchant, sous le feu des royalistes, les câbles du bac qui aurait permis à ces aristocrates, à ces Girondins – les uns valent les autres, dit-on ! – de franchir le fleuve, alors qu'ils contrôlent les villages du Var, Toulon, et jusqu'au 25 août Marseille. L'armée du général Carteaux réussissant à reprendre la ville, ce jour-là. Et les représentants en mission, Barras et Fréron, entrent alors dans la cité phocéenne et commencent... à la « terroriser », à la piller, à la rançonner, Barras exigeant que chaque famille aisée donne deux chemises, pour subvenir aux besoins des troupes.

La terreur s'installe partout, sans encore être proclamée.

Elle naît de l'angoisse que suscite la situation dramatique de la nation.

La famine est de nouveau menaçante.

Les Enragés dénoncent les « accapareurs, les gros marchands, les propriétaires, les agioteurs, la horde barbare des égoïstes et des fripons ».

Il faut traquer les suspects :

« Je t'exhorte à scruter les fortunes individuelles, dit Jacques Roux. Ceux qui se sont enrichis depuis la Révolution, à une époque où tous les bons citoyens ont fait tant de sacrifices, où ils se sont ruinés, ceux-ci sont à coup sûr des égoïstes, des fripons, des contre-révolutionnaires. »

Et ces dénonciations visent Danton. N'a-t-il pas amassé une fortune qui lui a permis de « doter » sa nouvelle épouse, Louise Gély, de près de quatorze millions ?

Et n'est-il pas, lui, le corrompu, l'un de ces comploteurs qui, à toutes les étapes de la Révolution, avec le ci-devant duc d'Orléans, avec Dumouriez, et maintenant avec le général Dillon ont essayé d'entraver le cours du fleuve révolutionnaire ? Et ne cherche-t-il pas, dans cet été 1793, à faire évader Marie-Antoinette, à lui éviter de comparaître devant le Tribunal révolutionnaire, où Robespierre puis Barère souhaitent la voir juger ?

« C'est le sommeil des républicains qui enhardit le complot des royalistes », dit Barère à la tribune de la Convention.

C'est notre « trop long oubli des crimes de l'Autrichienne qui leur donne l'espérance de rebâtir le trône royal parmi nous » !

La Convention applaudit, décide aussitôt de traduire la veuve Capet devant le Tribunal révolutionnaire.

On la réveille dans la nuit du 2 août. On lui annonce qu'elle sera transférée à la prison de la Conciergerie, et séparée de sa belle-sœur Élisabeth et de sa fille, Marie-Thérèse – Madame Royale.

Elle n'est plus qu'une vieille femme, une mère accablée qui ne voit plus son fils. Elle sait seulement qu'il a été confié au cordonnier Simon.

À la Conciergerie, on la fouille, on l'enferme dans une cellule, et deux gendarmes, placés dans la même pièce derrière un paravent, sont chargés de la surveiller en permanence.

Elle semble indifférente, comme si elle n'appartenait déjà plus à ce monde, paraissant ne pas se rendre compte que le concierge de la prison organise, pour un bon prix, des « visites » de citoyens qui veulent voir la veuve Capet ci-devant reine de France. Et cependant, on craint cette femme brisée. On sait que les Vendéens espèrent qu'un jour le petit Capet sera sacré Louis XVII.

Il faut leur montrer en châtiant Marie-Antoinette, en traitant le fils Capet comme un citoyen ordinaire, que tout espoir de restauration est illusoire.

Fersen peut bien se lamenter, écrire qu'il « ne vit plus depuis l'incarcération de Marie-Antoinette à la Conciergerie » ou bien que « mon plus grand bonheur serait de mourir pour elle et pour la sauver, je me reproche jusqu'à l'air que je respire quand je pense qu'elle est enfermée dans une affreuse prison », la ci-devant reine sera jugée.

Quant aux Vendéens, qu'ils n'espèrent rien, pour eux et leur province, déclare Barère.

« Les forêts seront abattues, les repaires des bandits seront détruits, les récoltes seront coupées pour être portées sur les derrières de l'armée et les bestiaux seront saisis. Les femmes, les enfants et les vieillards seront conduits dans l'intérieur. Il sera pourvu à leur subsistance et à leur sûreté avec tous les égards dus à l'humanité. »

Mais où sont les égards dans cette guerre civile impitoyable ?

« Le signe de la Croix de Jésus-Christ et l'étendard royal l'emportent de toute part sur les drapeaux sanglants de l'anarchie », proclame l'abbé Bernier qui accompagne comme des dizaines d'autres prêtres la grande armée catholique et royale.

Les combattants ont cousu un sacré-cœur en laine rouge sur leurs habits. Leurs chapeaux sont ornés de cocardes blanches, vertes, rouges, de feuillages, de plumes.

Ils portent le chapelet suspendu à leur cou, à la boutonnière, en sautoir.

Leurs armes sont leurs instruments de travail transformés pour la guerre. Les faux sont emmanchées à l'envers. Les fourches, les couteaux de sabotier, les haches sont aiguisés. Piques, bâtons ferrés, triques garnies de clous s'ajoutent aux armes saisies sur les Bleus !

L'armée des Vendéens est redoutable.

Ils connaissent chaque haie. Ils s'égaillent puis s'élancent à l'assaut, surprenant les Bleus, les massacrant, les dépouillant.

Et les troupes de la Convention n'osent plus sortir des villes. On se prélasse à Saumur. On traîne ses grands sabres, ses longues moustaches dans les rues. Les commissaires du pouvoir exécutif prêchent l'anarchie et le partage des terres, les meurtres et l'assassinat, raconte un officier républicain.

« Je voyais des histrions transformés en généraux, des joueurs de gobelets, des escamoteurs traînant après eux les catins les plus dégoûtantes… et ces insectes corrupteurs et corrompus avaient encore l'insolence de se dire républicains ! »

Le conventionnel Philippeaux, proche de Danton, dans son rapport au Comité de salut public, écrit :

« Les Vendéens nous font une guerre de sans-culottes et nous en faisons une de sybarites. Tout le faste de l'Ancien Régime est dans nos bataillons. Chaque général est une espèce de satrape. Les soldats sont encouragés au pillage, aux excès de tous genres. La plupart des généraux, loin de réprimer ces attentats, en donnent l'exemple et quiconque a une place lucrative dans l'armée veut la perpétuer pour maintenir sa puissance. »

Mais entre représentants en mission, c'est la guerre.

Choudieu, lui aussi député de la Convention, proche de Robespierre, dénonce Philippeaux :

« Je demande que la conduite de Philippeaux soit examinée et j'offre de prouver que, s'il n'est pas fou, il est au moins suspect. »

En fait, la Convention est incapable de vaincre.

On espère que les quinze mille hommes de la garnison de Mayence qui vont arriver en Vendée, et que commande un jeune officier valeureux, Kléber, pourront écraser les Vendéens.

Mais leurs premiers combats sont décevants. Ils sont défaits sous le nombre.

Et les « brigands » se moquent de cette « armée de fayence ». Mais les Vendéens victorieux, comme après chaque bataille, regagnent leurs villages, et cultivent leurs champs, attendant la prochaine bataille.

Pour le Comité de salut public, la Vendée est une tumeur qu'il faut extirper à tout prix.

Et la première condition, c'est l'unité du pouvoir et de la nation. Et la fête qui célèbre le premier anniversaire du 10 août 1792 doit marquer cette résolution.

Elle se déroule dans le calme, mais sans passion révolutionnaire.

Au milieu des ruines de la Bastille s'élève la fontaine de la Régénération qui se compose d'une statue colossale en plâtre, assise, représentant la nation qui presse de ses mains sa poitrine d'où coulent deux jets.

Les commissaires envoyés par tous les départements puisent tour à tour dans le bassin avec une coupe d'agate.

Et on célèbre « l'Incorruptible Robespierre, fondateur de la République ».

Maximilien, élu président de la Convention, silencieux, hiératique, répond que, membre du Comité de salut public, « contre son inclination », il y a vu « d'un côté des membres patriotes, de l'autre des traîtres. Depuis que j'ai vu de plus près le gouvernement, j'ai pu m'apercevoir des crimes qui s'y commettent tous les jours. »

Mais aux Jacobins, Danton et Hébert contestent la politique du Comité de salut public.

Danton s'enflamme à la tribune.

Il y a eu le 14 juillet 1789, dit-il, puis la deuxième révolution, celle du 10 août 1792.

« Il faut une troisième révolution ! »

On l'acclame.

Quelqu'un dont la voix domine le brouhaha crie :

« Ce que Marat disait était excellent ! Mais on ne l'écoutait pas ! Faut-il donc être mort pour avoir raison ? Qu'on place *la Terreur à l'ordre du jour* ! »

7.

En cette première semaine du mois de septembre 1793, le nom et l'exemple de Marat sont sur les lèvres et dans les têtes des ouvriers du bâtiment, et des fabriques d'armes, qui se rassemblent faubourg Saint-Antoine.

Les chaleurs d'un été torride étouffent encore Paris sous une brume moite et fétide.

Un sans-culotte, bonnet rouge enfoncé jusqu'aux sourcils, sabre au côté, est debout sur une borne.

Il agite un exemplaire du *Père Duchesne*, comme s'il s'agissait d'un drapeau rouge annonçant l'émeute, la fusillade et le massacre.

Il tonne. Il dénonce les accapareurs, les agioteurs, les gens suspects, les égoïstes, les hommes qui se sont enrichis depuis la Révolution, les pillards de la République, quels que soient leurs masques.

Et pendant que ceux-là s'engraissent et complotent, les citoyens, les patriotes ont faim.

Car les boulangers qui manquent de grain ne cuisent plus que deux fournées par jour !

Il faut exiger le maximum des prix, se rendre à l'Hôtel de Ville, à la Convention, imposer cette mesure.

Et Chaumette, le procureur de la Commune, est prêt à soutenir les vœux des sans-culottes.

« Eh, moi aussi j'ai été pauvre, a-t-il répondu à une députation, et par conséquent je sais ce que c'est que les pauvres.

C'est ici la guerre ouverte contre les pauvres ! Ils veulent nous écraser, eh bien il faut les prévenir, il faut les écraser nous-mêmes, nous avons la force en main ! »

On applaudit la déclaration de Chaumette.

On écoute le sans-culotte lire l'article d'Hébert. On l'interrompt souvent pour l'approuver.

« Marat ! Je profiterai de tes leçons. Oui, foutre, ombre chérie, je te jure de braver toujours les poignards et le poison et de suivre toujours ton exemple. Guerre éternelle aux conspirateurs, aux intrigants, aux fripons ! Voilà ma devise, foutre !

« Tiens ta parole, m'a dit le fantôme de Marat ! Oui, foutre, je la maintiendrai, nous la maintiendrons ! »

Il vocifère, sort son sabre, gesticule, fend l'air de grands coups de lame, vocifère encore.

« Pour les accapareurs, sangsues impitoyables, engraissées de la substance du peuple, point de quartier, point de retard et de suite à la guillotine ! »

« À la guillotine », reprend la foule.

« Pour les agioteurs : la guillotine.

« Pour les gens suspects, l'heure du lever du peuple est celle de la mort : à la guillotine !

« Pour les égoïstes : voici le chemin des frontières et de la défense de la patrie, ou celui de la place de la Révolution où vous attend la guillotine !

« Et pour les fripons, la guillotine. »

« La guillotine ! La guillotine ! » scande la foule.

À la Convention, au club des Jacobins, on ne veut pas, on ne peut pas rompre avec le peuple des sans-culottes.

On sait qu'il se prépare pour le 5 septembre, avec Chaumette et Jacques Roux, qui a été libéré de prison, avec Hébert et l'Enragé Leclerc, un grand rassemblement devant la Convention.

Et comment l'Assemblée pourrait-elle résister à ces sans-culottes qui vont se présenter et l'investir en armes ?

Robespierre à la tribune des Jacobins leur a déjà donné raison :

« Le peuple réclame vengeance, elle est légitime. Et la loi ne doit point la lui refuser ! »

Et Barère à la Convention a rappelé la situation de la patrie.

« Jamais l'armée n'a été en plus fâcheux état de désorganisation. »

Ce sont les mots mêmes de jeunes officiers sortis du rang, patriotes, tels que Jourdan et Soult, Berthier, Bonaparte ou Carnot, membre du Comité de salut public.

Et Barère poursuit :

« La République n'est plus qu'une grande ville assiégée... Ce n'est pas assez d'avoir des hommes... Des armes, des armes et des subsistances ! C'est le cri du besoin ! Des armes, des manufactures de fusils et de canons, voilà ce qu'il nous faut pendant dix ans ! »

Le 5 septembre, la foule envahit la Convention. Les députations des sections se succèdent à la tribune, menacent ceux qui tardent à frapper avec le couperet de la loi, interrogent brutalement les députés :

« A-t-on livré aux tribunaux révolutionnaires les ministres perfides, les agents du pouvoir exécutif qui n'ont pas étouffé, dès le principe, le noyau de contre-révolution dans les départements de l'Ouest et du Midi ? »

« A-t-on puni les traîtres ? Non ! »

« Et nous sommes trahis partout, foutre ! »

On dit qu'un complot se trame pour faire évader la veuve Capet. On a trouvé sur elle un billet, qu'un visiteur avait glissé dans un œillet et auquel elle a répondu, en perçant à l'aide d'une aiguille un morceau de papier, en écrivant ainsi qu'elle ne perdait pas espoir !

« Et les traîtres restent impunis, foutre ! Pas un conspirateur n'a mis "la tête à la fenêtre" [dans la lunette de la guillotine], n'a été raccourci. On n'a jugé jusqu'à présent que les valets et les maîtres se sont échappés ! » On compte mille cinq cent quatre-vingt-dix-sept détenus dans les prisons de Paris, et ces aristocrates corrompent leurs gardiens, paient en numéraire le pain et les chapons, le vin et leur libération !

« À la fenêtre leur tête !

« Une misérable cuisinière s'est avisée de crier : "Vive le Roi !" Le lendemain elle a été raccourcie, c'est bien fait, elle le méritait, foutre ! Mais pourquoi, citoyens jugeurs, n'expédiez-vous pas aussi promptement les grands scélérats ? Pourquoi cet infâme Brissot, le plus cruel ennemi de la patrie, celui qui nous a mis aux prises avec toute l'Europe, qui a causé la mort de plus d'un million d'hommes, qui avait la patte graissée par tous les brigands couronnés pour mettre la France à feu et à sang, pourquoi foutre, ce monstre vit-il encore ? »

On réclame la mort pour la veuve Capet, pour les députés girondins proscrits, pour le général Custine, accusé de trahison, pour Barnave, le Feuillant, pour le ci-devant Philippe Égalité, duc d'Orléans.

On veut que « la Sainte Guillotine aille grand train tous les jours ». Et Hébert, qui conduit les sans-culottes, répète, commande :

« Législateurs, placez la Terreur à l'ordre du jour ! »

Et à la fin de cette journée du 5 septembre 1793, Barère, au nom du Comité de salut public, monte à la tribune de la Convention et déclare, reprenant mot à mot les exigences des sans-culottes et les propos d'Hébert :

« Plaçons la Terreur à l'ordre du jour, c'est ainsi que disparaîtront en un instant et les royalistes et les modérés, et la tourbe contre-révolutionnaire qui vous agite.

« Les royalistes veulent du sang ? Eh bien ils auront celui des conspirateurs, des Brissot, des Marie Antoinette. »

Et un proche d'Hébert, Vincent, l'un des principaux orateurs du club des Cordeliers, chef de bureau au ministère de la Guerre, ajoute à la liste des traîtres qui mettront « la tête à la fenêtre » le nom de Danton.

« Cet homme sans cesse nous vante son patriotisme mais nous ne serons jamais dupes de sa conduite. »

Qui n'est pas suspect aux yeux des sans-culottes conduits par les Enragés et les « hébertistes » ?

Et ils ne se contentent pas de ces mesures que la Convention, cédant à leur pression, à leur présence, à leurs cris, à leurs menaces, vient de leur accorder : la rétribution, à raison de trois francs par jour, des membres des Comités révolutionnaires, et l'épuration de ces Comités afin qu'ils arrêtent sans délai les suspects ; la création d'une armée révolutionnaire de six mille hommes et douze cents canonniers ou cavaliers pour « assurer les subsistances de Paris, et épouvanter l'ennemi intérieur » qui pourrait être tenté de faire un coup de force sur la ville.

Et la Convention décrète le *maximum général* des salaires et des prix des denrées.

Car la disette n'a pas cessé de serrer les plus pauvres à la gorge.

« L'affluence aux portes des boulangeries est toujours la même. Elles sont assiégées nuit et jour. Tout s'y est néanmoins passé aujourd'hui un peu plus paisiblement qu'hier à quelques coups de poing près donnés par-ci par-là et fidèlement rendus. On y a même volé quelques pendants d'oreilles, mais enfin personne n'a été ni tué, ni estropié et chacun a eu du pain tant bon que mauvais… »

Mais cela ne suffit pas aux « sectionnaires » enragés. Il faut, exigent-ils, frapper les suspects.

Ils s'indignent. Pendant ces quatre mois de l'été 1793, de juin à septembre, le Tribunal révolutionnaire n'a jugé que deux cent deux accusés, dont cent trente-neuf ont été acquittés ! Il faut remplir les prisons si l'on veut mettre « les têtes à la fenêtre » de la Sainte Guillotine. Elle ne doit pas rester ses bras de bois vides, comme un arbre sans fruit planté place de la Révolution.

Enfin, capitulant devant les revendications des sans-culottes, le 17 septembre, la Convention vote la *loi des suspects*.

Maintenant que le couperet de cette loi est tombé, plus aucun citoyen n'est en « sûreté ».

Chacun le sait, le sent, le voit. On peut sur un soupçon, une dénonciation, devenir un suspect, car la loi est si générale dans ses termes que l'envieux, le jaloux, le voisin mécontent, peut vous faire basculer dans la catégorie des « gens réputés suspects ».

Ce sont, dit la loi, « ceux qui soit par leur conduite, soit par leurs relations, soit par leurs propos ou par leurs écrits se sont montrés partisans de la tyrannie, du fédéralisme et ennemis de la liberté ».

Ce sont « ceux qui n'auraient pas justifié de l'acquit de leurs devoirs civiques ou obtenu leurs certificats de civisme ».

Ce sont « ceux des ci-devant nobles, ensemble les maris, femmes, pères, mères, fils ou filles, frères ou sœurs et agents d'émigrés qui n'ont pas constamment manifesté leur attachement à la Révolution ».

Ce sont « tous les émigrés à dater du 1er juillet 1789 »...

Et ce sont les comités de surveillance qui « sont chargés de dresser, chacun dans son arrondissement, la liste des gens suspects, de décerner contre eux les mandats d'arrêt et de faire apposer les scellés sur leurs papiers ».

Où sont les juges, les tribunaux impartiaux ?

Il faut devenir gris, invisible, se faire oublier, et cela ne suffit pas. Il faut manifester son adhésion à cette loi, à tout ce que les comités de surveillance décident.

Et puisque le 21 septembre la Convention a décidé que toutes les femmes devront porter la cocarde tricolore, il faudra l'arborer.

« Hier et avant-hier il y a eu quelques démêlés au sujet de l'arrêté qui ordonne aux femmes de porter la cocarde. Dans quelques quartiers celles qui n'y avaient pas encore obéi ont été honnies, décoiffées, fouettées, etc. Les citoyennes s'empressent de se décorer de ce signe sacré de liberté, et nous ne doutons pas que l'ingénieuse élégance de nos petites maîtresses n'en fasse bientôt un objet de coquetterie. »

Des rixes se produisent entre femmes.

« Les femmes des sociétés révolutionnaires voulaient forcer toutes les femmes de Paris à porter des bonnets rouges, après cela, des habits de laine. Les femmes de la Halle s'y sont opposées et il y a eu des batteries sérieuses entre elles... Les femmes de la Halle ont demandé que tous les clubs de femmes soient supprimés... Le mercredi 30 octobre, l'Assemblée a décrété et il est défendu aux femmes de s'assembler en sociétés populaires sous quelque dénomination que ce soit. Ainsi voilà les clubs de femmes supprimés. »

Les députés ont décidé. Et ils vont débattre de cette affaire de cocarde.

L'un dit que toute femme qui ne la porte pas doit être traitée en contre-révolutionnaire, et donc en suspecte.

L'autre fait remarquer qu'une femme peut avoir perdu sa cocarde ou oublié d'en mettre une, « ce n'est pas là un crime ! ». Mais il y a des femmes royalistes, « cette branche de contre-révolutionnaires peut beaucoup sur l'opinion ». Il faut « l'atteindre ».

Alors on vote : la première fois qu'une femme sera trouvée sans cocarde, elle sera punie de huit jours de clôture ; la seconde fois, regardée comme suspecte et enfermée jusqu'à la paix.

Ainsi la peur de devenir suspect taraude la plupart des citoyens. On tente de devancer les soupçons en se montrant plus patriote encore que les sectionnaires.

Les artistes de l'Opéra s'en vont quérir le commissaire de police, « indignés de ce qu'il existe encore dans leurs archives des objets ayant trait à la royauté et au régime féodal. Ils ont brûlé en face de la salle de l'Opéra une immense quantité de papiers, parmi lesquels étaient les règlements de ce spectacle intitulé : "Académie royale de musique" »...

Et sur la place de Grève, quelques jours plus tard, on a brûlé la garde-robe de Louis Capet, consistant en un chapeau, plusieurs habits, redingotes, vestes et culottes de diverses étoffes. Les chemises ont été conservées : on a seulement ôté la marque.

Et c'est avec une détermination sombre, qu'on allume ici et là des brasiers pour y brûler des archives qui rappellent que durant des siècles la France fut un royaume.

Et on brise les statues des rois.

On va chercher au plus profond de la terre et de la mémoire, afin de les extirper, de les détruire, les reliques des souverains.

On se rend à l'abbaye de Saint-Denis, et dans les églises, « sous prétexte d'avoir du plomb pour les armées, écrit le libraire Ruault, on a exhumé tous les cadavres déposés dans les caveaux des églises. Mais c'était pour qu'il ne reste rien de noble en France, pas même la poussière de ces morts.

« On a creusé à Saint-Denis une grande fosse dans laquelle on a jeté pêle-mêle tous les ossements des rois, des princes, des princesses, etc., depuis le roi Dagobert et Mathilde sa femme qui vivaient au VIIe siècle, jusqu'à Louis XV et les enfants du comte d'Artois. Le procès-verbal de la municipalité de Saint-Denis en fait foi... »

Ruault a refusé de le publier dans *Le Moniteur*.

Il est à la fois accablé et terrorisé.

« La Révolution trouble la paix des morts et les poursuit jusqu'au fond de leurs tombeaux... Elle porte avec elle ce triste intérêt de la destruction absolue de ce qui a existé de plus grand en France pendant onze siècles.

« Tous ces monuments de la grandeur et de la vanité humaine ont été détruits, brûlés dans la chaux...

« Quel triste temps que celui où les vivants et les morts sont également persécutés pour des votes et des opinions. »

Et les premiers succès remportés, contre les Anglais à Hondschoote le 8 septembre par le général Houchard, la capitulation de Bordeaux, où les représentants en mission Tallien et Ysabeau organisent la terreur contre les aristocrates et les fédéralistes girondins, et le siège de Lyon, la grande ville contre-révolutionnaire dont la chute ne saurait tarder, semblent montrer que la répression, la dureté impitoyable paient.

Le Comité de salut public, chaque jour, grâce au télégraphe optique de Claude Chappe qui relie les grandes villes de France à Paris, peut établir un état de la situation d'un bout de la nation à l'autre.

En Vendée, l'armée de Mayence commandée par le jeune général Kléber et le général Marceau engage le combat contre les Vendéens et défait à Cholet la grande armée catholique et royale.

Elle n'est pas détruite. Elle passe la Loire à Saint-Florent dans l'espoir de gagner la côte vers Granville, de faire sa jonction avec – on l'espère, on le rêve – des corps de débarquement anglais et émigrés.

Barère à la tribune de la Convention répète :

« La Vendée, et encore la Vendée ! Voilà le chancre politique qui dévore le cœur de la République ! C'est là qu'il faut frapper. »

Ils sont quarante mille Vendéens, accompagnés d'autant de femmes et d'enfants, à tenter d'échapper, dans « cette virée de Galerne » aux Bleus.

Dans la foule se trouvent quatre ou cinq mille prisonniers républicains qu'on commence à massacrer, puis qu'on épargne par peur des représailles.

L'armée catholique et royale marche donc vers le nord, commandée désormais par La Rochejaquelein.

Et le représentant en mission, Carrier, arrive à Nantes, pour épurer ce pays chouan.

Le garrot s'est donc un peu desserré autour du cou de la nation. Le général Jourdan et le représentant en mission Carnot ont remporté le 16 octobre la victoire de Wattignies, sur les Autrichiens qui lèvent le siège à Maubeuge.

Reste Toulon, livrée aux Anglais et aux Espagnols.

Le jeune capitaine Napoléon Bonaparte vient d'être désigné par les représentants en mission Saliccti ct Gasparin, pour prendre le commandement de l'artillerie dans l'armée du général Carteaux qui assiège le grand port.

Il faut arracher cette tumeur comme on a commencé d'éradiquer le chancre vendéen.

Et il faut pour y parvenir montrer qu'on est impitoyable.

On va juger les députés girondins, arrêtés le 2 juin. Mais cela ne suffit pas. Le 3 octobre, Billaud-Varenne, au nom du Comité de salut public, monte à la tribune.

« La Convention nationale, dit-il, vient de donner un grand exemple de sévérité aux traîtres qui méditent la ruine de leur pays. Mais il lui reste encore un décret important à prendre. »

Il s'interrompt et, dans le silence pesant qui s'est établi, il poursuit, détachant chaque mot :

« Une femme, la honte de l'humanité et de son sexe, la veuve Capet, doit expier enfin ses forfaits sur l'échafaud. »

Billaud-Varenne énonce déjà le verdict avant que le procès ait commencé.

Il explique que des rumeurs assurent que Marie-Antoinette a été blanchie par le Tribunal révolutionnaire.

« Comme si une femme qui a fait couler le sang de plusieurs milliers de Français pouvait être absoute par un jury français ! Je demande que le Tribunal révolutionnaire se prononce cette semaine sur son sort ! »

Et comment, alors qu'on exhume les ossements des rois pour les réduire en cendres, pourrait-on accepter que survive, fût-ce emprisonnée, « la louve autrichienne » ?

Marie-Antoinette n'est plus qu'une femme malade, sujette à des hémorragies répétées, enfermée dans l'ancienne infirmerie de la Conciergerie dont on a obturé toutes les issues.

L'accusateur Fouquier-Tinville, le substitut du procureur Hébert, le président du Tribunal Herman interrogent le dauphin.

Son gardien le cordonnier Simon l'a surpris à se masturber. Et l'enfant accuse sa mère, sa tante Élisabeth, de lui avoir enseigné ces pratiques. Il couchait entre elles, dit-il.

« Il nous a fait entendre qu'une fois sa mère le fit approcher d'elle, qu'il en résulta une copulation et un gonflement à l'un de ses testicules pour lequel il porte un bandage et que sa mère lui a recommandé de ne jamais en parler... Que cet acte a été répété plusieurs fois de suite. »

À l'audience, la reine est assistée d'un avocat nommé d'office, maître Chauveau-Lagarde.

C'est Hébert qui l'accuse d'inceste, en rappelant la déposition du dauphin.

Marie-Antoinette ne répond pas mais un des jurés insiste pour qu'elle s'explique.

« Si je n'ai pas répondu, dit-elle, c'est que la nature se refuse à répondre à une pareille inculpation faite à une mère. J'en appelle à toutes celles qui sont ici. »

La voix de cette femme aux cheveux blancs, aux traits affaissés, mais au port de tête droit, est digne. Et l'émotion, la compassion, la honte saisissent le public avide qui se presse dans la salle.

L'on suspend les débats.

En fait, le verdict a été rendu avant même que le procès s'ouvre. Marie-Antoinette est accusée d'avoir été « l'instigatrice de la plupart des crimes dont s'est rendu coupable ce dernier tyran de France, Louis Capet ».

Elle est condamnée à mort.

Elle rentre à la Conciergerie, vers quatre heures trente du matin ce mercredi 16 octobre 1793.

Elle n'a que le temps d'écrire une lettre à sa belle-sœur, Élisabeth.

« Je viens d'être condamnée non pas à une mort honteuse, elle ne l'est que pour les criminels, mais à aller rejoindre votre frère, comme lui – innocente.

« Je suis calme comme on l'est quand la conscience ne reproche rien, j'ai un profond regret d'abandonner mes pauvres enfants, vous savez que je n'existais que pour eux… »

On ne la laissera même pas se changer de linge sans témoin. Le bourreau, Samson, lui attachera les mains derrière le dos et coupera ses cheveux, puis, liée à lui par une longue corde, il la fera monter dans une charrette.

Elle se tient droite, tête un peu levée, mèches en désordre s'échappant de son bonnet.

Elle refuse de parler au prêtre constitutionnel qui l'accompagne. Et elle ne se confessera pas.

La foule immense contenue par trente mille soldats crie : « Vive la République ! À bas la tyrannie ! Mort à l'Autrichienne ! »

En montant à l'échafaud, d'un brusque mouvement de tête, Marie-Antoinette fait tomber son bonnet.

Et Samson montrera sa tête ensanglantée au peuple ce 16 octobre 1793, à midi et quart.

La foule crie : « À bas ! À bas ! », « Vive la République ! ».

« Cette sottise prolongée a tout troublé », note le journaliste Goffroy, qui se prétend lui aussi héritier de Marat et de son *Ami du peuple*.

D'autres journaux reviennent sur le procès, les accusations d'inceste.

« Les regards de l'Autrichienne étaient arrogants et non pas tranquilles. Elle a répondu d'un ton dramatique et a fait même une interpellation aux mères de famille. Elle a rougi d'abord à ces reproches d'inceste, mais l'on voyait facilement sur son visage que la cause de cette rougeur était en effet non pas de la pudeur ou de l'innocence mais du désagrément d'être découverte. »

« Ses flatteurs n'en ont même pas été dupés. »

Alors qu'elle meure !

« Seuls quelques esprits faibles parurent douloureusement affectés de l'exécution de la veuve Capet, en ne la considérant que sous le titre de mère et de femme malheureuse, lit-on dans *Les Révolutions de Paris*. Mais comme reine de France, tout le monde s'accordait à convenir de la justice du trop doux châtiment qu'elle subissait. »

Et Hébert, qui a assisté à l'exécution, au pied de l'échafaud, exulte, exprime les sentiments de ces sans-culottes, de ces patriotes enragés, que la passion révolutionnaire emporte.

« J'ai vu tomber dans le sac la tête de Veto femelle, écrit Hébert dans *Le Père Duchesne*.

« Je voudrais, foutre, pouvoir vous exprimer la satisfaction des sans-culottes quand l'archi tigresse a traversé Paris dans la voiture à trente-six portières. Ses beaux chevaux blancs si bien empanachés, si bien enharnachés ne la conduisaient pas, mais deux rossinantes étaient attelées au vis-à-vis de maître Samson et elles paraissaient si satisfaites de contribuer à la délivrance de la République qu'elles semblaient avoir envie de galoper pour arriver au plus tôt au lieu fatal.

« La garce au surplus a été audacieuse et insolente jusqu'au bout.

« Cependant les jambes lui ont manqué au moment de faire la bascule pour jouer à la main chaude, dans la crainte sans doute, de trouver après sa mort un supplice plus terrible que celui qu'elle allait subir.

« Sa tête maudite fut enfin séparée de son col de grue et l'air retentissait des cris de "Vive la République !". »

« Qu'elle ait été seule dans ses derniers moments, sans consolation, sans personne à qui parler, à qui donner ses dernières volontés, cela fait horreur, écrit quelques jours plus tard le comte de Fersen. Les monstres d'enfer ! Non ! Sans la vengeance, jamais mon cœur ne sera content. »

La douleur de Fersen est d'autant plus grande qu'il sait bien que parmi les rois et les princes, les émigrés et les royalistes restés en France, personne n'a tout tenté pour sauver la reine. Danton lui y a songé, mais très vite, il a mesuré les risques immenses qu'il courrait.

Les hébertistes le rangent parmi les « pourris » de la Convention.

On découvre que certains de ses proches ont, l'un – Robert – vendu du « rhum accaparé », et l'autre – Perrin – trafiqué dans les fournitures de guerre.

On accuse l'entourage de Danton d'être composé non seulement de corrompus mais d'« endormeurs ». En somme, les dantonistes sont de nouveaux Girondins.

Et Vincent, l'hébertiste, ne cesse de répéter ses attaques contre Danton, accusé de s'être abouché avec « Dumouriez dans l'affaire de la Belgique ». Et Danton comprend que cette accusation peut conduire à l'échafaud.

Le général Houchard, vainqueur à Hondschoote, a été arrêté, jugé, condamné à mort, parce qu'il n'a pas su exploiter sa victoire et que dès lors on le soupçonne sans preuve d'avoir ouvert des pourparlers avec l'ennemi.

On va juger Philippe Égalité et Danton fut proche du ci-devant duc d'Orléans.

Alors, Danton préfère quitter Paris. Il prétend qu'il est malade et se retire dans sa propriété d'Arcis-sur-Aube.

Danton est sans illusion.

« En conduisant Marie-Antoinette à l'échafaud, dit-il, on a détruit l'espoir de traiter avec les puissances étrangères. »

Mais le plus grave, le plus dangereux n'est pas dans cette exécution, mais dans le procès qui s'ouvre, contre les députés girondins, devant le Tribunal révolutionnaire.

Ils sont vingt et un, qui comparaissent à compter du 24 octobre.

Robespierre a fait écarter un décret qui renvoyait devant les juges soixante-treize députés qui avaient protesté contre les manifestations des journées des 31 mai et 2 juin. Générosité de sa part ? Ou bien habileté ? Maximilien veut que les « chefs de la faction » soient condamnés à mort, et ce sera d'autant plus aisé qu'ils seront isolés, promis à la guillotine puisque la Convention a décidé de raccourcir la durée des débats en les limitant à trois jours.

Danton, à Arcis-sur-Aube, est sombre.

« Des factieux, les girondins ? s'interroge-t-il. Est-ce que nous ne sommes pas tous des factieux ? Nous méritons tous la mort autant que les Girondins ! Nous subirons tous les uns après les autres le même sort qu'eux ! »

Pour Robespierre au contraire, Brissot, Vergniaud, Guadet, Gensonné, Carra, Valazé, et ceux qui sont encore en fuite, Pétion, Roland, Barbaroux, Condorcet, constituent « la faction la plus hypocrite dont l'histoire ait jamais fourni l'exemple ».

Et il n'oublie pas Manon Roland.

Mais le plus fanatique des accusateurs est Hébert, qui laisse éclater sa joie de voir comparaître les Girondins ce jeudi 24 octobre devant le Tribunal révolutionnaire, dont on sait bien qu'il les condamnera à mort.

« Voilà foutre le sort qui vous était réservé, lâches, déserteurs de la sans-culotterie qui avez préféré de barboter dans le marais et vous couvrir de boue plutôt que de gravir la Sainte Montagne où la gloire vous tendait les bras. Vous avez voulu péter plus haut que le cul, vous avez voulu faire fortune et vous n'avez pas réfléchi que la guillotine était au bout de la route que vous preniez pour y arriver.

« Te voilà enfin sur la sellette, infâme Brissot...

« Eh, vite donc, Maître Samson, graisse tes poulies, et dispose-toi à faire la bascule à cette bande de scélérats que cinq cents millions de diables ont vomis sur la terre et qui auraient dû être étouffés dans leur berceau, foutre. »

Les jeux sont faits.

Hébert, substitut du procureur de la Commune de Paris, désigne Brissot comme le chef de la « faction du tyran et vendu à la Cour », coupable « d'avoir voulu en allumant la guerre universelle anéantir la liberté en livrant la France aux despotes ».

« C'est par vos manœuvres lâches et méprisables, coquins, que les patriotes de Marseille, de Bordeaux, de Lyon, de Toulon ont été égorgés ! C'est vous qui avez allumé la guerre civile de la Vendée...

« La France entière vous accable ! Vous n'échapperez pas au supplice que vous avez mérité. »

Le verdict tombe le mercredi 30 octobre vers onze heures du soir.

L'un d'eux, Valazé, se poignarde au cœur devant le tribunal.

Les autres crient :

« Nous sommes innocents ! Peuple on vous trompe ! »

Vergniaud qui portait sur lui une fiole de poison a renoncé à l'utiliser pour mourir aux côtés de ses amis. Tous chantent :

Contre nous de la tyrannie
L'étendard sanglant est levé.

On les entraîne. On les enferme. C'est leur dernière nuit.

« Ils se réunirent tous dans une seule chambre pour souper. Ils se firent servir un très bon repas de tout ce qu'on put rassembler à cette heure-là dans le quartier du Palais, en rôtis, pâtisseries, vins délicats et liqueurs. Ils élurent un président qui leur proposa de mourir à l'instant même. "Je me sens assez de courage pour vous tuer tous, moi le dernier et nous éviterons ainsi l'échafaud et la mort publique."

« Cette proposition fut reçue diversement par la bande des condamnés qui se mirent à boire et à manger.

« Au milieu du repas on agita longtemps la question de l'existence de Dieu et l'immortalité de l'âme. Dix-sept sur vingt et un reconnurent l'une et l'autre et se refusèrent à mourir de la main du président. »

Grande foule le jeudi 31 octobre 1793, place de la Révolution, lorsque les Girondins arrivent vers une heure. Aux vingt et un députés on a adjoint douze autres condamnés.

Les Girondins crient : « Vive la République ! Plutôt la mort que l'esclavage ! »

Et la foule répond : « Vive la République ! À bas les traîtres ! »

Il fallut trente-huit minutes au bourreau Samson pour exécuter les trente-trois condamnés.

Hébert est une nouvelle fois au pied de l'échafaud.

Chacun a pu constater l'attitude courageuse des Girondins.

Hébert écrit dans *Le Père Duchesne* :

« Plusieurs ont fait contre mauvaise fortune bon cœur et quelques-uns se chatouillaient pour rire, mais foutre, ce n'était que du bout des lèvres... À chaque tête qui roulait dans le sac tous les chapeaux étaient levés en l'air et la place retentissait des cris de "Vive la République !".

« Ainsi finirent les brissotins, ainsi passeront tous les traîtres. »

8.

C'est un automne et un hiver cruels.

Il a suffi de quelques semaines pour que la loi des suspects remplisse les prisons.

Le nombre des détenus, à Paris, est multiplié par quatre entre septembre et décembre 1793. Et les têtes roulent dans le sac.

Guillotiné, Philippe Égalité, ci-devant duc d'Orléans. Il monte dignement à l'échafaud.

Guillotinée, Manon Roland. Elle ne tremble pas, elle murmure, avec une sorte de détachement : « Liberté, que de crimes on commet en ton nom. »

Son mari, le ministre Roland, se suicide en apprenant que sa femme a été « raccourcie ».

Buzot et Pétion, craignant d'être pris, mettent fin à leurs jours, par la corde ou le poison.

Barbaroux, caché dans la région de Bordeaux, se tire une balle de pistolet au moment où il va être arrêté. Suicide manqué, mâchoire fracassée. On le porte moribond jusqu'à l'échafaud. Et on lui tranche la tête.

Le lucide Barnave, emprisonné à Grenoble depuis le 15 août 1792, refuse durant des mois en échange de sa liberté d'admettre sa culpabilité. Danton le protège. Mais en novembre 1793, on le transfère à Paris. Il répète : « Leur demander justice ce serait reconnaître la justice de leurs actes antérieurs. Et ils ont fait périr le roi. Non, j'aime mieux souffrir et périr que de perdre une nuance de mon caractère moral et politique. »

Et sa tête apparaît dans la sinistre « fenêtre ».

Bailly, l'ancien maire de Paris, est guillotiné sur le Champ-de-Mars afin que son sang venge les patriotes abattus en ce lieu le 17 juillet 1791. Bailly avait ordonné d'ouvrir le feu sur ces pétitionnaires qui réclamaient la déchéance du roi, qu'on venait de ramener de Varennes.

Et d'un bout à l'autre de la France, dans les villes rebelles reconquises, on dresse la Sainte Guillotine.

Tallien et Ysabeau en mission à Bordeaux débaptisent le département de la Gironde devenu celui du Bec-d'Ambès et font actionner la machine du docteur Guillotin. Et le premier décapité est le maire de Bordeaux.

Fouché et Collot d'Herbois, à Lyon, constituent une commission militaire, qui condamne à mort mille six cent soixante-sept « aristocrates », « fédéralistes », « traîtres, suspects ».

Et Carrier, à Nantes, entasse dans les barcasses les condamnés, qu'il noiera dans la Loire.

Saint-Just l'a dit, de sa voix haletante, le 10 octobre : « Le gouvernement provisoire de la France est révolutionnaire jusqu'à la paix. »

Pas question donc d'appliquer la Constitution de l'an I. « Dans les circonstances où se trouve la République, explique Saint-Just, elle deviendrait la garantie des attentats contre la liberté parce qu'elle manquerait de la violence nécessaire pour les réprimer. »

Et il faut pourchasser, tuer.

Saint-Just, représentant en mission à Strasbourg, rejette la proposition du général autrichien Wurmser qui propose d'ouvrir des négociations.

« La République ne reçoit de ses ennemis et ne leur envoie que du plomb », dit Saint-Just.

En compagnie de Lebas, un conventionnel proche de Robespierre, Saint-Just réquisitionne, arrête, impose.

« Le pauvre peuple gémissait à Strasbourg sous le joug des riches, l'aristocratie et l'opulence avaient fait son malheur », écrit Lebas.

Saint-Just exige.

« Dix mille hommes sont nu-pieds dans l'armée, déclare-t-il à la municipalité. Il faut que vous déchaussiez tous les aristocrates de Strasbourg dans le jour et que demain, à dix heures du matin, les dix mille paires de souliers soient en marche pour le quartier général. »

Saint-Just est membre du Comité de salut public et c'est le Comité de salut public qui gouverne la nation. Et Maximilien Robespierre qui gouverne le Comité de salut public. Dès sept heures du matin il est à son poste, aux Tuileries, dans le pavillon de Flore devenu Palais-Égalité.

Il lit des dépêches, surtout celles des armées.

Vers dix heures, dans une petite salle tapissée de vert, autour d'une vaste table se tient une réunion du Comité sans président, sans procès-verbal.

« Il faut que le Comité ne délibère jamais en présence d'aucun étranger », a exigé Maximilien.

C'est par sa seule logique implacable, son autorité, qu'il obtient l'assentiment des autres membres du Comité.

À treize heures, Robespierre se rend à la Convention où l'on discute l'ordre du jour.

Vers vingt heures, la séance reprend au Comité de salut public et va durer jusqu'à une ou deux heures du matin.

Puis Maximilien prépare ses discours, note sur un carnet les décisions qu'il faut prendre.

Il traverse ces journées toujours poudré, guindé, maître de lui, pâle et amaigri.

Exalté aussi par l'ampleur de la tâche.

« Qui de nous ne sent pas s'agrandir toutes ses facultés, dit-il.

« Qui de nous ne croit pas s'élever au-dessus de l'humanité même en songeant que ce n'est pas pour un peuple que nous combattons mais pour l'univers, non pour les hommes qui vivent aujourd'hui mais pour tous ceux qui existeront. »

Il mène donc le combat du Bien contre le Mal.

« A-t-on réfléchi à notre position ? Onze armées à diriger, le poids de l'Europe entière à porter ; partout des traîtres à démasquer, des émissaires soudoyés par l'or des puissances étrangères, des administrations infidèles à surveiller, à poursuivre, tous les tyrans à combattre. »

Les adversaires, les ennemis, ne peuvent être que « des scélérats couverts de honte et de mépris ».

« Celui qui cherche à avilir, à diviser, à paralyser la Convention est un ennemi de la patrie... Qu'il agisse par sottise ou par perversité ; il est du parti des tyrans qui nous font la guerre. »

Et point de pitié pour lui.

« Il faut que les monstres soient démasqués, exterminés, ou que je périsse », clame Maximilien.

Il a le sentiment que les suspects grouillent et conspirent autour de lui, contre la nation et la République.

Il y a ces étrangers suspects qui vivent en France, accourus de toute l'Europe.

« Ce sont les étrangers si patriotes qui sont les artisans de tous nos maux... Tous ont été les agents du despotisme. Il n'en faut épargner aucun. »

Et souvent ces étrangers font profession d'athéisme, veulent « déchristianiser » la France. Et dans un entrelacs d'intrigues, les mêmes hommes – Cloots, Proli : des étrangers – sont athées, corrompus et corrupteurs, compromis dans les scandales financiers où l'on retrouve aussi des proches de Danton – Chabot, Basire.

On découvre que la Compagnie des Indes verse cinq cent mille livres aux députés pour échapper au fisc.

Et les dénonciations des uns par les autres, et vice-versa, arrivent à Robespierre, « l'Incorruptible », et Fabre d'Églantine lui-même, ami de Danton, évoque un « complot de l'étranger ».

Sur quelles nuques va s'abattre le couperet de la guillotine ? Quelles têtes vont se « mettre à la fenêtre » ?

Robespierre, poudré et impassible, lunettes relevées sur son front, observe, note, soupçonne tous ceux qui, Enragés, hébertistes, corrompus, affaiblissent à ses yeux l'unité de fer de la Convention, du Comité de salut public, s'écartent de la ligne tracée par ce Comité qu'un seul mot résume : « vaincre ».

Vaincre les ennemis de la Révolution, de la nation, de la République. Vaincre à tout prix.

Il y a ceux, comme Hébert dans *Le Père Duchesne*, qui ne cessent de tonner contre les « sangsues du peuple ».

Et il est vrai que, dans le froid humide de l'automne et de l'hiver 1793, le peuple est épuisé, morne, affamé.

Des queues interminables se forment aux portes des boutiques encore closes.

« Comment, tonnerre de Dieu, nous ne mettrons pas à la raison les riches, ces égoïstes infâmes, ces accapareurs, tous ces scélérats qui affament le peuple ! écrit Hébert. C'est un parti pris de nous faire périr de froid et de faim…

« Affameurs du peuple, craignez son désespoir !

« Il faut en finir foutre ! Ventre affamé n'a point d'oreilles ! » tempête Hébert.

« La misère est à son comble ! Nos subsistances sont entre les mains des contre-révolutionnaires. Dans tous les départements les sans-culottes languissent. Eh bien, foutre, que les sans-culottes se lèvent, qu'ils s'emparent de tous les propriétaires, des gros fermiers accapareurs, qu'ils les menacent de leur faire perdre à eux-mêmes le goût du pain, si la disette continue.

« Bientôt, foutre, le blé abondera dans les marchés et nous vivrons. »

Que veulent ces hébertistes, ces Enragés ?

Imposer leurs méthodes ? Leurs solutions ?

« Le bonnet rouge en tête, la pique en main, le poignard au côté, lit-on sur un placard apposé sur les murs de Paris, jurez sur l'autel de la patrie de ne vous reposer que lorsqu'elle aura triomphé de tous ses ennemis.

« Prouvez par les faits que ce n'est plus la terreur qui est à l'ordre du jour, mais le glaive vengeur des lois, et la guillotine consacrée par la justice céleste. »

Mais ce sont les mêmes qui, comme Fouché à Nevers, font inscrire sur la porte du cimetière : « La mort est un sommeil éternel. »

Ce sont les mêmes qui, athées, rejettent l'idée de l'Être suprême, en présence duquel a été proclamée la Déclaration des droits de l'homme.

Robespierre s'insurge.

« Tout meurt, dit-il, les héros de l'humanité et les fripons qui l'oppriment, mais à des conditions différentes. »

Il n'approuve pas cette déchristianisation, qui balaie la nation.

On a déposé le corps de Descartes au Panthéon. Soit ! C'est le règne de la raison.

Mais le conventionnel Gilbert Romme a fait adopter un calendrier révolutionnaire.

L'année, qui commence le 22 septembre – jour anniversaire de la proclamation de la République –, est divisée en douze mois de trente jours, plus cinq ou six jours complémentaires, et chaque mois se compose de trois décades de dix jours.

Et les noms des mois, proposés par Fabre d'Églantine, évoqueront les saisons : vendémiaire, brumaire, frimaire pour l'automne. Pour l'hiver nivôse, pluviôse, ventôse. Pour le printemps germinal, floréal, prairial. Pour l'été messidor, thermidor, fructidor.

Robespierre écrit sur son carnet : « ajournement indéfini du décret sur le calendrier ».

Il craint que ces déchristianisateurs ne soient des « fripons stipendiés ».

Leurs mesures extrêmes – le conventionnel Rühl brise la Sainte Ampoule dans la cathédrale de Reims ; les presbytères sont donnés aux écoles et aux pauvres ; on change le nom des villes : Saint-Malo devient Port-Malo ; on ferme les églises, on ne salarie plus les prêtres constitutionnels – peuvent choquer le peuple.

Marie Joseph Chénier, auteur dramatique, député à la Convention, à qui l'on doit *Le Chant du départ*, aussi souvent entonné que *La Marseillaise*, propose de substituer au catholicisme la religion de la patrie.

Et la Convention approuve, décide que le buste de Marat sera placé dans la salle des séances, comme celui du plus glorieux des « martyrs de la liberté ».

Le 10 novembre 1793, est célébrée la fête de la Liberté et de la Raison à Notre-Dame. Une femme vêtue de tricolore, assise sur l'autel, symbolise la liberté, et Notre-Dame se nommera désormais le *Temple de la Raison*.

Robespierre s'inquiète :

« Le fanatisme est un animal féroce et capricieux, dit Maximilien. Il fuyait devant la raison. Poursuivez-le avec de grands cris, il retournera sur ses pas. »

Et Maximilien affirme son déisme :

« L'athéisme est aristocratique, lance-t-il. L'idée d'un grand Être qui veille sur l'innocence et qui punit le crime triomphant est toute populaire. »

Et d'ailleurs « nous n'avons plus d'autre fanatisme à craindre que celui des hommes immoraux, soudoyés par les cours étrangères ».

Mais le mouvement de déchristianisation s'amplifie en dépit de Robespierre.

Chaumette et Cloots, le riche étranger, patriote, député à la Convention, mais suspect d'être l'un des corrupteurs, animateur de ce « complot de l'étranger », s'en vont trouver l'évêque constitutionnel de Paris, Gobel, afin qu'il abjure devant la Convention « tout ce qu'il a professé hautement durant quarante années ».

« Le bonhomme a mis bas sa crosse, sa mitre, sa chape… Il a été couvert d'applaudissements par cette assemblée qui l'a affublé du bonnet rouge. Aussitôt tous les députés prêtres ont couru à l'envi à la tribune, faire la même abjuration. »

L'abbé Grégoire seul a résisté, refusant et d'abjurer et de se coiffer du bonnet rouge.

« Le peuple de Paris s'est jeté sur les églises, les a spoliées, dégradées en peu de jours. »

« J'ai vu passer dans la rue Dauphine les dépouilles de l'abbaye de Saint-Germain, écrit Ruault, le libraire voltairien, tout à coup scandalisé et effrayé par ce qu'il voit.

« Cérémonie burlesque : cent gredins marchaient en procession de carnaval, couverts de chapes, de chasubles, de dalmatiques, d'étoles. Au milieu de la rue marchaient deux douzaines d'ânes couverts de chapes mortuaires, portant dans des paniers les chasses, les croix, les calices, les ciboires d'or et d'argent et tout cela accompagné de gestes ridicules, de jurons, de maudissons, de propos de halles.

« Nous avons vu ce que jamais on n'avait vu sur terre : la religion détruite par la populace et par ses prêtres mêmes.

« Cette maladie s'est étendue à dix heures à la ronde de Paris. Les communes, des bourgs, des villages et des villes, se sont empressées d'apporter à la Convention les dépouilles de leurs églises, on les a toutes déposées dans l'Hôtel du Domaine national, rue Vivienne et des Petits-Champs ; il en est encombré.

« On ne doute pas que cette rage de destruction ne fasse le tour de France et qu'il n'y reste une seule église sur pied si elle dure quelque temps encore.

« Robespierre lui-même en a été effrayé. Il a fait un rapport contre cette manie qui ferait de la France un peuple de fous, d'athées, un peuple ingouvernable... »

« Quelle singulière nation, conclut Ruault. Elle donne dans toutes les extrémités ! Elle adorait ses rois, elle a tué le dernier. Elle se courbait avec plaisir sous le joug du catholicisme, elle vient de le renverser de fond en comble. Elle ne connaît point de mesure mitoyenne... Quelle sera la fin de tout ceci ? Elle ne peut être que très misérable.

« Adieu mon cher ami, je me bande les yeux pour ne pas en voir davantage... »

Et l'inquiétude et le désarroi de l'éditeur de Voltaire Ruault rencontrent ceux de Jacques Roux, ci-devant abbé, figure de proue des Enragés, qui a souvent goûté de la prison, et plus souvent encore dénoncé les fripons, les agioteurs, les aristocrates, les riches, ces Girondins et ces Montagnards qui n'osent regarder la misère en face.

Et Roux, depuis sa prison, s'élève contre les abus de cette « loi terrible » qui fait de chaque citoyen un « suspect ».

« Je suis tenté de demander si nous habitons des contrées barbares ou si nous vivons dans ces siècles avilis où l'on déclarait criminel de lèse-nation un homme qui avait raconté *un songe*, un autre pour avoir vendu *un verre d'eau chaude* ; celui-ci pour *s'être déshabillé* devant une statue, celui-là pour être allé à la garde-robe avec *une bague* sur laquelle était empreinte la tête d'un Empereur. »

Il va plus loin encore :

« C'est ressusciter le fanatisme que d'imputer à un homme les crimes de sa naissance. C'est le comble de la cruauté de faire incarcérer comme suspects de la République ceux qui ont eu le malheur de déplaire à un commissaire de section, à un espion de police, à un garçon de bureau, à un secrétaire de la trésorerie, à un huissier de la Convention nationale, à un guichetier, au président d'une société populaire, et à la catin d'un homme en place.

« Il y a plus d'innocents incarcérés que de coupables... Si l'on ne met fin à ces emprisonnements qui souillent l'histoire de la Révolution et dont on ne trouve pas d'exemples dans les annales des peuples les moins civilisés, la guerre civile ne tardera point à s'enflammer. »

Danton lit le texte de Jacques Roux. Le tribun vit toujours retiré dans sa propriété d'Arcis-sur-Aube, se livrant aux plaisirs et aux jouissances de la campagne et de l'amour, achetant des terres, arrondissant son bien. Mais il craint pour lui et pour la nation la guerre civile.

Ses proches – Chabot, Basire – sont décrétés d'arrestation, dans l'affaire de corruption de la Compagnie des Indes. Et, tortueusement, le Comité de salut public confie l'instruction de l'affaire à... Fabre d'Églantine, qui a dénoncé le *complot de l'étranger*, mais qui est aussi un ami de Danton.

Un courrier venu de Paris avertit Danton de cette manœuvre machiavélique. Il incite le tribun à rentrer, à affronter Robespierre qui est dans l'ombre de cette machination.

« En veut-il à ma vie ? Il n'oserait pas, dit Danton.

« Vous êtes trop confiant, revenez à Paris, le temps presse.

« Va dire à Robespierre que je serai assez tôt à Paris, pour l'écraser lui et les siens. »

Le 19 novembre, Danton est à Paris, après cinq semaines de séjour à la campagne alors que chaque heure a compté dans la marche et l'orientation de la Révolution.

Il rencontre Hébert.

Il flaire la situation, s'élève contre les « mascarades » antireligieuses, manière de faire un pas vers Robespierre, alors même que la Convention décrète qu'à compter du 24 novembre, les noms des mois seront ceux du calendrier républicain.

Et que l'on décide que les cendres du héros corrompu, Mirabeau, seront chassées du Panthéon.

Au club des Jacobins, on procède à une nouvelle épuration. Laverdy, un ancien contrôleur général des Finances, est guillotiné. Comme le journaliste girondin Girey-Dupré.

Danton confie à Garat, avocat, qui en 1792 a remplacé Danton au ministère de la Justice, puis Roland en 1793 au ministère de l'Intérieur, qui a été arrêté comme Girondin mais rapidement libéré, qu'il veut lancer une grande campagne pour l'*Indulgence*.

Danton partage le sentiment de Jacques Roux sur la loi des suspects :

« Je sais que dans les circonstances actuelles on est forcé de recourir à des mesures violentes, mais on ne saurait trop se mettre contre la malveillance… Rien n'est plus dangereux que de laisser à l'arbitraire d'un coquin parvenu, d'un commissaire vindicatif, l'application d'une loi aussi terrible. »

Danton hausse la voix, il veut imposer l'indulgence.

« Je demande l'économie du sang des hommes », dit-il.

TROISIÈME PARTIE

1er décembre 1793 - 30 mars 1794
11 frimaire - 10 germinal an II

« Dirige-t-on une tempête ? »

« Pourquoi la clémence serait-elle devenue
un crime dans la République ? »

Camille DESMOULINS
30 frimaire an II (20 décembre 1793)

« On veut modérer le mouvement révolutionnaire.
Eh, dirige-t-on une tempête ? Eh bien !
La Révolution en est une. On ne peut,
on ne doit point en arrêter les élans. »

COLLOT d'HERBOIS
membre du Comité de salut public
3 nivôse an II (23 décembre 1793)

« Le gouvernement révolutionnaire doit voguer entre deux
écueils, la faiblesse et la témérité, le modérantisme et l'excès ;
le modérantisme qui est à la modération
ce que l'impuissance est à la chasteté et l'excès
qui ressemble à l'énergie comme l'hydropisie à la santé. »

Maximilien ROBESPIERRE
5 nivôse an II (25 décembre 1793)

9.

« Le sang des hommes », en ces premiers jours de décembre 1793, malgré le vœu de Danton, il ruisselle sur le sol de la France.

En Vendée, les paysans de la grande armée catholique et royale échouent devant Angers, mais continuent de se battre, en entonnant sur l'air de *La Marseillaise* :

Allons les armées catholiques
Le jour de gloire est arrivé
Contre nous de la République
L'étendard sanglant est levé.

Le paysan vendéen ne craint pas de mourir. Il répond au soldat bleu qui crie « Rends-moi tes armes » : « Rends-moi mon Dieu. »

Il récite avec ses prêtres :

Cette mort dont on nous menace
Sera le terme de nos maux
Quand nous verrons Dieu face à face
Sa main bénira nos travaux.

Un représentant en mission constate :

« C'est de leur part un vrai fanatisme, tel qu'au IVᵉ siècle. On en exécute tous les jours et tous les jours ils meurent en chantant des cantiques et en faisant leur profession de foi. L'instrument de supplice n'a que l'effet de jeter une sorte d'odieux sur le pouvoir qui l'emploie. »

Pourchassés par les Bleus recrus de fatigue, les Vendéens se réfugient dans la ville du Mans. Ils sont quarante mille, bientôt surpris ce 12 décembre par les armées républicaines commandées par Westermann, Marceau, Kléber. Ils résistent durant quatorze heures sous une pluie glaciale. On s'égorge. On s'éventre. On se fusille à bout portant dans les ruelles ensanglantées.

« On ne voit partout que des cadavres, des fusils, des caissons renversés ou démontés, écrit un officier bleu. Parmi les cadavres, beaucoup de femmes nues que les soldats ont dépouillées et qu'ils ont tuées après les avoir violées. »

Les survivants se dirigent vers Laval, harcelés, massacrés au cours de cet « hallali courant ».

Ce qui survit encore, après une dizaine de jours de fuite et de combats, est massacré à Savenay, près de Saint-Nazaire, fait prisonnier et fusillé. Les chefs, Stofflet, Charette, La Rochejaquelein sont passés sur la rive gauche de la Loire.

Et les commissions militaires « bleues » parcourent le pays.

On fusille en huit « chaînes » mille huit cent quatre-vingt-seize prisonniers, près d'Angers. Des centaines d'autres sont exécutés. Ainsi dans la prairie Saint-Gemmes, aux Pont-de-Cé.

La répression est d'autant plus cruelle qu'une guerre d'embuscades va se poursuivre. Et que les « Vendéens » sont eux aussi impitoyables.

Le Bleu Joseph Bara, âgé de quatorze ans, est égorgé après avoir été fait prisonnier et avoir refusé de crier « Vive le roi ! ».

Il devient un martyr de la liberté même si les circonstances de sa mort sont transfigurées par la légende.

Mais à Nantes, sous l'autorité du représentant en mission Carrier, un comité révolutionnaire d'une cinquantaine d'hommes, la compagnie Marat, terrorise la ville.

Les « noyades » se multiplient. On coule les pontons sur lesquels on entasse prêtres réfractaires, prisonniers qu'on appelle « brigands ». Et on dénombre au moins cinq mille victimes.

Et la rumeur se répand de supplices atroces, de femmes fondues vives pour en tirer une graisse médicinale, de peau des victimes tannée comme du cuir, de mariages républicains, consistant à noyer un couple, attachés nus l'un à l'autre et jetés dans la Loire.

On extermine dans cette guerre impitoyable.

Et le général Marceau lui-même qui a sauvé une jeune femme, Angélique des Melliers, et lui a fourni une attestation censée la protéger, ne peut empêcher qu'elle soit guillotinée.

Et la guerre n'est pas terminée.

Carrier rappelé à Paris, la Terreur est appliquée par le général Turreau de Linières, qui remplace Marceau. Il crée douze « colonnes infernales » qui font de cette Vendée « un monceau de cendres arrosé de sang ».

Aux Lucs-sur-Boulogne, les Bleus du général Cordellier massacrent au moins cinq cents personnes dont plus de cent enfants.

Peut-être cent vingt mille morts sont-ils tombés dans cette guerre atroce, dont à Paris on ne soupçonne pas la cruauté. D'ailleurs on veut vaincre à tout prix même en décimant le peuple.

Danton et Camille Desmoulins, sans connaître les détails de cet « égorgement » d'une population, d'une province, ont l'intuition qu'il faut en finir avec la Terreur.

À la tribune de la Convention, Danton déclare :

« Il est un terme à tout. Je demande qu'on pose la barrière… Le peuple veut et il a raison que la Terreur soit à l'ordre du jour mais il ne veut pas que celui qui n'a pas reçu de la nature une grande force d'énergie, non, le peuple ne veut pas qu'il tremble… Nous n'avons pas voulu anéantir le règne de la superstition pour établir le règne de l'athéisme. »

Mais Danton mesure aussitôt la réprobation, la haine que ces propos, cette « indulgence » qu'il suggère prudemment encore, suscitent.

Au club des Jacobins, le 13 frimaire (3 décembre), ceux qui vénèrent Marat, invoquent les vertus et les actions de l'Ami du peuple, les partisans d'Hébert, et ceux, plus dissimulés, des

Enragés, l'attaquent avec violence. Ils se sentent stigmatisés par Danton, qui vient d'ajouter :

« Tout homme qui se fait ultra-révolutionnaire donnera des résultats aussi dangereux que pourrait le faire le contre-révolutionnaire décidé. »

Et entre les deux groupes il y a les « bons révolutionnaires », dont Danton se réclame.

Danton imagine ainsi satisfaire Robespierre, sans se rendre compte que pour l'Incorruptible, il y a, outre les ultra-révolutionnaires, et les contre-révolutionnaires, les « citra-révolutionnaires » ou *Modérés* et *Indulgents*, dans lesquels Maximilien classe Danton et Desmoulins, alors que lui-même et les membres des Comités sont les « purs » révolutionnaires. Et bientôt ces « purs » devront « épurer » tous les autres, les Indulgents confondus avec les ultras !

Mais pour l'heure, Danton répond avec vigueur à ceux des hébertistes qui l'attaquent, écrasant de sa forte voix les murmures et les huées :

« Ai-je donc perdu ces traits qui caractérisent la figure d'un homme libre ? crie-t-il. Ne suis-je plus ce même homme qui s'est trouvé à vos côtés dans les moments de crise ? »

On tente de l'interrompre.

On l'accuse de corruption, d'amitié avec ces conventionnels compromis dans les « affaires », où ils côtoient des « aristocrates » suspects, comme le baron de Batz.

Celui-ci, le jour de l'exécution de Louis XVI, a tenté de soulever la foule tout au long du trajet du condamné vers la place de la Révolution.

Il y a aussi dans l'entourage de Danton ces étrangers de plus en plus suspects, Anacharsis Cloots ou le Belge Proly.

Et que dire de Fabre d'Églantine, si proche de Danton, et qui serait un « tripoteur » mêlé lui aussi à ces trafics ? À ce que Fabre, imprudemment, a appelé une « conspiration de l'étranger ».

On a l'impression que Danton est englué dans ce marécage et que lorsqu'il réclame l'indulgence, qu'il demande qu'on

« économise le sang », qu'on « pose la barrière », c'est pour lui et ses amis qu'il souhaite la clémence.

Alors il élève encore la voix :

« Vous serez étonné quand je vous ferai connaître ma vie privée. »

Il n'a pas de fortune colossale, clame-t-il.

« Je défie les malveillants de fournir contre moi la preuve d'aucun crime ! Tous leurs efforts ne pourront m'ébranler ! Je veux rester debout avec le peuple ! Vous me jugerez en sa présence !

« Je ne déchirerai pas plus la page de mon histoire que vous ne déchirerez les pages de la vôtre, qui doivent immortaliser les fastes de la liberté ! »

Il s'époumone mais il sent qu'il ne convainc pas. Les hébertistes continuent de le huer et de ricaner.

Les citoyens entassés dans les tribunes ne l'applaudissent pas. Danton s'irrite, parle si vite que les secrétaires qui prennent en note son discours ne peuvent le suivre.

Et tout à coup, Robespierre se lève.

Maximilien, la chevelure poudrée soigneusement peignée, tirée en arrière, porte une veste brune à revers blancs rayés de rouge, le cou serré par le nœud bouffant d'une cravate de dentelle blanche.

Maximilien Robespierre commence à parler d'une voix détachée, où pointent l'ironie, la condescendance, et même le fiel :

« Je me trompe peut-être sur Danton, mais vu dans sa famille, il ne mérite que des éloges… »

Puis il dresse la liste des erreurs de Danton à propos de Dumouriez, de Brissot, des « affaires ».

L'acte d'accusation est ainsi tapi derrière l'apparente solidarité.

Car tout cela, ajoute Maximilien, ne fait pas de Danton un traître. Il a servi avec zèle la patrie.

Puis l'Incorruptible se tourne vers Danton :

« Danton, ne sais-tu pas que plus un homme a de courage et de patriotisme, plus les ennemis de la chose publique s'attachent à sa perte ? Danton veut qu'on le juge ? Il a raison ! Qu'on me juge aussi. Qu'ils se présentent, ces hommes qui sont plus patriotes que nous ! Que ceux qui ont quelque reproche à lui faire demandent la parole ! »

Personne ne bouge.

« Je demande à ces bons patriotes de ne plus souffrir qu'on dénigre Danton », conclut Robespierre.

Et le sang des hommes continue à couler.

Dans les rues et sur les places de *Commune-Affranchie* – la ci-devant Lyon –, de *Bec-d'Ambès*, la ci-devant Bordeaux.

Et l'« indulgence » prônée par Danton ne rencontre aucun écho chez Saint-Just, Couthon, Collot d'Herbois, et autres membres du Comité de salut public, ou du Comité de sûreté générale chargé de la police générale de l'intérieur.

Le gouvernement révolutionnaire, dit Saint-Just, « n'est autre chose que la justice favorable au peuple et terrible à ses ennemis !

« Celui qui s'est montré l'ennemi de son pays ne peut y être propriétaire. Celui-là seul a des droits dans notre patrie qui a coopéré à l'affranchir. »

Selon Couthon, « l'indulgence serait atroce et la clémence parricide ». Il faut une « police sévère, ajoute Saint-Just. Ce qui constitue la République c'est la destruction totale de ce qui lui est opposé. »

Et Robespierre se place uniquement du point de vue de l'utilité lorsqu'il dit :

« La punition de cent coupables obscurs et subalternes est moins utile à la liberté que le supplice d'un chef de conspiration. »

On pousse vers le couperet la comtesse du Barry, la dernière maîtresse de Louis XV.

Elle a servi d'agent de liaison, de 1791 au printemps 1793, entre les royalistes et les Anglais.

Elle vit depuis retirée dans son château de Louveciennes. On l'arrête, mais devant la protestation de tous les habitants du bourg, on la relâche.

Appréhendée de nouveau début décembre, elle est exécutée le 8 décembre 1793.

Chaque citoyen sait qu'il peut devenir suspect, et qu'il est placé sous la surveillance des agents du Comité de sûreté dont les membres, tels Amar – un avocat devenu député à la Convention et montagnard – ou Vadier – lui aussi conventionnel et montagnard –, sont déterminés, impitoyables, prêts à faire arrêter un conventionnel accusé par une simple lettre anonyme.

Ils sont à l'affût. Ils interceptent les correspondances.

Le libraire Ruault ne communique plus avec son frère qu'en confiant ses lettres à des voyageurs.

« Je ne vous écrirai plus désormais que par des occasions aussi sûres que celles-ci, explique-t-il. Je renonce à la poste. J'apprends qu'il est dangereux d'y confier certaines lettres, qu'il y a des décacheteurs aux ordres du Comité de sûreté générale : ou bien il faudrait conformer son langage à la fureur dominante et se donner le mot d'entente, prendre le blâme pour la louange et la louange pour le blâme… »

Ce climat de soupçon et de terreur conduit certains aux comportements les plus lâches, aux trahisons.

Osselin, un député montagnard proche de Danton, est devenu l'amant d'une émigrée rentrée en France, la jeune marquise de Charry. Elle est arrêtée mais il réussit à la faire libérer, à la cacher d'abord chez Danton puis chez son frère, curé défroqué et marié.

Mais quand la Terreur est mise à l'ordre du jour, que la loi des suspects étend sa toile sur toute la nation, Osselin prend peur, dénonce sa maîtresse cependant que son frère la livre et le dénonce.

Osselin, le 5 décembre 1793, est condamné à la déportation.

Sa maîtresse afin d'éviter l'échafaud prétend qu'elle est enceinte. Après quelques semaines, son mensonge est découvert.

Elle est guillotinée le 31 mars 1794.

On vit ainsi dans la tension, l'exaltation, l'angoisse, la peur, l'esprit de sacrifice aussi.

Des femmes disent devant le couperet : « Je veux mourir romaine » ou « Je suis chrétienne ».

Persuadés d'agir pour le salut de la nation, les soldats de l'« armée révolutionnaire » tuent sans remords. Un détachement commandé par le général Ronsin se rend à Lyon où Collot d'Herbois et Fouché sévissent.

On mitraille. On fusille place des Brotteaux. On détruit le château de Pierre-Scisse et les maisons des riches.

« Je n'ai point de pitié pour les conspirateurs, dit Collot d'Herbois le 21 décembre aux Jacobins. Nous en avons fait foudroyer deux cents d'un coup et on nous en fait un crime. Ne sait-on pas que c'est encore une marque de sensibilité ? Lorsqu'on guillotine vingt coupables le dernier exécuté meurt vingt fois, tandis que les deux cents conspirateurs périssent ensemble. »

Dans Commune-Affranchie, ci-devant Lyon, on dénombre mille six cent soixante-sept exécutions, trois cent quatre-vingt-douze à Arras, cent quarante-neuf à Cambrai, d'ordre de Joseph Le Bon, député à la Convention, ancien curé, marié. Et âgé de vingt-huit ans.

Dans les départements voisins de l'Oise et de l'Aisne, le conventionnel en mission André Dumont emprisonne par centaines les suspects, mais se contente d'organiser des fêtes révolutionnaires, obligeant les dames, les bourgeoises, les couturières, à danser, à former la « chaîne de l'égalité ».

Mais ces mascarades ne sont pas mortelles, même si la mort hante chaque citoyen. Chacun sait qu'elle peut à tout moment frapper.

Et quand le couperet du soupçon a commencé à tomber, rien ne peut l'arrêter.

Aucune fonction, aucune action passée, fût-elle héroïque, fût-elle à l'origine de cette Révolution au nom de laquelle on tue, ne peut protéger.

Quand le roi, ci-devant de droit divin, quand la reine, quand Barnave qui en 1788 se dressait pour la liberté, quand Barbaroux, qui s'élançait avec les fédérés marseillais à l'assaut des Tuileries le 10 août 1792, quand Brissot, ont placé leur « tête à la fenêtre » et qu'elle a roulé dans le sac, qui peut prétendre qu'il est sûr de ne pas basculer sur la planche, comme eux ?

Robespierre lui-même s'écrie :

« À moi aussi on a voulu inspirer des terreurs, mais que m'importent les dangers ? Ma vie est à la patrie, mon cœur est exempt de crainte et si je mourais ce serait sans reproche et sans ignominie. »

Cette politique terroriste, ce gouvernement qui se veut révolutionnaire jusqu'à la paix, semblent porter leurs fruits.

La grande armée catholique et royale n'est plus en Vendée qu'un souvenir ensanglanté qui a laissé la place aux actions efficaces mais dispersées des chouans.

Elles ne mettent plus la République en péril.

Et le but du gouvernement révolutionnaire est précisément de fonder la République en sachant, comme dit Couthon, qu'une « révolution comme la nôtre n'est qu'une succession rapide de conspirations, parce qu'elle est la guerre de la tyrannie contre la liberté ».

Et pas un seul citoyen ne doit dans cette guerre échapper à la surveillance, à la discipline.

Les représentants en mission vont avec des pouvoirs décuplés dans les départements et aux armées.

« Généraux, martèlent-ils, le temps de la désobéissance est passé. »

Et les officiers, quel que soit leur grade, leur sont soumis. Les représentants décident des promotions.

Ils font confiance aux jeunes officiers.

Hoche libère l'Alsace, entre à Wissembourg, cependant que Desaix chasse les Autrichiens de Lauterbourg. Et les troupes de Hoche se lancent à l'assaut au cri de « Landau ou la mort ».

À l'armée d'Italie qui assiège Toulon toujours aux mains des royalistes, des Anglais et des Espagnols, les représentants en mission Saliceti, Gasparin, Barras, Fréron et le propre frère de Robespierre, Augustin, ont imposé le remplacement du général Carteaux, fier seulement d'avoir le 10 août 1792 entraîné ses camarades gendarmes à rejoindre le peuple dans l'assaut des Tuileries.

Aujourd'hui, cela ne suffit plus.

Ils nomment le général Dugommier puis, à la tête de l'artillerie, ce jeune capitaine Napoléon Bonaparte qui est d'esprit jacobin, mais qui surtout se dit capable de conquérir le fort de l'Éguillette qui commande les deux rades de Toulon.

Ils observent ce Corse maigre au teint bistre, ardent, qui répète que c'est « l'artillerie qui prend les places et que l'infanterie y prête son aide ». Et qui fait élever des batteries qu'il nomme *Convention*, *Sans-culotte*. Et les forts tenus par les Anglais tombent.

Bonaparte prend part avec les fantassins aux assauts, en criant « Victoire à la baïonnette ! ». Puis, la ville tombée, il laisse les représentants Barras et Fréron organiser le pillage, les destructions, les exécutions par centaines. Cependant que les forçats qui ont brisé leurs chaînes se répandent dans la ville, la ci-devant Toulon, devenue Port-la-Montagne.

Le 22 décembre 1793, le représentant en mission Saliceti annonce à Napoléon Bonaparte qu'il est élevé au grade de général de brigade, « à cause du zèle et de l'intelligence dont il a donné les preuves en contribuant à la reddition de la ville rebelle ».

N'est-ce pas le moment, puisque la République a réussi à repousser les ennemis, à les vaincre, qu'elle a reconquis les villes rebelles, les ci-devant Bordeaux, Lyon, Marseille, Toulon, devenues Bec-d'Ambès, Commune-Affranchie, Ville-sans-Nom, Port-la-Montagne, et toutes livrées aux « épurateurs », de pratiquer la politique de l'indulgence, de la clémence ?

C'est ce qu'écrit Camille Desmoulins dans le nouveau journal qu'il lance et qu'il intitule *Le Vieux Cordelier*.

N'est-il pas, lui, l'un des plus anciens patriotes ? N'a-t-il pas tant de fois pris la parole, agrippé aux grilles des jardins du Palais-Royal, appelé à l'insurrection dès 1789 ?

N'est-il pas temps, répète-t-il au cours de ce mois de décembre 1793, de mettre en œuvre la Liberté, au lieu d'en renvoyer l'usage à plus tard, et de continuer à suspecter, à réprimer, à tuer ?

Il ose écrire :

« Ouvrez les prisons à ces deux cent mille citoyens que vous appelez suspects, car dans la Déclaration des droits il n'y a point de maisons de suspicion, il n'y a que des maisons d'arrêt. Le soupçon n'a point de prison mais l'accusateur public... Vous voulez exterminer tous vos ennemis par la guillotine ! Mais y eut-il jamais plus grande folie ? »

Il faut du courage, de la témérité même, pour affronter la meute des hébertistes, enragés car la Convention a décrété d'arrestation deux d'entre eux, le général Ronsin et Vincent, du ministère de la Guerre. Et depuis, les « ultra-révolutionnaires » réclament leur libération, s'en prennent à ce Desmoulins qui n'est que la plume de Danton.

« Ce n'est qu'un bourriquet à longues oreilles, il paraît, foutu ! qu'il veut gagner son avoine... C'est un misérable intrigateur, un fripon, un faux patriote... Il y a gros que Milord Pitt est encore derrière la toile. Patience, avec le temps tous les brouillards de la Tamise se dissiperont et nous verrons à nu tous les personnages, foutre ! »

Mais Desmoulins s'obstine.

« Que les imbéciles et les fripons m'appellent modéré s'ils le veulent. Je ne rougis point de n'être pas plus enragé que Brutus qui conseillait à Cicéron d'en finir avec les guerres civiles... »

Desmoulins propose de créer un *Comité de clémence*.

Il en appelle à Robespierre, dont le choix, entre ultra-révolutionnaires et Indulgents, va être décisif.

Desmoulins supplie, espère. Des hébertistes n'ont-ils pas été arrêtés ?

« Ô mon cher Robespierre, ô mon vieux camarade de collège, écrit-il dans *Le Vieux Cordelier*, souviens-toi de ces leçons de l'histoire et de la philosophie : que l'amour est plus fort, plus durable que la crainte...

« Et pourquoi la clémence serait-elle devenue un crime dans la République ? »

Maximilien Robespierre observe, juge avec la condescendance d'un maître impartial, qu'on sent prêt à tout instant à réviser son jugement.

« Il faut considérer avec Camille Desmoulins ses vertus et ses faiblesses. Quelquefois faible et confiant, souvent courageux et toujours républicain... J'engage Camille Desmoulins à poursuivre sa carrière mais à n'être plus aussi versatile... »

Et Robespierre lit les rapports des observateurs de police du Comité de sûreté générale qui indiquent que, parmi les sans-culottes parisiens « l'on n'est pas du tout content de Robespierre, sur la faveur qu'il accorde à Camille Desmoulins. On demande où est son impartialité dont il a toujours fait profession... »

Maximilien est inquiet. Il ne veut pas que le pouvoir qu'il exerce au sein du Comité de salut public, que la magistrature morale qui est la sienne, sa « vertu », soient mis en cause.

Et il doit tenir compte de l'influence de ces « ultras ».

Le 21 décembre, 1er nivôse, Collot d'Herbois rentre de Lyon où avec Fouché il a organisé la Terreur.

Collot offre à la Commune de Paris la tête de Chalier, le maire jacobin décapité par les Girondins et les royalistes au temps où la ville était la ci-devant Lyon, et non encore Commune-Affranchie. On porte comme une relique la tête de Chalier jusqu'à la Convention.

Comme Marat, comme Joseph Bara, comme Viala, comme Le Peletier de Saint-Fargeau, Chalier est un martyr de la Liberté.

Imagine-t-on, interroge Collot d'Herbois, le désespoir des patriotes lyonnais, de purs sans-culottes, quand on leur annonce la création d'un Comité de clémence, puis l'arrestation du général Ronsin, de Vincent ?

L'un de ces patriotes a choisi de mettre fin à ses jours !

« On veut modérer le mouvement révolutionnaire, s'écrie Collot d'Herbois. Eh, dirige-t-on une tempête ? Eh bien ! La Révolution en est une. On ne peut, on ne doit point en arrêter les élans. »

Robespierre doit réagir. Il monte à la tribune des Jacobins le 25 décembre 1793 (5 nivôse an II).

« Le gouvernement révolutionnaire, dit-il, doit voguer entre deux écueils, la faiblesse et la témérité, le modérantisme et l'excès ; le modérantisme qui est à la modération ce que l'impuissance est à la chasteté et l'excès qui ressemble à l'énergie comme l'hydropisie à la santé. »

Et il frappe, sur l'un et l'autre « écueils » : « les bonnets rouges sont plus voisins des talons rouges qu'on ne pourrait le penser ».

Il dénonce ces « barons démocrates frères des marquis de Coblence ».

« Le fanatique couvert de scapulaires et le fanatique qui prêche l'athéisme ont beaucoup de rapports. »

Voilà pour les ultra-révolutionnaires.

Et voici pour les Indulgents, ces « citra-révolutionnaires ».

« S'il fallait choisir entre un excès de ferveur patriotique ou le marasme du modérantisme, il n'y aurait pas à balancer... Gardons-nous de tuer le patriotisme en voulant le guérir. »

Et la menace vient :

« Le gouvernement révolutionnaire doit aux bons citoyens la protection nationale ; il ne doit aux ennemis du peuple que la mort. »

Les ultras, ou les Indulgents ?

10.

Mais qu'est-ce qu'un « ennemi du peuple » dans ce Paris de l'hiver 1794, ces mois de nivôse, pluviôse de l'an II de la République, quand les citoyens les plus pauvres – la majeure partie de la population – sont tenaillés par la faim ?

Le pain est cher, rare. Mais ce sont toutes les « subsistances » qui manquent. Et les lois sur le maximum des prix des denrées sont inefficaces.

Les violences se multiplient. Flambées de colère sur fond de désespoir.

On pille les boulangeries. Des femmes crient. On proteste contre l'inégalité, car les boutiques de luxe sont bien fournies.

Un informateur de police au service du Comité de sûreté générale écrit :

« Partout on ne fait que parler de la misère qui nous menace ; la guillotine n'est point à craindre à présent : pour mourir de faim autant vaut la guillotine ! »

Les assemblées populaires sont tumultueuses.

Les « ultra-révolutionnaires » dominent le club des Cordeliers.

On y acclame Momoro, un « vrai » patriote. Libraire-éditeur, il s'est engagé l'un des premiers dans la lutte contre le « despotisme ». Il est devenu « le premier imprimeur de la liberté ». Et il réalise, à bon prix, les travaux d'impression de la Commune de Paris.

Il a été de toutes les journées révolutionnaires et c'est lui qui, dès 1791, a inventé la devise de la République : « Liberté, Égalité, Fraternité ».

Il a obtenu de Pache, le maire de Paris, qu'elle soit inscrite sur les façades de tous les édifices publics.

On l'écoute lorsqu'il invoque l'égalité, et clame qu'il faut appliquer la « main chaude » sur la nuque de tous les riches.

Il a à ses côtés Hébert et ces Cordeliers qui ont pris la succession des Enragés.

Le Comité de sûreté générale a sévi contre ces derniers.

Jacques Roux, leur meneur, est emprisonné et, désespéré, a déjà tenté de se suicider.

« Je méprise la vie, a-t-il dit. Un sort heureux est réservé aux amis de la liberté dans la vie future. »

Et l'informateur de police signale qu'on entend parfois rappeler la phrase lancée par Manon Roland :

« Il est venu le temps prédit où le peuple demandant du pain, on lui donne des cadavres. »

Alors les Cordeliers sont écoutés quand ils réclament la mise en liberté du général Ronsin, de Vincent, toujours emprisonnés, parce qu'ils seraient des « ultras », des « patriotes exagérés », hostiles à la politique du Comité de salut public et du Comité de sûreté générale.

Un « ennemi du peuple », n'est-ce pas celui qui conteste la politique du gouvernement révolutionnaire ?

Maximilien Robespierre qui l'anime se sent visé quand Hébert attaque « ceux qui, avides de pouvoirs qu'ils accumulent, mais toujours insatiables, ont inventé et répètent pompeusement dans le grand discours le mot "ultra-révolutionnaire" pour détruire les amis du peuple qui surveillent leurs complots ».

Maximilien est encore plus blessé par les propos de Momoro qui dénonce :

« Tous ces hommes usés en république, ces jambes cassées en révolution qui nous traitent d'exagérés parce que nous sommes patriotes et qu'ils ne veulent plus l'être. »

Lui, Maximilien, une « jambe cassée en révolution » ?

Il est abattu, épuisé, avec au cœur un sentiment d'amertume, d'impuissance et de désespoir.

Il écrit ces vers :

Le seul tourment du juste à son heure dernière
Et le seul dont alors je serai déchiré
C'est de voir en mourant la pâle et sombre vie
Distiller sur mon front l'opprobre et l'infamie
De mourir pour le peuple et d'en être abhorré.

Mais au-delà de sa personne, atteinte, rongée par la fatigue, c'est le sort de la Révolution qui lui semble remis en question par ces Cordeliers, ces « ultras », ces Exagérés qu'Hébert entraîne, excite, lorsqu'il écrit dans *Le Père Duchesne* :

« Millions de foutre, mon sang bouillonne de voir le peuple ballotté par les fripons et les traîtres ! Ça finira, foutre !

« Le sans-culotte a ébranlé tous les trônes des despotes et les marchands nous feraient la loi... ?

« Que l'on commence donc par balayer toutes les autorités constituées, qu'on fasse sortir le restant des immondices de l'ancien régime.

« Pour tuer d'un seul coup l'aristocratie fermière et marchande, que l'on divise toutes les grandes terres en petites métairies...

« Voilà, foutre, le seul moyen de rogner les ongles des gros fermiers et de réprimer leur aristocratie...

« Tremblez, sangsues du peuple, sa hache est levée pour vous frapper ! Il suffit de sa volonté pour vous réduire en poudre. Le jour de la vengeance est arrivé, elle sera terrible, foutre ! »

Il faut agir contre ces « ultras » dont les informateurs assurent qu'ils préparent une « sainte insurrection », qu'ils veulent « épurer » la Convention, qu'ils jugent que les pouvoirs sont infestés par les « nouveaux Girondins, brissotins qui se sont installés sur la Montagne, mais qui ne sont que des Indulgents ».

Robespierre hésite.

Et les patriotes se divisent.

Les plus modérés soutiennent Danton et Camille Desmoulins, lisent *Le Vieux Cordelier*, le journal de Desmoulins.

Ils ont été bouleversés par l'exécution des députés girondins, par ce sang répandu.

Ils sont effrayés par les propos des Cordeliers, des sans-culottes qui disent que « tant qu'on ne guillotinera pas quelqu'un, cela ne finira pas ».

Et Hébert et les Cordeliers s'indignent de l'attitude de Robespierre à l'égard des Indulgents, et en particulier de Camille Desmoulins, son condisciple du collège Louis-le-Grand, son ami dont il fut le témoin à son mariage avec Lucile. Et Maximilien, dit-on, pensa à épouser la sœur de Lucile.

« Apprends, Camille, lui a-t-il dit, que si tu n'étais pas Camille on ne pourrait avoir autant d'indulgence pour toi. »

Et à la tribune des Jacobins, Robespierre, brandissant les numéros du *Vieux Cordelier*, a ajouté que l'on ne pouvait avoir que « du mépris pour les blasphèmes que contiennent ces numéros ».

Mais, protecteur et hautain, il a poursuivi : « Desmoulins n'est qu'un enfant étourdi, dont il faut exiger qu'il prouve son repentir de toutes ces étourderies en quittant ces compagnies qui l'ont perdu. »

Qui vise Robespierre ? Danton ? Fabre d'Églantine ce corrompu, ce fripon, qu'on ne voit jamais « que la lorgnette à la main et qui sait si bien exposer les intrigues au théâtre » ?

Fabre est arrêté, impliqué dans les affaires ténébreuses de la Compagnie des Indes.

Et Billaud-Varenne a lancé, le bras tendu vers Danton et Desmoulins : « Malheur à celui qui a siégé aux côtés de Fabre d'Églantine. »

Desmoulins doit donc, ajoute Robespierre, après l'arrestation de Fabre, reconnaître ses erreurs.

« Il faut brûler les numéros du *Vieux Cordelier* au milieu de la salle », conclut-il.

Camille Desmoulins ne baisse pas la tête, défie du regard Maximilien et lance :

« Brûler n'est pas répondre. »

Ces mots ont souffleté Maximilien.

L'Incorruptible s'agrippe à la tribune comme si on venait de le frapper, de le faire chanceler. Et sa réponse est impitoyable, menaçante :

« Puisque Desmoulins le veut, qu'il soit couvert d'ignominie ! L'homme qui tient si fortement à des écrits si perfides est peut-être plus qu'égaré. »

Mais cette « répudiation » de Desmoulins par Robespierre ne suffit pas aux Cordeliers.

Le fanatisme politique se nourrit aussi des haines et des passions personnelles, de l'atmosphère des réunions du club des Jacobins ou du club des Cordeliers. De l'exaltation nerveuse qui depuis 1789, près de cinq années maintenant, tend chacun des acteurs comme une corde prête à se rompre.

« N'oubliez jamais, Cordeliers, s'écrie Hébert, que c'est pendant le calme que la foudre se prépare. On nous a peint Camille Desmoulins comme un enfant... Citoyens, défiez-vous des *endormeurs* et soyez toujours l'avant-garde courageuse, la sentinelle fidèle de la Révolution. On vous dit que les brissotins sont anéantis et il reste encore soixante et un coupables à punir... Que l'armée révolutionnaire marche, la guillotine en avant, et je vous réponds de l'abondance. »

Il suffirait donc de continuer à faire rouler de plus en plus de têtes dans le sac pour que cesse la disette, que les fournées de pain s'entassent dans les boulangeries.

Et ceux qui ne partagent pas ce point de vue sont des « endormeurs » et une fois encore Maximilien Robespierre est ulcéré qu'on le nomme ainsi, qu'on l'accuse d'être un « ambitieux ».

Il se cabre devant ce qu'il ressent comme une injustice, d'abord contre lui-même mais aussi contre la politique des Comités et celle de la Convention.

Comment oublier les victoires aux frontières, en Vendée, la réduction des villes rebelles, les décrets votés par les conventionnels, instituant l'enseignement primaire, obligatoire et gratuit, s'opposant au « vandalisme » – le mot est inventé par l'abbé Grégoire – qui, au nom de la lutte contre le fanatisme, détruit les archives, les statues, dégrade les monuments, saccage ainsi le patrimoine de la nation ?

Comment oublier que la Convention vient de décréter l'abolition de l'esclavage dans les colonies françaises, sans indemnisation des propriétaires ?

Il faut défendre contre les ultras, contre les Indulgents, la politique des Comités de la Convention, la seule possible.

Robespierre monte à la tribune de la Convention, le 5 février 1794 (17 pluviôse an II).

Sa voix est celle d'un prédicateur qui évoque la « justice éternelle » gravée dans le cœur de tous les hommes.

« Nous voulons, dit-il, substituer dans notre pays la morale à l'égoïsme, la probité à l'honneur, les principes aux usages, les devoirs aux bienséances, l'empire de la raison à la tyrannie de la mode, le mépris du vice au mépris du malheur, la fierté à l'insolence, la grandeur d'âme à la vanité, l'amour de la gloire à l'amour de l'argent, les bonnes gens à la bonne compagnie, le mérite à l'intrigue, le génie au bel esprit, la vérité à l'éclat, le charme du bonheur aux ennuis de la volupté, la grandeur de l'homme à la noblesse des grands, un peuple magnanime, puissant, heureux, à un peuple aimable, frivole et méprisable. »

Il a du mal à reprendre son souffle, les yeux fixes, levés comme s'il attendait un jugement, un signe de cet Être suprême auquel il croit.

Puis, comme s'il découvrait qu'il était suspendu, trop haut au-dessus de cet abîme de silence dans lequel son prêche a plongé la Convention, il dit d'une voix tranchante, toisant les députés :

« Le ressort du gouvernement révolutionnaire est à la fois la Vertu et la Terreur : la Vertu sans laquelle la Terreur est funeste. La Terreur sans laquelle la Vertu est impuissante. »

La guillotine comme machine à rendre les hommes vertueux.

Dix jours plus tard, le 26 février 1794 (8 ventôse an II), Saint-Just relaie Robespierre.

Celui-ci, depuis son discours, s'est enfermé chez les Duplay, malade, épuisé, incapable de faire plus que quelques pas, muet.

Et c'est l'« archange » Saint-Just qui demande à la Convention la mise sous séquestre des biens des suspects, qui seront distribués aux indigents.

Ces « décrets de ventôse », que vote la Convention, sont une manœuvre pour tenter de réduire l'influence auprès des sans-culottes de tous les Cordeliers, d'Hébert, de Momoro, qui ne désarment pas.

Le général Ronsin et Vincent ont été libérés, mais cela n'a fait qu'attiser leur colère.

On vient d'apprendre que Jacques Roux, l'Enragé, a une deuxième fois attenté à ses jours et qu'il a succombé, qu'il est mort en prison !

Et cela révolte un peu plus les Cordeliers, contre les Indulgents.

Danton et Desmoulins, accusent-ils, réclament des mesures d'indulgence pour les aristocrates, les Girondins, et Jacques Roux meurt !

Danton a agrandi ses propriétés d'Arcis-sur-Aube, il est devenu un homme riche qui veut jouir de sa jeune femme. « Je la baise tous les jours », dit-il à qui veut l'entendre, et pendant ce temps-là, on crève de faim faubourg Saint-Antoine et Robespierre, après avoir dit qu'il préférait « le bonheur à la volupté », se terre.

Malade ? Lâche ou empoisonné ?

Ce sont les rumeurs que l'on se murmure à l'oreille, disent les observateurs de police.

Alors, Saint-Just peut bien proposer en partage les biens des suspects, ordonner qu'on dresse dans chaque commune un état des patriotes indigents, qui peut imaginer que cela va changer le sort des affamés, des miséreux ?

Et il ne suffit pas de proclamer :

« Que l'Europe apprenne que nous ne voulons plus un malheureux ni un oppresseur sur le territoire français ! Que cet exemple fructifie sur la terre, qu'il y propose l'amour des vertus et le bonheur ! Le bonheur est une idée neuve en Europe. »

Assez de mots !

Au club des Cordeliers, Momoro, Hébert, Vincent, Ronsin appellent à nouveau à l'insurrection contre le Comité de salut public. « L'insurrection est une Sainte insurrection, voilà ce que vous devez opposer aux scélérats. »

Carrier, qui arrive de Nantes où il a « noyé » la contre-révolution, incite à se rendre auprès de la Commune, pour qu'elle se rallie à l'insurrection des Cordeliers.

Et ceux-ci décident de couvrir d'un voile noir la Déclaration des droits de l'homme et du citoyen, parce qu'elle n'est pas appliquée, et qu'elle est à leur encontre en permanence violée.

Faut-il sévir contre les Cordeliers ? Ou bien tenter une mesure de conciliation ?

Collot d'Herbois propose une « union indissoluble » entre le club des Jacobins et le club des Cordeliers.

Et on dévoile la Déclaration des droits.

Mais cette « entente » ne dure que quelques heures.

Robespierre reparaît, plus pâle encore, mais le visage et la voix acérés. C'est une lame.

Et Saint-Just intervient, dénonçant les « factions de l'étranger et la conjuration ourdie par elles dans la République française pour détruire le gouvernement républicain par la corruption et affamer Paris ».

Il critique les « sociétés populaires » autrefois « temple de l'égalité ». Mais depuis « il y a dans ces sociétés trop de fonctionnaires, trop de citoyens, le peuple y est nul ».

Pourquoi dès lors les réunions, suivre leurs débats ? Il faut simplement soutenir les Comités, le gouvernement révolutionnaire.

« Les factions sont un crime. Il ne faut point de parti dans un État libre… Il y a dans Paris un parti, des placards royalistes, l'insolence des étrangers et des nobles. »

Saint-Just s'interrompt, se tourne vers Robespierre, comme s'il quêtait une approbation.

L'un et l'autre ont la même pâleur, Saint-Just moins apprêté, juvénile, Robespierre guindé, comme si son apparence et son corps étaient aussi « incorruptibles ».

« Tous les complots sont unis, reprend Saint-Just, ce sont les vagues qui semblent se fuir, se mêlent cependant. La faction des Indulgents qui veulent sauver les criminels et la faction de l'étranger qui se montre hurlante, qui tourne la sévérité contre les défenseurs du peuple.

« Mais toutes ces factions se retrouvent la nuit pour concerter leurs attentats ou se combattre, pour que l'opinion se partage entre elles, ensuite, pour étouffer la liberté entre deux crimes. Ultras et Indulgents sont les deux faces d'un unique complot. »

Dans la nuit du 13 mars 1794 (23 ventôse an II), Hébert, Vincent, Momoro, Ronsin et d'autres Cordeliers sont arrêtés. Ni la Commune, avec Chaumette, ni la garde nationale commandée par Hanriot ne protestent.

Elles refusent d'entrer en insurrection contre les Comités de salut public et de sûreté générale.

Et le peuple des sans-culottes, épuisé, affamé, sceptique et stupéfait, préoccupé de trouver chaque jour des « subsistances », n'a plus la force de se lever.

Il se défie aussi de ces « bavards » qui font souvent bombance alors qu'il crève de faim.

Ces luttes entre les factions parisiennes fascinent les cours d'Europe. On veut y voir l'annonce de la fin de la poussée révolutionnaire.

On commente avec passion le livre que vient de publier le publiciste genevois Mallet du Pan.

Il a vécu à Paris, entre 1782 et 1792, et collaboré régulièrement au *Mercure de France*. Monarchiste « constitutionnel », il a conseillé Louis XVI et s'est réfugié à Berne, avant la prise des Tuileries, le 10 août, mais il continue d'observer les événements qui secouent la France et bouleversent toute l'Europe.

Son livre, *Considérations sur la nature de la Révolution de France*, affirme que sur les ruines de l'Ancien Régime, le pouvoir est à prendre à Paris.

Aucune des factions en présence, celles des sans-culottes, qu'ils soient indulgents ou ultra-révolutionnaires, celles des royalistes, appuyées ou non par les émigrés et le clergé, ne peuvent réussir à s'emparer du pouvoir.

Elles s'entredévoreront.

Le pouvoir tombera donc nécessairement entre les mains d'un général, qui brandira le glaive victorieux et rétablira l'ordre auquel aspirent les citoyens de ce pays, après plus de cinq années de troubles incessants.

En France, au printemps 1794, rares sont ceux qui ont le loisir de lire le livre de Mallet du Pan et de réfléchir à sa prophétie.

11.

Survivre, jour après jour, et non penser à l'avenir lointain, voilà ce qui obsède et angoisse le citoyen, en l'an II de la République.

On a faim.

Devant quelle boulangerie, quelle boucherie faudrait-il s'attrouper, attendre plusieurs heures, pour espérer acheter une boule de pain, une livre de bœuf ?

Dans les queues, on ne tourne même pas la tête pour voir passer les charrettes qui conduisent les inculpés vers le Tribunal révolutionnaire, installé au Palais de justice dans l'ancienne grand-chambre du Parlement qu'on appelle « salle de la Liberté ».

Quelles prochaines têtes l'accusateur public Fouquier-Tinville destinera-t-il au « rasoir national » ?

Parfois, on s'aventure dans la salle du Tribunal.

On se tient coi. Les citoyens qui assistent aux audiences sont surveillés par des gardes nationaux, des argousins, et si l'on manifeste on est vite saisi et livré séance tenante à Herman ou à Dumas, les présidents robespierristes du Tribunal.

Mais c'est Fouquier-Tinville qu'on craint.

Il fascine, avec ses sourcils fournis qui cachent presque de petits yeux brillants. Il est pâle, vêtu de noir, mais il a l'air goguenard, il plaisante, et cela effraie plus encore. Il est avide d'interroger, de requérir contre un accusé. Il s'attache à ses proies, les surprend par ses bons mots, ses sarcasmes, et tout à coup devient furieux lorsqu'on « lui fait péter une affaire dans les mains ».

Il veut pousser les têtes à la fenêtre « afin qu'elles roulent dans le sac ».

Et les « suspects », c'est-à-dire pour le Tribunal révolutionnaire les « accusés » et donc les « coupables », ne manquent pas.

Les Cordeliers arrêtés le 13 mars ont été conduits dans les prisons surpeuplées, où sont enfermés six mille deux cent quarante-sept détenus.

Mais certains prisonniers vivent cachés.

Danton a placé parmi les gardiens, les concierges, des hommes qui lui sont dévoués, auxquels il recommande tel ou tel détenu, ainsi ce Beugnot, un modéré, qu'on vient d'arrêter et qui, placé dans la cellule du Girondin Clavière, a vu celui-ci se poignarder sous ses yeux.

Danton veut le protéger, en ces lendemains d'arrestation des Cordeliers, il imagine, il craint que les partisans d'Hébert et de Momoro n'envahissent les prisons, ne massacrent les « suspects », comme en septembre 1792.

« Si, ce qui est possible, dit Danton au concierge de la prison, il survenait encore une attaque contre votre prison, faites descendre Beugnot et enfermez-le dans votre cuisine, puis dès que vous l'aurez belle, donnez-lui la clef des champs. »

Mais pas un sans-culotte ne se portera au secours d'Hébert et des autres Cordeliers.

Hébert qu'on admirait, dont, tant qu'il était libre, on craignait l'influence et les colères, le pouvoir du *Père Duchesne*, n'est plus le lendemain de son arrestation qu'un homme sur lequel les journalistes à gages, au service du Comité de salut public ou du Comité de sûreté générale, déversent un tombereau d'immondices.

Le journaliste Dusaulchoy qui a toujours servi les puissants – de La Fayette à Brissot et pour l'heure Robespierre – est le plus acharné à calomnier, volant même à Hébert son style.

« Hébert est un filou, la mèche de tous les complots, écrit-il, un démoniaque, un grand fripon, un escogriffe, un chenapan, bientôt le rasoir national lui fera la barbe d'une bonne manière… car le dessous des cartes est enfin découvert ; les guinées d'Angleterre, les florins de l'Autriche, procuraient toutes ces braveries à ces drôles devenus si pimpants, tenant toujours table ouverte comme de ci-devant fermiers généraux. »

Ce journaliste aux ordres n'est que le porte-parole des Comités et de Robespierre.

Il invite les citoyens à se « rallier tous à la Convention nationale ».

« C'est là, foutre, le centre où tout doit aboutir. »

Et pour mieux détruire la popularité d'Hébert, il rapporte que « le bougre avait dans sa cave une provision de porc salé, avec cela il riait, il s'en donnait à cœur joie, tandis que nous foutions la faim… ».

Et il n'hésite pas à évoquer l'épouse d'Hébert, une ancienne religieuse.

« C'est sa Jacqueline qu'il fallait voir, écrit Dusaulchoy. Imaginez-vous une sacrée nonne défroquée, laide comme le péché mortel, méchante, acariâtre, insolente, en un mot l'excrément de la nature.

« C'était, foutre, de voir cette pisseuse-là, endimanchée, comme elle se rengorgeait avec des dentelles aussi belles que celles qu'avait la défunte veuve Capet.

« Cette mijaurée a été aussi claquemurée de même que Monsieur son mari, et vantez-vous citoyens, que la bonne dame pourra bien faire une visite à Sainte Guillotine… »

Un tel article de commande annonce un procès conclu avant d'avoir été ouvert, comme l'avait été celui des Girondins.

Il durera du 21 mars au 24 mars 1794 (du 1er au 4 germinal an II).

Sur les bancs du Tribunal se pressent, assis côte à côte, vingt accusés, habilement « amalgamés » : Hébert et les Cordeliers, Momoro, Vincent, Ronsin côtoient Cloots, l'« orateur du genre humain », des corrompus, des banquiers étrangers (Proly), des agents au service de Dumouriez, et même un mouchard qui sera le seul acquitté.

Hébert à l'annonce du verdict de mort s'évanouit.

Et il tremblera tout au long du chemin qui le conduit vers la guillotine. Debout, Cloots crie, interpelle les citoyens, peu nombreux, qui regardent passer la charrette :

« Mes amis, je vous prie ! Ne me confondez pas avec ces coquins », répète-t-il. Et avant que sa « tête ne soit à la fenêtre » il a le temps de lancer : « Adieu au genre humain. »

Dans les sections sans-culottes, on affirme pour expliquer le verdict que les Cordeliers alliés des corrompus animaient la « conjuration », la « conspiration » de l'étranger, qu'ils étaient complices et stipendiés de Pitt et de Cobourg.

Leur mort était ainsi un acte de justice et de sauvegarde.

« Si l'enfer est contre nous, dit Couthon, le ciel est pour nous et le ciel est maître de l'enfer. »

Et Robespierre explique :

« Ce qui constitue la République c'est la destruction de tout ce qui lui est opposé. On est coupable contre la République parce qu'on s'apitoie sur les détenus ! On est coupable parce qu'on ne veut pas de la Vertu ! On est coupable parce qu'on ne veut pas de la Terreur. »

Qui entend ce discours de Robespierre sait bien qu'il menace Danton et Camille Desmoulins et leur faction, celle des Indulgents.

Et après l'exécution des Girondins, puis des Cordeliers, de ces personnalités aussi engagées dans la Révolution qu'étaient Brissot ou Barbaroux, Hébert ou Momoro, on pressent que la mort, inéluctablement, conclura la lutte contre la faction des Indulgents.

« La férocité entre les patriotes est plus acharnée que jamais », note le libraire Ruault, qui partage, sans les afficher, les idées des Indulgents.

« Danton et Camille Desmoulins proposent aujourd'hui des Comités de clémence au lieu des Comités révolutionnaires, écrit Ruault.

« Mais ceux qui dominent le Comité de salut public et la Convention nationale ne les écoutent point. L'odeur du sang qu'ils répandent les anime. Ils traitent Danton et Camille

Desmoulins de contre-révolutionnaires. Je ne vois encore que ces deux-là qui soient revenus au bon sens… Mais le Comité de salut public n'est pas encore las de détruire. Sur douze membres dont il est composé, huit sont si exaltés dans leurs idées révolutionnaires que la raison, l'humanité ne peuvent se faire entendre ni à leurs oreilles ni à leurs cœurs. Les quatre hommes honnêtes qui sont là (Carnot, Lindet, Prieur et Jean Bon Saint-André) ne se mêlent point au Tribunal révolutionnaire. Ils ont chacun leur bureau, leur besogne à part et confèrent rarement avec Robespierre, Collot d'Herbois, Billaud-Varenne, Couthon, Saint-Just, Barère… Le succès de nos armées enfle le cœur de ceux-là, et les encourage à la destruction des citoyens ; ils attribuent ce succès aux mesures de règne et de cruauté qu'ils exercent… »

Cette *Terreur*, les hommes des Comités, et d'abord Maximilien Robespierre, veulent qu'elle effraie – qu'elle « terrorise » – mais aussi qu'elle soit toujours associée à la *Vertu*.

Il faut que les sans-culottes, le peuple des démunis, des ouvriers, des indigents, ces citoyens qu'avaient séduits Marat, les Enragés et les Cordeliers, qui partageaient les « colères du Père Duchesne » se persuadent qu'on peut avoir décapité Hébert et Momoro, mais sévir contre les accapareurs.

Et pour cela les visites domiciliaires, les perquisitions se multiplient, dans ces courtes journées de l'hiver puis celles du printemps de l'an II.

« À trois heures de l'après-midi les canonniers rassemblés ainsi que la cavalerie et plusieurs détachements de la force armée de réserve ont marché sans bruit, et le Palais-Égalité, ci-devant Palais-Royal, a été investi. On a fait des visites chez les traiteurs, restaurateurs et marchands de comestibles. On a examiné les citoyens qui s'y trouvaient. À huit heures les sentinelles ont été levées. On ignore le nombre de personnes arrêtées. »

Ces mesures confirment l'idée que Maximilien Robespierre est bien cet Incorruptible, ce vertueux en qui l'on peut avoir confiance.

Dans ces premiers jours de germinal an II (mars 1794), qui ont vu les Cordeliers jugés, condamnés, exécutés, un conventionnel confie :

« Toutes les factions, tous les partis se taisent devant Robespierre. Il dirige toutes les délibérations. L'opinion publique l'investit et n'investit que lui. Tout ce qu'il dit sont des oracles, tout ce qu'il blâme sont des erreurs. Si cette occasion échappe, jamais, non, jamais, il ne la retrouvera. »

Robespierre le sait.

C'est maintenant qu'il doit écraser les Indulgents, ceux qui furent si proches de lui, comme Camille Desmoulins, ceux qui furent ses alliés, comme Danton.

Le 1er germinal an II (21 mars), le jour même de l'ouverture du procès des Cordeliers, il a dit à la tribune du club des Jacobins :

« Ce n'est pas assez d'étouffer une faction, il faut les écraser toutes, il faut attaquer celle qui existe encore avec la même fureur que nous avons montrée en écrasant l'autre. »

Et lorsque Camille Desmoulins se présente chez les Duplay, demandant à voir Maximilien, on le rejette, lui l'ami de collège. Desmoulins désemparé s'éloigne, sûr qu'il est condamné. Et cependant quand, désespéré, il fait part de ses craintes à Danton, celui-ci hausse les épaules.

Il a entendu, lui aussi, les paroles de l'Incorruptible qui dénonce les Indulgents, ces « fripons » qui vont gangrener les armées, s'appuyer sur les fonctionnaires corrompus. « Et les armées seront battues. »

Mais Danton croit à sa force, à son invulnérabilité.

Il peut compter sur le général Westermann qui a battu les Vendéens, sur Tallien qui vient d'être élu président de la Convention et dont on sait avec quelle détermination il a appliqué la politique de la terreur à la ci-devant Bordeaux, sur Legendre, l'un des vainqueurs de la Bastille, qui a fondé le club des Cordeliers et a été élu président du club des Jacobins. Danton compte aussi sur le réalisme de Robespierre.

Les deux hommes viennent ce 1er germinal de sabler ensemble le champagne, de s'embrasser, et Danton a dit à Maximilien :

« Avant six mois, toi-même, tu seras attaqué Robespierre, si nous nous divisons. »

Danton est si sûr de lui qu'il répond au conventionnel Thibaudeau qui lui répète « Robespierre conspire ta perte. Ne feras-tu rien pour le prévenir ? » :

« Si je le croyais, je lui mangerais les entrailles. »

Et Danton affirme qu'on n'osera pas l'attaquer, qu'il voue Robespierre à l'« exécration ».

Puis tout à coup, le tribun s'assombrit. Il se lamente comme s'il comprenait brusquement la gravité du péril… Mais quand on lui propose de fuir, il répond :

« On n'emporte pas sa patrie à la semelle de ses souliers. »

Puis, après avoir prononcé cette phrase d'une voix forte, il murmure d'un ton las :

« J'aime mieux être guillotiné que guillotineur, d'ailleurs l'humanité m'ennuie. »

Il n'imagine pas la haine et le mépris que lui voue Robespierre.

L'Incorruptible s'emploie à convaincre les membres des Comités qu'il faut en finir avec Danton.

« Comment un homme à qui toute idée de morale est étrangère peut-il être le défenseur de la liberté, commence Robespierre. Le mot de *vertu* fait rire Danton. Il n'y a pas de vertu plus solide, répète-t-il plaisamment, que celle que je déploie toutes les nuits avec ma femme.

« Voilà l'âme ingrate et noire de Danton. Il professe pour le vice une tolérance qui doit lui donner autant de partisans qu'il y a d'hommes corrompus dans le monde. »

Et Billaud-Varenne murmure : « Il faut tuer Danton. »

Et Saint-Just ajoute : « Si nous ne le faisons guillotiner, nous le serons ! »

Dans cette nuit du 9 germinal an II (29 mars), Saint-Just présente aux membres des Comités de salut public et de sûreté générale l'ordre d'arrêter Danton, Camille Desmoulins et les Indulgents, avant même que soit voté le décret d'accusation.

On vient d'apprendre que, la veille, Condorcet, proche des Girondins, dernier des grands philosophes qui a vécu plusieurs mois terré chez une amie, rédigeant son *Esquisse d'un tableau historique des progrès de l'esprit humain*, a été arrêté et s'est suicidé dans la prison de Bourg-la-Reine. Mais qui s'en émeut ?

Tous les membres des Comités, à deux exceptions près, signent l'ordre d'arrestation dont ils savent qu'il vaut jugement de mort.

Le vieil archiviste Rühl, membre du Comité de sûreté générale, et Robert Lindet, chargé des questions d'approvisionnement au sein du Comité de salut public, ont refusé de signer.

L'un et l'autre avaient averti Danton de la menace qui pesait sur lui. En vain.

Lindet, en repoussant la feuille de signature, dit, fièrement, sachant qu'il risque sa vie :

« Je suis ici pour nourrir les citoyens et non pour tuer les patriotes. »

On arrête Danton le 10 germinal an II (30 mars 1794) à six heures du matin.

Il a passé la nuit « près du foyer, dans sa chambre de travail, le corps penché dans l'âtre, abîmé dans ses réflexions. De temps à autre il sort de son immobilité pour tisonner avec violence, puis on l'entend pousser de profonds soupirs et prononcer des paroles entrecoupées. D'autres fois il se relève brusquement, se promène à grands pas dans la chambre. »

Peut-être pense-t-il que le Tribunal révolutionnaire n'osera pas le condamner, lui l'homme du 10 août 1792, et qu'on ne pourra non plus accuser Camille Desmoulins, l'homme du 14 juillet, dont les discours prononcés au Palais-Royal enflammaient les foules.

Et Danton comme Camille Desmoulins et les autres dantonistes, Delacroix, Philippeaux, se laissent arrêter sans résistance.

Paris, stupéfait, apprenant la nouvelle, ne bouge pas.

Quelques conventionnels tentent de rassembler les députés. Legendre monte à la tribune de la Convention, demande que Danton et ses amis soient entendus par l'Assemblée :

« Je crois Danton aussi pur que moi, dit-il. Le 10 août, l'ennemi était aux portes de Paris. Danton vint et ses idées sauvèrent la patrie… »

Murmures, émotion, quelques remous dans les travées peut-être lancés contre Robespierre. Mais l'Incorruptible gagne la tribune, et d'une voix glacée lance :

« Il s'agit de savoir si aujourd'hui quelques hommes doivent l'emporter sur la patrie… Nous verrons si dans ce jour la Convention saura briser une prétendue idole pourrie depuis longtemps ou si, dans sa chute, elle écrasera la Convention et le peuple français. »

Robespierre fixe Legendre :

« Je dis que quiconque tremble est coupable car jamais l'innocence ne redoute la surveillance publique. »

QUATRIÈME PARTIE

1er avril 1794 - 27 juillet 1794
12 germinal - 9-10 thermidor an II
« L'échafaud te réclame »

« Infâme Robespierre, l'échafaud te réclame, tu me suis.
Peuple, je mourrai digne de toi… »

DANTON à son procès
13-16 germinal an II (2-5 avril 1794)

« La Révolution est glacée. Tous les principes sont affaiblis.
Il ne reste que des bonnets rouges portés par l'intrigue.
« L'exercice de la terreur a blasé le crime
comme les liqueurs fortes blasent le palais. »

SAINT-JUST, *Carnets*
printemps de l'an II

« Je suis fait pour combattre le crime, non pour le gouverner.
Je leur lègue la vérité terrible et la mort. »

Maximilien ROBESPIERRE, Discours à la Convention
8 thermidor an II (26 juillet 1794)

12.

En ces premiers jours du mois d'avril 1794, note un bourgeois parisien, « il fait de la pluie et chaud, et après des bourrasques, le ciel lavé est d'un bleu étincelant. Tous les arbres sont en fleurs et tous les jardins et tous les arbres non fruitiers sont en feuilles. Il y a bien des années qu'on n'a vu l'année si avancée. »

Jamais mois qui commence n'a si bien porté son nom révolutionnaire, germinal.

Et pourtant les citoyens, au lieu d'être à l'unisson de la légèreté vivace de ce printemps joyeux, sont mornes.

Un indicateur de police rapporte au Comité de sûreté générale qu'à l'annonce de l'arrestation de Danton, de Camille Desmoulins et de leurs amis, on dit dans la queue qui s'allonge devant une boulangerie :

« Marat a été bienheureux d'être assassiné car il aurait été guillotiné comme les autres. »

Il y a quelques jours Hébert et les Cordeliers ont été décapités, et demain, qui peut en douter, Danton et les siens le seront.

Et quels autres encore, après ceux-là, seront livrés à la « vengeresse du peuple », et, col de la chemise déchiré, cheveux coupés, seront attachés sur la planche, offrant leurs nuques dénudées au « rasoir national », à l'« aimable guillotine », à la « main chaude » ?

On ne prononce pas ces commentaires et ces questions à haute voix. On les chuchote.

On craint les mouchards, les indicateurs, de plus en plus nombreux, car le Comité de salut public a décidé de créer son Bureau de police, et les membres du Comité de sûreté générale sont ulcérés de cette encoche dans leurs prérogatives, la police intérieure précisément.

Ils soupçonnent les membres du Comité de salut public de vouloir instaurer une dictature, qui serait celle de Maximilien Robespierre.

Et même au sein du Comité de salut public, on s'inquiète de la suprématie de fait de l'Incorruptible.

Carnot, dans un rapport à la Convention, déclare le 1er avril (12 germinal) :

« Malheur à une République où le mérite d'un homme, où sa vertu même serait devenue nécessaire. »

C'est Robespierre qui, à l'évidence, est visé.

Rares sont ceux qui ont le courage de Carnot.

Partout, dans la rue comme dans les sections sans-culottes, dans les Comités, et à la Convention, tout le monde se méfie, rentre la tête dans les épaules, tremble.

Les députés, fascinés, ont écouté Saint-Just lire à la tribune de la Convention le rapport qui doit se conclure par le vote du décret d'accusation contre Danton et Camille Desmoulins.

Les mots tombent comme autant de couperets, mais la voix est légère, accordée à l'élégance presque féminine de Saint-Just qui, d'un mouvement de la main droite, accompagne ses formules les plus tranchantes.

Chaque conventionnel sait qu'au bout du discours, et du vote du décret, la mort seule est offerte.

Et Saint-Just le reconnaît :

« Il y a quelque chose de terrible dans l'amour de la patrie, dit-il, il immole sans pitié. »

Le portrait que Saint-Just dresse de Danton et des dantonistes est impitoyable.

Danton a été, dit-il, le protégé de Mirabeau, ce « personnage affreux ». Il était aux côtés de Dumouriez, le traître, le déserteur. Il a cherché à sauver les Girondins. Il a fait l'apologie des hommes corrompus dont il a été le complice.

« Méchant homme, Danton a comparé l'opinion publique à une femme de mauvaise vie. Il a dit que l'honneur était ridicule, que la gloire et la postérité étaient une sottise. Et ces maximes devaient lui concilier l'aristocratie. »

« Je suis convaincu, martèle Saint-Just, que cette faction des Indulgents est liée à toutes les autres, qu'elle fut hypocrite dans tous les temps, vendue d'abord à la nouvelle dynastie. »

Danton a été le complice de feu le ci-devant duc d'Orléans. Et la voix de Saint-Just devient plus aiguë pour conclure, la main droite soulignant toujours d'un mouvement vif chaque mot :

« Que tout ce qui fut criminel périsse : on ne fait point de République avec des ménagements, mais avec la rigueur farouche, la rigueur inflexible envers ceux qui ont trahi. »

Beaucoup de mots, une forte conviction, mais peu de preuves. Et cependant, le décret d'accusation est voté.

On a joint à Danton et à ses amis des corrompus, des financiers étrangers, et on a fait de Fabre d'Églantine l'accusé principal, comme si ce fripon était le cœur de la faction des Indulgents.

Cet homme de quarante-quatre ans, qui fut jeune poète, comédien ambulant – comme Collot d'Herbois –, auteur de théâtre, d'une opérette, qui laisse un refrain, « Il pleut bergère », a été un médiocre traîne-misère que la Révolution « pousse » aux premiers rôles.

Il appelle au massacre, en septembre 1792.

Il s'enrichit. Il devient munitionnaire, vendant à l'armée à gros prix des souliers qui s'usent en une journée. Et c'est cet homme-là que Danton, devenu ministre de la Justice, a choisi comme secrétaire, le plaçant aux côtés de Camille Desmoulins, secrétaire général du ministère.

Fabre est l'un des rouages de l'affaire de la Compagnie des Indes, corrompu et corrupteur, dénonçant ses complices dont certains – Chabot, d'Espagnac – sont inculpés comme lui aux côtés de Danton.

Et cet homme-là, auteur du calendrier révolutionnaire, doit être aux yeux de ce « patriote rigide » qu'est l'Incorruptible la preuve que Danton est bien une « idole pourrie ».

Fabre d'Églantine a des « talents et point d'âme ». Il proclame des principes mais n'a point de vertu.

« Il est habile dans l'art de peindre les hommes et beaucoup plus habile à les tromper », dit Robespierre.

Fabre, au Tribunal révolutionnaire, a droit au fauteuil du principal accusé. Danton et les autres sont assis sur des bancs de bois. Danton ne serait donc qu'un conspirateur, médiocre complice de Fabre d'Églantine !

La pièce est bien montée, et Legendre, qui avait eu le courage dans les heures qui avaient suivi l'arrestation de Danton de prendre sa défense, est blâmé par les Jacobins. Il se rétracte, et sa voix tremble. Il suffirait d'un regard de Robespierre pour qu'il se retrouve parmi les inculpés, c'est-à-dire les condamnés.

« Si j'ai commis une erreur, dit Legendre, je proteste qu'elle est involontaire... Je m'en rapporte au Tribunal révolutionnaire. »

Mais Legendre sait que les quatorze prévenus – auxquels on ajoutera bientôt le général Westermann – ne peuvent rien espérer du Tribunal.

L'accusateur Fouquier-Tinville, qui fut le protégé de Danton et de Camille Desmoulins, n'ignore pas que les membres des Comités ont préparé un ordre d'arrestation à son nom et à celui du président du Tribunal Herman, afin de se prémunir contre toute faiblesse du Tribunal à l'égard des dantonistes.

Et Fouquier-Tinville a lui-même choisi parmi les soixante jurés les sept qui lui paraissent devoir être impitoyables envers les Indulgents.

Ils sont tous à leur place quand, le 13 germinal an II (2 avril 1794), les accusés répondent à l'interrogatoire d'identité.

Camille Desmoulins est grandiloquent.

« Trente-trois ans, âge de Jésus, critique pour les patriotes. »

« Georges Jacques Danton, âgé de trente-quatre ans, natif d'Arcis-sur-Aube, bientôt dans le néant ensuite dans le Panthéon de l'histoire ! M'importe peu ! C'est à pareille époque que j'ai fait instituer le Tribunal révolutionnaire : j'en demande pardon à Dieu et aux hommes. Mais le peuple respectera ma tête, oui ma tête guillotinée. »

Danton est gouailleur, méprisant, combatif, débordant d'énergie. Il veut parler, hurler. Il espère que comme l'avait fait Marat, il saura soulever, par son éloquence, ces citoyens assis dans la salle. Il se fait fort de les arracher à leur passivité, à leur peur. Et il sera comme Marat acquitté et porté en triomphe par les sans-culottes.

Il veut le croire, faire semblant d'y croire, et cependant le doute l'assaille, et il se voit, se sait perdu.

Les plus éclairés des citoyens ne s'illusionnent pas.

« L'anarchie la plus dévorante et la mort planent sur toutes les têtes, écrit le libraire Ruault. Patriotes, royalistes, suspects, mécontents, nobles, roturiers, valets, servantes, charbonniers, savetiers, banquiers, députés, tous vont mourir à la même place du même genre de mort et par la même machine qui trancha la tête du malheureux Louis XVI.

« Et c'est parce que Danton et Desmoulins ont voulu arrêter le mouvement de la guillotine qu'ils y passeront eux-mêmes…

« Danton a fait ombrage à Robespierre qui est aujourd'hui le roi de la Révolution, le pontife de l'éternel, l'apôtre de cette doctrine de l'immortalité de l'âme qu'il a fait afficher sur le fronton de tous les temples…

« L'anarchie dévore ses propres enfants, elle tue ses frères, elle mange ses entrailles, elle est enfin le plus terrible et le plus cruel de tous les monstres.

« Ce monstre affreux est aujourd'hui parmi nous dans sa plus grande vigueur. Nul de nous ne peut être sûr de l'éviter, car il frappe à tort et à travers. »

Mais Danton ne se soumet pas. Il interrompt l'accusateur Fouquier-Tinville, le président Herman. Il contraint celui-ci à l'interroger tout au long de la journée du 14 germinal.

« Les lâches qui me calomnient oseront-ils m'attaquer en face ? » clame-t-il.

Il se moque.

« C'est moi qui ai fait instituer le Tribunal, ainsi je dois m'y connaître ! » dit-il au président Herman qui veut donner des leçons de procédure.

Et peu à peu, on sent que les citoyens, dans la salle, approuvent les propos de Danton.

« Moi vendu ? Un homme comme moi est impayable ! »

« Danton aristocrate ? Sur mon front est imprimé en caractères ineffaçables le sceau de la liberté, le génie républicain. Toi, Saint-Just, tu répondras à la postérité de la diffamation lancée contre le meilleur ami du peuple, contre son plus ardent défenseur… Mon nom est accolé à toutes les institutions révolutionnaires, levée en masse, armée révolutionnaire, comités révolutionnaires, Comité de salut public, Tribunal révolutionnaire. C'est moi qui me suis donné la mort enfin ! Et je suis un modéré ! »

Il interpelle Cambon.

Ce député de la Convention est chargé des finances, et parle avec la faconde d'un Montpelliérain.

« Nous crois-tu conspirateurs, Cambon ? l'interroge Danton. Voyez, il rit. Il ne le croit pas. »

« Écrivez qu'il a ri », ajoute Danton tourné vers le greffier.

Danton ainsi mène les débats, bousculant Fouquier-Tinville et Herman qui craignent que les jurés eux-mêmes ne soient séduits par lui.

Le tribun rappelle son rôle décisif le 10 août 1792.

« Depuis deux jours le Tribunal me connaît, lance-t-il. Demain j'espère m'endormir dans le sein de la gloire. Jamais je n'ai demandé grâce et on me verra voler à l'échafaud avec la sérénité ordinaire au calme de la conscience… »

Il se tourne vers les citoyens. Il est épuisé mais il a le sentiment qu'il a convaincu ces sans-culottes.

Il a un instant d'euphorie, la garde baissée.

Il accepte la proposition du président d'interrompre les débats, de remettre au 15 germinal la suite de sa défense.

Herman a réussi à retirer la parole à Danton.

Le lendemain, 15 germinal, Danton comprend qu'il est tombé dans un piège. Il se dresse, avec Desmoulins. Il a l'intuition que des mesures ont été prises pour l'empêcher de parler.

« Le peuple un jour connaîtra la vérité de ce que je dis, crie-t-il. Voilà la dictature, le dictateur a déchiré le voile. Il se montre à découvert ! »

C'est Saint-Just qui, averti par Fouquier-Tinville et Herman de l'écho des propos de Danton, intervient devant la Convention. Il veut dénoncer, dit-il, une « nouvelle conjuration ».

Il s'agit, devant le Tribunal révolutionnaire, de la « révolte des coupables ». Il accuse Lucile Desmoulins d'avoir touché de l'argent « pour exciter un mouvement, pour assassiner les patriotes et le Tribunal révolutionnaire », afin de sauver son époux Camille.

Mais en insultant le Tribunal, en vociférant, « les coupables résistant aux lois, avouent leurs crimes ».

Saint-Just, avant de donner lecture du décret qu'il va proposer pour protéger le Tribunal révolutionnaire, avertit les conventionnels.

« Dans le péril de la patrie, dans le degré de majesté où vous a placés le peuple, marquez la distance qui vous sépare des coupables. »

La menace affleure. Refuser de voter les trois articles du décret, c'est reconnaître qu'on est proche des coupables, donc leur complice.

Alors les conventionnels approuvent le texte présenté par Saint-Just au nom des Comités de salut public et de sûreté générale.

Article 1 : Le Tribunal révolutionnaire continuera l'instruction relative à la conjuration de Fabre d'Églantine, Danton, Chabot et autres.

Article 2 : Le président du Tribunal emploiera tous les moyens que la loi lui donne pour faire respecter son autorité…

Article 3 : Tout prévenu de conspiration qui résistera ou insultera à la justice nationale sera mis hors des débats sur-le-champ.

Ce décret permet de bâillonner Danton et Desmoulins.

Celui-ci s'effondre.

« Non contents de m'assassiner, ils veulent encore assassiner ma femme », crie-t-il.

Il vient d'apprendre qu'on accuse Lucile de fomenter un complot pour le libérer.

Et il est vrai qu'avec Louise Danton, elle va de l'un à l'autre des patriotes influents pour tenter d'arracher son mari à la « vengeresse du peuple ».

Mais qui se souvient de l'amitié passée ? Il y va de la vie et de la mort.

« Voyez ces lâches assassins, dit Danton, ils nous suivront jusqu'à la mort. »

Le 16 germinal, Fouquier-Tinville demande aux jurés s'ils sont suffisamment informés pour rendre leur verdict. Le président Herman ajoute que, les accusés s'étant mal comportés envers le Tribunal, « ils sont mis hors des débats », selon l'application de l'article 3 du décret voté par la Convention.

Danton essaie de protester, mais le public, de nouveau apeuré, se tait. À peine quelques murmures quand Danton s'écrie :

« Que l'on nous conduise à l'échafaud ! Je ne disputerai point davantage ma vie à ceux qui m'assassinent. Infâme Robespierre, l'échafaud te réclame, tu me suis ! Peuple, je mourrai digne de toi ! »

Quinze condamnations à mort.

Elles ne seront pas prononcées au Tribunal devant les accusés, mis « hors des débats ».

On craint ces « forcenés ». On leur lit le verdict entre les deux guichets de la Conciergerie.

Camille Desmoulins pleure.

Danton tonitrue :

« Ton jugement, je m'en fous. »

On coupe le col de la chemise des condamnés et leurs cheveux afin de dénuder leurs nuques.

C'est le 16 germinal an II (5 avril 1794).
Il fait beau.

« Danton monta le premier dans la première des trois charrettes qui devaient conduire cette bande à la place Louis-XV dite de la Révolution, raconte un témoin.

« Il fut obligé d'attendre que ces trois charrettes fussent chargées pour marcher tous ensemble au supplice.

« Ce chargement dura plus d'une heure parce que Camille Desmoulins se débattit longtemps. Il ne voulait pas se laisser lier les mains, se laisser couper les cheveux.

« Les gendarmes furent, dit-on, obligés de prêter main-forte à l'exécuteur pour vaincre la résistance de Camille.

« Pendant ce temps, Danton riait dans la charrette :

« "Ce qui me dépite, lançait-il au peuple qui bordait les voitures près de la grille de la cour du Palais, c'est de mourir six semaines avant Robespierre."

« Camille parut enfin dans la charrette. Sa chemise était en lambeaux et lui tout essoufflé, furieux, maudissant Robespierre et le Comité de salut public et l'infâme Tribunal aux ordres de ces monstres.

« Puis Camille pleurait, murmurant le nom de sa femme Lucile et de leur fils, Horace.

« Fabre d'Églantine se plaignait qu'on eût volé chez lui un manuscrit qui allait être pillé, et ses vers étaient si beaux.

« "Des vers, s'exclama Danton, avant huit jours tu en auras fait des milliers."

« Danton, dont l'énorme tête ronde fixait orgueilleusement la foule, entendit une femme crier "Qu'il est laid".

« "Ce n'est pas la peine de me le reprocher en ce moment je ne le serai plus pour longtemps", répondit-il.

« Il avait en effet la figure taillée en tête de lion, comme Robespierre l'a en tête de chat ou de tigre. »

Il répète, plusieurs fois, tout au long de l'interminable trajet, accompli au milieu d'une foule immense mais silencieuse :

« "J'entraîne Robespierre ! Robespierre me suit." »

Il voit le peintre David qui, assis à une terrasse de café, croque le condamné :

« Valet ! » crie Danton, à celui qui fut son ami.

Il monte à l'échafaud le dernier, vers cinq heures et demie ou six heures ce 16 germinal an II.

« À mon tour », dit-il, en gravissant vite le « fatal escalier ».

« Ce n'est qu'un coup de sabre », ajoute-t-il, cependant qu'on le lie à la planche.

« Allons Danton pas de faiblesse », bougonne-t-il après avoir murmuré : « Ma bien-aimée, je ne te verrai donc plus... »

Puis forçant la voix, il dit à Samson :

« N'oublie pas surtout, tu montreras ma tête au peuple, elle en vaut la peine. »

Samson s'exécuta.

« La seule tête de Danton fut montrée au peuple. »

Il était donc bien le principal accusé de ce procès et Fabre d'Églantine seulement un paravent placé devant les citoyens pour masquer l'élimination des Indulgents, des tenants d'une autre politique, et faire d'eux des corrompus, des fripons, des conspirateurs, œuvrant pour la famille d'Orléans.

« En voyant la tête sanglante de Danton, le peuple crie : "Vive la République !"

« Les sourcils de cette tête se mouvaient fortement, les yeux étaient vifs et pleins de lumière, tandis que l'exécuteur la promenait autour de l'échafaud.

« Elle paraissait voir et respirer encore, entendre les cris de la multitude, tant le corps qu'elle venait de quitter était robuste et vigoureux. »

13.

La tête de Danton, enfouie dans un sac, et celles des autres suppliciés, et tous leurs corps mutilés ont été d'abord déposés dans un enclos proche du cimetière de la Madeleine, puis, la nuit tombée, ils ont été ensevelis dans le charnier des Errancis, non loin de là.

Et le cadavre décapité de Lucile Desmoulins, l'« adorable petite blonde », la jeune mère de vingt-trois ans, celle dont Robespierre avait été le témoin de mariage, en même temps que Pétion et Brissot, et il avait songé à épouser la sœur de Lucile, et peut-être même Lucile, ce corps-là tant aimé par Camille, une semaine plus tard jour pour jour, le 24 germinal an II (13 avril 1794), fut jeté dans le même charnier des Errancis.

Fouquier-Tinville avait condamné Lucile Desmoulins pour avoir participé à la « conspiration du Luxembourg », censée rassembler les détenus afin qu'ils se soulèvent et brisent les portes des prisons et assassinent leurs gardiens.

Mais qui pouvait croire à la réalité de ce complot ?

Parmi les dix-neuf condamnés à mort ce jour-là, il y avait, aux côtés de Lucile Desmoulins, la veuve d'Hébert, l'ancien évêque de Paris Gobel, qui avait renoncé à sa foi devant la Convention, et aussi Chaumette, le procureur de la Commune.

Personne n'était à l'abri d'une accusation inventée de toutes pièces. Si bien qu'on tuait chaque jour davantage.

Fouquier-Tinville avait demandé au nouveau président du Tribunal révolutionnaire Dumas de « serrer la botte aux bavards », afin que les inculpés ne puissent, comme avait tenté de le faire Danton, « insulter » le Tribunal.

Qu'on les mette « hors des débats » comme la loi désormais l'autorisait.

Et sur rapport de Couthon, le 10 juin, 22 prairial an II, la Convention avait voté une nouvelle loi, retirant en fait toute garantie judiciaire aux accusés.

Ils sont livrés au Tribunal pour être condamnés et non jugés !

« Le délai pour punir les ennemis de la patrie ne doit être que le temps de les reconnaître... S'il existe des preuves soit matérielles, soit morales, indépendamment de la preuve testimoniale, il ne sera point entendu de témoin... La loi donne pour défenseurs aux patriotes calomniés des jurés patriotes ; elle n'en accorde point aux conspirateurs. »

Ainsi, le Tribunal révolutionnaire n'a le choix qu'entre l'acquittement et la mort.

« Il s'agit, dit Couthon, d'exterminer les implacables satellites de la tyrannie ou de périr avec la République. »

Tout citoyen peut devenir suspect, donc accusé, donc condamné à mort.

Il suffit « d'inspirer le découragement, de chercher à dépraver les mœurs, à altérer la pureté et l'énergie des principes révolutionnaires » pour devenir, malgré le vague de ces accusations, un ennemi de la Révolution.

Maximilien Robespierre, par deux fois, intervient à la tribune de la Convention, avec violence, exige que le vote soit unanime, pour rejeter les amendements que les députés veulent introduire afin de protéger de cette *loi de Prairial*, de cette loi de Grande Terreur, les membres de la Convention.

Maximilien refuse tout ajournement, tout amendement.

« Je demande, dit-il de sa voix aigre, que la Convention discute jusqu'à huit heures du soir s'il le faut. »

Et les conventionnels, paralysés, terrorisés, votent la loi de mort.

Robespierre, en quelques phrases, a effacé les différences politiques.

« La Montagne n'existe plus ! dit-il. Un Montagnard n'est autre chose qu'un patriote pur, raisonnable et sublime. »

« Il ne peut y avoir que deux partis dans la Convention, les bons et les méchants, les patriotes et les contre-révolutionnaires hypocrites. »

Ce n'est plus au nom de la « politique » que l'on tue, mais en invoquant la Vertu.

Ce ne sont pas des adversaires qui montent à l'échafaud, mais des fripons, des hypocrites, des méchants.

Le couperet de la guillotine tranche les nuques au nom de la Vertu.

Et Fouquier-Tinville jubile :

« Les têtes tombent comme des ardoises, dit-il, la semaine prochaine j'en décalotterai trois ou quatre cents. »

Dans les prisons de Paris s'entassent désormais 7 321 détenus, et alors qu'en plus d'un an – du 6 avril 1793 au 10 juin 1794 – le Tribunal révolutionnaire a prononcé 1 251 condamnations à mort, en quarante-sept jours, il envoie 1 376 têtes « éternuer dans le sac » !

On tue vingt-sept fermiers généraux, ces percepteurs honnis des douanes intérieures d'Ancien Régime.

Et parmi eux, Lavoisier, le grand chimiste.

On tue Madame Élisabeth, sœur de Louis XVI.

Et ce sont là assassinats de vengeance.

On « purifie » ainsi la République.

Sur la proposition de Robespierre, on crée à Orange une commission populaire pour juger les « fédéralistes », les « royalistes » du Vaucluse et des Bouches-du-Rhône. Elle prononce trois cent trente-deux condamnations à mort.

C'est la Grande Terreur, mais Robespierre a fait décréter par la Convention dès le 25 germinal an II (14 avril 1794) que le corps de Jean-Jacques Rousseau serait placé au Panthéon.

Ainsi commence le régime de la Vertu.

Le 18 floréal (7 mai), l'Incorruptible se dirige vers la tribune de la Convention, d'un pas plus compassé qu'à l'habitude, tel un grand prêtre s'apprêtant à prononcer un prêche, sur « les Principes de morale politique qui doivent guider la Convention ».

« L'immoralité est la base du despotisme, dit-il, la Vertu est l'essence de la République. »

Et « la morale est le fondement unique de la société civile ». Et l'« Être suprême » est la source de toute morale.

Il faut donc lutter contre l'athéisme, contre la « secte des Encyclopédistes ».

« Si l'existence de Dieu, si l'Immortalité de l'âme n'étaient que des songes, elles seraient encore la plus belle de toutes les conceptions de l'esprit humain », conclut Robespierre d'un ton exalté.

Il met aux voix l'article 1 de sa loi :

« Le peuple français reconnaît l'existence de l'Être suprême et de l'immortalité de l'âme. »

Et il précise que des fêtes seront organisées, « aux jours de décadi, en l'honneur de l'Être suprême, de la vérité et de la justice, de la pudeur et de la frugalité ».

Maximilien Robespierre n'entend pas les ricanements des athées, de ceux qui craignent sa dictature.

Il veut se persuader que, dit-il, « le peuple français semble avoir devancé de deux mille ans le reste de l'espèce humaine ».

Et il approuve la rédaction, l'impression, la diffusion de *L'Évangile de la Liberté* « adressé à l'Être suprême par les sans-culottes de la République française ».

« Ô père de Lumière, éternelle puissance, toi qui fais marcher le soleil devant la liberté pour éclairer ses travaux...

« La France est libre, le ciel a déposé dans ses mains la foudre et le tonnerre... L'Évangile de la Liberté est au centre de la terre. La France est l'effroi des tyrans...

« *CREDO.*

« Je crois à la nouvelle République française, une et indivisible, à ses lois et aux droits sacrés de l'homme, que le peuple français a reçus de la Montagne sacrée de la Convention qui les a créés.

« Les droits sacrés de l'homme avaient beaucoup souffert entre les mains des traîtres, mais ceux-ci sont tombés sous la faux de la guillotine, et ont été enterrés...

« Que le Peuple européen sortant de sa léthargie coupable reconnaisse les droits de l'homme, pour lesquels les vrais enfants de la France ont juré de vivre et de mourir :

Tremblez tyrans, tremblez esclaves
Traîtres échappés à nos coups
La France est couverte de braves
Qui sauront mourir comme nous. »

Mais Maximilien ne peut longtemps se laisser bercer par ces « prières républicaines ».

Au sein du Comité de salut public, et encore plus dans le Comité de sûreté générale, il sent monter la suspicion et même la haine.

Ce sont les Cordeliers, les hébertistes, les dantonistes, les ultra-révolutionnaires et les Indulgents, tous ceux qui ont survécu à Hébert et à Danton, et même à Marat, et les héritiers des Feuillants, des Girondins, des Enragés, les athées, les partisans de la confiscation des propriétés et des biens, et ceux qui redoutent la dictature vertueuse de l'Incorruptible, qui se dressent contre lui.

Billaud-Varenne déclare :

« Tout peuple jaloux de sa liberté doit se tenir en garde contre les vertus mêmes des hommes qui occupent des postes éminents... Le fourbe Périclès, parvenu à s'emparer d'une autorité absolue, devint le despote le plus sanguinaire... »

La tension est si forte au Comité de salut public que Saint-Just accuse Carnot, qui lui aussi a dénoncé la dictature de Robespierre.

« Sache, dit Saint-Just, qu'il me suffirait de quelques lignes pour dresser ton acte d'accusation et te faire guillotiner dans deux jours. »

Carnot se tourne, et regarde avec mépris Saint-Just, Couthon, Robespierre.

« Je t'y invite, dit-il à Saint-Just, je ne te crains pas, ni toi ni tes amis, vous êtes des dictateurs ridicules, Triumvirs vous disparaîtrez ! »

Mais au contraire, chaque jour qui passe semble accroître la concentration des pouvoirs au bénéfice du Comité de salut public, et, à l'intérieur de celui-ci, aux mains de Robespierre, de Couthon et de Saint-Just. Vingt et un représentants en mission ont été rappelés à Paris afin de renforcer l'autorité du Comité.

Tallien, qui arrive de Bordeaux, Fouché, qui avait sévi à Lyon, Barras, qui s'était enrichi en pillant à son profit les biens des « royalistes » de Marseille puis de Toulon, savent que Robespierre n'ignore rien de leurs agissements.

Il les reçoit avec la froideur métallique d'un couperet.

Dans les départements, ils sont remplacés par des « agents nationaux » délégués du Comité de salut public.

Et c'est au sein du Comité de salut public que sont discutés, jaugés leurs rapports.

On décide d'imposer partout le français contre les patois, les langues régionales.

On prend des mesures pour créer un « fonds de mendicité » qui alimentera des secours publics donnés aux indigents. L'assistance médicale sera gratuite.

Et cette politique centralisée trouve sa plus grande réussite aux frontières, dans la conduite de la guerre.

« Nous marchons non pour conquérir, mais pour vaincre, déclare Billaud-Varenne à la Convention. Nous cesserons de frapper à l'instant où la mort d'un soldat ennemi serait inutile à la liberté. »

Et Billaud-Varenne – a-t-il lu Mallet du Pan ? – craint « l'ambition d'un chef entreprenant… L'histoire nous apprend que c'est par là que toutes les républiques ont péri. Un peuple guerrier devient esclave. »

Et le général Hoche est en prison, accusé d'avoir eu des sympathies pour les Cordeliers. Et le général Westermann a été guillotiné comme dantoniste. Et l'on surveille les généraux qui, avec l'armée des Alpes, conquièrent toute la Savoie, ou celle qui sous le nom « armée de Sambre-et-Meuse » et le commandement du jeune général Jourdan entreprend la reconquête de la Belgique. Ou l'armée qui libère tout le Roussillon.

La patrie est-elle encore en danger, quand presque tout le territoire français est évacué par l'ennemi ?

Et si la nation est désormais en sûreté, pourquoi faut-il continuer à tuer ?

Or, le peuple est las de voir couler le sang.

« Avant-hier, 11 floréal (30 avril), un grand nombre d'accusés était au Tribunal révolutionnaire et soit précaution indiscrète, sans doute de la part des exécuteurs, soit erreur, l'instrument du supplice avait été dressé sur la place de la Révolution avant le jugement rendu, lit-on dans *La Correspondance politique*.

« Déjà une foule immense de spectateurs se pressait autour de l'échafaud et depuis longtemps était en attente, lorsque la nouvelle est arrivée que le Tribunal venait d'acquitter tous ceux qui étaient en jugement.

« Un cri s'élève aussitôt de tous les cœurs : "Vive la République !" La joie brille sur tous les fronts, plusieurs citoyens se hâtent de mettre la main à l'œuvre pour défaire l'échafaud, tous se félicitent d'avoir vainement attendu et se répandent dans les promenades voisines en bénissant la justice… »

Mais les têtes vont continuer de rouler.

Accusés d'avoir voulu livrer la Bretagne aux Anglais, vingt-six administrateurs du ministère sont guillotinés à Brest. Et c'est Robespierre qui incarne cette politique de la Grande Terreur qui, au nom de la Vertu et de la nécessité patriotique, tue de plus en plus.

Le 3 prairial (22 mai), un ancien domestique, Admirat, qui vit d'expédients, traîne de tripots en cafés, est l'amant d'une ci-devant, et peut-être en relation avec un agent du baron de Batz, cherche en vain à tuer Robespierre et tire deux coups de pistolet sur Collot d'Herbois, avouant aussitôt que c'est l'Incorruptible qu'il voulait assassiner.

Le lendemain, 4 prairial, on arrête dans la cour de la maison des Duplay une jeune fille, accusée de vouloir poignarder Robespierre. Et cette Cécile Renault, fille d'un papetier du quartier de la Cité, est présentée comme une nouvelle Charlotte Corday.

À la Convention, Legendre, flagorneur, déclare que « le Dieu de la nature n'a pas souffert que le crime fût consommé ».

Et Robespierre, extatique, ajoute :

« Quand les puissances de la terre se liguent pour tuer un faible individu, sans doute ne doit-il pas s'obstiner à vivre, aussi n'avons-nous pas fait entrer dans nos calculs l'avantage de vivre longuement... »

Puis, après un silence, il poursuit comme une confidence :

« Je ne tiens plus à une vie passagère que par l'amour de la patrie et par la soif de la justice.

« J'ai assez vécu puisque j'ai vu le peuple français s'élancer du sein de l'avilissement et de la servitude, aux cimes de la gloire et de la liberté. »

Admirat et Cécile Renault, revêtus de la chemise rouge des parricides comme leurs cinquante-deux « complices » – qu'ils n'avaient jamais vus avant leur comparution devant le Tribunal révolutionnaire –, sont condamnés à mort et exécutés, le 17 juin (29 prairial).

Parmi les suppliciés, on trouve les dames de Saint-Amaranthe qui tenaient un salon de jeu au ci-devant Palais-Royal, où l'on rencontrait souvent le frère cadet de l'Incorruptible, Augustin Robespierre, plus homme de plaisir que de vertu.

Et la haine contre Maximilien, « père » de la nation, croît encore après cette parodie de justice.

À la Convention, le député de Versailles, Lecointre, proche de Danton, rédige en secret un acte d'accusation contre Robespierre et s'engage avec huit autres braves à égorger le « nouveau César » en pleine Assemblée.

Robespierre sent la haine qui monte contre lui.

Il y a celle d'un Tallien, d'un Fouché, d'un Barras et d'un Fréron, qui intriguent.

Ces « missionnaires de la Terreur », corrompus, craignent d'être victimes de Maximilien, le « dictateur vertueux ».

Il y a ceux, tel Fouché, qui athées, déchristianisateurs, se moquent du culte de l'Être suprême que Robespierre veut organiser.

Faut-il une religion d'État à la République ?

Et il y a ceux qui soupçonnent Robespierre de vouloir établir la dictature, devenant une sorte de Cromwell.

Barère, patriote modéré et habile, sous prétexte de dénoncer l'Angleterre, cite abondamment les journaux anglais qui évoquent les « soldats de Robespierre ».

Et tous, pour des raisons différentes, craignent que le « tyran », s'il ne tombe pas, ne les fasse monter dans la charrette qui conduit à l'échafaud.

Fréron, Barras, Tallien, Fouché, sont terrifiés quand, reçus par Robespierre, ils mesurent son mépris. Son visage est « aussi fermé que le marbre glacé des statues ».

Fouché tremble encore lorsqu'il se remémore la question que lui a lancée Robespierre :

« Dis-nous donc, Fouché, qui t'a donné mission d'annoncer au peuple que la divinité n'existe pas ? »

Fouché a baissé la tête.

Et Robespierre, avec ses gestes feutrés, impose son autorité.

Barras, lui rendant visite chez les Duplay, trouve le général Brune en train d'éplucher les légumes avec Madame Duplay et sa fille Éléonore qu'on dit fiancée à Maximilien.

Quand l'Incorruptible quitte la maison, Couthon, Saint-Just, Le Bas, l'entourent avec déférence.

Le nouveau maire de Paris, Fleuriot-Lescot, Hanriot commandant de la garde nationale, Fouquier-Tinville, les jurés et le président du Tribunal révolutionnaire Dumas, lui font escorte.

Les conventionnels, fussent-ils hostiles, n'ont pas le courage de se dresser contre l'Incorruptible alors même qu'ils récusent sa politique de la Terreur et de la Vertu, et qu'ils jugent que les victoires militaires – la plus décisive sera celle de Fleurus, le 26 juin 1794, 8 messidor an II, remportée par l'armée de Sambre-et-Meuse – permettraient de desserrer le carcan qui opprime la nation.

Mais ils n'osent pas, craignant pour leur vie, et ils élisent le 4 juin, à l'unanimité de quatre cent quatre-vingt-cinq voix, Maximilien Robespierre président de la Convention.

L'Incorruptible, pendant quelques heures, offre un visage souriant, comme illuminé par le sentiment qu'enfin il est reconnu, compris.

Brève euphorie !

Le 6 juin, l'habile Fouché se fait élire président du club des Jacobins.

Le visage de Robespierre se ferme.

L'élection de Fouché est à ses yeux un défi, un scandale. D'autant plus que Fouché, paraissant se rallier au culte de l'Être suprême, déclare aux Jacobins :

« Brutus rendit un hommage digne de l'Être suprême, en enfonçant un poignard dans le cœur d'un tyran : sachez l'imiter ! »

N'est-ce pas là un appel au meurtre de Robespierre ? La preuve que Fouché est l'âme d'une conspiration qui se trame ?

L'Incorruptible n'en doute plus.

Fouché, répond-il, est l'homme qui à Lyon a commandé de tirer à mitraille sur la foule au lieu de faire juger les contre-révolutionnaires.

Le temps viendra, où il devra répondre de ses actes.

Cette lutte contre ces nouveaux ennemis qui commence, Maximilien pressent qu'elle sera la plus dure, la plus sanglante, peut-être la dernière, il lui semble qu'il peut d'autant mieux l'engager, et en tout cas lui donner la signification la plus haute, en célébrant le 20 prairial (8 juin) la fête de l'Être suprême.

Il est le président de la Convention.

Il marche des Tuileries au Champ-de-Mars à la tête de tous les députés.

Il a revêtu un habit bleu céleste serré d'une écharpe tricolore. Il tient un bouquet de fleurs et d'épis à la main.

La foule est immense. Les façades décorées de fleurs et de feuillages.

La musique de Gossec et de Mehul rythme la marche.

Puis Robespierre parle d'une voix de prédicateur.

Devant la statue de la Sagesse, il met le feu à des mannequins qui symbolisent l'athéisme, l'ambition, l'égoïsme et la fausse simplicité.

Il officie. Il n'entend pas les moqueries des conventionnels. Ni la voix de Lecointre qui ose le traiter de « tyran ». Il ne voit pas les députés, qui « abandonnent la fête et s'en vont se rafraîchir en ville chez un cafetier ».

Il parle une seconde fois, prononce une prière à l'Éternel, puis il prend la tête du cortège, qu'ouvre un char traîné par des bœufs aux cornes dorées.

Au Champ-de-Mars, « des hymnes, des décharges d'une artillerie tonnante, des cris de "Vive la République !", ont terminé la plus majestueuse des fêtes ».

Maximilien Robespierre a vécu son rêve. Mais quand il rentre chez les Duplay, il dit :

« Vous ne me verrez plus longtemps. »

Il n'est pas dupe, le lendemain, de ce qu'écrivent les journaux aux ordres.

« Jamais la joie n'a été plus vive et plus sage à la fois. Jamais cérémonie publique n'a été en même temps plus animée et plus régulière. Le vent frais du couchant qui a régné toute cette belle journée a empêché de sentir ni la chaleur ni la fatigue. »

Deux jours plus tard, Couthon fait voter cette loi, dite de Prairial, qui laisse les inculpés sans défense devant le Tribunal révolutionnaire.

C'est la Grande Terreur.

Et la Convention a même décrété que les douze armées de la République ne feraient plus de prisonniers.

Décret qui ne sera pas appliqué par les généraux, mais qui donne la mesure de l'exaltation patriotique confinant au fanatisme qui fait même renoncer aux principes d'humanité :

Le régiment de Sambre-et-Meuse
Marchait toujours au cri de liberté
Sur la route glorieuse
Qui l'a conduit à l'immortalité.

On marche en entonnant *Le Chant du départ* :

La République nous appelle
Sachons vaincre ou sachons mourir
Un Français doit vivre pour elle
Pour elle un Français doit mourir.

Et le Comité de salut public célèbre le sacrifice des marins du *Vengeur du peuple* qui, en rade de Brest, a permis à un convoi de cent cinquante navires chargés de blé d'échapper à la flotte anglaise.

Vérité ? Légende, pieux mensonge ? Le *Vengeur du peuple* aurait coulé au moment où il se rendait à l'ennemi.

Ainsi le rêve se brise, ou côtoie une réalité contradictoire, hostile.

« Robespierre est revenu de la procession – la fête de l'Être suprême –, écrit un témoin, le libraire-imprimeur Ruault, comme il y était allé, couvert d'applaudissements par les gens de son parti et les exécrations secrètes de ceux qui ont horreur du sang humain qu'il fait verser plus abondamment que jamais depuis la loi du 22 prairial.

« Le Tribunal révolutionnaire envoie maintenant des condamnés à mort par six ou sept charrettes à la fois. On a changé la scène des massacres : c'est à la barrière du Trône qu'on les fait mourir par soixante ou quatre-vingts. On y établit des couloirs souterrains pour recevoir le sang qui infectait le voisinage dans la chaleur de cet été...

« Nous avons vu périr ces dernières semaines ce qui restait de plus grand et de plus illustre en France et aussi ce qu'il y avait de plus riche.

« On fait traverser aux condamnés pour aller au lieu de supplice la partie la plus populeuse et la plus mouvante : il n'y a presque pas de jour que les allant et venant ne voient parmi ce nombre de victimes quelqu'un de leur connaissance, un ami, un parent...

« Au Tribunal révolutionnaire, on comparaît au nombre de cinquante, soixante, soixante-dix, assis sur une estrade à cinq ou six rangs... Pour la forme encore on mêle dans ce nombre d'accusés quelques individus censés coupables de quelques paroles indiscrètes et on les acquitte pour se donner un air de clémence et de générosité... Les juges et les jurés sont aux ordres absolus des deux hyènes du Comité de salut public, Billaud-Varenne et Collot d'Herbois, car depuis quelque temps Robespierre ne se rend plus aux séances de ce Comité, et d'une autre hyène encore, Amar, du Comité de sûreté générale... Comment donc faire avec de pareils hommes qui prennent tout de travers qui ne croient à la bonne foi de personne...

« Le vice dominant de Robespierre n'est point la cruauté, son faible génie est tout en ambition. Le public lui donne la priorité en férocité : le public se trompe. La manie de Robespierre est de se croire capable d'établir et de mener seul la République : il ne peut souffrir de rivaux dans cette périlleuse fonction... Robespierre se croit cet homme nécessaire, ce dictateur désiré des esprits sages... Mais aucun citoyen n'est assuré d'exister deux jours encore tant que Billaud et Collot domineront le Comité de salut public.

« ... Collot est venu vers minuit dans l'imprimerie pour faire des changements et des corrections dans ses discours...

« Je ne puis vous cacher, mon cher ami, confie Ruault, que j'éprouvais une espèce de tremblement en voyant de si près la figure farouche de Collot, aux gros yeux noirs et hagards, aux sourcils épais et foncés, à la crinière drue et mêlée.

« Il me semblait voir le génie infernal, le démon exterminateur qui plane sur la France. »

Robespierre devine le malaise, la peur, l'angoisse qui étreint le pays. Quelle politique choisir ?

Hésitant, il déserte durant près d'une vingtaine de jours les séances du Comité de salut public, tant les rapports sont tendus entre les membres du Comité.

D'un côté Maximilien et ses proches, Couthon et Saint-Just, de l'autre Billaud-Varenne, Collot d'Herbois, Carnot, opposés entre eux, mais tous hostiles à Robespierre.

Les algarades sont si violentes, le vacarme si grand, que les séances se tiennent désormais au premier étage, afin de tenter de masquer les divergences, les disputes qui fracturent le Comité.

Robespierre s'enferme chez les Duplay, incapable de supporter cette contestation, cette tension.

Mais au nom du Comité de sûreté générale, Vadier, un Montagnard, présente un rapport, à propos d'une ancienne nonne, Catherine Théot, surnommée la *mère de Dieu*, et d'un dom Gerle, ancien constituant protégé de Robespierre.

Ces deux-là, et d'abord la *mère de Dieu*, ne conspirent-ils pas à l'instigation de Robespierre, en le présentant comme le Messie ?

Maximilien sent bien qu'on vise à la fois à le discréditer, à le compromettre et à le ridiculiser.

Lui, le Messie ?

On s'esclaffe. Mais Robespierre, au lieu d'ignorer cette machination, tombe dans le piège tendu, se faisant remettre le dossier de la *mère de Dieu*, par le Tribunal révolutionnaire et obtenant que la comparution de Catherine Théot soit renvoyée.

Il demande même sans l'obtenir la révocation de Fouquier-Tinville. Protège-t-il la *mère de Dieu* ?

Même ses plus proches partisans le supplient de condamner Catherine Théot, de s'élever contre toute forme de mysticisme.

Il se tait, mais il retourne au Comité de salut public.

C'est là qu'il apprend de la bouche de Saint-Just que les armées de Jourdan ont remporté une victoire décisive sur les Autrichiens à Fleurus.

Mais ce succès qui prouve l'efficacité de la politique du Comité de salut public au lieu de rassembler ses membres les divise plus encore.

Pour ou contre Robespierre et sa politique de Terreur et de Vertu ?

« On veut me rendre ridicule pour me perdre, dit Robespierre, mais je méprise tous ces insectes et je vais droit au but : la vérité, la liberté ! »

« Dictateur ! » lui répond Carnot, avec une expression de mépris et de défi.

Robespierre se lève d'un bond, se dirige vers la porte, suivi par Saint-Just.

« Sauvez la patrie sans moi ! » crie-t-il.

14.

Maximilien Robespierre, en ces premiers jours de juillet 1794, s'obstine.

Il ne retournera pas au Comité de salut public.

À Saint-Just qui le presse de revenir participer aux débats, il dit avec dédain qu'il n'est pas encore temps.

Le Comité de salut public et celui de sûreté générale, comme le Tribunal révolutionnaire sont infestés par les traîtres, répète Maximilien, et il veut les dénoncer, les empêcher de nuire.

« Si la Providence a bien voulu m'arracher des mains des assassins, dit-il, c'est pour m'engager à employer utilement les moments qui me restent encore. »

Il s'interrompt, et reste longuement silencieux, les yeux fixes comme s'il voyait en face de lui, si proche, la mort. Il a le sentiment que l'« instant fatal » est pour bientôt. Mais d'ici là il veut essayer de terrasser Fouché, Tallien, Barras, Fréron, ces hommes « dont les mains sont pleines de rapines et de crimes ».

Il veut épurer les Comités de salut public et de sûreté générale de ceux qui conspirent contre lui : Carnot, Cambon, Barère, Billaud-Varenne, Collot d'Herbois.

Il faudrait aussi chasser Fouquier-Tinville du Tribunal révolutionnaire.

Mais ces noms, il ne veut pas les livrer. Il sait pourtant que ses adversaires font circuler des « listes noires » de proscription qu'ils les lui attribuent. Et de cette manière, ils espèrent que tous ceux qui se sentiront menacés se ligueront contre celui qu'à mi-voix, ils appellent le « tyran », le « dictateur ».

Robespierre, au club des Jacobins, rejette ces accusations, stigmatise une conspiration qui prend sa source à l'étranger.

« À Londres, dit-il, on me dénonce à l'armée française comme un dictateur. Les mêmes calomnies sont répétées à Paris. Vous frémiriez si je vous disais dans quel lieu ! »

Et chaque Jacobin sait que l'Incorruptible désigne les Comités.

« Si l'on me forçait à renoncer à une partie de mes fonctions, reprend Robespierre, il me resterait encore ma qualité de représentant du peuple et je ferais une guerre à mort aux tyrans et aux conspirateurs. »

On l'acclame. Et il réussit à faire exclure Fouché du club des Jacobins, mais les fils de l'intrigue noués par Fouché, Barras, Fréron, Tallien, s'étendent bien au-delà du club des Jacobins.

L'opinion est prête à écouter et même à soutenir ceux qui disent vouloir en finir avec la Terreur.

On a la « nausée de la guillotine », de ces six ou sept charrettes qui chaque jour traversent Paris, et sur lesquelles on entasse plusieurs dizaines de condamnés, cinquante-cinq tel jour – le 8 thermidor – dont dix-neuf femmes.

Dans telle « fournée » – le 5 thermidor –, il y a le général Alexandre de Beauharnais, et son épouse Joséphine croupit en prison, attendant son tour. Et le 7 thermidor, parmi les trente-six condamnés, se trouve le journaliste poète, André Chénier.

Ce sang versé, à quoi sert-il, puisque les armées de la République commandées par les généraux Jourdan, Pichegru, Marceau sont entrées à Bruxelles, à Anvers, à Liège ? Que la dernière place forte française – Landrecies – est abandonnée par les Autrichiens qui l'occupaient depuis plusieurs mois.

Si la patrie n'est plus en danger, fait-on la guerre pour la rapine, le pillage ?

Carnot vient de donner pour instructions aux représentants du peuple à l'armée de Sambre-et-Meuse : de ne « pas négliger les productions des beaux-arts qui peuvent embellir Paris ; faites passer ici les superbes collections de tableaux dont ce pays abonde : les habitants se trouveront sans doute heureux d'en être quittes pour des images ».

Barère fait prendre un arrêté par le Comité de salut public invitant les troupes à se saisir des « Rubens ».

Et Carnot, quand il songe à envahir la Hollande, pense à la richesse de ces Provinces-Unies.

Mais ces succès militaires rendent la Terreur, la tension qu'elle suscite, encore plus insoutenables.

Des citoyens se réunissent, organisent dans les rues, les cours des immeubles, des « banquets fraternels », que le robespierriste Payan, un noble du Dauphiné devenu « agent national » auprès de la Commune de Paris, dénonce.

Payan s'alarme de la multiplication de ces repas fraternels dans les lieux publics.

« Les aristocrates, dit-il, y corrompent les sans-culottes sous le prétexte des nouvelles victoires à fêter et les persuadent qu'il est temps de mettre fin à la terreur. »

« Vous ne jouirez, dit Payan, des douceurs de la paix que lorsque vous aurez précipité dans le cercueil tous les prétendus amis de la paix. Loin de nous ce système par lequel on veut nous persuader qu'il n'est plus d'ennemis dans la République ! »

Et Barère à son tour s'inquiète de ces agapes, où les modérés boivent à la santé de la République, en déclarant :

« Nos armées sont victorieuses partout, il ne nous reste que la paix à faire, à vivre en bons amis et à faire cesser ce gouvernement révolutionnaire qui est terrible. »

Mais cette aspiration à la paix civile qui suscite ces rencontres fraternelles entre citoyens ne naît point d'un complot modéré ou aristocratique.

La lassitude est profonde. Et elle est d'autant plus grande que les plus humbles des citoyens, les ouvriers, subissent le nouveau *maximum* des salaires que la Commune leur impose.

Un charpentier perd cinq livres par jour, un tailleur de pierres deux livres, un forgeron des ateliers de l'armée près de six livres.

Ainsi à la lassitude s'ajoute le mécontentement, le désenchantement, et même le dégoût.

À quoi sert donc ce gouvernement révolutionnaire ? se demande-t-on. Et comment croire encore aux propos des uns et des autres ? Que sont devenus Jacques Roux, Marat, Hébert, Danton, que les sans-culottes avaient écoutés, suivis, aimés ?

L'un, désespéré, s'est suicidé en prison. L'autre a été assassiné. Les deux derniers ont été accusés, alors qu'ils avaient été la voix de la Révolution, d'être corrompus et traîtres à la nation. Et on a retiré du Panthéon la dépouille de Mirabeau, tribun, héros, vendu à la Cour !

Alors comment s'enthousiasmer encore pour tel ou tel, même s'il est l'Incorruptible ?

Autant s'asseoir à l'une des tables dressées par les citoyens de la même rue, pour trinquer ensemble à la paix, au cours d'un repas fraternel, en souhaitant qu'on ne voie plus passer ces charrettes chargées d'hommes et de femmes aux mains liées, et dont la tête allait « rouler et éternuer dans le sac ». Qu'on en finisse avec la Terreur !

Et qu'on ne prétende plus, quand on subit le maximum des salaires, qu'on perd la moitié de sa journée, et que le pain est toujours aussi cher, que la Vertu règne en même temps que la Sainte Guillotine !

Mais comment arrêter cette machine infernale qui continue de décapiter, place du Trône-Renversé à la lisière de la ville, comme si les autorités révolutionnaires avaient eu conscience que la « nausée de guillotine » allait les faire rejeter ?

Jean Bon Saint-André le dit : « Un grand orage est proche. »

Hanriot, le commandant de la garde nationale, signale que les arrêts de travail se multiplient dans divers ateliers, même ceux qui fabriquent des fusils pour les armées.

Pourtant Barère déclare encore à la Convention qu'« il n'y a que les morts qui ne reviennent point », faisant ainsi une nouvelle fois l'apologie de la Terreur.

Mais en fait, les membres des Comités comprennent qu'ils doivent cesser de se déchirer et faire front commun, contre le mécontentement et la lassitude qui gagnent. Et ils insistent le

22 juillet (4 thermidor) pour que Robespierre revienne au Comité de salut public.

Ils paraissent prêts à s'entendre avec l'Incorruptible. Barère est chargé de présenter un rapport à la Convention, « sur les moyens de faire cesser la calomnie et l'oppression sous lesquelles on a voulu mettre les patriotes les plus ardents ». Chacun comprend que c'est un pas vers Robespierre, le calomnié, le ridiculisé.

Et le 23 juillet (5 thermidor), Maximilien s'assied avec les autres membres des deux Comités autour de la grande table verte.

« Nous sommes tes amis, nous avons toujours marché ensemble », dit Billaud-Varenne.

Et le soir à la Convention, Billaud-Varenne, avec enthousiasme, annonce la réconciliation des patriotes qui siègent dans les Comités.

Robespierre se tait.

Il écoute, impassible, son fidèle Couthon déclarer le 6 thermidor (24 juillet) que la « Convention doit écraser les cinq ou six petites figures humaines dont les mains sont pleines de richesses de la République et dégouttantes du sang des innocents qu'ils ont immolés ».

Et le lendemain 7 thermidor (25 juillet), Maximilien demeure impassible quand Barère prononce son éloge. Mais l'Incorruptible donne l'impression à certains d'être un chat ou un tigre prêt à bondir, les yeux brillants de rage. Et en effet, Maximilien vient d'apprendre que Saint-Just s'est engagé à ne plus faire mention de l'Être suprême ni de l'immortalité de l'âme dans un rapport sur les institutions qu'il doit rédiger.

Maximilien a le sentiment d'être trahi à la fois par Saint-Just et par Couthon.

Il est seul. Il doit se défendre et attaquer seul.

Le 8 thermidor (27 juillet), il monte à la tribune de la Convention.

Il veut dire ce qui depuis des semaines, des mois même, pèse sur son âme et l'étouffe.

Il veut donner sa vision de la Révolution.

Il veut énoncer son programme.

Et il sait que ce discours peut devenir, et peut-être le souhaite-t-il, son testament.

Ce 8 thermidor an II (26 juillet 1794) est une journée torride, sous un soleil aveuglant et brûlant. Maximilien gravit lentement les degrés, saisit à deux mains le pupitre, commence à parler d'une voix plus tendue encore qu'à l'habitude.

Chaque mot tombe, tranchant le silence.

Lui, l'homme du Comité de salut public, lui le Montagnard, il se tourne vers le Marais. Il fait l'apologie de la Convention. Il condamne la Montagne, les Comités, leur impuissance.

Il se fait gloire d'avoir préservé la vie de soixante-treize députés girondins. Il est à la fois habile manœuvrier, critiquant la conduite des finances, de la guerre, du Tribunal révolutionnaire, et en même temps, il parle avec la franchise d'un homme qui se met à nu.

« J'ai besoin d'épancher mon cœur, dit-il. Tout s'est ligué contre moi et contre ceux qui avaient les mêmes principes… Je n'écoute que mon devoir, je vois le monde peuplé de dupes et de fripons. Mais le nombre de fripons est le plus petit : ce sont eux qu'il faut punir des crimes et des malheurs du monde. »

Qui sont-ils ?

Il ne révèle aucun nom et chaque conventionnel se sent aussitôt suspect.

« Je ne veux ni l'appui ni l'amitié de personne, poursuit Maximilien. Je ne cherche point à me faire un parti. »

Les conventionnels figés écoutent sans interrompre cet homme qui se découvre, en même temps qu'ils ont le sentiment qu'il les menace tous.

« Mon existence seule, dit Robespierre, est pour les fripons et les traîtres un objet d'épouvante. »

Et d'autant plus qu'il ne craint pas la mort.

« Pourquoi demeurer dans un ordre de choses où l'intrigue triomphe éternellement de la Vérité ? Comment supporter le supplice de voir cette horrible succession de traîtres ? J'ai tremblé quelquefois d'être souillé aux yeux de la postérité par le voisinage impur de ces hommes pervers. »

On commence à murmurer sur les bancs de la Convention.

On hausse la voix quand Robespierre remet en cause la Révolution elle-même.

« Ma raison, non mon cœur, dit-il, est sur le point de douter de cette République vertueuse dont je m'étais tracé le plan… Car nous n'avons même pas le mérite d'avoir entrepris de grandes choses pour des motifs vertueux. »

Les conventionnels sont comme terrassés par ces aveux, ce jugement impitoyable, celui qu'on peut porter lorsqu'on est au seuil de la mort.

« Je ne veux ni l'appui ni l'amitié de personne », ajoute Maximilien.

Et la Convention fascinée décide que le discours sera imprimé.

Elle semble ainsi approuver et suivre Maximilien Robespierre et lui remettre le pouvoir.

Tout à coup Cambon, le responsable des finances du Comité de salut public, se dresse. Il a été mis en cause, il se défend.

« Avant d'être déshonoré, dit-il, je parlerai à la France. Un seul homme paralyse la volonté de la Convention, cet homme, c'est Robespierre. »

Billaud-Varenne intervient à son tour, demande qu'avant d'être imprimé le discours soit soumis à l'examen des Comités.

« Il faut arracher le masque, dit-il. J'aime mieux que mon cadavre serve de trône à un ambitieux que de devenir par mon silence complice de ses forfaits. »

L'exaspération, la colère gagnent de nombreux conventionnels. L'un dit qu'il existe une liste de proscrits et que Robespierre doit la communiquer à l'Assemblée.

Robespierre le nie, mais ajoute qu'il refuse de « blanchir tel ou tel ».

Le conventionnel Charlier, l'un des plus ardents partisans de la Terreur, s'écrie :

« Quand on se vante d'avoir le courage de la vertu, il faut avoir celui de la vérité. Nommez ceux que vous accusez ! »

« Oui, oui, nommez-les ! »

« Je persiste dans ce que j'ai dit », répond Robespierre.

Amar, du Comité de sûreté générale, dénonce sur un ton méprisant « l'amour-propre blessé qui vient troubler l'Assemblée ».

Fréron demande que l'on retire aux Comités le droit de faire arrêter les députés.

Robespierre descend de la tribune. Il reste impassible quand la Convention ordonne que l'impression de son discours soit suspendue.

La séance est levée à cinq heures.

Robespierre a perdu ce premier combat. Il ne s'en soucie pas. Il ira ce soir au club des Jacobins relire son discours. Et demain, la Convention s'inclinera.

Les Jacobins, comme il l'a prévu, l'acclament.

« En jetant mon bouclier, commence-t-il, je me suis présenté à découvert à mes ennemis. Je n'ai flatté personne. Je n'ai calomnié personne. Je ne crains personne. »

Les Jacobins découvrent dans la salle du club Billaud-Varenne et Collot d'Herbois. On les bouscule. On crie : « À la guillotine ! À la guillotine ! » Et on les expulse.

Maximilien Robespierre reprend son discours, dont chaque phrase est saluée avec ferveur.

« Je suis fait pour combattre le crime, non pour le gouverner, dit-il. Le temps n'est point arrivé où les hommes de bien peuvent servir impunément la patrie. Les défenseurs de la liberté ne seront que des proscrits tant que la horde des fripons dominera.

« Citoyens... »

Il s'interrompt, se redresse, comme s'il voulait offrir son corps à qui le vise.

« Citoyens...

« Je leur lègue la vérité terrible et la mort. »

La nuit est belle et légère après la journée suffocante.

Dans quelques heures, ce sera l'aube du 9 thermidor an II, 27 juillet 1794.

15.

« La vérité terrible et la mort » : ces mots de Robespierre inquiètent et angoissent de nombreux membres des Comités de salut public et de sûreté générale, du Tribunal révolutionnaire et de la Convention.

Et comme l'Incorruptible a refusé de donner les noms de ceux qu'il vise, la peur se propage.

Certains ne doutent pas du sort que l'Incorruptible leur réserve.

Fouché, lorsqu'il se rend auprès des députés du Ventre, cette Plaine, ce Marais, qui occupent le centre de la Convention et qui siègent précisément en face de la tribune, et forment un groupe de conventionnels compact qui, par son vote, peut faire basculer l'Assemblée – pour ou contre Robespierre – ne cache pas que sa vie est en jeu.

« J'ai l'honneur d'être inscrit sur les tablettes de Robespierre, à la colonne des morts », dit Fouché.

Il parle avec passion à Boissy d'Anglas qui, depuis son élection en 1789, aux États généraux, mène une prudente carrière et est devenu à la Convention l'un des membres les plus influents de ce Ventre.

Fouché veut le convaincre que renverser l'Incorruptible, c'est mettre fin à la Terreur, à cette loi de Prairial qui transforme chaque citoyen en suspect et donc en condamné, selon le bon plaisir du Tribunal révolutionnaire.

Barras, Fréron, mais aussi Collot d'Herbois et Billaud-Varenne, que les Jacobins viennent de chasser du club en les menaçant du « rasoir national », appuient Fouché.

Boissy d'Anglas réunit ses collègues du Marais.

Si les Montagnards, à la suite de Fouché et des autres « terroristes » anciens représentants en mission, corrompus, abandonnent Robespierre, si l'Incorruptible n'est plus entouré que de quelques amis sûrs et critiqué par les plus humbles des citoyens, écrasés par la misère, las et mécontents, alors il y a un avenir pour le Marais, le Ventre, la Plaine.

Dans la nuit du 8 au 9 thermidor, Fouché et Tallien pressentent que les modérés de la Convention, les prudents et les lâches, les héritiers des Feuillants commencent à redresser la tête, prêts à saisir l'occasion d'abattre Robespierre et ces lois terroristes, si elle se présente.

Tallien insiste.

Il viendra, le 9 thermidor, avec un poignard. Car il ne s'agit pas seulement de sa vie, mais de celle aussi de Thérésa Cabarrus, sa femme aimée, cette fille de banquier et armateur espagnol, qu'il a rencontrée à Bordeaux.

On l'avait arrêtée parce que son père était aussi agioteur, corrompu et corrupteur, riche et donc suspect. Tallien avait réussi à la faire libérer, mais, venue à Paris, elle a de nouveau été arrêtée, en mai, et elle n'échapperait pas à la Sainte Guillotine si Robespierre et Saint-Just, Couthon, Le Bas, et ses partisans à la Commune de Paris continuaient de dominer le pouvoir.

Il fallait que Robespierre tombe.

Et Tallien dénonce le discours prononcé la veille par l'Incorruptible à la Convention et répété au club des Jacobins.

Phrases hypocrites, apologétiques, annonçant la tyrannie, dit-il.

Et ce sont ces mêmes accusations que Collot d'Herbois, Billot-Varenne ont reprises au Comité de salut public, lorsqu'ils sont rentrés du club des Jacobins, au milieu de la nuit. Ils ont entouré Saint-Just, qui écrit.

« Tu rédiges notre acte d'accusation ? » lui demandent-ils.

Saint-Just les toise.

« Eh bien oui, tu ne te trompes pas Collot, et toi aussi, ajoute-t-il en se tournant vers Carnot, tu n'y seras pas oublié non plus et tu t'y verras traité de main de maître. » Et Saint-Just reprend la plume, indifférent aux colères des autres.

Vers cinq heures du matin, il range ses notes, se lève, impassible, et s'éloigne d'un pas tranquille.

Il a l'intention, avant la chaleur qui s'annonce étouffante, d'aller chevaucher au bois de Boulogne, pour respirer un air encore frais.

Mais il suffit de quelques heures, ce 9 thermidor, pour qu'une chaleur orageuse étouffe Paris, sous l'épaisseur sombre de nuages bas, que déchire parfois la foudre.

Dans le pavillon de Flore, Billaud-Varenne, Barère, Collot d'Herbois, Carnot, vont et viennent, s'épongent le front, échangent quelques phrases, consultent leurs montres.

Ils attendent Saint-Just qui est censé venir leur lire son discours. C'est Couthon qui arrive. Le paralytique est lui aussi en sueur. On le questionne, on se dispute. On l'accuse de trahir, comme Saint-Just, le Comité.

Tout à coup, vers midi, un huissier apporte un message de Saint-Just.

Collot d'Herbois le parcourt, a une exclamation de fureur, le lit à haute voix :

« Vous avez flétri mon cœur, écrit Saint-Just, je vais l'ouvrir tout entier à la Convention nationale. »

On s'indigne. On court vers la Convention, puisque c'est devant elle que va se livrer la bataille.

Finis les apparences ou les espoirs de réconciliation au sein des Comités.

Les conventionnels vont trancher, pour ou contre Robespierre.

« Le Ventre est avec nous », murmure Fouché.

Mais les tribunes sont peuplées de robespierristes. Ils acclament Robespierre qui, vêtu de l'habit bleu qu'il n'a porté que pour la fête de l'Être suprême, gagne sa place du pas d'un prêtre qui se dirige vers l'autel.

Saint-Just le rejoint, avec lui aussi la démarche d'un officiant, élégant dans son habit chamois, son gilet blanc et sa culotte gris tendre. C'est lui qui, vers une heure de l'après-midi de ce 9 thermidor an II, monte le premier à la tribune de la Convention.

Collot d'Herbois préside la séance, et déjà il brandit la clochette qui lui permettra d'interrompre les débats et même de couvrir la voix de l'orateur.

Saint-Just s'apprête à parler. Il tourne la tête, regarde à sa droite et à sa gauche les deux tableaux représentant l'un Marat, l'autre Le Peletier, les deux « martyrs » assassinés. Entre eux l'« Arche sainte » contenant le texte de la Constitution de 1793 – l'an I –, jamais appliquée.

Saint-Just commence d'une voix calme, posée :

« Je ne suis d'aucune faction, dit-il, je les combattrai toutes... »

Des applaudissements l'interrompent, mais ils saluent l'entrée de Billaud-Varenne.

« Quelqu'un cette nuit, reprend Saint-Just, a flétri mon cœur et je ne veux parler qu'à vous. On a voulu répandre que le gouvernement était divisé, il ne l'est pas, une altération politique que je vais vous rendre a seulement eu lieu. »

Robespierre a un geste d'irritation. Il lui semble que Saint-Just se dérobe, Saint-Just veut ainsi éviter l'affrontement, par prudence, parce qu'il a pris conscience de la force de ses adversaires. Il veut rassurer ce Ventre modéré dont les députés sont aux aguets, sans doute prêts à rallier Fouché, Barras, Tallien. Et ce dernier bondit à la tribune, repousse Saint-Just :

« Hier, dit-il, criant presque, un membre du gouvernement s'en est isolé et a prononcé un discours en son nom particulier, aujourd'hui un autre fait la même chose, je demande que le rideau soit déchiré. »

« Il le faut, il le faut », scandent plusieurs dizaines de conventionnels.

Saint-Just ouvre la bouche, mais Billaud-Varenne se précipite à la tribune avant même que Tallien en soit descendu.

« Je m'étonne de voir Saint-Just à la tribune après ce qui s'est passé, dit-il. Il avait promis aux deux Comités de leur soumettre son discours avant de le lire à la Convention et même de le supprimer s'il leur semblait dangereux... »

Saint-Just se tait, immobile, impassible, inébranlable mais paralysé, devenu plus spectateur qu'acteur.

Et Billaud-Varenne continue, raconte la séance au club des Jacobins.

« On a eu l'intention d'égorger la Convention », clame-t-il.

Il désigne un homme assis dans les tribunes, demande son expulsion en l'accusant d'être celui qui au club des Jacobins a attaqué la Convention.

« La Convention périra si elle est faible ! » crie Billaud-Varenne.

« Non, non, non », répondent les députés de la Montagne en agitant leurs chapeaux.

Le Bas veut parler. Collot d'Herbois agite la clochette, les tintements, les cris étouffent la voix de Robespierre, cependant que Billaud-Varenne attaque l'Incorruptible.

Et quand Robespierre s'élance vers la tribune pour parler, la clochette de Collot d'Herbois sonne, le rend inaudible, et les cris de « À bas le tyran ! » retentissent.

Onze fois Robespierre essaie de parler, mais le nouveau président de séance, Thuriot, agite frénétiquement la clochette et étouffe sa voix.

« De quel droit, lui lance Robespierre, le président protège-t-il les assassins ? »

Tallien est remonté à la tribune.

« J'ai vu hier la séance des Jacobins, crie-t-il. J'ai frémi pour la patrie. J'ai vu se former l'armée du nouveau Cromwell et je me suis armé d'un poignard pour lui percer le sein si la Convention n'avait pas le courage de le décréter d'arrestation ! »

Tallien brandit et agite le poignard.

Robespierre hurle, mais qui l'entend dans les cris, le tintement de la clochette ?

« Pour la dernière fois, président d'assassins, me donneras-tu la parole ? »

Il a le visage congestionné, il continue de parler. Il se tourne vers les députés de la Plaine, ces hommes du Ventre.

« Hommes purs, commence-t-il, hommes vertueux c'est à vous que j'ai recours ! Accordez-moi la parole que les assassins me refusent. »

Mais comment peut-il espérer que ces hommes dont tout – l'invocation de l'immortalité de l'âme, de l'Être suprême, de la Terreur et de la Vertu – le sépare le soutiennent ?

En fait, c'est la dernière chance de Robespierre.

Abandonné par la Montagne, par les hommes des Comités – Vadier, Barère, interviennent à leur tour –, il est seul.

Un député de l'Aveyron, inconnu, Louchet, que personne jamais n'a entendu, se dresse :

« Je demande le décret d'accusation contre Robespierre », dit-il.

Et les mains se lèvent pour voter le décret.

Robespierre tente de parler, s'avance au milieu des travées.

On l'interpelle :

« Le sang de Danton t'étouffe », crie un député.

« Ne t'avance pas, lance Fréron, c'est là que s'asseyaient Condorcet et Vergniaud. »

On réclame l'arrestation immédiate du « monstre ».

La peur si longtemps contenue devient rage.

« Brigands ! Les lâches ! Les hypocrites, hurle Robespierre.

« Je demande la mort. »

Puis, alors que les cris de « À bas le tyran ! Décret d'accusation ! » retentissent, il lance :

« Les brigands triomphent. »

Augustin Robespierre se dresse.

« Je suis aussi coupable que mon frère, dit-il. Je partage ses vertus, je demande aussi le décret d'accusation contre moi. »

Le Bas, aussitôt, déclare :

« Je ne veux pas partager l'opprobre de ce décret, je demande aussi l'arrestation. »

L'arrestation est même votée pour Saint-Just, silencieux, comme absent, et pour Couthon.

« Couthon est un tigre altéré du sang de la représentation nationale, crie Fréron. Il voulait se faire de nos cadavres autant de degrés pour monter sur le trône. »

Couthon, assis sur sa chaise roulante, ricane, montrant ses jambes paralysées :

« Oui, je voulais monter au trône. »

« Arrestation, arrestation », crie-t-on.

Saint-Just, Le Bas, Couthon, Augustin Robespierre sont décrétés d'arrestation, comme Maximilien.

Des gendarmes s'approchent.

« La Liberté et la République vont donc enfin sortir de leurs ruines », s'écrie Fréron.

« Oui, car les brigands triomphent », répète Robespierre pendant que les gendarmes l'entraînent, avec ses quatre compagnons.

Saint-Just, à la demande de Collot d'Herbois, dépose d'un geste lent, tranquille, le texte de son discours sur le bureau du président !

La chaleur est intense, moite, lourde.

Il est presque cinq heures, ce 9 Thermidor.

Robespierre est épuisé.

Il dévisage lentement son frère Augustin, Couthon, Saint-Just, Le Bas.

Tous dans cette salle du Comité de sûreté générale où on les a conduits, paraissent à bout de force.

Robespierre baisse la tête après avoir longuement fixé Saint-Just qui, bras croisés, semble indifférent.

Cet homme si jeune, si beau, a-t-il songé à l'abandonner lui aussi ?

On entend des éclats de voix !

Vadier et Amar dans une salle voisine décident de disperser les prisonniers dans les différentes prisons de Paris, et, en attendant leur départ, on leur sert à dîner.

Ils parlent peu.

Une insurrection comme celle qui, le 31 mai et le 2 juin 1793, a imposé à la Convention l'arrestation des députés girondins, est-elle possible ?

Robespierre est réticent. Il ne veut pas violer la loi. Et la Convention est la représentation du peuple souverain.

Et tout à coup, le tocsin qui retentit.

Le Conseil général de la Commune, à l'Hôtel de Ville, a dû apprendre les arrestations. Et le maire de Paris, Fleuriot-Lescot, est un fidèle robespierriste. Il appelle les patriotes à se rassembler en armes, il mobilise la garde nationale que commande le général Hanriot, un robespierriste lui aussi.

Le maire ordonne aux concierges des prisons de ne pas accepter les prisonniers qu'on leur présenterait.

Brutalement, les portes de la salle où se trouve Robespierre s'ouvrent avec fracas. Des gendarmes de la Convention poussent dans la salle Hanriot, bras liés.

Éméché, il avait à cheval harangué, au Palais-Royal, les citoyens, les appelant à « exterminer les trois cents scélérats qui siègent à la Convention ».

Les gendarmes n'avaient eu aucune peine à se saisir de lui.

Est-ce la fin ? L'insurrection mort-née, les robespierristes condamnés.

Mais les concierges des prisons obéissent à la Commune, refusent de recevoir les prisonniers qu'on vient de leur présenter. On conduit Robespierre à la mairie, quai des Orfèvres. On l'y accueille par des cris de joie. Il est libre. Il n'est que huit heures du soir.

Tout serait-il encore possible ?

Le vice-président du Tribunal révolutionnaire Coffinhal est parti pour les Tuileries avec deux cents canonniers et des gardes nationaux, représentant seize sections, même si la majorité – trente-deux – ont refusé de marcher.

On délivre Hanriot, mais le général dégrisé refuse de faire bombarder les Tuileries, et se rend à l'Hôtel de Ville où il retrouve les autres prisonniers.

Robespierre vient d'y arriver. Il a fallu que le maire Fleuriot-Lescot l'arrache à ses hésitations, à sa passivité, à sa prudence. Car il ne veut pas prendre la tête de l'insurrection.

Par souci de légalité ? Par habileté ? Afin de rester au-dessus des factions ?

Par épuisement nerveux et sentiment que tout est perdu, que la mort est là, parce que les « brigands triomphent » et que Maximilien est fasciné, attiré par cet échec – et sa mort – qui se dessine.

Mais il n'a pas pu se dérober à l'appel de Fleuriot-Lescot, du Conseil général de la Commune.

« Le Comité d'exécution a besoin de tes conseils, viens sur-le-champ à l'Hôtel de Ville », lui a-t-on écrit.

Et d'ailleurs, comment refuser alors que la Convention déclare hors la loi tous les partisans de Robespierre ?

C'est donc l'insurrection, le conflit armé avec la Convention, l'obligation de jouer son va-tout.

Il faut rassembler tous les robespierristes.

Couthon sera le dernier à rejoindre l'Hôtel de Ville. Il s'obstine à ne pas vouloir quitter la prison de La Bourbe où on l'a accepté.

À toutes les sollicitations, il répond qu'il est fidèle aux principes que lui a enseignés l'Incorruptible : respecter la souveraineté de la Convention.

Il faut qu'Augustin Robespierre prenne la plume, écrive :

« Couthon, tous les patriotes sont proscrits, le peuple tout entier est levé. Ce serait le trahir que de ne pas te rendre avec nous à la Commune où nous sommes actuellement. »

Maximilien Robespierre et Saint-Just signent ce message aux côtés de « Robespierre jeune ».

Couthon a enfin rejoint l'Hôtel de Ville. Et Maximilien regarde autour de lui ses partisans rassemblés dans cette salle.

Aucun élan, aucun enthousiasme. Le désarroi, la fatigue, le désespoir même, se lisent sur les visages, dans les attitudes.

On écrit des ordres :

« Qu'on ferme les barrières de Paris. Que l'on mette les scellés sur toutes les presses des journalistes – et qu'à cet effet on en donne l'ordre aux commissaires de police – et les journalistes en arrestation ainsi que les députés traîtres. »

On conclut le message par ces mots :

« C'est l'avis de Robespierre et le nôtre. »

Mais Maximilien Robespierre ne signe pas le texte qui portera le nom de Payan et celui du maire Fleuriot-Lescot.

On parle. On palabre plutôt, dans une atmosphère irréelle.

On dit qu'il faut « mettre le peuple en humeur ».

On décide l'« arrestation des indignes conspirateurs » pour « délivrer la Convention de l'opposition où ils la retiennent ».

Saint-Just, debout, ne dit mot.

Il observe sur la place de Grève, devant l'Hôtel de Ville, les gardes nationaux, les canonniers, qui piétinent, inactifs, auxquels personne ne donne d'ordre.

Nombreux sont ceux qui, après des heures d'attente, commencent à quitter la place.

Il aperçoit des agents de la Convention, ceints de leur écharpe tricolore, qui vont et viennent, annoncent que de nombreuses sections se sont ralliées à l'Assemblée, que l'École militaire de Mars a fait de même, que ceux qui suivent les ordres de la Commune, de Robespierre, sont hors la loi, passibles d'une exécution immédiate, sans jugement.

Les hommes peu à peu s'égaillent, et seule une poignée d'entre eux demeure sur la place.

C'est le 10 thermidor, an II, vers deux heures du matin.

Dans la salle de l'Hôtel de Ville, Fleuriot-Lescot a établi la liste des « ennemis du peuple », ces quatorze députés, parmi lesquels Tallien, Fouché, Fréron, Carnot, « qui ont osé plus que Louis XVI, puisqu'ils ont mis en arrestation les meilleurs patriotes ».

Ils sont décrétés hors la loi.

On entend la pluie d'averse qui en rafales frappe les vitres, les pavés de la place, et qui tombe drue depuis minuit, chassant les derniers gardes nationaux.

Ils ne sont plus que quelques-uns quand une petite colonne de gendarmes, rassemblée par la Convention, après avoir longé les quais, parvient place de Grève. Elle est conduite par Barras, qui en a pris le commandement, et par le député Léonard Bourdon, qui fut longtemps proche d'Hébert.

Elle entre facilement dans l'Hôtel de Ville que plus personne ne garde.

Aux gendarmes de la Convention se sont joints les gardes nationaux des beaux quartiers, et des sans-culottes de la section des Gravilliers, celle de l'Enragé Jacques Roux.

On entend plusieurs coups de feu.

Un gendarme – Méda ou Merda – a-t-il fracassé d'une balle la mâchoire de Maximilien, ou bien celui-ci a-t-il tenté de se suicider ?

L'Incorruptible, joue déchirée, dents arrachées, ou brisées, n'est plus qu'un corps pantelant qui tente avec du papier d'étancher le sang qui macule son habit bleu, sa cravate blanche.

Et qu'on outrage, qu'on moque :

« Il me semble que Votre Majesté souffre ? Eh bien, tu as perdu la parole ? Tu n'achèves pas ta motion ? »

Le corps de Le Bas est étendu sur le sol. Le Bas a réussi à se faire sauter la cervelle.

Augustin Robespierre a tenté de s'enfuir par une corniche ou bien s'est jeté par une fenêtre, mais n'est pas parvenu à mourir. On le transporte le corps brisé, en l'insultant.

Hanriot est tombé ou a été précipité dans une cour de l'Hôtel de Ville.

Saint-Just n'a esquissé aucun geste, ni pour fuir, ni pour se défendre, ni pour se suicider.

On l'a arrêté sans brutalité, avec une sorte de respect pour ce jeune homme singulier, et qui ne semblait pas surpris. On découvre Couthon, caché sous une table, et on le jette dans l'escalier.

Si l'on en croit un témoin : « Couthon fut le jouet de la populace depuis trois heures du matin jusqu'à six. Ils le prenaient par le bras et le soulevaient en l'air, ils le laissaient tomber en faisant de grands éclats de rire. Ils le conduisaient ainsi de culbute en culbute jusqu'au parapet du quai pour le jeter tout vivant ou à moitié mort dans la rivière, mais le plus grand nombre criait de le garder pour la guillotine. Il fut donc ramené toujours en roulant et le culbutant à terre dans l'Hôtel de Ville. »

Mais cette nuit violente, tragique, décisive du 9 au 10 thermidor an II, avait été calme dans la plupart des quartiers de Paris.

L'Opéra et l'Opéra-Comique, où l'on donnait *Armide* et *Paul et Virginie*, avaient fait salle comble. On ne s'était pas soucié de ce qui se jouait sur la scène du théâtre politique, à la Convention, à l'Hôtel de Ville et place de Grève.

Les acteurs de ces pièces-là inspiraient la lassitude ou le dégoût.

Qu'ils règlent leurs comptes entre eux !

On a transporté Robespierre et les autres prisonniers – Couthon et Hanriot sont blessés eux aussi, Saint-Just ne paraît pas voir ce qui l'entoure – dans la salle du Comité de salut public.

Deux officiers de santé viennent panser Maximilien, le bas du visage fracassé et ses vêtements couverts de sang.

Ils sont ensuite conduits à la Conciergerie. Et à chaque pas de ceux qui le portent, Robespierre étouffe un hurlement de douleur.

Fouquier-Tinville, la voix hésitante, le visage d'une pâleur de mort, se contente de constater l'identité des prisonniers, qui vont être exécutés sans être jugés puisqu'ils ont été mis hors la loi.

La veille encore, Fouquier-Tinville avait envoyé à la guillotine quarante-quatre condamnés. Et en dépit de l'arrestation de Robespierre, connue vers cinq heures et demie, les charrettes avaient continué leur route.

« Va ton train », avait fait dire Fouquier-Tinville au bourreau.

Parmi les condamnés il y avait un homme de vingt ans, et un vieillard de quatre-vingt-dix !

Un témoin, le 10 thermidor, se souvenant de ces condamnés-là, écrit :

« La Convention trop occupée d'elle-même ne songea point à expédier promptement un sursis pour les condamnés du matin du 9 thermidor. Et le peuple, intimidé par les gardes nationaux du général Hanriot, qui avaient ordre de faire exécuter le jugement et obligèrent les charrettes à poursuivre leur chemin vers la place du Trône-Renversé, n'eut pas le courage de les arrêter.

« Qu'il est affreux de mourir sur l'échafaud au moment où l'on apprend que les monstres qui nous y envoient sont enchaînés et vont bientôt y monter eux-mêmes. »

Et c'est cent quarante têtes qui ont « éternué dans le sac » en quelques heures, le 8 et le 9 thermidor.

Maintenant, ce 10 thermidor, vers six heures du soir, Robespierre et vingt et un de ses « complices » prennent place dans trois charrettes.

Leurs vainqueurs – Fouché, Barras, Fréron, Tallien, Billaud-Varenne, Collot d'Herbois, et les conventionnels du Ventre, tel Boissy d'Anglas – veulent que ces exécutions s'opèrent avec un grand concours de peuple. Et ils ont décidé de faire dresser l'échafaud, de nouveau, place de la Révolution, afin que les charrettes traversent le Paris du centre, des quartiers « modérés », et que la foule se presse et hurle sa joie, tout au long de la rue Saint-Honoré.

Et les emplacements aux fenêtres sont loués à prix d'or. Les charrettes mettent une heure et demie pour parcourir ce trajet.

Elles se sont souvent arrêtées pour laisser la foule s'approcher, voir, insulter Robespierre, couché, attaché aux ridelles.

Une femme se précipite, s'agrippe à la charrette, crie à Maximilien :

« Monstre, au nom de toutes les mères, je te maudis. »

Devant la maison Duplay, on arrête les charrettes. Un enfant court chez le boucher, en revient avec du sang de bœuf, dont il asperge la porte.

La foule crie.

Les charrettes s'ébranlent.

« Chacune de ces charrettes portait en avant un grand drapeau tricolore, agité dans la route par un bourreau, raconte un témoin. C'était un jour de fête, tout le beau monde était aux fenêtres pour les voir passer ; on applaudissait en claquant des mains. Le seul Robespierre aîné montrait du courage, en allant ainsi à la mort, et de l'indignation en entendant ces exclamations de joie.

« Il avait la tête enveloppée d'un linge, ses yeux de faïence ordinairement éteints étaient très vifs et très animés en ces derniers moments.

« Les autres condamnés étaient sans mouvement. Ils paraissaient accablés de honte et de douleur. Ils étaient presque tous couverts de sang et de boue. Hanriot avait un œil hors de la tête.

« On les aurait pris pour une troupe de bandits saisis dans un bois après un violent combat. »

À sept heures et demie, les charrettes arrivent place de la Révolution, ci-devant place Louis-XV.

Elle est remplie par la foule qui, sous un ciel d'été d'un bleu intense, crie sa joie, applaudit.

Elle hurle quand le bourreau s'affaire à lier – et c'est difficile – le paralytique Couthon à la planche.

Et c'est aussi le corps brisé d'Augustin Robespierre qu'on décapite.

Et c'est la tête d'Hanriot, au front ouvert, à l'œil droit pendant sur la joue qu'on fait rouler dans le sac.

Saint-Just monte d'un pas sûr les marches de l'échafaud.

Il précède Maximilien Robespierre et le maire Fleuriot-Lescot qui sera le dernier décapité.

La foule hurle encore plus fort, applaudit quand elle reconnaît l'Incorruptible.

« Le bourreau après l'avoir attaché à la planche et avant de lui faire faire la bascule arrache brutalement les bandages et l'appareil qui soutient la mâchoire fracassée de Maximilien. Il poussa un rugissement semblable à celui d'un tigre mourant, qui se fit entendre aux extrémités de la place », écrit le témoin.

Le bourreau montre au peuple trois têtes ensanglantées : celle d'Hanriot, le général commandant la garde nationale, celle de Dumas, le président du Tribunal révolutionnaire, et celle de ce Maximilien Robespierre, l'Incorruptible qui croyait à l'Être suprême et à l'immortalité de l'âme.

Sur la place de la Révolution, dans les rues voisines, la foule crie sa joie.

« On se jette dans les bras les uns des autres. »

Le témoin ajoute :

« Ô Liberté, te voilà arrachée à tes plus cruels ennemis. Enfin nous sommes libres, le tyran n'est plus. »

Mais comptant les charrettes qui durant plusieurs jours ont conduit par grandes fournées les complices du tyran au rasoir national, il dénombre cent six exécutions.

« Quelle boucherie ! » s'exclame-t-il. « Mais, poursuit-il aussitôt, quel autre malheur plus grand que cette journée du 9 thermidor ne soit pas arrivée deux ou trois jours plus tôt. Près de cent quarante personnes y auraient gagné la vie... »

CINQUIÈME PARTIE

10 thermidor an II - 4 prairial an III
28 juillet 1794 - 23 mai 1795

« La Révolution est faite »

« On semblait sortir du tombeau et renaître à la vie. »

Le conventionnel THIBAUDEAU
après le 9 thermidor an II

« La Révolution est faite...
La Révolution a coûté des victimes, des fortunes
ont été renversées ; iriez-vous autoriser des recherches
sur tous les événements particuliers ?
Lorsqu'un édifice est achevé, l'architecte
en brisant ses instruments ne détruit
pas ses collaborateurs... »

Le conventionnel CAMBACÉRÈS
après le 9 thermidor an II

« Les conventionnels sont comme des valets de révolution
qui ont assassiné leurs maîtres
et s'emparent de la maison après leur mort. »

MALLET DU PAN
après le 9 thermidor an II

16.

On a jeté le corps de Maximilien Robespierre dans la fosse commune.

« Vive Dieu ! Mon cher ami ! La tyrannie est à bas depuis trois jours, écrit le 12 thermidor an II (30 juillet 1794) le libraire Ruault à son frère. Le bruit sans doute en est déjà venu jusqu'à vous, car il a été grand et terrible comme il devait l'être. Toute la France doit en retentir en ce moment. Robespierre est allé le 10 rejoindre Danton par la même route qu'il a fait prendre à ce collègue pour descendre chez les morts, les révolutionnaires même les plus fougueux ont trouvé juste en cette occasion l'emploi de l'admirable loi du talion... »

Et Ruault raconte qu'alors que Robespierre gisait, la mâchoire fracassée, attendant qu'on le chargeât dans la charrette qui devait le conduire à la guillotine, un sans-culotte s'était approché, et lui avait lancé :

« Te voilà donc, tyran des patriotes ! Sens-tu maintenant tout le poids du sang de Danton ? Il tombe goutte à goutte sur ta tête. »

Quand Barras, Tallien, Fouché, Fréron sortent de la Convention, on leur apporte des fleurs. Des jeunes gens embrassent les basques de leur habit, on crie à Fréron :

« Souviens-toi que tu as des morts à venger. »

Des attroupements se forment devant les portes des quarante prisons de Paris où s'entassent huit mille cinq cents prisonniers.

On a suspendu l'appel quotidien. Les détenus interpellent leurs gardiens, réclament du vin, exigent qu'on les libère.

Des parents, des amis des prisonniers, font le siège du Comité de sûreté générale, sollicitent des « élargissements ».

Des huissiers jouent les intermédiaires, extorquent deux à trois mille écus pour faciliter une libération.

En quelques jours, près de cinq cents suspects sont relâchés.

« On semblait sortir du tombeau et renaître à la vie », dit le conventionnel Thibaudeau qui, prudemment, pendant la Terreur s'est fait oublier au Comité de l'instruction publique, et reparaît maintenant que la tête de Robespierre a roulé dans le sac.

Ils sont nombreux comme lui.

Sieyès, l'un des députés aux États généraux les plus influents, s'est aussi retiré pendant les mois de sang.

« J'ai vécu », murmure-t-il. Et il se souvient en frissonnant du regard que Robespierre portait sur lui, le considérant comme « la taupe de la Révolution, qui ne cesse d'agir dans les souterrains de la Convention, plus dangereux pour la liberté que ceux dont la loi a fait justice jusqu'ici ».

Sieyès a rejoint – comme Thibaudeau – le Ventre, ce Marais dont le vote, le 9 thermidor, a fait tomber Robespierre. On y trouve des hommes qui, comme Boissy d'Anglas, Cambacérès, Durand-Maillane, veulent en finir avec la Terreur sans pour autant retourner à l'Ancien Régime.

« Nous avons renversé la féodalité, dit Boissy d'Anglas, l'égalité règne dans la République. »

Et naturellement, la confiscation des biens nationaux doit être maintenue sous la « garantie de la foi publique ».

Mais les Barras, Fouché, Tallien, Fréron, qui ont été des représentants en mission « terroristes » à Bordeaux, Lyon, Marseille, Toulon, qui partagent les idées des députés du Ventre, ont aussi besoin de faire oublier que leurs mains ont trempé dans le sang de nombreuses victimes, et qu'elles se sont, avides, souvent emparées des biens des « aristocrates ».

Ces terroristes ont été des « friponneurs ». Ils ont craint en Robespierre moins le « tyran des patriotes » que l'Incorruptible.

Ils ont besoin de se séparer de Barère, de Billaud-Varenne, de Collot d'Herbois, de Vadier, d'Amar, de tous ces antirobespierristes qui ont voulu la chute de l'Incorruptible, parce qu'il invoquait la Vertu, l'Être suprême et l'immortalité de l'âme, mais ils veulent rester des Montagnards, des Jacobins, qu'inquiète le retour des aristocrates.

« Vous trouverez les choses bien changées, bien radoucies depuis la mort de Robespierre, écrit Ruault.

« Je trouve seulement que les royalistes ou les aristocrates sont devenus un peu trop insolents. J'ai été insulté hier dans la rue en qualité de patriote par un de ces messieurs qui était sorti de prison la veille... »

Mais les anciens terroristes, soucieux de faire oublier leur passé, ont besoin de ces « messieurs ».

Tallien qui a obtenu la libération de Thérésa Cabarrus, bien vite nommée Notre-Dame de Thermidor, se rend presque chaque jour à la prison du Luxembourg :

« Le peuple y accourt en foule, écrit un témoin, comble Tallien de bénédictions, l'embrasse, embrasse ceux qui viennent d'être rendus à la liberté. Soyez tranquilles mes amis, dit Tallien à ceux qu'il ne peut encore faire sortir de prison. Vous ne soupirerez pas longtemps après votre liberté. Il n'y a que les coupables qui ne jouiront pas de ce bienfait. Je reviendrai aujourd'hui, je reviendrai demain et nous travaillerons jour et nuit jusqu'à ce que les patriotes injustement détenus soient rendus à leurs familles. »

Et le conventionnel Legendre, cet ancien boucher, ce tribun, qui fut proche de Danton, « visite sans cesse les prisons, écoute les détenus, verse des larmes, les rend à leurs familles et s'il en a repoussé quelques-uns revient bientôt vers ceux-là, grondant et pleurant à la fois. Il a l'air de les chasser de la prison. »

Ceux qu'on commence à appeler les « Thermidoriens » se constituent ainsi une clientèle.

Les parents des détenus, les jeunes gens qu'on nomme *muscadins*, parce qu'ils sont parfumés au musc, peuplent les tribunes de la Convention, applaudissent quand le député Lecointre dénonce la « queue de Robespierre » : Barère, Billaud-Varenne, Collot d'Herbois, Vadier...

La Convention déclare ces dénonciations calomnieuses mais aux Tuileries, au Carrousel, au ci-devant Palais-Royal, et même place de la Bastille, des groupes se forment.

On se plaint qu'une dénonciation aussi grave ait été traitée si légèrement... On va même jusqu'à dire qu'on saura bien forcer la Convention à terminer cette affaire.

Rien ne semble ainsi pouvoir empêcher cette division des vainqueurs de Robespierre, qui s'amorce en août et septembre 1794 (thermidor et fructidor an II).

Et un patriote lucide comme Ruault ne peut que s'en lamenter, exprimant une opinion « raisonnable », républicaine, si présente aux débuts de la Révolution, mais qui s'est peu à peu retirée de la vie publique, inquiète et suspecte aux yeux des « ultra-révolutionnaires ».

« Oh, que les passions individuelles sont terribles et honteuses dans une révolution, écrit Ruault. Elles envoient à l'échafaud les hommes les plus énergiques, les plus capables de conduire à sa fin cette même révolution ; ces hommes passionnés et délirants s'entretuent par la main du bourreau, s'affaiblissent dans leur propre cause et déshonorent cette étonnante, cette sublime aventure dans l'histoire humaine.

« Que diront les peuples, que penseront les rois, en apprenant ces horribles nouvelles, en lisant ces pages folles et sanglantes de notre Révolution ?

« Les amis de la liberté, les enfants de la patrie en gémissent et ne désespèrent pourtant pas du tout du succès des affaires publiques... »

En fait, Ruault et chaque citoyen en ont conscience, depuis le 9 thermidor, et même si le gouvernement continue à se déclarer révolutionnaire, la République est entrée dans une nouvelle époque.

L'atmosphère de Paris est différente.

L'un des premiers étrangers, Henri Meister, arrivé dans la capitale par le coche de Genève, s'étonne de pouvoir entrer dans la ville « sans être arrêté à aucune barrière, sans éprouver la moindre difficulté, sans essuyer la moindre question ».

Il remarque qu'on voit de nouveau « quelques voitures particulières, celles des ministres – diplomates – étrangers, celles des membres du Comité de salut public qui en ont chacun une à leur disposition aux frais de la République ; celles de quelques entrepreneurs et de leurs maîtresses ».

Il se rend au théâtre où l'on ne joue sous les acclamations que des pièces qui fustigent le « tyran » Robespierre. Et le public réclame vengeance contre les « chevaliers de la guillotine », les « buveurs de sang ».

On lui confie que « les patriotes se taisent car l'aristocratie les appelle des Robespierre ».

On ovationne les tirades qui font écho aux passions et aux événements du moment :

Exterminez grand Dieu de la terre où nous sommes
Quiconque avec plaisir répand le sang des hommes.

Il voit devant un théâtre un cocher, qui ouvre la portière de sa voiture, s'incliner devant le passager qui vient de le récompenser, et il entend le cocher dire obséquieusement : « Merci mon maître. »

Et ce mot, plus jamais utilisé depuis près de cinq ans, Meister constate qu'il se répand de nouveau. On retrouve le « maître », on oublie « citoyen ».

Chaque jour, Meister lit quotidiens ou pamphlets qui condamnent Maximilien, cet « Imposteur qui dictait depuis cinq ans la ruine de la liberté, pour qui les crimes n'étaient rien, pourvu qu'ils fussent des moyens de parvenir à la tyrannie.

Et les scélérats qui avec lui avaient ourdi les trames les plus atroces ne sont plus… »

Et on appelle à en finir avec la « queue de Robespierre ».

Les journaux saluent la libération des suspects, l'abolition de la loi du 22 prairial, l'arrestation de l'accusateur public du Tribunal révolutionnaire, Fouquier-Tinville, auquel on promet un vrai procès.

En même temps, on traque ceux qui sont suspects de robespierrisme.

Le 9 août, à Nice, les représentants en mission Saliceti et Albitte décrètent d'arrestation le général Bonaparte, parce qu'il y a sur lui « de forts motifs de suspicion de trahison, de dilapidation ».

Bonaparte entretenait de bonnes relations avec Augustin Robespierre, un temps représentant en mission. Cela suffit à faire de Bonaparte un suspect de robespierrisme.

Il se défend avec vigueur, écrivant depuis le Fort-Carré d'Antibes où il a été emprisonné :

« N'ai-je pas toujours été attaché aux principes ? J'ai tout perdu pour la République. Depuis, j'ai servi à Toulon avec quelque distinction et mérité à l'armée d'Italie la part de lauriers qu'elle a acquise. On ne peut donc me contester le titre de patriote… »

Le 20 août, Bonaparte est libéré. Mais il sent que les soupçons s'accrochent à lui, alors que le général Hoche, qui était emprisonné sous Robespierre, obtient avec la liberté le commandement de l'armée des Côtes de Cherbourg qui lutte contre les chouans et les Vendéens.

Malgré ces changements, cette épuration, ces traques des robespierristes que mènent dans les départements de nouveaux représentants en mission, le pays est comme terrassé.

Le Suisse Mallet du Pan note : « La nation paraît épuisée comme une frénétique revenue à la raison l'est par les saignées, les bains et la diète ! »

Et l'ancien Girondin La Révellière-Lépeaux ajoute : « À la fièvre chaude succède une entière prostration de forces. »

Les plaies ne sont pas refermées. Elles suppurent encore. Les beaux quartiers et d'abord celui du faubourg Saint-Germain sont déserts. Et sur les hôtels particuliers on peut lire, souvent, sur une bande accrochée à la façade : « Propriété nationale à vendre. »

Ces demeures ont été pillées, parfois transformées en bureaux et corps de garde par les sections de la Commune.

« On dirait que tout ce qui a été jadis dans l'intérieur des appartements vient d'être exposé tout à la fois dans la rue. La capitale du monde a l'air d'une immense friperie... À chaque pas, continue de noter le Suisse Meister, vous rencontrez des personnes de tout sexe, de tous âges, de toutes conditions, portant quelque paquet sous le bras ; ce sont des échantillons de café, de sucre, de fromage, d'huile, de savon, que sais-je ? C'est encore trop souvent le dernier meuble, le dernier vêtement dont un infortuné consent à se défaire afin d'acheter l'aliment dont il a besoin pour lui-même ou pour sa malheureuse famille... Ce qui m'a frappé le plus généralement à Paris, c'est un caractère étrange d'incertitude, de déplacement sur presque toutes les figures, un air inquiet, défiant, tourmenté, souvent même hagard et convulsif... »

Dans cette hébétude de Paris et du pays, les conventionnels du centre – du Ventre – font campagne – dans les journaux, par leurs discours – pour « l'Union et la Confiance », comme le dit Cambacérès :

« Ne nous reprochons ni nos malheurs ni nos fautes... poursuit-il, la Révolution est faite... La Révolution a coûté des victimes, des fortunes ont été renversées : iriez-vous autoriser des recherches sur tous les événements particuliers ? Lorsqu'un édifice est achevé, l'architecte en brisant ses instruments ne détruit pas ses collaborateurs. Tant que le peuple et la Convention ne feront qu'un, les efforts des ennemis de la liberté viendront expirer à vos pieds.

« Le vaisseau de la République tant de fois battu par la tempête touche déjà le rivage... Laissez-le s'avancer dans le port en fendant d'un cours heureux une mer obéissante. »

Mais cet apaisement qu'espèrent Cambacérès et les conventionnels du Ventre, certains ne le souhaitent pas. Pour un publiciste comme Mallet du Pan, « les conventionnels sont comme des valets de révolution qui ont assassiné leurs maîtres et s'emparent de la maison après leur mort ».

Certes Mallet du Pan est monarchiste, genevois, mais des artisans, des domestiques, des ouvriers, des humbles donc ont eu à subir la loi des suspects, ont vu des proches « éternuer dans le sac », après avoir été condamnés par Fouquier-Tinville. Et ce sont les humbles qui ont représenté près des deux tiers des victimes du Tribunal révolutionnaire.

Les survivants réclament vengeance.

Ce sont eux qui chantent, en désignant Robespierre et les Jacobins :

Qu'on attrape ci
Qu'on attrape ça
La guillotine arrange ça
La guillotine t'attendait oui-da !

Une autre chanson est entonnée par les « messieurs » de la « Jeunesse dorée », qu'on appelle « fats », « collets noirs », « bas blancs », « Jacobins blancs » et surtout « muscadins ».

Ils clament en avançant en petits groupes armés de gourdins plombés, qu'ils veulent *le Réveil du peuple*.

Peuple français, peuple de frères,
Peux-tu voir sans frémir d'horreur
Le crime arborer les bannières
Du carnage et de la terreur ? [...]
Le jour tardif de la vengeance
Fait enfin pâlir vos bourreaux.

Dans les tout premiers jours qui ont suivi l'exécution de Robespierre, les sans-culottes interpellent ces « messieurs » les muscadins. Ils les traitent de lâches, car un grand nombre d'entre eux sont des réquisitionnaires insoumis, déserteurs, embusqués, qui se sont fait détacher aux ateliers de guerre

« et dont la main est plutôt comme celle du peintre en miniature que du forgeron ou du limeur ». D'autres travaillent dans les charrois ou les bureaux.

La plupart de ces collets noirs sont issus de la basoche, des spectacles, de la boutique, de la banque, des administrations publiques.

Il y a parmi eux des gens de lettres, des hommes de loi, des journalistes poètes, des vaudevillistes, des clercs de notaire et d'avoué. Puis des comédiens, des garçons marchands, des petits commis, des petits négociants, des agioteurs, des courtiers, des manieurs d'argent. Tous n'ont qu'un désir : ne pas rejoindre les armées, éviter d'être « réquisitionnés ».

Ils se rassemblent autour de Fréron qui publie chaque jour un article violent dans *L'Orateur du peuple*. Mais souvent il abandonne la plume pour le gourdin, il fait la chasse aux sans-culottes.

Les muscadins et ses lecteurs sont ses soldats, et ils sont par leur origine sociale, leur manière de parler, de se vêtir, le contraire des sans-culottes.

Ils l'emportent peu à peu dans les affrontements qui les opposent.

Le quartier général des muscadins est au Palais-Royal, redevenu le foyer du luxe, de l'élégance, du jeu, de l'agiotage, des filles à louer.

Ils se retrouvent aux cafés de Chartres et des Canonniers. On y acclame Fréron, Tallien et sa Notre-Dame de Thermidor, Thérésa Cabarrus.

Ils molestent les colporteurs des feuilles jacobines, brûlent leurs journaux, puis ils s'enhardissent, manifestent chaque jour aux Tuileries, au théâtre.

Ils n'attaquent que s'ils sont en nombre, alors ils insultent les acteurs accusés d'avoir été « terroristes ». Ils battent les hommes, fouettent les femmes.

Puis ils s'éloignent, chantant, faisant tourner leur gourdin, les jambes serrées dans une culotte si moulante qu'« autant vaudrait aller nu ».

« Ils fourmillent partout », dit un rapport de police. Leur façon de parler les distingue.

Ils se dandinent dans une attitude pâmée en répétant d'une voix mourante *Ma pa-ole d'honneu-*.

Point de « R », la lettre maudite qui rappelle le mot « Révolution ».

Ils attaquent à quatre contre un les *te-o-istes*. Ils font la cour aux *me-veilleuses*, qui se montrent nues dans des fourreaux de gaze, c'est, dit-on, le « système des nudités gazées ».

« Il eût fallu leur ôter bien peu de vêtements pour les faire ressembler à la Vénus des Médicis. »

Et ces me-veilleuses commencent à porter des perruques blondes tressées avec art.

« Les femmes du peuple les ridiculisent, y portent la main pour en défaire l'arrangement. »

Mais les muscadins, ces *inc-oyables*, les pourchassent, les fouettent puis font la roue devant les me-veilleuses. Ils portent un habit étriqué, vert bouteille, ou « couleur de crottin » avec dix-sept boutons de nacre pour rappeler l'*orphelin du Temple*, ce Louis XVII dont le sort émeut.

L'enfant de neuf ans a vécu, depuis la fin octobre 1793, surveillé par le cordonnier Simon.

Enfermé dans une des grandes salles de la tour principale du Temple, il est obligé de faire ses besoins dans un coin de la pièce dont on n'enlève les ordures qu'une fois par mois.

Mal nourri, enfumé par un vieux poêle dont il entretient le feu, sale, ne changeant de linge que toutes les quatre semaines, son sort s'est un peu amélioré après le 12 thermidor.

Trop tard, ce n'est plus qu'un enfant rongé par une maladie osseuse, « sa poitrine est aussi violemment attaquée, son estomac est rétréci, il ne respire et ne digère qu'avec peine. Le malheureux enfant royal descend lentement au tombeau », écrit un témoin.

Pour les muscadins Louis XVII n'est qu'un emblème, dix-sept boutons de nacre, un élément de leur parure, comme ces perruques enfarinées, constituées par les cheveux des guillotinés.

Ils portent un bicorne en demi-lune, et leur visage émerge d'une espèce de cornet de mousseline mouchetée de rouille, dont le sommet doit caresser la lèvre inférieure, et qu'on appelle la « cravate écrouellique ».

Le col de velours noir qui évoque la mort du roi, les grands revers pointus en châle, les basques carrées taillées en queue de morue, la culotte serrée qu'on agrafe sous le genou dans un flot de rubans, les bas chinés, les escarpins découverts qui ne cachent que les doigts de pied, et sur l'œil, ce monocle énorme et insolent, tout cet accoutrement les oppose aux sans-culottes.

Aux uns, le musc, la propreté méticuleuse, l'extravagance élégante, recherchée, et aux autres, dit un muscadin, « les façons grossières et la saleté officielle du costume des Jacobins, ce cynisme de malpropreté des terroristes ».

Et l'orgueil pour les inc-oyables d'avoir été arrêtés sous la Terreur :

Je mettais de la poudre et mon linge était fin
Et mon écrou porta que j'étais muscadin.
On sait qu'il n'en fallait alors pas davantage
Pour aller en charrette ou tout au moins en cage.

Maintenant, on se venge.

La main du muscadin, blanchie à la pâte d'amande, ressemble à une main de femme mais elle manie le « gourdin plombé », le « rosse-coquin ».

Et pour tenir la rue parisienne, si longtemps occupée par les sans-culottes, les Jacobins, et avant eux par les Enragés, les hébertistes, les maratistes, la Jeunesse dorée est bien utile à Fréron, à Tallien, à Barras, à Fouché, à ces anciens terroristes qui ont rompu avec la Montagne, et qu'inquiète un Billaud-Varenne qui ose dire encore au club des Jacobins :

« Le lion n'est pas mort quand il sommeille et à son réveil il extermine tous ses ennemis. »

Les muscadins répondent en chantant *Le Réveil du peuple.* Et Fréron et Tallien ne cherchent pas à savoir qui ils sont.

« On faisait semblant de ne pas s'apercevoir, raconte l'un d'eux, que nous étions tous ou presque tous des réquisitionnaires insoumis. On se disait que nous servirions plus utilement la chose publique dans les rues de Paris qu'à l'armée de Sambre-et-Meuse, de Rhin-et-Moselle ou des Pyrénées-Orientales, et qui eût proposé de nous envoyer battre l'estrade aux frontières eût été fort mal reçu, croyez-le bien. »

Et cependant, malgré ces bandes de la Jeunesse dorée, qui commencent à fréquenter les sections de la Commune de Paris et y faire adopter des décisions, en contraignant les Jacobins à se taire, les Thermidoriens les plus lucides sont inquiets.

Le maximum des prix des denrées n'est plus respecté. Le pain augmente. Et les paysans refusent de livrer leur grain.

« L'aristocratie marchande relève la tête avec audace », dit un rapport de police.

À Marseille, les représentants en mission font arrêter un instituteur qui appelle les patriotes à de nouvelles « septembrisades ».

Dans une *Adresse à la Convention*, les Jacobins de Dijon réclament un « retour à la politique de Robespierre ».

Le « lion » jacobin va-t-il se réveiller comme le souhaite Billaud-Varenne ?

Le 14 fructidor (31 août), la poudrière établie dans la plaine de Grenelle a sauté en l'air et dévasté d'une manière horrible tous les environs. La commotion a été si forte qu'elle s'est fait sentir depuis le faubourg Saint-Germain jusqu'à Passy et au-delà... On retire deux heures après l'événement les morts et les mourants par centaines. On compte qu'environ deux mille personnes y ont perdu la vie et que plus de mille en seront estropiées tout le reste de leurs jours... Déjà, le 19 août, le magasin de salpêtre à l'abbaye de Saint-Germain avait explosé.

Tout Paris est épouvanté.

S'agit-il de malheurs ? S'agit-il de crimes ?

Dans la nuit du 24 fructidor an II (10 septembre 1794), Tallien est attaqué, blessé par un agresseur qui réussit à s'enfuir. Est-ce un « chevalier de la guillotine », un Jacobin ?

Peut-être faut-il apaiser ce peuple sans-culotte qui se tait, mais qui peut se remettre à gronder et dont on perçoit déjà, ici et là, le murmure.

Les Jacobins demandent le transfert du corps de Marat au Panthéon, la Convention hésite, puis, prudente, le décrète.

Et solennellement, le 21 septembre, anniversaire de Valmy et de la proclamation de la République en 1792, Marat est conduit au Panthéon. C'est le dernier jour de l'an II.

Demain, 1er vendémiaire, c'est l'an III.

17.

C'est l'automne 1794, mais ces mois de vendémiaire et de brumaire an III grelottent déjà dans un froid glacial qui annonce un hiver rude.

Quand on piétine durant des heures devant les boulangeries, les comestibles, on se croirait en frimaire et nivôse (novembre-décembre).

Les lèvres gercées, les doigts gourds, on ne proteste même pas contre les prix du pain, de la viande, du bois, du charbon, des chandelles et du savon, qui ont augmenté, depuis la chute de Robespierre, de plus d'un tiers.

Plus personne ne respecte le maximum des prix, et bientôt – le 24 décembre – il sera aboli. Et les prix s'envoleront encore, et bienheureux les jours où le boulanger fait plusieurs fournées. Car le grain manque. L'Angleterre serre le nœud coulant du blocus. Et les paysans qui n'ont aucune confiance dans l'assignat, cette monnaie dont les billets perdent jour après jour de leur valeur, gardent leur grain, attendant la hausse prochaine, exigeant d'être payés en pièces d'or, ou bien échangeant leurs sacs de céréales contre de la viande ou des biens. Le troc vaut mieux que le paiement en assignats.

Mais l'ouvrier, lui, n'a à vendre et à échanger que sa force et son habileté. Et jamais il n'y a eu autant de bras qui ne savent comment s'employer. Le travail est rare.

Le 6 décembre, le Comité de salut public décide que la République n'emploie plus d'ouvriers à la journée. Et dans les jours qui suivent, on en licencie un grand nombre. On les invite à quitter Paris, à aller chercher du travail dans les départements. Le 12 décembre, ils protestent contre ces décisions. Mais le Comité de salut public ne cède pas. Les manifestants sont d'ailleurs peu nombreux, plus accablés et désespérés que résolus.

Ils vont grossir les rangs des indigents, de ceux qui quand une patrouille lance, la nuit, un « Qui vive ? » répondent « Ventre creux ».

Ces mots sont ceux de l'impuissance, du scepticisme, du désespoir.

« L'opinion publique flotte incertaine sur bien des choses et des gens », écrit le témoin avisé et réfléchi qu'est le libraire Ruault. Le désarroi, dit-il, ne frappe pas seulement les humbles, voués à la disette et à l'indigence, mais aussi les patriotes éclairés et qui ont du bien.

Trop de sang versé. Trop de luttes à mort entre révolutionnaires, et la question qui dès lors hante bien des citoyens :

« Faut-il aimer ou trahir le jacobinisme ? Le jacobinisme a-t-il été utile ou nuisible à l'établissement de la République ? Voilà la discussion à l'ordre du jour et qui fait fermenter toutes les têtes d'un bout de la France à l'autre. Il paraît certain, néanmoins, que la République a été fondée par les Jacobins, ceux qui aiment cette nature de gouvernement ne doivent donc point les détester. »

Mais entre les Jacobins, il faut choisir.

« Quoi qu'il en soit, poursuit Ruault, les vrais républicains ne donneront aucun regret à Robespierre... Il était lâche, il se cachait dans le danger, il trahissait, il livrait, il abandonnait ses amis. Robespierre était ambitieux, jaloux, vindicatif dans le genre bas et odieux... Il n'en est pas ainsi de Georges Danton, le contraire en tout de Maximilien Robespierre, Danton n'était pas un homme ordinaire, avec son éloquence colossale... Danton doit être en horreur aux royalistes mais je parle ici en républicain... »

Mais l'an III, et dès ces premiers mois de vendémiaire et de frimaire, n'est pas favorable aux opinions mesurées, ni à la juste appréciation du rôle des Jacobins.

Dans les rues, les muscadins et leur gourdin plombé – « rosse-gredin » – font la chasse aux Jacobins, aux « crétois » – la crête de la Montagne – à la « queue de Robespierre » et même aux « crapauds du Marais ».

Les journaux antijacobins se multiplient, et la fortune de Thérésa Cabarrus les finance. Leurs articles comme les innombrables pamphlets accablent ceux des conventionnels qui, bien qu'ayant contribué à la chute de Robespierre, continuent de se dire jacobins, montagnards, patriotes républicains.

Alors on écrit que Barère, « plat et dégoûtant », porte des bottes de cuir humain, tanné à Meudon !

Que Billaud-Varenne est un « tigre » qu'il faut dépecer ! Les Jacobins, les sans-culottes n'ont-ils pas, en septembre 1792, mangé les cœurs des victimes des massacres, cuits sur le gril ?

Collot d'Herbois est « sépulcral ».

Carrier n'est qu'un « aquatique », qui toute sa vie n'aura fait de bien qu'aux poissons de la Loire en leur offrant des condamnés, voués à la noyade.

« Donnez-nous ces têtes, ou bien prenez les nôtres », conclut un libelle.

La Jeunesse dorée, Tallien et Fréron, se repaissent de ces propos, de ces désirs de vengeance qu'ils suscitent et entretiennent. Ils se rassemblent dans les cafés du Palais-Royal ou encore dans les bals les plus inattendus.

On danse au cimetière Saint-Sulpice où, à l'entrée, un transparent rose, marqué « Bal des Zéphyrs », surmonte une tête de mort et deux os en sautoir gravés dans la pierre. Les couples virevoltent sur les tombeaux.

Au « Bal des victimes » ne sont admis que ceux et celles qui ont perdu un parent sur l'échafaud.

On y vient la nuque rasée, dégagée pour le bourreau, un fil rouge autour du cou, et on salue « à la victime » en imitant le mouvement d'une tête qui tombe sous le couperet.

On se rencontre dans les « salons », où se côtoient des émigrés que la nouvelle législation a autorisés à rentrer en France, et les nouveaux maîtres du pouvoir que sont les Thermidoriens.

« Les grâces et les ris que la Terreur avait mis en fuite sont de retour à Paris. Nos jolies femmes en perruques blondes sont adorables, les concerts tant publics que de société sont délicieux, lit-on dans *Le Messager du soir*. Les hommes de sang, les Billaud, les Collot et la bande enragée appellent ce revirement d'opinion “la contre-révolution”. »

Toute une société nouvelle apparaît. Les Thermidoriens ont des liaisons avec des ci-devant comtesses, des veuves, des épouses ou des filles d'émigrés.

Il y a les « épouseurs de femmes nobles » et ceux qui préfèrent les actrices.

« Les spectacles sont remplis de prostituées, concubines de députés qui étalent effrontément les bijoux volés dans les hôtels des émigrés », constate Mallet du Pan.

Les Montagnards constatent que l'opinion leur échappe et avec elle le pouvoir. Collot d'Herbois tente de résister. Il a averti les Jacobins.

« Des scélérats ont promis nos têtes à leurs concubines, dit-il. Vous êtes dans une telle situation que c'est dans les lieux les plus méprisables qu'on conspire contre vous. C'est dans les boudoirs impurs des courtisanes, chez les veuves de l'état-major des émigrés et au milieu des orgies les plus dégoûtantes qu'on balance les grandes destinées de la République. »

Et Gracchus Babeuf, l'ancien clerc chargé d'examiner les « terriers » – les droits féodaux des seigneurs –, réclamant en 1790 l'abolition de la plupart des taxes et impôts, emprisonné, hostile à Robespierre, mais toujours fidèle à son rêve égalitaire, écrit dans son journal – sans doute financé par Fouché –, *Le Tribun du peuple* :

« Français, vous êtes revenus sous le règne des catins, les Pompadour, les Du Barry, les Antoinette revivent et c'est elles qui vous gouvernent. C'est à elles que vous devez en grande partie toutes les calamités qui vous assiègent et la rétrogradation déplorable qui tue votre Révolution...

« Pourquoi taire plus longtemps que Tallien, Fréron décident du destin des humains couchés mollement dans l'édredon et les roses, à côté des princesses. »

Mais *Le Tribun du peuple* est un journal éphémère, Gracchus Babeuf et ceux qui le suivent ou l'inspirent ont peu d'influence.

Ainsi le ci-devant marquis Antonelle, ancien officier, ayant embrassé la cause du tiers état. Il a été juré au Tribunal révolutionnaire ; emprisonné, libéré par la chute de Robespierre, « épicurien, libertin, un cerveau brûlé dans toute l'étendue du terme », il s'étonne du rôle que Tallien, Fréron font jouer aux muscadins.

Ils ne font pas seulement la chasse aux Jacobins, ils occupent les tribunes de la Convention après en avoir interdit l'accès aux sans-culottes. Et ils donnent de la voix, ils menacent. Ils sont l'armée thermidorienne.

Et Antonelle écrit :

« N'est-ce pas une véritable frénésie que cette jeunesse frivole qu'on fanatise comme pour une croisade… Curieux hommage à l'humanité, à la vertu, à la justice, que les fureurs déchaînées des jeunes gens à collets noirs ! »

Ils sont maîtres de la rue. Ils agressent les passants isolés qui leur semblent appartenir à l'« infernale société », le club des Jacobins.

« Il suffit d'avoir l'air jacobin pour être apostrophé, insulté et même battu », confirme un rapport de police.

Dans la soirée du 19 brumaire, des rassemblements de jeunes gens armés de bâtons et de sabres se forment aux environs du Palais-Égalité, ci-devant Palais-Royal, et de l'église Saint-Roch. On les harangue. Ils sont une centaine – dont certains n'ont pas dix-sept ans.

Ils attaquent le club des Jacobins, rue Saint-Honoré. Ils jettent une grêle de pierres dans les croisées, ce qui provoque la panique dans les tribunes.

« On veut nous tuer, on veut nous assommer », crient les femmes en s'enfuyant.

« Ce sont des scélérats, des coquins, il faut les égorger », répond la petite foule qui frappe à coups de sabre sur la tête et les épaules ceux qui sortent du club.

« Eh ma bougresse, toi je te connais », dit l'un des jeunes gens en donnant des coups de pied à la citoyenne Caudry, originaire de Nantes.

Elle est cernée par deux cents hommes armés de bâtons qui « voulurent lever sa jupe et la fouetter ».

Le 20 brumaire (10 novembre 1794), une nouvelle escarmouche oppose aux abords du club Jacobins et Jeunesse dorée.

Et le lendemain 21 brumaire, le bruit se répand que les Jacobins s'apprêtent à marcher contre la Convention.

Fréron est au Palais-Royal, il harangue les muscadins venus en grand nombre :

« Pendant que les Jacobins discutent sur la question de savoir s'ils vous égorgeront dans la rue ou à domicile, dit-il, prévenons-les tandis qu'il est encore temps ! Marchons en colonnes serrées, allons surprendre la bête dans son antre et mettons-la pour jamais dans l'incapacité de nous nuire. Braves jeunes gens, marchons ! »

Ils sont près de deux mille à se diriger vers le club des Jacobins, à crier « Vive la Convention ! À bas les Jacobins ! », à tenter de forcer les portes de la salle, à y pénétrer par les fenêtres.

Les Jacobins ont le dessous. Ils abandonnent sur place carmagnoles et bonnets rouges, et s'enfuient par la rue Saint-Honoré, insultés, sous les crachats et les coups de plat de sabre ou de gourdin.

Le 22 brumaire (12 novembre), la Convention décide la fermeture du club des Jacobins.

L'« infortunée jacobinaille » est dispersée. L'« infernale société » fermée.

On se gausse dans les pamphlets thermidoriens.

« De vigoureux athlètes munis de larges mains saisissent les Jacobines éplorées et sans pitié pour leur vertu, sans égard pour le froid de l'air, découvrent leur postérieur oppressé. »

Il s'agissait de venger les bonnes sœurs de l'Hôtel-Dieu qui avaient été fouettées par les femmes de la Halle, le 7 avril 1791...

Une époque de la Révolution se termine.

Le club des Cordeliers avait été frappé à mort par le club des Jacobins.

Celui-ci est à son tour annihilé. Comme Robespierre avait rejoint dans la mort Danton.

La voie est libre pour les Thermidoriens.

On prétend que Thérésa Cabarrus, Notre-Dame de Thermidor, Notre-Dame du Bon Secours, devenue épouse Tallien, a elle-même fermé les portes du club des Jacobins. En fait, c'est un commissaire de police qui a apposé un cadenas sur la porte de la rue Saint-Honoré. Mais la fable, après la scène des « Jacobines fessées », est symbolique.

Le journaliste Claude Beaulieu, monarchiste, emprisonné sous la Terreur, promis à la guillotine, sauvé par la chute de Robespierre, commente, sarcastique :

« Voilà de quelle manière se décidait le sort de la France et même de l'Europe car c'était précisément de cela qu'il était question. »

Mais désormais les Thermidoriens peuvent agir sans entraves. Les mesures se succèdent.

Les députés girondins survivants sont accueillis à la Convention. Et dans leurs yeux et leurs propos brille le désir de vengeance et de revanche :

« Votre cercueil est creusé, malheureux, lancent-ils aux Montagnards du Comité de salut public. Vous vous débattez en vain sur les bords de la tombe... Point de paix pour la patrie tant que votre odieuse existence souillera la nature. »

Carrier est décrété d'arrestation, pour ses « crimes » de Nantes.

Après lui, ce sont les « grands coupables » que l'on vise.

Dans *Le Patriote*, journal thermidorien, on peut lire :

Lequel fut le plus sanguinaire
De Billaud, d'Herbois ou Barère ?
Lequel des trois est aux abois
De Billaud, Barère ou d'Herbois ?
Lequel mérite l'échafaud ?

Le 27 décembre, ces trois-là, en compagnie de Vadier, sont décrétés d'accusation. Leur participation active, décisive même, à la chute de Robespierre, n'a fait que retarder leur mise en cause.

Et la passion politique, la volonté d'en finir avec ces hommes qui ont seulement voulu condamner le « tyran » Robespierre et non une politique, est telle qu'on oublie ce que l'on doit au Comité de salut public.

Or, les décisions que prend la Convention dans le domaine de l'Instruction publique (création des grandes écoles, École normale, Conservatoire des arts et ateliers, École centrale des travaux publics – future École polytechnique), le rapport Lakanal qui institue une école publique pour mille habitants sont le fruit des Comités de l'instruction, qui ont siégé et travaillé pendant la période terroriste.

De même les succès militaires – toute la rive gauche du Rhin est conquise, par Kléber et Marceau, les Pays-Bas occupés, par Pichegru, la flotte hollandaise, emprisonnée par les glaces au Texel, capturée par la cavalerie de Pichegru – résultent des mesures prises par Carnot, au Comité de salut public. Après la reconquête de Condé-sur-l'Escaut, il n'y a plus une seule place française aux mains de l'étranger.

Et la coalition commence à se fissurer. La Diète de l'Empire germanique se prononce en faveur de l'ouverture de négociations.

Et l'agent anglais Wickham, qui vient d'arriver en Suisse, ne peut empêcher cette évolution.

Ces succès de la Convention aux frontières affaiblissent Vendéens et chouans. Le général Hoche entreprend de négocier, de pacifier la Vendée.

Le 2 décembre (12 frimaire an III), la Convention « promet le pardon et l'oubli à toutes les personnes connues dans les arrondissements de l'Ouest, des côtes de Brest et de Cherbourg, sous le nom de Rebelles de la Vendée et de Chouans qui déposeront les armes dans le mois suivant le présent décret ».

Et l'évêque Grégoire réclame la liberté complète des cultes, s'opposant ainsi à Marie-Joseph Chénier qui veut organiser en lieu et place des cérémonies chrétiennes un « culte décadaire ».

Mais le peuple écrasé par la misère, le peuple qui a faim murmure, selon un rapport de police, « qu'on ferait bien mieux de lui procurer de la farine que de décider des fêtes ».

La farine, le pain, la viande, les subsistances essentielles à la survie dans l'hiver cruellement glacial de l'an III, voilà ce qui préoccupe les Thermidoriens.

Pour avoir organisé, suivi ou subi dès 1789 toutes les « journées révolutionnaires », ils savent d'expérience le rôle que jouent la disette et la misère dans l'explosion de colère du peuple. Ils essaient d'éteindre la mèche qu'ils entendent grésiller.

Fréron, avec les fonds du Comité de sûreté générale, fait inviter des sans-culottes par ses jeunes partisans. On régalera ceux du faubourg Saint-Marceau et du faubourg Saint-Antoine. Le vin doit couler à flots, en même temps que les bonnes paroles.

Fréron endoctrine ses troupes.

« Dites-leur qu'on veut les égarer, que l'on cherche à les porter à quelque excès, dites-leur que tout ce que les malveillants cherchent à leur inspirer de haine et d'aigreur contre les marchands n'est qu'un piège tendu à leur bonne foi. Dites-leur que le renchérissement des denrées vient du renchérissement de la main-d'œuvre. Que le marchand qui paie beaucoup plus cher leurs frères, les ouvriers, doit nécessairement vendre plus cher.

« Qu'ils exigent eux-mêmes avec raison un salaire beaucoup plus fort de leurs travaux. Qu'ils doivent donc bien se garder de tout ce qu'on cherche à leur insinuer. Que le moindre mouvement dans ces temps d'orage perdrait la patrie... »

Et s'il n'y a pas de farine, pas de hausse de salaires, on doit instituer des fêtes, pour tenter de dissimuler que la politique suivie par les Thermidoriens, avec l'appui des députés girondins – Isnard, Louvet, Lanjuinais – qui siègent de nouveau à la Convention, « fait rebrousser chemin à la Convention ».

Alors on organise, le 20 vendémiaire an III, la translation en grande pompe du corps de Jean-Jacques Rousseau au Panthéon.

Ce Jean-Jacques si cher au cœur de Maximilien !

Un décret, voté le 10 janvier 1795 (21 nivôse) institue que le 21 janvier, « jour de la juste punition de Louis Capet, dernier roi des Français, sera fête nationale annuelle ».

Et on commémorerait aussi chaque année le 9 thermidor.

La fête célébrant la mort de Louis XVI eut bien lieu.

Mais ce 21 janvier 1795 (2 pluviôse an III), les muscadins firent dans la cour du Palais-Royal l'autodafé d'un mannequin figurant un Jacobin.

Les cendres du mannequin furent recueillies dans un pot de chambre et jetées à l'égout de Montmartre, garni d'un écriteau portant l'épitaphe :

De Jacobin je pris le nom
Mon urne fut un pot de chambre
Et cet égout mon Panthéon.

On peut lire dans *Le Messager* du lendemain :

« Quelques drôleries qui se trouvaient au fond du vase répandaient au loin une odeur infecte, mais chacun s'accordait à dire que c'était le Jacobin qui avait empoisonné les matières fécales et que c'était l'odeur des vertus jacobites qui s'exhalait dans les airs. »

18.

En cet hiver et ce printemps de 1795, de janvier à avril, les Thermidoriens ne se contentent pas de verser chaque jour des propos orduriers sur tous ceux qu'on soupçonne d'être des Jacobins, des « buveurs de sang », des « chevaliers de la guillotine ». Les muscadins les traquent. On tue les « terroristes » dans les prisons de Lyon. Dans toute la vallée du Rhône, des bandes de la « Compagnie de Jésus » assassinent en plein jour les « mathevons » (les Jacobins) et on jette leurs cadavres dans le Rhône.

On les tue à Nîmes, à Marseille, à Toulon.

Dans cette dernière ville, ce sont les sans-culottes qui ont assassiné sept émigrés qui viennent de rentrer, comme la loi les y autorise. La répression est impitoyable. Les représentants en mission font distribuer des armes aux bandes royalistes de la « Compagnie du Soleil ». L'un de ces émigrés confie au cours d'un dîner, à Benjamin Constant récemment arrivé de Suisse : « Ah, si j'étais grand prévôt de France, je ferais exécuter huit cent mille âmes. »

Il espère, après avoir puni les régicides, les modérés, tous ces « quatre-vingt-neuvistes » qui ont été à l'origine du mal, le retour au temps d'autrefois.

« Nous balayerons les immondices constitutionnelles », dit-il.

Dans les sections où les Thermidoriens ont pris le pouvoir, on entend les mêmes propos.

« Frappez ces tigres », dit-on à la section du Temple.

Le conventionnel Rovère, député du Vaucluse, régicide, qui au cours de ses missions dans son département s'est servi de la Terreur pour pourchasser ses ennemis personnels, a comme Tallien, Fouché, Fréron, Barras, changé de camp. Il est un ardent Thermidorien, et, le 22 février, à la Convention, il réclame la répression des « buveurs de sang ».

« Si vous ne punissez pas ces hommes, il n'est pas un Français qui n'ait le droit de les égorger », déclare-t-il.

« À Paris, on ne les massacre pas encore, mais il ne faut désespérer de rien », s'exclame, amer, le libraire Ruault.

Mais les scènes dont il a été témoin le révulsent.

« Des jeunes gens qui se qualifient de *Jeunesse française* ou de *Jeunesse de Fréron* courent les maisons publiques, les places, les carrefours pour y détruire les bonnets de la Liberté. Ils entrent dans les cafés et demandent catégoriquement s'il y a des Jacobins. Hier ils sont entrés ainsi par bandes de vingt et trente dans les cafés de notre faubourg, en jetant la terreur dans ces maisons de rendez-vous.

« Eh mon Dieu, poursuit-il, quand cela finira-t-il ? Quel parti peuvent donc prendre les patriotes de bonne foi ? Tantôt vainqueurs, tantôt vaincus, seront-ils éternellement le jouet de l'intrigue et des passions des chefs de l'entreprise ? Il serait à souhaiter qu'il vînt un homme qui terminât tout cela d'un coup. »

Nombreux sont ceux qui, comme Ruault, pensent à cet homme qui pourrait surgir, imposer le rétablissement de l'ordre, et mettre fin aux violences, au chaos.

Pourquoi ne serait-ce pas l'un des généraux victorieux ? Et certains s'inquiètent de cette éventualité.

Pourquoi pas le général Hoche ? Il vient d'ouvrir avec Charette, le chef des Vendéens, des négociations à La Jaunaye, près de Nantes. Et les concessions faites aux Vendéens sont considérables. La République accordera des indemnités à toutes les victimes de la guerre, elle participera à la reconstruction des villages, les biens confisqués seront rendus, même aux émigrés et aux héritiers des condamnés à mort. La liberté de culte en Vendée sera garantie. Les jeunes gens seront dispensés du service militaire. Et chacun pourra conserver ses armes.

Pourquoi pas le général Pichegru, qui a commandé l'armée Rhin-et-Moselle et dont les victoires font surgir peu à peu une République batave, « République sœur », qui servira de glacis à la République française ?

Et la Convention s'enthousiasme !

« La République après avoir reculé ses limites jusqu'au Rhin dictera les lois à l'Europe », déclare le conventionnel Merlin de Thionville, ancien Jacobin, devenu « ventre doré », « Jacobin nanti » et… Thermidorien.

Et déjà le grand-duc de Toscane, Ferdinand III, signe la paix avec la République française.

Or, il est le propre frère de l'empereur germanique François II. Et celui-ci est le neveu de Marie-Antoinette, dont le fils, le pauvre Louis XVII, agonise dans la prison du Temple.

Et à Bâle, le représentant de la Prusse signe lui aussi la paix et reconnaît à la France le droit d'engager des négociations avec le Saint Empire romain germanique pour l'annexion de la rive gauche du Rhin !

Succès militaires décisifs, succès politiques immenses : les monarchies s'inclinent devant la République.

Et Carnot, au sein du Comité de salut public, a été l'« organisateur de la victoire ». Et quand on voudra l'accuser, l'arrêter, le condamner, une voix anonyme le rappellera à la Convention. On renoncera à le poursuivre, on ne l'associera pas à Barère, Billaud-Varenne, Collot d'Herbois et Vadier, les « grands coupables »

Alors, un de ces généraux à Paris ?

Pourquoi pas Marceau, commandant l'armée du Nord ?

Mais personne ne pense à ce général de vingt-six ans, Napoléon Bonaparte, auquel on vient de retirer son commandement à l'armée d'Italie, parce qu'il est toujours soupçonné de « robespierrisme ».

On veut le nommer, lui, le général d'artillerie, dans l'infanterie en Vendée. Il refuse et s'installe à Paris, son sabre battant les flancs de sa redingote usée, pauvre et dévoré d'ambition.

Oui, pourquoi pas un homme nouveau pour en finir avec ces temps de violence et d'intrigues ?

« Car cette situation est bien faite pour dégoûter les bonnes gens de prendre à l'avenir aucun parti dans les affaires publiques et les engager à laisser les fous marcher seuls et sans suite… »

Et, ce 6 mars 1795, Ruault conclut :

« La nature des choses actuelles rend une forte secousse inévitable. Mais je ne vois goutte dans tout ce chaos. Je suis devenu athée en fait de révolution, c'est vous dire tout en deux mots. »

Comment les citoyens ne seraient-ils pas tous, comme le libraire Ruault, gagnés par le scepticisme et l'incrédulité quand ils apprennent, au mois de février 1795, que la Convention décide de « dépanthéoniser » Marat qu'au mois de septembre 1794, elle avait, en grande pompe, accompagné au Panthéon ?

Et les bandes de muscadins s'en vont dans les théâtres, les cafés, dans les logis même, et sur les places, briser les bustes de l'Ami du peuple.

Au lendemain de son assassinat par Charlotte Corday, on récitait : « Le cœur de Jésus, le cœur de Marat. »

Et les Thermidoriens, après la mort de Robespierre, avaient accepté l'entrée de Marat au Panthéon.

Mais cinq mois plus tard, aux égouts les bustes brisés de Marat ! Il est « l'évangéliste des massacres de septembre 1792, le patron des hommes de sang, l'homme qui réclamait deux cent mille têtes ».

Sur la scène des théâtres, un acteur déclame :

Des lauriers de Marat, il n'est point une feuille
Qui ne retrace un crime à l'œil épouvanté.

Le Messager du soir se déchaîne contre ce « cynique dégoûtant qui vivait publiquement avec ces misérables filles qu'on rencontre dans les rues les plus sales et qu'un honnête homme ne voudrait pas toucher du bout de son soulier… Pourquoi un pareil être n'est-il pas mort de pourriture ?… Les scélérats devraient mourir comme ils ont vécu, dans la fange. Nos pères enterraient dans la boue les assassins et les hommes immoraux et nous leur élèverions des autels ? »

La Jeunesse dorée s'enflamme. Six cents jeunes gens, maniant le gourdin plombé, font le tour des limonadiers pour y briser les bustes de Marat, envahissent la salle de la Convention, en criant :

« À bas les sacrés buveurs de sang ! À bas les sacrés scélérats ! À bas les sacrés avaleurs d'hommes ! À bas tous ces sacrés coquins ! Nous les foutrons tous dans l'égout ! »

On les applaudit.

Ça, la Convention ! ricanent certains patriotes. Une pétaudière pour les « ventres dorés », « ventres pourris ».

Car les sans-culottes sont attachés au souvenir de Marat, l'Ami du peuple.

Certains murmurent qu'il faut « prêcher sa sublime morale ». Et peut-être n'a-t-on pas assez tranché de têtes !

Un rapport de police indique que le « public commence à se lasser de la conduite des jeunes gens. Il s'étonne que le gouvernement paraisse approuver ces jeunes gens. »

Un autre mouchard de police signale que les Jacobins tentent de pousser les « petites gens » à la révolte.

« Ils parcourent les greniers, les tavernes, les ateliers pour soulever la classe ouvrière et crédule du peuple contre ce qu'ils appellent le "million doré", les muscadins, les boutiquiers et la Jeunesse de Fréron… Les hommes simples ont la faiblesse d'ajouter foi à ces horribles calomnies. Déjà les haines, les partis, la division. Les brigands espèrent se débarrasser de la vigilance importune des jeunes gens qui les harcèlent, en les mettant aux prises avec les hommes estimables et laborieux que, sous le nom de sans-culottes, ils espèrent encore tromper, pour régner de nouveau sous leur nom… »

Mais il n'est point besoin d'imaginer des « intrigues » jacobines pour expliquer la colère qui monte dans le peuple des humbles.

Ils sont démunis et affamés.

Peu importe qu'ils ignorent que Gracchus Babeuf, dans un *Projet d'adresse du peuple français à ses délégués*, appelle à une insurrection pacifique des *ventres creux* contre les ventres « pourris » et « dorés ».

Que dans un journal éphémère, qui a pris pour titre celui de la publication de Marat, *L'Ami du peuple*, on prêche « la guerre sociale contre le million doré ».

Les sans-culottes, les ouvriers, leurs femmes, tous ceux qui cherchent en vain du pain, car il manque à Paris, à Lyon, savent que les « ventres pourris » vivent dans le luxe.

On murmure, dans les queues énormes qui se forment devant les boulangeries, que la ration de pain n'est plus que d'une livre par jour. Que la municipalité de Paris n'a plus en réserve, à la fin mars, que cent quinze sacs de blé.

Voilà ce qui compte : le pain !

Mallet du Pan le note : « La masse du peuple devenue indifférente à la République comme à la royauté ne tient qu'à ses avantages locaux et civils de la Révolution. »

On veut du pain !

Les manifestants le crient quand leurs délégations sont reçues à la Convention : « Du pain, du pain, du pain ! »

Un sans-culotte des faubourgs lance aux députés :

« Nous sommes à la veille de regretter tous les sacrifices que nous avons faits pour la Révolution. »

Un autre ajoute :

« Si les riches mangeaient comme nous, il y a longtemps que la Convention n'existerait plus ! »

Ils voient le luxe s'étaler, impudique, arrogant.

On danse, on se pavane. On mange avec gourmandise.

« Les garçons restaurateurs de la Maison-Égalité – le Palais-Royal – disent que jamais il ne s'était fait autant de dépenses. »

Et les fortunes ne se gagnent pas seulement dans les tripots de plus en plus nombreux et où l'or roule. La corruption devient générale.

On prend sa part sur les marchés des munitionnaires qui sont chargés d'approvisionner en vivres, en uniformes, en munitions, les troupes.

Mais le soldat est mal vêtu, mal chaussé, mal nourri, car on se paye sur la qualité et la quantité de ce qui lui est attribué sur les registres et les contrats.

« Le luxe a reparu dans les armées, remarque Hoche. Et, semblables à des pachas, nos généraux ont huit chevaux à leurs voitures. »

À Paris les me-veilleuses étalent leur luxe dans les salons.

Un témoin écrit :

« L'effronterie du luxe, celui de la parure, surpasse à Paris tout ce que le temps de la monarchie offrait en ce genre de plus immoral. Dernièrement la femme d'un député nommé Tallien a payé douze mille livres une robe grecque. »

Fréron a réclamé dès le lendemain du 9 thermidor « la mise en liberté du citoyen Vilkers qui lui a toujours fourni des bretelles très élégantes » !

Et Madame Tallien, dans sa robe grecque à douze mille livres, peut dire « Paris est heureux ».

Elle n'entend pas les cris désespérés des femmes des faubourgs : « Prenez un fusil et tuez-nous plutôt que de nous laisser mourir de faim ! »

Et d'autres, apprenant que l'on vient de décréter d'arrestation Billaud-Varenne, Collot d'Herbois, Barère, Vadier, et que Carrier a été décapité, crient :

« Pas de baïonnettes, du pain ! »

On s'en prend à Boissy d'Anglas, le député du centre, qu'on appelle *Boissy-famine*, parce qu'il a la charge des subsistances. Et l'on se rend en foule à la Convention pour l'interpeller, le sommer de donner de la farine aux boulangers, afin qu'ils puissent cuire des fournées.

On enfonce les portes de la Convention au cri de : « Du pain ! Du pain ! »

C'est ce 12 germinal an III (1er avril 1795) la première émeute de la faim.

Les députés montagnards – ceux qu'on appelle les « crétois » – sont désorientés.

« Mes amis, dit l'un, vous voulez du pain et de la liberté des patriotes, vous l'aurez, mais filez, parce qu'on suffoque ! »

C'est le tumulte. Des hommes, « la poitrine débraillée et les bras nus », crient :

« Nous demandons du pain et la chasse aux muscadins ! À bas la jeunesse de Fréron ! À bas les royalistes du café de Chartres ! »

Quand un député commence à parler, on couvre sa voix :

« Point de pain ! Point de parole ! »

« Faites-nous donc justice de l'armée de Fréron, de ces messieurs à bâton ! »

Dans les rues, on fait la chasse aux jeunes gens à « cheveux tressés ». On frappe de plusieurs coups dans la figure ceux qui invitent les sans-culottes à se disperser.

Mais peu à peu, dans les rues voisines de la Convention et dans la salle de celle-ci, on hésite. On ne sait pas quel parti prendre. Pas de chef. Pas de but. Simplement des pétitionnaires qui réclament du pain !

Et tout à coup voici, entrant dans l'Assemblée, le « bataillon doré » armé de fusils, de fouets, de bâtons, et accompagné de quelques gendarmes.

Le conventionnel Legendre le guide, et vers sept heures du soir « les furies et les séditieux » sont chassés de la Convention. Les tribunes se remplissent du « peuple des honnêtes gens » ! Aux abords de la Convention, on chante *Le Réveil du peuple*. Et dès que la séance est reprise, on décide d'arrêter les conventionnels – une dizaine – qui ont semblé approuver les séditieux.

Les tribunes applaudissent et elles acclament Tallien qui leur demande de « seconder la Convention de leur énergie ».

Les « ventres dorés » l'ont si facilement emporté, au soir du 12 germinal, que le Montagnard Barère se demande si les manifestants n'ont pas été « ameutés à cinq francs la tête » par les Thermidoriens afin d'avoir un prétexte pour écraser les Montagnards.

Barère n'a pas le temps de rechercher et de présenter des preuves.

Sans discussion, la Convention décrète que Billaud-Varenne, Vadier, Barère, Collot d'Herbois, seront déportés immédiatement en Guyane.

Et le général Pichegru, qui se trouvait à Paris, est chargé de l'exécution du décret.

Il lui faudra prendre la tête du détachement de trois cents jeunes gens et de gendarmes, car les sans-culottes se rassemblent et tentent d'arrêter les voitures où l'on a entassé les prisonniers.

Pichegru fait dégager le convoi à la baïonnette.

Le 13 germinal au soir, il se présente à l'Assemblée.

« Représentants, vos décrets sont exécutés », dit-il.

On l'acclame. Il est admis aux honneurs de la séance.

Pour la première fois, un général est ovationné et honoré au cœur de la République.

Comme un « sauveur ».

19.

Il suffit de quelques jours pour que le Paris des faubourgs, tenaillé par la faim, en quête de pain, grogne de nouveau, maudissant les « ventres dorés », les « ventres pourris », ces « riches et ces députés » qui viennent d'acclamer le général Pichegru.

On lit sur les murs, faubourg Saint-Antoine et faubourg Saint-Marcel, des affiches qui crient : « Peuple, réveille-toi ! »

Et la Convention déjà s'inquiète.

Les rapports des « mouches », ces indicateurs de police, recueillent, dans les queues plus longues que jamais qui se forment devant les boulangeries, des propos menaçants :

« Le 9 Thermidor devait sauver le peuple et le peuple est victime de toutes les manœuvres, murmure-t-on. On nous avait promis que la suppression du maximum – du prix des denrées – ramènerait à l'abondance et la disette est au comble. Où sont les moissons ? Pourquoi les assignats sont-ils avilis ? Il faut employer tous les moyens de subvenir à l'affreuse misère du peuple. »

La disette devient famine et les suicides de femmes affamées qui ne peuvent nourrir leurs enfants se multiplient.

« On ne verra bientôt plus que des cadavres ambulants occupés à rendre les derniers devoirs à ceux qui les précèdent dans les tombeaux », écrit un observateur de police.

La nourriture est si rare qu'on vend place Maubert des poissons pourris. Et la famine rend fou !

On arrête un boulanger de la rue Saint-Denis qui « se flatte d'avoir chié dans son pain, et examen fait de celui-ci on y trouva effectivement de la merde » !

« Cas pathologique et extrême, mais il n'y a point de froment dans les deux bouchées qu'on nous donne, c'est un ramassis de farine faite avec des pois gris, de l'avoine et des haricots : il est de la couleur du cuir bouilli. »

Et en même temps les pâtissiers étalent des brioches, des pâtés et des gâteaux !

« Nous sommes gorgés, empâtés de brioche et nous n'avons pas de pain », s'étonne, scandalisé, un familier du Palais-Royal et de ses cafés.

Les muscadins de la Jeunesse dorée s'empiffrent. On les voit chez les pâtissiers, ils se pavanent chez les traiteurs. *Au veau qui tète, À la marmite perpétuelle*, dans les quinze restaurants du Palais-Royal.

Ils paient jusqu'à cinquante livres pour un dîner.

D'élégants équipages conduits par des cochers en livrée y amènent les me-veilleuses couvertes de parures. L'une d'elles a payé cent francs pour un chapeau à condition que la modiste lui en réserve l'exclusivité jusqu'à l'heure du concert, concert qui n'est qu'une parade d'élégance.

Ou bien l'on se retrouve au théâtre qui donne sous les acclamations la pièce *Les Jacobins du 9 thermidor*, qui parodie les mœurs de l'« infernale société ». Chaque acteur déclame devant le public ravi, enthousiaste, ses « qualités » de Jacobin : assassin, massacreur, buveur de sang, chevalier de la guillotine, banqueroutier, empoisonneur. Et la salle reprend en chœur :

Bon ! Bon ! C'est un coquin !
C'est un excellent Jacobin.

Mais à la porte Saint-Martin, sur les quais, sur la place de Grève des attroupements se forment, profèrent des menaces.

La Convention réagit, décrète le désarmement « des hommes connus dans les sections comme ayant participé aux horreurs commises sous la tyrannie ».

On les désigne ainsi à la vindicte. Ils deviennent les nouveaux suspects victimes de la *Terreur blanche*.

On les massacre dans certaines villes. On en aurait tué ainsi plusieurs centaines – près d'un millier en quelques jours – à Lyon, Marseille, Tarascon, Saint-Étienne, Bourg-en-Bresse, Lons-le-Saunier.

« Le massacre, note le libraire Ruault, a été reçu à la Convention avec un sang-froid qui caractérise l'esprit qui la dirige aujourd'hui... On n'a pas remarqué cette fois de frémissement et de mouvements d'indignation... Ce n'est pas tout. Les royalistes et les dévots, poursuit Ruault, insultent publiquement ceux qui ont pris le parti de la liberté républicaine. Vous avez bien mérité, disent-ils à haute voix, le sort où vous êtes réduits et qui menace encore.

« Vous avez tué ou laissé tuer votre roi ; vous avez assuré son supplice par votre présence sous les armes dans la Garde nationale. Vous périrez tous d'une mort lente ou infâme ainsi que la horde des assassins qui l'ont condamné. Ceux qui vous survivront feront amende honorable, la corde au cou, le 21 janvier. Ils institueront ce jour-là une fête funèbre pour effacer, s'il se peut, la honte de leurs frères.

« Tels sont à peu près les discours que l'on tient dans les groupes au coin des rues, le soir et dans les marchés », conclut Ruault.

À ceux-là, royalistes, répondent les sans-culottes des faubourgs.

« C'est le million doré qui règne aujourd'hui. Ces scélérats qui prétendaient ne pas vouloir de sang étouffent les enfants dans le ventre de leurs mères et les font mourir de faim. »

On chantonne :

Ah les beaux messieurs vraiment !
Mais le peuple les attend !

Des femmes pillent rue de Sèvres des voitures transportant des grains. Barras, qui vient d'être chargé d'assurer le ravitaillement de Paris, est impuissant à trouver des paysans qui acceptent de livrer leur récolte en échange d'assignats qui chaque jour perdent de leur valeur.

Et l'agitation gagne Rouen, Amiens.

L'on entend crier : « Voudrait-on nous forcer à demander un roi ? », et parfois, on scande : « Du pain et un roi ! »

À Paris, d'autres citoyens réclament « du pain et la Constitution de 93 », ce texte « sacré » de l'an I de la République, que précisément la Convention vient de décréter inapplicable. Elle a chargé une commission dont le rapporteur est le modéré Boissy d'Anglas – « Boissy-famine » – d'en rédiger une nouvelle.

Les citoyens, préoccupés de trouver du pain, ne prêtent pas attention à ces manœuvres juridiques.

Un espion de police note :

« Le peuple las de tout ceci ne prend plus à cœur rien. Il a perdu toute confiance. Les affaires publiques ne sont plus pour lui qu'une charge et un chaos insupportables. On crie de tous côtés que cela finisse n'importe comment ! Tel est l'esprit public à Paris ; je crois bien qu'il est à peu près le même partout dans les départements. La liberté sera bientôt au diable. Aurait-on pu croire en 1789 que cela finirait ainsi ? »

Mais « la faim est factieuse ».

« Je n'ose vous rapporter, écrit Ruault, tous les propos, tous les "maudissons" qui sortent des groupes, des longues queues qui se forment tous les soirs, toutes les nuits aux portes des boulangers pour obtenir après cinq ou six heures d'attente tantôt une demi-livre de biscuits par tête, tantôt une demi-livre de mauvais pain, quatre onces de riz... »

On entend une voix rageuse dire dans la pénombre :

« Que le sang coule, celui des riches, des monopoleurs, et des spéculateurs. Du temps de Robespierre la guillotine fonctionnait, on mangeait à sa faim... »

Chacun sent que ce chaos ne peut plus durer longtemps, qu'il faut en effet « en finir », que la violence montre son groin ensanglanté.

Le 7 mai 1795 (18 floréal an III), le procureur du Tribunal révolutionnaire de l'an II, Fouquier-Tinville, son président Herman et quatorze jurés sont guillotinés.

Et la Convention se prépare à l'épreuve de force.

Elle réorganise la garde nationale, écartant les sans-culottes au profit des jeunes gens « dorés », créant des compagnies d'élite vêtues d'un uniforme spécial et armées à leurs frais.

Mais la Jeunesse dorée ne s'engage pas, abhorre la discipline.

Et le journal thermidorien *Le Messager du soir* condamne « ces jeunes gens qui n'ont d'énergie contre les brigands et les terroristes que dans les spectacles où ils sont assurés de pouvoir se prononcer sans danger... ».

Il faut donc faire appel aux troupes régulières qu'un décret autorise désormais à stationner dans la banlieue de Paris. Mais cavaliers, fantassins, carabiniers sont peu à peu gagnés par l'atmosphère rebelle des faubourgs.

Les femmes les apostrophent :

« Vous mangez donc du pain des députés et des muscadins ? Vous avez donc le ventre plein ? Donnez-nous du pain, et nous resterons chez nous ! »

On fait appel à deux divisions de gendarmerie, qu'on tient éloignées de cette « populace » qui corrompt les soldats les plus résolus.

Et le climat se tend parce que l'incertitude règne, que la peur d'être balayés par l'une de ces journées révolutionnaires qu'ils connaissent bien pour y avoir participé jadis, ou en avoir souffert, étreint les conventionnels.

Ils savent que le peuple les hait, jalouse leurs « ventres dorés », méprise leurs « ventres pourris ».

La Jeunesse dorée elle-même n'est plus sûre, de plus en plus pénétrée par les idées royalistes.

Quant à l'armée, elle est pour l'ordre républicain, et les soldats mal nourris n'aiment ni les muscadins, ni les « ventres dorés ».

Il reste à faire appel au désir de vengeance contre les « terroristes ».

Isnard, un ancien Girondin, en mission dans les Bouches-du-Rhône, où la Terreur blanche sévit, appelle au meurtre :

« Si vous n'avez pas d'armes, prenez des bâtons ! Si vous n'avez pas de bâtons, déterrez les ossements de vos parents et frappez les terroristes. »

Le 19 mai 1795 (30 floréal an III), cet appel qu'un inconnu jette sur la scène du théâtre de la Gaîté lui répond :

Réveille-toi peuple de frères
Et frappe ces affreux tyrans
Qui sans pitié de ta misère
Te font languir, toi, tes enfants.
Réveille-toi je le répète
De la foudre, arme ton bras.
Elle gronde déjà sur leurs têtes
Et bientôt elle les écrasera.

Et la rumeur court d'une insurrection pour le lendemain, 20 mai 1795, 1er prairial an III.

Et en effet, le tocsin sonne dès cinq heures du matin, ce 1er prairial. Des femmes courent dans les rues, entraînant d'autres femmes, entrant dans les maisons et les ateliers, interpellant celles qui hésitent, comme cette artiste de l'Opéra-Comique, la citoyenne Gonthier :

« Viens Gonthier, si tu es bonne citoyenne, viens avec nous. Tiens regarde, mon enfant, au lieu de lait, ne tire plus de mes mamelles que du sang ! »

À dix heures une troupe de quatre cents femmes, précédées de tambours qui battent la générale, marche sur la Convention.

Elles crient : « Du pain ! Du pain ! et la Constitution de 93 ! » Certaines d'entre elles ont été fouettées, insultées par les muscadins, et notamment lors des violences qui ont conduit à la fermeture du club des Jacobins.

« Mais ce soir, disent-elles, les cravates des muscadins seront à bon marché. Nous aurons de belles chemises. Nous verrons comme ils ont le corps fait. Leurs têtes feront un bel objet au bout des piques ! »

Des groupes d'hommes les rejoignent devant les Tuileries.

« C'est la lutte entre les mains noires et les mains blanches, crient-ils, il faut que ces coquins-là pètent. »

Les portes de la Convention sont forcées, la foule fait irruption dans la salle :

« Les voilà, les gredins ! » dit l'une des femmes en désignant les députés.

Elle est marchande de tabac dans le couloir qui conduit à la salle des séances.

« Je les connais, crie-t-elle. Ce sont des scélérats qui nous font mourir de faim. Ils vont chez les restaurateurs. Nous allons les arranger. »

Des gendarmes, des militaires tentent de résister au flot, de le refouler. En vain.

On crie : « Du pain ! Du pain ! »

On bouscule les soldats, on les insulte.

« À bas les épaulettes, il n'y a plus d'autorité, le peuple est en insurrection. Il n'y a plus besoin d'ordre, le peuple commande. »

Un autre sans-culotte crie :

« Égorgeons tous ces coquins-là ! Il faut battre le fer pendant qu'il est chaud. C'est aujourd'hui le grand coup de chien, il ne faut pas les manquer. »

Les heures passent, la tension monte. Des muscadins tentent de repousser les manifestants, y parviennent, puis sont à leur tour submergés.

Boissy d'Anglas occupe le fauteuil de la présidence.

Des coups de feu au pied de la tribune.

Un député, Féraud, s'élance, fait face, tente d'empêcher une nouvelle bande d'entrer dans la salle. Il est assommé à coups de sabots, traîné hors de l'enceinte, achevé par un marchand de vin qui lui « coupe la tête comme une rave », la prend par les cheveux, la jette à la foule qui la porte au bout d'une pique dans l'Assemblée, la présente à Boissy d'Anglas qui, le visage blanc, la salue.

On aurait confondu Féraud avec Fréron.

On promène sa tête place du Carrousel.

Il est onze heures et demie du soir, on crie :

« Voilà les muscadins foutus ! Voilà Fréron tué ! On porte sa tête ! Quel triomphe pour les patriotes ! »

Dans la salle de la Convention, la « crête » de la Montagne, ces quelques députés – Romme, Duquesnoy, Goujon – se décident à agir, à présenter des décrets qui sont adoptés.

Bref succès. Une petite troupe armée de baïonnettes et de sabres conduite par Legendre et composée de « bons citoyens » disperse les « crétois », et la foule qui n'oppose aucune résistance quitte l'Assemblée.

« Je ne puis concevoir comment ils purent disparaître d'une manière si instantanée », dit La Révellière-Lépeaux.

La peur serrant encore leurs ventres dorés, les Thermidoriens, Fréron, Tallien, Barras, Legendre hurlent :

« À bas les assassins ! », « Vengeance prompte ! »

On décrète l'arrestation des députés de la crête de la Montagne qui se sont placés du côté des émeutiers.

On rassemble la Jeunesse dorée.

Il est deux heures du matin, ce 2 prairial an III (21 mai 1795).

Rien n'est encore joué alors que commence cette deuxième journée insurrectionnelle.

On entend, dit un témoin, les « féroces hurlements » des insurgés. Ils ont occupé l'Hôtel de Ville, fraternisé avec les canonniers qui le défendaient.

Ils crient « Du pain et la Constitution de 93 ! », mais sans agir, incertains, envoyant à la Convention des pétitionnaires, imaginant qu'ils ont gagné la partie, alors qu'au contraire, Barras, Tallien, Fréron rassemblent des troupes, sous le commandement de plusieurs généraux, Dubois, Montchoisi, Menou.

Et les insurgés sont surpris quand tombent sur les faubourgs les premiers obus.

Mais le 3 prairial, troisième journée insurrectionnelle, les sans-culottes réussissent à étriller, à chasser des faubourgs une troupe de muscadins qui s'y est aventurée, imaginant vaincre facilement.

Et la panique est grande dans leurs rangs.

« Mes amis, crie un député, tout est perdu ! Les factieux ont le dessus. La Convention n'existe plus. Songez donc à votre sûreté. Partez donc si vous ne voulez pas tomber sous les coups des scélérats. »

Il a vu, dit-il, la Convention menacée par les canons commandés par un Noir de Saint-Domingue, Delorme, grosse figure, embonpoint considérable, haï par les muscadins qui le qualifient de « monstre vomi par la plage africaine », de débauché, entouré d'un « sérail ».

Delorme a voulu ouvrir le feu sur la Convention, allumant la mèche d'un canon, mais un sans-culotte s'est précipité pour éteindre la flamme.

Le lendemain, à l'aube du 4 prairial an III (23 mai 1795), le martèlement des sabots des chevaux sur les pavés, les voix des officiers lançant des commandements, le grincement des roues des canons réveillent les citoyens du faubourg Saint-Antoine. Ils découvrent ces masses compactes de soldats qui cernent leur quartier.

Les généraux Menou et Montchoisi caracolent, devant leurs hommes. Les femmes du faubourg se rassemblent, marchent vers les soldats, les interpellent, tentent de les convaincre de quitter les rangs, de les rejoindre comme cela s'est toujours produit, depuis ces journées de juillet 1789, quand les gardes françaises pointaient leurs canons sur la Bastille et se mêlaient aux émeutiers. Et il en était allé ainsi à chacune des journées révolutionnaires.

Et les femmes crient d'une voix aiguë comme on appelle au secours.

Mais les dragons les repoussent, obéissent aux ordres, et l'un des soldats lance à ces femmes qui gesticulent :

« Quand je suis de service je ne parle qu'avec mon sabre. »

C'est l'affolement, la fuite, le désespoir.

On dresse des barricades. Au faîte de l'une d'elles se tient le Noir Delorme, que les soldats invitent à se rendre. Il refuse.

Le général Menou s'avance, l'interroge :

« Es-tu républicain, citoyen ? »

« Je le suis. »

« Rends ton sabre aux armées de la République. »

Delorme hésite, bégaie. Il s'y prend à plusieurs fois pour dire :

« As-tu du pain à me donner ? »

Menou s'approche encore sans répondre, et Delorme tend son sabre.

Puis le faubourg tout entier capitule.

À quelques pas de ces barricades que les citoyens entourés de soldats démantèlent se dressait la Bastille.

Les citoyens et les gardes françaises l'avaient conquise, ouvrant la route à la Révolution.

C'était il y a bientôt six ans.

Mais en ce début de prairial an III, pour la première fois, les soldats ont refusé de pactiser avec les insurgés.

L'armée de la République a brisé une insurrection populaire, la dernière émeute sans-culotte.

SIXIÈME PARTIE

4 prairial an III - 13 vendémiaire an IV
23 mai 1795 - 5 octobre 1795

« Cette Vendée s'étend partout et devient chaque jour plus effrayante »

« Nous devons être gouvernés par les meilleurs,
c'est-à-dire par ceux qui possèdent une propriété...
« Un pays gouverné par les propriétaires est dans l'ordre social,
celui où les non-propriétaires gouvernent
est dans l'état de nature, c'est-à-dire dans la barbarie. »

BOISSY D'ANGLAS
5 messidor an III (23 juin 1795)

« La garde nationale ne sera plus composée que de gens sûrs
ayant quelque chose à perdre dans un bouleversement,
au lieu que ceux qui en formaient une partie
jusqu'ici avaient tout à y gagner. »

Benjamin CONSTANT
10 prairial an III (29 mai 1795)

20.

Cent vingt mille soldats qui le 4 prairial an III (23 mai 1795) ont encerclé puis occupé le faubourg Saint-Antoine campent plusieurs jours durant dans le quartier.

Les patrouilles parcourent les rues, entrent dans les locaux des sections, les fouillent, jettent sur le pavé les piques, les sabres, les fusils, surveillent les assemblées générales au cours desquelles les « honnêtes citoyens » désignent ces « tyrans », ces « révoltés », ces sans-culottes qui les ont fait trembler depuis plus de deux ans, les ont contraints au silence, les ont insultés, battus, chassés des sections et souvent arrêtés, les ont « terrorisés ».

Maintenant ce sont eux que, dès les 24 et 25 mai, on entraîne, on enferme.

Les soldats les houspillent, les poussent à coups de crosse, les menacent de leurs baïonnettes, les forcent à se mettre en rang et les dirigent vers les prisons.

Ils sont ainsi près de dix mille sans-culottes à être arrêtés.

On recherche les gendarmes et les soldats qui le 1er et le 2 prairial, quand l'insurrection paraissait près de l'emporter, ont pactisé avec les insurgés.

On les licencie, on les incarcère. Et on chasse de la garde nationale les ouvriers, les artisans, les manouvriers.

« Cette classe utile de citoyens qui ne vivent que du travail de leurs bras ne doit pas être distraite de son labeur quotidien », dit-on.

D'ailleurs cette « classe » n'a pas l'argent nécessaire pour payer son équipement. Place aux bourgeois qui s'armeront et s'équiperont à leurs frais, et seront cavaliers, canonniers, piquiers de la garde nationale.

Et le Suisse Benjamin Constant qui vient d'arriver à Paris, en compagnie de sa maîtresse, Germaine Necker – la fille de l'ancien ministre de Louis XVI – devenue Madame de Staël, écrit :

« La garde nationale ne sera plus composée que de gens sûrs ayant quelque chose à perdre dans un bouleversement, au lieu que ceux qui en formaient une partie jusqu'ici avaient tout à y gagner. »

Et Benjamin Constant commence à rédiger une brochure, qui fait l'éloge des vainqueurs de prairial et qu'il intitule *De la force du gouvernement actuel et de la nécessité de s'y rallier.*

C'est ce que pense ce général de brigade de vingt-six ans, Napoléon Bonaparte, sans affectation depuis qu'on lui a retiré son commandement à l'armée d'Italie.

On le voit hâve, maigre dans son costume élimé, mal taillé, hanter les bureaux du ministère de la Guerre, expliquer qu'il est un général d'artillerie, qu'il ne peut accepter de commander dans l'Ouest une unité d'infanterie comme on le lui propose.

Et d'ailleurs que faire là-bas, puisque le général Hoche a réuni à La Prévalaye, près de Rennes, cent vingt et un chefs royalistes – Cadoudal, Frotté, d'Andigné – et une vingtaine de ces chefs des chouans ont signé avec lui un accord de paix.

On rétorque à Bonaparte que les espions de la République à Londres sont persuadés que les émigrés, transportés par des navires anglais, vont effectuer un débarquement en masse dans la presqu'île de Quiberon.

Mais Bonaparte s'obstine, refuse sa nomination, devine qu'on le suspecte d'être toujours un robespierriste. Ne l'a-t-on pas arrêté à la chute du tyran ? Et les vainqueurs de prairial veulent que ces journées achèvent ce qui a commencé le 9 thermidor. Ils veulent faire place nette.

Ils ont eu peur en ce mois de mai 1795. Ils partagent l'analyse de Mallet du Pan :

« Si les Jacobins eussent eu des chefs de quelque habileté et si au lieu de tuer un député, ce malheureux Féraud, ils en eussent tué dix, la Convention disparaissait pour toujours. »

Il faut donc sévir, condamner, emprisonner, exécuter, massacrer même, comme on le fait dans les départements du Sud, où, à Marseille, quatre-vingt-huit « terroristes » viennent d'être égorgés dans leur prison.

« La Convention nationale, écrit Fréron dans *L'Orateur du peuple*, doit donc hâter la punition des députés jacobins, Romme et ses complices, qui ont rallié, encouragé les émeutiers. On se demande partout pourquoi leur sang impur est si longtemps respecté tandis que celui de quelques scélérats subalternes a été versé sans ménagement. Qu'ils périssent et que leur sang venge enfin la France et cimente le règne de la liberté pure et raisonnable. »

Napoléon Bonaparte, ses cheveux de jais mal peignés, mal poudrés, encadrant son visage osseux, à la peau si jaune qu'elle semble bistre, observe, écoute.

Il loge en compagnie de son jeune frère Louis, et avec ses aides de camp, dans un petit appartement meublé qu'il loue à l'hôtel de la Liberté, rue des Fossés-Montmartre.

Parfois les regrets le tenaillent.

Peut-être n'aurait-il pas dû rompre ses fiançailles avec Désirée Clary, cette jeune Marseillaise dont la sœur aînée Julie a épousé Joseph Bonaparte.

Il serait à l'abri du besoin, alors qu'il traîne sa misère dans ces bureaux, ces salons, où se presse une foule d'élégants et d'élégantes, inc-oyables et me-veilleuses.

Il rentre à l'hôtel de la Liberté, amer.

Il écrit un court roman, *Clisson et Eugénie*.

Les jours se succèdent et il n'obtient rien. D'un pas rapide il parcourt les rues, retourne dans les bureaux, jaloux de ces généraux, Hoche, Marceau, Jourdan, Pichegru, qui sont honorés parce que victorieux et non suspects de robespierrisme.

Dans l'Ouest, Hoche semble réussir à pacifier la Bretagne après la Vendée.

À l'Est et au Nord, les Provinces-Unies ont été contraintes de conclure à La Haye un traité de paix. Et elles doivent payer une indemnité considérable de cent millions de florins à la République et entretenir un corps d'armée de vingt-cinq mille soldats. Et cet argent ruisselle sur ceux qui à Paris détiennent le pouvoir.

Ils achètent les biens nationaux. Ils s'enrichissent avec les fournitures de guerre aux armées.

Barras règne au palais du Luxembourg. C'est le « roi de la République ». Madame Tallien est sa maîtresse officielle. Mais d'autres jeunes femmes, la citoyenne Hamelin, Madame Récamier, et la veuve d'un général guillotiné pendant la Terreur, Joséphine de Beauharnais, une créole encore belle, bien qu'âgée de plus de trente ans, se partagent ses faveurs.

Et c'est dans l'antichambre de Barras que le général Bonaparte attend en solliciteur. Il quémande aussi auprès de Fréron et de Boissy d'Anglas, les nouveaux maîtres de la République.

Boissy d'Anglas le reçoit, lui explique qu'un « pays gouverné par les propriétaires est dans l'ordre social, celui où les non-propriétaires gouvernent est dans l'état de nature, c'est-à-dire dans la barbarie ».

Bonaparte pense aussi cela. Il rôde comme un loup affamé d'argent, de femmes, de fonctions, de gloire.

Il décrit à son frère Joseph ce Paris où « le luxe, le plaisir et les arts reprennent d'une manière étonnante. Hier on a donné *Phèdre* à l'Opéra au profit d'une ancienne actrice. La foule était immense depuis deux heures après-midi, quoique les prix fussent triplés. »

« Les voitures, les élégants reparaissent ou plutôt ils ne se souviennent plus que comme d'un long songe qu'ils aient jamais cessé de briller. »

« Les femmes sont partout : aux spectacles, aux promenades, aux bibliothèques. Dans le cabinet du savant vous voyez de très jolies personnes. Ici seulement de tous les lieux de la terre elles méritent de tenir le gouvernail ; aussi les hommes en sont-ils fous, ne pensent-ils qu'à elles et ne vivent-ils que par et pour elles. »

« Une femme a besoin de six mois de Paris pour connaître ce qui lui est dû et quel est son empire... »

« L'aisance, le luxe, le bon ton, tout a repris ; l'on ne se souvient plus de la terreur que comme d'un rêve. »

Mais le « roi de la République » Barras, et Fréron et Tallien, et Sieyès, eux, ont la mémoire encore hantée de cauchemars. Ils veulent en finir avec les Montagnards.

Tous les membres encore libres des grands Comités de l'an II sont décrétés d'arrestation, à l'exception de trois d'entre eux, dont Carnot l'« organisateur de la victoire ».

Quarante-trois députés sont incarcérés, traduits devant le Tribunal criminel qui a remplacé le Tribunal révolutionnaire aboli.

Le mot même, d'ailleurs, de « révolutionnaire » est par décret de la Convention proscrit.

Et c'est devant une Commission militaire que sont traduits les suspects. Il y aura trente-six condamnations à mort, douze à la déportation.

Même en tenant compte de la Terreur blanche qui fait couler le sang en province, la répression est mesurée, si on la compare à la Grande Terreur de l'an II.

Billaud-Varenne et Collot d'Herbois sont embarqués pour la Guyane. Barère s'enfuit, échappe ainsi à la déportation. Mais d'autres députés – Rühl, Maure – se suicident au moment de leur arrestation.

Quant aux députés qui sont jugés, six d'entre eux sont condamnés à mort par la Commission militaire.

Dès que le jugement est prononcé, aux acclamations de la Jeunesse dorée, les Montagnards se passent de main en main deux couteaux et se poignardent.

Trois d'entre eux – dont Romme – meurent. Les trois autres sont transportés moribonds à l'échafaud et décapités.

« On a été étonné du courage de ces six brigands », commente un journaliste.

Mais aucune « émotion » populaire n'accompagne le geste de ceux que leurs partisans appellent les « martyrs de prairial ».

La rue appartient à la Jeunesse dorée, dont le « royalisme » commence à inquiéter les « rois de la République ».

Ils ne veulent plus du retour de la Terreur ni d'une restauration monarchique. Or, les muscadins foulent aux pieds la cocarde tricolore, abattent des arbres de la Liberté.

Et festoient quand la Convention ordonne que les bâtiments des ci-devant Jacobins de la rue Saint-Honoré soient démolis et que sur leur emplacement soit construit un marché.

Les danses, l'arrogance, les applaudissements des muscadins autour des ruines du club des Jacobins font pressentir aux vainqueurs de prairial qu'ils vont devoir livrer une autre bataille :

« Depuis le 9 thermidor, écrit Thibaudeau, la lutte était restée entre les terroristes et les Thermidoriens. » Ceux-ci ont triomphé mais un nouvel ennemi se présente à eux : c'est « le royalisme que l'on avait cru mort des coups terribles qu'on lui avait portés ».

Le revoici renaissant, souhaité par la Jeunesse dorée, et de nombreux députés du Marais, ce Ventre de la Convention.

C'est dans ce Paris-là qu'erre, inactif et impatient, le général de brigade Napoléon Bonaparte. Il rêve de se faire envoyer en mission à Constantinople pour réorganiser l'armée turque.

Mais cet espoir n'est que mirage vite dissipé.

« Moi, écrit Napoléon à son frère Joseph, très peu attaché à la vie, en la voyant sans grande sollicitude, me trouvant constamment dans la situation d'âme où l'on se trouve la veille d'une bataille, convaincu par sentiment que, lorsque la mort se trouve au milieu pour tout terminer, s'inquiéter est folie. Tout me fait braver le sort et le destin. Et si cela continue, mon ami, je finirai par ne pas me détourner lorsque passe une voiture.

« Ma raison en est quelquefois étonnée mais c'est la pente que le spectacle moral de ce pays et l'habitude des hasards ont produite sur moi. »

21.

C'est la fin du mois de mai 1795, ce mois de prairial an III, et parce que les sans-culottes sont vaincus, pourchassés, souvent arrêtés et parfois massacrés, on ose se proclamer royaliste.

Le mot « révolutionnaire » est proscrit, on peut donc donner son sentiment sur ces « années de sang » durant lesquelles on n'avait pas seulement « terrorisé » les « honnêtes citoyens » en les menaçant du « rasoir national » mais conçu et voté la Constitution de 1793, dont Boissy d'Anglas dit aujourd'hui qu'elle n'était que l'« organisation de l'anarchie ».

Plus personne n'appelle Boissy d'Anglas *Boissy-famine* !

Il est le rapporteur d'une commission de onze membres chargée de préparer une nouvelle Constitution.

C'en est fini des belles déclarations de 1793, qui n'évoquaient que les « droits » et jamais les « devoirs ».

La Constitution nouvelle ne parlera pas de droit d'assistance et de droit d'insurrection.

Boissy observe : « Lorsque l'insurrection est générale, elle n'a plus besoin d'apologie, et lorsqu'elle est partielle elle est toujours coupable ! »

Alors pourquoi y faire référence dans un texte constitutionnel ? C'est l'individu qui est la source du « bien » et non l'action collective ou l'État.

« Faites constamment aux autres le bien que vous voudrez en recevoir », voilà ce que la nouvelle Constitution doit affirmer.

Et répéter que c'est sur le « maintien des propriétés » que repose tout l'ordre social.

Boissy d'Anglas écrit dans son rapport du 23 juin 1795 (5 messidor an III) :

« Nous devons être gouvernés par les meilleurs, c'est-à-dire par ceux qui possèdent une propriété, qui sont attachés à la tranquillité qui la conserve et qui doivent à cette propriété et à l'aisance qu'elle donne l'éducation qui les a rendus propres à discuter avec sagacité et justesse... Un pays gouverné par les propriétaires est dans l'ordre social, celui où les non-propriétaires gouvernent est dans l'état de nature, c'est-à-dire dans la barbarie. »

Les onze membres de la commission sont tous des députés du Ventre de la Convention, souvent d'anciens Girondins, des modérés, tel Pierre Claude François Daunou, prêtre et professeur de théologie avant 1789, puis prêtre jureur. Il a refusé de voter la mise en accusation et la mort du roi.

La Constitution de 1793 est pour lui la « Constitution du faubourg Saint-Antoine ». Il prend la plume au nom de la commission des onze pour rédiger le nouveau texte constitutionnel.

Il rejette l'idée que le pouvoir exécutif, qui sera composé de cinq membres, puisse être élu par le peuple :

« Le peuple pourrait désigner un Bourbon ! » s'exclame-t-il.

Les cinq membres qui composeront ce *Directoire* de la République seront désignés par deux *Conseils*, l'un, celui des *Cinq-Cents* (*l'Imagination*), aura le droit de proposer la loi, l'autre, celui des *Anciens* (*la Raison*), deux cent cinquante membres, de la voter.

Et ce sont les Anciens qui, dans une liste de cinquante noms proposés par les Cinq-Cents, choisiront les *Cinq Directeurs*. Ceux-ci – renouvelables tous les ans par cinquième – seront vêtus d'un costume chamarré, « protestation, dit Boissy d'Anglas, contre le sans-culottisme ».

Pour voter, au scrutin secret, le citoyen doit avoir vingt et un ans accomplis et payer une « contribution directe, foncière ou personnelle » : le suffrage n'est donc plus universel, mais « censitaire ». Les soldats qui ont lutté pour l'établissement de la République sont dispensés de cette condition. Mais, « les domestiques à gages attachés au service de la personne ou du ménage, comme les fous, les faillis, les accusés, ne peuvent être électeurs ».

Les onze membres de la commission sont inquiets. Ils veulent que « leur enfant », la Constitution, « l'enfant aux onze pères », lit-on dans les journaux, protège le pays d'un « pouvoir exécutif fort » comme ils l'ont connu sous la monarchie, mais aussi sous la Convention.

Ils se défient donc du pouvoir d'un seul, qu'il s'agisse d'un homme ou d'une Assemblée, comme l'a été la Convention durant la Terreur.

Et ils mesurent aussi la haine du peuple pour les « ventres pourris », les « ventres dorés », car la misère et la disette sont toujours là, à serrer la gorge des plus humbles.

La « soudure » avec la récolte de 1795 – abondante – tarde à se faire.

Unc mouche de police signale dans un rapport de fructidor an III (août 1795) que « les estomacs vides battent la générale et sonnent le tocsin de la Constitution ».

On veut chasser les conventionnels, à quelque clan qu'ils appartiennent.

« On ne réélira pas ces coquins », dit-on.

Pis : le peuple est si exaspéré, qu'il crie : « Vive le roi ! »

Ces mots qui font trembler les régicides, on les entend à Chartres, où un représentant en mission est assiégé par une foule qui hurle : « Vive le roi ! Vive le roi ! »

Le représentant est forcé de signer un arrêté qui taxe le pain à trois sous. Le soir, il se suicide.

La troupe doit intervenir, livrer bataille pour rétablir l'ordre et disperser ces rebelles en tuant une dizaine.

Et ce cri de « Vive le roi ! », les jeunes gens qui jadis suivaient Fréron, cassaient leurs gourdins noués et plombés sur le dos des sans-culottes, le poussent contre la Convention dont ils se défient.

Il leur semble qu'elle ménage les sans-culottes. Ne célèbre-t-elle pas le 14 juillet, décrété une fête nationale ?

Ne fait-elle pas chanter *La Marseillaise* ? Ne regroupe-t-elle pas autour de Paris des troupes nombreuses ?

Or, contre qui ces soldats pourraient-ils intervenir, sinon contre cette Jeunesse dorée que Tallien, Barras, Fréron ont utilisée et qui maintenant les inquiète ?

Car les muscadins sont désœuvrés.

« Paris offre, écrit un témoin, un assez étrange phénomène. C'est celui d'un assez grand nombre de jeunes gens qui souvent sans autre nom que celui qu'ils usurpent et sans autres ressources connues que celles du jeu font une dépense annuelle de deux à trois cent mille francs. À ces aventuriers se sont jointes des personnes de marque mais diffamées qui, trouvant le métier assez bon, se livrent au même genre d'industrie. »

Ils vivent donc de l'« agiotage », du jeu, et se retrouvent au Palais-Royal.

Et ils vivent d'expédients, dans un luxe précaire. Que seront-ils demain ?

Ils rêvent d'un roi.

« Les espérances les plus folles se manifestent de toutes parts, lit-on dans le journal *Le Moniteur*. C'est à qui jettera plus promptement le plus ouvertement le masque. On dirait, à lire les écrits qui paraissent, à entendre les conversations de gens qui se croient dans la confidence, que c'en est fait de la République. Parce que la Convention secondée, poussée même par le zèle et l'énergie des bons citoyens, a remporté une grande victoire sur les terroristes, sur les successeurs de Robespierre, il semble qu'elle n'ait plus qu'à proclamer la royauté… »

Les rapports de police signalent que des « petites gens sans ressources regrettent hautement l'Ancien Régime ».

Dans un journal qui s'intitule *Le Ventriloque ou Ventre affamé*, on lit :

« Lorsqu'il y avait un roi mon ventre n'avait jamais été réduit à la disette qu'il éprouve, et mon ventre conclut qu'il vaut mieux un roi qu'une Convention. »

Dans les théâtres, les jeunes gens exigent qu'on chante *Le Réveil du peuple*, et non cette horrible *Marseillaise*.

On entonne : « Ne faisons qu'une hécatombe de ces cannibales affreux. »

Et en bande, on se rend sous les fenêtres de la maison d'un des onze membres de la Commission, l'ancien Girondin Louvet, homme modéré, qui a voté lors du procès du roi en faveur de l'appel au peuple.

Il s'indigne :

« Où sommes-nous ? Un citoyen paisible troublé dans l'asile de sa demeure ! Un représentant du peuple abreuvé d'outrage et violemment menacé ! Où sommes-nous ? Les chouans ont-ils vaincu ? Les cohortes anglaises sont-elles dans nos murs ?... Faut-il pour ne pas être un terroriste se réunir par bandes, aller effrayer dans leurs maisons et dans les rues les citoyens paisibles, arracher les affiches de nos frères des armées, et menacer de mort quiconque oserait chanter une chanson qui ne serait pas la sienne ? Je ne me sens pas, je l'avoue, la force de porter à ce point l'amour de la paix et de la tranquillité publique. »

Mais Louvet, comme les autres conventionnels modérés, ne veut pas se laisser égorger par les « royalistes » de retour. Et tous les républicains, même ceux qui ont été victimes de Tallien et de Fréron, de Barras et de Legendre, lors des journées de prairial sont prêts à se réunir, à oublier leur haine, pour faire front aux royalistes.

« Pour moi, écrit le libraire Ruault, je crois qu'il n'y a point assez de troupes près de Paris et dans Paris ; les voleurs, les chouans peuvent en approcher de si près que nous serions dans la plus fâcheuse situation s'il n'y avait pas assez de forces accoutumées à vaincre pour les repousser. Cette Vendée s'étend partout et devient de jour en jour plus effrayante... »

Et Louvet s'écrie à l'adresse de ces jeunes gens que les Thermidoriens ont utilisés contre les sans-culottes mais qui leur paraissent aujourd'hui menaçants, avec leurs refrains royalistes :

« Misérables, réfléchissez. Cent mille républicains peuvent être facilement distraits des armées. Que le sentiment de notre existence vous rende sages. Obéissez aux lois ou craignez que la Convention nationale parle, et vous n'êtes plus... »

Mais la Jeunesse dorée continue de manifester, de crier que la Convention contient encore dans son sein des « égorgeurs », des « buveurs de sang ».

Et le conventionnel Merlin de Thionville, qui a voté la mort du roi, combattu contre les Vendéens, s'est enrichi, a aux côtés du général Pichegru pris la tête des bandes de la Jeunesse dorée, le 1er germinal, pour faire rentrer dans leurs faubourgs les émeutiers, écrit :

« Soyez persuadés que si vous souffriez à Paris le retour d'un roi, tous les soldats dont je connais l'esprit et les intentions se disputeraient l'honneur de venir vous anéantir, vous et votre roi. »

Ce roi, ce n'est plus Louis XVII.

Le fils de Louis Capet est mort le 20 prairial an III (8 juin 1795). Tous ceux qui l'avaient vu au cours des mois précédents avaient été effrayés par son corps difforme qui n'était plus qu'une plaie.

Barras – le « roi de la République ! » – avait été frappé par « son visage tout bouffi et tout pâle », ses genoux, ses chevilles, ses mains enflées, son regard innocent d'enfant de dix ans, exprimant souffrance et désespoir. Barras avait demandé que l'on nettoie la chambre où Louis XVII était maintenu, qu'on le fît promener, qu'on le soignât.

Mais aucun des Thermidoriens ne doutait de la prochaine issue fatale.

Et cependant, à l'annonce de la mort de Louis XVII, ils laissèrent courir la rumeur – et sans doute la favorisèrent-ils – d'une évasion de Louis XVII.

C'était manière pour ces régicides, craignant une restauration, de gêner l'oncle de Louis XVII, ce comte de Provence qui, installé à Vérone, régent du royaume, se proclama, dès qu'il apprit la nouvelle de la mort de Louis XVII, Louis XVIII, mais décidant que tant qu'il serait contraint de vivre en exil, il se ferait appeler « comte *de Lille* », du nom d'une seigneurie qu'il possédait à proximité de Toulouse et qui se nommait l'« *Isle* Jourdain »...

Le comte d'Artois devient « Monsieur », frère du roi, rêvant déjà de succéder un jour à son aîné. Mais le comte d'Artois applaudit la *Proclamation de Vérone*, que rend publique Louis XVIII.

Elle annonce un retour complet de l'Ancien Régime.

Louis XVIII veut « le rétablissement de la religion catholique et de notre ancienne Constitution. Ma maxime est tolérance pour les personnes, intolérance pour les principes. »

Les trois ordres (*clergé*, *noblesse*, *tiers état*) doivent être rétablis comme les parlements, ainsi que tous les symboles – le drapeau blanc à fleurs de lys naturellement – de l'autorité royale, le souverain étant de droit divin.

Et Louis XVIII promet le châtiment des régicides, coupables d'un crime qui est aussi un sacrilège.

Les « royalistes de l'intérieur sont au désespoir », écrit Mallet du Pan. Ils comprennent que les régicides, se jugeant « impardonnables », vont être plus que jamais des adversaires d'un retour des Bourbons.

Tallien le répète. Il ne veut pas être pendu par le roi restauré. L'avènement de Louis XVIII et sa proclamation de Vérone « achèvent, continue Mallet du Pan, de déterminer la balance en faveur du gouvernement républicain ».

Tallien, Barras, Fréron, la Convention décident de renforcer encore les troupes qui stationnent dans les environs de Paris.

On les rapproche de la capitale. Elles s'installent aux Sablons, derrière Chaillot, non loin du bois de Boulogne.

Et les protestations des sections où les « royalistes » et la Jeunesse dorée sont majoritaires, confirment aux yeux des « républicains » la réalité du danger d'une restauration.

Ordre est donné à la police de « surveiller avec attention plusieurs quidams habitués du café de Valois et du jardin Égalité que l'uniformité et la singularité de leur costume font regarder comme suspects ».

Les jeunes gens « dorés » qui avaient servi les Thermidoriens sont désormais leurs ennemis.

Et les sans-culottes s'en réjouissent.

Un lieutenant de Gracchus Babeuf, le « partageux », l'apôtre « communiste » du *Manifeste des Égaux*, écrit ainsi à son correspondant parisien :

« Tu ne manqueras pas de donner encore des nouvelles. Oh, celles que tu m'as données et que j'ai reçues ce matin m'ont mis en goût. Et j'en éprouve le plus dévorant appétit. Donne-m'en toujours, je suis insatiable… Deux cents muscadins arrêtés m'annonces-tu ? Ainsi soit-il.

« Vous en tâterez donc aussi, messieurs, et vos cafés, vos habits carrés, vos chapeaux à la Cobourg, vos chats verts ne vous en garantiront point ! Quelle mine allongée et livide ils devaient avoir ! Ah, vous pensiez que tout vous était permis, messieurs de la Jeunesse dorée ! Allons, point de quartiers, qu'on les plie à l'égalité. Nul n'a le droit de dépasser le niveau. »

Et Fréron fait l'éloge de Rouget de l'Isle et de *La Marseillaise*.

Et le journal *Le Moniteur* écrit :

« La royauté, l'exécrable royauté, croyez-vous donc qu'on puisse la rétablir si facilement ? Est-ce pour nous donner un roi que nous avons abattu Robespierre ? Prétexte insensé qui couvre peut-être des intentions qu'il sera facile de dévoiler. »

Et l'on dénonce « une poignée de factieux, de royalistes, d'émigrés ».

La police constate qu'un émigré, le comte d'Antraigues, met à la disposition de Louis XVIII les réseaux royalistes qu'il a constitués dès l'été 1789 et qui avaient œuvré pour l'Angleterre, l'Autriche, l'Espagne, la Russie.

Des « agences » royalistes, l'une dite de *Souabe*, l'autre *La Manufacture*, ont infiltré leurs espions dans tous les Comités, les rouages gouvernementaux, et renseignent d'Antraigues.

Le général Pichegru est approché, le 29 thermidor an III (16 août 1795), par un libraire suisse, Fauche-Borel, agent de Louis XVIII.

Le roi propose à Pichegru le bâton de maréchal, le château de Chambord, le gouvernement de l'Alsace s'il se met au service de la monarchie et, pour gage de son ralliement à Louis XVIII, livre la place de Huningue au prince de Condé.

Pichegru écoute, hésite, déclare qu'il doit réfléchir.

Sans connaître les détails de ces propositions, Carnot et Tallien soupçonnent Pichegru et mesurent les périls qui les menacent.

Dans l'Ouest, Charette a rompu la trêve, comme Cadoudal.

Il a dit à ses compagnons :

« Vous ne croyez pas vous autres que je sois devenu républicain depuis hier ! J'ai joué la République par-dessous la jambe, je jouerai les Anglais par-dessous la cuisse. »

Car une flotte anglaise débarque à Carnac trois mille cinq cents émigrés et quinze cents prisonniers français enrôlés de force.

Charette les rejoint après avoir fait massacrer, en guise de déclaration de guerre, deux cents prisonniers « bleus », et une centaine d'autres soldats républicains qui ne se gardaient pas, confiants dans la trêve.

Un deuxième corps expéditionnaire royaliste de deux mille hommes débarque à Quiberon.

Mais en quelques semaines, Hoche, commandant de l'armée de l'Ouest, refoule méthodiquement cette « armée » disparate de près de quinze mille hommes dans la presqu'île, les forçant à mettre bas les armes et faisant douze mille prisonniers.

Tallien se précipite pour en finir avec ces « quiberonnades », qui ont pour les Thermidoriens régicides l'avantage de réunir autour d'eux le bloc républicain, des partisans de Babeuf aux anciens Girondins et à une bonne partie des conventionnels modérés.

Tallien veut, impose aux commissions qui jugent les émigrés une sévérité exemplaire.

On condamne à mort chouans, Vendéens, émigrés. Il y aura sept cent cinquante exécutions, dont celles de quatre cent vingt-huit gentilshommes émigrés.

Une dernière tentative de débarquement de quatre mille hommes, sous le commandement du comte d'Artois, a lieu à l'île d'Yeu.

Hoche empêche leur jonction avec les troupes de Charette, qui rend d'Artois responsable de l'échec et écrit à Louis XVIII :

« Sire, la lâcheté de votre frère a tout perdu. »

En fait, le comte d'Artois dépendait des Anglais, pressés de s'éloigner, de rembarquer ces troupes vouées à la défaite.

« Le voilà donc, Monsieur Pitt, le résultat de trois années de travaux, écrit Hoche dans un rapport du 22 juillet 1795. Il n'est pas aussi aisé de vaincre les républicains sur leur territoire que dans votre cabinet... »

À Paris, la victoire sur les émigrés et ce regain de « terreur » durcit les oppositions entre royalistes et républicains.

Et d'autant plus que, pour s'assurer d'une majorité dans le Conseil des Anciens et le Conseil des Cinq-Cents, et donc obtenir un Directoire de cinq républicains, les conventionnels par deux décrets – des 5 et 13 fructidor an III (22 et 30 août 1795) – décident que sur les sept cent cinquante membres des Conseils à élire, les électeurs ne choisiront que deux cent cinquante d'entre eux, les autres sièges – les *deux tiers* – reviendront aux conventionnels sortants.

Ces décrets des *deux tiers* sont un véritable coup de force parlementaire qui révolte les modérés, tentés par la monarchie, et la Jeunesse dorée qui espérait conquérir par l'élection le contrôle du Directoire.

Car la Constitution doit être approuvée par plébiscite, comme les décrets des deux tiers.

Les royalistes appellent à voter pour la Constitution et contre les décrets, contre cette Convention, « écumée sur les égouts de la France et les cloaques étrangers », et dont les membres veulent se perpétuer.

Ah ! du moins par pudeur taureaux insatiables
Vous êtes engraissés, regagnez vos étables !

peut-on lire dans *Le Messager du soir*.

Tallien dénonce ces « misérables libellistes gagés », ces « insectes politiques », ces muscadins qui manifestent un « abâtardissement de l'espèce humaine », avec une « paralysie commencée de l'organe de la parole ».

Et les muscadins, les royalistes, réagissent, interpellent Tallien et Barras :

« Pourquoi ces troupes autour de Paris ? Sommes-nous assiégés ou à la veille de l'être ?... Est-on chouan parce qu'on porte un collet noir ouvert ? »

Le référendum va-t-il permettre de désigner le camp vainqueur ? Les résultats sont proclamés le 1er vendémiaire an IV (23 septembre 1795).

La Constitution est acceptée par 1 057 390 *oui* contre 49 978 *non* !

Il y a 5 millions d'abstentions !

Les décrets des *deux tiers* ont réuni 205 498 *oui* et 107 978 *non* !

Le pays réel ne veut plus des conventionnels, liés à des années sanglantes, et, que la Terreur soit rouge ou blanche, les conventionnels l'incarnent.

On les rejette, même s'ils viennent grâce aux décrets des *deux tiers* de réussir à se prolonger au sein des Conseils.

Mais pourront-ils résister à la colère que leur coup de force législatif a suscitée ?

Des troubles éclatent ici et là.

À Dreux, un représentant à la tête de deux cents hommes a défait une troupe de rebelles, dont dix ont été tués et trente faits prisonniers.

N'est-ce pas là le signe d'un retour aux méthodes terroristes ?

Des commissaires de la section Le Peletier se rendent dans toutes les autres sections de Paris, pour lire la pétition qu'ils comptent apporter à la Convention.

« Cette malheureuse patrie n'offrira-t-elle bientôt qu'un désert couvert d'ossements humains ? » disent-ils.

« Allons-nous voir renaître ces jours d'horreur et de carnage que nous avons passés ? »

« Les échafauds vont-ils se rétablir ?

« Verrons-nous encore une fois les vieillards et les enfants engloutis dans les flots ? »

« Entendrons-nous encore retentir les fusillades de Collot ? »

22.

Pluie, vent, en ce début du mois de vendémiaire an IV.

C'est la fin septembre et, à la nuit tombée, des bandes de jeunes gens parcourent les rues proches du Palais-Royal, en criant : « À bas les deux-tiers ! », ces décrets « scélérats » qui vont permettre de placer dans les deux Conseils issus de la nouvelle Constitution une majorité de conventionnels.

Mais cette Jeunesse dorée se heurte désormais à ce que les jeunes gens à collet vert ou noir appellent des « terroristes », et que Barras, Fréron, Tallien nomment maintenant des « patriotes ».

Et Fréron s'est même rendu faubourg Saint-Antoine pour recruter avec de beaux discours et des poignées d'assignats ceux-là mêmes que lors des journées d'insurrection de prairial il faisait pourchasser par la Jeunesse dorée et qu'il appelait « buveurs de sang », « massacreurs de septembre » ou « lécheurs de guillotine ».

La Convention rapporte même les décrets sur le désarmement des terroristes.

Et elle charge Barras, qui a tenu un rôle décisif lors du 9 Thermidor, qui a été « terroriste », lorsque, avec Fréron, il était représentant en mission dans les Bouches-du-Rhône, à Marseille et à Toulon, du commandement des troupes de Paris. Barras n'a-t-il pas été officier d'Ancien Régime ? N'est-il pas régicide, ce qui en fait un adversaire déterminé des royalistes ? Avec son grand sabre qu'il porte fièrement, il a l'allure martiale d'un chef de guerre.

Et son conseiller Pierre François Réal, qui a été hébertiste, écrit, pensant à Barras qu'il sert avec dévouement :

« Le salut de la patrie va dépendre de la formation du pouvoir exécutif. Il faut y porter des hommes brûlant de patriotisme, ennemis-nés de toute tyrannie, qui ont tué Capet et Robespierre. »

Mais Barras et les Thermidoriens républicains sont attaqués avec violence par les sections parisiennes pénétrées de royalisme, ainsi celle de Le Peletier qui prend la défense de ceux qui se dressent contre les « deux-tiers », contre la Convention.

« Vous osez les traiter d'intrigants, d'anarchistes, d'assassins ! Mais jetez les yeux sur vous-mêmes. Vos vêtements sont teints du sang de l'innocence. Des milliers de vos commettants égorgés, des villes détruites, le commerce anéanti, la probité proscrite, l'immoralité, l'athéisme, le brigandage divinisé, l'anarchie et la famine organisées, le trésor public dilapidé, voilà votre courage ! »

Ces sections-là préparent, à n'en pas douter, une insurrection contre la Convention, qui ouvrirait la porte à ce Louis XVIII qui veut punir les régicides.

« Il n'y avait rien de mieux à faire, écrit Barras, pour combattre de pareils adversaires, que de leur opposer leurs ennemis naturels, les patriotes incarcérés, par suite de la réaction de Thermidor. »

Et la Convention libère les « émeutiers de prairial », quinze cents d'entre eux, des « tape-dur », sont constitués en trois bataillons de volontaires : les « patriotes de 1789 ».

Ce « bataillon sacré » va renforcer les six mille hommes de l'armée de l'Intérieur, chargée de protéger la Convention.

Mais Barras, qui la commande en chef, ne fait pas confiance au général Menou. Ce ci-devant baron, qui a su mater le faubourg Saint-Antoine, en prairial, est un modéré. Ses sympathies vont aux sections « monarchistes ». Menou préfère négocier avec elles, qui réussissent à rassembler près de trente mille hommes, plutôt que de les affronter.

Barras constitue donc son état-major avec des généraux qui traînent, inactifs, dans Paris et sont suspects de robespierrisme, de jacobinisme.

Il s'entoure ainsi de Brune, Carteaux, Dupont et de ce général de brigade d'artillerie qu'il a connu au siège de Toulon, Napoléon Bonaparte.

Depuis plusieurs mois, ce Bonaparte a fait des offres de service, obstiné, faisant longuement antichambre, réussissant alors qu'il n'est qu'un officier sans fortune, sans gloire, sans affectation, vêtu d'un uniforme élimé, taillé dans une étoffe de mauvaise qualité, à être invité par Thérésa Tallien, la maîtresse de Barras.

Et ce Corse, au regard insistant et brûlant, a une sœur, Pauline, dont Fréron est amoureux au point de vouloir l'épouser.

Mais le Comité de salut public par un arrêté a « rayé Napoléon Bonaparte de la liste des officiers généraux employés, attendu son refus de se rendre au poste qui lui a été désigné ».

Car Bonaparte n'a pas voulu accepter un commandement à l'armée de l'Ouest.

Il rêve d'aller aider le sultan à réorganiser son armée.

Il n'est, en fait, qu'un général sans emploi parmi tant d'autres : soixante-quatorze suspects sont rayés comme lui des registres de l'armée active.

Mais Thérésa Tallien, mais Fréron, confirment que ce général de vingt-six ans est une personnalité singulière. Et Barras se souvient de cette « batterie des hommes sans peur », d'où Bonaparte, sous le feu ennemi, dirigeait les tirs de ses canons contre les forts de Toulon. Et Barras avait admiré l'intelligence de cet officier d'artillerie, et son sang-froid.

Barras va donc proposer à Bonaparte le commandement en second de l'armée de l'Intérieur.

« Je vous donne trois minutes pour réfléchir », dit-il à Bonaparte.

Le temps d'un regard, et Bonaparte répond d'une voix sèche qu'il accepte.

« Mais je vous préviens, ajoute-t-il, si je tire l'épée, elle ne rentrera dans le fourreau que quand l'ordre sera rétabli coûte que coûte. »

Et cela semble difficile.

Dans la nuit du dimanche 12 au 13 vendémiaire an IV (nuit du 4 au 5 octobre 1795), on entend dans tous les quartiers les tambours battre la générale.

Les sections « bourgeoises », « royalistes », comme celle de Le Peletier, appellent à résister aux Comités de la Convention qui, en créant les bataillons des « patriotes de 89 », ont réarmé les « buveurs de sang ».

Ces sections s'arment, et les trente mille hommes qu'elles rassemblent sont placés sous les ordres du général Danican, qui, officier d'Ancien Régime, est entré dans la garde nationale le 14 juillet 1789, s'est battu en Vendée comme général de brigade.

Il a dénoncé les atrocités commises par les républicains. Depuis, il est suspect de « royalisme ».

Le général Danican ne prend son commandement de l'armée sectionnaire que le 13 vendémiaire.

Il ne mesure pas que tout se joue en cette aube du lundi de vendémiaire. Bonaparte a en effet appris que, au camp des Sablons, se trouvent quarante canons. Il charge Murat, chef d'escadron, de partir avec trois cents cavaliers du 21e chasseur, de se saisir des pièces d'artillerie et de les ramener à Paris où elles seront placées autour des Tuileries, prenant les rues en enfilade.

Les cavaliers de Murat, parvenus au camp des Sablons, se heurtent à une colonne de sectionnaires venus eux aussi avec la volonté de s'emparer des canons. Mais ils sont contraints de reculer devant les trois cents cavaliers qui ramènent, à bride abattue, les pièces d'artillerie aux Tuileries.

À six heures du matin, ce lundi 13 vendémiaire, le général d'artillerie Bonaparte, auquel Barras fait confiance, place les canons aux abords des Tuileries qui deviennent ainsi une forteresse.

Les pièces sont disposées de la place de la Révolution, ci-devant Louis XV, au Palais-Égalité, ci-devant palais-Royal, tout au long de la rue Saint-Honoré.

D'autres sont mises en batterie sur la rive gauche, du pont de la Révolution au pont National. Les troupes de la Convention ne risquent plus d'être cernées et submergées par le nombre des sectionnaires. Elles gênent les troupes de Danican dans leurs communications d'une rive à l'autre de la Seine.

Ainsi, lorsque vers dix heures du matin, Barras inspecte les postes de défense, il constate l'efficacité, l'œil d'aigle de ce général Bonaparte qui semble déjà subjuguer les soldats qui ne le connaissaient pas, quelques heures auparavant.

Bonaparte saute à cheval, va d'un poste à l'autre, s'arrête seulement quelques minutes, écoute les rapports des officiers. Il répète qu'il veut qu'on tire à mitraille et il promet qu'il suffira de quelques minutes pour balayer les troupes adverses.

Le général Danican n'a pas pris d'initiative, semblant compter sur le nombre.

Mais sur les trente mille sectionnaires, on n'en compte que sept ou huit mille résolus à se battre. Ils sont plus nombreux que les soldats de l'armée de l'Intérieur. Mais ceux-ci disposent de l'artillerie.

Et tout au long de la matinée, des sans-culottes des faubourgs, des « tape-dur », les rejoignent. Ils ont une revanche à prendre sur ces sectionnaires, cette Jeunesse dorée, qui les ont vaincus, dans les journées de prairial, et humiliés, pourchassés, depuis.

Et Barras, Tallien, Fréron savent qu'aux yeux des troupes républicaines, ces sans-culottes sont une caution révolutionnaire.

Or, ce que demande le général Danican dans un message à la Convention, c'est leur renvoi.

« La paix peut s'établir en un clin d'œil, écrit Danican vers trois heures de l'après-midi ce 13 vendémiaire, si la Convention nationale désarme ceux que les Comités ont armés la veille. »

Barras ne répond même pas à la proposition du général Danican.

Le temps passe. On s'observe l'arme au pied. Il pleut.

Quand l'averse cesse, le général Danican fait mouvement dans la rue Saint-Honoré, bientôt pleine de sectionnaires. Ils forment une masse compacte autour de l'église Saint-Roch.

Tout à coup vers quatre heures et demie, un coup de feu, tiré sans doute de l'une des maisons sur les sectionnaires, qui répondent par une salve. Les soldats aussitôt réagissent avec l'assurance de vieilles troupes aguerries par des mois de combat.

Ils tirent, écrit un témoin, « comme s'ils eussent été à la noce ».

Napoléon Bonaparte assure que les coups de fusil furent tirés de l'hôtel de Noailles où s'étaient introduits les sectionnaires.

« Les balles arrivaient jusqu'au perron des Tuileries, dit-il. Au même moment une colonne de sectionnaires déboucha par le quai Voltaire, marchant sur le pont Royal. Alors on donna l'ordre aux batteries de tirer. »

Dans les rues, sous le tir à mitraille des canons, c'est la débandade des sectionnaires. Ceux qui se regroupent sur les marches de l'église Saint-Roch sont fauchés. L'église est enlevée.

La colonne qui avançait quai Voltaire est dispersée.

Napoléon, qui se dirige rue Saint-Honoré vers le bâtiment des Feuillants, a son cheval tué sous lui.

Les soldats se précipitent pour l'aider à se relever. Il est indemne. Il donne l'ordre de balayer les rues à la mitraille, puis à l'arme blanche.

Il suffit de quelques obus pour que la centaine d'hommes qui résistent au théâtre de la République soient délogés.

« À six heures tout était fini », dit Bonaparte.

Il est entouré par les conventionnels qui viennent le féliciter d'avoir « sauvé la République ».

Il entend les discours de Barras puis de Fréron qui à la tribune de la Convention font acclamer son nom.

Il écrit à son frère Joseph :

« Enfin tout est terminé, mon premier mouvement est de penser à te donner de mes nouvelles. Comme à l'ordinaire je ne suis nullement blessé. »

Mais les éloges qu'on lui décerne ont leur contrepartie.

Il est le *général Vendémiaire*, celui qui a fait tirer au canon sur les sectionnaires et a brisé l'insurrection souhaitée et organisée par les royalistes, et à laquelle ils ont participé. Ils espéraient qu'elle ouvrirait la voie à la restauration. Bonaparte est dans le camp des régicides, de Barras, de Tallien, de Fréron, et aussi, même si les Thermidoriens ont renversé l'Incorruptible, du côté de Robespierre.

Et on lui imputera les morts dont le sang a rougi les escaliers de l'église Saint-Roch.

Combien sont-ils, les cadavres que l'on charge dans des charrettes ? Trois cents dans chaque camp ?

Un témoin, sans complaisance pour les royalistes, le libraire Ruault, trace un tableau bien plus sombre de ce 13 vendémiaire.

« On estime, écrit-il, qu'il a péri environ huit mille personnes : le 10 août a coûté moins cher. »

Il raconte comment, après que deux canonniers eurent été tués par des tirs sectionnaires :

« Une première charge à mitraille renversa une centaine d'hommes. Elle fut suivie de quatre ou cinq autres qui balayèrent la rue entière. Environ huit cents hommes de la plus belle jeunesse, de la plus riche bourgeoisie y furent tués en moins de deux minutes.

« Le bruit du canon qui surprit tout le monde de ce quartier, l'effroi de la mort, fit entrer dans Saint-Roch une foule considérable d'hommes, de femmes, d'enfants, que par curiosité le mouvement des troupes avait attirés dehors et ceux aussi qui allaient à leurs affaires. Ils croyaient y trouver un asile sûr et sacré. Mais environ trois cents grenadiers de la Convention se ruent à travers les morts de la rue du Dauphin, montent les degrés de Saint-Roch, entrent dans l'église, tuent et mutilent à coups de sabre et de baïonnette tout, ou à peu près, ce qui s'était réfugié en ce lieu. On y a compté le lendemain matin environ quatre mille morts, de tout âge, de tout sexe, dépouillés de leurs vêtements, compris ceux qui avaient péri dans la rue du Dauphin et dans celle de Saint-Honoré. »

Chiffres énormes, sans doute multipliés par la rumeur, mais qui révèlent au-delà de leur exactitude discutable le choc ressenti par un républicain patriote, ancien Jacobin, mais homme modéré.

Et Ruault s'interroge, relit Machiavel, « car nous sommes dans le cas posé par Machiavel, que le système républicain est inexécutable en France et que nous n'avons fait que des folies depuis trois années mais des folies d'un genre fort étrange... C'est un vrai typhon qu'un peuple républicain tel que nous, une vaste bête, une divinité malfaisante, une mer qui dévore ceux qui osent monter dessus... »

Et ce qu'il a vu le 13 vendémiaire le conforte dans cette vision pessimiste. Car le carnage a continué rue de Richelieu, quai Voltaire.

« Après la canonnade, la troupe de ligne fusilla tout ce qu'elle put fusiller jusqu'à minuit.

« Elle tirait en haut, en bas, de tous côtés, suivie des filles de joie de ce quartier qui les aidaient en ricanant à dépouiller les morts et à les porter dans la cour du Palais-Royal.

« Les vainqueurs et leurs filles mirent en vente le lendemain matin les dépouilles des Parisiens et les vendirent. »

L'émeute est donc écrasée sans pitié mais, dans les jours qui suivent, la répression est légère. Barras, Tallien, Fréron, les conventionnels se défient de ces « patriotes de 89 », qui ne sont pour ces Thermidoriens républicains que les alliés d'un jour.

On en congédie, en leur distribuant des assignats, en les rémunérant pour qu'ils achèvent à coups de gourdin de chasser la Jeunesse dorée des rues, en lui interdisant de jouer un rôle politique.

Et les « tape-dur » se mettent à l'œuvre.

Les protestations et les suppliques des muscadins ne servent à rien.

« Quoi, parce qu'un homme portera à son habit un collet noir, peut-on lire dans un libelle, il sera par cela même proscrit ? Et par qui ? Par cette classe abjecte, vile et méprisable, d'êtres sans mœurs, sans propriété, vendus au parti qui les paie, de vagabonds que la police ne devrait jamais perdre de vue. »

Mais les conventionnels invitent au contraire les militaires qui assurent le maintien de l'ordre à « rafler » ces jeunes gens le plus souvent « insoumis », et à les rappeler à leur devoir.

« Allez, commande le ministère aux soldats, parcourez tous les coins confiés à votre surveillance. Arrachez à la honte et à l'oisiveté, au crime de la rébellion cette jeunesse insensée qui, dans le sein de l'indifférence, oublie qu'elle a une patrie à défendre, des droits à soutenir, et des lauriers à partager. »

Les rafles se multiplient au café de Chartres, dans les théâtres et tous les lieux publics.

Les jeunes gens se réfugient dans les maisons de jeu, les « étouffoirs » clandestins ou tolérés par la police.

Les « étouffoirs » se multiplient boulevard des Italiens, surnommé le « Petit Coblence ».

Et la Jeunesse dorée se dissout dans les tripots, les salons, les mondanités.

Elle est la principale victime de Vendémiaire.

Ainsi, Paris change en même temps que triomphe Barras qui pousse Bonaparte dans les bras de Joséphine de Beauharnais, et fait de lui un général de division, d'abord commandant en second de l'armée de l'Intérieur, puis le commandant en chef, succédant à Barras lui-même.

Les deux hommes sont critiqués, Barras, vicomte de Fox-Amphoux, incarne la corruption du pouvoir.

On chante :

Si sa pourpre est le salaire
laire, laire, laire
Des crimes de Vendémiaire
Fox-s'Amphoux !
Il n'a pas quarante ans
Mais aux âmes damnées
Le crime n'attend pas
Le nombre des années.

Et les « honnêtes gens » trouvent Bonaparte « jacobin à l'excès », condamnent le « général Vendémiaire ».

Mais Napoléon Bonaparte hausse les épaules :

« Je tiens au titre de général Vendémiaire, dit-il, ce sera dans l'avenir mon premier titre de gloire. »

Il est un homme nouveau, surgissant au moment même où les conventionnels, même s'ils ont par le décret des deux tiers trouvé le moyen de prolonger leur vie politique, sont las.

« Quatre années toujours sous le fer des assassins ont épuisé nos facultés physiques et morales », dit le Montagnard Dubreuil.

« Il est bien temps que nous quittions la place », ajoute Merlin de Thionville.

Ils se savent rejetés, haïs, méprisés parce que la disette et la misère écrasent toujours le peuple des faubourgs.

Le peuple ne rêve même plus au rétablissement du maximum du prix des denrées. Que peut-on contre l'alliance des plus riches ?

Car le peuple constate que les « ventres pourris » de la Convention sont indulgents pour les « ventres dorés » qui ont « fait » Vendémiaire.

Un rapport de police indique :

« Dans les faubourgs, on observe que les révoltés de prairial étaient moins coupables que ceux du 13 vendémiaire puisque les premiers ne demandaient que du pain et que ceux-ci voulaient attaquer et anéantir la représentation nationale, et cependant ceux de prairial ont éprouvé une bien plus grande sévérité... Les patriotes de prairial allaient par charretées à l'échafaud et les rebelles du 13 vendémiaire ont apitoyé la Convention nationale et courent en poste sur les grandes routes... »

Mais le temps des insurrections est passé.

« Les Tuileries sont changées en un camp de guerre. On n'y voit que tentes, canons, et soldats qui font bouillir la marmite au pied des arbres et des murs des terrasses.

« Les Champs-Élysées offrent le même aspect. Toutes les avenues des Tuileries et de la Convention sont hérissées de fer et de soldats.

« Jamais appareil de guerre ne fut plus menaçant et plus formidable dans cette cité des arts et des plaisirs. »

L'Américain Gouverneur Morris, qui voit ces soldats de toutes les armes éparpillés dans les places, les rues, sur les ponts, conclut : « Je continue à être persuadé que les représentants de cette nation tomberont sous la domination d'un despote unique. »

Et Ruault est plus précis :

« Le canon qui a foudroyé les royalistes et les mécontents a tué aussi l'amour de la République dans un grand nombre de cœurs. Cette façon d'assumer une République en dégoûte tous les hommes sensibles, tous les amis de l'humanité. Le gouvernement militaire établi depuis huit jours épouvante tous les bons esprits.

« La Convention vient de se mettre dans la dépendance de soldats qui créeront peut-être demain un Imperator, un César. »

Pourtant, dans sa dernière séance, le 4 brumaire an IV (26 octobre 1795), la Convention décrète une amnistie générale pour « tous les faits relatifs à la Révolution », exception faite des prêtres réfractaires, des émigrés, et des « vendémiairistes ».

On crie « Vive la République ! ».

Puis les conventionnels déclarent qu'« à dater du jour de la publication de la paix générale, la peine de mort sera abolie dans la République ».

Et la place de la Révolution – où la guillotine avait été si longtemps dressée, où le bourreau avait tant de fois montré des têtes tranchées à la foule et d'abord celle du roi –, cette place ensanglantée, s'appellerait désormais place de la Concorde.

SEPTIÈME PARTIE

Brumaire an IV - Ventôse an V
Octobre 1795 - Février 1797

« L'audace est le plus beau calcul du génie »

« Il y a trois partis bien prononcés : les royalistes
avec les fanatiques, les anarchistes et les vrais républicains.
Le troisième a combattu et contenu
alternativement les deux autres. »

Un commissaire au Directoire
novembre 1795 (brumaire an IV)

« À la guerre, l'audace est le plus beau calcul du génie.
Il vaut mieux s'abandonner à sa destinée. »

Napoléon BONAPARTE, général en chef de l'armée d'Italie
avril 1796 (germinal an IV)

« La Révolution française monte au Capitole.
L'Europe est finie, elle l'a voulu...
Toute espérance est bannie de mon âme.
Baissez la toile, la pièce est jouée.
La royauté n'est qu'une vague réminiscence...
Je n'aperçois ni jour, ni moyens, ni issues. »

MALLET DU PAN
1797 (an V)

23.

Le règne de la Concorde ?

Qui peut y croire ou l'espérer, en ce 12 brumaire an IV (3 novembre 1795), en voyant le cortège des cinq Directeurs ?

Ils ont été choisis par le Conseil des Anciens dans une liste de cinquante noms établie par le Conseil des Cinq-Cents.

Barras, La Révellière-Lépeaux, Reubell, Letourneur et Sieyès – ce dernier refusera de siéger et sera remplacé par Carnot – sont tous des régicides.

Ils se sont installés dans deux fiacres escortés par cent vingt dragons et autant de fantassins.

Le cortège parti des Tuileries se dirige vers le palais du Luxembourg, où le Directoire va siéger.

Les Directeurs n'ont pas encore revêtu leur manteau et leur habit d'apparat.

Ils ne sont élus que depuis quatre jours et, dans le palais du Luxembourg dont ils parcourent les pièces, ils constatent qu'il n'y a plus aucun meuble, que depuis le départ du comte de Provence tout est à l'abandon. Les « détrousseurs » de palais sont passés par là.

Les Directeurs s'installent dans une petite pièce au premier étage, autour d'une table branlante. Les sièges sont des chaises de paille, que le concierge a prêtées. Il monte des bûches. La cheminée fume, et l'humidité persiste.

Mais on peut rédiger un procès-verbal d'installation, procéder au choix des ministres, qui sont tous des modérés. Le ministre de l'Intérieur serait même royaliste, comme bon nombre de députés, ce qui laisse présager des conflits entre les Directeurs régicides et les Conseils des Anciens et des Cinq-Cents.

Mais pour l'heure on parle costume. On veut de l'éclat, un manteau nacarat, rouge clair aux reflets de la nacre, à doublure blanche, écharpe bleue, broderie d'or, chapeau à panache tricolore.

Les députés porteront la toge, et ceux des Cinq-Cents un turban bleu avec un bouquet d'épis d'or.

La France est misérable, mais ses représentants et ses Directeurs sont résolus à jouir du luxe et des avantages du pouvoir.

Et tant pis pour le peuple, celui des faubourgs ou celui qui est sous les armes.

Les uniformes des soldats qui escortaient les deux fiacres directoriaux étaient usés, quant aux dragons ils montaient sans bottes et l'on voyait leurs bas troués.

Les troupes qui ont conquis la Belgique, celles qui en Italie ont battu sous le commandement du général Schérer les Austro-Sardes ne sont pas mieux loties !

Il en va de même sur les bords du Rhin.

« Les soldats de Pichegru sont dans une situation déplorable, écrit un voyageur. Ils n'ont ni souliers, ni bas, ni chapeaux et bientôt plus d'habits et de culottes. La misère les ronge et les fait déserter par milliers dans l'intérieur. Ceux qui restent dans cet état sont vraiment des héros. Il faut des millions en argent pour réparer ces maux. »

Mais les assignats valent à peine la valeur du papier !

Les Directeurs décident de cesser d'émettre cette monnaie sans valeur. Et le 19 février 1796 (30 pluviôse an IV), ils brûlent place Vendôme les planches servant à leur fabrication.

Les trente-neuf milliards d'assignats en circulation seront retirés, remplacés par des « mandats territoriaux ». Mais pourquoi les citoyens feraient-ils confiance à cette nouvelle monnaie-papier ?

Pourquoi souscriraient-ils l'emprunt de six cents millions que lance le Directoire ?

Le libraire Ruault, observateur toujours lucide, ne s'étonne pas de cet insuccès.

« Le Directoire répand de temps en temps, écrit-il, des homélies très civiques pour réchauffer les cœurs et leur redonner du ton en patriotisme, mais c'est la voix qui crie dans le désert. Elles n'ont pas plus de succès que l'emprunt de six cents millions en numéraire. Le Directoire ne dissimule son embarras ni aux jeunes [le Conseil des Cinq-Cents] ni aux vieux [Conseil des Anciens] ni à personne au monde !

« La machine des finances crèvera dans les mains de ses directeurs avec un fracas épouvantable. On ne voit point de remède à ce mal. »

Et plein d'une amertume désespérée, Ruault conclut :

« La France n'est qu'une plaie, pas un endroit sain dans tout le corps politique, ses gouverneurs marchent à tâtons comme dans une cave et n'ont de lumière que derrière eux. »

En fait, les Directeurs à l'exception de l'austère et rigoureux Carnot, sauvé le 9 Thermidor de l'arrestation parce qu'il a été reconnu comme l'organisateur de la victoire, et de son « double » Letourneur, se soucient d'abord d'eux-mêmes.

Lorsqu'ils apparaissent en grand costume de satin, avec leurs dentelles, leurs écharpes, leurs glaives, leurs bas de soie, les souliers à bouffettes et le chapeau rouge à panache, ils suscitent les moqueries, car personne n'est dupe de cette « mascarade luxembourgeoise », comme on dit dès le premier jour.

Personne ne les respecte.

Barras, roi de la République, est un noble corrompu, régicide et terroriste enrichi. Il place ses maîtresses, Joséphine de Beauharnais, Thérésa Tallien – l'une dans le lit de Bonaparte, l'autre dans celui de l'agioteur munitionnaire Ouvrard. Ainsi, il accroît son influence.

Barras est un cynique « flibustier », qu'attirent encore les Jacobins, comme si le régicide qu'il est ne voulait pas couper tout lien avec la Révolution, car il craint toujours une restauration monarchique qui ferait pendre haut et court les régicides.

Mais en dehors de cette inquiétude – et peut-être a-t-il sollicité de Louis XVIII une absolution –, chacun sait que

« Barras jetterait par la fenêtre la République dès demain si elle n'entretenait ses chiens, ses chevaux, ses maîtresses, sa table, sa salle de jeu ».

Les autres Directeurs sont des inconnus.

Reubell, avocat alsacien colérique, est l'un des artisans de l'annexion de la Belgique et de la rive gauche du Rhin. Il parle avec arrogance, jure qu'il faudrait « mettre les députés contre-révolutionnaires dans un sac et les jeter à la rivière ».

La Révellière-Lépeaux, ancien Girondin, s'occupe des questions religieuses. Il veut fonder une « religion naturelle ». Il voudrait détruire la papauté tout en étant hostile à l'unification de l'Italie.

Ces Directeurs ont en commun de vouloir combattre les « factions extrêmes », à la réserve près qu'étant tous régicides, ils sont de « farouches républicains ». Ils l'affirment dans la *Proclamation au Peuple français* datée du 14 brumaire an IV (5 novembre 1795).

« Le Directoire, écrivent-ils, a la ferme volonté de livrer une guerre active au royalisme, de raviver le patriotisme, de réprimer toutes les factions, d'éteindre tout esprit de parti, d'anéantir tout désir de vengeance, de faire régner la concorde, de ramener la paix, de régénérer les mœurs, de rouvrir les sources de la production, de ranimer l'industrie et le commerce, d'étouffer l'agiotage, de donner une nouvelle vie aux arts et aux sciences, de rétablir l'abondance et le crédit public, de remettre de l'ordre social à la place du chaos inséparable des révolutions, de procurer enfin à la République française le bonheur et la gloire qu'elle attend. »

Les Directeurs désirent en finir avec la Révolution et ses désordres.

Ils veulent être les arbitres au-dessus des factions.

« Il y a trois partis bien prononcés, écrit l'un des commissaires du Directoire, les royalistes avec les fanatiques, les anarchistes et les vrais républicains. Le troisième a combattu et contenu alternativement les deux autres. »

Les Directeurs sont... ces républicains du « centre »... du « Ventre », comme on disait sous la Convention.

Ils frappent les royalistes qu'ils ont écrasés le 13 vendémiaire grâce aux canons de Bonaparte.

Stofflet, le chef vendéen, est arrêté, fusillé, comme le sera quelques semaines plus tard Charette, capturé blessé.

Mais la guerre gagnée, Hoche proclame l'« édit de Nantes de la Vendée », autorisant partout la célébration du culte. Le Directoire se sent si fort qu'il envisage même un débarquement en Irlande, préparé par Hoche et Wolfe Tone, chef des Irlandais unis.

On rêve à une insurrection des Irlandais contre l'Angleterre.

On ne craint pas d'échanger la fille de Louis XVI, Marie-Thérèse, contre des prisonniers français détenus par les Autrichiens.

Et parmi eux, Drouet, l'ancien maître de poste de Sainte-Menehould qui avait permis l'arrestation de Louis XVI en juin 1791.

Drouet est aussitôt admis au Conseil des Cinq-Cents, et participe à la célébration, le 21 janvier 1796 (1er pluviôse an IV), de l'anniversaire de la décapitation du roi place de la Révolution, devenue place de la Concorde !

Ce jour-là « fut la juste punition du dernier roi des Français » et Reubell ajoute : « Que les bons citoyens se rassurent. »

Ceux qui ne sont que citoyens continuent d'avoir faim. Car les prix des denrées, qu'on imaginait avoir atteint leurs sommets, ont encore augmenté.

« On voit par les rues, lit-on dans un rapport de police, un grand nombre de malheureux sans souliers, sans vêtements, ramassant dans les tas d'ordures de la terre et autres saloperies afin de satisfaire la faim qu'ils éprouvent. »

Mais on est las. On hait les Directeurs, les membres des Conseils, les riches, qui affichent leur insolente et récente fortune.

« À quoi sert d'avoir détruit les rois, les nobles et les aristocrates, dit-on, puisque les députés, les fermiers, les marchands, les remplacent présentement ? »

Et *La Gazette* constate, le 25 brumaire an IV (16 novembre 1795) :

« Les événements ont desséché les cœurs ! Conseil des Anciens, Conseil des Cinq-Cents, Directoire, c'est vers vous que se tournent les regards de ces malheureux qui foulent de leurs pieds demi-nus la terre humide. Adoucissez d'abord nos maux, donnez-nous des mœurs ! »

Mais comment espérer encore ? Croire en la République ? Et mourir pour la patrie ?

On déserte les armées :

« Aller nous faire tuer pour des bougres qui nous volent et nous affament ? »

On s'y refuse. On ne fête plus les victoires. On veut du pain et la paix.

Mais les Directeurs souhaitent que la guerre continue.

Car on peut dans les pays conquis piller les œuvres d'art et les caisses remplies d'or des royaumes, des principautés et des villes.

« On serait perdu si on faisait la paix », explique Sieyès.

Le Directoire a besoin d'argent.

Ne fût-ce que pour maintenir, en dépit de la chute de l'assignat, les indemnités des députés.

« Et l'on travaille à loger les Cinq-Cents au Palais-Bourbon que l'on veut rendre magnifique. »

Et passant devant le Palais, les soldats va-nu-pieds, affamés comme les plus pauvres des citoyens, murmurent :

« Les députés devraient être dans un bois et qu'on y mît le feu. »

Les Directeurs s'inquiètent.

Barras et Reubell ont favorisé l'ouverture du club du Panthéon, où se retrouvent autour de Babeuf les « terroristes » que la défaite des royalistes le 13 vendémiaire a confortés.

Babeuf y est le principal orateur. Il prêche l'égalité, le partage de la terre, le « communisme », et il développe ses idées dans le journal qu'il anime, *Le Tribun du peuple*.

« Le parti se grossit considérablement, dit une note de police, les ouvriers surtout l'embrassent avec avidité. »

Carnot est le plus déterminé à lutter contre ces « anarchistes ». Il souligne que les « babouvistes » ne se contentent pas de prêcher pour le « bonheur commun », mais qu'ils s'infiltrent dans la légion de police chargée d'assurer l'ordre à Paris.

Le 5 décembre 1795 (14 frimaire an IV), il obtient que Babeuf soit décrété d'arrestation.

Mais Babeuf, bénéficiant peut-être de la protection de Barras, disparaît dans l'ombre de la clandestinité.

Le club du Panthéon continue de se réunir autour du Jacobin italien Buonarroti.

Il discourt, écrit, anime les journaux *Le Tribun du peuple* et *L'Égalitaire*, et publie une *Analyse de la doctrine de Babeuf et du Manifeste des Égaux*.

« L'*Analyse*, rapporte la police, dès qu'elle est affichée est applaudie par la plupart de ceux qui la lisent, notamment les ouvriers. »

Et Buonarroti réunit à chacune de ses conférences deux mille personnes.

Il faut briser cette « faction anarchiste », et le 8 ventôse an IV (27 février 1796) les Directeurs ordonnent la fermeture du club du Panthéon.

Napoléon Bonaparte, général en chef de l'armée de l'Intérieur, est chargé d'exécuter cette décision.

Bonaparte n'hésite pas. Il connaît Buonarroti.

Ils se sont rencontrés à Oneglia, sur la côte ligure, quand le Jacobin italien y résidait comme commissaire, et que Bonaparte, à la réputation de robespierriste, commandait l'artillerie de l'armée d'Italie.

Mais Robespierre est mort. Et Bonaparte est devenu le général Vendémiaire, commandant l'armée de l'Intérieur.

Il a un état-major, uniforme de bonne laine, revenus.

Il a distribué les places et l'argent à tous les membres de sa famille.

« La famille ne manque de rien, je lui ai fait passer argent et assignats », écrit-il à son frère Joseph.

Il est souvent reçu dans le petit hôtel qu'occupe dans le quartier de la Chaussée-d'Antin Joséphine de Beauharnais. Elle est la preuve charnelle que l'avenir désormais lui appartient.

Il la désire avec la même fougue qu'il veut un commandement en chef, non plus d'une armée de l'Intérieur, qui n'est qu'une force de police, mais d'une armée qu'il mènera à la victoire, par des conquêtes fulgurantes.

Et de plus, le programme politique du Directoire, cette façon d'être au-dessus des factions, de frapper royalistes et anarchistes, lui convient.

Chaque jour il voit Barras, Carnot, les autres Directeurs. Il leur soumet le plan de campagne qu'il a élaboré pour l'armée d'Italie, ce pays où les trésors s'accumulent dans les palais. On peut y rafler des millions indispensables au Directoire.

Il sent que les Directeurs hésitent, que les députés proches des royalistes détestent et craignent en lui le général Vendémiaire.

« J'ai peine à croire que vous fassiez la faute de le nommer à la tête de l'armée d'Italie, écrit, à Reubell, Dupont de Nemours, membre du Conseil des Anciens.

« Ne savez-vous pas ce que c'est que ces Corses ? Ils ont tous leur fortune à faire. »

Mais Bonaparte a donné des gages, le 13 vendémiaire, puis en agissant avec célérité pour fermer le club du Panthéon.

Et il y a cette relation avec Joséphine, qui rassure Barras, cet amour naïf, cette vraie passion même que voue à la créole rouée ce Corse maigre et résolu.

Le 12 ventôse an IV (2 mars 1796), il est nommé général en chef de l'armée d'Italie, avec Alexandre Berthier comme chef d'état-major.

Le 19 mars (29 ventôse an IV), à dix heures du soir, avec un retard de près d'une heure tant il a été pris par ses tâches militaires, la préparation de son départ, Bonaparte épouse à la mairie de la rue d'Antin Joséphine de Beauharnais, mère de deux enfants – Eugène et Hortense. Tallien et Barras sont leurs témoins.

Il sait qu'on murmure qu'il a accepté ce mariage pour débarrasser Barras d'une vieille maîtresse, et obtenir en contrepartie le commandement de l'armée d'Italie.

Mais il suffit de voir Bonaparte regarder l'élégante créole, pour savoir que ce n'est là que calomnie.

Bonaparte est follement épris. Bonaparte désire follement ce commandement.

Le 11 mars 1796 (21 ventôse an IV), il quitte Paris pour Nice.

Dans la voiture de poste, Bonaparte relit les instructions que le Directoire lui a fait remettre.

Elles sont brutales et claires.

« Faire subsister l'armée d'Italie dans et par les pays ennemis... lever de fortes contributions... »

En somme, prendre tout ce que l'on peut aux Italiens, arracher par la force tout ce que l'on veut, et avec le butin nourrir, payer, armer les soldats, et remplir les caisses du Directoire !

Soit. Telle est la guerre. Tel est le pouvoir des armes.

C'est désormais cela, la guerre révolutionnaire. Elle brise les Constitutions et elle pille.

Il va le dire à ces soldats qu'il rassemble dès son arrivée à Nice et qu'il découvre dépenaillés, indisciplinés, affamés.

« Soldats, lance-t-il, vous êtes nus, mal nourris, le gouvernement vous doit beaucoup, il ne peut rien vous donner... Je veux vous conduire dans les plus fertiles plaines du monde. De riches provinces, de grandes villes seront en votre pouvoir. Vous y trouverez honneur, gloire et richesse. »

Il adresse aussi une proclamation aux patriotes italiens :

« Le peuple français a pris les armes pour la liberté. Le peuple français chérit et estime les nations libres. La Hollande est libre et la Hollande fut conquise... »

La campagne d'Italie peut commencer, ce 2 avril 1796 (13 germinal an IV).

« Hannibal a passé les Alpes, dit Bonaparte. Nous allons les contourner. »

C'est parole de conquérant.

24.

Bonaparte conquérant de l'Italie ?

Les Directeurs s'en félicitent. Ils sont étonnés par les succès de ce général d'à peine vingt-sept ans qui s'est imposé à ces « vieux généraux », une dizaine d'années de plus que lui, et qui sont déjà couturés de batailles, et dont les noms – Masséna, Augereau – ont été illuminés par la gloire.

Mais il a suffi de dix jours et trois batailles – Montenotte, Millesimo, Mondovi – pour que Bonaparte, franchissant les cols des montagnes alpines qui séparent la côte méditerranéenne du Piémont, s'ouvre la route de Turin.

Les Directeurs lisent les rapports du commissaire à l'armée d'Italie, Saliceti, que Bonaparte connaît bien. Ce Saliceti qui l'a fait arrêter comme robespierriste, après le 9 Thermidor, mais Bonaparte ne veut pas se souvenir de cet épisode. Et Saliceti ne tarit pas d'éloges sur ce général qui a su reprendre en main vingt-cinq mille hommes indisciplinés.

« Le général en chef, a dicté Bonaparte à Berthier, son chef d'état-major, voit avec horreur le pillage affreux auquel se livrent des hommes pervers… On arrachera l'uniforme de ces hommes. Ils seront flétris dans l'opinion de leurs concitoyens comme des lâches. »

Et il s'est montré d'un courage exemplaire en s'élançant sous la mitraille, sur le pont de Lodi, entraînant ses hommes qui l'ont acclamé, ont dit de lui qu'il avait le courage d'un « petit caporal »…

Il a le sens du verbe, et ses proclamations exaltent les Parisiens quand les journaux les publient.

« Soldats, s'est-il écrié, vous avez en quinze jours remporté six victoires, pris vingt et un drapeaux, cinquante-cinq pièces de canon, plusieurs places fortes, conquis la plus riche partie du Piémont. Dénués de tout, vous avez suppléé à tout, vous avez gagné des batailles sans canons, passé des rivières sans pont, fait des marches forcées sans souliers, bivouaqué sans eau-de-vie et souvent sans pain. »

Les Directeurs se félicitent de ses propos.

L'armée est la seule force qui leur permet de frapper les factions royaliste et anarchiste. Et il leur semble que Bonaparte est fidèle à la République. Il est ici le général Vendémiaire et celui qui a fait fermer le club du Panthéon.

Ne dit-il pas à ses soldats :

« Les phalanges républicaines, les soldats de la liberté étaient seuls capables de souffrir ce que vous avez souffert. Grâces vous en soient rendues, soldats ! »

Et pourtant, Carnot s'interroge quand il lit la conclusion de la harangue de Bonaparte :

« Mais, soldats, vous n'avez rien fait, puisqu'il vous reste encore à faire ! »

Cependant, Bonaparte annonce dans toutes ses lettres qu'il envoie des millions à Paris. Et cela suffit à étouffer les inquiétudes des Directeurs.

On l'invite même à piller davantage.

Les Directeurs lui écrivent :

« Ne pourrait-on enlever les trésors immenses que la superstition a amassés dans les couvents depuis quinze siècles ? On les évalue à dix millions de livres sterling. Vous ferez une opération financière la plus admirable et qui ne fera tort qu'à quelques moines. »

Et l'or et les œuvres d'art affluent au palais du Luxembourg.

« Vous êtes le héros de la France entière », lui répètent les Directeurs.

Et ils multiplient les éloges :

« Vous avez la confiance du Directoire. Les services que vous rendez tous les jours vous y donnent les droits. Les sommes considérables que la République doit à vos victoires prouvent que vous vous occupez tout à la fois de la gloire et des intérêts de la patrie. »

Ils approuvent que Bonaparte s'adresse aux patriotes italiens :

« Peuple d'Italie, l'armée française vient briser vos chaînes : le peuple français est l'ami de tous les peuples, venez au-devant de lui. »

Et ces patriotes, ceux-là que Buonarroti avait rassemblés à Oneglia au temps où Bonaparte n'était que le général d'artillerie de l'armée d'Italie, proclament la République.

Mais Bonaparte devance les inquiétudes des Directeurs en abandonnant ces patriotes dès lors qu'il peut signer un armistice avec le roi du Piémont.

La royauté est maintenue, le souverain cède la Savoie et Nice à la France, et verse une indemnité de guerre de trois millions.

Un autre armistice est conclu avec le duc de Parme – qui lui coûte deux millions de lires, des approvisionnements et vingt tableaux que viendra choisir une commission d'artistes français.

Ce Bonaparte est un homme comme les aiment les Directeurs, qui ne s'embarrasse pas de grands principes !

Après la victoire de Lodi, il est maître de la Lombardie. Et dans les salons Barras fait acclamer Joséphine de Beauharnais, qu'il qualifie de « Notre-Dame des Victoires » !

Ils n'imaginent pas que Bonaparte au lendemain de Lodi avoue qu'il « ne se regarde plus comme un simple général, mais comme un homme appelé à influer sur le sort d'un peuple ».

Et le peuple s'enflamme pour ce général et ses soldats.

« Tandis que nous souffrons mort et passion à l'intérieur, écrit le libraire Ruault, le 20 floréal an IV (9 mai 1796), nos soldats poursuivent dans les Alpes et au-delà le roi de Sardaigne, l'épée dans les reins... C'est une chose bien étonnante et qui sera une merveille dans la postérité que le courage et l'intrépidité de nos jeunes gens de la réquisition. Il fallait qu'il y eût une révolution en France pour apprendre à l'Europe que le Français libre est le peuple de la Terre le plus formidable. »

Et le contraste est accablant avec ce qui se passe à l'intérieur du pays.

La misère s'est encore aggravée.

Sans les distributions de pain organisées par le Directoire, à raison d'une livre de pain par jour pour quatre assignats – pour rien donc –, nombre de citoyens seraient morts de faim.

Mais les Directeurs sont contraints d'abaisser cette ration à soixante-quinze grammes ! On la complète avec du riz, mais on ne peut le cuire car le bois manque ! Et en cet an IV, on relève dix mille décès de plus que la moyenne des années précédentes.

L'opinion accable ce « gouvernement qui n'a jamais été si lâche que nous le voyons aujourd'hui... La probité, la vertu, une certaine austérité de mœurs qui ont toujours été dans les Républiques naissantes et sans lesquelles elles ne peuvent subsister longtemps, ne se trouvent point dans la nôtre.

« On ne voit dans les bureaux de ces messieurs que des hommes corrompus qui vendent à prix d'or les places, les emplois, les fonctions à la disposition des ministres. On marchande avec eux comme on fait des denrées du marché, et celui qui paie le plus obtient la préférence. Les députés eux-mêmes agiotent, trafiquent honteusement avec les agents de change, l'or et l'argent et toute espèce de marchandise. Ces pratiques infâmes corrompent l'esprit public à Paris et dans tous les départements. Elles avilissent tous les agents du gouvernement et des administrations. Le système républicain est tellement gangrené dans toutes ses branches diverses qu'il paraît impossible qu'il puisse aller plus loin qu'une année si la vertu et les bonnes mœurs ne prennent pas très incessamment la place de tant de vices. »

Tel est l'esprit public et si les Directeurs s'inquiètent de son évolution, c'est que dans les rapports des indicateurs de police on souligne que l'on entend de plus en plus souvent les citoyens les plus pauvres s'exclamer : « Au moins, du temps de Robespierre on avait du pain ! »

Et un homme raisonnable comme Ruault, éditeur et libraire, citoyen aisé et éclairé, écrit :

« La grossièreté des sans-culottes était rebutante, hideuse sans doute, mais ils n'avaient point la froide cruauté des agents actuels. Ils n'agissaient pas avec la réflexion et l'intention du mal, comme ces messieurs d'aujourd'hui. »

Mais ce sont surtout les propos de Babeuf qui paraissent dangereux aux Directeurs. Ils se répandent alors que Babeuf, depuis la fermeture du club du Panthéon, vit toujours dans la clandestinité.

Il aurait dit que « réveiller Robespierre… c'est réveiller tous les patriotes énergiques de la République et avec eux le peuple qui autrefois n'écoutait et ne suivait qu'eux… Le robespierrisme est la démocratie, et ces deux morts sont parfaitement identiques : donc en relevant le robespierrisme vous êtes sûr de relever la démocratie. »

Il affirme que la « Révolution française est une guerre déclarée entre les politiciens et les plébéiens, entre les riches et les pauvres ».

Il veut réaliser un « état de communauté ».

« Tout ce que possèdent ceux qui ont au-delà de leur quote-part individuelle de ces biens de la société est vol et usurpation, il est donc juste de le leur reprendre. »

Et il avance que « ce système est démontré praticable puisqu'il est celui appliqué aux douze cent mille hommes de nos douze armées : ce qui est possible en petit l'est en grand ».

Babeuf reçoit le soutien financier de Le Peletier de Saint-Fargeau, frère du conventionnel assassiné pour avoir voté la mort du roi, et l'appui du ci-devant marquis Antonelle.

Avec l'écrivain Sylvain Maréchal, Darthé – ancien accusateur public du tribunal révolutionnaire d'Arras –, Buonarroti, et le membre du Conseil des Cinq-Cents, l'homme de Varennes, Drouet, ils constituent un « Directoire de salut public ».

Les « babouvistes » cherchent à pénétrer l'armée. Le capitaine Grisel est chargé de recruter des affidés dans le camp militaire de Grenelle. D'autres s'occupent de la légion de police.

Des alliances sont conclues entre babouvistes et anciens Montagnards. Mais cette « conspiration des Égaux » est constamment surveillée par la police du Directoire. Et peut-être même favorisée par Barras, ou Fouché qui est lié à Babeuf. Ils peuvent l'utiliser comme force de manœuvre, épouvantail, ou bouc émissaire.

À la fin avril et au début du mois de mai 1796 (floréal an IV), les Directeurs se décident à agir.

Carnot, en effet, hostile aux babouvistes a reçu le capitaine Grisel qui a trahi ses compagnons.

Ils sont arrêtés le 10 mai, et sont promis à la Haute Cour de justice qui siégera à Vendôme.

Et toute la France, par ce procès devant la plus haute juridiction du régime, saura que le Directoire frappe – après les royalistes – la faction anarchiste : ce qui rassurera les « bons citoyens », en montrant que les Directeurs, régicides et anciens terroristes, sont les défenseurs des propriétés et de l'ordre contre ceux qui veulent « réveiller Robespierre ».

Cette preuve d'autorité est nécessaire car les succès et l'attitude de Bonaparte commencent à préoccuper les Directeurs.

Bonaparte a fait une entrée triomphale à Milan, le 15 mai 1796 (26 floréal an IV).

« Viva Buonaparte il liberatore dell'Italia ! » crie la foule. Les patriotes italiens ont constitué un Club jacobin, créé une garde nationale, Bonaparte écrit au Directoire : « Si vous me continuez votre confiance, l'Italie est à vous. »

Et il ajoute : « Je mets à la disposition du Directoire deux millions de bijoux et d'argent en lingots, plus quatre-vingts tableaux, chefs-d'œuvre de maîtres italiens. Et les Directeurs peuvent compter sur une dizaine de millions de plus. »

Or, il reçoit des Directeurs l'ordre de se diriger vers l'Italie du centre et du sud, Livourne, Florence, Rome, Naples cependant que le général Kellermann, commandant l'armée des Alpes, le remplacera à Milan et en Lombardie.

Bonaparte refuse.

« Persuadé que votre confiance reposait sur moi, répond-il aux Directeurs, ma marche a été aussi prompte que ma pensée. Chacun a sa manière de faire la guerre. Le général Kellermann a plus d'expérience et la fera mieux que moi ; mais tous les deux ensemble nous la ferons fort mal. Je crois qu'un mauvais général vaut mieux que deux bons. »

Et il offre sa démission.

Murat, qui s'est illustré le 13 vendémiaire et qui a suivi Bonaparte à l'armée d'Italie, l'interroge :

« On assure que vous êtes si ambitieux que vous voudriez vous mettre à la place de Dieu le Père. »

Napoléon Bonaparte le toise :

« Dieu le Père ? Jamais, c'est un cul-de-sac ! » répond-il.

Comment les citoyens Directeurs, ces messieurs du palais du Luxembourg, pourraient-ils accepter la démission d'un homme tel que lui ?

25.

Face aux prétentions de Bonaparte, les cinq Directeurs, en ce mois de mai 1796, hésitent à se renier.

Ils ont une stratégie.

Bonaparte doit marcher vers le centre et le sud, et Kellermann le remplacer au Piémont et en Lombardie.

Il y a d'autres généraux que ce Bonaparte, tonne Reubell. Jourdan et Moreau, l'un à la tête de l'armée de Sambre-et-Meuse, l'autre de l'armée de Rhin-et-Moselle, ont reçu l'ordre de traverser le Rhin, de marcher sur Vienne, et de prendre ainsi à revers, par le nord, les troupes autrichiennes qui sont encore puissantes en Lombardie.

Oui, mais c'est le nom de Bonaparte qu'on acclame à Paris !

Des officiers dc l'armée d'Italie porteurs des drapeaux pris à l'ennemi viennent d'arriver dans la capitale.

Les journaux célèbrent les exploits de ce général dont les troupes sont entrées à Venise, Vérone, Brescia, Bologne, Ferrare, qui mate avec une extrême dureté une révolte antifrançaise à Pavie, qui signe un armistice avec le royaume de Naples, puis avec le pape.

Et les journaux détaillent le « butin ».

Le pape devra verser vingt et un millions, cent objets d'art, cinq cents manuscrits. Il livrera la place d'Ancône et laissera le libre passage à l'armée française sur ses États. Il fermera ses ports aux navires anglais.

Les troupes de Bonaparte occupent Livourne, et leur contrôle de ce grand port va contraindre les Anglais, qui se sont installés en Corse, à quitter l'île.

Bonaparte est bien le général qui apporte les victoires et la paix, la gloire et l'or.

Et l'on voudrait que Kellermann prenne sa place ? Et faire confiance aux généraux Jourdan et Moreau, qui essuient déjà de premières défaites, font retraite, alors que Bonaparte bat le général Wurmser, oblige les Autrichiens à s'enfermer dans la place forte de Mantoue.

L'opinion s'embrase : « Vive Bonaparte ! »

Les journaux tressent ses couronnes, reprennent le texte de ses proclamations habiles, écrites, non pour relater la vérité, mais bâtir sa légende.

En outre, chacun des cinq Directeurs, et aussi les commissaires du Directoire ou le général Clarke, chef du bureau topographique du Directoire qui établit les plans de campagne, sont bombardés de lettres de Saliceti, de Berthier, faisant l'éloge du « Petit Caporal » si populaire parmi ses soldats.

Napoléon Bonaparte, lui, écrit à Barras, en fait le confident de ses malheurs conjugaux, renforce ainsi leur complicité.

« Je suis au désespoir, dit Bonaparte, ma femme ne vient pas ! Elle a quelque amant qui la retient à Paris. Je maudis toutes les femmes mais j'embrasse mes bons amis… »

Les pressions sont si fortes que le Directoire va proclamer que l'armée d'Italie a « bien mérité de la Patrie », et déclarer en son honneur une « fête de la Victoire » qui doit être célébrée à la fin du mois de mai (floréal an IV) dans toutes les armées et dans tout le pays.

La majorité des cinq Directeurs (Barras, Carnot, Le Tourneur) conclue qu'il faut annuler la décision de nommer Kellermann à la place de Bonaparte. Et refuser la démission de ce dernier.

Ils ont cédé et aussitôt, ils sentent la poigne de Bonaparte.

« Il faut, leur écrit-il, une unité de pensée militaire, diplomatique et financière. La diplomatie est véritablement, dans ce moment-ci, toute militaire en Italie. »

Il ajoute qu'« aucune de nos lois ne règle la manière dont doivent être gouvernés les pays conquis ».

Autrement dit, Bonaparte veut les mains libres pour agir à sa guise.

Et ceux qui le rencontrent rapportent aux Directeurs ses propos, décrivant son regard où brillent l'intelligence, l'ambition et la détermination.

Le représentant de la République en Toscane, Miot de Melito, fasciné, l'écoute :

« Il ne ressemble pas aux autres généraux, note-t-il. Il est l'homme le plus éloigné des formes et des idées républicaines que j'aie rencontré. »

Mais il est déjà bien tard, pour retenir Bonaparte.

Il construit sa légende. L'imagination populaire s'empare de ses proclamations, de son *Adresse à la Patrie* et à ses « *frères d'armes* ».

« Soldats ! Vous vous êtes précipités comme un torrent du haut de l'Apennin, vous avez culbuté, dispersé, éparpillé tout ce qui s'opposait à votre marche... Que les peuples soient sans inquiétude, nous sommes amis de tous les peuples !... Le peuple français libre, respecté du monde entier, donnera à l'Europe une paix glorieuse qui l'indemnisera des sacrifices de toute espèce qu'il a faits depuis six ans. Vous rentrerez alors dans vos foyers, et vos concitoyens diront en vous montrant : il était de l'armée d'Italie. »

Seuls les royalistes plus ou moins déclarés, les modérés qui espéraient une restauration monarchique s'indignent, crient leur mépris, et même leur haine contre ce général Vendémiaire :

Mallet du Pan écrit à la cour de Vienne, dont il est le correspondant, et sa missive sera diffusée auprès de tous les souverains d'Europe :

« Ce Bonaparte, ce petit bamboche à cheveux éparpillés, ce bâtard de Mandrin que les rhéteurs appellent jeune héros et vainqueur d'Italie, expiera promptement sa gloire de tréteaux. »

Et les monarques et les princes croient à cette prophétie hargneuse et méprisante au moment même où Bonaparte établit à Milan une administration générale de la Lombardie, composée de patriotes italiens venus de toutes les régions de la péninsule, et que se dessinent ainsi les contours d'une République lombarde et même italienne.

Le patriote et Jacobin italien Buonarroti, enfermé avec Babeuf et les babouvistes, se réjouit de cette initiative. Il avait invité tous les patriotes italiens à aider l'armée de Bonaparte, républicain. Et Buonarroti voudrait rejoindre Milan.

Mais la Haute Cour qui doit le juger, à Vendôme, le laissera-t-elle en vie, ou bien l'enverra-t-elle à la guillotine ?

En ce mois de septembre 1796 (fructidor an IV), les babouvistes emprisonnés craignent la sévérité de la Haute Cour.

Les Directeurs et les juges veulent montrer qu'ils sont impitoyables contre les « anarchistes ».

Or, l'homme de Varennes, Drouet, arrêté avec Babeuf, s'est évadé. Et l'on soupçonne Barras, ou Fouché d'avoir favorisé la fuite du maître de poste qui a permis l'arrestation de Louis XVI.

Il y a plus grave encore.

Une bande se réclamant de Babeuf, des Égaux, et rassemblant entre deux cents et sept cents hommes – comment savoir avec précision ? – vient d'attaquer le camp militaire de Grenelle. Les assaillants sont persuadés d'y être attendus par des soldats prêts à rejoindre la cause de l'Égalité.

Traquenard ! Piège tendu par Carnot. Les babouvistes qui se sont élancés aux cris de « Vive la Constitution de 1793 ! », « À bas les Conseils et les nouveaux tyrans ! » ont été chargés par la cavalerie et sabrés.

Une vingtaine d'entre eux ont été tués, et le chef d'escadron Malo, qui menait la charge, a pu ramener au camp cent trente-deux prisonniers.

On affirme que « Carnot était d'accord pour laisser les anarchistes faire une échauffourée alors qu'il était aisé de les prévenir et d'arrêter leurs projets puisqu'ils étaient bien connus ». Mais Carnot veut une répression exemplaire, et la décapitation de ce « serpent anarchiste ».

Il y a parmi les prisonniers d'anciens conventionnels, qui devraient, puisqu'ils sont civils, échapper aux commissions militaires qui sont pourtant chargées de les juger.

Mais l'illégalité n'arrête pas les juges.

En six séances, les commissions militaires, implacables, prononcent trente-deux condamnations à mort et des peines de prison et de déportation. Les jugements sont sans appel.

Les pelotons d'exécution sont déjà alignés dans la plaine de Grenelle, et les condamnés à mort sont exécutés aussitôt le verdict rendu, leurs corps criblés de balles tombant les uns sur les autres.

Le bruit des détonations étouffant les voix qui crient : « La Constitution de 93 ou la mort ! »

C'est la mort qui l'emporte, laissant les Directeurs divisés sur les conséquences politiques de cette machination réussie.

Carnot s'en félicite.

Barras et Reubell craignent qu'en détruisant la faction « anarchiste » on n'ait renforcé la royaliste.

« Où sont les terroristes ? s'exclame même le général Hoche. Je vois des chouans partout. »

Il a pris acte de l'abandon par les chefs chouans de la lutte armée. L'un des derniers insurgés, Cadoudal, vient lui aussi de déposer les armes.

Mais aucun de ces chouans ou de ces Vendéens n'a renoncé à rétablir la monarchie.

Ils condamnent et méprisent la politique du Directoire.

Ils la jugent complice des Jacobins.

Ils partagent l'avis de Mallet du Pan qui écrit :

« Un jour l'autorité destitue un Jacobin en place, tantôt elle en place un autre pire que le précédent. »

Et les royalistes n'oublient pas que les Directeurs sont des régicides, des ennemis du Trône et de l'Autel.

Alors ils mêlent leurs voix à celle du peuple, qui, tous les observateurs de police le confirment, « continue de vomir mille imprécations contre le gouvernement ».

26.

En cet automne de l'an IV, les Directeurs entendent ces propos hostiles que ne font cesser ni les exécutions des assaillants « anarchistes » du camp de Grenelle, ni les concessions faites aux royalistes.

Il semble au contraire qu'en frappant les deux factions extrêmes, le Directoire s'affaiblisse.

Sa seule force, ce sont les armées. Mais la plus glorieuse, celle dont on chante les exploits, l'armée d'Italie, lui échappe.

Napoléon Bonaparte expédie à Paris œuvres d'art, caisses remplies de lingots, trésors de toutes sortes, mais il mène « sa » politique, ignorant les ordres du Directoire, menaçant à nouveau de démissionner quand on lui envoie le général Clarke pour le surveiller, et gardant tout le pouvoir sur ses troupes comme il avait déjà réussi à le faire quand Carnot lui avait demandé de laisser la place au général Kellermann.

Les Directeurs s'affolent devant les initiatives diplomatiques et politiques de ce général que l'opinion célèbre.

Bonaparte écrit sur un ton de commandement à Sa Majesté l'empereur d'Autriche :

« L'Europe veut la paix, cette guerre désastreuse dure depuis trop longtemps... »

Et Bonaparte menace de combler le port de Trieste, et de « ruiner tous les établissements de Votre Majesté sur l'Adriatique »...

Il réunit à Bologne, puis à Reggio d'Émilie, un congrès de patriotes italiens qui l'acclament comme le libérateur et le fédérateur de l'Italie, et proclament la République cispadane, qui adopte, à l'image de la France, un drapeau tricolore, vert, blanc, rouge.

Et en même temps il doit affronter des armées autrichiennes, aux effectifs deux fois plus nombreux que ceux dont il dispose. Il demande au Directoire des armes, des approvisionnements, des renforts.

« Je vous prie de me faire passer au plus tôt des fusils, vous n'avez pas idée de la consommation qu'en font nos gens... Il est évident qu'il faut des secours ici... Je fais mon devoir, l'armée fait le sien. Mon âme est déchirée mais ma conscience est en repos. Des secours ! Des secours ! »

Mais il est seul, en avant de ses troupes, quand il marche les 15 et 17 novembre 1796 (25 et 27 brumaire an V) dans les marais d'Arcole, qu'il s'élance sur le pont criblé par la mitraille, que son aide de camp, Muiron, se place devant lui pour le protéger d'une décharge, et se fait tuer, Bonaparte tombant dans la rivière, menacé d'être pris par des cavaliers croates.

Au terme de combats acharnés c'est la victoire, la légende du pont d'Arcole, les journaux qui exaltent le général Bonaparte, et la rue Chantereine, où habite Joséphine de Beauharnais, rebaptisée « rue de la Victoire ».

Et dans la nuit du 14 janvier 1797 (25 nivôse an V), Bonaparte écrase les Autrichiens sur le plateau de Rivoli, faisant vingt-deux mille prisonniers.

La place forte de Mantoue capitule, Napoléon Bonaparte est le maître de l'Italie du Nord.

Il va traiter avec les envoyés du pape Pie VI, obtenir de Sa Sainteté la cession d'Avignon et du Comtat Venaissin à la France, sans compter les caisses remplies de pièces d'or et d'argent, de lingots, et les centaines de tableaux et de statues.

Bonaparte a repoussé d'un geste de dédain la lettre des Directeurs, inspirée par La Révellière-Lépeaux, qui lui avaient conseillé d'aller « éteindre à Rome le flambeau du fanatisme. C'est un vœu que forme le Directoire. »

Il ne l'a pas accompli.

Il n'a même pas exigé du pape qu'il retire ces « brefs » qui condamnent les prêtres qui ont prêté serment à la Constitution.

Il n'est plus l'exécutant de la politique du Directoire.

Il est le général victorieux qui fait vibrer ses troupes lorsqu'il dit :

« Soldats, vous avez remporté la victoire dans quatorze batailles rangées et soixante-dix combats !

« Vous avez fait plus de cent mille prisonniers, pris à l'ennemi cinq cents pièces de canons de campagne, deux mille de gros calibres... Vous avez enrichi le Muséum de Paris de plus de trois cents objets, chefs-d'œuvre de l'ancienne et de la nouvelle Italie... »

Et lorsque les journaux, à Paris, publient cette proclamation, les citoyens se rassemblent, rue de la Victoire, et alors que la maison est vide, Joséphine ayant rejoint l'Italie, ils crient « Vive Bonaparte ! », et saluent en lui le général victorieux et le faiseur de paix.

Il est le seul parmi les généraux à apporter fierté et espérance au peuple.

Hoche a échoué dans sa tentative de débarquement en Irlande.

Moreau et Jourdan n'ont pu marcher vers Vienne.

Pichegru se dérobe au combat, et les Directeurs sont de plus en plus persuadés qu'il a noué des liens avec les envoyés de Louis XVIII.

Reste donc Bonaparte, dont l'indépendance s'accroît chaque jour, qui limite les pouvoirs des commissaires du Directoire :

« Les commissaires n'ont rien à voir dans la politique, dit-il. Je fais ce que je veux. Qu'ils se mêlent de l'administration des revenus publics, à la bonne heure, du moins pour le moment, le reste ne les regarde pas. Je compte bien qu'ils ne resteront pas longtemps en fonction et qu'on ne m'en enverra pas d'autres ! »

Mais il ne rompt pas avec les Directeurs.

Il leur envoie le fruit de ses pillages.

Et il offre même à ces « cinq sires » des chevaux jeunes et nerveux, au pelage brillant, afin, dit-il, de « remplacer les chevaux médiocres qui attellent leurs voitures ».

Les Directeurs acceptent les dons, le butin, mais ils commencent à regarder avec effroi ce général populaire. Et dans les Conseils, tant celui des Anciens que celui des Cinq-Cents, tous les modérés, les royalistes masqués qui constituent le « Ventre » de ces assemblées, sont hostiles au général Vendémiaire.

Mais on ne veut pas, pas encore, l'affronter. Il faut d'abord conquérir le pouvoir, et ce n'est qu'ensuite qu'on domptera ce général ambitieux, celui que les royalistes considèrent comme un « Jacobin à cheval ».

Il n'est donc plus question de tenter de s'emparer du gouvernement par l'émeute. On se souvient du 13 Vendémiaire.

Mais des élections aux Conseils doivent avoir lieu en mars-avril 1797 (germinal an V). Les royalistes sont persuadés qu'ils peuvent les gagner. Et dans cette perspective, il faut convaincre les électeurs.

« Puisque l'opinion fait tout, il faut chercher à la former », dit Antoine Dandré, ancien constituant, royaliste, intelligent, souple, habile.

Peu à peu, il gagne la plupart des royalistes à l'idée que les « voies légales » peuvent seules permettre de s'emparer du pouvoir.

Le roi Louis XVIII s'y rallie.

Dans une proclamation aux Français, « du 10 mars de l'an de grâce 1797 et de notre règne le deuxième », il promet l'oubli des erreurs, des torts et des crimes, et attend « de l'opinion publique un succès qu'elle seule peut rendre solide et durable ».

Le chevalier des Pomelles est chargé d'organiser cette propagande pacifique dans toute la France. Et l'agent anglais Wickham s'en félicite :

« Le plan est vaste et lointain, écrit-il à Londres. Il s'étend à toute la France. Je n'ai cependant pas hésité à l'encourager dans son ensemble. J'avoue que c'est la première fois que je dispose des fonds publics avec une pleine satisfaction pour moi-même. »

Des Pomelles, avec l'argent anglais, fonde un « Institut des amis de l'ordre », ou « Institut philanthropique », avec dans chaque département un « Centre de correspondance ».

Il s'appuie sur les émigrés qui rentrent en grand nombre, en dépit de la législation rigoureuse et des peines qu'ils encourent.

Le 26 décembre 1796, un émigré, le comte de Geslin, « prévenu d'émigration et autres délits », a été passé par les armes.

Il a suffi qu'une commission militaire constate son identité. Elle n'a pas eu à juger, seulement à ordonner son exécution.

Mais la plupart des émigrés échappent aux poursuites. Il suffit de verser cinquante ou cent louis pour obtenir des employés des bureaux gouvernementaux des certificats de résidence.

Toute l'administration est corrompue, vénale jusqu'au sommet de l'État. L'entourage de Barras – avec l'accord du Directeur – vend toutes les pièces nécessaires à une radiation des listes de l'émigration. Et surtout, l'opinion change.

On joue une pièce de théâtre, *Défense des émigrés français*, qui met en scène un émigré à qui son ancien fermier restitue respectueusement le domaine dont il s'était rendu acquéreur. Et le fait s'est réellement produit en Normandie.

Les prêtres déportés ou exilés qui rentrent dans leurs villages sont accueillis avec enthousiasme.

« J'ai vu une foule de peuple, raconte l'un d'eux. Je ne savais que penser. J'étais déguisé et habillé en séculier. On crie : Le voici ! Tout de suite ce n'est plus qu'embrassement et cris de joie... Hier il est arrivé deux autres prêtres ; on leur a fait le même accueil. »

Souvent on lance : « Vive le roi ! »

Dans certains hôpitaux, les religieuses reprennent leur habit, remplacent les infirmières.

Les processions se déroulent même dans les villes.

Et les cloches recommencent à résonner dans les campagnes.

On les entend dans les Conseils des Anciens et des Cinq-Cents.

Les députés du Ventre – modérés, royalistes masqués – se réunissent à *Clichy*, dans les jardins d'un membre du Conseil des Cinq-Cents – Gilbert Desmolières. Le général Mathieu Dumas, un député du Conseil des Anciens, est présent à chaque réunion. Nombreux parmi ces *clichyens* sont favorables à l'idée d'une restauration, par les voies légales, sans les excès d'un affrontement.

Et ils sont accablés quand la police du Directoire, à la plus grande satisfaction de Barras, démasque des agents royalistes – l'abbé Brottier en est le chef – qui, dûment accrédités par des lettres de Louis XVIII, signées du monarque, préparent un coup d'État royaliste.

Les conjurés ont pris contact avec des officiers, tel ce colonel Malo, le chef d'escadron qui a dispersé les babouvistes lors de l'attaque du camp de Grenelle.

Et Malo aussitôt les dénonce.

Ils sont traduits devant le Conseil de guerre permanent de la division militaire de Paris, et la lenteur du procès, l'indulgence dont font preuve les juges – dix ans de détention et non la mort dont ils sont passibles – tranchent avec la brutalité expéditive des commissions militaires qui avaient jugé les babouvistes.

Mais Barras et Reubell sont satisfaits.

Le Directoire frappe toutes les factions, qu'elles soient anarchistes ou royalistes.

Et on annonce pour le mois de février 1797 (ventôse an V) l'ouverture à Vendôme devant la Haute Cour du procès des babouvistes.

Le Directoire est au-dessus des factions. Il les combat toutes.

Jeu de rôle.

Loin de ces manœuvres d'habile politique et de cette stratégie des apparences, qui n'arrachent pas le peuple et la nation à la misère, à leur lassitude et à leur dégoût, Bonaparte, en ce mois de février 1797, occupe le port d'Ancône.

Il marche en compagnie de son chef d'état-major, Berthier, sur les quais, regardant vers le large.

« En vingt-quatre heures, dit-il, on va d'ici à la Macédoine. »

Un silence, puis plus bas :

« La Macédoine, terre natale d'Alexandre le Grand. »

HUITIÈME PARTIE

Pluviôse an V - Fructidor an V
Février 1797 - Septembre 1797

« Signez la paix… »

« La France est fatiguée d'avoir
roulé de révolution en révolution. »

BAILLY, réquisitoire au procès de Babeuf et des « Égaux »
devant la Haute Cour réunie à Vendôme
26 avril 1797 (7 floréal an V)

« Tous, mon cher général, ont les yeux fixés sur vous.
Vous tenez le sort de la France dans vos mains.
Signez la paix… et alors mon général venez jouir
des bénédictions du peuple français tout entier qui vous appellera son bienfaiteur. Venez étonner les Parisiens
par votre modération et votre philosophie. »

Lettre de LA VALETTE, aide de camp
du général Napoléon Bonaparte
mai 1797 (prairial an V)

« La loi, c'est le sabre. »

Un officier arrêtant un député du Conseil des Anciens
le 18 fructidor an V (4 septembre 1797)

27.

Bonaparte, en ce mois de ventôse an V (février-mars 1797), ne traverse pas la mer pour s'élancer sur les traces du Grand Alexandre.

Il se contente de rêver au destin fulgurant du Macédonien, d'imaginer qu'un jour viendra, peut-être, où lui aussi comme Alexandre sera dans l'éclat d'une gloire aveuglante.

Mais pour cela il faut, à partir de l'Italie, marcher vers Vienne, franchir les cols des Alpes, les vallées encaissées de la Piave, du Tagliamento et de l'Isonzo, afin de s'enfoncer dans l'empire des Habsbourg.

Il le dit à ses soldats. Il l'écrit aux Directeurs :

« Il n'est plus d'espérance pour la paix qu'en allant la chercher dans les États héréditaires de la maison d'Autriche. »

Il sait qu'il joue une partie décisive.

Le Directoire a nommé le général Hoche à la tête de l'armée de Sambre-et-Meuse. Et avec celle du général Moreau, elle devrait se diriger vers Vienne.

Mais elles piétinent, et Bonaparte craint que les Directeurs n'aient choisi de le laisser affronter seul les troupes autrichiennes, afin qu'il s'y brise les reins.

Il n'a pas confiance dans ces « badauds » de Paris, ces Directeurs que sa gloire naissante inquiète.

Carnot, auquel il écrit que « si l'on tarde à passer le Rhin il sera impossible que nous nous soutenions longtemps », fait mine de ne pas comprendre.

Sans doute Carnot est-il, comme tous les « badauds » bien à l'abri dans leurs fonctions politiques, seulement préoccupé par les élections aux Conseils des Anciens et des Cinq-Cents, qui ont lieu les 1er et 15 germinal an V (le 21 mars et le 4 avril 1797).

Et les républicains du Directoire craignent qu'une vague royaliste ne les chasse du pouvoir.

Ils sentent bien que les électeurs sont las de ceux qu'ils appellent les « scélérats », anciens Jacobins, anciens conventionnels qui ont réussi grâce au décret des deux tiers à continuer de dominer les Conseils.

Ce sont ceux qui ont désigné comme Directeurs cinq régicides. Le peuple dans sa majorité veut rompre avec ces hommes dont le nom seul rappelle la Révolution.

Il choisit des candidats qui, quand on leur pose la question : « Les cloches chanteront-elles si vous êtes élu ? », répondent par l'affirmative.

On veut le retour des prêtres, on veut entendre les carillons, retrouver la religion traditionnelle, et l'on rejette cette religion dite naturelle, cette « théophilanthropie » qu'un La Révellière-Lépeaux veut imposer à la nation, et qui n'est qu'un culte de l'Être suprême agrémenté de quelques cérémonies.

Et les résultats des élections de ce printemps 1797 confirment et avivent les craintes des Directeurs.

Tous les députés élus dans le département de la Seine sont des royalistes, plus ou moins masqués.

L'un d'eux est même un ancien ministre de Louis XVI !

À Lyon, en Provence, ce sont des hommes qui ont mis en œuvre la Terreur blanche qui sont désignés. Quant aux deux cent seize ex-conventionnels qui se représentaient, deux cent cinq ont été battus !

C'est bien le triomphe des « honnêtes gens » sur les « scélérats » qui est publié à Paris : « Le Directoire ne pourra gouverner avec les Conseils, il devra ou conspirer ou obéir ou périr. »

Et déjà, par tirage au sort, l'un des Directeurs, proche de Carnot, Le Tourneur, est remplacé par le ci-devant marquis de Barthélemy, royaliste dissimulé, confirmant ainsi la victoire des clichyens.

Cette révolution de l'opinion s'affiche et se chante dans les rues de Paris, autour des Tuileries où siègent les Conseils, et de ce palais du Luxembourg où se réunissent les Directeurs :

On dit que vers les Tuileries
Est un chantier très apparent
Où 500 bûches *bien choisies*
Sont à vendre dans ce moment.
500 bûches pour un Louis
Mais bien entendu mes amis
Qu'on ne les livre qu'à la corde !

Sur le boulevard des Italiens plus que jamais « boulevard de Coblence », les « honnêtes gens » mêlés aux inc-oyables et aux me-veilleuses se pavanent.

« Il faut être sans cocarde, porter collet noir sur habit gris aux 18 boutons, en l'honneur de Louis XVIII, sur habit carré, et grosse cravate, au nœud bouffant, démesuré. Il faut avoir toujours à la bouche les qualifications de “Monsieur le Marquis”, de “Monsieur le Bailli”, de “Monsieur le Président”, de “Monsieur le Curé”. »

On se retrouve dans les salons, dans des réunions rue de Lille, à l'ancien hôtel de Montmorency ou à l'hôtel de Salm.

Dans ce dernier se réunit autour de Benjamin Constant un « cercle constitutionnel ».

Les femmes élégantes et brillantes attirent, mais dans les salons huppés l'on se détourne désormais de Thérésa Tallien.

Et ce sont Mesdames de Récamier et de Staël, la royaliste Madame de Montesson qui gouvernent le plus d'invités influents.

Mais le pouvoir attire toujours.

Barras reçoit au palais du Luxembourg, Sieyès, chez lui rue du Rocher, et l'ancien évêque d'Autun Talleyrand, dont on murmure qu'il sera bientôt ministre des Affaires étrangères, en son hôtel particulier, proche du Luxembourg.

Les journaux rapportent les propos tenus dans ces soirées, les racontent.

« Chez Madame de Viennais ? On joue. Chez Madame Tallien ? On négocie. Chez Madame de Staël ? On s'arrange. Chez Ouvrard ? On calcule. Chez Antonelle ? On conspire. Chez Talleyrand ? On persifle. Chez Barras ? On voit venir. À Tivoli ? On danse. Aux Conseils ? On chancelle. À l'Institut ? On bâille ! »

La vie mondaine, les intrigues de salon, paraissent n'être que parades, futilités, bavardages sans conséquence. Mais ce n'est qu'apparence.

« Tout semble calme, commente *Le Courrier républicain*, et cependant il n'est personne qui ne s'attende à quelque prochain événement. »

Il se produit dès le 20 mai 1797 (1er prairial) quand les nouveaux Conseils des Anciens et des Cinq-Cents portent à leur présidence respective, l'un le ci-devant marquis de Barbé-Marbois, ancien diplomate de Louis XVI, et l'autre le général Pichegru, soupçonné d'être entré en relation avec les envoyés de Louis XVIII.

Et aussitôt la nouvelle majorité propose des mesures en faveur des prêtres, et la liberté de « sonner des cloches », et le contrôle des comptes du Directoire, qu'on accuse de dilapider – à quelles fins ? – les millions que lui envoie Bonaparte.

Celui-ci n'ignore rien de ce qui se trame à Paris. Il s'est enfoncé en territoire autrichien. Il a atteint la ville de Leoben, et il a proposé à l'Autriche que s'engagent des « préliminaires de paix ».

Il n'a pas consulté les Directeurs. Il a décidé de proposer à l'Autriche un troc : Venise paiera à Vienne la rive gauche du Rhin et la Belgique abandonnée à la France, car c'est l'Italie « padane » qui importe à Bonaparte.

Il a aidé les patriotes italiens à créer une République cisalpine. Il a écrasé une révolte antifrançaise à Vérone, « quatre cents soldats français massacrés ».

Et ces « Pâques véronaises » ensanglantées – peut-être suscitées par les services secrets de l'armée d'Italie, pour fournir à Bonaparte un prétexte – ont permis d'investir et d'occuper Venise, le gage pour l'Autriche, d'y arrêter un agent monarchiste, le comte d'Antraigues, de saisir ses papiers et de commencer à les lire, d'y découvrir le nom de Pichegru, et le détail des négociations conduites entre Louis XVIII et le général aujourd'hui président du Conseil des Cinq-Cents !

Bonaparte médite.

Il dispose avec les « papiers » d'Antraigues d'une arme puissante contre les royalistes présents désormais dans les Conseils de la République.

Et il sent bien que parmi les Directeurs, Carnot et le ci-devant marquis de Barthélemy sont disposés à aider le Ventre, ces députés modérés, à faire lentement glisser la République vers une restauration.

Même si Carnot, régicide, est sincèrement républicain, et même si le ci-devant Barthélemy est un homme timoré.

En face de ces « modérés », il y a ces triumvirs, Barras, Reubell, La Révellière-Lépeaux, ce dernier exaspéré par le regain de foi catholique, ce que les modérés appellent l'« antique culte de nos pères ».

Et La Révellière-Lépeaux d'appuyer les républicains qui s'indignent, protestent, déclarent :

« Vous qui parlez sans cesse de la rcligion de nos pères, non, vous ne nous ramènerez pas à d'absurdes croyances, à de vains préjugés, à une délirante superstition. »

Bonaparte sait que ces triumvirs, et d'abord Barras, ne sont pas hommes à se laisser déposséder du pouvoir.

Mais Bonaparte ne veut plus être seulement le glaive, le bras armé de Barras, comme il l'a été le 13 Vendémiaire.

Il veut jouer sa partie, à son profit, apparaître comme l'homme qui a conclu la paix, avec le pape Pie VI, et maintenant avec l'Autriche.

Et ses courriers déjà parcourent les routes d'Europe, vers les états-majors des généraux Moreau et Hoche, pour leur annoncer que les préliminaires de paix ont été ouverts à Leoben.

D'autres courriers apportent les propositions au Directoire qui ne pourra que les approuver.

Voudrait-il, alors que tout le pays aspire à la paix, apparaître comme le gouvernement partisan de la continuation de la guerre ?

Le Directoire sait-il que, à chaque halte, les courriers de Bonaparte ont clamé que le général en chef de l'armée d'Italie avait ébauché avec Vienne une paix victorieuse ? Et la foule d'acclamer.

Bonaparte a envoyé à Paris son aide de camp, La Valette.

L'officier est porteur d'une lettre pour les Directeurs qui leur annonce que les préliminaires de paix avec l'Autriche sont engagés, aux conditions fixées par Bonaparte.

« Quant à moi, je vous demande du repos, conclut Bonaparte. J'ai justifié la confiance dont vous m'avez investi et acquis plus de gloire qu'il n'en faut pour être heureux... La calomnie s'efforcera en vain de me prêter des intentions perfides, ma carrière civile sera comme ma carrière militaire, une et simple... »

Ces derniers mots font trembler les Directeurs.

Que veut ce Bonaparte qui demande un « congé pour se rendre en France » ?

Et en même temps, ce général Vendémiaire peut être indispensable, avec son armée victorieuse et chantée par le peuple, pour briser ces Conseils pénétrés de royalisme.

Le Directoire, dans ces conditions, ne peut qu'approuver le dernier état des préliminaires de paix : Venise – occupée par les Français – sera livrée à l'Autriche en échange de la rive gauche du Rhin et de la Belgique.

Quant à la Lombardie, à l'Émilie, cette riche plaine du Pô, elles deviennent le cœur d'une République cisalpine.

Bonaparte reçoit enfin le premier courrier que lui adresse de Paris son aide de camp La Valette.

« Tous, mon cher général, ont les yeux fixés sur vous, écrit l'officier. Vous tenez le sort de la France entière dans vos mains. Signez la paix et vous la faites changer de face comme par enchantement. Et alors, mon général, venez jouir des bénédictions du peuple français tout entier qui vous appellera son bienfaiteur.

« Venez étonner les Parisiens par votre modération et votre philosophie. »

Napoléon Bonaparte aime ce printemps 1797.

L'an V est pour lui une année faste.

28.

Bonaparte, en ce printemps de l'an V, rêve donc de rentrer en France avec la gloire du général vainqueur et l'aura rassurante du faiseur de paix.

Mais il ne veut pas brûler ses chances, et ne jouer que les utilités, en se mettant au service de ces triumvirs, Barras, Reubell, La Révellière-Lépeaux, républicains certes, mais surtout décidés à conserver le pouvoir.

Ces Directeurs recherchent un « bon » général, pour disperser à coups de plat de sabre les membres du Conseil des Cinq-Cents ou des Anciens, ce Ventre royaliste ou tenté de se rallier à une restauration.

Pour Bonaparte, point question de n'être que cet instrument.

Il répète :

« Je ne voudrais quitter l'armée d'Italie que pour jouer un rôle à peu près semblable à celui que je joue ici et le moment n'est pas encore venu... »

Il va observer les « badauds de Paris ». Il veut être indispensable sans pour autant se compromettre en leur compagnie. Il sait bien que l'opinion les méprise, comme elle rejette les députés du Ventre.

Elle veut des hommes – un homme nouveau.

Il peut être celui-là.

Il a lu avec attention les papiers contenus dans le portefeuille rouge saisi sur ce comte d'Antraigues qui tentait de fuir Venise.

Il s'agit de rapports faits à d'Antraigues par un agent royaliste, Montgaillard.

Y est consigné le détail de toutes les négociations conduites par le général Pichegru avec les envoyés de Louis XVIII. Pièces accablantes pour Pichegru devenu président du Conseil des Cinq-Cents !

Il avait obtenu pour prix de sa trahison le titre de maréchal, la croix de commandeur de Saint-Louis, le château de Chambord, deux millions en numéraire payés comptant, cent vingt mille livres de rentes, réversibles pour moitié à sa femme, pour quart à ses enfants, et même quatre pièces de canon !

Bonaparte veut obtenir de D'Antraigues qu'il recopie ces documents en excluant toutes les indications qu'ils contiennent quant aux relations conclues entre des officiers de l'armée d'Italie et des envoyés de Louis XVIII. Il faut que ces pièces expurgées, réécrites, n'aient pour cible que Pichegru et les royalistes qui le suivent.

« Vous êtes trop éclairé, vous avez trop de génie, dit Bonaparte à d'Antraigues, pour ne pas juger que la cause que vous avez défendue est perdue. Les peuples sont las de combattre pour des imbéciles et les soldats pour des poltrons. La révolution est faite en Europe, il faut qu'elle ait son cours. Voyez les armées des rois : les soldats sont bons, les officiers mécontents et elles sont battues. »

Napoléon pousse les papiers vers d'Antraigues :

« Une nouvelle faction existe en France, dit-il. Je veux l'anéantir. Il faut nous aider à cela et alors vous serez content de nous. Tenez, signez ces papiers, je vous le conseille. »

Si d'Antraigues signe, Bonaparte disposera d'une arme redoutable contre Pichegru et les royalistes.

Mais Bonaparte attend avant de l'offrir à Barras, dont il connaît la détermination et l'habileté, le sens politique.

C'est à l'évidence Barras qui mène le jeu. C'est Barras qui prend contact avec le général Hoche, commandant l'armée de Sambre-et-Meuse.

Hoche est nommé ministre de la Guerre, et autorisé, au prétexte de la préparation d'un débarquement en Angleterre, à conduire quinze mille hommes du Rhin à la Bretagne.

Ils passeront par Paris, violant les lois qui interdisent aux troupes d'entrer dans la capitale.

« Nous sommes convenus avec le général Hoche, reconnaît Barras, que son armée se prononcera. »

C'est-à-dire dispersera les royalistes.

Et en même temps, Barras veille à rassurer l'opinion modérée.

Il ne veut pas apparaître comme l'homme par qui la violence, les journées révolutionnaires ensanglanteront de nouveau Paris.

Barras sait que le peuple est las, aspire à l'ordre, à la paix civile. Les citoyens ne veulent le retour ni des « terroristes », ni des « anarchistes ».

Et le procès des babouvistes – des républicains montagnards –, tous confondus dans la même appellation d'« anarchistes » qui se tient devant la Haute Cour réunie à Vendôme, en ce printemps de l'an V, sert Barras.

Il se montre ainsi partisan de l'ordre et des propriétés.

On compte soixante-cinq accusés.

Mais Drouet, l'ancien conventionnel Lindet et le général Rossignol, tous montagnards, sont parmi les dix-huit contumaces.

Les accusés, dont Babeuf, Buonarroti, Darthé et les anciens conventionnels Vadier et Amar, n'ont pas tous participé à la conspiration des Égaux.

Mais le Directoire veut profiter de ce procès pour en finir avec la « faction anarchiste ».

Le procès va durer trois mois – du 20 février au 26 mai 1797 (du 2 ventôse au 7 prairial an V).

Les débats sont violents.

Les accusés crient « Vive la République ! », proclament :

« Un seul sentiment nous anime, une même résolution nous unit, il n'y a qu'un principe : celui de vivre et mourir libres, celui de nous montrer libres de la Sainte Cause pour laquelle chacun de nous s'estime heureux de souffrir. »

Ils entonnent des chants patriotiques et le public mêle sa voix à celles des accusés.

On insulte le « traître » Grisel qui a dénoncé la conspiration à Carnot : « Bois la ciguë, scélérat », lui lance-t-on.

Du côté du tribunal, l'accusateur national Bailly est impitoyable.

« La France est fatiguée d'avoir roulé de révolution en révolution. Les anarchistes sont une faction de crime et de sang, dont le triomphe aurait abouti à ensevelir la République sous les monceaux de cadavres, dans les flots de sang et de larmes, dit-il... La France ne serait plus qu'un désert affreux si la Convention, délivrée le 9 Thermidor, n'avait pas précipité Robespierre et son abominable Commune dans le gouffre qu'ils avaient eux-mêmes creusé. »

Dans la nuit du 26 au 27 mai, le verdict tombe : presque tous les accusés sont acquittés – Buonarroti est l'un d'eux – mais Babeuf et Darthé sont condamnés à mort.

« Aussitôt que le jugement est prononcé, Darthé crie : "Vive la République !" Il s'est déjà percé le sein et le sang jaillit de sa plaie, raconte *L'Écho des hommes libres et vrais*. Babeuf sans rien dire imite son exemple et s'enfonce dans le corps un fil de métal aiguisé. Il tombe mourant. Un sentiment d'admiration pour les suicidés et d'horreur pour leurs bourreaux se répand dans toute l'assemblée. Une foule de citoyens de tous âges et de tous sexes sort de la salle épouvantée, effrayée d'avoir soutenu la présence des meurtriers du patriotisme. Une partie y est retenue par un religieux respect pour les illustres condamnés. »

Le lendemain 28 mai, malgré leurs blessures Babeuf et Darthé sont conduits à l'échafaud.

Darthé refuse d'obéir au bourreau et est traîné sanglant sur la guillotine.

« Babeuf parle de son amour pour le peuple auquel il recommande sa famille... Il s'est présenté et a reçu le coup fatal avec le calme de l'innocence, presque même de l'indifférence. »

Il avait écrit dans sa dernière lettre à sa femme : « Les méchants sont les plus forts. Je leur cède. »

Quelques jours plus tard, Bonaparte charge un courrier de remettre à Barras les documents qui accusent le général Pichegru. Menacé d'être exécuté, d'Antraigues les a finalement signés.

L'épouse du comte s'est écriée, s'adressant à Joséphine de Beauharnais dont elle est l'amie :

« Madame, vous m'avez dit : “Robespierre est mort !” Le voilà ressuscité. Il a soif de notre sang. Il fera bien de le répandre car je vais à Paris et j'y obtiendrai justice. »

Voyage vain puisque d'Antraigues a cédé.

Dans le portefeuille rouge du comte d'Antraigues, Bonaparte a trouvé le portrait que l'agent royaliste a tracé de lui, sans doute pour Louis XVIII.

« Ce génie destructeur, écrit d'Antraigues, pervers, atroce, méchant, fécond en ressources, s'irritant des obstacles, comptant l'existence pour rien et l'ambition pour tout, voulant être le maître et résolu à périr ou à le devenir, n'ayant de frein pour rien, n'appréciant les vices et les vertus que comme des moyens et n'ayant que la plus profonde indifférence pour l'un ou l'autre, est le cachet de l'homme d'État. »

Bonaparte lit, relit, se regarde dans ce portrait comme dans un miroir.

« Naturellement violent à l'excès, poursuit d'Antraigues, mais se réfrénant par l'exercice d'une cruauté plus réfléchie qui lui fait suspendre ses fureurs, ajourner ses vengeances, et étant physiquement et moralement dans l'impossibilité d'exister un seul moment en repos… […]

« Bonaparte est un homme de petite stature, d'une chétive figure, les yeux ardents, quelque chose, dans le regard et la bouche, d'atroce, de dissimulé, de perfide, parlant peu, mais se livrant à la parole quand la vanité est en jeu ou qu'elle est contrariée ; d'une santé très mauvaise par suite d'une âcreté de sang. Il est couvert de dartres, et ces sortes de maladies accroissent sa violence et son activité. […]

« Cet homme est toujours occupé de ses projets et cela sans distraction. Il dort trois heures par nuit et ne prend des remèdes que lorsque ses souffrances sont insupportables.

« Cet homme veut maîtriser la France et par la France, l'Europe. Tout ce qui n'est pas cela lui paraît, même dans ses succès, ne lui offrir que des moyens.

« Ainsi il vole ouvertement, il pille tout, se forme un trésor énorme en or, argent, bijoux et pierreries. Mais il ne tient à cela que pour s'en servir : ce même homme qui volera à fond une communauté, donnera un million sans hésitation à l'homme qui peut le servir… Avec lui un marché se fait en deux mots et deux minutes. Voilà ses moyens de séduire. »

Pourquoi Bonaparte récuserait-il ce portrait ?

Ceux qui ne sont pas haïs ne font rien. Ne sont rien.

Bonaparte veut être tout.

29.

S'il veut être tout, Napoléon Bonaparte sait, en ces mois de prairial, messidor et thermidor an V (mai, juin, juillet 1797), qu'il doit associer l'audace, l'action et la prudence.

La partie qui se joue à Paris entre Barras, Reubell, La Révellière-Lépeaux, d'une part, et d'autre part les deux Directeurs, Carnot et Barthélemy, modérés, sensibles aux arguments des députés du Ventre, et même des royalistes, est feutrée.

Et autour des cinq Directeurs, grouillent les intrigants, les hommes et les femmes d'influence.

Les uns sont des clichyens souvent ouvertement royalistes, les autres modérés mais républicains se rencontrent au Cercle constitutionnel, qui ne peut plus se réunir à l'hôtel de Salm, rue de Lille.

Les députés des Conseils ont voté une disposition qui interdit les réunions politiques hors des « salons » privés !

Mais Madame de Staël, Sieyès, Benjamin Constant, Talleyrand, continuent de se voir, et même le 9 thermidor (27 juillet) organisent un grand banquet où l'on boit « à la folie des ennemis de la République, au général Bonaparte, et au Directoire » !

Et il faut compter aussi avec le président du Conseil des Anciens, Barbé-Marbois, et surtout avec le général Pichegru, président du Conseil des Cinq-Cents.

On s'observe au cours de cette longue partie d'échecs politique.

Et tout à coup, Barras dispose d'une pièce maîtresse. Le 23 juin, un courrier de Bonaparte lui remet les documents signés par d'Antraigues. Ils ne laissent aucun doute sur la trahison du général Pichegru.

Barras les communique à Reubell et à La Révellière-Lépeaux, et les trois Directeurs sont persuadés que la majorité des Conseils, et naturellement Pichegru, vont restaurer la monarchie, offrir le trône à Louis XVIII.

Et Barras décide de faire lire ces pièces accablantes à Carnot, car l'« organisateur de la victoire » est hostile à toute idée de restauration.

Carnot a souvent stigmatisé « l'alliance entre l'anarchie et le despotisme, entre l'ombre de Marat et Louis XVIII ».

Les triumvirs et Carnot sont donc prêts à accueillir les troupes de Hoche, qui sont, en violation de la Constitution, à quelques kilomètres de Paris, alors qu'elles doivent s'en tenir éloignées d'au moins soixante kilomètres.

Les membres des Conseils l'apprennent, protestent, dénoncent une menace de coup d'État, et contraignent Hoche à démissionner de son poste de ministre de la Guerre.

Barras n'a plus de sabre à sa disposition sinon celui de Bonaparte. Le général est populaire, et Barras sait que l'homme n'hésite pas à faire ouvrir le feu sur les royalistes.

Barras se souvient du 13 Vendémiaire et des tirs à mitraille sur la foule des sectionnaires modérés, agglutinés devant l'église Saint-Roch.

Et Bonaparte paraît disposé à agir.

Des hommes de plume à son service ont créé à Paris et à Milan de nombreux journaux, qui exaltent le général en chef de l'armée d'Italie.

« Il vole comme l'éclair, et frappe comme la foudre. Il est partout et il voit tout », lit-on dans le *Courrier de l'armée d'Italie*, dans *Le Patriote français*, *La France vue d'Italie*, ou le *Journal de Bonaparte et des hommes vertueux*.

Toutes ces publications s'opposent aux quatre-vingts journaux royalistes, où l'on dénonce au contraire « Buonaparte, bâtard de Mandrin », alors que les journaux « bonapartistes » publient les harangues du général.

« Soldats, a dit Bonaparte le 14 juillet, je sais que vous êtes profondément affectés des malheurs qui menacent la patrie, mais la patrie ne peut courir de dangers réels. Les mêmes hommes qui ont fait triompher la nation de l'Europe coalisée sont toujours là. Des montagnes nous séparent de la France, vous les franchiriez avec la rapidité de l'aigle s'il le fallait pour maintenir la Constitution, défendre la liberté, protéger le gouvernement et les républicains… »

Le propos est clair : l'armée d'Italie est prête à agir contre les royalistes.

Et Bonaparte demande à tous ses généraux de faire rédiger des *Adresses* qu'ils expédieront au nom des divisions qu'ils commandent au palais du Luxembourg.

Il faut que les Directeurs et les députés sachent que les soldats se « prononcent ».

« Il faut que les armées purifient la France », dit l'une de ces *Adresses*.

« Les royalistes dès l'instant qu'ils se montreront auront vécu. »

L'*Adresse* de la division du général Augereau est l'une des plus violentes :

« Des hommes couverts d'ignominie, saturés de crimes, s'agitent et complotent au milieu de Paris, quand nous avons triomphé aux portes de Vienne ! Ils veulent inonder la patrie de sang et de larmes, sacrifier encore au démon de la guerre civile et marchant à la lueur du flambeau du fanatisme et de la discorde arriver à travers des monceaux de cendres et de cadavres jusqu'à la liberté qu'ils prétendent immoler…

« Nous avons contenu notre indignation, nous comptions sur les lois. Les lois se taisent. Qui parlera désormais si nous ne rompons le silence ? »

Les soldats de l'armée d'Italie interpellent, menacent les députés du Ventre :

« Vos iniquités sont comptées et le prix est au bout de nos baïonnettes. »

Dans une autre de ces *Adresses*, le général Lannes, au nom de ses divisions, s'indigne que certains, à Paris, se « laissent intimider par une poignée de brigands. Ils ont sans doute oublié qu'il existe trois cent mille républicains qui sont prêts à marcher pour écraser ces misérables. Nous avons soumis toute l'Europe et un feu de vingt-quatre heures ne laissera pas un seul de ces brigands en France ! Nous connaissons notre force ! »

Porté par cette indignation de l'armée d'Italie qu'il a suscitée, Bonaparte écrit aux Directeurs :

« Il est imminent que vous preniez un parti ! Je vois que le club de Clichy veut marcher sur mon cadavre pour arriver à la destruction de la République. On dit "nous ne craignons pas ce Bonaparte, nous avons Pichegru". N'est-il plus en France de républicains ? Il faut demander qu'on arrête ces émigrés, qu'on détruise l'influence des étrangers. Il faut exiger qu'on brise les presses des journaux vendus à l'Angleterre, plus sanguinaires que ne le fut jamais Marat. »

Et il est vrai que depuis la Suisse où depuis plusieurs années il a pris ses quartiers, l'agent anglais Wickham augmente les subsides qu'il verse aux royalistes, aux députés du Ventre. Il propose une somme de un million deux cent mille francs, immédiatement, à laquelle s'ajouteront deux cent cinquante mille francs attribués chaque mois. Mais Pichegru, approché, refuse, n'acceptant que quatre rouleaux de cinquante louis d'or.

Il estime que rien ne presse, qu'on peut attendre les prochaines élections qui balaieront naturellement les républicains.

Pichegru et les clichyens ne mesurent pas la détermination de Barras et de Bonaparte.

Les ministres clichyens ont été chassés du gouvernement, remplacés par des ministres républicains, issus du Cercle constitutionnel.

Talleyrand, qui le fréquente, devient ministre des Affaires étrangères, malgré les réserves de Barras qui s'inquiète déjà de voir « Talleyrand mettre au Luxembourg son pied boiteux ».

Il sait que l'ancien évêque qui avait célébré sur le Champ-de-Mars la messe lors de la fête de la Fédération, le 14 juillet 1790, « a tous les vices de l'ancien et du nouveau régime », comme le dit Madame de Staël.

Mais l'homme corrompu est habile, mêlant la prudence à l'audace, fourmillant d'idées comme celles qu'il soumet le 3 juillet (15 messidor) à l'Institut de France, proposant qu'on prépare la conquête de l'Égypte pour remplacer Saint-Domingue qui est en pleine insurrection.

Et Talleyrand, fervent partisan de Bonaparte, insiste auprès de Barras pour que l'on fasse appel à lui, puisque Hoche a dû quitter son poste et Paris.

Mais Bonaparte ne veut pas que son nom soit souillé par cette « guerre de pots de chambre » qui se déroule à Paris.

Les affrontements dans les salons entre clichyens et constitutionnels ne sont pas dignes de lui. De même les rixes qui, chaque jour, opposent au Champ-de-Mars les militaires aux jeunes gens qui portent un collet noir ne peuvent que ternir sa légende.

Le vainqueur de Lodi, d'Arcole, de Rivoli, le général victorieux, faiseur de paix, peut-il être mêlé à la « querelle des collets noirs » ?

« J'ai vu les rois à mes pieds, dit-il, j'aurais pu avoir cinquante millions dans mes coffres... »

Devant Berthier, son chef d'état-major et son confident, Bonaparte ajoute :

« Un parti lève la tête en faveur des Bourbons. Je ne veux pas contribuer à son triomphe. Les Français, il est vrai, n'entendent rien à la liberté. Il leur faut de la gloire, des satisfactions de vanité. Je veux bien un jour affaiblir le parti républicain mais je ne veux pas que ce soit au profit de l'ancienne dynastie, définitivement, je ne veux pas du rôle de Monk qui rétablit la monarchie en Angleterre après Cromwell, je ne veux pas le jouer et je ne veux pas que d'autres le jouent. »

Bonaparte ne joue qu'à son profit.

C'est le général Augereau qui va gagner Paris, à la tête de cinq mille hommes et dans ses bagages un coffre contenant trois millions pour Barras.

Le Directoire va nommer ce fils de maçon qui a servi dans les armées russe et prussienne avant de déserter pour s'enrôler dans la garde nationale, commandant de la 17e division militaire dont dépend Paris.

Il arrive dans la capitale le 7 août 1797 (20 thermidor an V). Et il écrit aussitôt à Bonaparte :

« Je promets de sauver la République des agents du Trône et de l'Autel. »

Le courrier qui porte ce message à Bonaparte est chargé d'une missive de La Valette.

L'aide de camp conseille à Bonaparte de ne pas se compromettre dans les répressions qui se préparent à Paris.

« Les papiers d'Antraigues, écrit La Valette, seront le prétexte à la répression et le coup de grâce. Les victimes sont déjà désignées. On imprime déjà secrètement la confession de D'Antraigues prouvant la trahison de Pichegru. Des affiches seront posées sur les murs dénonçant le complot de l'étranger. »

Et selon La Valette, Augereau fait tinter ses éperons sur les marches du palais du Luxembourg, déclarant, le poing serré sur le pommeau de son sabre :

« Je suis arrivé pour tuer les royalistes... La pureté et le courage de mes soldats sauveront la République du précipice affreux où l'ont plongée les agents du Trône et de l'Autel. »

Dans le château de Passariano, proche de Campoformio, Napoléon Bonaparte, loin du théâtre où va se jouer la pièce qu'il a mise en scène, attend.

30.

En cette fin du mois d'août et en ces premiers jours du mois de septembre 1797 (fructidor an V), Paris est calme.

Personne ne semble se soucier de la présence de près de trente mille soldats qui se trouvent à quelques kilomètres de la capitale, à la limite de ce périmètre constitutionnel qu'ils ne doivent pas franchir.

Mais qui pourrait leur résister ?

La garde du Directoire, rassemblée aux Tuileries et que commande le général Ramel, un officier qui a dénoncé la conspiration royaliste mais qu'on soupçonne cependant de sympathie pour les clichyens, et pour le général Pichegru, ne compte que huit cents grenadiers !

Et ce ne sont pas les députés des Conseils ou le peuple qui défendront le Directoire !

Alors, dans les cafés, les salons, entre les rumeurs qui annoncent un coup de force du général Augereau, on s'abandonne aux futilités, à la débauche.

« Le plaisir est à l'ordre du jour », répètent les journaux.

On s'y livre avec une sorte de frénésie, mais l'on murmure : « C'est le calme trompeur qui précède l'orage. »

On lit à la première page des gazettes :

« Un événement : le changement de coiffure des dames Tallien et Bonaparte. Elles s'étaient longuement distinguées par leur superbe chevelure noire mais enfin il a fallu céder à la manie des perruques blondes. »

Et quelques jours plus tard, on annonce que « les cheveux à la grecque à double et triple rang sont en faveur ».

On hausse les épaules quand quelqu'un rapporte que, au sein du Directoire, Carnot est chaque jour menacé, insulté par Barras et Reubell, et accusé de complicité avec les royalistes.

Barras le lui reproche d'autant plus qu'au temps de Robespierre Carnot n'a, selon lui, rien fait pour s'opposer aux terroristes, au contraire il dressait des listes de traîtres à envoyer au Tribunal révolutionnaire.

Barras et Carnot en seraient même venus aux mains, Barras criant :

« Pas un pou de ton corps qui ne soit en droit de te cracher au visage. »

Il avait fallu les séparer.

Et puis on recommençait à papoter.

« Ce qui occupe, c'est la grande dispute du chapeau spencer et du chapeau turban. »

On se demande si la mode du soulier de maroquin vert va se répandre. On dit que les élégantes le portent, le soir, quand elles se rendent au bal ou au théâtre. On danse dans trois cents lieux, on se presse dans l'une des trente salles de théâtre.

On y voit la Beauharnais, et Madame Tallien qui divorce et règne aux côtés de Barras.

Jamais les mœurs n'ont été aussi libres. « C'est Sodome et Gomorrhe », dit Mallet du Pan.

Et les rapports de police affirment qu'il est « impossible de se faire une idée de la dépravation publique ».

L'un des commissaires ajoute :

« Les catholiques s'apitoient sur le sort de la religion qui, étant persécutée, ne peut plus mettre un frein salutaire à tous ces déportements. Mais les royalistes sourient de cette dépravation. Ils sentent combien cet esprit de dissolution qui s'introduit dans toutes les classes de la société fait rétrograder l'esprit républicain. »

Il faudrait des lois « fortes », dit-on.

Et le commissaire ajoute que partout l'on réclame des « institutions sages et républicaines ».

Mais qui veut prendre des risques pour les rétablir ?

On attend.

Les « honnêtes gens » – les bourgeois de Paris – refusent de s'enrôler dans la garde nationale. Ils voudraient empêcher le retour des « horreurs d'une nouvelle révolution », mais ils craignent la restauration.

Or, la rumeur se répand que les députés royalistes veulent « déposséder les acquéreurs de biens nationaux ». Ne viennent-ils pas, le 7 fructidor (24 août), de révoquer les lois contre les prêtres réfractaires ?

On assure que les royalistes préparent une « Saint-Barthélemy des républicains ». On réviserait le procès de Louis XVI, et on enverrait aux galères tous ceux qui, d'une manière ou d'une autre, avaient été complices de la Révolution.

Et on assure que les « droits féodaux », les aides et les gabelles vont être rétablis.

La police qui recueille ces rumeurs s'emploie aussi à les diffuser !

Et l'on prétend dans ces premiers jours de fructidor qu'un coup de force royaliste se prépare.

Le 15 fructidor, affirme-t-on, un colonel est venu proposer aux députés royalistes de faire enlever Barras et Reubell et de les supprimer.

Dans la matinée du 17 fructidor, un mouchard – le prince de Carency – vient avertir Barras que les royalistes s'apprêtent à mettre les triumvirs – Reubell, La Révellière-Lépeaux, et Barras – en accusation.

Vrai ? Faux ?

Barras ne peut que réagir car cette rumeur le sert. À huit heures du soir, le 17 fructidor an V (3 septembre 1797), les triumvirs se réunissent chez Reubell avec les ministres et le général Augereau.

Ils vont siéger en séance permanente.

Barras dicte une *Adresse* à la nation :

« Sur les avis parvenus des dangers que courait la République et de l'attaque que les conspirateurs royaux se proposaient de hasarder pour égorger le Directoire et pour renverser la Constitution, le Directoire exécutif, présents les citoyens Reubell, Révellière et Barras, s'est constitué en séance permanente. »

Les premiers ordres d'exécution sont transmis en grand secret. Les troupes de Hoche doivent se tenir prêtes à avancer. Cinq mille hommes de l'armée d'Italie et deux mille hommes de l'armée de Rhin-et-Moselle sont dirigés d'urgence vers Marseille, Lyon et Dijon.

Le service des postes et messageries est suspendu.

On imprime des proclamations, et on commence à afficher ces placards énormes qui reproduisent les pièces saisies par Bonaparte dans le portefeuille rouge de D'Antraigues. Elles prouvent la trahison de Pichegru. Sont menacés de mort tous ceux qui soutiendraient le général félon.

Ce 18 fructidor an V (4 septembre 1797) vers trois heures du matin, commence le coup d'État.

Un coup de canon tiré du Pont-Neuf, mais si faible que les Parisiens ne l'ont guère entendu, donne le signal de l'action.

Les troupes envahissent les Tuileries, les quais, les ponts de la Seine.

Le général Ramel veut faire face aux douze mille hommes d'Augereau, mais ses huit cents grenadiers refusent de s'opposer aux troupes « républicaines ».

« Nous ne sommes pas des Suisses, disent-ils. Nous ne voulons pas nous battre pour Louis XVIII. »

Ramel est arrêté.

Les députés présents qui refusent de quitter les lieux sont « arrêtés tumultueusement ».

« Te voilà, Pichegru, chef des collets noirs, chef des brigands », lance un soldat en saisissant le général par l'épaule.

« Chef des brigands ? Oui, puisque je t'ai commandé », rétorque Pichegru.

Carnot averti a réussi à s'enfuir par le jardin du Luxembourg et la rue Notre-Dame-des-Champs.

Reubell et Barras s'emportent.

« Si Carnot avait été tué, dit Barras, il l'aurait été très légitimement, parce qu'il vaut mieux tuer le diable que de se laisser tuer par lui... »

Barthélemy, le dernier des Directeurs, est arrêté dans son lit :

« Vous êtes un traître et mon prisonnier », dit l'officier qui l'entraîne.

Barthélemy refuse de démissionner. On le conduit à la prison du Temple et de là vers le bagne de Guyane.

Les royalistes qui avaient espéré réunir au moins quinze cents hommes pour résister ne se retrouvent qu'à treize...

Dès lors, les violences sont limitées à quelques bousculades, à quelques soufflets.

Augereau a arraché les épaulettes du général Ramel, lui a serré la gorge puis l'a giflé.

Pichegru qui s'est débattu a été emmené, roué de coups.

Les députés qui protestaient ont été arrêtés.

Un officier leur a lancé :

« La loi, c'est le sabre. »

Et ils sont conduits à la prison du Temple.

Le Directoire va réunir les députés fidèles, dans la salle de l'Odéon, pour les Cinq-Cents, et dans l'École de médecine pour les Anciens.

Et ce sont les grenadiers du Directoire qui, félicités, vont assurer le service d'ordre.

Vers cinq heures du soir, une petite bande de trois cents hommes « armés de piques, les bras retroussés, brandissant des sabres, blasphémant le Ciel et Pichegru, traînant trois pièces, deux de canon et une d'eau-de-vie et hurlant d'une manière effrayante la chanson dénommée *La Marseillaise* », venant des faubourgs, traverse le Pont-Neuf et arrive au palais du Luxembourg.

Le Directoire leur fait jeter une cinquantaine de louis. Et ils regagnent les faubourgs, accompagnés par la police qui a sans doute suscité la manifestation.

Le coup d'État du 18 fructidor an V (4 septembre 1797) n'a pas eu besoin du peuple pour réussir.

Dès le 5 au soir, les barrières de Paris sont rouvertes. Les Postes et Messageries reprennent leur service interrompu. Les Conseils votent d'urgence deux lois. La première proclame que le général Augereau et les braves défenseurs de la liberté ont bien mérité de la patrie. La seconde que les troupes peuvent franchir le périmètre constitutionnel et entrer dans Paris.

Où le calme règne.

Les vainqueurs, Barras, Reubell, La Révellière-Lépeaux, et les députés hostiles aux royalistes et aux clichyens, ont les mains libres.

« La loi, c'est le sabre », avait dit un officier.

C'est cette règle qui est appliquée au nom de la « conservation de la Constitution ».

Point besoin de s'embarrasser de procédures judiciaires.

« L'esprit public est trop mauvais, dit Boulay de la Meurthe, membre du Conseil des Cinq-Cents qui fut l'ami de Camille Desmoulins. La force est pour nous en ce moment. Profitons-en. »

Et à la tribune, il martèle sa conviction :

« Vous devez sentir que les formes lentes, purement judiciaires, ne peuvent avoir lieu en ce moment. Vous, les vainqueurs aujourd'hui, si vous n'usez pas de la victoire, demain le combat recommencera mais il sera sanglant et terrible. »

Ainsi, les anciens Jacobins retrouvent le ton de l'an II.

Au Conseil des Anciens, le général Marbot déclare :

« Nous n'avons pas besoin de preuves contre les conspirateurs royalistes. »

Les soldats, présents dans les tribunes, acclament ses propos, crient : « Allons le pas de charge. »

Et Barras, au nom des Directeurs, envoie un message aux députés :

« On vous parlera de principes, on cherchera des formes, on voudra des délais. Quel sentiment funeste ! »

Il s'agit de voter des lois de proscription, d'annuler les élections dans quarante-neuf départements, donc de démettre cent quarante députés (quarante-cinq des Anciens, quatre-vingt-quinze des Cinq-Cents).

Et de condamner à la déportation et à la confiscation de leurs biens onze membres des Cinq-Cents et quarante-deux des Anciens.

Les lois contre les émigrés et les prêtres réfractaires sont remises en vigueur : et un arrêté individuel du Directoire suffit pour condamner à la déportation.

On exige des électeurs, des citoyens – et des prêtres –, qu'ils prêtent un « serment de haine à la royauté et à l'anarchie, d'attachement et fidélité à la République et à la Constitution de l'an III ».

La presse est placée sous surveillance. On supprime quarante-deux journaux dont six en province.

Et le Directoire se donne le pouvoir d'en déporter « les propriétaires, entrepreneurs, directeurs, auteurs et rédacteurs… » !

Ainsi, la presse « contre-révolutionnaire » disparaît.

La Constitution de l'an III n'est plus que le paravent de la dictature des Directeurs.

Barras est réellement le « roi de la République ».

Et la « guillotine sèche » – le bagne de la Guyane – fait silencieusement son office.

Des commissions militaires condamnent à la déportation trois cent vingt-neuf « coupables de trahison », dont cent soixante-sept périront. Mais La Révellière-Lépeaux peut écrire que la « glorieuse journée du 18 fructidor s'était passée sans qu'une goutte de sang ne fût répandue ».

Le Directoire continue, en l'an VI, et en l'an VII, à condamner à la déportation.

Il s'agit d'écraser la tête du « serpent royaliste ». Et le Directoire paraît si fort que Londres rappelle son agent à Genève, le grand dispensateur de fonds aux « manufactures » royalistes : Wickham.

Le roi de Prusse fait pression sur le duc de Brunswick, afin que celui-ci « conseille » à Louis XVIII de quitter le duché, de demander refuge en Courlande, à Mitau, sous la protection du tsar, loin, loin, de la France.

Tout est bien.

Il n'existe plus aucun journal pour écrire que le peuple méprise les députés, aussi bien pour avoir accepté le coup d'État, que pour l'avoir perpétré !

Mais qu'importe l'avis du peuple.

Les trois cents salles de bal ne désemplissent pas. Les trente théâtres affichent complet.

On s'interroge gravement : l'« éventail queue-de-serin à paillette » va-t-il être adopté par les élégantes ?

Elles ont bien du souci pour laisser apparaître leur soulier en maroquin vert.

« Il faut que le tiers du bras droit passe sous les plis de la robe pour la tenir retroussée à la hauteur du mollet. »

Et la foule autour du palais du Luxembourg s'écarte pour laisser passer le carrosse rouge de Thérésa, ci-devant épouse Tallien, et désormais favorite de Barras.

Elle règne, souvent accompagnée de la générale Bonaparte.

Le mari de Joséphine, Napoléon Bonaparte, glorieux, est devenu, en même temps que général en chef de l'armée d'Italie, chef de l'armée des Alpes après que Kellermann a été privé de son commandement.

Hoche est mort de tuberculose et le général Augereau commande toutes les armées situées à l'est et regroupées sous le nom d'armée d'Allemagne.

Augereau, l'homme « prêté » par Bonaparte au Directoire.

Donc, le général en chef de l'armée d'Italie contrôle en fait toutes les armées de la République.

NEUVIÈME PARTIE

Fructidor an V - Floréal an VI
Septembre 1797 - Mai 1798
« Voilà donc une paix à la Bonaparte »

« Voilà donc une paix à la Bonaparte.
Le Directoire est content, le public enchanté.
Tout est au mieux. On aura peut-être quelques criailleries d'Italiens ; mais c'est égal. Adieu, général pacificateur ! Adieu, amitié, admiration, respect, reconnaissance :
on ne sait où s'arrêter dans l'énumération. »

Lettre de TALLEYRAND à Bonaparte
brumaire an VI (novembre 1797)

« Je ne sais plus obéir.
Ces avocats de Paris qu'on a mis au Directoire n'entendent rien au gouvernement, ce sont de petits esprits...
Je doute fort que nous puissions nous entendre
et rester longtemps d'accord... Mon parti est pris, si je ne puis être le maître, je quitterai la France, je ne veux pas avoir fait tant de choses pour la donner à des avocats. »

BONAPARTE à Miot de Mélito, ambassadeur de France à Turin
27 brumaire an VI (17 novembre 1797)

31.

C'est l'automne de l'an VI.

Le vent et la pluie, et même de brusques et violentes bourrasques, balaient toute la France. Et durant ces mois de fructidor, de vendémiaire, de brumaire – septembre, octobre, novembre 1797 –, une terreur masquée s'étend sur le pays.

Les vainqueurs du coup d'État du 18 fructidor traquent les suspects de royalisme, les émigrés, les prêtres réfractaires que des lois avaient absous, et que de nouvelles dispositions permettent d'arrêter, de fusiller, de proscrire sans jugement.

« Les patriotes n'avaient marché jusqu'alors que sur des ronces », écrit Joseph Fouché.

L'ancien terroriste de l'an II hante maintenant les couloirs du Directoire. On se croise lors des réceptions que donne Barras au palais du Luxembourg.

Fouché avait fait tirer à la mitraille sur les royalistes lyonnais en 1793.

Il poursuit :

« Il était temps que l'ombre de la liberté portât des fruits plus doux pour qui devait les cueillir et les savourer. »

On a nommé, pour remplacer Carnot et Barthélemy dans leurs fonctions de Directeurs, Merlin de Douai et François de Neufchâteau, l'un chargé de la Justice et l'autre de l'Intérieur. Ce sont des républicains déterminés.

Avec eux, et avec tous ceux qui sont promus, nommés dans les départements, il n'y a aucun risque de voir se réaliser la restauration monarchique qu'on avait crue possible.

Et Louis XVIII s'aigrit, grossit, souffre de la goutte en Courlande.

Mais le Directoire reste vigilant.

Quand, dans un département, des citoyens protestent contre la déchéance, puis la proscription de leurs élus, des troupes convergent, et comme l'écrit le général Bernadotte à Bonaparte :

« Le département sera cinglé, huit mille hommes arrivent. »

On fusille dans la plaine de Grenelle.

« La nature gémit mais la loi parle », dit-on.

C'est la justice impitoyable des vainqueurs.

Le porte-parole du Directoire affirme d'une voix forte qui n'admet pas de réplique : « Bannissons ces absurdes théories de prétendus principes, ces invocations stupides à la Constitution. »

On enferme les députés proscrits dans des cages de fer, afin de les conduire de Paris à Rochefort.

Là, des navires les attendent pour les transporter – si l'on brise le blocus de la flotte anglaise – en Guyane. Et tout au long de la route, les « autorités » ont invité les citoyens à venir regarder passer ces royalistes.

Point de cris de mort lancés de la foule. Elle est silencieuse et méprisante, comme si le dégoût qu'elle éprouve pour ces « ventres dorés », ces « ventres pourris », était plus fort que le ressentiment, et s'étendait aussi bien aux vaincus qu'aux vainqueurs, même si on dit parfois, d'une voix sourde, en désignant les hommes encagés : « Voilà ceux qui voulaient rétablir les aides et les gabelles. »

Et personne ne désire le retour à l'avant-1789, avec ses droits féodaux dont on s'est débarrassé en des années de souffrance, et maintenant on aspire à la paix.

Or, précisément, il y a ce général Napoléon Bonaparte qui, vainqueur, négocie avec les Autrichiens et vient de signer, le

17 octobre 1797 (26 vendémiaire an VI), la paix de Campoformio. Le Directoire l'a nommé général en chef de l'armée d'Angleterre, puisque Londres est l'ennemi irréductible.

Et le Directoire l'a en outre désigné pour représenter la France au congrès de Rastadt, où sera réglé le sort de la rive gauche du Rhin.

Bonaparte est populaire. On lit le récit de ses exploits dans les journaux qu'il fait imprimer à l'armée d'Italie, et expédier à Paris.

Qui pourrait le contrôler, lui donner des ordres ?

Voilà des mois – note le ministre de la Guerre – que « toutes relations ont cessé entre cette armée et moi, malgré les lettres pressantes que j'ai écrites. Comme cette armée s'est trouvée de bonne heure en état de se suffire à elle-même, je n'ai pu obtenir du général en chef ni du chef d'état-major, ni du commissaire ordonnateur aucun renseignement sur l'état du service ! »

C'est l'armée de Bonaparte bien plus que celle du Directoire.

« Ils se sont dépêchés de me nommer général de l'armée d'Angleterre pour me retirer de l'Italie, où je suis plus souverain que général », dit Bonaparte.

Et dans les harangues qu'il adresse à ses soldats, le général en chef déclare :

« Je suis consolé par l'espoir de me revoir bientôt avec vous, luttant contre de nouveaux dangers… »

Et il confie à l'ambassadeur de France Miot de Mélito :

« Je ne sais plus obéir. Ces avocats de Paris qu'on a mis au Directoire n'entendent rien au gouvernement, ce sont de petits esprits. Je vais voir ce qu'ils veulent faire à Rastadt. Je doute fort que nous puissions nous entendre et rester longtemps d'accord. Je vous le répète, je ne puis plus obéir ; j'ai goûté du commandement et je ne saurais y renoncer. Mon parti est pris, si je ne puis être le maître, je quitterai la France. Je ne veux pas avoir fait tant de choses pour la donner à des avocats… »

Il n'est pas dupe des louanges qu'on lui adresse.

« Voilà donc une paix à la Bonaparte, lui écrit Talleyrand, ministre des Relations extérieures. Le Directoire est content.

Le public enchanté. Tout est au mieux. On aura peut-être quelques criailleries d'Italiens ; mais c'est égal. Adieu, général pacificateur ! Adieu, amitié, admiration, respect, reconnaissance : on ne sait où s'arrêter dans l'énumération… »

« Ils m'envient, je le sais, bien qu'ils m'encensent », murmure Napoléon Bonaparte.

Et quand son aide de camp, La Valette, lui dit : « À Paris, ce sera pour vous un triomphe. On se pressera dans les rues que vous emprunterez »,

Bonaparte hausse les épaules : « Bah, le peuple se porterait avec autant d'empressement sur mon passage, si j'allais à l'échafaud. »

Ce réalisme, ce cynisme, sont partagés par une grande partie des Français.

Trop d'événements depuis près d'une décennie ! Trop d'illusions qui se sont dissipées comme des mirages.

Et cela touche toutes les catégories de la population, et chacune d'elles réagit à sa manière, en fonction de ses conditions de vie.

Les citoyens des faubourgs sont affamés, misérables. Ils entrent dans l'hiver sans bois de chauffage, sans vêtements chauds. Amers, désespérés, ils crachent quand passent les voitures des « ventres dorés », des « ventres pourris », des « nouveaux riches », des « fripons », ces députés, ces Directeurs, ces financiers, tous charognards qui se nourrissent de la guerre.

Et les rentiers eux-mêmes sont ruinés – ou dépossédés – par la décision du Directoire de liquider les « deux tiers de la dette publique ». Le « tiers » est consolidé, mais les deux tiers sont en fait perdus, parce que remboursés en monnaie sans valeur. C'est une banqueroute des deux tiers, « même si elle assainit les finances ».

Et naturellement elle n'affecte pas les « enrichis », les « corrompus », ceux qui se vautrent dans le luxe et la débauche.

Ceux-là dansent à Bagatelle, à l'Élysée-Bourbon, à Tivoli. Puis ils soupent dans les restaurants du Palais-Royal.

« Le cœur des Parisiens opulents s'est métamorphosé en gésier. On fréquente les théâtres. Tout y respire l'aisance et la gaieté, le plaisir et la joie. »

« On admire les femmes "sans chemises", les bras et la gorge nus avec jupe de gaze sur un pantalon de couleur chair, les jambes et les cuisses enlacées par des cercles endiamantés. »

On va de l'un à l'autre, Thérésa ci-devant Tallien impose toujours sa « dictature de la beauté ».

On divorce. Le nombre des « enfants trouvés » s'élève à près de cinquante mille en France dont quatre mille à Paris... Un citoyen réclame le droit d'épouser la mère de ses deux femmes successives...

Ce spectacle que les élites donnent au peuple désespère les citoyens. Toutes les initiatives du pouvoir sont accueillies avec scepticisme.

Ainsi, comment pourrait-on croire en cette religion d'État que le Directeur La Révellière-Lépeaux s'emploie à mettre en scène, organisant le 1er vendémiaire an VI (22 septembre 1797), au Champ-de-Mars, « une prière à l'auteur de la nature » ?

Et les citoyens se souviennent de la fête de l'Être suprême, triomphe de Robespierre quelques mois avant sa chute !

On ne croit donc plus aux religions nouvelles.

On se tourne vers la religion catholique, et les proscriptions qui frappent les prêtres – près de mille cinq cents en une seule année – achèvent de la réhabiliter.

On cache les prêtres poursuivis. On se détourne de l'Église constitutionnelle, d'ailleurs combattue par les Directeurs et les anciens Jacobins avec autant de force que l'est l'Église réfractaire.

En fait, tout ce qui vient du pouvoir est suspect.

La seule figure qui suscite l'enthousiasme est celle de ce général Bonaparte.

Les rapports de police indiquent tous qu'« on exalte de tous côtés ses louanges ».

On aime ce « général pacificateur » qui dit :

« C'est un grand malheur pour une nation de trente millions d'habitants et au XVIIIe siècle d'avoir recours aux baïonnettes pour sauver la patrie. »

On lit qu'il a promis aux citoyens de deux Républiques sœurs qu'il a créées en Italie – la ligurienne et la cisalpine – l'ordre et la liberté, la paix aux consciences, le droit pour chacun de pratiquer sa religion et de jouir de ses biens.

Il est un homme nouveau, qui n'a jamais tenu, lors des journées révolutionnaires et pendant la Terreur, un rôle de premier plan.

Il a été sur le théâtre intérieur, et dans ces années cruciales de 1789 à 1794, plus témoin qu'acteur.

On l'attend.

Le 3 décembre 1797, il quitte Rastadt pour Paris.

Il fait une halte à Nancy, où les francs-maçons de la Loge Saint-Jean de Jérusalem l'accueillent.

Il ne porte plus l'uniforme. Il voyage en voiture de poste comme un bourgeois.

Il arrive à Paris le 5 décembre 1797 (15 frimaire an VI).

Il rentre chez lui, rue Chantereine. Joséphine n'a pas encore regagné Paris.

La rue a changé de nom. Elle s'appelle désormais « rue de la Victoire ».

32

Il est là « chez sa femme ».

La foule se presse rue de la Victoire pour l'apercevoir, « pâle sous les longs cheveux noirs », le visage osseux, le menton affirmé, l'expression volontaire, maigre, serré dans une redingote noire, marchant d'un pas saccadé, ne paraissant pas voir ces citoyens qui l'acclament :

« Vive Bonaparte ! Vive le général en chef de l'armée d'Italie ! »

Que pense-t-il ?

Les Directeurs, les ministres, les députés s'interrogent.

A-t-il vraiment dit : « Si je ne puis être le maître je quitterai la France » ?

Tous veulent le rencontrer, le sonder.

On murmure déjà – et certains journaux le répètent en ces jours de frimaire an VI (décembre 1797) qui suivent son arrivée à Paris – qu'il aspire à la dictature.

Le Directeur Reubell, soupçonneux, le reçoit à dîner, dès le 8 décembre. Bonaparte reste le plus souvent silencieux, laissant Reubell évoquer avec le patriote suisse Pierre Ochs assis à sa gauche le soutien que la République française doit apporter aux patriotes suisses qui veulent transformer leur pays en une République sœur, « une et indivisible ».

Mais il faut pour cela, en s'appuyant sur le canton de Vaud, chasser les Bernois, les vaincre. Et il faut charger le général Brune, ancien membre du club des Cordeliers, un ami de Marat, un républicain résolu, de cette mission.

Bonaparte approuve d'un simple mouvement de tête. Il ne veut pas se découvrir. Il doit paraître modeste, respectueux du Directoire.

Deux jours plus tard, c'est le ministre des Relations extérieures, Talleyrand, qui l'invite en son hôtel de Galliffet, rue du Bac.

De l'ancien évêque d'Autun, qui a prudemment vécu hors de France durant la Terreur, on murmure le pire ; qu'il loue ses services à l'Autriche, à la Prusse ou à l'Angleterre, fort cher, favorisant l'une ou l'autre puissance en fonction des sommes qu'on lui offre.

« Tout s'achète ici, a dit le représentant de la Prusse à Paris. Le ministre des Relations extérieures aime l'argent et dit hautement que sorti de sa place il ne veut pas demander l'aumône à la République. »

Talleyrand accueille Bonaparte dans les salons de l'hôtel de Galliffet avec une prévenance un peu ironique et distante, en grand seigneur, le cou enveloppé dans une cravate très haute, la poitrine serrée dans une redingote large.

Talleyrand parle d'une voix grave. Il domine Bonaparte de la tête et des épaules. Il a convié en son hôtel une foule de personnalités désireuses de voir ce général victorieux.

On entoure Bonaparte, on le félicite.

« Citoyens, dit Bonaparte, je suis sensible à l'empressement que vous me montrez. J'ai fait de mon mieux la guerre et de mon mieux la paix. C'est au Directoire à savoir en profiter, pour le bonheur et la prospérité de la République. »

Cette prudence et cette mesure inquiètent plus qu'elles ne rassurent. Bonaparte a la modestie éclatante ! Et les Directeurs s'en méfient.

Mais il faut l'engluer dans les honneurs, et le Directoire organise au palais du Luxembourg une réception à la gloire du « général pacificateur ».

En arrivant au palais ce 10 décembre 1797 (20 frimaire an VI) Bonaparte paraît ne pas entendre la foule enthousiaste qui s'est rassemblée dans les rues qui conduisent au palais.

On crie : « Vive Bonaparte ! Vive le général de la grande armée ! »

Les cinq Directeurs qui l'accueillent dans leur costume d'apparat brodé d'or, leurs dentelles, leurs grands manteaux, leur chapeau noir retroussé d'un côté et orné d'un panache tricolore, ressemblent à des mannequins raides.

Barras est le plus majestueux.

Bras croisés, il toise Bonaparte comme s'il voulait lui rappeler que c'est lui qui est à l'origine de cette gloire, de cette fortune et même de ce mariage avec Joséphine, et qu'il n'oublie pas le désarroi, la pauvreté, de ce *Buonaparte* qui traînait son sabre et son ambition.

Et maintenant, voici Napoléon Bonaparte accueilli par Talleyrand qui au nom du Directoire tresse des lauriers au général victorieux.

« Personne n'ignore, dit Talleyrand, son mépris profond pour l'éclat, pour le luxe, pour le faste, ces méprisables ambitions des âmes communes. Ah, loin de redouter son ambition, je sens qu'il nous faudra peut-être le solliciter un jour pour l'arracher aux douceurs de sa studieuse retraite. »

La cérémonie, note un témoin, est d'un « froid glacial ».

« Tout le monde avait l'air de s'observer et j'ai distingué sur toutes les figures plus de curiosité que de joie, ou de témoignage de vraie reconnaissance. »

Bonaparte a répondu à Talleyrand que « le peuple français pour être libre avait les rois à combattre. Pour obtenir une Constitution fondée sur la raison, il y avait dix-huit siècles de préjugés à vaincre… Lorsque le bonheur du peuple français sera assis sur les meilleures lois organiques, l'Europe entière deviendra libre. »

Ces mots font trembler.

On sait que Bonaparte, en Italie, a lui-même rédigé les Constitutions des Républiques ligurienne et cisalpine. Voudrait-il faire de même avec la Constitution française ?

Lorsqu'il rencontre Barras, quelques jours plus tard, il dit que « le régime directorial ne peut durer. Il est blessé à mort depuis le coup d'État du 18 fructidor. La majorité de la nation, Jacobins et royalistes, le rejette. »

Il faudrait, a-t-il osé dire à Barras, que le Directoire l'accueille parmi ses Directeurs, lui, Bonaparte, général pacificateur, que la foule acclame. Lui seul pourrait redonner confiance en un régime décrié.

Barras s'est cabré, a tonné :

« Tu veux renverser la Constitution, Bonaparte ? Tu n'y réussiras pas et ne détruiras que toi-même. »

Porte fermée devant Bonaparte. La « poire n'est pas mûre » ; le pouvoir ne cédera pas, n'offrira pas un siège à Bonaparte.

On cherchera donc à l'éliminer. Peut-être en l'empoisonnant. Des lettres anonymes l'avertissent. On veut le tuer.

Au banquet de huit cents couverts organisé par les deux Conseils – quatre services, huit cents laquais, trente-deux maîtres d'hôtel, et du vin du Cap, du tokay, des carpes du Rhin et toutes sortes de primeurs –, Bonaparte a son propre serviteur, qui change ses couverts et lui présente des œufs à la coque.

Bonaparte ne se laissera pas empoisonner, ni séduire.

Il est de nouveau invité par Talleyrand qui donne en son honneur, le 3 janvier 1798, une fête fastueuse à l'hôtel de Galliffet, et on y joue une contredanse appelée *La Bonaparte*.

On y chante un refrain qui célèbre Joséphine, celle qui doit, au nom de la France, « prendre soin du bonheur du guerrier, du héros vainqueur ». Et Bonaparte est élu, à la place de Carnot, membre de l'Institut, dans la « classe de sciences physiques et mathématiques, section des Arts mécaniques ».

Et c'est seulement au titre de membre de l'Institut qu'il assiste, parmi ses collègues savants, à la cérémonie qui, le 21 janvier 1798 place Saint-Sulpice, commémore la mort de Louis XVI. Barras, au nom de tous les participants, prête le serment de « haine à la royauté et à l'anarchie ».

Les chœurs chantent le *Serment républicain*, musique de Gossec, paroles de Chénier :

Si quelque usurpateur veut asservir la France
Qu'il éprouve aussitôt la publique vengeance
Qu'il tombe sous le fer, que ses membres sanglants
Soient livrés dans la plaine aux vautours dévorants.

Bonaparte, habile, a été présent à ce qu'il appelle une « cérémonie anthropophage » sans y jouer aucun rôle. Car il ne veut apparaître ni partisan des « régicides », se coupant ainsi des royalistes, ni favorable à une restauration, devenant dès lors l'ennemi des républicains.

Il veut être au-dessus des factions. Mais l'inaction lui pèse.

« Il semblait que la terre lui brûlait les pieds », note La Révellière-Lépeaux.

Et son impatience est d'autant plus grande que le peuple continue de l'acclamer.

S'il se rend au Théâtre des Arts, les spectateurs se lèvent dès qu'ils l'aperçoivent dans une loge. Mais le risque existe aussi qu'après quelques mois passés à Paris, l'attention ne se détourne de lui. Car les armées du Directoire continuent d'agir sans lui.

Le général Joubert a *fructidorisé* la Hollande, en imposant un régime républicain centralisé, en créant une République sœur, batave, une et indivisible.

Les troupes françaises sont entrées à Rome, et Berthier en a chassé le pape Pie VI.

Le général Brune a occupé Berne et Fribourg. La République suisse est née.

Le Directeur Reubell, né à Colmar, n'a eu de cesse que de réussir à annexer Mulhouse.

Et chaque fois qu'est créée une République sœur, le Directoire puise dans ses caisses pour alimenter le Trésor national.

Comment dans ces conditions rester l'*Unique*, illuminé par la gloire, et apparaître comme celui qui peut arracher le pouvoir des mains de ces Directeurs corrompus ?

Bonaparte s'interroge.

Il a parcouru les côtes de la Manche, découvert que l'armée d'Angleterre, qu'il commande, ne pourra jamais briser le blocus de la flotte anglaise. Tenter de le faire « est un coup de dés trop chanceux, dit Bonaparte. Je ne veux pas jouer ainsi le sort de cette belle France. »

Et le sien.

Il rentre à Paris, étudie ce rapport que Talleyrand a soumis au Directoire.

Le ministre préconise la conquête de l'Égypte, moyen de tourner l'Angleterre « sous les rapports du commerce soit de l'Inde, soit d'ailleurs ».

Et Talleyrand suggère que cette entreprise soit confiée au général Bonaparte.

Moyen commode de l'éloigner, de l'enliser dans les sables de l'Orient, en paraissant lui offrir une nouvelle gloire alors que chacun pense qu'il s'agit là d'une victoire impossible, à supposer même que l'on réussisse à traverser la Méditerranée, en échappant à la flotte anglaise.

Bonaparte n'ignore rien des intentions du Directoire.

Mais, dit-il :

« Je ne veux pas rester ici. Il n'y a rien à faire. Les Directeurs ne veulent entendre à rien. Je vois que si je reste je suis coulé dans peu. Tout s'use ici. Je n'ai déjà plus de gloire, cette petite Europe n'en fournit pas assez. Il faut aller en Orient, toutes les grandes gloires viennent de là. »

Il dicte ses conditions aux Directeurs : autorité illimitée, faculté de nommer à tous les emplois, droit d'opérer son retour en France quand il le voudra…

Le 15 ventôse (5 mars 1798) le Directoire décide une expédition en Égypte, en donne le commandement à Napoléon Bonaparte, aux conditions qu'il a fixées.

Bonaparte va quitter Paris, la France. On cessera d'entendre son sabre traîner sur le sol.

Et qui peut croire qu'il échappera au piège que viennent de lui tendre les Directeurs et son imagination ?

33.

Bonaparte sait que les Directeurs souhaitent que l'Égypte soit son tombeau.

Ils veulent conserver à tout prix le pouvoir face à une opinion qui les rejette et qu'ils craignent d'autant plus que le 9 avril 1798 (20 germinal an VI) les assemblées électorales vont se réunir pour renouveler plus de la moitié du Corps législatif, quatre cent trente-sept députés sur sept cent cinquante.

Barras, habile politique au flair aiguisé, sent bien la force du mouvement de rejet qui monte du pays.

On veut « crever les ventres pourris ».

On crie « Sus à la corruption ».

On crache avec fureur quand on entend prononcer le nom de Barras, de Merlin de Douai.

On dit que ce dernier entretient un harem de demoiselles.

Que Reubell, entouré de fripons, se gave.

Que La Révellière-Lépeaux n'est qu'un tartuffe avec sa religion théophilanthropique, dont il est le bigot.

Et le nouveau Directeur – il remplace François de Neufchâteau – Treilhard, un conventionnel régicide, est une brute enrichie.

Les ministres sont aussi corrompus que les Directeurs.

Ramel n'est au ministère des Finances que le serviteur des nouveaux riches, l'homme dont la banqueroute des deux tiers a ruiné les rentiers.

Talleyrand est une « pourriture », ses salons des « latrines publiques ».

Il a été dénoncé devant le Congrès des États-Unis par le président John Adams pour avoir essayé d'extorquer à des envoyés des États-Unis, arrivés à Paris pour négocier, d'énormes pots-de-vin. Les Américains ont refusé, regagné les États-Unis et averti le président Adams.

Mais Talleyrand continue de se pavaner dans son hôtel de Galliffet.

Barras s'inquiète.

Les électeurs peuvent, en dépit de leurs différences, se coaliser, élire des « anarchistes » ou des royalistes. Et s'ils obtiennent la majorité aux Conseils des Cinq-Cents et des Anciens – Barras le craint –, ils renouvelleront les Directeurs.

Adieu le pouvoir ! Adieu le luxe et les femmes, l'argent et la soie ! Adieu, les agapes chez les restaurateurs du Palais-Royal !

Et c'est pour empêcher que cette « coalition » anarchiste et royaliste ne se donne pour chef Bonaparte, le général capable de séduire et d'entraîner le peuple, qu'on souhaite le voir s'éloigner au plus tôt, en espérant qu'il sera enseveli dans l'une de ces pyramides qui sont, dit-on, les tombeaux des pharaons.

Bonaparte n'est pas dupe. Ce départ l'arrange.

Il ne veut pas être mêlé à un nouveau coup d'État, auquel, il le devine, songent les Directeurs.

Le 1er germinal an VI (21 mars 1798), ils ont célébré avec faste la « fête de la Souveraineté du peuple », eux qui ont réalisé le coup d'État du 18 Fructidor, mis en place cette terreur masquée qui, petitement mais méticuleusement, écrase la nation, proscrit en Guyane, le pays de la « guillotine sèche ».

Et, à peine la fête de la Souveraineté du peuple est-elle achevée, qu'ils décrètent que les pouvoirs des nouveaux élus seront vérifiés... par les députés sortants !

Ainsi, les Directeurs et les députés qui les soutiennent choisiront parmi les députés élus ceux qui leur conviennent et déclareront inéligibles tous les autres.

Leur journal, *Le Publiciste*, annonce à la veille des élections que « si des terroristes étaient élus, ils ne seraient pas reçus et les départements qui les auraient choisis resteraient sans députés ».

Quand deux journaux – décrétés aussitôt « anarchistes » –, *Les Hommes libres* et *L'Ami des lois*, protestent contre cette intention « liberticide », ils sont supprimés.

Bonaparte sait que, s'il veut conserver sa popularité, il ne doit pas s'enfoncer dans les marécages de cette politique nauséabonde, que les citoyens méprisent.

Il ne doit pas être confondu avec les « ventres dorés et pourris ».

« Il n'y a rien à faire avec ces gens-là, dit-il. Les Directeurs ne comprennent rien de ce qui est grand. »

Il utilise leur désir de le voir s'éloigner pour leur arracher le droit de choisir les généraux qu'il veut emmener avec lui, les savants, les artistes qui l'accompagneront.

Et obtenir le rassemblement d'une armada à Toulon, pour transporter trente mille fantassins, trois mille cavaliers – sans chevaux, on trouvera les montures sur place –, cent pièces d'artillerie, cent cartouches par homme, et neuf millions pour les dépenses.

Il veut carte blanche.

Et les Directeurs lui concèdent tout. Ils pensent à la dalle funéraire et au sable qui recouvrira ce général ambitieux, populaire, dangereux pour eux.

Et Bonaparte laisse le rêve l'emporter.

« Je coloniserai l'Égypte, dit-il. Je ferai venir des artistes, des ouvriers de tous genres, des femmes, des acteurs. Six ans me suffisent, si tout me réussit, pour aller dans l'Inde… Je veux parcourir l'Asie Mineure en libérateur, arriver triomphant dans la capitale de l'ancien continent, chasser de Constantinople les descendants de Mahomet et m'asseoir sur son trône… »

Ses proches sont fascinés et accablés. Six années loin de Paris ? Que sera devenue la France ?

L'écrivain Arnault, qui a écrit de nombreux articles panégyriques dans les journaux de l'armée d'Italie, s'emporte.

« Le Directoire veut vous éloigner. La France veut vous garder, lance-t-il à Bonaparte. Les Parisiens vous reprochent votre modération. Ils crient plus fort que jamais contre le gouvernement et les Directeurs. Ne craignez-vous pas qu'ils finissent par crier contre vous ? »

« Si je montais à cheval, personne ne me suivrait », dit-il.

Il faut donc partir pour ne pas être compromis.

Il quitte Paris le 6 mai 1798 (17 floréal an VI).

Personne ne pourra l'accuser d'être complice des Directeurs et des députés.

Le 22 floréal, les Cinq-Cents puis les Anciens décident de valider les élections qui viennent de se tenir, dans quarante-huit départements sur quatre-vingt-seize.

Dans les autres, on annule en tout ou partie les scrutins.

C'est une « épuration ».

Et sous couvert de légalité, on espère que ce coup d'État du 22 floréal an VI (11 mai 1798) aura écarté ceux que les Directeurs et leurs suppôts appellent des « anarchistes », des « royalistes déguisés ».

Cent quatre députés ont été exclus des Conseils et cinquante-trois ne sont pas remplacés.

Le dégoût submerge le pays.

Barras peut se réjouir du succès de sa manœuvre.

Il a réussi ce qu'il appelle la « bascule ».

Avec le coup d'État du 18 Fructidor, il avait écarté les partisans « d'un fantôme de roi ».

Avec le coup d'État du 22 Floréal, il croit avoir mis son pouvoir à l'abri des adeptes de Robespierre et de Babeuf.

Ainsi, affirme Barras, grâce à cette « bascule » le Directoire peut être « républicain », et « conservateur » des principes de la Révolution.

Bonaparte apprend ces décisions du Directoire alors qu'il se trouve à Toulon, face à cette flotte de cent quatre-vingts navires, ancrés dans la rade.

Qu'aurait-il gagné, à traîner dans les couloirs du palais du Luxembourg ?

Complice de Barras ou opposant, il n'aurait pas été le maître. Ici, il peut s'adresser à des milliers d'hommes en armes prêts à lui obéir et dont il sent l'enthousiasme.

« Officiers et soldats, dit-il, je vais vous mener dans un pays où par vos exploits futurs vous surpasserez ceux qui étonnent aujourd'hui vos admirateurs, et rendrez à la patrie des services qu'elle a droit d'attendre d'une armée invincible. »

Il s'interrompt puis, plus fort encore, il lance :

« Je promets à chaque soldat qu'au retour de cette expédition, il aura à sa disposition de quoi acheter six arpents de terre. Vive la République immortelle ! »

Le 19 mai 1798 (30 floréal an VI), Napoléon Bonaparte embarque sur le navire amiral *L'Orient*.

Il se tient sur la passerelle.

Il dit aux officiers de son état-major qui se pressent autour de lui :

« Je mesure mes rêveries au compas de mon raisonnement. »

DIXIÈME PARTIE

19 mai 1798 - 9 novembre 1799
30 floréal an VI - 18 brumaire an VIII
« La Révolution est finie ! »

« Rien dans l'histoire ne ressemble à la fin du XVIIIe siècle.
Rien dans la fin du XVIIIe siècle ne ressemble
au moment actuel. »

BONAPARTE
le 18 brumaire an VIII
(9 novembre 1799)

« Citoyens, la Révolution est fixée aux principes
qui l'ont commencée : elle est finie ! »

Déclaration des trois nouveaux Consuls,
BONAPARTE, CAMBACÉRÈS, LEBRUN
le 24 frimaire an VIII
(15 décembre 1799)

34.

Napoléon ne quittera que rarement la passerelle de *L'Orient*.

Il voit défiler les côtes de Corse. Au-delà du cap de Bonifacio se profilent sur l'horizon les cimes de la Sardaigne. Après l'on voguera vers la Sicile, puis Malte, la Crète, Alexandrie enfin.

Il rêve. Et *Le Chant du départ* accompagne ses songes.

Le refrain de ce chant révolutionnaire que toutes les armées de la République entonnent depuis 1794 est repris en chœur par les soldats massés sur le pont de chacun des navires.

La République nous appelle
Sachons vaincre ou sachons périr
Un Français doit vivre pour elle
Pour elle un Français doit mourir.

Un convoi parti de Civitavecchia rejoint la flotte. Et ce sont trois cents navires qui se présentent devant Malte.

Bombardement. Débarquement. Il suffit de quelques heures pour que le grand maître de l'Ordre de Malte ordonne à ses chevaliers de cesser le combat.

Bonaparte peut arpenter les rues pavées de La Valette, inviter les chevaliers qui sont français et ont moins de trente ans à prendre leur part de gloire en rejoignant l'expédition. Quant aux autres, ils ont trois jours pour quitter l'île, dont tous les habitants deviennent citoyens français et font partie de la République. L'homme ne doit rien au hasard de la naissance, seuls son mérite et ses talents le distinguent.

Et après ce discours « révolutionnaire », Bonaparte fait libérer les deux mille esclaves musulmans du bagne de Malte.

Mais il ordonne que tous les objets religieux, les innombrables reliques en métaux précieux soient enlevés des églises, fondus, transformés en lingots d'or et d'argent.

Il est un conquérant.

Et il va le dire à ses soldats, lorsque, après avoir quitté Malte, la flotte, secouée, malmenée par le gros temps, se trouve au large d'Alexandrie, et que malgré le vent déchaîné on s'apprête à débarquer, afin de marcher au plus vite en direction du Caire.

« Soldats, déclare Bonaparte, vous allez entreprendre une conquête dont les effets sur la civilisation et le commerce du monde sont incalculables. Les peuples avec lesquels nous allons vivre sont mahométans. Leur premier article de foi est celui-ci : “Il n'y a pas d'autre dieu que Dieu et Mahomet est son prophète.” Ne les contredisez pas ! Agissez avec eux comme nous avons agi avec les Juifs, avec les Italiens, ayez des égards pour leurs muftis et leurs imams comme vous en avez eu pour les rabbins et les évêques…

« La première ville que nous rencontrerons a été bâtie par Alexandre. Nous trouverons à chaque pas des souvenirs dignes d'exciter l'émulation des Français. »

Les soldats, malgré la chaleur et la soif qui fait enfler leurs lèvres et leurs langues, l'acclament, entonnent *La Marseillaise* et, au pied des pyramides, écraseront la cavalerie des Mamelouks.

L'Égypte est donc conquise.

« Soldats, du haut de ces pyramides quarante siècles vous contemplent. »

Mais ces victoires qui se succèdent au long des mois – Gaza, Jaffa, Saint-Jean-d'Acre, Nazareth, le Mont-Thabor – sont aussi un piège.

La flotte de Nelson a détruit la flotte française à Aboukir dès le 14 thermidor (1er août 1798).

À quoi sert dès lors de s'enfoncer en Palestine, d'écraser les Turcs, si l'on est enfermé dans les territoires que l'on conquiert ?

Pourquoi massacrer les prisonniers, voir mourir les meilleurs des soldats, ceux qui avaient vaincu à Lodi, à Arcole, à Rivoli, et que la peste empoisonne à Jaffa, si le blocus anglais étrangle les Français ?

Qu'apprendra-t-on à Paris de ces cruautés, de ces souffrances, de ces victoires, de ces actes d'héroïsme ?

Saura-t-on que Bonaparte n'a pas hésité à toucher, à embrasser à Jaffa les soldats pestiférés ?

Bonaparte voudrait qu'à Paris on célèbre son courage et sa gloire. N'a-t-il pas mis ses pas dans ceux de César et de Pompée, d'Alexandre et même du Christ ?

Il doit, s'il veut s'approcher encore plus près du pouvoir, conforter et enrichir sa légende.

Mais il faut que pour cela le récit de ses exploits parvienne aux journaux parisiens. Et dès lors des navires – et il en reste peu – doivent quitter la côte égyptienne, forcer le blocus. Mais comment savoir s'ils ont atteint la France ?

Et aucun navire n'arrive des ports français, comme si on avait oublié que le plus glorieux des généraux français est en Égypte, à la tête de trente mille hommes.

Bonaparte écrit à son frère Lucien, qui a été élu au Conseil des Cinq-Cents.

Il l'interroge. Quelle est la situation du Directoire ? Est-ce le moment de rentrer en France ? S'exclame-t-on « Ah ! si Bonaparte était là ! » ? Et que devient Joséphine, femme séductrice, volage, corps offert, femme de plaisir ?

Bonaparte est amer.

Il écrit :

« Je suis ennuyé de la nature humaine. Les grandeurs m'ennuient. Le sentiment est desséché. La gloire est fade. À vingt-neuf ans j'ai tout épuisé. Il ne me reste plus qu'à devenir franchement égoïste. »

Mais qui se soucie à Paris des états d'âme du général Bonaparte ? La lutte politique fait rage entre les Jacobins rescapés du coup d'État du 22 floréal, et les Directeurs, et dans cette partie, Bonaparte n'est qu'un absent. Il ne pèsera que s'il rentre dans le jeu en regagnant la France. Et comment le pourrait-il ?

Un Bonaparte inquiète Barras et Reubell, mais il se prénomme Lucien ! Et il ne sera vraiment dangereux que si son frère lui apporte l'inestimable appui de sa gloire.

Et on ne revient pas d'Orient aussi aisément que d'Italie !

Alors on oublie Napoléon Bonaparte, même si l'on s'irrite de la campagne que mène en sa faveur Lucien, qui ne cesse de répéter, chaque fois qu'il prend la parole : « Ah ! si le général pacificateur était là ! Il crèverait ces "ventres dorés et pourris". »

Car c'est toujours la corruption et l'enrichissement des Directeurs, et de tous ceux qui détiennent une parcelle de pouvoir, qui révoltent les citoyens.

Une commission chargée d'enquêter sur la « démoralisation du peuple » dresse un constat effrayant :

« Il n'existe aucune partie de l'administration où l'immoralité et la corruption n'aient pénétré, peut-on lire dans le rapport qu'elle soumet aux Conseils. Une plus longue indulgence nous rendrait complices de ces hommes que la voix publique accuse. Ils seront frappés du haut de leurs chars somptueux et précipités dans le néant du mépris public, ces hommes dont la fortune colossale atteste les moyens infâmes qu'ils ont employés à l'acquérir. »

On vise Barras et Reubell.

Et la colère est d'autant plus forte que la misère serre encore un peu plus la gorge des pauvres.

Dans les faubourgs on est affamé. Et on sait que les directeurs banquettent ! Qu'ils ont chaud dans les restaurants du

Palais-Royal ou dans les hôtels particuliers où ils se retrouvent alors qu'on gèle dans les taudis.

« Le froid est si rigoureux que les aigles des Alpes paraissent avoir trouvé à Paris la même température que dans les hautes montagnes. On en a tué un près de Chaillot. »

Barras est inquiet.

La police rapporte que le chômage s'étend parce que les bateaux ne peuvent plus naviguer sur la Seine prise par les glaces. Les matériaux manquent. Les artisans ferment leurs ateliers. Et les ouvriers tiennent des « propos atroces » sur le gouvernement.

Et ces souffrances, cette misère, ne sont pas compensées par les victoires des armées de la République.

Bonaparte avait imposé la paix aux rois et fait surgir des Républiques sœurs.

Toute cette construction s'écroule.

Les paysans belges, italiens se révoltent contre les Français. L'Autriche, l'Angleterre, la Russie, le royaume de Naples, la Turquie, forment une coalition dont les troupes chassent les Français de Naples et de Rome. Et les Russes de Souvorov entrent à Milan.

Comment les patriotes pourraient-ils accepter ces revers ? La perte d'influence et de prestige de la Grande Nation, l'assassinat des plénipotentiaires français qui négociaient avec les Autrichiens à Rastadt ?

On accuse le Directoire et, aux élections du 18 avril 1799 (29 germinal an VII) pour le renouvellement du tiers des députés du corps législatif, on élit une majorité de Jacobins et d'opposants aux Directeurs.

Le Conseil des Cinq-Cents demande aussitôt au Directoire des explications sur les désastres subis par les troupes françaises.

Et le Directoire ne répond pas.

Le Conseil décide alors de siéger en permanence, d'imposer la démission de Merlin de Douai, de François de Neufchâteau.

Quant à Reubell, il a déjà été éliminé du Directoire par tirage au sort.

Sieyès a été élu. Barras, qui s'est rallié à la position des Cinq-Cents, conserve son fauteuil.

La légalité a été respectée, mais derrière les apparences c'est un nouveau coup d'État qui s'est produit ce 30 prairial an VII (18 juin 1799).

Le régime est toujours aux abois.

Barras, le plus corrompu des Directeurs, a conservé sa place. La misère n'a pas reculé.

Les troupes de la coalition sont prêtes à envahir la nation.

Dans l'Ouest, les chouans reprennent les armes, s'emparent de petites villes.

La peur d'une débâcle est si grande que les Directeurs se sont résignés à donner l'ordre à Bonaparte de rentrer en France.

Mais le message des Directeurs ne parviendra jamais en Égypte.

35.

Bonaparte en ce mois de juillet 1799 (thermidor et messidor an VII) ignore tout des intentions du Directoire.

Il se sent aveugle et sourd. Depuis près de six mois, il ne reçoit plus aucune nouvelle de France, et l'impatience le gagne. Il sent qu'il doit quitter l'Égypte au plus vite, sinon il s'y enlisera.

Mais il faudrait abandonner ce pays, cette chaleur accablante, sur un coup d'éclat, une victoire qui effacerait la longue retraite de la Palestine à l'Égypte, puis l'impuissance face aux troupes du sultan Mourad Bey qui se dérobe, qu'on pourchasse en vain.

Et les soldats, même les plus aguerris, ceux de l'armée d'Italie, sont gagnés par le doute. On les assassine dans cette ville du Caire que l'on ne pourra jamais contrôler.

Et Bonaparte lui-même s'y sent prisonnier.

Le 15 juillet 1799, il reçoit un groupe de cavaliers qui, le visage brûlé par le sable, lui apportent la nouvelle qu'il attend : une flotte anglo-turque a débarqué des troupes, plusieurs milliers d'hommes, à Aboukir.

Voilà le signe. Voilà l'instant.

Il faut rejeter ces Turcs à la mer, et le nom d'Aboukir, qui rappelle la destruction de la flotte française par les navires de Nelson, le 1er août 1798, n'évoquera plus qu'une victoire.

Elle couronnera la campagne d'Égypte. Et, auréolé par elle, Bonaparte pourra regagner la France.

« Cette bataille va décider du sort du monde », dit-il.

Il perçoit l'étonnement des officiers qui l'entourent. Murat murmure :

« Au moins du sort de l'armée. »

« Du sort du monde », répète Napoléon Bonaparte.

Il ne peut encore leur dire qu'il a besoin de gagner cette bataille pour rentrer en France en général victorieux.

Et comment alors les Directeurs pourraient-ils lui résister ?

Au soir du 25 juillet 1799 (7 thermidor an VII) la mer, dans la rade d'Aboukir, est encore rouge du sang des soldats turcs, chargés, repoussés, menacés par les cavaliers de Murat.

« C'est une des plus belles batailles que j'aie vues, dit Bonaparte, et l'un des spectacles les plus horribles. »

C'est bien la victoire qu'il espérait, celle qui va être le tremplin de son action future : quitter l'Égypte, s'imposer à Paris.

Le 2 août, il engage des pourparlers avec le commodore Sydney Smith qui commande l'escadre anglaise, afin de procéder à un échange de prisonniers.

Et le soir, le secrétaire du commodore se présente à Bonaparte, les bras chargés de journaux, français, anglais, allemands, parus les derniers mois.

Sir Sydney Smith tient à ce que le général Bonaparte connaisse la situation en France et en Europe.

Il suffit à Bonaparte de feuilleter quelques-uns de ces journaux pour constater que les Républiques sœurs se sont effondrées, que les troupes de la coalition s'apprêtent à franchir les frontières de la nation.

Voilà les conséquences de la politique de Barras, de Reubell, de François de Neufchâteau.

« Les misérables ! s'écrie Bonaparte. Est-il possible ! Pauvre France ! Qu'ont-ils fait ? s'exclame-t-il. Ah les jean-foutre ! »

Il lit les articles avec avidité, découvrant en une seule nuit les événements qui se sont produits les mois précédents.

Les Directeurs ont été changés, Reubell, « un lourdaud bien épais, bien crasseux, ruminant six mois la même idée, changeant de vin à chaque service, menant le Directoire comme un cocher de fiacre mène ses chevaux », n'est plus Directeur et une commission va enquêter sur ses malversations.

Quant à Barras il est toujours en place, mais méprisé.

Plus que Néron mon vicomte est despote
Se pavanant dans sa rouge capote
Ce roi bourreau pérore sur un ton
Dont rit tout bas le badaud dans sa crasse
C'est Arlequin, pantalon en paillasse
Contrefaisant les airs d'Agamemnon.

Les journaux n'épargnent aucun des nouveaux Directeurs, ni Sieyès, ni Ducos, ni Gohier, ni ce général Moulin qui n'a combattu que contre les Vendéens.

Bonaparte relève que le régicide Fouché est ministre de la Police, que le général Bernadotte, qui a épousé Désirée Clary, est ministre de la Guerre, et Cambacérès ministre de la Justice.

La nuit s'écoule et Bonaparte découvre l'état de la France.

Les chouans ont pris Le Mans.

Les royalistes assiègent Toulouse.

Les campagnes sont parcourues par des bandes de jeunes gens, déserteurs refusant de se plier à la loi créant le service militaire obligatoire, et devenant pillards, détrousseurs, brigands.

Le pays vomit ce Directoire qui vient de créer de nouvelles taxes, car le Trésor public a besoin de cent millions.

Les ateliers ferment pour éviter d'être taxés. Les riches s'en vont. Le chômage s'étend.

Le Directoire craint la révolte, un coup de force monarchiste soutenu par les anarchistes.

Pour s'en protéger les Conseils votent la loi des otages, qui fait craindre un retour de la loi des suspects, de la Terreur.

Nobles, parents d'émigrés, ascendants de suspects, seront arrêtés comme *otages*, dans l'attente de l'arrestation des auteurs d'attentats, de rébellions, d'assassinats politiques.

Bonaparte lit dans le *Courrier de Londres* :

« Les malheureuses suites des deux lois sur les taxes et les otages sont incalculables. La première anéantit toute espèce d'affaires. La seconde menace la société entière d'une dissolution prochaine. »

Sur quatre-vingt-six départements français, quatorze sont en révolte et quarante-six connaissent une situation tendue, et le brigandage s'y confond avec la rébellion politique.

Il faut regagner au plus tôt le pays irrité et déçu.

Et son impatience est d'autant plus vive que Bonaparte a l'impression, en lisant les articles consacrés aux courtisanes, aux maîtresses de Barras, aux élégantes, qu'on lui parle de Joséphine de Beauharnais, coquette et volage.

Il l'imagine en costume grec, qui peu à peu s'est réduit à une simple chemise, avec quelques voiles qui flottent autour.

Grâce à la mode
On n'a plus de corset
Ah, que c'est commode
...
Grâce à la mode
Une chemise suffit
C'est tout profit
...
Grâce à la mode
On n'a rien de caché
Ah, que c'est commode...

Et pendant qu'on se pavane, que les Directeurs remplissent leur ventre pourri, les Jacobins rouvrent un club à Paris, d'abord salle du Manège, puis rue du Bac.

Et l'on se plaint des brigands, du prix du pain, de la friponnerie des Directeurs, de Barras, « talon rouge et bonnet rouge », vicomte et terroriste, roi de la République.

L'on enrage de voir les armées de la nation reculer devant les Russes, les Anglais, les Autrichiens.

Les persécutions s'abattent, dans les régions reconquises, sur ceux qu'on accuse d'être des Jacobins.

Les paysans s'en mêlent. Ces « Viva Maria » se sont emparés de Sienne, ont massacré les Jacobins, et brûlé vifs sur la grande place treize Juifs dont des femmes et des enfants !

On pend, à Naples, les « patriotes ».

Et l'on craint que si la nation est envahie, si les chouans l'emportent, cette Terreur blanche ne s'étende à la France.

« Ah, il nous faudrait un Bonaparte ! »

Le moment est venu de rentrer en France.

Bonaparte embarque clandestinement sur la frégate *Muiron*, laissant l'armée d'Égypte à Kléber.

La traversée est périlleuse.

La flotte de Nelson rôde.

La *Muiron* suivie d'une autre frégate n'est escortée que par trois avisos.

Berthier, Lannes, Murat, et les savants Monge et Berthollet, ainsi que trois cents hommes d'élite, « une chose immense », dit Bonaparte, fidèles, résolus, l'accompagnent.

Ce retour est un pari sur la fortune.

« Qui a peur pour sa vie est sûr de la perdre, dit Bonaparte. Il faut savoir à la fois oser et calculer et s'en remettre à la fortune. »

Le 9 octobre 1799 au matin (17 vendémiaire an VIII) après une escale à Ajaccio, la frégate *Muiron* entre dans la rade de Saint-Raphaël.

La citadelle de Fréjus ouvre le feu devant cette division navale inconnue.

Mais la foule, sur les quais, crie déjà :

« Bonaparte ! Bonaparte ! »

« Il est là, il est là ! »

36

De village en village, de Fréjus à Aix, d'Avignon à Lyon, du palais du Luxembourg aux cafés du Palais-Royal, des cabarets des faubourgs Saint-Antoine et Saint-Marcel aux scènes des théâtres, la rumeur se répand, les mots crépitent : « Vive Bonaparte ! Vive la République ! »

On entoure, on écoute le cavalier qui vient d'arriver, le paysan essoufflé par sa course, qui disent qu'ils l'ont vu, qu'il a débarqué à Fréjus.

Un témoin, qui reste sur son quant-à-soi, qui regarde la foule s'enflammer, les musiques militaires commencer à jouer des marches triomphales, les places se parer de tricolore, les façades des maisons de Lyon s'illuminer, se souvient de la griserie qui avait saisi le pays en 1789, de ces mouvements qui soulevaient le peuple. Et il constate, en ce mois d'octobre 1799, les mêmes « émotions » populaires.

« La nouvelle a tellement électrisé les républicains, écrit-il, que plusieurs d'entre eux en ont été incommodés, que d'autres en ont versé des larmes et que tous ne savaient si c'était un rêve. »

Il ajoute : « Ce général victorieux peut faire aimer la République à tous les partis. »

On est si fasciné par cet homme, ce « sauveur », qui vient d'au-delà de la mer, ce « miraculé » qui a échappé aux navires anglais, qu'on en oublie les victoires que viennent de remporter coup sur coup les généraux Brune et Masséna.

Aux Pays-Bas, les soldats de Brune ont repoussé les Anglo-Russes. La République batave est de nouveau debout.

En Suisse, les divisions du général Masséna ont défait, à Zurich, les troupes de Souvorov, qui se replient en désordre, évacuent la Suisse, bientôt l'Italie du Nord, où va renaître la République sœur, *Cisalpine.*

La mâchoire qui s'apprêtait à écraser la nation est brisée. Et, dans l'Ouest, les chouans sont battus, chassés du Mans, repoussés à Nantes, vaincus à Vannes, à Saint-Brieuc, à Cholet.

Et Toulouse a résisté aux royalistes.

Mais c'est Napoléon Bonaparte qu'on acclame, dont on attend la victoire alors qu'elle vient d'avoir lieu, sans lui ! Personne ne scande les noms de Brune, de Masséna, de Moreau, et tout le monde clame le nom de Bonaparte.

« C'est depuis qu'il était en Égypte que nous avions subi nos désastres, écrit un témoin. Il semblait que chaque bataille perdue eût pu être gagnée par lui et que tout territoire évacué eût pu être conservé grâce à lui, tant la France avait foi, non seulement au génie, mais à l'influence magique du nom de cet homme. Il était l'objet de regrets et de vœux qu'aucun des autres généraux n'avait pu effacer ni diminuer et si, grâce à Masséna, la victoire semblait prête à rentrer dans nos rangs, c'est en Bonaparte seul qu'on voyait alors le sûr (garant) de notre victoire. »

C'est le 19 vendémiaire an VIII (11 octobre 1799) qu'un messager apporte au Palais-Bourbon, où sont réunis les députés des Conseils, la nouvelle qui vient d'être reçue au palais du Luxembourg où siège le Directoire.

« Le Directoire, citoyens, vous annonce avec plaisir qu'il a reçu des nouvelles d'Égypte. Le général Berthier, débarqué le 17 de ce mois à Fréjus, avec le général Bonaparte... »

On ne veut pas en entendre davantage, on crie : « Vive la République ! Vive Bonaparte ! »

On se répand dans les rues, on gesticule. On répète : « Le général Bonaparte a débarqué à Fréjus. »

On s'embrasse. Paris s'enflamme. Les fanfares militaires commencent à jouer. Dans les théâtres un acteur s'avance sur le devant de la scène, annonce la nouvelle, et la foule debout exulte. Partout l'on trinque à Bonaparte.

Il n'est pas encore arrivé à Paris.

Près d'Aix-en-Provence, des brigands ont pillé les voitures remplies de ses bagages.

La foule qui l'entoure hurle sa colère, crie son dégoût, son désir d'ordre.

« Le Directoire nous dévalise aussi ! Tous des brigands ! », lance-t-elle.

Bonaparte promet qu'il fondera un « gouvernement national », qu'il va chasser « les fripons, les corrompus, les avocats » !

« Je ne suis d'aucune coterie, dit-il encore. Je suis la grande coterie du peuple français. »

À Avignon, à Lyon – où il rencontre ses deux frères, Joseph et Louis, qui lui annoncent que leur frère Lucien a des chances d'être élu président du Conseil des Cinq-Cents –, il répète :

« Je suis national. Il ne faut plus de factions. Je n'en souffrirai aucune. Vive la nation ! »

Les maisons sont pavoisées de tricolore, illuminées.

« Vive Bonaparte qui vient sauver la patrie ! » martèle la foule.

Bonaparte dans la voiture qui suit la route du Bourbonnais, plus étroite et moins sûre que celle qui longe la Saône et le Rhône, mais qui permet d'atteindre Paris plus rapidement, Bonaparte interroge Joseph resté seul avec lui.

Joseph veut parler de Joséphine, de la nécessité d'un divorce, car elle l'a trompé et offensé ainsi le nom des Bonaparte.

Napoléon en semble d'accord, mais ce qui lui importe c'est d'abord de connaître la situation à Paris.

L'homme fort est Sieyès, l'ancien prêtre, le constituant, l'auteur de ce libelle qui avait enfiévré l'opinion en 1789 : *Qu'est-ce que le tiers état* ?

Sous la Terreur, Sieyès s'est tu. « Il a vécu. »

Il pense que son heure approche. Il veut imposer un renforcement du pouvoir exécutif, au détriment des deux Conseils.

Il lui faut une « main » armée pour mettre en œuvre ce que sa « tête » a conçu : un coup d'État, sans effusion de sang, mais qui fera plier les députés.

Il a d'abord pensé pour tenir le glaive au général Joubert. Mais Joubert a été tué à la bataille de Novi.

Moreau s'est dérobé, a même conseillé Bonaparte : « Voilà votre homme il fera votre coup d'État mieux que moi. »

Les autres généraux se tiennent sur la réserve. Certains sont proches des Jacobins, d'autres prudents, ainsi Bernadotte.

Bonaparte peut compter seulement sur leur neutralité. Il ne pourra s'appuyer que sur Lannes, Berthier, Murat, et les jeunes officiers revenus avec lui d'Égypte.

Et puis il y a Fouché, ministre de la Police, qui joue sur toutes les cases, mais qui soutiendra le coup d'État sans s'y compromettre, prêt à se dégager si l'affaire rencontre des résistances majeures.

Trois des cinq Directeurs – Gohier, Moulin, Barras – sont hostiles, ceux-là il faut les empêcher d'agir, les circonvenir pour obtenir leur démission.

Quant à Sieyès et Ducos, les deux derniers Directeurs, ils sont acquis à l'idée du coup d'État.

Et il y a Talleyrand, qui met son habileté, son entregent, son intelligence, son cynisme au service de Bonaparte.

En somme, conclut Bonaparte, il ne peut compter que sur un « brelan de prêtres : Sieyès, Fouché, Talleyrand ».

Et il a davantage confiance en ces trois défroqués, qu'en ces Jacobins qui ont la nostalgie de la Terreur, de Robespierre et de la Convention.

Quant au peuple il a faim. Il méprise le Directoire. Il veut en finir avec les « ventres dorés et pourris », mais il a trop été déçu pour ne pas avoir le dégoût des « journées révolutionnaires », même s'il veut croire en Bonaparte, puisque ce général victorieux, est aussi un « pacificateur ».

Mais les ouvriers du « faubourg de gloire », ceux de juillet 89 et d'août 92, de l'an II, qui ont brandi leurs piques de sans-culottes, leur bonnet phrygien enfoncé jusqu'aux sourcils, qui ont marché derrière Desmoulins, Danton, Santerre, Hanriot, qui ont acclamé Robespierre, Marat, Hébert, applaudi à la mort de Louis Capet, sont devenus des spectateurs.

On dit dans les cabarets, dans les échoppes et les ateliers :

« Que l'on fasse ce que l'on voudra, les faubourgs ne s'en mêleront plus. »

Ce n'est plus avec le peuple et ce n'est pas dans la rue que se décidera l'avenir de la nation.

Bonaparte s'en convainc en écoutant Joseph dérouler l'écheveau d'intrigues dans lesquelles sont impliqués quelques dizaines d'hommes.

C'est entre eux que la partie se joue.

C'est dans les salons, les états-majors, les Conseils législatifs, que se règle désormais la question du pouvoir.

C'est eux qu'il faut convaincre, entraîner, dominer, ou écarter, et s'il le faut écraser.

Bonaparte arrive à Paris, rue de la Victoire, le 16 octobre 1799, 24 vendémiaire an VIII.

Joséphine est absente, partie à sa rencontre, mais elle n'a pas imaginé qu'il emprunterait la route du Bourbonnais.

La mère, les sœurs, les frères, harcèlent Bonaparte.

« Elle » l'a trompé ! « Elle » s'est affichée avec celui-ci et celui-là. « Elle » est l'intime du président du Directoire, Gohier.

Il doit divorcer, répètent la mère, les frères, les sœurs.

Mais Bonaparte entend aussi la voix de Collot, un fournisseur aux armées, l'un de ces munitionnaires, de ces banquiers, tel Ouvrard « roi de la Bourse », qui ont choisi de soutenir Bonaparte, qui jugent qu'un coup d'État est nécessaire contre les anarchistes toujours prêts à redresser leur tête jacobine, et les royalistes. Eux sont républicains « conservateurs » :

« Vous n'êtes plus aux yeux de la France un mari de Molière, dit Collot à Bonaparte. Il vous importe de ne pas débuter par un ridicule. Votre grandeur disparaîtrait. »

Bonaparte ne divorcera pas.

Collot offre cinq cent mille francs pour la préparation du coup d'État. Et Réal – l'adjoint de Fouché – annonce que le ministre de la Police générale est prêt à une aide financière substantielle, destinée à soutenir un projet qui sauverait la République du double péril, jacobin et royaliste.

Et Bonaparte de répondre :

« Ni bonnet rouge, ni talon rouge, je suis national. »

La foule agglutinée rue de la Victoire, puis, dès le lendemain 17 octobre 1799 (25 vendémiaire an VIII), devant le palais du Luxembourg où il se rend pour rencontrer le Directoire en séance publique, l'acclame, mêlant toujours les cris de « Vive Bonaparte ! » à ceux de « Vive la République ! ».

Bonaparte a choisi d'être en civil, le corps serré dans une redingote verdâtre, un chapeau haut de forme couronnant cette tenue étrange. Il porte, attaché par des cordons de soie, un cimeterre turc.

On l'acclame alors qu'il baisse la tête, modeste au regard flamboyant.

Il montre son arme :

« Citoyens Directeurs, dit-il, je jure qu'elle ne sera jamais tirée que pour la défense de la République et celle de son gouvernement. »

Il rentre rue de la Victoire.

On vient à lui.

Les membres de l'Institut dont il est membre – archéologues, mathématiciens, astronomes, chimistes, et naturellement Monge et Berthollet qui sont rentrés avec lui d'Égypte – lui rendent visite.

On loue son esprit éclairé. Il est allé saluer la vieille Madame d'Helvétius. Il flatte Sieyès, son « confrère » de l'Institut.

« Nous n'avons pas de gouvernement, parce que nous n'avons pas de Constitution, du moins celle qu'il nous faut, lui dit-il. C'est à votre génie qu'il appartient de nous en donner une. »

Peu à peu la trame de la « conspiration » se resserre.

La majorité du Conseil des Anciens est acquise. Lucien Bonaparte vient d'être élu président du Conseil des Cinq-Cents. Fouché contrôle la police, répond au Directeur Gohier qui s'inquiète :

« S'il y avait conspiration, on en aurait la preuve place de la Révolution où l'on serait fusillé. »

Il y a pourtant quelques résistances qui s'ébauchent. Les généraux jacobins – Jourdan – s'inquiètent de ces préparatifs. Ils ne participeront pas au coup d'État.

Il faudra contraindre Barras à démissionner, et c'est sans doute lui qui répand des rumeurs, sur la fortune accumulée par Bonaparte en Italie, ou sur le fait – comme on le lit dans le journal *Le Messager* – que « Bonaparte n'est parti si précipitamment d'Égypte que pour échapper à une sédition générale de son armée ».

Il faut agir vite, prendre le pouvoir. Bonaparte sait que s'il échoue, et même si seulement il tarde, « on » le brisera.

Il rencontre Sieyès chez Lucien. Le plan est arrêté.

Les Anciens feront état d'une conspiration jacobine contre la République. Ils feront voter la « translation » au château de Saint-Cloud des Assemblées. Ils nommeront Bonaparte au commandement de la force armée. Sieyès et Ducos démissionneront, les autres y seront contraints. On constituera un gouvernement provisoire. Bonaparte en sera membre. Celui-ci donnera à la France la Constitution que la situation exige. Bonaparte écrasera les « conspirateurs », les « vautours », les « hommes féroces » qui menacent la République.

Les Cinq-Cents, présidés par Lucien, accepteront le fait accompli. Et l'on aura rassemblé à Saint-Cloud des régiments fidèles que Murat commandera.

Le moment d'agir est venu, dit Bonaparte à Sieyès, ce 15 brumaire an VIII (6 novembre 1799).

Il charge Sieyès de s'occuper de la « translation » des Conseils à Saint-Cloud et de l'établissement d'un gouvernement provisoire.

« J'approuve que ce gouvernement provisoire soit réduit à trois personnes, continue Bonaparte. Je consens à être l'un des trois consuls provisoires avec vous et votre collègue Roger Ducos. Sans cela ne comptez pas sur moi. Il ne manque pas de généraux pour faire exécuter le décret des Anciens. »

Mais quel général oserait marcher contre Bonaparte, le plus populaire des citoyens français ?

Ce même jour, 15 brumaire, Bonaparte se rend au banquet offert par les deux Conseils en l'honneur des généraux Bonaparte et Moreau.

Il se déroule au temple de la Victoire – l'église Saint-Sulpice – décoré de bannières et orné d'une inscription : « Soyez unis, vous serez vainqueurs. »

À tour de rôle les personnalités lèvent leurs verres pour célébrer, avec Lucien Bonaparte, « les armées de terre et de mer de la République », ou la paix avec Gohier, et « tous les fidèles alliés de la République » avec le général Moreau.

Bonaparte qui s'est contenté de manger trois œufs et une poire – la prudence l'exige – se lève à son tour et dit d'une voix forte :

« À l'union de tous les Français ! »

Puis il quitte le banquet.

Le 17 brumaire an VIII au soir, il convoque pour le lendemain, 18 brumaire (9 novembre 1799) à six heures du matin chez lui, rue de la Victoire, les généraux et les officiers.

Les généraux Sebastiani et Murat savent qu'ils doivent, à l'aube du 18 brumaire, amener place de la Concorde, puisque le Conseil des Cinq-Cents siège au Palais-Bourbon et le Conseil des Anciens aux Tuileries, l'un ses dragons, l'autre ses chasseurs.

Bonaparte lit les affiches, les proclamations, les libelles qui annonceront à la population le changement de gouvernement.

Demain, 18 brumaire an VIII, il joue sa vie.

Et le destin de la nation.

37.

Ce jour, 18 brumaire an VIII (9 novembre 1799), est celui du premier acte.

Place de la Concorde, face au Palais-Bourbon et aux Tuileries, les dragons du général Sebastiani et les chasseurs du général Murat ont pris position dans l'aube glacée.

Des pièces d'artillerie sont en batterie. Les servants battent la semelle, tentent de se réchauffer.

Les fenêtres des Tuileries sont éclairées depuis quelques heures déjà. Les députés des Anciens ont été convoqués au milieu de la nuit.

Ils ont vu les troupes, cette masse noire enveloppée par l'haleine des chevaux, et fendue, par moments, ici et là, par l'éclat des baïonnettes. Un des inspecteurs du Directoire leur a lu un rapport effrayant : on menace la République. Une journée sanglante se prépare. Les observateurs de police signalent des conciliabules, des rassemblements.

« L'embrasement va devenir général. La République aura existé et son squelette sera dans la main des vautours. »

Tout est imprécis. Mais les Anciens se souviennent des journées révolutionnaires, des têtes brandies au bout des piques.

Il faut sauver le pays des vautours et protéger leur vie.

On vote par acclamation un décret en cinq parties. Le Corps législatif sera transféré à Saint-Cloud. Bonaparte est nommé commandant de la 17e division.

« Il prendra toutes les mesures nécessaires pour la sûreté de la représentation nationale. Il devra se présenter devant le Conseil des Anciens pour prêter serment. »

Bonaparte attend ce décret, rue de la Victoire, chez lui, pâle, vêtu d'un uniforme sans parement.

Les officiers, les généraux qu'il a convoqués se pressent dans les jardins et les salons, bottés, en culotte blanche, avec leur bicorne à plumet tricolore.

Bonaparte convainc les hésitants, ainsi le général Lefebvre qui commande les troupes de la région de Paris et la garde nationale du Directoire, et qu'il doit remplacer.

Aux uns et aux autres, il dénonce ces « gens qui avocassent du matin au soir », qui ont conduit la nation au bord du gouffre. Vers huit heures, deux inspecteurs questeurs du Conseil des Anciens, accompagnés d'un « messager d'État » en tenue d'apparat, fendent la foule des officiers, viennent présenter le texte du décret voté par les Anciens.

Bonaparte le signe, le brandit, en donne lecture aux généraux et officiers : il est légalement le chef de toutes les troupes.

Les militaires tirent leurs épées, et l'acclament.

À cheval !

Plus de soixante généraux, suivis de leurs officiers, chevauchent vers les Tuileries. Les dragons de Murat les entourent.

On les acclame depuis les fenêtres. On court derrière eux jusqu'à la place de la Concorde, où une foule déjà s'est rassemblée.

On crie : « Vive le Libérateur ! », quand on voit Bonaparte entrer dans les Tuileries suivi de quelques généraux.

Dans la salle où s'est réuni le Conseil des Anciens, on le sent à la tribune, face à ces députés aux tenues brodées, les hauts cols galonnés encadrant leur visage, hésitant et emprunté.

Il n'aime pas, il l'a dit, les « assemblées d'avocats ».

Mais il doit parler.

« Citoyens représentants, la République périssait, commence-t-il. Vous l'avez su et votre décret vient la sauver. Malheur à ceux qui voudraient le trouble et le désordre ! Je les arrêterai, aidé du général Lefebvre, du général Berthier et de tous mes compagnons d'armes. »

« Nous le jurons », répètent les généraux.

On l'applaudit. Un député se dresse, tente de dire que les députés du Conseil des Anciens que l'on savait hostiles n'ont pas été convoqués, qu'il faut respecter la Constitution. Mais le président lève la séance. On se réunira demain à Saint-Cloud.

Le Conseil des Cinq-Cents, au Palais-Bourbon, est du fait de la Constitution contraint d'interrompre ses débats, de respecter le décret voté par les Anciens.

Il est onze heures.

Bonaparte caracole devant les troupes, dans le jardin des Tuileries, on l'acclame. Il aperçoit François Marie Bottot, qu'on appelle l'« agent intime de Barras », son espion, son secrétaire.

Bonaparte pousse son cheval contre Bottot, s'adresse à lui, comme s'il parlait à tout le Directoire, « L'armée s'est réunie à moi et je me suis réuni au corps législatif », dit-il.

On l'applaudit.

« Qu'avez-vous fait de cette France que je vous avais laissée si brillante ? poursuit-il. Je vous ai laissé la paix ! J'ai retrouvé la guerre. Je vous ai laissé des victoires ! J'ai retrouvé des revers ! Je vous ai laissé les millions d'Italie ! J'ai retrouvé partout des lois spoliatrices et de la misère ! »

Les applaudissements redoublent.

« Qu'avez-vous fait des cent mille Français que je connaissais, mes compagnons de gloire ? Ils sont morts ! Cet état de chose ne peut durer : avant trois ans il nous mènerait au despotisme. Mais nous voulons la République assise sur les bases de l'égalité, de la morale, de la liberté civile et de la tolérance politique. Avec une bonne administration tous les individus oublieront les factions dont on les fit membres et il leur sera permis d'être français... »

Cependant que déferlent les acclamations, Bonaparte se penche, lance à Bottot :

« Dites à Barras que je ne veux plus le voir ; dites-lui que je saurai faire respecter l'autorité qui m'est confiée. »

Au vrai, le Directoire n'est plus.

Sieyès et Ducos ont démissionné.

Gohier et le général Moulin qui s'y refusent sont retenus au palais du Luxembourg sous la garde du général Moreau.

Barras, qui a hésité, reçoit Talleyrand qui lui présente une lettre de démission.

« La gloire qui accompagne le retour du guerrier illustre à qui j'ai eu le bonheur d'ouvrir le chemin de la gloire... les marques de confiance que lui donne le corps législatif, m'ont convaincu... Je rentre avec joie dans les rangs du simple citoyen... »

Il sait ce que Bonaparte a dit à Bottot. Il signe.

Le pouvoir est passé des Directeurs à Bonaparte commandant de la force armée.

Le sang n'a pas coulé. La légalité a été – en apparence – respectée.

C'est Sieyès qui veut qu'on arrête une quarantaine de députés, Jacobins têtus, qui peuvent rechercher l'appui du général Bernadotte qui a refusé le matin de se joindre aux autres généraux. Il y a aussi Jourdan, le général jacobin. Et même Augereau.

Bonaparte rejette la proposition de Sieyès.

Il ne veut pas d'un coup d'État militaire avec ses canonnades, ses feux de salve, ses arrestations. Il veut être selon les termes des affiches qu'on colle autour des Tuileries, et des brochures qu'on vend à tous les coins de rue, ou qu'on distribue : « Un homme de sens, un homme de bien, le sauveur. »

Il charge Saliceti d'aller rassurer les Jacobins, et de leur promettre au nom de Bonaparte une « explication franche et détaillée », en leur précisant que Sieyès voulait les arrêter... et que Bonaparte s'y est opposé.

Pour les mêmes raisons, Bonaparte est réticent quand Fouché lui rapporte qu'il a fait baisser les barrières de Paris.

« Eh mon Dieu, pourquoi toutes ces précautions ? Nous marchons avec la nation tout entière et par sa seule force, s'exclame Bonaparte. Qu'aucun citoyen ne soit inquiété et que le triomphe de l'opinion n'ait rien de commun avec ces journées faites par une minorité factieuse ! »

Tout est calme, mais le rideau n'est pas encore tombé.

Demain, 19 brumaire an VIII (10 novembre 1799), c'est le deuxième et dernier acte.

Tout sera gagné ou perdu.

Et dans les premières heures de la matinée du 19 brumaire, c'est tout à coup l'inquiétude qui s'installe rue de la Victoire :

« On n'est fixé sur rien, dit à Bonaparte le ministre de la Justice Cambacérès. Je ne sais pas comment cela finira. »

On rapporte que les députés qui gagnent le château de Saint-Cloud avec leurs familles se sont concertés toute la nuit.

Ils ont noté que les menaces sur la République qui ont été invoquées pour susciter le vote du conseil des Anciens ne sont pas confirmées.

Paris est paisible, aucun rassemblement sinon ces groupes de soldats disposés tout au long des Champs-Élysées jusqu'à Saint-Cloud.

Et là, dans le parc du château, des compagnies bivouaquent, placées sous les ordres du général Sérurier, un ancien de l'armée d'Italie.

Rien n'est prêt pour accueillir les députés. Ils s'affairent encore dans l'Orangerie où siégeront les Cinq-Cents, et dans la galerie d'Apollon qui servira de salle de délibérations aux Anciens.

Les députés, dans leur manteau blanc serré d'une ceinture bleue et coiffés de leur toque rouge, commencent à protester.

On entend, venant de la salle de l'Orangerie à laquelle on accède par un escalier étroit et dont les fenêtres ouvrent à moins d'un mètre du sol, des voix qui clament : « À bas les dictateurs ! » en dépit de Lucien Bonaparte qui assure la présidence du Conseil des Cinq-Cents.

Bonaparte vient d'arriver.

Il ne veut pas prêter attention à ces députés qui lancent quand il traverse l'esplanade : « Ah, le scélérat ! Ah, le gredin ! » auxquels répondent les « Vive Bonaparte ! » des soldats.

On remarque la pâleur de Bonaparte, les boutons qui maculent ses joues, qu'il commence à gratter nerveusement.

Il vient d'apprendre que Sieyès a donné ordre à son cocher de cacher sa voiture dans la forêt, afin, dans le cas où l'affaire se terminerait mal, de pouvoir fuir.

Talleyrand et le banquier Collot se sont installés dans une maison proche du château. Eux aussi veulent pouvoir quitter la scène si la pièce est conspuée.

Elle l'est au Conseil des Cinq-Cents.

Les députés ont crié : « Point de dictature ! À bas les dictateurs ! »

Lucien Bonaparte a dû accepter que les députés prêtent serment de fidélité à la Constitution de l'an III.

Les généraux Jourdan et Augereau se présentent à Bonaparte, proposent un compromis, une action de concert avec eux. Ils assurent que le général Bernadotte dispose d'hommes dans les faubourgs, qu'il peut déclencher un mouvement sansculotte.

Bonaparte les écarte. Il doit s'élancer, comme il l'a fait au pont de Lodi, au pont d'Arcole.

Il ne doit pas se laisser enliser.

Il entre dans la galerie d'Apollon, se trouve face à la masse des députés du Conseil des Anciens. Il ne peut accéder à l'estrade.

« Représentants du peuple, commence-t-il, vous n'êtes point dans des circonstances ordinaires, vous êtes sur un volcan. »

On murmure, on le questionne avec hargne.

Qu'en est-il de la Constitution ? Des menaces qui pèsent sur la République ? Des royalistes qui dans l'Ouest attaquent à nouveau ?

« Je ne suis d'aucune coterie parce que je ne suis que du grand parti du peuple français », répond seulement Bonaparte.

La rumeur s'amplifie. Il ne convainc pas.

Il se tourne vers l'entrée de la salle.

« Vous, grenadiers, dont j'aperçois les bonnets, vous, braves soldats dont j'aperçois les baïonnettes… »

Les députés grondent, protestent.

Bonaparte se raidit.

« Si quelque orateur payé par l'étranger parlait de me mettre hors la loi, lance-t-il, que la foudre de la guerre le frappe à l'instant, j'en appellerai à vous braves soldats, mes braves compagnons d'armes. »

Les députés hurlent.

« Souvenez-vous que je marche accompagné du dieu de la victoire et du dieu de la fortune. »

On l'entraîne. Son aide de camp, Bourrienne, murmure :

« Sortez général, vous ne savez plus ce que vous dites. »

Bonaparte marche d'un pas saccadé en grattant ses joues nerveusement. Il veut affronter les Cinq-Cents. Il se dirige vers l'Orangerie. L'écrivain Arnault s'approche :

« Fouché vous répond de Paris, général, dit-il, mais c'est à vous de répondre de Saint-Cloud. Fouché est d'avis qu'il faut brusquer les choses si l'on veut vous enlacer dans des délais. Le citoyen Talleyrand pense aussi qu'il n'y a pas de temps à perdre. »

Bonaparte repousse Arnault. Il entre dans la salle de l'Orangerie. Il est accueilli par des cris :

« À bas le dictateur ! À bas le tyran, hors la loi ! »

On le bouscule, on le frappe. Un immense député montagnard, Destrem, lui donne un coup de poing.

« Hors la loi ».

Ce qui signifie la mort sans jugement.

On tire Bonaparte hors de la salle, plus qu'il ne sort. Il a le visage ensanglanté tant il s'est écorché avec ses ongles.

On le croit blessé, mis hors la loi, on s'indigne.

Il sort sur l'esplanade. Les soldats l'acclament cependant qu'on entend les cris des députés qui hurlent :

« Hors la loi le dictateur ! »

Il monte à cheval, tire son épée, crie :

« Soldats, puis-je compter sur vous ? »

Les grenadiers du corps législatif semblent hésiter à joindre leurs voix à celles des dragons et des chasseurs qui acclament Bonaparte.

Et tout à coup voici Lucien, le président du Conseil des Cinq-Cents.

Lucien Bonaparte se dresse sur ses étriers. Il incarne la légitimité du Conseil des Cinq-Cents. Il donne une apparence de légalité au coup d'État.

Les grenadiers du corps législatif se joignent aux soldats, entraînés par l'éloquence de Lucien Bonaparte qui assure que « la majorité du Conseil est pour le moment sous la terreur de quelques représentants à stylets qui assiègent la tribune… Ces audacieux brigands sans doute soldés par l'Angleterre se sont mis en rébellion contre le Conseil des Anciens et ont osé parler de mettre hors la loi le général chargé de l'exécution de son décret… Je confie aux guerriers le soin de délivrer la majorité de leurs représentants. Que la force les expulse. Ces brigands ne sont plus les représentants du peuple mais les représentants du poignard. »

On crie : « Vive Bonaparte ! »

Les tambours roulent. Bonaparte lance :

« Suivez-moi, je suis le dieu du jour », et Lucien lui crie :

« Mais taisez-vous donc, vous croyez parler à des mamelouks ? »

Maintenant, les tambours battent la charge. Il fait nuit. Il est dix-huit heures. Les grenadiers s'ébranlent, se dirigent vers l'Orangerie. Les députés enjambent les fenêtres, s'enfuient dans le parc, et l'on entend Murat crier : « Foutez-moi donc ce monde-là dehors ! »

Vers minuit, on s'en va rechercher dans les environs du château des députés afin qu'ils puissent voter le décret qui met fin au Directoire.

« Le corps législatif crée une commission consulaire exécutive composée des citoyens Sieyès, Roger Ducos, ex-Directeur, et de Bonaparte, général, qui porteront le nom de Consuls de la République. »

Plus tard, les trois Consuls prêteront serment de fidélité « à la souveraineté du peuple, à la République française une et indivisible, à l'Égalité, à la Liberté, et au système représentatif ».

Les troupes quittent Saint-Cloud peu après.

On les entend chanter :

Ah ça ira, ça ira
Les aristocrates à la lanterne

Un mois plus tard, le 24 frimaire an VIII (15 décembre 1799), la nouvelle Constitution est présentée aux Français afin qu'ils l'approuvent par un plébiscite.

Les trois nouveaux Consuls proclament dans leur *Adresse au peuple* :

« Citoyens, la Révolution est fixée aux principes qui l'ont commencée : elle est finie. »

ÉPILOGUE

« J'avais vingt ans en 1789 »

J'avais vingt ans en 1789. le Roi avait donné la parole à son peuple. J'étais du tiers état.

Je me souviens de ma joie, les premiers mois de cette année-là. J'écoutais les orateurs qui, accrochés aux grilles du Palais-Royal, nous promettaient la Liberté, l'Égalité, la Fraternité.

Ce fut le plus bel été de ma vie.

Le paysan avait comme le seigneur le droit de chasser. J'étais l'égal des plus grands. Le roi était devenu celui des Français. Et le 14 juillet 1790, le jour de la fête de la Fédération, j'ai prié lors de la messe célébrée au Champ-de-Mars par Talleyrand, et j'ai crié : « Vive le Roi ! » « Vive la Constitution ! »

J'ai dansé sur l'emplacement de la Bastille, démantelée pierre après pierre.

J'avais détourné les yeux pour ne pas voir les têtes brandies au bout des piques.

J'ai cru que j'allais pouvoir exercer le métier d'imprimeur dans le plus grand, le plus juste des royaumes, dont le peuple, ses représentants et le roi avaient proclamé l'abolition des privilèges et proclamé les droits de l'homme.

J'étais un citoyen.

Puis, comme un fleuve en crue qui est sorti de son lit et qui dévaste les champs qu'il avait d'abord irrigués, la Révolution a recouvert de sang ce qu'elle avait créé.

À quoi servirait de raconter ces journées qui sont connues de tous ?

Je dis ce que j'ai éprouvé : la colère, la peur, l'effroi, le dégoût, la faim, le désespoir, et quelquefois, quand j'étais sous les armes, face aux troupes de l'étranger, l'enthousiasme.

J'ai frissonné en criant « Vive la nation ! », en chantant *La Marseillaise*, et j'ai même souhaité « Mourir pour la patrie ». Comme dit la chanson : « C'est le sort le plus beau, le plus digne d'envie. »

Mais je n'ai pu détourner les yeux.

J'ai vu les corps éventrés en septembre 1792.

J'ai vu passer les charrettes des condamnés.

J'ai vu les têtes tranchées tenues à bout de bras par le bourreau.

J'ai été suspect.

J'ai craint d'être poussé sous le « rasoir national ». Le roi l'avait été.

J'ai vu les églises saccagées, les prêtres prendre femme. Et celles-ci se dénuder.

Les ci-devant aristocrates, marier leurs descendants aux « Jacobins nantis » aux « ventres dorés ».

Je n'ai plus su si le monde avait vraiment changé.

J'avais trente ans en 1799, le même âge que Bonaparte, devenu bien vite Empereur, et j'ai vu une nouvelle noblesse se pavaner aux Tuileries.

J'avais quarante-cinq ans en 1814, quand les fleurs de lys ont remplacé le drapeau tricolore, et que le frère de Louis XVI est devenu Louis XVIII, roi de France.

J'avais soixante et un an en 1830.

J'étais chenu.

J'ai vu de ma fenêtre des jeunes gens comme je l'avais été, courir, crier « Vive la République ! » et brandir ce drapeau bleu blanc rouge.

Je suis sorti de chez moi, mais je n'ai pas couru. Je l'avais fait en d'autres temps, et même sous la mitraille.

Mais les noms qu'on célébrait m'étaient familiers.

La Fayette, plus chenu que moi, faiseur de roi, sacrait Louis-Philippe d'Orléans, dont le père, le conventionnel Philippe Égalité, avait voté la mort de Louis XVI, et avait eu à son tour la tête tranchée en 1793.

Son fils régnait, sous les plis du drapeau tricolore.

J'ai eu, en janvier 1848, soixante-dix-neuf ans.

Je marche à petits pas, mais l'on me dit – mon fils et ma bru – que je reste droit et que j'ai l'œil vif.

Mais je n'ai pas suivi les cortèges, en février et en juin de cette année 1848. Journées d'émeutes et de proclamation de la République, la deuxième du nom. Et c'est elle qui massacrait les insurgés de juin.

Je me suis contenté durant ces mois d'écouter les fusillades, de lire les affiches qu'on nous donnait à imprimer. Le suffrage universel était établi.

Et le président de la République élu, en décembre, était Louis Napoléon Bonaparte, le neveu de l'Autre, Napoléon le Premier, celui de mes trente ans qui avait proclamé que la Révolution était finie !

Comme est brève la vie !
Comme est lent le changement du monde !

Juin 2008

TABLE

Les extraits des lettres de Nicolas Ruault sont issus de l'ouvrage *Gazettes d'un Parisien sous la Révolution, lettres à son frère, 1783-1796*, Perrin, 1976.

Achevé d'imprimer par N.I.I.A.G.
en février 2010
pour le compte de France Loisirs, Paris

N° d'éditeur : 58689
Dépôt légal : septembre 2009

Imprimé en Italie